党的外事工作在山东

在山东

《党的外事工作在山东》编委会 编

山东画报出版社

济 南

图书在版编目（CIP）数据

党的外事工作在山东 /《党的外事工作在山东》编
委会编. -- 济南：山东画报出版社, 2024. 8. -- ISBN
978-7-5474-4982-0

Ⅰ. D827.52

中国国家版本馆CIP数据核字第2024Z1Q467号

DANG DE WAISHI GONGZUO ZAI SHANDONG
党的外事工作在山东
《党的外事工作在山东》编委会 编

项目统筹	怀志霄
责任编辑	顾业平　张　倩
装帧设计	张文强

主管单位	山东出版传媒股份有限公司
出版发行	山东画报出版社
	社　址　济南市市中区舜耕路517号　邮编　250003
	电　话　总编室（0531）82098472
	市场部（0531）82098479
	网　址　http://www.hbcbs.com.cn
	电子信箱　hbcb@sdpress.com.cn
印　刷	山东临沂新华印刷物流集团有限责任公司
规　格	185毫米×260毫米　16开
	49.75印张　90幅图　920千字
版　次	2024年8月第1版
印　次	2024年8月第1次印刷
书　号	ISBN 978-7-5474-4982-0
定　价	168.00元

如有印装质量问题，请与出版社总编室联系更换。

前 言

　　行程万里，凝望来路，峥嵘百年，不忘初心，才能走得更远。

　　中国人历来有着尊重历史、敬畏历史的传统。煌煌史书，笔笔记录着古人经国济世的政治智慧，篇篇见证了民族自强不息的奋斗历程。在这一进程中，对外交往始终是其浓墨重彩的篇章。从折冲樽俎、远交近攻的外交策略，到苏武牧羊、郝经雁书的铮铮风骨，到亲仁善邻、协和万邦的处世之道，都反映着中国人的天下观、国际观。

　　近代以来，中国外交艰难转折，饱受屈辱。"胸怀天下"的中国共产党人，将为中国人民谋幸福、为世界人民谋大同鲜明写在自己的旗帜上，通过扎实有效的对外工作，为我们党、国家和民族开辟了拓展国际影响的舞台。党的外事工作，始终与党和国家的事业相伴相随、同频共振，成为党的百年奋斗史的重要组成部分。

　　山东是全国最早建立共产党党组织的地区之一，也是较早开展党的外事工作的地区之一。撷取百年片段，总结山东党的外事工作百年征程和历史智慧，对于我们更好开辟未来具有十分重要的指导意义。此次，我们编写此书，就是要系统梳理建党以来山东党的外事工作走过的每一段路、跨过的每一道坎，触摸历史的脉动，感受老一代外事人奋斗的足迹。

　　回望百年征程，我们看到，山东党的外事工作为党的事业发展发挥了重要作用。山东党的外事工作自诞生之时，就紧紧围绕当时阶段的党的中心任务而展开。在大革命和土地革命时期，山东共产党员远赴苏联参加共产国际活动，领导抗日救亡运动，在国际上发出了山东声音；在全民族抗战时期，广泛开展对外宣传，组建反战同盟，有力支持世界反法西斯斗争；解放战争时期，成功阻止美军在烟台登陆，成功处置"杨禄奎事件"，积累了涉外斗争经验；新中国成立后，加强与社会主义阵营国家交往，积极支持抗美援朝活动，支持亚非拉民族解放运动；改革开放以来，积极推进对外开放合作，广泛开展交流互访，举办系列重大活动，推动山东更好走向世界。党的十八大以来，加强党的集中统一领导，全力服务大国外交和山东开放发展，全方位提升山东国际影响力。可以说，在山东事业发展的每一阶段、每一节点，党的外事工作都扣紧了"节拍"。

回望百年历史，我们看到，山东党的外事工作者广交朋友，塑成了一支坚强有力的外事队伍。在党的外事工作的厚重历史下，锻造的是一支高素质的外事干部队伍。从山东党组织建立之初，王尽美、邓恩铭等就参与涉外活动，再到海外工作部、烟台外事办公厅的成立，一批外事干部持续涌现，再到新中国成立以来活跃在外事战线上的外事工作者，他们是对外交流的开拓者，也是国家利益的捍卫者，以自己的奋斗、奉献，书写了党的外事工作的华彩乐章。

习近平总书记强调，历史是最好的教科书。当今世界正经历百年未有之大变局，动荡变革的特征更加突出，"东升西降"的态势更加明显，全球南方的崛起势不可挡。大变局也蕴含着大机遇、大调整。科学识变、主动应变，都离不开对历史的总结，也最迫切要求我们去回望历史、提炼经验。以百年为尺度，观照山东党的外事工作波澜壮阔的历史进程，从中汲取历史养分，以更好地走向未来、开拓未来、创造未来，是我们这代外事人义不容辞的使命。

当代中国外交以整个世界为舞台，哪里有人类的活动，哪里就有中国的影响，哪里也应该有外事人的身影。希望我们的读者，特别是外事工作者，以此书来感悟历史，重整行装再出发，谱写中国式现代化山东篇章的最新"外事篇"。

山东党的外事工作百年历史图览

◎1921—1949

1941 年，为加强根据地治安管理，胶东区及各县成立公安局。图为胶东区公安局编印的《公安通讯》。

栖东县温泉区调解委员会调解笔录

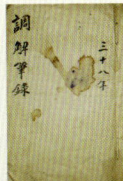

胶东是山东抗日根据地最早建立司法机构的地区。到1944年底，县级司法机构占全省的42.9%，司法人员占全省的54.9%。图为胶东区行政公署翻印的《法律常识教材》。

杨禄奎事件

1947 年 5 月 23 日，烟台人力车夫杨禄奎被"联合国善后救济总署"（简称"联总"）驻烟台办事处职员史鲁域琪驾驶的车辆撞死。史鲁域琪企图逃逸，拒不认错。烟台市市长姚仲明在芝罘俱乐部约见"联总"驻烟台代表李普尔，进行了严正交涉。烟台地方法院对该案进行了公开审判，史鲁域琪不得不解放区法律面前低头认罪，史称"杨禄奎事件"。亲历审判和公察的美国合众社记者葛兰恒在报道中施，美国人因被死一个中国苦力而被判刑并公开道歉，这在中国许多个世纪的历史上，还是第一次。图为肇事者史鲁域琪在被告席上。

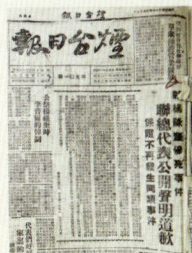

《烟台日报》刊登的联总代表公开声明道歉书

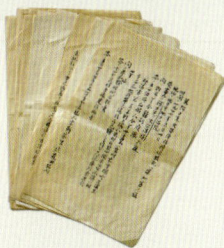

史鲁域琪案件笔录

黄县公安局旧址

　　1947年5月23日，"联合国善后救济总署"驻烟台办事处职员史鲁域琪驾驶中型吉普车将人力车夫杨禄奎连车带人撞倒在地并企图驱车逃逸。杨禄奎因伤势严重医治无效，于当晚11时死去。中共烟台市委、烟台市人民政府、市总工会为了保障人民的权利，捍卫国家主权，维护民族尊严，联合起来提出强烈抗议，终于迫使其接受相关条件。烟台地方法院临时法庭，对史鲁域琪进行公开审判，最终判处有期徒刑两年。"杨禄奎事件"成为当时震惊中外的全国首次公开审判外国罪犯事件。

阻止美军登陆烟台

为阻止我军运兵东北，美海军第七舰队以盟军之名侵入烟台海面，悍然要求八路军将烟台、威海交出。在党中央的直接领导下，胶东军民与之进行了针锋相对的斗争，粉碎了美军的图谋。

中共胶东区委统战部部长兼烟台市代市长于谷莺在芝罘俱乐部与美海军少将赛特尔谈判时的合影

中美谈判代表在美舰甲板上合影（前排自右至左：仲曦东、于得水、赛特尔、于谷莺）

阻止美军登陆烟台。

> **"为增强沿海防务，准备给任何侵犯的反动势力以打击！"**

为给美方施加影响，山东军区公开发布《为增强沿海防务，准备给任何侵犯的反动势力以打击！》的命令。

我军海防部队在美舰停泊附近进行对海炮击演习

10月30日美舰队撤离烟台海域

阻止美军登陆烟台。

"活着的白求恩"——国际主义战士、共产党人罗生特（1903—1952），原名雅各布·罗森菲尔德（Jakob·Rosenfeld），出生于奥地利。1938年因是犹太人受纳粹法西斯迫害入狱，1939年8月来到上海。1941年3月，经汉斯·希伯介绍来到新四军军部驻地盐城，在新四军卫生部直属医院工作，并担任新四军卫生部顾问。1943年9月下旬，罗生特来到地处滨海区的山东军区卫生部工作。在滨海抗日根据地两年多的时间中，罗生特一直紧随罗荣桓转战在滨海抗日根据地的临沭、莒南、赣榆、临沂等地，为山东抗日根据地卫生事业的发展作出了重要贡献。

汉斯·希伯，1897年出生在原奥匈帝国（现波兰）的克拉科夫。为了进一步了解八路军在山东敌后的情况，汉斯来到山东，毅然脱掉皮鞋，换上鲁南特有的铲鞋，穿上八路军的灰棉布军服，佩带短枪，同大家一起爬山越岭，与普通战士打成一片，成为踏入山东敌后抗日根据地的第一位西方记者，战士们亲切地称他为"外国八路"。1941年11月，汉斯·希伯在大青山战役中不幸身受重伤，最后献出宝贵的生命，时年44岁。图为汉斯·希伯墓（位于华东烈士陵园）。

　　今野博（1919—1944），1939年5月随侵华日军第三十二师团长田大队在山东青岛登陆。被八路军俘虏后，在八路军指战员的关怀、感召和"日人觉悟联盟"的耐心教育下，产生了反战思想，开始同情和支持中国人民的抗战斗争，并组成在华日人反战同盟山东支部，任支部长，在抗击日军侵略的过程中，多次不顾个人安危化装去做傅疃河桥头碉堡日军翻译的工作，获得了很多重要情报。图为赣榆县抗日山烈士陵园中设立的今野博纪念碑。

◎1949—1978

1952年12月12日至15日，苏联最高苏维埃部长会议艺术委员会副主席
楚拉基率苏联艺术工作团一行12人来济南访问演出。图为时任中共中央山东
分局宣传部部长夏征农与楚拉基在机场亲切握手。

1955年10月15日至18日，缅甸文化代表团一行66人来济南访问演出。
图为时任山东省省长赵健民在演出结束后与演员握手。

1956年10月7日至11日，匈牙利人民军文工团一行221人来山东省访问演出。图为时任济南军区副参谋长熊作芳少将、时任济南市副市长狄井芗到火车站迎接并陪同步出车站。

1959年4月11日，意大利共产党中央书记处书记贾恩卡洛·巴叶塔，在时任全国人大常委会委员刘宁一的陪同下访问山东。图为巴叶塔书记一行抵达济南机场。

◎ 1978—2012

1979年10月3日，青岛市与日本下关市正式缔结友好城市关系，这是山东省第一对友好城市关系。图为原青岛市革委会主任刘众前与下关市市长泉田芳次签字后共举"日中友好万古长青"旗。

1980年4月8日至21日，时任山东省委书记白如冰率山东省考察团一行12人访问日本山口县，双方确定两省县建立友好关系，由此开始了两省县交往。图为考察团在下关市与日本友人合影。

1981年2月12日至14日，法国社会党领导人弗朗索瓦·密特朗在时任中联部副部长冯铉陪同下访问山东。图为密特朗一行在曲阜孔庙参观。

1982年8月12日，山东省与日本山口县正式缔结友好省县关系，这是山东省第一对省级友好城市。图为时任山东省省长苏毅然与知事平井龙在签字仪式上。

　　1983年1月11日至23日，济南市友好代表团访问日本，出席济南市与日本和歌山市缔结友好城市签字仪式。图为时任济南市市长李元荣、时任山东省外办主任徐天瑞等代表团成员在和歌山县议长山崎利雄的家中与当地民众合影。

　　1984年4月18日，时任山东省省长梁步庭率山东省友好代表团访问日本和歌山县。图为梁步庭省长与仮谷志良知事签署两省县结好协议书后热情握手。

1985年9月14日至17日，新加坡总理李光耀及夫人访问山东。图为时任山东省省长李昌安陪同李光耀总理游览趵突泉公园。

1985年10月22日，法国布列塔尼大区副主席哈麦林率团访问山东，双方签署了《山东省与布列塔尼大区建立友好省区协议书》。图为时任山东省省长李昌安宴请代表团一行。

　　1986年4月3日，时任山东省省长李昌安与来访的澳大利亚南澳州总理班侬共同签署了两省州结好协议书。图为李昌安省长与班侬总理签字后共植友谊树。

　　1987年7月9日，时任山东省副省长马世忠率山东省政府代表团访问德国巴伐利亚州，在慕尼黑举办了介绍山东的大型展览。图为马世忠副省长与施特劳斯州长共同签署双方建立友好省州关系的联合声明。

1990年4月15日至17日，赤道几内亚共和国总统奥比昂一行访问山东。图为奥比昂总统参观青岛四方机车厂。

1990年6月30日，孟加拉国总统侯塞因·穆罕默德·艾尔沙德访问青岛。图为艾尔沙德总统参观海军舰艇。

1991年7月7日至13日，时任山东省省长赵志浩率领山东省政府代表团访问德国巴伐利亚州。图为赵志浩省长与施特莱伯尔州长在慕尼黑山东省第二届经济贸易展览会上。

1992年11月1日至8日，平井龙知事率日本山口县友好代表团访问山东，出席两省县结好10周年庆祝活动和"防长亭"落成剪彩仪式。图为时任山东省省长赵志浩和知事平井龙出席在济南植物园举行的"防长亭"落成仪式。

1995年6月4日至21日，时任山东省委书记赵志浩率团访问瑞典韦斯特曼省，与韦斯特曼省省督杨·吕德共同签署两省结好协议书。

1995年9月21日，奥地利共和国总统托马斯·克莱斯蒂尔访问山东。图为克莱斯蒂尔总统在济南重汽集团公司斯太尔卡车总装车间亲自驾驶第18000辆汽车下线。

1998年4月28日至30日，吉尔吉斯共和国总统阿斯卡尔·阿卡耶夫访问山东。图为时任山东省委副书记、副省长宋法棠在烟台机场迎接阿卡耶夫总统一行。

1998年6月17日，时任山东省省长李春亭率山东友好经贸代表团访问美国得克萨斯州。图为代表团一行与时任得州州长乔治·布什合影。

1999年4月14日，荷兰王国女王贝娅特丽克丝和亲王克劳斯访问山东。图为贝娅特丽克丝女王一行在曲阜孔庙参观。

1999年5月25日至26日，老挝人民革命党中央主席坎代·西潘敦访问山东。图为西潘敦主席一行游览大明湖公园。

1999年11月15日至16日，布隆迪总统皮埃尔·布约亚访问青岛。图为布约亚总统在时任省委副书记、副省长宋法棠陪同下参观海尔集团产品展示室。

2001年8月7日至9日，二十一世纪首届中日韩青少年友好夏令营在山东省举行。来自日本和歌山县、山口县、周南地区，韩国庆尚南道、忠清南道和山东省的500余名青少年参加了夏令营活动。图为时任山东省对外友协会长陆懋曾与各代表团团长参加植树活动后合影。

2002年1月30日至31日，第一次友好省州领导人峰会在德国慕尼黑举行。图为时任山东省副省长林书香、南非西开普省省长马瑞斯、德国巴伐利亚州州长施托伊伯、加拿大魁北克省副总督马罗、奥地利上奥州州长普林格共同签署联合声明。

2002年11月19日至20日，乌克兰总统列昂尼德·达尼洛维奇·库奇马访问山东。图为库奇马总统与时任济南市市长谢玉堂在中乌高科技合作园综合大楼前共植"中国—乌克兰友谊树"。

2003年11月7日至9日，赞比亚共和国总统利维·帕特里克·姆瓦纳瓦萨访问青岛。图为姆瓦纳瓦萨总统一行参观青岛海尔集团产品展示室。

2004年5月28日至30日，坦桑尼亚联合共和国总统本杰明·威廉·姆卡帕及夫人访问山东。图为姆卡帕总统一行参观济南高新开发区。

　　2006年5月25日，韩国驻青岛总领事馆新馆开馆仪式在青岛举行。图为韩国外交通商部次长柳明桓、韩国驻青岛总领事辛亨根、时任青岛市市长夏耕等为开馆剪彩。

　　2006年8月25日至27日，委内瑞拉总统乌戈·拉斐尔·查韦斯·弗利亚斯访问山东。图为查韦斯总统在泰山碧霞祠游览。

2007年10月3日，菲律宾总统阿罗约访问烟台。图为阿罗约总统一行参观烟台港。

2007年10月6日至7日，冰岛总统格里姆松访问青岛。图为格里姆松总统与时任山东省省长姜大明共同出席《中国青岛港—冰岛联合港建立友好港关系协议》签字仪式。

山東省・京畿道友城聯合體
簽字儀式
2008.5.29 青島

　　2008年5月29日，韩国京畿道知事金文洙率由该道12个城市市长组成的代表团访问山东，与时任山东省省长姜大明就建立山东省・京畿道友城联合体达成共识。图为姜大明省长与金文洙知事在签署建立山东省・京畿道友城联合体协议书后与双方代表合影。

　　2008年5月29日，时任山东省委书记姜异康，时任山东省委副书记、省长姜大明在青岛会见来访的韩国总统李明博。

2008年10月30日至11月2日，伊朗胡泽斯坦省省长瑟亚·迦法·海迦日一行访问山东省。图为时任山东省省长姜大明和海迦日省长于11月1日共同签署两省建立友好关系协议书。

2008年11月8日，"中国国际友好城市大会"在北京举行，山东省荣获此次大会最高奖"友好城市交流合作奖"。图为全国友协顾问阿不来提·阿不都热西提、何鲁丽，全国友协会长陈昊苏、副会长李小琳与获奖单位代表合影。

2010年1月26日，美国前总统乔治·沃克·布什一行访问山东，时任山东省委副书记、省长姜大明在济南会见了美国前总统乔治·沃克·布什一行。

2010年4月29日，中国·青岛国际新能源论坛暨中德企业合作发展峰会在青岛举行。时任山东省委书记、省人大常委会主任姜异康出席，时任山东省委副书记、省长姜大明与德国前总理施罗德致辞，时任国家有关部委和单位领导杨文昌、曹健林、李秉仁、卢秋田；德国、奥地利、澳大利亚、俄罗斯、日本、韩国、丹麦、越南、挪威等国以及联合国有关机构的代表和企业负责人等出席论坛。

2010年9月18日至29日，时任山东省委副书记、省长姜大明率山东省政府代表团对新西兰、澳大利亚进行友好访问并赴南非出席"第五次友好省州领导人峰会"。

2010年9月25日至27日，印度尼西亚前总统梅加瓦蒂访问山东。时任山东省委常委、宣传部部长李群会见梅加瓦蒂。

2011年11月29日至30日，美国驻华大使骆家辉访问山东，参加"山东—美国节能合作研洽会"。

2012年4月18日，山东省与山口县缔结友好关系30周年纪念大会在济南举行，日本山口县知事二井关成率团访问山东。时任山东省委书记、省人大常委会主任姜异康会见了日本客人。会前，山东省与山口县举行了工作会谈，双方签署了《山东省与山口县国际交流合作备忘录》《山东省与山口县文物交流合作备忘录》，举行了山东省与山口县结好30周年回顾图片展。

2012年8月24日，山东省因公电子护照签发启动仪式在济南举行，标志着全省因公护照签发实现了电子化、信息化。

◎2012—2022

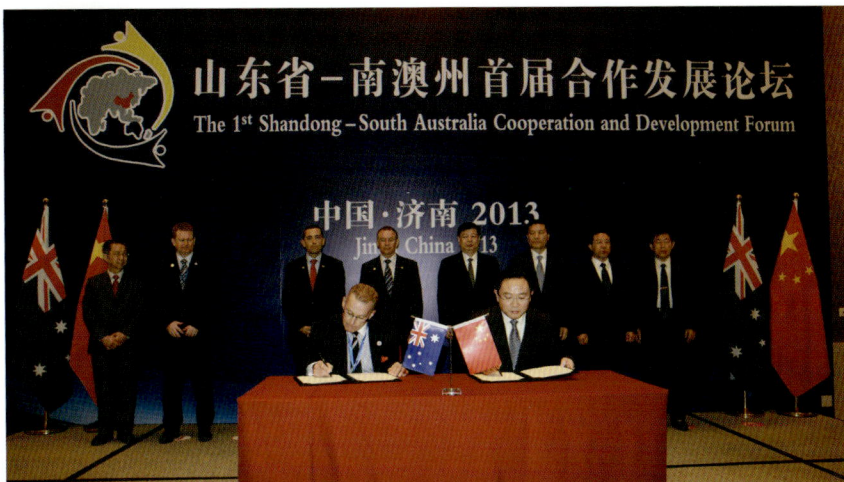

　　2013年4月24日至28日，澳大利亚南澳州州长魏杰访问山东。双方签署了《山东省与南澳州关于加强交流与合作的备忘录》，举行了"山东省—南澳州首届合作发展论坛"。时任山东省委书记、省人大常委会主任姜异康，时任山东省委副书记、代省长郭树清在济南会见了客人。

　　2013年6月27日至29日，"第二届中非省市长对话"在济南举行。中非地方政府合作论坛理事长、第十一届政协副主席阿不来提·阿不都热西提，时任山东省委副书记、省长郭树清，时任中国人民对外友好协会会长李小林，非盟前主席让·平出席开幕式并致辞。图为开幕式上，李小林代表中国人民对外友好协会授予让·平"人民友好使者"称号。

2014年4月10日至13日，新加坡荣誉国务资政吴作栋访问济南、青岛。时任山东省委书记、省人大常委会主任姜异康在济南会见了客人。

2014年5月5日至15日，2014年亚太经合组织（APEC）第二次高官会及相关会议在青岛召开。外交部副部长李保东，时任山东省委常委、青岛市委书记李群出席会议。21个APEC经济体、秘书处、工商咨询理事会以及观察员的300多名代表出席会议。

2014年6月2日至3日，时任山东省委副书记、省长郭树清率山东省政府代表团出席了在美国亚特兰大市举行的第七次友好省州领导人峰会。郭树清在会上作了主旨发言，与各友好省州领导人进行了双边会谈。

2014年10月25日，坦桑尼亚总统基奎特访问山东。时任山东省委书记、省人大常委会主任姜异康在济南会见了客人。

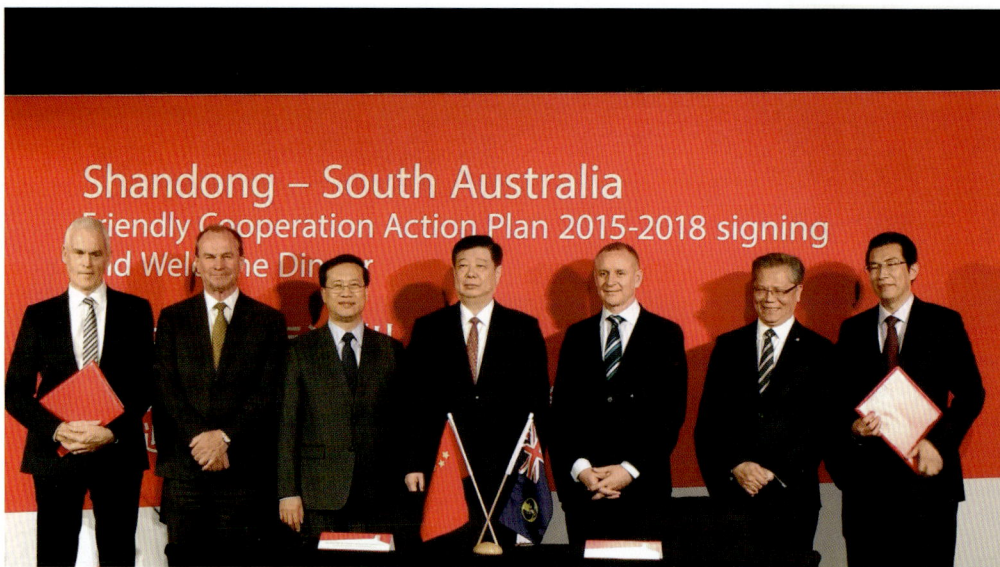

2015年9月6日至12日，时任山东省委书记姜异康率山东省代表团访问澳大利亚、新西兰。图为姜异康书记在澳大利亚南澳州与魏杰州长共同签署《山东省—南澳州友好合作行动计划（2015—2018）》。

2016年3月20日，由山东省政府与国务院发展研究中心共同主办的2016中国发展高层论坛"山东之夜"主题活动在北京钓鱼台国宾馆举行。时任山东省委副书记、省长郭树清出席并发表主题演讲，时任国务院发展研究中心主任李伟，美国通用汽车公司总裁丹·阿曼致辞。国际组织负责人、跨国公司董事长或首席执行官、知名学者，省直有关部门主要负责同志，各市市长共约500人参加活动。

2016年4月24日至5月1日，时任山东省委副书记龚正率团访问美国、加拿大。图为4月26日上午，在魁北克市会见加拿大魁北克省省长库雅尔。

2016年5月20日至21日，莫桑比克总统菲利佩·纽西夫妇一行65人访问山东。

2016年7月5日，2016年二十国集团民间社会（C20）会议在青岛市开幕。国家主席习近平发来贺信。时任国务委员杨洁篪出席开幕式，宣读习近平主席贺信并致辞。本次会议以"消除贫困、绿色发展、创新驱动与民间贡献"为主题，来自全球170多个民间组织的210多名代表参会。会议通过《2016年二十国集团民间社会会议公报》。图为时任中央对外联络部部长宋涛致辞。

2017年3月28日至29日，塞尔维亚总统托米斯拉夫·尼科利奇一行访问山东。时任山东省委书记姜异康在济南会见了尼科利奇一行。图为尼科利奇总统一行在莱西出席"中塞文化村暨南通三建塞尔维亚足球学校项目启动仪式"。

2017年9月21日，时任山东省委书记、省人大常委会主任刘家义在济南会见了由美中关系全国委员会组织的美国国会众议院"美中工作小组"代表团一行。

2018年6月9日至10日，上海合作组织成员国元首理事会第十八次会议在青岛召开。国家主席习近平出席并作重要讲话。图为省市外办工作人员合影。

2018年6月9日至10日，上海合作组织成员国元首理事会第十八次会议在青岛召开。山东省外办被省委、省政府表彰为"上海合作组织青岛峰会山东服务保障工作先进集体"，1名同志荣立一等功，2名同志荣立二等功，23名同志被评为先进个人。

2018年9月27日至28日，俄罗斯鞑靼斯坦共和国总统明尼哈诺夫一行访问山东。图为时任山东省委书记刘家义在济南会见明尼哈诺夫一行。

2018年11月3日，时任山东省委书记刘家义主持召开省委外事工作委员会第一次全体会议。龚正、王可、王清宪、关志鸥、任爱荣等省领导出席会议。

2018年11月7日至16日，时任山东省委副书记、省长龚正率代表团访问法国、意大利、德国。图为11月12日，访问法拉利公司（意大利）。

2019年6月6日，山东省外办召开"不忘初心、牢记使命"主题教育工作会议，山东省外办党组书记、主任蔡先金作动员讲话，时任山东省委第十四巡回指导组组长李世瑛出席会议并讲话。

2019年9月11日，山东省人民对外友好协会第四届理事会会议在济南召开。时任山东省副省长凌文出席开幕式并致辞，时任全国人民对外友好协会会长李小林发来贺信。

2019年10月16日，山东国际友城合作发展大会在济南开幕。时任山东省委书记刘家义出席开幕式并作主旨演讲，时任山东省委副书记、省长龚正主持，时任中央外办副主任孙书贤出席。大会以"深化合作，共谋发展"为主题，来自33个国家、113个代表团的886位外宾参会；举行多边双边会见和工作会谈等活动33场次，签署友好城市和友好合作关系城市协议28项，发表《济南倡议》。

2019年10月19日，首届跨国公司领导人青岛峰会在青岛国际会议中心开幕，国家主席习近平向大会致贺信。峰会由商务部和山东省人民政府共同主办，以"跨国公司与中国"为主题，举行闭门会议、平行论坛、合作路演等活动，包括115家世界500强企业在内的300多家跨国公司参会。

산둥성 리우지아이 서기님의 경기도 방문을 환영합니다.

热烈欢迎山东省刘家义书记访问京畿道

2019年12月1日至8日，时任山东省委书记刘家义率山东省代表团访问韩国、日本，深入贯彻落实习近平新时代中国特色社会主义思想特别是习近平外交思想，坚定落实习近平总书记重要指示要求，努力推动山东与韩国地方合作取得新进展、跨上新台阶，落实中日两国领导人达成的共识，开创新时代开放合作新篇章。图为会见韩国京畿道知事李在明。

2020年3月28日，中国山东省赴英联合工作组自济南出发，前往英国执行任务，时任山东省人大常委会副主任王华领队，时任山东省委书记刘家义，时任山东省委常委、常务副省长王书坚，时任山东省副省长任爱荣赴机场送行。

乌兹别克斯坦—中国：双方互利合作成果与前景

□ 乌兹别克斯坦驻华大使巴赫季约尔·赛义多夫

山东与德国：有着长久历史的经济伙伴

□ 德国驻华大使 葛策

俄罗斯与山东合作扬帆起航再创佳绩

□ 俄罗斯驻华大使 安德烈·杰尼索夫

密联邦与中国

□ 密克罗尼西亚联邦驻华大使 文森特·西瓦斯

深化日中合作 共创美好未来

□ 日本驻青岛总领事 井川原贤

山东，韩中合作的门户

□ 韩国驻青岛总领事 朴镇雄

2020年7月14日至8月8日，省外办积极应对全球新冠病毒感染，主动创新对外联络沟通模式，发起"驻华大使话山东"活动，邀请乌兹别克斯坦、俄罗斯、德国、西班牙、古巴、墨西哥、日本、韩国等20个国家的驻华大使或总领事在《大众日报》发表署名文章，介绍合作成果、展望合作前景，拓展友好交流新渠道。活动为疫情防控常态化条件下的山东对外交流合作注入了新动力，引起社会各界广泛关注和积极反响。

2020年7月30日，"对话山东——日本·山东产业合作交流会"主题研讨会在济南、东京、大阪同时举行，时任山东省委书记刘家义出席研讨会并与日方嘉宾视频连线，时任山东省委副书记、省长李干杰致辞，时任山东省委副书记杨东奇主持。

2020年9月29日，山东省人民政府举行国庆茶话会，庆祝中华人民共和国成立七十一周年。

2020年12月，省外办美洲大洋洲处被外交部授予"全国地方外事工作优秀集体"荣誉称号。

2021年4月25日，时任山东省委书记刘家义，时任中国人民对外友好协会会长林松添为"中外青少年交流基地"揭牌。该基地是全国对外友协在地方设立的第一个基地。

2021年4月25日，由中国人民对外友好协会和山东省人民政府共同举办的"中日韩对接合作发展山东行"活动在济南开幕。

聚焦中国（山东）—东盟中小企业合作发展大会

共同谱写山东东盟互利合作新篇章

与会嘉宾共话发展机遇，共绘合作蓝图

汇聚开放合作强大动能

□ 本报评论员

打造面向东盟开放合作新高地

——中国（山东）—东盟中小企业合作发展大会侧记

□ 本报记者 戴苏亮 赵洪杰

挖掘合作潜力期待山东机会

——中国（山东）—东盟中小企业合作发展大会嘉宾专访

□ 本报记者 齐静

2021年5月28日，中国（山东）—东盟中小企业合作发展大会在济南召开。大会主题为"RCEP签署背景下中国与东盟中小企业合作发展机遇与前景"。时任山东省委书记刘家义，时任山东省委副书记、省长李干杰出席大会。时任山东省副省长王心富主持大会。本次活动由山东省人民政府和中国—东盟中心共同举办。

2021年5月28日，中国（山东）—东盟中小企业合作发展大会在山东举办。图为"山东东盟研究中心"揭牌仪式。

2021年9月2日，时任山东省委副书记、省长李干杰在济南出席中国（山东）—德国巴伐利亚州视频对话活动并发言。

2021年9月30日，省政府在济南召开庆祝中华人民共和国成立七十二周年招待会。图为在招待会上举行山东省荣誉公民、山东省人民友好使者授荣仪式。

2022年4月14日，时任山东省委书记、省人大常委会主任李干杰在济南视频连线联合国前秘书长潘基文。

2022年4月28日，中国—太平洋岛国应对气候变化合作中心启用仪式暨中国—太平洋岛国应对气候变化高端对话会开幕式在济南举行。

2022年6月27日，"鲁布有约　携手未来"山东省—布列塔尼大区友好交流年暨中法地理标志保护与发展论坛开幕式在曲阜尼山举办。

2022年7月6日，中国—加勒比发展中心揭牌仪式暨中国—加勒比发展交流会在济南举行。

2022年9月29日，山东省政府在济南举办庆祝中华人民共和国成立七十三周年茶话会。

目 录

绪 论

山东党的外事工作百年历程

中国共产党自1921年成立以来，已经走过一百多年光辉历程；自成立时起，就是具有深邃国际视野、宽广国际情怀、远大战略目标，并以推动人类社会共同进步为己任的重要国际力量。党的外事工作是我们党百年波澜壮阔奋斗史的重要内容，是党和国家事业的重要组成部分，见证了中华民族从站起来、富起来到强起来的伟大飞跃。

山东是全国少数几个贯穿中国共产党百年历史全过程的省份之一。建党伊始，山东党组织就开展了外事工作。100多年来，一代又一代的山东共产党人在党中央坚强领导下，推动山东实现了翻天覆地的历史变化。100多年来，党的外事工作在山东革命、建设、改革和新时代走过了极不寻常、极不平凡的发展历程。在这一不懈奋斗的伟大历史进程中，山东党的外事工作在每一历史时期，都作出了重要贡献。

一、1921—1949年，新民主主义革命时期

这一时期，党的外事工作在山东从无到有，在艰苦卓绝的革命斗争中努力开展，主要是以做好外宣工作、锻炼外事队伍、积累工作经验为主，为实现党的新民主主义革命目标，为新中国成立后山东发展建设和对外交往创造了有利条件。

（一）大革命时期和土地革命时期的涉外活动

这一阶段，山东党组织主要围绕联俄学苏和反帝抗日两大主题，开展涉外交往。在与苏俄、苏联的交往中，中共一大党代表王尽美、邓恩铭等于1922年1月赴莫斯科参加了共产国际远东各国共产党及民族革命团体第一次代表大会，这是中国共产党成立后第一次亮相国际政治舞台，是中共一大代表王尽美、邓恩铭第一次亮相国际政治舞台，也是山东党组织最初的外事活动，可谓高点起步、精彩开局。此后，大革命时期的1925年至1927年，先后有多位山东籍同志被派往苏联留学，更为难得的是其中有10位女共产党员。这些同志学成回国后，为山东和全国的革命事业作出了重要贡献。在反帝抗日工作中，山东共产党人在1928年济南"五三"惨案、1931年"九一八"事变、1935年华北事变中，都高举革命旗帜，在极端困难的局面下领导抗日救亡活动，同日本帝国主义进行了不屈不挠的斗争，为抗战全面爆发后发动全省抗日武装起义奠定了坚实的组织、干部、群众基础。

（二）全民族抗战时期山东党组织的外事工作

1937年至1945年的全民族抗日战争，总体上是在以国共第二次合作为基础的抗日民族统一战线条件下进行的。中国共产党制定和实施全面抗战路线和持久战的战略总方针，建立了抗日民族统一战线和抗日国际统一战线。山东抗日根据地作为敌后抗战的重要根据地之一，中共山东党组织根据中央要求，积极审慎开展涉外工作，在组织设置、对外宣传等方面取得了良好成效。在组织设置方面，1941年6月，"在华日人反战同盟"山东支部在临沂正式成立。1943年8月14日，山东成立了在华日人反战组织的核心组织——在华日本共产主义者同盟山东支部。这些反战组织在以深入的政治工作去动摇敌军军心和瓦解与争取伪军等方面做了大量工作，"给了我们很大的极有价值的帮助"。1941年11月，中共胶东区委根据中共中央及山东分局的指示，在区委、地委、县委三级均设立了海外工作部，这是山东党组织最早的正式外事机构，其工作总方针是：扩大抗日民族统一战线，团结各地华侨和国际友人，为争取中国抗战及世界反法西斯战争的胜利而斗争。1945年8月，胶东行政公署在烟台成立了外事办公厅。在对外宣传方面，这一时期，美国海军陆战队军官埃文斯·福代斯·卡尔逊把鲁西北抗战传向全世界；德国友人汉斯·希伯"为国际主义奔走欧亚，为抗击日寇血染沂蒙"，是山东根据地最早的对外传播者；被中国人民誉为"活着的白求恩"的奥地利人罗生特大夫，为山东革命根据地医务人员的培养和医疗事业的建设贡献巨大。此外，在涉外宗教工作方面，山东抗日根据地认真贯彻执行党中央的宗教方针，积极开展宗教工作，结合战争形势，对西方教会及传教士进行了依法对待，进一步巩固和壮大了我党的抗日民族统一战线。这一时期的对外工作，既有效动员、争取、团结了一切可以团结的力量为抗战服务，也使得山东成为世界了解中国抗战尤其是中国共产党及其领导的军队进行敌后抗战的一个重要窗口。

（三）解放战争时期的外事工作

解放战争时期，中共山东党组织的涉外工作呈现新特点，涉外活动愈加多样化、复杂化，外事工作及机构逐步专业化、常态化、正规化，外事工作开展及应对突发涉外事件取得新成效。这一时期，山东党组织以党中央政策和指示为引领，以党领导的武装力量为依托，以广大人民群众的支持拥护为后盾，将坚定的原则立场与策略性、灵活性的方式方法结合起来，创造性地开展涉外活动和工作，成功处理了一系列突发涉外事件。具有代表性的事件有：1945年10月，外事办公厅在中共中央和胶东区党委领导下，成功处理了"阻止美军企图在烟台登陆事件"；1947年5月的"杨禄奎事件"；通过宣传、学运、军事与外交并用的灵活政策于1949年6月成功迫退驻青岛美军，有效地维护了国家主权、民族尊严和人民利益。外事办公厅还做了大量涉外工作，如创办英文周报、接受国际救援物资、处理外侨资产、协助外国记者来鲁正面报道山东解放区等工作，为新中国成立后山东外事工作的开展做了必要、充分准备，奠定了全面、坚实基础。

二、1949—1978年，社会主义革命和建设时期

这一时期，党的外事工作主要任务是冲破西方敌对势力对新中国的孤立、遏制、包围和威胁，维护民族独立、国家主权和安全，争取有利于社会主义建设的国际和平环境。山东省党的外事工作根据党中央部署，致力于为社会主义革命和社会主义建设服务，以巩固政权、强化意识形态为主，呈现鲜明的革命性、政治性、倾向性特点，具有强烈的时代烙印。

（一）山东省党的外事机构和涉外群众团体建立发展

随着新中国的建立，国家各项工作逐步展开，党的外事工作、外事工作机构也随之展开和建立。党领导下的山东省外事机构在新中国成立之前就已出现，即1945年成立的胶东行政公署外事办公厅。中华人民共和国成立后，山东省党的外事机构历经多次变化，从1950年11月成立的山东省外事委员会，到1954年9月成立的中共山东省委国际活动指导委员会，再到1959年6月成立的中共山东省委外事领导小组及中共山东省委外事领导小组办公室和山东省人民委员会外事办公室，直到1967年2月成立的山东省革命委员会外事办公室，并于1979年改为省人民政府外事办公室，后在1982年至1983年的机构改革中，与山东省旅游局及侨务办公室合署办公，1985年后成为独立机构。山东省市地级外事机构演化大致与省级外事机构一致。新中国成立初期，官方外交活动领域相对狭小，民间外交发挥了独特的历史性作用。涉外群众团体作为党的外事工作体系中的重要组成部分，在对外交往中起到了重要作用。新中国成立之后，山东省先后有5个省级涉外群众团体出现，分别为：中苏友好协会山东分会、中国人民保卫世界和平委员会山东省分会、中国人民抗美援朝总会山东分会、中国人民对外文化协会山东省暨济南市

分会、山东省人民对外友好协会等，其中前4个群众团体组织已停止活动。这些涉外群众团体根据各自组织性质和基本任务，各尽所能，扎实工作，取得了较为突出的成就。

（二）加强同社会主义阵营国家的交往

从新中国成立到50年代初期，出于巩固政权的需要，我们采取了"一边倒"的外交方针。这一时期，山东省来访出访的国家主要是苏联、东欧各国和朝鲜、越南等社会主义国家，尤其是同苏联广泛开展了先进科技、文化宣传及交流活动。此类活动在山东省各级党组织领导下，主要以中苏友好协会的名义开展，重文化交往，少经贸往来，具有强烈的政治性色彩，促进了苏联人民与山东人民建立稳固密切的联系。同时，苏联、南斯拉夫、匈牙利等国家的工程技术专家赴山东参加和指导技术工作较多。全省各方面各部门响应党中央的伟大号召，掀起了向苏联学习的运动热潮，取得了很大收获，创造了许多成就。

（三）开展声势浩大的保卫世界和平和抗美援朝运动

1950年10月，党中央作出抗美援朝、保家卫国的重大决策。志愿军入朝后，党领导人民迅速开展了轰轰烈烈的抗美援朝运动。山东省同全国一样，在各级党组织领导下，广大群众的爱国热情和磅礴力量被充分激发出来，积极投身到抗美援朝运动中。山东抗美援朝运动贯穿抗美援朝战争始终，开展了和平签名运动，动员人民参军援朝；订立爱国公约，推动拥军优属；广泛开展宣传教育，发起全民捐献运动等。抗美援朝运动是山东党组织在全境解放后开展的第一次大规模的爱国群众运动。

（四）50年代至60年代中期外事工作重心变化

这一时期，美苏两个超级大国主导的世界冷战格局中，国际局势发展动荡曲折，世界各种力量分化改组。党在十分复杂的国际环境中开展外事工作，在同美国对抗、同苏联论战的过程中，发展同亚非拉国家的关系成为中国外交的重点。在配合反帝反修的政治斗争和外交斗争中，山东党的外事工作有了三个重要变化：与苏联交往大量减少；积极支持亚非拉民族解放运动，包括抗美援越活动、声援民族地区国家反侵略斗争；同社会主义国家如阿尔巴尼亚、匈牙利，还有一批亚非拉国家进行了广泛的经贸、文化、体育交流。

（五）山东省党的外事工作受到"文革"冲击

"文化大革命"期间，尤其是初期，党的外事工作一度受到严重冲击。山东省党的外事工作也受到了"左"的严重干扰，外事部门和对外单位受到不同程度的冲击，但也取得了一定成绩，特别是阿尔巴尼亚与山东省关系发展迅猛，山东成为出援地区；通过热情接待西哈努克亲王和夫人到山东省参访，深化了与柬埔寨的交往；美国、西欧、日本等西方国家来访团组增多。还应特别提到的是70年代前期，不少地区外事机构开始设立，1973年，青岛和济南被批准为全面开放城市，烟台港恢复对外开放，烟台海关复关，为山东省迎接改革开放打下了良好基础。

三、1978—2012年，改革开放和社会主义现代化建设时期

这一时期，党的外事工作主要任务是配合国家经济建设，为改革开放营造良好合作环境、周边环境、安全环境、舆论环境，构建对外关系新格局。山东省党的外事工作致力于为实行改革开放和社会主义现代化建设服务，吸引外资和技术，扩大对外交往。同时，外事部门自身的职能作用和体制机制也发生了历史性转变与突破。

（一）全方位对外交往格局基本形成

这一时期，山东省党的外事工作从只与部分国家交往向多区域交流合作转变，对外交流方式也从双边为主到双边多边合作共同发展，高端外事活动日益频繁，高层交往不断增多，党际交往更趋活跃，民间交往有声有色，逐步形成了全方位对外交流合作格局。来访出访数量剧增，呈现级别高、数量多、来源广、内容丰等特点。对外交流合作的主导性显著增强，参与全球化的能力显著提高，有效提升了山东省的国际影响力。这一时期，全省基本形成经济技术开发区—沿海开放城市—沿海经济开放区—西部内陆地区逐步推进的对外开放格局。

（二）对外交往以政治活动为主转为以经济活动为主

这一时期，山东省外事部门按照党中央"和平友好干四化"的对外工作总目标，逐步实现了从一般的外事接待向进一步当好党委和政府的助手和参谋、从一般的政治友好活动向政治和经济相结合、从单纯的外事管理向更好地提供服务的转变，并在1986年的全省外事工作"七五"规划中，在国内率先提出"外事工作为经济建设服务"的新理

念，1994年又提出"大外事、大友城、大服务"的外事工作新思路。理念转变带来工作转变，山东省由以往的政府间单纯来访出访、政治性的受援出援，转为与外国政府、国际组织和工商界发展广泛的合作关系，构建起从官方到民间、从机构到个人、从经济领域到社会领域的全方位、多层次的国际交流合作格局。

（三）加强外宣并健全对外交往网络，扩大山东省在世界的影响

省及济南、青岛、烟台、威海、潍坊等开放城市采取多种方式开展外宣活动，塑造山东省良好国际形象，为经济社会发展营造良好外部舆论环境。国际友城和各种友好关系发展迅速，初步形成了一个关系稳固、布局合理、不断扩大的对外友好交往网络，广泛开展了经济、技术、科学、教育、卫生、体育等领域的交流与合作，实现了从双边合作为主到多边与双边并进的重大转变，山东省在地方国际合作中的主导权和话语权明显上升，逐步树立起山东省平等开放、诚信守诺的良好国际形象，对山东省的对外开放和经济发展发挥了重要作用。

（四）全省外事工作体制机制逐步完善

山东省委历来十分重视外事工作，1981年6月，省委成立新一届省委外事工作领导小组；1988年9月，更名为山东省外事工作领导小组，工作职责任务不断清晰明确。2003年5月，省委将原省外事工作领导小组更名为中共山东省委外事工作领导小组，下设办公室，负责日常工作，进一步明确工作职责，并制定完善了相关制度。市地级党委先后成立外事工作领导小组，至2011年底，17市均成立了外事工作领导小组。全省各级政府外事机构也渐次成立，大部分县市区建立了外事工作机构，逐步健全了"统一领导、归口管理、分级负责、协调配合"的管理体制和外事工作体制机制，外事工作的制度化、规范化、规划性、协调性有了显著提升。这一时期，地方外事队伍建设也取得了较大成绩。

四、自2012年，中国特色社会主义进入新时代

在以习近平同志为核心的党中央坚强领导下，在习近平新时代中国特色社会主义思想的科学指导下，党和国家事业取得历史性成就、发生历史性变革。在新的历史起点上，习近平总书记以大国领袖的战略远见和使命担当，统筹中华民族伟大复兴战略全局

和世界百年未有之大变局，带领我们不断开创新时代中国特色大国外交新局面，党的外事工作取得了举世瞩目的重大成就。中国国际地位和影响力提升到前所未有的高度，日益走近世界舞台中央，不断为人类发展进步作出新的更大贡献。

在习近平新时代中国特色社会主义思想特别是习近平外交思想指引下，山东党的外事工作以服务党的外事工作全局和国家总体外交大局、服务地方经济社会发展、切实维护改革发展稳定大局为主，在新时代呈现新气象、展现新作为、体现新担当。

（一）党对外事工作领导更加集中统一

党政军民学，东西南北中，党是领导一切的。进入新时代，山东党的外事工作注重从贯彻落实、思想认识、体制机制方面坚持和加强党的集中统一领导，牢牢把握党的外事工作的正确政治方向。在贯彻落实方面，党的十八大以来，山东省委认真贯彻落实中央外事工作会议、周边外交工作座谈会、中央外事工作委员会会议精神，不断加强全省外事工作的顶层设计、总体布局、统筹协调、整体推进、督促落实，召开省委外事工作委员会（领导小组）全体会议15次，推进对外工作体制机制改革取得重要成果，强化对各领域各部门外事工作的统筹协调，确保党中央决定的对外大政方针和战略部署得到坚决有力贯彻执行，始终与党中央对外工作决策部署保持高度一致，并结合山东实际进行理论和实践创新。在思想认识方面，全省外事系统始终坚持党对外事工作的集中统一领导，坚持外交大权在以习近平同志为核心的党中央，坚持把学深悟透习近平新时代中国特色社会主义思想特别是习近平外交思想作为外事工作的首要政治任务和"第一议题"，增强"四个意识"、坚定"四个自信"、做到"两个维护"，坚定拥护"两个确立"，自觉在思想上、政治上、行动上同党中央保持高度一致。在体制机制方面，扎实推进外事工作体制机制改革完善，省委外事工作领导小组改建为省委外事工作委员会，设立省委外事工作委员会办公室，列为省委工作机关，形成了省委外事工作委员会直接领导、省委外事工作委员会办公室统筹协调、各地各部门联动配合的外事管理新体制。同时，还进一步建立健全了全省各级党委外事工作统筹协调机制，制定《中共山东省委外事工作委员会关于新时代进一步加强和改进全省外事管理工作的意见》，全省外事工作统筹协调机制日趋完善。各市也建立了相应外事领导体制。制定印发了《省委外事工作委员会工作规则》《省委外事工作委员会办公室工作细则》等一系列规范性文件，填补管理空白。

（二）"两个服务"更加系统精准、深入有效

进入新时代，山东党的外事工作全力服务和维护国家总体外交，推动全方位对外开放合作，服务打造对外开放新高地。在主动融入国家总体外交大局上，近年来承担了外国政党干部考察培训任务，100余批次外国政党团组来山东省考察交流；承办了C20会议，促进了各地政党和民间组织的交流合作；举全省之力服务和保障上合组织青岛峰会，实现了"世界水准、中国气派、山东风格、青岛特色"的预期目标，赢得广泛赞誉；成功保障了海军成立70周年多国海军活动重大交流活动；纵深推动外交部试点等重点任务，境外安全保障和海外利益保护工作深入推进等。在持续提升服务全省高质量发展水平上，围绕服务中国（山东）自由贸易试验区、中国—上海合作组织地方经贸合作示范区、山东新旧动能转换综合试验区、黄河流域生态保护和高质量发展等重大发展战略，策划举办重大国际会议活动，搭建更多高能级对外开放平台，如外交部山东全球推介活动、山东国际友城合作发展大会、国际青年交流大会、世界入海口城市合作发展大会、跨国公司领导人青岛峰会、尼山世界文明论坛、青年企业家创新发展国际峰会等，全方位深化山东省各领域对外交流合作。在优化开放发展良好涉外环境上，注重加强多元渠道交流互鉴，在对外交往中全面宣介习近平新时代中国特色社会主义思想特别是习近平外交思想，深入解读党的新理念新思想新战略，清晰阐明中国的道路制度和战略意图，详细阐释中国发展将为世界各国带来重要新机遇，向世界展示真实、立体、全面的中国，展现可信、可爱、可敬的中国形象。2020年新冠疫情以来，统筹疫情防控和经济社会发展涉外工作成效显著，全方位宣介疫情防控经验成效和对全球抗疫的积极贡献，加强同有关国家和政治组织经验交流，倡导不同文明间平等对话、交流互鉴、共同发展。

（三）外事管理服务效能更加提升

进入新时代，山东党的外事工作紧扣党中央对外决策部署，围绕全省高质量发展需求，不断推进外事管理和服务职能改革创新，努力推动管理有力度、服务有温度，持续提升外事领域治理体系和治理能力现代化水平。职能定位、目标任务更加明确。这一时期，进一步明确了党的外事工作的职能定位、目标任务和原则要求，明确了地方外事服务国家总体外交和地方经济社会发展的双重职责，提出了要努力当好对外开放的"桥头堡"、交流合作的"牵线人"、涉外安全的"防波堤"的重要定位。外事发展与智库建设全面加强。为促进党的外事工作理论和实践创新，推动外事开门询策、开门决策、科

学决策落实落地，充分利用高校、研究机构资源，一方面评审认定了一批山东省外事研究与发展智库，建立健全相关管理制度，并注重加强与国内外高端智库建立战略合作关系；另一方面，申请设立并不断完善省社会科学规划研究项目专项研究，组织外事智库积极申报省、办两级年度研究课题。外事队伍建设迈出新步伐。提升外事管理服务效能，必须要有一支忠诚干净担当的外事干部队伍。进入新时代，坚持不懈抓班子强队伍，不断优化干部队伍结构，加强干部梯队建设，持续提升干部政治素养、业务素养、管理水平、创新能力，为山东省外事管理服务上水平、上台阶提供了坚实的干部支撑。

（四）外事转型升级不断迈出新步伐

进入新时代，山东党的外事工作因应形势发展，加快转型升级，着力建平台、优布局、强系统，持续全面升级"外事+"专项行动，积极搭建"云外事"平台并举办系列活动，不断丰富平台载体、创新工作模式，"山东外事"品牌体系建设扎实推进，有效推动外事工作的高质量发展。提升"外事+"专项行动，在广泛开展"外事+"专项行动的基础上，充分发挥全省外事系统合力和外事资源优势，推动"外事+"模式全面深化、系统升级，有力深化了"大外事"工作格局。建设"山东外事"品牌体系，科学谋划、大力指导和支持各市打造具有区域特色的外事品牌，在全省范围内逐步形成了一个层次清晰、布局合理、特色鲜明、影响广泛的"山东外事"活动品牌体系。优化完善对外交流合作布局，坚持以周边和大国为重点，以发展中国家为基础，瞄准日韩、东盟、西欧、中东欧、"一带一路"沿线等重点联系的国家和区域，做好重点国别区域布局，加强机制建设，深化务实合作，对外交往层次进一步提高，资源进一步丰厚，能力进一步增强。运用"云外事"新模式，2020年以来，积极探索疫情下对外交往新路径、新模式，及时启动以线上对外交往为主的"云外事"新交往模式，举办了一系列具有网络化、全媒体特色的线上对外交流活动，取得了积极成效。

习近平总书记多次强调，一切向前走，都不能忘记走过的路；走得再远、走到再光辉的未来，也不能忘记走过的过去。全面回顾党的外事工作在山东的百年历程，系统总结山东党的外事工作经验与启示，对深入贯彻落实习近平总书记对山东工作的重要指示要求，奋力开创新时代社会主义现代化强省建设新局面，更好服务中国特色大国外交具有十分重要的意义。

第一章

新民主主义革命时期
山东党组织的外事工作

综　述

作为马克思主义与中国工人运动相结合的产物，中国共产党甫一诞生就具有鲜明的国际性。中国共产党的外事政策与实践是中国革命事业的重要组成部分，也是马克思主义中国化的重要内容。山东是率先成立早期党组织的六个省份之一，一百年来，山东党的外事工作始终同党和人民的事业紧密联系在一起，在历史进程中留下了浓墨重彩的印迹。

一、从无到有，在艰苦卓绝的革命斗争中努力开展对外交往

1921年7月，山东代表王尽美、邓恩铭参加了中国共产党第一次全国代表大会。1922年1月21日至2月2日，王尽美、邓恩铭与山东党员王象午（王筱锦）、王复元等一起参加了在莫斯科召开的共产国际远东各国共产党及民族革命团体第一次代表大会。这次大会是中国共产党成立后第一次正式派出代表参加的大型国际会议。这是中国共产党成立之后，中共一大代表王尽美、邓恩铭第一次亮相国际政治舞台，也是山东党组织最初的外事活动。这个开头起点很高，他们来到国际无产阶级革命的伟大导师列宁身边近距离地"取经"，也让世界倾听了初生的中国共产党的声音。更重要的是，这次大会首次提出了"全世界的无产阶级和被压迫的民族联合起来"的使命性口号。列宁提出"中国国民党和中国共产党是否可以合作"的问题，加速了中国共产党对基本符合国情的民主革命纲领的制定，实现了革命战略的转变。王尽美自苏联归来后，与多位"远东大会"代表一同出席了中共二大，二大提出的反帝反封建的民主革命纲领，对于指导当时革命斗争，以至后来的革命进程都产生了重大影响。

二、坚持抗战，坚持独立自主，外宣和对外交往相辅相成

中国共产党在外事工作中始终将反对帝国主义、争取中华民族完全独立作为对外交往的思想核心，将统一战线作为对外交往的重要策略。在1928年济南"五三"惨案、1931年"九一八"事变、1935年华北事变发生后，无论是面对白色恐怖还是面临与上级

党组织失联，山东的共产党人都在黑暗中高举革命旗帜，同国民党反动派和军阀，同日本帝国主义进行了不屈不挠的斗争，积极宣传党的主张，动员群众。特别是1936年山东省委重建以后，努力恢复发展全省各地党组织，动员党员群众积极参加抗日救亡运动，为抗战全面爆发后发动全省抗日武装起义从组织、干部、群众等方面奠定了坚实基础。抗日战争时期，党及其领导的人民军队在鲁南成立了较早的涉外统一战线组织——"在华日人反战同盟"。1941年11月，中共胶东区委设立海外工作部，这是山东党组织最早的正式外事机构。抗战期间，山东革命得到了很多国际友人的无私帮助，其中汉斯·希伯和罗生特最为著名。二人在抗日战争时期进入山东革命根据地，汉斯·希伯"为国际主义奔走欧亚，为抗击日寇血染沂蒙"，罗生特对山东革命根据地医务人员的培养和医疗事业的建设贡献巨大。

三、面对复杂局面，对外交往中原则坚定性与策略灵活性有机统一

1945年4月，毛泽东在中共七大上作《论联合政府》的报告，第一次明确宣布："中国共产党的外交政策的基本原则，是在彻底打倒日本侵略者，保持世界和平，互相尊重国家的独立和平等地位，互相增进国家和人民的利益及友谊这些基础之上，同各国建立并巩固邦交，解决一切相互关系问题。"这时，中国共产党对外交往与联系的内外条件发生重大变化，中国共产党坚持以中国革命为中心，客观认识对苏关系，并转变自己的对外策略。尤其是开始重视对英美国家的外交工作，弱化意识形态对立，利用外交策略打退国民党的反共高潮，走上了独立自主的外交道路。这一时期，山东党组织在中共中央的坚强领导下，面对复杂局面，在对外交往中将原则的坚定性和策略的灵活性有机统一起来。胶东行政公署于1945年8月在烟台成立的外事办公厅在中共中央、山东分局和胶东区党委领导下，成功处理了"美军企图在烟台登陆事件"和"杨禄奎事件"，维护了国家主权、民族尊严和人民利益。对长期驻在青岛的美军，我党采取了宣传、学运、军事与外交并用的灵活政策，最终使美军撤离青岛，为解放整个华北乃至全国奠定了重要基础。

第一节　大革命时期和土地革命时期的涉外活动

大革命时期和土地革命时期，中国共产党的涉外交往活动主要集中在两大方面，一是联俄学苏，二是反帝抗日；山东党组织的相关活动与此一脉相承。一方面，中共成立初期，山东是较早建立党组织的省份之一，在中共与苏俄、苏联的交往中，以参加过中共一大的王尽美、邓恩铭为代表的山东党员行动早、起点高、特色足、效果好，成为当时国际政治舞台上亮眼的一幕。另一方面，山东是长期以来遭受帝国主义特别是日本侵犯、压榨的焦点地区之一，民众反抗的呼声特别强烈，中共山东党组织广泛发动群众，利用宣传、请愿、游行示威、罢工罢课、抵制日货、扩大抗日组织等多种方式，奏出了反帝抗日的民族强音。

这一时期，北洋政府、国民政府在山东先后设有山东外交司、特派山东交涉员公署、山东外交公署等专门外事机构；而新生的中国共产党羽翼未丰，包括山东在内的各地党组织参与的涉外活动，尚处于初始、简单的阶段，并且常常处于地下，与专门化、规范化的外事工作尚有一定距离。千里之行，始于足下。这一时期，山东党组织的涉外活动，为日后党的外事工作积累了经验，做了有益的铺垫。

一、亮相：王尽美、邓恩铭等赴莫斯科出席远东会议

为抗衡西方列强召开的华盛顿会议，1922年1月21日至2月2日，共产国际远东各国共产党及民族革命团体第一次代表大会在莫斯科召开。共有来自中、朝、日、蒙等远东国家的178人秘密前往苏俄参加了这次会议，中国代表团规模堪称庞大，格外醒目。中国代表团有表决权的代表39人，系中国共产党广泛联络各界人士组成，其中有14人为中共代表[1]。来自山东的王尽美、邓恩铭（邓又铭）、王象午（王筱锦）、王复元（王福源）、王乐平（王居一）等5人参加了会议，前四人为中共党员。中国代表团中，山东代

---

① 徐云根：《从"一大"到"二大"看东方战略对中共创建的影响》，《中共创建史研究》2018年11月。

表的中共党员人数最多[①]。

这是中国共产党成立之后第一次亮相国际政治舞台，是中共一大代表王尽美、邓恩铭第一次亮相国际政治舞台，也是山东党组织最初的外事活动。

一战后，各帝国主义列强加紧对中国侵略，掀起了新一轮瓜分中国的狂潮。美国在巴黎和会上没有获得预期的利益，便打着"维护世界和平"的幌子，于1921年11月12日至1922年2月6日发起华盛顿会议（亦称太平洋会议）。会议签订了《九国公约》，确认美国提出的"各国在华机会均等"和"中国门户开放"的侵略原则，使中国又恢复到被几个帝国主义国家共同宰割的局面。

为揭露帝国主义国家进行新的侵略扩张的面目，号召远东各被压迫民族开展反帝反封建的民族民主革命，共产国际决定同时召开远东各国共产党及民族革命团体第一次代表大会，一个没有帝国主义国家代表参加的会议，以示对抗。

1921年上半年，共产国际向中国、朝鲜、蒙古、爪哇等国共产党或革命团体发出邀请书。到1921年秋，收到共产国际远东局关于选派代表参加会议的通知后，刚刚开过一大的中共中央派包惠僧和周佛海赴长江一带、刘仁静到北方各主要城市物色、选派代表。

刘仁静来到济南，与王尽美、邓恩铭等协商出席会议的代表，确定山东地方党组织以党员王尽美、邓恩铭、王象午、王复元为代表。当时，王乐平作为参加华盛顿会议的中国代表团成员，正准备动身去美国，王尽美劝说他打消了计划，王乐平改弦更张，同王尽美等一道前往苏俄伊尔库茨克参加共产国际组织的会议。

为避开北洋军阀政府的阻挠和破坏，山东代表赶赴苏俄的准备工作秘密进行。王尽美、邓恩铭、王乐平等人扮作商人，携带一批昌邑丝绸，出山海关，经奉天（今沈阳）、哈尔滨到达满洲里，再转乘火车经三天三夜到达伊尔库茨克。

由于多数代表未能按期到达，原定于同华盛顿会议同时举行的大会延期。12月，大部分代表陆续抵达后，大会改在莫斯科举行。1922年初的一天，中国代表与蒙古、朝鲜、日本代表一同乘上了驶向莫斯科的列车。到达后，莫斯科人民以高昂的国际歌曲、五颜六色的彩旗对远道而来的客人给予了热烈欢迎。

---

① 杨奎松：《远东各国共产党及民族革命团体代表大会的中国代表问题》，《近代史研究》1994年3月。

1922年1月21日，远东各国共产党及民族革命团体第一次代表大会在克里姆林宫隆重开幕。共产国际主席季诺维也夫宣布大会开幕。会议历时13天，2月2日结束。列宁被大会选举为名誉主席，但因健康原因未能出席。

大会通过了《华盛顿会议的结果及远东形势的决议》和《远东各国共产党和民族革命团体第一次代表大会宣言》，深刻揭露了为协调各帝国主义国家在远东利益而举行的华盛顿会议的反动本质，总结了远东各国人民开展革命斗争的情况和经验。大会根据列宁关于民族殖民地问题的理论，阐明了被压迫民族所面临的反帝反封建的历史任务[1]。

中国代表在大会上作了报告和发言。在中国工人代表作的《中国近代产业下底工人的状况》的报告中，专门谈到了王尽美等领导下的山东工人运动的现状，指出：山东劳工会发行有劳动周刊，会员有500余人，山东劳工会是中国"几个较新的有实力的工会"之一。

会议期间，列宁接见了中国部分代表。他特别关注中国革命的一个关键问题，即国共两党的合作问题，热诚希望在中国实现国共两党的合作，推进反帝反封建的民族民主革命。

大会开幕前和闭幕后，王尽美、邓恩铭和其他代表一起，怀着极大的兴趣在莫斯科、彼得格勒等城市进行了参观访问，莫斯科的克里姆林宫、历史博物馆和革命时代的地下工作纪念场所以及彼得格勒的冬宫和十月革命起义的总指挥部斯摩尔尼宫，都给王尽美、邓恩铭等人留下了很深的印象。

大会期间，他们和各国代表与苏俄人民一道参加了星期六义务劳动。当时，苏俄经过战争创伤，经济十分困难，特别是粮食供应非常紧张。全国上下吃的一律是掺上糠的低劣的黑面包，每日面包供给标准是：红军士兵2磅，工人1.5磅，机关人员1磅，共产党员0.75磅。共产党员吃苦在前、享受在后的风格给代表们留下了深刻印象。尽管处在严重经济困难时期，但苏俄政府给代表团准备了充足的食品。代表们于心不忍，几次提出和苏俄人民同样吃粗饭的要求，但没有得到允许，于是代表们商定，将这份客饭转赠给幼儿园。

---

[1]　徐云根：《从"一大"到"二大"看东方战略对中共创建的影响》，《中共创建史研究》2018年11月。

大会闭幕后，王乐平、王象午等先行回国，王尽美、邓恩铭和一些代表留在苏俄继续学习考察。期间，王尽美、邓恩铭学会了用俄语唱《国际歌》。回到山东后，他们投身群众运动，广泛宣传远东会议的精神和在苏维埃俄国的所见所闻，并向人们教唱《国际歌》，扩大了马克思主义和苏俄革命道路的宣传，启发了群众觉悟。

在苏俄几个月的时间里，山东代表团成员从各个侧面观察和认识这个世界上第一个无产阶级掌握政权的国家，耳闻目睹了苏俄共产党人的工作和生活，从中受到很大的启示、教益和鼓舞。出席大会的中共代表于1922年上半年先后回国，向中共中央和上海等地的共产党员报告了这次会议的内容和精神。

1922年7月16日至23日，中国共产党第二次全国代表大会在上海召开。出席大会的代表12人，代表全国195名党员，王尽美是大会代表之一。

大会第一次公开发表《中国共产党宣言》，制定了第一部《党章》，第一次提出建立统一战线的思想，第一次对工人、青年和妇女运动提出了要求，作出了加入共产国际的决议。特别是会议提出的反帝反封建的民主革命纲领，对于指导当时革命斗争，以至后来的革命进程都产生了重大影响。

在中共二大上，列宁的民族和殖民地理论开始被中国共产党所理解和接受，从而制定出了符合中国革命实际的民主革命纲领和统一战线方针，这标志着中国共产党在马克思主义普遍真理同中国革命具体实践相结合上迈出了可喜的一步。[1]

包括王尽美在内，中共二大有多位代表出席过远东会议。此时的中国共产党人正在对中国革命的道路进行艰难探索，"这次大会（指远东会议）对于帮助中国共产党人认清中国国情和制定中国民主革命的纲领，起到了很大的作用"[2]。远东会议对出席会议的中共代表的思想认识产生了重大的启发和影响。[3]

二、取经：山东党组织先后有10位女同志赴苏联留学

大革命时期的1925年至1927年，中国共产党先后派出大批优秀人才到莫斯科中山大学和莫斯科东方劳动者共产主义大学等苏联学校学习。这期间，先后有多位山东籍同

---

[1]　黄修荣：《远东各国共产党及民族革命团体第一次代表大会及其对我国革命的影响》，《上海师范大学学报（哲学社会科学版）》1983年8月。

[2]　中共中央党史研究室：《中国共产党历史》第一卷上册，中共党史出版社2002年版，第98页。

[3]　有关王尽美、邓恩铭与会期间的内容主要来自《中共山东编年史》第一卷。

志被派往苏联留学，更为难得的是其中有10位女共产党员，她们是王辩、侯志、王兰英、丁祝华、庄东晓、朱庆荣、谢怀丹、张影心、秦缦云、于佩贞。

她们之中，庄东晓、侯志、秦缦云、王兰英和于佩贞由山东党组织直接派出；王辩、谢怀丹由上海党组织派出，丁祝华由广东党组织派出，朱庆荣和张影心由武汉党组织派出。她们是山东妇女解放运动的先行者。在苏联学习期满后，她们全部回国参加革命工作，经历了血与火的洗礼，1932年5月，王兰英在广州壮烈牺牲。

十月革命后，大批先进的中国青年从苏俄的历史发展脉络看到了国家的曙光，他们渴望到苏俄学习革命理论。而苏俄从共产国际发展和支持中国革命的角度出发，也愿意吸收中国青年学子到苏留学，加之国共合作和先前留法勤工俭学的影响，一场规模宏大的政治留学运动在20世纪20年代的中国拉开帷幕。据不完全统计，从1921年至1930年，莫斯科东方大学、中山大学、列宁学院等高校共为中国培养了1400余名留学生，其中有1100余人是中共党团员。特别是第一次国共合作形成后，1925年至1927年期间，在共产国际的帮助下，国共双方共同派遣留学生赴苏学习，人数众多，苏联甚至专门开办了供中国学生留学的学校，留苏运动进入高潮期。这10位山东籍女同志均于这一时期赴苏留学。10位女同志中，有8人毕业于山东省立女子师范学校，2人毕业于山东省立第一女子中学。位于济南趵突泉毛家坟的省立女师创办于1914年，1923年在校女生王辩、侯志加入社会主义青年团，次年转为党员，是山东最早的女共产党员。此后，牛淑琴、于佩贞、朱岫容、王兰英和女中的谢怀丹等相继入党。1925年夏，中共山东省立女师支部建立，牛淑琴任支部书记。支部成立后，发展刘慕棠为党员，朱庆荣、张影心等4人为团员。这一时期，济南已有12名女党员，除上述者外，还有庄东晓、丁祝华和秦缦云。

1925年3月12日，国民党领袖、革命先行者孙中山逝世。为纪念孙中山，使孙中山和列宁播下的中苏友谊的种子开花结果，为实现孙中山请求苏联继续援助中国革命的遗愿，1925年9月，苏联政府和共产国际决定建立一所为中国革命培养人才的学校，命名为"中国孙逸仙劳动大学"，人们习惯上称它为中山大学。1925年10月7日，苏联派驻国民党的首席顾问米哈依尔·鲍罗廷在国民党中央政治会议宣布莫斯科中山大学成立，并在会上成立了招生委员会。随后，选拔工作在广东、上海、北京等地有序展开。在北方，由于大部分地区处于北洋军阀控制下，国民党党部公开活动很难进行，因此选派留苏学生的工作就落到了李大钊领导的中共北方区委肩上。"首先经过党小组讨论，然后支部推荐，最后经由中共北方区委批准。"①

从这年开始，第一批共计268人，分批自1925年11月开始出发，庄东晓、侯志、王辩名列其中；第二批共约220人，包括丁祝华、王兰英、于佩贞、谢怀丹分批从1926年10月开始出发；第三批100余人，1927年2月从上海出发，秦缦云、朱庆荣和张影心在这一批中。在苏联，侯志、朱庆荣和张影心入东方大学，其他7人入中山大学。

中山大学的学制最初定为两年，为了使留学生成为既掌握革命理论又能领导和指挥实际斗争的人才，后将学制改为三年。直到1930年，由于"清党"造成的恶果，中山大学陷入极大的混乱，学校不得不停办。风雨五载，莫斯科中山大学的停办，也标志着20世纪20年代留苏运动的结束。②

1928年，由于国共合作破裂，东方大学中国班并入中山大学。后中山大学停办，东方大学又开始招收中国学生。1938年，苏联大规模肃反开始，苏联党校系统调整，东方大学被裁撤。

为总结党的五大以来、特别是大革命失败以来的经验教训，正确确定当时中国革命的性质、任务和路线，中国共产党于1928年6月18日至7月11日在莫斯科召开了第六次全国代表大会。出席大会的代表共142人，山东党组织派代表出席了会议。山东籍党员庄东晓这时已学成回国，作为大会秘书处翻译再次赴苏，身在莫斯科的秦缦云、郑子瑜、于佩贞、王兰英等山东籍党员作为指定参与或旁听代表参加了会议。

在20世纪20年代，中国绝大多数妇女足不出户、极少过问政治的社会环境下，像济南这样有成批的女党员奔赴广州、武汉参加国民革命军，远赴国外接受共产主义教育，为民族解放赴汤蹈火、出生入死，在北洋军阀统治的北方城市实属罕见。

这些负笈远游的留学生回国后，对中国的革命道路甚至是新中国的成立与发展产生了重要的影响。他们不畏艰辛，勇于探索，勤于学习，把在苏联学到的理论知识运用到中国革命的实际中。他们之中还有一些同志受党的派遣来到山东工作，如吴芳、李慰农、吴丽实、任作民、关向应、朱瑞、陈明等，他们为山东的革命事业作出了重要贡献，甚至献出了生命。

---

① 孙耀文：《风雨五载——莫斯科中山大学始末》，中央编译出版社1996年版，第11页。
② 吴霓：《二十世纪二十年代的留苏热潮及其影响》，纪念《教育史研究》创刊二十周年论文集（7），2009年，第1348页。

三、发声：在极端困难局面下领导抗日救亡活动

在 1928 年济南"五三"惨案、1931 年"九一八"事变、1935 年华北事变发生后，无论是在白色恐怖中还是与上级党组织失联的情况下，山东的共产党人都在黑暗中高举革命旗帜，同国民党反动派和军阀，同日本帝国主义进行了不屈不挠的斗争，积极宣传党的主张，动员群众。特别是 1936 年中共山东省委重建以后，努力恢复发展各地党组织，动员党员群众积极参加抗日救亡运动，为抗战全面爆发后发动全省抗日武装起义从组织、干部、群众等方面奠定了坚实的基础。

从 19 世纪 70 年代侵犯台湾开始，历经甲午战争、八国联军侵华、一战参与分赃强占山东、为阻止国民革命军北伐派兵入侵山东、"九一八"事变等事件，日本在华形象严重崩塌，山东人民对于日本侵略更有切肤之痛。在山东，反对日本帝国主义尤其容易产生共鸣和号召力。在此背景下，中共山东党组织广泛发动群众，同日本帝国主义展开了坚决斗争。

（一）山东党组织与济南"五三"惨案

1928 年 4 月中旬，南京国民政府北伐军逼近济南。日本政府以保护侨民为借口出兵山东，并于 5 月 3 日残杀国民党外交官蔡公时等 17 人，进而强占全城，恣意杀戮中国军民数千人，制造了震惊中外的"济南惨案"。

5 月 6 日，中共山东省委和共青团山东省委即联合发出《为反对日本帝国主义告山东民众书》，揭露日军屠杀中国人民的暴行以及日本帝国主义的罪恶目的，指出："这次事变之主动，当然是日本帝国主义者。它的用意无非是一面借此种非常事件来缓和他国内倒阁的政潮；一面据为口实，更进一步地来侵略山东。"号召工人、农民、士兵以及一切劳苦民众自动联合起来，誓死驱逐日本侵略军，并要求日军赔偿一切损失，"非达到日兵全部退出山东，侵占的主权完全交回不止"。5 月 9 日，中共中央连续发出《中国共产党反对日兵占据山东告全国民众》和中共中央第 45 号通告《五三惨案后的反帝斗争》两个重要文件。在第 45 号通告中指出："我党目前对于反帝国主义运动，应当领导工农群众积极参加"，要求"各地特别是上海、南京、广州、香港、济南、青岛、天津、北京、开封、郑州、武汉、九江、南昌、长沙、芜湖、安庆，接到此通告后须立即制定当地行动大纲执行之，并将执行情形报告中央"。5 月 10 日，日军完全占领济南，

中共山东省委和共青团山东省委又联合发出《为反对日本帝国主义再告山东民众书》，号召全省民众一致反对日本帝国主义的侵略，并提出"限于一星期内日兵全体撤出山东""日政府赔偿济南一切损失""济南政权归市民政厅管理"等10项主张。同日，中共山东省委和共青团山东省委联合发出《为日本帝国主义炮轰济南告胶济铁路全体工友书》，指出"为日本帝国主义者运兵运大炮来济南轰击我们济南同胞的不是别人，就是胶济铁路的工友"，这是胶济铁路工人的最大耻辱，将来有何脸面见山东民众，因此，号召他们"立即用总罢工的手段停止日本帝国主义的一切军事运输"。在胶济铁路总工会的指挥下，向日本提出"日兵立即停止炮击""限一星期内日兵全体退出山东""由日政府赔偿一切损失""取消日人在胶济铁路既得的权力，胶济铁路完全归胶济铁路总工会管理"等要求。山东省委还以山东各界联合会的名义发表《告日本兵士书》，号召日本兵士撤退回国，不要充当屠杀中国人民的刽子手。为发动群众实现上述主张，到8月份中共山东省委制定了《反日运动计划》。

在中共山东省委的领导下，山东反日爱国浪潮迅速兴起。省委组织各界反日救国联合会，举行反日宣传周，组织救国十人团，组织各地救济惨案家属请愿团。山东省委还把中央的反日通告及行动大纲等印成小册子，作为训练干部的基本教材，并扩大发行省委主办的《老百姓》杂志，编印临时小报《时事简报》，发表《五三惨案真相》《国民党是什么东西》《日本侵略山东计划及对付办法》等专题文章，散发传单、标语等，以各种形式开展反日爱国运动。

山东省委派人到胶济路沿线及淄川炭矿等地组织领导工人的反日斗争。胶济铁路总工会号召全路工友不为日军运送军火武器，同时声明将举行全路总罢工。6月，潍县、高密县委在胶济铁路坊子站党组织和高密至坊子段的部分党员列车司机配合下，组织这一段铁路沿线群众，先后数次截获日军由青岛向济南运送的粮食等军用物资，使日军受到极大威胁。淄张县委根据省委指示，乘"五三"惨案引发的反日热潮，不失时机地在淄博矿区成立了淄川炭矿工会。工会派人深入到矿区的八行、士行、南旺、石谷等矿井，发动工人建立基层工会支部和小组，组织工人纠察队。6月，当淄川炭矿要裁减工人、广大工人处于不安和愤慨时，淄张县委和矿区党组织立即通过工会，组织工人进行罢工。22日，炭矿工会召开骨干分子会议，提出反对裁人、提高工资、改善待遇等罢工条件，成立了罢工组织委员会。但鲁大公司中日资本家拒绝了工人提出的条件。25日，淄川炭矿各井4000余名工人，在矿区附近马家庄南庙集会罢工。当全副武装的日军来包围镇压时，工人们特别是纠察队员们毫不畏惧，与敌短兵相接，夺取其武器，掩护与会人员突围，并于几天后机智地营救出被捕的工友。这次罢工取得了部分胜利。

中国共产党领导的反日斗争，有力推动和促进了济南、山东乃至全国的反帝运动，促进了工农革命运动的复兴。毛泽东在1928年对此指出："中国的民主革命的内容，依国际及中央的指示，包括推翻帝国主义及其工具军阀在中国的统治，完成民族革命，并实行土地革命，消灭豪绅阶级对农民的封建的剥削。这种革命的实际运动，在一九二八年五月济南惨案以后，是一天一天在发展的。"[①]

（二）山东党组织与"九一八"事变

1931年"九一八"事变后，中共中央于9月20日发表《为日本帝国主义强暴占领东三省事件宣言》，响亮地提出："反对日本帝国主义强占东三省！立刻撤退占领东三省的陆海空军！自动取消一切不平等条约！"刚刚在江西瑞金宣告成立的中华苏维埃共和国临时中央政府11月27日发表对外宣言，号召全国人民动员起来，武装起来，反对日本的侵略和国民党的反动统治。

由于此前山东省委贯彻执行了王明"左"倾教条主义的"阶级路线""进攻路线"以及错误的方针政策，山东党组织蒙受了巨大损失。以胡萍舟为书记的山东省委于1931年8月下旬组成后，为尽快扭转山东工作的被动局面，实行集体领导，并要求省委主要领导成员，除留一人在机关主持日常工作外，其余人员都深入基层调研，指导基层党组织从当地实际出发，向群众进行教育宣传。

根据中央发表的宣言，中共山东省委迅速于9月25日发出《省委通告第一号——关于日本帝国主义占领东北三省及武装进攻苏联的紧急通告》，号召全省各级党组织加紧发动群众起来反对日本帝国主义侵占东三省。省委于30日又制定了《关于日本帝国主义占领东三省的宣传大纲》（以下称《大纲》）。《大纲》从国际和国内形势、日本出兵占领东三省的战略企图、南京国民党政府对日的立场等方面作了简要分析后，结合各帝国主义国家之间在华利益的相互争夺和"九一八"事变后国内阶级关系的新变化，提出了山东党组织的总任务是："我们要坚决的反对一切帝国主义，反对一切军阀，要利用帝国主义间冲突及军阀的混战，团结我们的力量，扩大我们党的组织。"这些指示，有力

---

① 《毛泽东选集》第一卷，人民出版社1991年版，第48页。

指导了各地党组织迅速在全省掀起以学生为先导的抗日反蒋运动。

根据这些指示，中共济南市委积极行动起来，使白色恐怖统治下沉寂多时的济南重新沸腾起来。济南市委利用一切合法的形式，顺应广大群众爱国的热切要求，放手建立反日救国决死队等抗日组织，大力开展各种形式的宣传活动。

在青岛，中共青岛市委根据中共中央和山东省委的指示与部署要求，指示"九一八"事变后刚成立的青岛大学党支部，在学生中组织时事研究会、新文学研究会等合法组织，进行抗日救国宣传，首先在校内冲破了国民党的白色恐怖统治，推动了校内的抗日救国运动。

随着东北事态的日趋严重，全国各地学生运动的浪潮也愈益高涨。从1931年9月下旬开始，许多地方的学生由分别向当地政府请愿，发展到派代表或自行结队汇集到南京向国民党中央请愿。为积极响应北平、天津、上海等地学生掀起的赴南京请愿运动，济南市委和团济南特委根据省委指示决定：以党、团组织比较健全的省立第一乡师、女子师范、女子中学、正谊中学和省立高中等学校为重点，组织发动这一运动。

根据省委和青岛市委的指示，中共青岛大学支部积极组织领导抗日救亡运动。12月2日，青岛大学南下请愿团一行178人抢上火车，赴南京请愿。

（三）山东党组织与华北事变

1936年初，经过艰苦不懈的努力，与中央失去联系达两年之久的中共山东省委得以重建。

由于敌人的残酷镇压，叛徒的出卖，以及党组织缺乏秘密工作经验，山东省党的领导机关从1928年冬至1933年12月，遭受严重破坏10余次之多。省（工）委与党中央的联系也时有中断；省委机关有时驻济南，有时驻青岛；省（工）委领导人变动频繁。在此期间，先后任省（工）委书记的17名领导人中，有9人被捕，5人牺牲。1933年12月中共山东省工委遭破坏后，近两年时间未能建立省级党的领导机关。在赵健民、刘仲莹等同志的不懈努力下，1935年冬终与时任中共河北省委代表、直南特委书记黎玉取得联系。1936年5月，重新建立中共山东省委，黎玉任书记。

重建后的山东省委努力恢复发展全省各地党组织，动员党员群众积极参加抗日救亡运动，为全民族抗战爆发后发动全省抗日武装起义从组织、干部、群众等方面奠定了坚定的基础。

　　华北事变后，日本加紧了对山东的侵略。根据华北事变以来的民族危机加深的形势和共产国际七大的精神，1935年7月，中国共产党驻共产国际代表团起草了《为抗日救国告全体同胞书》（即"八一宣言"）。"八一宣言"分析了由于日本的侵略和蒋介石的不抵抗政策所造成的紧迫形势，揭露了日本加紧侵吞华北和国民党政府对日妥协的面目，指出中华民族已处在生死存亡的关头，抗日救国是全体中国人民面临的首要任务。刚刚到达陕北不久，中共中央即于1935年11月13日发布《为日本帝国主义并吞华北及蒋介石出卖华北出卖中国宣言》，提出中国工农红军愿同"一切抗日反蒋的中国人民与武装队伍"联合起来，反对日本帝国主义。11月28日，中共中央以中华苏维埃共和国中央政府主席毛泽东、中国工农红军革命军事委员会主席朱德的名义，发表了与"八一宣言"内容基本相同的《中华苏维埃共和国中央政府、中国工农红军革命军事委员会抗日救国宣言》。"八一宣言"和中共中央11月13日、28日的两个宣言，在社会各阶层引起强烈反响，有力推动了全国抗日救亡运动的高涨。

　　华北事变时，与上级党组织尚处在失联之中的济南市委从《新亚日报》共产党员李竹如处得到了"八一宣言"，立即组织人员翻印散发，使全市党员和人民群众迅速了解中共中央的抗日主张和政策，同时指示各校党支部组织演讲队，深入近郊农村宣传抗日救国，仅济南乡师就组织百余人参加了这一活动，学生们还积极参加、支持平津学生发起的"一二·九"运动，青岛日商各纱厂工人响应中国共产党"停止内战，一致抗日"的号召举行大罢工。随着工作的逐步展开，山东省委还先后对派往鲁西南、鲁东、淄博、泰安等地恢复建立党组织的党员进行秘密培训或个别谈话，向他们讲授和传达党的抗日民族统一战线理论与方针政策，要求他们在各地恢复建立党组织的同时，大力宣传抗日民族统一战线，一场新的抗日救亡运动在山东逐步兴起。

第二节　全民族抗战时期的对外工作

　　抗日战争时期，以毛泽东为代表的中国共产党人审时度势，确定了建立抗日民族统一战线和抗日国际统一战线的策略方针（后者进一步发展为反法西斯国际统一战线），并坚持统一战线中的独立自主原则。山东抗日根据地是中国共产党及其领导的军队进行敌后抗战的重要根据地之一，这里日军、伪军、土匪、国民党顽军、友军与我军势力交错，斗争形势复杂而严峻；这里深处敌后，有多名外籍人士来此考察、访问乃至亲身参与反法西斯斗争；由于历史原因，这里也是外国传教士，教堂、医院、学校等设施及教众较多的地区。在胶东沿海地区，海外华侨数量相对较多，"闯关东"者更是几乎村村都有。应当说，我党领导的人民武装和根据地面临的对外工作是十分繁多和复杂的。1941年11月，中共胶东区委根据中共中央及山东分局的指示，在区委、地委、县委三级均设立了海外工作部，这是山东党组织最早的正式外事机构，其工作的总方针是：扩大抗日民族统一战线，团结各地华侨和国际友人，为争取中国抗战及世界反法西斯战争的胜利而斗争。限于形势和条件，胶东区海外工作部大部分工作重心放在了影响和争取东北还乡探亲者、为党秘密培养派遣到东北的干部方面。

这一时期，中共山东党组织根据中央指示精神，积极而审慎地开展涉外工作，既有效动员、争取、团结了一切可以团结的力量为抗战服务，也使得山东成为世界了解中国抗战尤其是中国共产党及其领导的军队进行敌后抗战的一个窗口。

一、卡尔逊：把鲁西北抗战传向全世界

全民族抗战爆发初期，一位肩负特殊任务的驻华美军情报官，敏锐察觉到中国共产党领导的人民武装所蕴含的巨大潜力，遂以数月时间奔波数千公里，赴延安及华北敌后各抗日根据地访问考察，其中在鲁西北地区访问10天，此后坚持向美国和世界公开报道中国抗日战场尤其是敌后战场的真实情况，呼吁国共团结和支持中共敌后抗战，成为"中国人民的真正朋友"。

他就是美国海军陆战队军官、曾任罗斯福总统卫队副官的埃文斯·福代斯·卡尔逊。

卡尔逊1896年生于美国纽约，在西点军校毕业后进入海军陆战队服役，第一次世界大战时曾赴法国作战。1927年和1933年，卡尔逊两次奉派来华担任情报官员，1935年春回国后调任至佐治亚州罗斯福温泉公馆负责卫戍安全，与罗斯福总统结下良好交情。1937年春，他以美国驻华使馆海军部观察员的身份第三次来中国，行前罗斯福总统与他约定，将其在中国的见闻及看法以密信形式直寄白宫。

卡尔逊是埃德加·斯诺和海伦夫妇的好友，他从斯诺那里看到了《红星照耀中国》的手稿，对中国共产党领导的这支队伍产生了极大兴趣。在经历了诸多波折之后，1938年4月底卡尔逊抵达延安，与毛泽东、张闻天、萧劲光等共产党和八路军领导人

进行了深入交流。5月15日，卡尔逊从延安出发，开始了他对华北各抗日根据地和游击区的考察，毛泽东亲嘱派可靠部队护送。卡尔逊一路访问了晋绥、晋察冀、太岳、冀中、冀南等抗日根据地，7月20日下午越过河北、山东交界的卫运河，到达鲁西北的临清。

卡尔逊在八路军一二九师七六九团团长孔庆德陪同护送下进入临清城，国民党山东省政府秘书长雷法章、第四区专员兼保安司令韩多峰等前来迎接，街道两旁站满了手举彩旗高呼口号的欢迎民众。卡尔逊来到下榻的华美医院稍事休息，随即去拜访刚从聊城转移至此的国民党山东省政府主席沈鸿烈。

21日早晨，临清城内一万多军民在广场上举行欢迎大会，沈鸿烈和八路军领导人及各民众团体的代表出席，卡尔逊在欢迎会上阐述了美国的对外政策，兴奋地谈起了自己在华北考察的观感：在武汉看外国报纸，说中国北半部都成为日军的占领区，地图都变了颜色。我走了三省边界之后才知道，这全是说谎！原来华北敌后有大量的抗日军队、抗日政权和抗日人民。

次日中午，出身西北军、力主抗战的韩多峰设宴招待卡尔逊一行。就在10天前，韩多峰刚刚与范筑先和八路军一二九师陈再道所部密切配合，发起"津浦铁路破袭战"，捣毁日军占领的平原、禹城车站，挖断铁路百余里，破坏了日军进攻武汉的后勤补给，震惊了华北敌寇。席间韩多峰与卡尔逊和延安来的同志，就发动群众、团结抗日的话题相谈甚欢，在座的国民党顽固派沈鸿烈则嗳嗳嗳嗳不表态。晚上韩多峰请卡尔逊参观日军第一次占领临清时的暴行，包括对美国人开设教堂、医院的打砸破坏等，卡尔逊直斥日军是没有人性的野兽；韩多峰讲了敌后抗战的诸多困难，请卡尔逊敦促美国政府援华抗日……主客畅谈，午夜方休。

7月23日中午，卡尔逊和从延安一路随行的刘白羽、欧阳山尊、汪洋等文艺青年来到八路军一二九师七六九团团部，参加八路军为他们举行的欢迎宴会，沈鸿烈、韩多峰等也出席作陪。在临清期间，卡尔逊和国共两党军地两方的代表、负责人多次交流，发现国共在动员群众参加抗战这一重大方针上存在根本性分歧且难以调和，也看出"这位（山东省）主席代表的国民党和八路军有些摩擦"，囿于官方外交身份，卡尔逊无法"站队"，但他明确表示，"这里正像在中国其他地区一样，为了打败共同的敌人，必须进行合作"。

7月25日上午，卡尔逊一行离开临清，乘汽车沿运河南行，中午到达鲁西北重镇聊城，数千军民在聊城北关大堤外的公路上列队欢迎，在这里，卡尔逊见到了从延安出发时毛泽东曾向他着力推荐的、"我们的全部旅行中最令人感兴趣的一个人——范筑先将军"。范筑先、中共鲁西特委代表张霖之等人与卡尔逊热情握手问候，接着一同由北关步行进城。

全民族抗战爆发后，国民党山东省第六区行政督察专员、保安司令兼聊城县县长范筑先，不满国民党对日军侵略实行的不抵抗政策，毅然选择了和共产党合作抗日的道路，通电全国："裂眦北视，决不南渡，誓率我游击健儿和武装民众，以与倭奴相周旋。"他和共产党人一起，在鲁西北树起抗日旗帜，进而广泛动员民众，建立抗日政权和武装力量，积极开展游击战争，先后与日伪军作战80余役，到1938年夏天，已建立起30多个抗日县政权，初步开辟了鲁西北抗日根据地。

在随后的会晤中，卡尔逊向范筑先介绍了世界反法西斯战争的形势和美国对远东的政策，以及他到延安和华北敌后各抗日根据地的见闻。他说："我在华北敌后巡行数千里的所见所闻，有力地驳倒了日本侵略者欺骗世界人民的宣传谣言，觉醒了的中国人民正在掀起一场全民族的抗战。我一定把个人所见到的真实情况，告诉全世界一切爱好和平的正直人民。"范筑先则向客人详细叙述了鲁西北抗日根据地建立、发展的情况，组织民众开展游击战争的决心和体会，还为卡尔逊介绍了在座的多名共产党、八路军干部。

26日上午，聊城各界人士5000余人冒雨在万寿观前的广场上召开欢迎卡尔逊的大会，范筑先首先致欢迎词，各界代表发言后，卡尔逊发表了激情洋溢的演说，他称自己目睹的中国华北，除了几个大城市和几条重要的铁路，辽阔土地上到处都是反抗侵略的武装民众和抗日部队，到处生机勃勃，"我看到了抗日的前途，看到了中国的希望"，当卡尔逊的讲话由欧阳山尊翻译出来后，全场欢声雷动，经久不息。

当天下午，卡尔逊等人出席了第六区抗日游击司令部、政治部和"民先"鲁西总队部、冀鲁青年记者团、陕北公学同学会举办的茶话会，参观了共产党人主办的第六区政治干部学校、军事教育团等。晚上，抗战移动剧团为卡尔逊一行举行文艺晚会，演出了街头剧《放下你的鞭子》和话剧《打鬼子》等节目。共产党员、《抗战日报》总编辑齐燕铭向卡尔逊和延安来的同志分别赠送了《抗战日报》合订本，使他们更多地了解了鲁西北抗战的实况。

7月27日，卡尔逊一行乘坐范筑先部队在战斗中缴获的日本军车离开聊城前往阳谷。28日上午，卡尔逊出席了阳谷县各界召开的欢迎会。欢迎会结束后，卡尔逊和范筑先又一同向濮县进发。沿途都有抗日军民集结在村头道旁，敲锣打鼓欢迎来自太平洋彼岸的美国朋友和劳苦功高的范司令。路经朝城时，卡尔逊出席欢迎会后赶到北大街，察看了被日军飞机炸毁的由美国传教士建造的教堂。当晚，卡尔逊一行到达观城。

29日黄昏时，卡尔逊和范筑先进入濮县城，又是一场欢迎大会，在这场华北之旅"最后的演讲"中，卡尔逊一口气讲了三个多小时。当晚，疲惫的卡尔逊和范筑先谈兴不减，范筑先兴奋地向卡尔逊介绍几个月前他率部痛击日伪的濮（县）范（县）战役，卡尔逊听后，更加敬佩这位精诚报国的老英雄。

7月30日，卡尔逊结束了在鲁西北的考察访问之旅，从濮县出发西去河南濮阳，然后到郑州转往武汉。

卡尔逊的鲁西北之行尽管只有10天，但所到之处，群情振奋，在当地抗日武装和广大群众中引发了强烈的爱国抗日热潮，卡尔逊本人也深受感染。其中，共产党、八路军的坦诚相待和多方照料令他感动，而共产党领导的军民坚决抗日的态度和实际行动，更是他日后长期赞许、支持中共敌后抗战的关键。由于卡尔逊的官方身份，他与中共的交往带有某种"外交"的性质，对敌后根据地全面深入地探访具有开创性的重要意义，这在中国人民的抗日史册上留下了重重的一笔。

来到武汉后，卡尔逊很快写出一份考察报告，连同考察中撰写的部分见闻材料寄给罗斯福总统，如实反映并高度赞许中国共产党、八路军在敌后抗战的情况；在公开场合他也同样仗义执言。8月下旬，美国《时代》周刊登出了卡尔逊报道八路军抗日的长篇文章和他与朱德的合影，引发日本政府抗议，美海军部和驻华使馆致电卡尔逊申斥并予警告，富于正义感的卡尔逊为了"自由地讲真话"，毅然放弃优厚待遇，次日便递交了辞职报告。

回到美国后，1939年卡尔逊在《太平洋》月刊发表《中国的游击战争》一文，1940年他又出版了《中国的双星》一书，其中第九章《在孔夫子故乡的战争》，生动地记录下他在临清、聊城的活动情况，让世界上许多爱好和平的人们知道，在中国的鲁西北，有一块飘扬着抗日旗帜的热血土地。

中国人民始终没有忘记这位同情、支持中国民族革命和抗战事业的美国朋友。1947年5月27日，卡尔逊因心脏病在美国去世，得悉消息后，中国人民解放军总司令朱德、中共中央军委副主席周恩来立即发出唁电表示深切哀悼和怀念。

二、汉斯·希伯：山东根据地最早的对外传播

1941年9月12日，德国友人汉斯·希伯和夫人秋迪·卢森堡在新四军护送下，由苏北新四军根据地到达山东临沭——八路军一一五师师部驻地。中共山东分局机关报《大众日报》刊发了消息，"在抗战后，外国记者来鲁南，还是以希伯先生为第一人"。

汉斯·希伯（1897—1941），德国共产党员，记者。1925年前后，他多次来到中国，实地考察中国革命。七七事变后，希伯积极支持中国人民的抗日斗争，为了报道中国共产党领导人民群众抗击敌寇的真实情形，1938年春，希伯到达延安，受到了毛泽东的亲切会见。他还先后采访了周恩来、叶挺、项英、刘少奇、陈毅、粟裕、罗荣桓、朱瑞、黎玉等当时叱咤风云的革命人物，了解了中国共产党抗日斗争的情况。1939年，他以美国太平洋学会《太平洋事务》月刊记者的身份来到安徽泾县，在新四军军部见到周恩来和叶挺，听过周恩来传达中共扩大的六届六中全会精神。1941年1月，国民党发动皖南事变后，希伯先后在《美亚评论》发表《叶挺将军》和《中国的内部摩擦有助于日本》，揭露了事变真相并指出其严重后果。

一一五师主力作战频繁，多次到后方进行反"扫荡"，希伯夫妇在此十分不安全，于是一一五师把希伯夫妇转送到位于沂南侍郎宅村的中共山东分局机关。1941年10月10日，《大众日报》刊登了欢迎希伯茶会的特写，16日又刊登了欢迎希伯座谈会通讯。欢迎茶会和座谈会均在侍郎宅村召开。特写中写道，欢迎会场布置得美丽大方，门前用英语写着"欢迎我们的国际友人希伯同志！""扩大国际反法西斯统一战线！"

时任中共山东分局书记朱瑞在讲话中认为希伯来到根据地有三个方面的意义：第一，他是为全世界被压迫者英勇奋斗的国际战士；第二，他是我们千万个国际友人之一；第三，我们的抗战事业还存在许多缺点，他将帮助我们纠正，并做正义的宣传。因此，我们要认识到山东工作的国际性，我们要以真实的材料帮助他完成在山东的任务。

希伯说："这次到中国敌后方来是我此生最好的旅行，在八路军新四军帮助下，使我能在日本占领区来往自如，在敌后坚持抗战民主的人士还给我最大可能的方便和安适，这是许多外国记者想象不到的。我一定要把亲自经历的一切事情，真实地报道给全世界的人们，特别是关心中国的外国记者们，告诉他们：谁要想真正了解中国，了解中国人民怎样和敌人坚持搏斗，谁就一定要到中国的敌后方来。"

在山东根据地70余天，希伯换上八路军军服佩带短枪，做了大量采访。他采访了朱

瑞、罗荣桓、黎玉和陈光等山东分局及一一五师的领导同志，采访了许多战士和当地农民，还采访了一些日本战俘。他写了通讯《在日本占领区的旅行》和长篇报告《八路军在山东》《为收复山东而斗争》，还修改了在苏北时起草的书稿。其间，他两次来到《大众日报》社参观访问，到报社电台听英语广播。

11月初，日军纠集5万余兵力对沂蒙山区进行空前规模的残酷大"扫荡"。希伯随一一五师师部、山东分局机关等开始转战，他婉言谢绝了山东分局提出让希伯夫妇提前回上海的建议，他说："让秋迪先回去，我同意，而我决不离开山东。一个想有所作为的记者是从来不畏惧枪炮子弹的。让我留下吧！"没想到，这竟是希伯和夫人的诀别。秋迪回上海后，把希伯的作品发往国外，由此世界才了解了山东敌后抗日的第一手情况，这是山东根据地最早的对外传播。

11月4日，罗荣桓亲自指挥了"留田突围"。刚刚冲出包围，希伯马上采访了一一五师师长陈光，并在一一五师的《战士报》上发表了《无声的战斗》，盛赞罗荣桓指挥的神奇。这是希伯生前最后的作品。此时，一一五师再劝希伯离开滨海区，希伯说："现在正是最需要我奋斗的时刻。我要和你们在一起！"

11月29日晚，希伯与所在的山东省战工会机关等部在沂南、费县交界处的大青山五道沟下的獾子沟附近与敌人遭遇。这便是山东抗战史上最为惨烈的大青山突围。

日军以绝对优势兵力将我部紧紧包围起来。在敌强我弱的情况下，负责安全保卫的八路军一个连队的战士与敌人展开了殊死搏斗，希伯也参加了战斗。由于敌我力量悬殊太大，战工会秘书长陈明当机立断让连队分3个小分队向西南突围，并把密码本等都烧了。希伯被安排在第1分队先走，但他不肯先走。第2分队开始突围时，他又要求战斗到底。当他拔出手枪，加入最后突围的第3分队时，敌人已经从四面八方压过来了，五道沟唯一的出口被封锁。尽管指战员们以大无畏的英勇气概，打退了敌人多次猖狂进攻，但伤亡很大，希伯的翻译和警卫人员都倒在血泊中。希伯满腔怒火，从牺牲者身边捡起枪来，猛烈地射击敌人。他不幸身受重伤，最后献出宝贵的生命，时年仅44岁。战斗结束后，在清理战场时，人们发现了希伯弹痕累累的遗体。山东军民以隆重的葬礼将希伯的遗体安葬在他牺牲的地方。

希伯是大青山烈士群体中的一员，人民没有忘记他。希伯牺牲后，《大众日报》多次刊登纪念希伯的文章，称他为我们的同志。1942年7月7日，《大众日报》发表凌青的文章《悼中国人民之友希伯同志》，1943年12月1日发表社论《纪念国际战友——希伯同志》和《希伯同志传略》。1944年7月7日，筹备一年之久的抗日山（位于今江苏省赣榆区夹山乡王洪村）烈士陵园落成，滨海军民在此举行了规模盛大的公祭。从烈士纪念碑向上有一个小小的广场，正中矗立着圆锥形的"国际友人希伯同志纪念碑"，上面用英文和中文铭刻着"为国际主义奔走欧亚，为抗击日寇血染沂蒙"。《大众日报》的报道中说："希伯同志伟大的国际主义精神，永远屹立于中华民族新民主主义的河山之上。"这一年，希伯的遗骨由大青山移葬于沂南县东梭庄革命烈士墓地，建立了纪念碑。1963年10月9日，烈士遗骨迁至临沂地区烈士陵园，并专为希伯修建了一座庄严的陵墓。

希伯牺牲后，他的妻子秋迪·卢森堡继续在中国工作与生活。1981年5月3日，秋迪·卢森堡来到山东，10日专程去临沂为汉斯·希伯烈士扫墓，并献了鲜花和花圈。2008年，秋迪·卢森堡以92岁高龄在北京辞世。

汉斯·希伯是一个欧洲人，却倒在了中国的抗日战场上；他是一名记者，却以战士的身份走到生命的终点。为支援中国人民抗日战争而以各种方式进行斗争的外国友人很多，但是穿上八路军军装，亲手拿起枪来同法西斯侵略者战斗而死的欧洲人，汉斯·希伯是第一个。

三、罗生特：白求恩式的中共特别党员

1943年9月下旬的一天，经山东八路军一个营的护送，一支来自新四军的医疗小组抵达山东军区驻地莒南大店，他们此行的主要目的是诊治病重的山东军区司令员兼政治委员罗荣桓，医疗小组的负责人是奥地利人罗生特大夫。自此，罗生特大夫在山东根据地一直工作到抗战胜利，保障了山东党政军负责人罗荣桓的健康，使他能够坚持在岗位上指挥山东抗日根据地军民对日伪军的反攻作战。而且，罗生特在中国，与中国军民同甘苦、共患难，先后转战三大战区，并肩战斗了九个春秋，抢救了无数伤病员，还给广大人民群众治过病。他被中国人民誉为"活着的白求恩"。

罗生特，原名雅各布·罗森菲尔德（Jakob Rosenfeld），1903年出生于奥地利，毕业于维也纳大学医学院，获博士学位，后成为泌尿科和妇科专家。1938年3月，希特勒吞并了奥地利，罗生特奔走反对，被希特勒纳粹党逮捕，关进布痕瓦尔德集中营，受到法西斯暴徒的凌辱和摧残，满口牙被打掉、肾脏被打伤尿血、肋骨被打断，但他始终坚贞不屈，在严酷斗争中磨砺成一位坚定的反法西斯战士。被关押一年后，由于没有确凿证据，罗生特被判限期出境，终生不准回国。

1939年，罗生特同集中营的难友威廉·戴克一同乘船来到中国上海。在妹妹资助下，他在上海开了一家私人医院。他医术高超，服务热情，求医者络绎不绝，收入颇丰。来到上海后，他结识了德籍作家、记者汉斯·希伯，并参加了希伯与《大美晚报》英籍编辑巴林组织的一个国际马列主义学习小组，这个小组主要任务是报道并研究国际和中国的大事。希伯给予罗生特很大的思想帮助，在学习小组内，希伯经常介绍八路军和新四军的敌后游击战争，讲述他们在农村建立抗日根据地，实行民主与生产自救的情况，又向他描述敌后战争的残酷，特别是医药奇缺、治疗伤病员十分艰难的困境。这些情况让罗生特不再安心只做有钱人的私人医生，而是希望参加中国的抗日战争，为人类的正义事业贡献自己的力量。

1940年10月的一天，新四军在上海的工作人员吴之理约罗生特在上海南京路沙利文餐店会面。随后，新四军军医处处长沈其震在南京路光明咖啡馆与罗生特见面，对罗生特志愿到新四军服务表示欢迎。1941年3月20日，罗生特装扮成传教士，带着医疗器械，由中共地下交通护送，顺利通过敌伪的层层检查，到达新四军军部所在地苏北盐城。为防止其家人遭受迫害，沈其震出主意，将他的名字改为罗生特。

担任了新四军卫生部顾问的罗生特忘我工作，组建卫生学校，编写《军医必携》。在反"扫荡"战斗中，他主动率战地医疗队上前线救治伤员，获得苏北军民的尊重。1942年，经陈毅代军长和新四军宣教部部长钱俊瑞的介绍，罗生特成为中共特别党员。自从参加新四军，罗生特一直坚持写日记，把所见所闻都记录下来。他准备写一部关于中国革命和中国革命者的书，向全世界介绍。他利用自己的"特殊身份"，采访过许多新四军、八路军将领，收集相关资料。如刘少奇、陈毅、罗荣桓、张云逸、罗炳辉、彭雪枫、黄克诚、赖传珠、谭震林等人的自传材料及采访记录，他都收存了起来。

1943年，山东抗日根据地实行党政军一元化领导，罗荣桓相继担任中共中央山东分局书记、山东军区司令员兼政治委员，责任重大，任务繁重。这时，他的肾脏病加重，尿血不止。4月下旬，根据中央安排，罗荣桓拟化装去上海看病，先抵华中根据地，陈毅代军长派罗生特前去接护。罗生特给罗荣桓做了全面检查，因不具备条件便采取保守方法，极大地缓解了病情。因环境不允许，罗荣桓未能去上海，病情有所好转后就返回山东了。战局紧迫，罗荣桓日夜操劳，月余后他的病情又加重了。陈毅得知后，立即派罗生特前往山东继续为罗荣桓治疗，并抽调李磊、夏汀、蔡和组成医疗小组，在部队的护送下，由淮北大马庄启程，通过日军的层层封锁线，9月下旬到达莒南大店。

罗生特到达当天，便为罗荣桓检查、化验，确诊病情加重是过度疲劳引起的。罗生特为罗荣桓制定了周密的治疗方案，经过一段时间的精心治疗和护理，罗荣桓的病情有了明显好转。1943年冬，日军向山东抗日根据地大举"扫荡"，罗荣桓立即夜以继日地投入紧张工作，治疗计划被打乱。在反"扫荡"中，罗生特跟在罗荣桓的身边，密切关注着他的病情发展、变化，尽一切可能给予治疗和护理，让他大部分时间都是躺在担架上或靠在躺椅上指挥作战、主持会议、批阅文件。在紧张的战斗环境中，罗荣桓的病情虽然时有发作，但由于罗生特的精心治疗和护理，罗荣桓能坚持工作，直到抗日战争的胜利。正如梁必业在《缅怀罗生特大夫》一文中所说："罗生特到山东时，正是我军在山东向敌人展开局部反攻取得了一连串的胜利，以反'扫荡'为重点的防御作战转为主动的攻势作战，接着进入了大反攻阶段。罗生特深知罗荣桓肩上的担子重大，在为罗荣桓治病时确实是尽心尽力的，千方百计保证了罗荣桓病情的平稳、不发展、不恶化，使他能够坚持在指挥岗位上指挥山东抗日根据地军民对日伪军的反攻作战，这是罗生特的最大功劳。"

罗生特擅长的专业是泌尿科，但在战争环境中，根据地医生奇缺，他什么病都要看，逐步在外科、妇科、儿科等方面全面发展。在山东军区，罗生特与部队的医务人员密切配合，在战地医院手术台上，以精湛的技术挽救了很多指战员的生命。罗生特还利用所学的理论知识，结合自身长期的医学实践，并根据在华中根据地的医务工作经验，开办了卫生学校和培训班，为山东抗日根据地医护人员讲授战地救护、临床护理、战伤外科等方面的知识，积极提高他们的业务水平。每逢遇到大手术和疑难病例，他都反复向医务人员讲解其病理和诊断治疗方法。据统计，罗生特开办的三期培训班共为山东抗日根据地培养了100多名医疗卫生人员，为部队培养了一大批战争中急需的医务人才，为山东抗日根据地医疗事业的发展打下了坚实基础。在莒南县的两年多，罗生特在莒南陈家老窝村建起了100多间房屋的医院，集医疗救治、医学培训为一体，被当地群众称为"罗生特医院"，罗生特也被亲切地称为"大鼻子医生"。老百姓把自家鸡下的蛋送给他，他舍不得吃，就给八路军伤员吃。我军缴获的日本摩托车送给他，但他把摩托车给伤员用，自己骑马。有时候行军途中，他还会把马让给伤员。罗生特为广大军民治疗各种病症，为广大军民患者所敬佩和称赞，被评为全军区的劳动模范。

罗生特还为许多妇女医病救急，解除痛苦，大家称赞他是"妇女的救星"。1944年8月2日，罗生特作为模范医生，出席山东军区在莒南县十字路召开的英模大会，并在主席台就座。这时，忽然接到一名难产妇女的求救消息，他立即率医疗组前往。到达时这名妇女已经休克，生命垂危。他立即进行抢救，迅速将死胎引出，救了产妇一命。罗生特在治疗妇女病的时候，深深体谅妇女的痛苦。在残酷的战争年代，已婚的女同志因怀孕生孩子，在行军打仗中遇到的困难是可想而知的，因此许多已婚女同志因环境动荡，迫切要求结束妊娠。但由于医疗器械和医疗技术的限制，新四军、八路军的医院还不能做这种手术。罗生特来到新四军、八路军后，非常理解女同志的这种心理、处境、困难和愿望，当时他所做的妇科手术数以千计，并千方百计地保证了她们的安全，使许多女同志获得"解放"。他从女干部的身体状况考虑，积极宣传计划生育，对已婚女同志劝其避孕，对有了孩子的女同志劝其做绝育手术，更希望男同志做绝育手术。他是在新四军和八路军中最早倡导和实施计划生育的医生。

罗生特在根据地积极参加多种社会活动，从多个角度观察、记录根据地，并发挥自己的社会影响力。1944年6月，他给赴延安的中外记者参观团里的名记者爱泼斯坦发电报："数年来，我在八路军、新四军中当医生，这两支军队抵抗日寇侵略的英勇战绩和为了民主主义而奋斗的功勋是人人称赞的。你们组织中外记者到延安，我希望你把中国这个重要的政治中心的一切印象，真实地报道到世界各地。"①

1945年10月，罗生特随八路军山东部队渡海挺进东北，从此离开了山东。他先后担任东北民主联军总卫生部顾问和东北人民解放军第一纵队卫生部部长，陆续参加了辽沈战役和平津战役。1948年冬，东北全境解放，罗生特随东北野战军入关。1949年4月，中国人民解放军开始渡江作战，南京、上海、武汉等大城市及一些省会相继解放，新中国的成立指日可待。罗生特对此欢欣鼓舞，这时，他提出了回国的请求。中共中央批准了罗生特的请求，刘少奇在天津接见了罗生特，赞扬和感谢他在抗日战争和解放战争中对中国革命作出的卓越贡献。罗荣桓、萧华等领导为他饯行，罗荣桓把自己长期使用的一块怀表赠送给他作为纪念。在上海，陈毅看望了罗生特，亲手把三野、四野和上海市人民政府颁发的荣誉证书交给他，称赞他是一位"伟大的无私的国际主义战士"，"是活着的白求恩，白求恩式的共产主义者"。

1949年11月，罗生特回到奥地利后，对中国的情况非常关注，渴望再回到中国，再到他当年战斗过的地方看一看，但由于第二次世界大战后国际上两大阵营对峙局面的形成，他一直未能办成出国手续和护照。1952年，罗生特的妹妹写信把这个情况告诉我

---

① 《解放日报》1944年6月29日。

驻东德大使馆，我国政府知悉后立即答复，表示热烈欢迎罗生特再到中国来。然而天不遂人愿，罗生特在以色列探亲时，于1952年4月22日突发疾病逝世，年仅49岁。回到中国，也就成了这位国际共产主义战士未了的心愿。

1992年10月，莒南县人民医院被山东省人民政府正式命名为罗生特医院。2000年，莒南县在鲁东南革命烈士陵园内设立"国际主义战士罗生特事迹陈列馆"。2003年，中国人民对外友协为纪念罗生特诞辰100周年，在国家博物馆举行了罗生特生平纪念展览。同年8月，对外友协将全部展览资料和罗生特遗物转赠鲁东南革命烈士陵园。

罗生特是在中国人民解放军中担任医务职务最高的外国友人，被誉为是白求恩式的国际共产主义战士。他医术上精益求精，工作上认真负责，为中国人民的解放事业作出了卓越贡献。罗生特崇高的国际主义、革命人道主义和医学人文精神将为一切爱好和平的人们所景仰和怀念。

四、在华日人反战同盟山东支部：用宣传利刃瓦解敌军

1941年6月2日，在华日人反战同盟山东支部在八路军山东纵队驻地临沭蛟龙汪正式成立，大西正当选为会长、上中庄太郎为副会长，成员有今野博、坂谷政三、李基永（朝鲜人）。

在华日人反战同盟，是日本全面侵华战争期间，在中国人民的帮助和支持下，由日本有识之士、日本士兵，为在中国从事反战运动而成立的组织。同盟主要由在中国共产党和八路军的教育下而觉悟的被俘日兵组成，主要活动是进行对敌政治宣传，瓦解日军。同盟的反战运动贯穿了抗日战争的始终，规模从最初的几个人到抗战胜利结束时的千余人，足迹从根据地到国统区乃至于日军占领区，其中根据地是反战运动的中心和主战场。在华日人反战同盟山东支部是在华日人反战同盟的一个基层组织，该组织从成立直到抗战结束，与山东军民同生死、共患难，在战火中坚持开展反战斗争，援助了山东人民的抗战事业。

（一）在华日人反战同盟在山东的发展历程

抗日战争时期，在华日人反战同盟山东支部成立之前，山东已经有了一个日人反战组织——日本士兵觉醒联盟山东支部。觉醒联盟是在共产党和八路军的帮助下，部分觉醒了的日俘于1939年11月7日在山西省辽县（今左权县）成立，这是在华北抗日根据

地成立的第一个日人反战组织。该组织的宗旨在于唤醒广大日本士兵，起来共同反对非正义的侵略战争。觉醒联盟山东支部是觉醒联盟的一个基层组织，成员有大西正、今野博、上中庄太郎等6名日本人和朝鲜人李基永。

1942年8月，"觉醒联盟"和"反战同盟"合组为"在华日人反战同盟"华北联合会。中旬，这两个山东支部亦合并，名称仍为"在华日人反战同盟山东支部"，统一领导山东各地日人反战组织。1942年9月，"反战同盟"胶东支部成立，渡边三郎为支部长；同月15日，"反战同盟"清河支部成立，田村为支部长；11月，"反战同盟"滨海支部成立；1943年5月15日，"反战同盟"鲁南支部成立，小岛为支部长；不久，"反战同盟"鲁中支部也告成立，今野为支部长。其中，胶东支部是山东地区比较大的一个支部，影响也很大。到1945年8月，胶东支部已经发展到100余人。山东各支部同解放区的其他反战同盟支部一样，在名义上隶属重庆的反战同盟总部，实际上经过延安支部受日共中央委员野坂参三的秘密领导。

随着抗日战争的深入和山东日人反战组织在战火中的发展壮大，1943年8月14日，山东成立了在华日人反战组织的核心组织——在华日本共产主义者同盟山东支部，之后很快建立了鲁中、鲁南、胶东、渤海和滨海5个支部，山东各反战同盟支部中参加共产主义者同盟的人数约占一半，盟员都成了其所在支部的骨干。日本共产主义者同盟是在野坂参三领导下，于1942年6月23日在延安成立的。该同盟是一个比日本士兵觉醒联盟、在华日人反战同盟更高级的无产阶级政党的预备组织，由在华日人反战队伍中的先进分子组成，中心任务是研究及宣传共产主义思想，培养和锻炼共产主义战士，反对帝国主义战争。[①]1944年后，为了适应日本革命斗争的需要，为战后日共重建保存革命力量，同盟的工作逐步转入秘密状态。同盟的成立，为山东日人反战组织提供了领导核心和政治保证，进一步推动了反战活动的开展。

1944年4月，"在华日人反战同盟"改组为"日本人民解放联盟"，"反战同盟"各支部亦改为隶属解放联盟。3月成立的解放联盟山东地区协议会在组织上隶属华北地区协议会，该组织人数达50余名，他们和八路军一起，战斗在山东抗日战场上。

1945年8月，日本战败投降。解放联盟山东地区协议会及其5个支部的200多名盟

---

① 刘德峰、孙靖：《抗日战争中的在华日人反战组织及其活动》，《纪念中国人民抗日战争暨世界反法西斯战争胜利70周年国际学术研讨会论文集》，中共党史出版社2015年版，第734页。

员，立即组成"解除日军武装工作队"和"接收日军工作队"，投入到协助山东八路军对日军的受降接收工作，及对解除武装的日军的安顿、遣返工作。盟员在前线向日军做了大量的宣传，对日军的投降发挥了很大的作用。如日军独立混成第五旅团的一部分在青岛外围被八路军胶东军区部队阻截，拒不投降。经胶东支部副支部长小林清亲往日军中做工作后，该部日军全部投降八路军。胶东支部还在烟台等地积极工作，组织、安置、遣送投降日兵，影响很大。

1945年9月，山东反战盟员同解放联盟的其他成员一起在延安集结后，于第二年初到达中国东北，在那里，一部分人应中共中央东北局的请求，留下来参加了遣送日本难民回国的工作，有的还参加了中国的解放战争以及社会主义建设。其余陆续转道朝鲜回国。至此，山东的日人反战活动胜利结束。

（二）在华日人反战同盟的主要活动

1943年5月，为扩大反日法西斯统一战线，山东省战时工作推进委员会颁布了省临时参议会通过的《保护反侵略战争之日本军民条例与优待朝鲜人民暂行条例》，从法规上对反战运动中的日本和朝鲜侨民进行保护。

随着"反战同盟"组织的迅速发展，为了进一步发挥其在山东抗战中的作用，"反战同盟"于1943年7月18日，在山东军区司令部所在地鲁中根据地，召开了山东日人反战团体代表大会和山东日军士兵代表大会，参加会议的有胶东、滨海、鲁南、渤海和山东5个支部的盟员代表及日本反战士兵数十人。

时任八路军山东军区司令员兼政委罗荣桓、副政委黎玉在会上作重要讲话，他们指出：希望大会成为今后中日两大民族革命团结的桥梁；"反战同盟"要从解决广大日本士兵的日常生活等细小问题出发，团结教育广大日本士兵早日觉悟，认清日本法西斯发动侵略战争的本质和真面目，争取广大的日本士兵加入反战的战斗行列中来。只有反战同盟及日本士兵和人民与八路军共产党团结在抗日的前线上，打倒日本法西斯才有保证。会议肯定了"反战同盟"在山东的迅速发展，总结了各支部几年来的工作，揭露了日本军队虐待士兵的罪行，提出了"反战同盟"盟员今后的任务和要求，通过了《致日本士兵书》《控诉日本军部的罪行书》《致伪军士兵书》等宣言和决议。

时任山东军区政治部主任萧华在《大众日报》上发表文章《用大力加强日军工作准备反攻——为庆祝山东日本反战士兵大会作》，指出："反战同盟"是日本士兵为反对日本军阀财阀而斗争的独立组织，是我们的友军，必须尊重爱护。把"反战同盟"与一般的俘虏应区别开来，"反战同盟"是我们的抗日同志而不是其他……不仅生活上要照顾他们，尤其是要政治上帮助他们提高其工作能力，这是每一个共产党员对国际友人起码的态度。发展"反战同盟"，提高其盟员的能力，是反攻的具体准备工作，是我们对日本革命运动应负的责任。这次大会将"在华日人反战同盟山东支部"，改名为"在华日人反战同盟华北联合会山东分会"。这次大会进一步推动了"反战同盟"在山东的发展及其反战活动的深入开展。

1944年至1945年上半年，是中国抗战的军事反攻时期。中共中央在1944年2月关于部队政治工作给八路军有关部队的指示中指出：政治宣传瓦解日军的工作"以划归日人反战同盟去做为有利"，而八路军的敌军工作"则着重于指导反战同盟活动"。为配合山东军民的战略反攻，山东各支部在这一时期向日军展开了大规模的政治宣传攻势，向日军散发大量宣传品、慰问袋，对日军碉堡喊话等。由于日人反战组织愈来愈健全，盟员素质也日臻成熟，他们的对敌宣传不再像以前那样处于协助八路军敌军工作的附属地位，他们承担的任务越来越多，反战组织几乎承担了山东地区对日宣传的全部工作。"我们对日军政治攻势是配合与协助日人解放联盟与朝鲜独立同盟进行的，我们尊重他们的独立性与以国际友人的团结精神给以一切工作之便利及帮助，全部工作是在解盟与独盟意图之下共同协力进行的。"[1]

为了加强宣传效果，各支部特别注意印刷精美、文字生动和富有日本民族色彩的宣传品，这极大地震动了日军指挥机关。据统计，仅解放联盟滨海支部于1944年一年中，就向日军散发宣传小册子5200册，传单22200张，喊话11次，与日军通信247封，发放慰问袋146个。滨海支部在日本节日樱花节期间，对敌进行"樱花广播"，当盟员们用日本家乡语言对敌广播、喊话时，"敌据点中寂寞无声，藏匿于炮楼墙角静听广播的日本士兵，隐然可见"。胶东等支部的盟员们还把电话机直接接在日军电话线上，同日军通话，用拉家常的方式进行反战宣传。在反战宣传下，日军加深了对中日战争性质的认识，投诚者逐渐增多。1943年1月的郯城战役中，15名日军中有4名被俘（其中曹长一名），连顾问共6名。鲁南某次战斗中18名敌军被俘4名。鲁西夏季攻势中，在反战同

---

① 萧华：《一年来山东的对敌政治攻势——为纪念抗战八周年而作》，《大众日报》1945年7月11日。

盟喊话下4名日军自动投诚——这是山东抗战史上史无前例的。山东其他支部也积极配合八路军的军事行动。从1944年1月至6月，山东八路军争取和俘虏了日军292人。①

山东的日人反战组织除对敌政治宣传，争取日军日侨等基本活动外，还改造战俘，教育盟员，参加根据地的各项建设，甚至直接参加对敌作战等。

1940年10月，经野坂参三提议，由八路军总政治部在延安创办日本工农学校，这是抗日根据地首创的教育改造日俘的新型政治学校。之后，华北各根据地均开办了性质类似的日本士兵学习班、训练班等。1942年4月，日本工农学校山东分校在八路军山东军区政治部具体领导下开始筹建，1944年10月1日与华北朝鲜革命军政学校山东分校同时正式开学。教学内容有修养讲座、时事报告、政治常识、日本问题和中国语言等。该校属初等政治教育性质的学校，修业期为3个月至1年。山东分校共办了2期，先后培养了200多位学员，"他们有的是投诚的，有的是俘虏的，也有个别是敌人派来的特务分子，但在耐心的正义的教育下大部分争取了他们为反对法西斯日本而服务，不仅一般士兵可以争取，而且争取了敌航空员、技师、船长、顾问等十余人，当他们认识了真理之后，便愉快的担当起抗日前线的工作，甚至有些特务分子都在真理感化之下，良心发现，痛改前非"②。其后，在山东军区下属的鲁中、鲁南、渤海等军区先后建立了日本工农学校鲁中、鲁南、渤海等分校，山东分校遂改称日本工农学校山东总分校。日本工农学校山东总分校的创办，标志着山东的日俘教育工作进入了正规化、系统化的崭新阶段。

1943年，在华日人反战同盟山东支部响应野坂参三的号召，开展了"三大学习"运动，即学习革命理论，研究日本，学习中国共产党、八路军、新四军的革命经验，提高盟员的思想政治素质。在这次整风学习运动中，胶东支部表现突出。胶东支部长渡边三郎原来最听不得别人的意见，在这次学习中，主动作了自我批评。该支部小林清的思想反省，非常深刻，被推荐在胶东区的整风大会上作了典型发言，军区党委和政治部给予很高的评价，认为他的发言"给予了我党整风干部在反省运动中以很好的启示"。

反战组织还直接投入保卫根据地的自卫战争。山东、胶东等地的反战成员都曾拿

---

① 杜玉芳、王卫红：《抗日战争时期山东的日人反战活动》，《山东档案》2003年第5期。

② 萧华：《一年来山东的对敌政治攻势——为纪念抗战八周年而作》，《大众日报》1945年7月11日。

起枪与反共军队直接作战。1942年11月，日军开始对胶东抗日根据地进行冬季大"扫荡"，为了反战盟员的安全，司令部让小林清等跟乡亲们一起行动，小林清等坚决不同意，认为自己是反战盟员，也是八路军战士，要求参加掩护乡亲们突围的战斗。在他们的再三请求下，部队领导同意了。这是他们离开日军后第一次直接参加战斗。以前他们是日本帝国的军人，枪口对着中国军民，现在是反战勇士，枪口对着日本法西斯。在战斗中，他们机智勇敢，沉着冷静，终于与战友们一起，成功地掩护乡亲们安全转移，小林清在战斗中还负了伤。他们与胶东军民一起，为保卫胶东抗日根据地作出了贡献。反战成员还参加了根据地的生产、军事教育、卫生等各项建设。胶东支部盟员于1943年春协助八路军某部在牟平、文登县先后举办了2期日本机枪射击训练班，训练学员160余人。盟员佐藤猛夫原为日军军医，被俘后经教育改造，投入反战斗争。1941年，在敌人对山东地区大"扫荡"时，他向部队领导请求，到前线为八路军伤病员服务。[1]还有反战同盟的战士把自己的鲜血洒在了山东大地上。今野博是反战同盟鲁中支部第一任支部长。1944年春，他在到江苏省赣榆县向日军宣传时被捕，被押到青岛杀害。被俘后他对日军说："只要我不死，我还要回八路军去。"赣榆县抗日烈士陵园里建立了今野博的纪念碑。类似的情况还有不少，"金野义男同志为掩护我军部队，亲自断后，我机枪手牺牲后，他接过来打下去，终于壮烈牺牲。又如寺泽永藏同志，在敌人士兵向我军冲锋时，他挺身而出，痛陈战争利害，说得日本士兵目瞪口呆，有半小时之久，阻滞了敌人的前进，而他终于被敌人小队长打死。黑田次勇在鲁西前线工作被敌袭击包围，最后敌人追来，他拉响手榴弹与敌人一同牺牲"[2]。他们的名字与中国人民的胜利同在。

在华日人反战同盟，是一支从日本法西斯侵略阵营中异化出来并与法西斯对立斗争的新生的反战队伍，尽管其人数不多，力量有限，但他们与中国军民站在同一条战壕里，勇敢地投入反法西斯侵略的斗争，这就从道义上、精神上大大鼓舞和支援了中国人民的抗日战争。所以，八路军总司令朱德在中国共产党第七次全国代表大会上所作的《论解放区战场》的报告中表示，"我们特别感谢""反战同盟""在崇高的国际主义的精

---

① 杜玉芳、王卫红：《抗日战争时期山东的日人反战活动》，《山东档案》2003年第5期。

② 萧华：《用大力加强日军工作准备反攻——为庆祝山东日本反战士兵大会作》，《大众日报》1943年7月21日。

神下工作"，在以深入的政治工作去动摇敌军军心和瓦解与争取伪军这方面"给了我们很大的极有价值的帮助"。

五、涉外宗教工作：政策统领，结合实际，区别对待

抗日战争和解放战争时期，山东抗日根据地、解放区积极贯彻中央的宗教方针，同时结合战争形势对待在山东的传教士的工作。

在新民主主义革命时期的各个历史阶段，中国共产党坚持把马克思主义宗教观与中国宗教实际情况及时代特征相结合，制定一系列服从和服务于党的总路线、总方针的宗教政策，积极开展宗教工作，推动了革命的胜利进程，积累了丰富的宗教工作经验，从根本上适应了革命形势的发展需要和反帝反封建的革命要求。

抗日战争时期，中国共产党在各根据地的纲领、法令中，都申明了宗教信仰自由的政策。1942年2月15日，《新华日报》发表了社论《共产党对宗教的态度》，系统阐述了党的宗教信仰自由政策。1944年8月，《中央关于外交工作指示》再次强调："我们容许外国牧师神父来边区及敌后根据地进行宗教活动，并发还其应得之教堂房产；同时这些神父牧师亦须给我们以不反对政府不反对共产党领导之保证。"1945年，毛泽东在七大的报告中明确提出："根据信教自由的原则，中国解放区容许各派宗教存在。不论是基督教、天主教、回教、佛教及其他宗教，只要教徒们遵守人民政府法律，人民政府就给以保护。"

根据这些政策，山东党组织在抗日民主根据地、解放区开展了一系列宗教工作，其中包括对西方教会及传教士的涉外宗教工作，巩固和壮大了我党的抗日民族统一战线，团结了一切可以团结的抗日力量，推动了抗日战争的胜利。

（一）抗日战争时期的涉外宗教政策

1940年7—8月，山东省各界代表联合大会在沂南县召开，选举成立了全省统一的行政权力机关——山东省战时工作推行委员会（简称"战工会"）及各群众团体领导机构。

抗战初期，德国向中国输出军火，并参与调停中日冲突。1938年后，为了实现称霸世界的战略计划，德国开始和日本、意大利结成联盟。1940年9月，德、意、日三国结成军事同盟，德国承认并尊重日本在建立"大东亚新秩序"中的领导地位。1941年7月1日，德国承认南京汪伪政权。这无疑是对中国主权的粗暴干涉和对中华民族及远东地区各国人民利益的严重侵害。7月2日，重庆国民政府正式宣布与德国断绝外交

关系。^①8月14日，山东省"战工会"发布了《关于对德意法西斯蒂国家在我根据地内传教士的处理问题的通告》。通告指出：

"我国既对德意法西斯蒂断绝外交关系，对其派来我国特别在我抗日根据地内的传教士或商人、侨民等，决定以下处理办法：

"（一）着其出境，财产交由我政府管理，否则不负其生命财产安全的责任。

"（二）其确实与敌伪有联系、对我有明显之反对破坏事实者，不服上项办法得驱逐之。

"（三）如仍愿留我根据地居住，则应服从以下条件：

"1. 宣布反对其政府之侵略行为。

"2. 向我政府声明同情我国抗战，保证不有任何不利于我抗战之言论与行动。

"3. 其一切行动须遵守我政府法律及执行我民主政府的一切法令和条例。

"4. 要参加或帮助我们一定的抗战工作（如医药或战地救护工作等）。

"（四）在执行上列办法时注意事项：

"1. 这是关系着国际视听的大问题，我们要慎重正确的处理之。

"2. 要完全光明正大代表国家立场来解决问题，而不是为了贪图资财，严禁不经外交手续即行处理（如抢分东西）。

"3. 应统一由当地最高政府（由专署、主署）处理之。在政府力量达不到或无人处理时，可由就近驻军最高政治机关负责处理，无责任之机关部队不得自由动手。

"4. 在教士临走时，应好好的对他们进行一些宣传解释，并应护送，多送他们一些抗战的书报、照片，争取他们对我敌后抗战之了解、同情或至少对我有好印象。

"5. 接收了的教堂、公田等，应由政府负责管理，出以字据，并声明在将来恢复邦交时予以退还。"^②

这是抗战时期中共山东党组织对待德国和意大利传教士的态度，是在南京国民政府与德国断交的情况下作出的决定，表明了山东抗日民主根据地能够区别对待不同国籍的传教士，同时也是对南京国民政府宗教政策的支持，在一定程度上维护了抗日民族统一战线。

---

① 朱亚非、张登德：《山东对外交往史》，山东人民出版社2011年版，第424页。
② 《山东革命历史档案资料选编》第七辑，山东人民出版社1983年版，第209—210页。

（二）解放战争时期的涉外宗教政策

抗战胜利后，国共两党在山东多次发生军事冲突。因此，对于解放区的宗教团体到底如何处理，采取什么政策，解放区中很多同志有疑问。

1946年2月19日，原驻临沂的美籍耶稣教牧师伍尔乐，随军事调处济南执行小组飞抵临沂，查看美国教会财产，并探询我民主政府对教会的态度。时任山东省政府主席黎玉接见了他。黎玉对他阐明了民主政府的宗教自由政策，并说明现在解放区之教会财产，在战争中损失甚重，其残余部分，当地政府已妥为保管，如教会派人接收，政府立即移交，盟国教士来此传教，亦表欢迎。伍尔乐牧师对此深为感谢。

对此，1946年6月，时任山东军区政治部主任舒同在山东锄保工作会议上的总结报告中指出了对宗教团体的政策："我们对宗教团体的基本政策是信教自由。但这里是指单纯的宗教信仰性质的，如这宗教团体带有政治色彩，有其政治目的，那又当别论。只要是纯粹宗教性质的，可尊重其自由，政府法令可给以保护。但如带有政治色彩，反共反八路军、新四军，反民主政府的，作特务活动的，则不在此范围之内，而要受到政府法令的干涉和制裁。"

对于在山东的外国传教士所办的教堂，他指出，虽然它们都是帝国主义侵略中国的一种文化工具，但是需要区别对待，不能因德国、意大利是法西斯国家，是战败国，就无条件没收其教堂，应该看具体情形，看他们是否以传教方式进行法西斯教育，从事法西斯的侵略活动。如果确系如此，且有证据，则可以名正言顺地作为一种反动政治力量来依法处理，可没收其财产。接着，他提出对美国人的教会的处理办法："对美国人的教会，我们又不同，因为他是我们的盟友，特别是今天经常在外交上与我来往，如处理不好，会引起他们对我的反感。所以我们对南关的美国医院很注意保护，开始我们住在里面的，后来马上撤出，美国人很满意。"这样做的主要原因是："美国与日本不同的是，他对中国的侵略方式不采取战争，而是采取政治、经济、文化各种方式来达到他侵略的目的。因为我们今天的外交政策，要把美国从国民党方面拉出来，使他保持一定的中立，所以我们不过分刺激他而表示友谊，对他们的宗教团体也必要的多加照顾。"

对于德国、意大利的传教士的处理办法是："如一时还无反动证据的，一般的最好送其回国（当战败国俘虏处理），其教会财产可由当地教民用民主方式选举一个教主，由他们教会自己去管理，继续传教。"最后，他指出："我们还要确定，不但有信教的自由，同时也有反信教的自由。不能强迫人不信教，也不能强迫人信教。应该特别对传教士说明，如群众反对你们，这不是政府的政策问题，这是人民的思想自由、信仰自由。"[1]

7月22日，山东省政府发布《关于天主教耶稣教等教会问题的初步指示》，指示说明了发布的原因和目的："由于过去我们多年处在分散的游击的农村环境内，对于带有国际性的教会如天主教、耶稣教等问题接触较少，缺乏深入系统的研究。当此形势发展，我们掌握了全山东绝大部分的中小城市的时候，这类教会问题逐渐增多；而且由于它带有国际性的关系，这些问题的处理如有不当，或多或少的会影响到一般的外交关系。为了团结与吸收教徒参加解放区各种建设事业，并扩大我们在国际方面的良好影响，特就我们已经搜集的有关教会问题的材料及处理教会问题的初步实际体验作如下指示，以供各地区处理与研究宗教问题的参考（不包括会门等封建迷信团体）。"

指示共十条，其中第四条至第八条为要求在掌握"信仰自由"的原则下应该贯彻的政策：

"（四）太平洋战争爆发后，同盟国教会财产为敌伪没收者，解放后只要其法定代表人持有产权执照，依法呈请发还而无其他纠纷时，即可发还。无产权执照者，有该教会大多数教徒证明或登报声明后，亦可发还。其在战争中遭受损毁，无论为敌我何方之炮火所损毁或为了军事上的必要而拆坏者，概应由日本负责，登记之后将来可向日本索取赔偿，并可以此动员教会，使其仇敌向我。教会用以办理学校、医院及其他社会福利事业之房屋用具，如该教会自己暂时无法继续办理，经商得其同意，政府或公共机关可以临时借用之。

"（五）中立国教会财产，仍在该教会自己管理之下者，政府不予干涉。其因无人管理，政府暂时代为管理者，在该教会之法定代表人按照法定手续呈请发还时，政府应即发还。

"（六）轴心国（如德、意等）教会及其财产的处理办法，应是：财产由政府代管，其传教师及其他人员，当战败国人民处理。直接显著配合或支援敌人有据者，依法治罪；以放高利贷等形式剥削群众或依势欺人太甚，经群众向政府控诉者，依法办理之；无显著配合或支援敌人事实及无剥削压迫群众之重大恶迹者，可以准其在一定范围内作

礼拜、祷告、诵经等活动。但政府应在某些方面加以限制，如旅行出境、迁徙、通信及宗教以外之集会结社等，并可以具体环境及个人之思想政治情况伸缩之。政府代管之轴心国教会财产，除修补利用外，不应有所变动，但经该教会自愿捐出作各种公益事业之用者听从之……

"（七）各级政府在处理教会问题时，法律上一律不承认其所谓'教区'的垂直系统，一切只应'就地'解决，不必征询其'上级'之意见。

"（八）政府对待教徒，应与一般公民同等待遇，不得承认其有任何特殊地位，反之亦不应予以歧视。教徒违犯政府法令时，亦应依法处理，不得与教会问题混为一谈。除有军事行动之地区外，既经解放之地区，对于教会之保护，一般不应采用布告或其他揭示形式，免致为不肖教徒所利用，增加其不正当的气焰。"[1]

1946年8月17日，诸城城厢四镇2000余群众暨天主教徒，联合控诉天主教堂吕秀礼、裴智能、英由义等三个勾结日寇、欺凌群众的德国籍神父，数十群众悲愤列举该教堂神父数十条罪恶，诸城民主政府接受群众要求，依法将其遣送出境。教堂对群众的盘剥、强占、工资拖欠等等均由清算委员会从教堂副产中赔偿。为此，诸城县政府司法科刘科长指出，民主政府主张宗教自由，并给以法律保障，但任何宗教团体如有违法行为，亦当予以法律惩处。并一再申明：此教堂日后如另有正当人员前来主持传教，政府仍本着宗教自由政策予以法律保障。诸城县政府司法科正是依据《关于天主教耶稣教等教会问题初步指示》来处理这一事件的。[2]

1948年8月4日，中共华东中央局发给胶东区党委、昌潍地委等党组织关于对教会政策的指示：

"（1）凡遵守民主政府法令的教会与中外国传教士不做敌探及任何破坏活动者，均予以保护，并允许在解放区有传教自由之权。

"（2）教会原来主持人（无论是中外国人）逃逸者，其财产应由当地县政府代管，待归后应全部交还，在保管期内应妥为负责，不得分掉与破坏。

"（3）教会霸占的土地，须一律交农会，按土地法大纲处理。但教会所购买的土地充当医院、孤儿院、学校经费基金者，得酌量保存（以能维持原来卫生教育经费为限），

---

① 《山东革命历史档案资料选编》第十七辑，山东人民出版社1984年版，第115—116页。
② 《大众日报》1946年9月16日。

并得出租农民耕种。其土地多余部分，仍按土地法大纲原则处理。

"教会中以合法的传教为专门职业者，如生活极端困难，经查明属实，在当地群众同意下，得酌量分给一部分土地财产，对外国传教士不适用此规定。

"附属教堂住地范围内之不大的园地，可留为教堂所有。教堂所有的财产，其非附属于土地者，不得没收。

"（4）不论中国人、外国人传教者，如果他们利用宗教作掩护而进行反革命活动者，按反革命罪处理。但与反革命罪犯无关之传教士，则不应受牵连。如罪犯系外国人，在处理时必须事先报请华东局转请中央批准。"①

1948年，虽然国共内战仍在继续，但局势已较为明朗，中国共产党即将掌握政权。美国遂于11月发出了撤侨令，大多数在鲁美国人均在这一时期先后撤离。同时，山东全省大部解放，党和政府开始在山东清除天主教、基督教中的帝国主义势力，推行独立自主办教会的方针，大多数美籍传教士撤到香港和东南亚一带，只留少数人观望。据统计，在1948年山东尚有24名美国传教士，到1949年还有4名美国传教士，到1951年底仅有一名加入中国国籍的美国传教士留在山东。

在抗日战争和解放战争时期，中共山东党组织认真贯彻中共中央的宗教政策，同时结合山东根据地和解放区的实际，制定了相关的对待教会教士的具体措施。这是中共山东党组织灵活运用对外政策的体现。

第三节　解放战争时期的外事工作

解放战争时期，中共山东党组织的涉外活动和工作呈现出新的特点，这一时期，由于国际反法西斯战争的胜利，中国的国际地位提高，中国共产党及其领导的人民军队、解放区的对外交往也大幅度增加，且由于国共间的矛盾冲突及美国等国际势力的介入，涉外活动较以前更显多样化、复杂化。在新的形势下，山东党组织以中央政策和指示为引领，以党领导的武装力量为依托，以广大人民群众的支持拥护为有力后盾，将坚定的

---

① 《山东革命历史档案资料选编》第二十辑，山东人民出版社1986年版，第353—354页。

原则立场与策略性、灵活性的方式方法结合起来，创造性地开展涉外活动和工作，成绩斐然，外事工作、外事机构走向专业化、常态化、正规化，愈来愈成熟，愈来愈完善。其中，作为中国北方最早开埠城市之一和山东省最早的通商口岸、又被我胶东八路军迅速解放的烟台市，其外事工作的开展和对突发涉外事件的应对是颇具代表性的。

1945年8月24日烟台解放后，被帝国主义列强把持了多年的烟台东海关、邮政电报等机构和设施回到了人民手中，胶东行政公署还在烟台成立了外事办公厅，党的外事工作真正开始走上了专门化、正规化轨道。在党中央和胶东区党委的领导下，烟台外事办公厅成功处理了轰动全国乃至世界的"阻止美军企图在烟台登陆事件""杨禄奎事件"，还创办了英文周报《芝罘新闻》，参与处理外侨在烟台资产及"联合国善后救济总署"救援事宜，等等，为新中国成立后山东外事工作的开展做了必要而又充分的准备，奠定了全面而又坚实的基础。

一、反对美军登陆烟威：军事外交斗争的成功范例

1945年秋，发生于我山东解放区烟台市的反对美军登陆事件，是中国共产党领导的地方政权和人民武装坚持正义立场、挫败美蒋勾结阴谋、维护国家主权和尊严的一次重大军事外交斗争，在中共中央、中共中央山东分局及胶东区党委的领导、支持下，我烟台党政军民同心协力，密切配合，针锋相对，据理力争，最终迫使美军舰队全部撤离，取得了这场斗争的完全胜利。

烟台位于胶东半岛东北部，与辽东半岛隔海相望，烟台港是连接中原与东北地区的海路交通枢纽，地理位置十分重要。1945年8月15日日本宣布投降后，侵占烟台的日伪军根据蒋介石的命令，拒绝向中共领导的武装力量投降，八路军胶东军区部队遂展开强大攻势，于8月24日一举解放烟台。

偏居西南的蒋介石国民党政府急于抢夺抗战胜利果实，在打着盟军旗号的美军帮助下，海陆空全面出动，抢占华南、华东、华北、东北，北方沿海的各重要港口是其优先目标。8月29日，美国太平洋舰队司令尼米兹宣布：美军将在中国沿海之青岛、龙口、烟台、威海等地登陆。9月11日，美军在青岛登陆，并扬言继续北上，登陆烟台、威海。

9月下旬，中共中央就美欲在烟、威登陆一事向驻延安的美军观察组提出反对意见，明确告知该地为我军占领，已无敌人，请其不要登陆，免干涉内政之嫌。同时，

中央电示山东分局和胶东区党委做好相关准备，既要阻止美军登陆烟、威，又应尽力避免冲突，以善意对待之，"我方行政、军、警应照常维持秩序"。中共中央山东分局也要求胶东区党委派专人到烟台做外事工作，配合军事斗争，守住烟台。曾任胶东区党委海外工作部部长、时任统战部部长的于谷莺临危受命，紧急赴烟台任外事特派员兼代市长。

美方无视我方的严正交涉，9月29日，一支由5艘军舰组成的美军太平洋舰队黄海分舰队的先遣队，驶入烟台海域巡弋。刚刚解放一个月的烟台，气氛又骤然紧张起来。

10月1日上午，美海军少校副官舍尔托夫等数人乘快艇到达烟台码头，代表美舰队先遣队司令官赛特尔少将请求与烟台军政当局会见。于谷莺闻讯立即带领翻译来到码头，在海关与其会面。舍尔托夫以盟军名义祝贺我军光复烟台，声称美军此行是作友好访问，提出准许美国水兵在烟台对岸崆峒岛登陆休息游玩、查看清点美侨在烟台财产、提供日军烟台防御地图等要求，并邀请烟台当局长官到舰上与赛特尔少将晤谈。当日，于谷莺登上美舰旧金山号，与赛特尔举行了会谈。

本着不排外也不媚外、不挑衅但也不丧失民族立场的外交斗争方针，考虑到战时双方的盟友关系和美军态度，中共胶东区党委和八路军胶东军区分析了各种情况并作了必要安排后，基本同意了美军的合理要求。

次日，赛特尔率部分随从和记者登陆回访，于谷莺等在市政府大客厅予以诚恳接待，但对美方提出的协助清除日军遗留的水雷等危险物、水兵登岸进入市区观光等要求则予婉拒。

10月3日，赛特尔一行在我方人员陪同下，查看了原美国领事馆旧址及其他美侨财产，但美方显然醉翁之意不在酒，其间美方代表打探我方驻防情况未果，企图闯入东炮台和驻军营房亦被阻止。此时在烟台上空美军飞机编队一直不停地低空盘旋，耀武扬威，当我烟台警备司令部奉命向美军提出警告时，赛特尔却搪塞说"这是一种庆祝活动"。

种种迹象表明，美军的真实意图是登陆占领烟台。为防止可能的侵略，10月3日，中共胶东区党委和胶东军区决定，烟台党政军民各界组成"统一行动委员会"，由驻军政委仲曦东任书记，同时命令驻烟部队加强戒备，在不放松外交努力的同时做好军事斗争准备。

当夜，美太平洋舰队黄海分舰队司令巴尔贝中将、两栖特遣队司令罗克少将乘坐旗舰路易威尔号开进烟台海面。10月4日晨，赛特尔等人登岸，称奉美海军太平洋舰队之第七舰队司令金凯德上将电令，前来送达一份"通牒"，声言美国海军陆战队将在烟台登陆，请中方解除沿海防务，将八路军部队撤离烟台市，有秩序地移交美方接管。针对这些蛮横无理要求，于谷莺等当即予以驳斥，提出强烈抗议，并拒收这一"通牒"。

赛特尔走后，于谷莺同烟台驻军政委仲曦东、市委书记滕景禄一起商讨研究对策，同时迅速电告上级。岸防部队调集大炮严阵以待，以应对突然事态，码头警备部队加强警戒，除前来联络的美军官和少数随员外，其他人不得上岸，登岸者一律不准携带武器。

美军见我方态度坚决、措施强硬，不得不放下身段请求举行谈判。10月5日上午，仲曦东、于谷莺等应邀登上路易威尔号军舰，同巴尔贝中将、罗克少将和赛特尔少将进行谈判，严正表明美方的无理要求是干涉中国内政，我方绝不退让，谈判未取得任何结果。下午2点，巴尔贝、赛特尔、罗克等人来到烟台外事办公厅继续谈判，巴尔贝几番试探后见让我军撤离实在无望，便"退而求其次"提出"只撤军队保留行政""划分防区共同驻防""美军只驻少数部队"等等，被驳回后美方又以"强行登陆"恫吓相逼。我方代表明确指出，美军要在中共领导的军队早已解放的烟台登陆以及搞什么共同驻防毫无道理，是干涉中国内政侵犯中国主权，我军有能力保卫烟台，绝不撤出烟台一步，也绝不允许美军登陆，美军如强行登陆将被视为侵略行为，由此引起的一切后果概由美方负责。巴尔贝等人无奈表示，将把这里的情况电告上级，以决定下一步的行动。

美方代表离开后，统一行动委员会立即向上级报告情况，并发出紧急通知，全市各界人民马上行动起来，在美军可能登陆的地点加强防御工事，同时安排好重要物资的保护和非必要工作人员的撤离。

10月6日，海面风急浪大，中美双方未当面接触。下午，烟台各界群众数万人在南操场举行反对美军登陆集会，会后举行了声势浩大的示威游行，群情激奋，口号震天，抗议美军在烟台登陆的图谋。

中共中央和八路军总部一直密切关注事态发展，并多次直接作出指示。10月6日，胶东区党委又收到毛主席党中央关于坚决拒绝美军在烟台登陆的电文，明确了斗争的方针和策略，极大鼓舞了烟台党政军民的斗争信心。7日凌晨，延安新华社播发了时任十八集团军参谋长叶剑英给美军驻延安军事观察组叶顿上校的声明，严词拒绝美军的在烟台登陆的无理要求。中共领导的山东省政府、省临时参议会、胶东参议会和各人民团体等也纷纷发表通电，抗议美军的行径，全力支持烟台军民的正义斗争。

我党政军民上下一致的坚决态度、严正交涉和周密的防范措施，终于迫使美军让步。10月7日上午，巴尔贝等美军军官登岸来到烟台市政府外事办公厅，称经金凯德上将批准不必在此登陆，特来辞行。随后巴尔贝、罗克率舰队主力离开烟台，暂留赛特尔及其先遣队"以资联络"。10月10日，巴尔贝在重庆发表公报，承认"目前，美军已没有任何军事理由在烟台登陆"。

美军在烟台登陆的企图受挫，少量美舰又窜扰威海，中共胶东区委指示威海市委：做好外交和军事斗争两手准备，阻止美军登陆。威海市成立了由市委、市政府主要领导组成的临时工作组，在全市紧急动员，提高警惕，随时准备应对一切可能出现的局面。与烟台的情况相似，在我方有理有节的外交手段和严密的军事防备面前，美军几次登陆威海的试探也均告失败。

10月16日黄昏，赛特尔的舰队突然不告而别，从烟台港起航驶往威海。与此同时，在烟台解放时窜逃天津的伪军张立业部1700余人（已被国民党改编为山东省保安第三十七旅），与撤离的美舰"无缝衔接"，乘十余艘汽船占领了崆峒岛，控制来往烟台港的东西航道，拦截商船、渔船，抢掠财物，杀戮我军民。我胶东军区果断于29日拂晓发起渡海作战，经8小时激战，毙敌100余人，俘116人，收复崆峒岛，迫使残敌逃窜。不久，剩余美舰也离开威海悻悻而去。至此，美蒋勾结配合在烟台、威海登陆的企图和冒险行为彻底落空。

这场反对美军登陆的斗争，是我胶东军民在中国共产党领导下取得的一次军事外交斗争的重大胜利，它不仅维护了国家主权和民族尊严，迫使不可一世的美军"在烟台事件上低下了头"（美国进步作家史沫特莱语），而且具有重大的战略意义，它有力地保证了八路军山东部队安全、及时地渡海挺进东北，为开辟东北解放区创造了非常有利的条件，使中共中央"向北发展，向南防御"的战略方针得以顺利实现。这场斗争的胜利，得益于我党、我军各级组织的坚强领导和周密部署，得益于各界民众的广泛支持，在新生的人民政权的外交历史上，创造了以军事斗争为后盾、把坚定的原则性和策略的灵活性相结合的光辉范例。

1961年，仲曦东同志从部队转业到外交部工作，走上外交战线，曾任驻捷克、坦桑尼亚大使，外交部副部长等职务。在外交部任职十余年，他为贯彻国家的外交路线，增进中国人民同世界人民的友谊、团结作出了积极贡献。

二、军调谈判：以革命的两手对付反革命的两手

抗日战争胜利后，国民政府三次电邀毛泽东赴重庆进行和平谈判，1945年8月28日，毛泽东应邀赴重庆与蒋介石进行谈判。10月10日，国共双方签订了《双十协定》，提出了和平建国基本方针，双方承诺："以和平、民主、团结、统一为基础……长期合作，坚决避免内战，建设独立、自由、富强的新中国。"1946年1月10日，国共双方共同颁发了于1月13日午夜实施全面停战的命令。为保证停战命令的有效执行，成立了由国民政府代表张治中、中共代表周恩来、美国政府代表马歇尔组成的军事三人小组及由国民政府代表郑介民、中共代表叶剑英、美国政府代表罗伯逊参加的"北平军事调处执行部"（简称军调部），具体负责监督停战事宜。

"北平军事调处执行部"是中国共产党在新中国成立前主要的外事机构之一，这个时期是新中国成立前党开展独立自主的外事活动的重要时期，它的活动成为新中国成立前党重要的外事实践。无论是在机构体系设置，还是人才培养方面，都为新中国的外交事业作出了巨大贡献。

军调部在全国派出了30余个军调执行小组监督调处全国各地停战协定的执行。其中，山东地区设济南、聊城、高密、德州（德州小组后移驻青岛，改为青岛小组）、泰安、枣庄、泊镇等7个小组。

1月18日，北平军调部的派出机构济南军调执行小组在济南成立。济南执行小组为山东地区的中心小组，负责与山东境内的各小组联系。济南执行小组的中共代表先后是陈叔亮、邝任农、黄远、房众夫；国民政府方面代表先后是涂叙伍、张叔衡、曾天泉；美国政府代表先后是雷克、代维斯、谢如士。1946年1月至1947年2月，军调部从创立之初到调处失败人员宣布退出，存在时间仅一年零一个月左右。

（一）军事三人小组赴山东调处军事冲突

抗日战争胜利后，受尽战争之苦的中国老百姓，盼望和平的呼声很高，所以济南执行小组成立时，颇受社会各界人士的欢迎，济南的若干商号都为此挂起了大幅祝贺标语，街上的行人也大都面露喜色，为和平有望而欢欣鼓舞。济南执行小组的人员佩戴三

个圆圈的臂章，无论走到哪里，都受到群众的注视和欢迎。

　　但济南执行小组内部的斗争是异常激烈的，焦点主要是：（1）中共坚持解散被包围的伪军并收缴其武器；国民政府则禁止解散伪军并将伪军改编改造为政府军队。（2）国民政府要求迅速修复铁路，以便实现恢复国家建设；中共则坚持不解散伪军就不能修复铁路的主张。（3）中共提出城市开放，让城乡人民自由流动与买卖；国民政府则拒绝城市开放，以免造成社会不稳定因素。围绕着这些问题，国共双方在会谈桌上进行激烈的争论，当国共双方僵持时，美国政府代表以中立者角度进行调和，为国民政府辩护。会议无法进行时，美方则宣布休会。

　　2月2日，济南执行小组美方代表雷克上校、国民党代表涂叙伍、中共代表陈叔亮以及随员，飞抵临沂与时任新四军军长兼山东军区司令员陈毅会晤，专谈执行和字第二号命令等问题。会谈历时4个多小时。会谈中，陈毅向济南调处小组提出了6条要求：（1）新四军、中共山东军区希望能在济南、徐州设立办事机构；（2）希望国民政府撤销徐州、济南的绥靖公署；为有利于停战协定的执行，国民政府在陇海铁路沿线的政府军要疏散；（3）山东省的日军要由中共负责解除其武装；（4）被中共包围的伪军（如德州、枣庄、潍县、即墨等地）应由中共负责缴械；（5）恢复交通后，中共武装占领区的铁路管理权和警卫权归中共；（6）承认矿山为私人资本。会谈结束后，陈毅、山东省政府主席黎玉与美方代表雷克上校等合影留念。当晚举行了欢迎晚会，晚会气氛十分热烈，雷克、涂叙伍、黎玉、山东省参议会副议长马保三都讲了话。

　　实际上，停战令生效后，国民党方多次挑起冲突。自1946年2月开始，国民党军先后向驻贾汪、兖州、淄博一带的山东野战军和中共鲁中军区部队发起攻击。2月28日，国民党第八军和青岛保安总队出动2000余人，向崂山一带解放区发起进攻，打死打伤解放区军民近300人。由于国民党一方毫无谈判诚意，因此，各地的谈判都未取得实际效果。

　　2月28日，周恩来、张治中、马歇尔三人军事小组开始了为期一周的巡视，以检查军调部的工作。3月2日到山东考察。到达济南后，在国民党山东省党部，三人军事小组首先听取了山东国共双方领导人关于停战协定执行情况的汇报。针对山东地区军事冲突的原因，中共代表周恩来指出，要首先解决伪军问题。根据《波茨坦协定》规定的受降办法，我军有权接受被我包围的日、伪军队的投降，收缴其武器资财，这是一切战争的国际通例。

（二）山东地区冲突不断

面对国民党和美国形似两方、实则一方的情况，中共吸取经验教训，在军事调处外事交往活动中总结归纳出一套行之有效的外事策略及谈判方针。山东党组织坚决贯彻中央的方针，在谈判中严格执行原则性与灵活性相结合、合法斗争与非法斗争相结合、开展合作与坚持斗争相结合、个人交往与政府外交相结合四点外事策略以及坚持实事求是、"从战场上得来的，绝不能在谈判桌上失掉"、坚持有理有利有节的斗争、以革命的两手对付反革命的两手四点谈判方针。以济南为中心的山东各小组在几个月的时间里进行的外事活动，是山东党组织在新中国成立前重要的外事实践，积累了丰富的经验，培养了大批的外交战线人才。

陈叔亮，时任北平军事调处执行部济南执行小组中共代表。新中国成立后，曾任外交部亚洲司副司长、第二亚洲司司长，驻柬埔寨、罗马尼亚大使，中罗友协副会长。

田进，时为中共华东局机关报《大众日报》记者，因熟谙英语，被派往徐州小组做翻译。新中国成立后，曾任外交部国际条法司、国际司副司长，常驻联合国日内瓦办事处和瑞士其他国际组织副代表（公使衔），驻瑞士大使。

朱青，时为《大众日报》记者，她承担了军调时期陈毅的翻译工作。新中国成立后，曾任外交部第一亚洲司副司长，1981年至1984年任中国驻日内瓦总领事，是中华人民共和国派出的第一位女总领事。

三、扑灭朱陈疫情："解总"山东分会的对外交往

1946年8月4日上午10点，一架来自青岛的飞机降落在临沂机场，从飞机上走下来两位外国女士，其中一位身着美式少校军服的黑人分外引人注目，她的中文名字叫雷黛德，此时的身份是联合国善后救济总署少校医官，另一位是护士道义尔。她们是受中国解放区救济委员会山东分会之邀，来临沂协助扑灭正在临沂朱陈镇流行甚炽的霍乱疫情。

1945年8月13日，抗战胜利前夜，山东省政府在莒南正式成立，省卫生总局同时成立，山东军区卫生部部长白备伍出任局长。抗战胜利后，联合国善后救济总署（简称"联总"）、国民政府行政院救济总署（简称"行总"）和中国解放区救济委员会（简称"解总"）先后成立，以二战剩余物资救济中国难民。1946年2月，"联总"开始对山东解放区发放救济物资。遵照中央的指示，原中国解放区临时救济委员会山东分会，改为中国解放区救济委员会山东分会，受"解总"的领导，仍由黎玉兼任主任委员，马保

三、刘民生任副主任委员，白备伍任分会卫生组长，主要负责就医疗卫生事项与"联总""行总"的官员接洽。"解总"山东分会是抗战胜利后山东根据地和解放区接收国际物资救济的专门机构，为山东解放区的救济事业的顺利开展争取了部分外来的援助，同时开展了相应的外事活动。

这一时期，"联总"的官员频繁到访解放区。2月2日，"联总"代表郎恩慈和普莱恩由青岛飞抵临沂，与"解总"山东分会商讨具体的善后救济事宜，"联总""行总"和"解总"山东分会通过了《关于在鲁工作的协议和办法》。2月16日，先期试运的20吨物资抵达临沂，随车来临的有"联总"澳洲联络官郎恩慈、"联总"山东分署副署长达仑士、物资分配主任彭富德、卫生组主任安布德、运输局队长班奈特、卫生组陶爱琳及"行总"鲁青分署的杜云卢等一行二十余人。3月1日，"联总"山东分署视察专员艾威廉、烟台办事处合惠旗及"行总"鲁青分署工作人员抵莱阳，与胶东行署商谈关于视察运输救济物资路线等问题。3月19日至24日，"联总"驻华办事处山东分处医生金亚夫、特种救济专家华丹莉女士在临沂专门了解医院设备与社会福利专业。3月30日，"联总"山东分署农业专员罗逢迪、"联总"驻华办事处山东分处视察专员艾威廉等，来临沂了解救济物资分配情况及农业生产概况等。

"联总"救济物资的发放是分救济和善后恢复两个时期进行的。山东解放区的党组织和政府向国际积极争取来的大批救济物资，成为抗战后山东解放区救济物资的重要来源之一。

善后救济亦包括医疗方面的任务。"联总"的医疗官员雷黛德来自美国，是医学博士、传染病学专家，在临沂期间，新四军军长兼山东军区司令员陈毅接见了她。二人用法语愉快地交谈，陈毅说，中国共产党才是真正代表中国人民利益的，是希望早日实现和平的。为了执行人民意志，实现团结建国，我们遵守协议，新四军由南方撤到北方就是一个有力的证明。而国民党蒋介石背信弃义，反共反人民，发动内战，在美国政府的支持下，肆无忌惮地向解放区进攻。蒋介石反共反人民的政策是不得人心的，是一定要失败的。我们相信美国人民是爱好和平的，美国政府的战争政策也是注定要失败的。[①]这些话对雷黛德产生了不小的影响。

临沂县城西南的朱陈镇有4000多人口。1946年盛夏，朱陈村民李洪才等9人往兰

---

① 济南军区后勤部党史资料征集办公室编：《战勤风云》，1986年，第34页。

陵一带贩卖瓷碗，途中李洪才染病身亡，同行的人将李洪才的遗体运回朱陈，致疫情暴发。随着死亡人数增多，导致村外小河污染，进而使自朱陈镇、朱张桥、赵家坝、傅家庄直到庄坞，沿河造成大面积污染，有10多个村庄、千余户人家传染发病。

7月14日，有群众到临沂县医救会求助，朱陈疫情才为外界所知。县政府立即派七区区长李金涛、政治指导员颜寿山等人奔赴现场，马上采取措施封锁疫区，并报请省府。19日深夜，临沂县紧急报告递到山东省政府卫生总局，省卫生总局局长白备伍连夜召集会议，专家们根据报告陈述判断此疫为霍乱，决定立即派出防疫队。天一亮，白备伍与徐坚任队长的防疫队便赶赴朱陈，先后到达的张兰田、许进榜等18位本地中医加入，共同施救。省防疫队与区公所配合采取措施，疫情从26日开始缓和，然而不少群众开始松懈，疫情出现反复。

8月4日，受"解总"山东分会的邀请，雷黛德带着5万支霍乱疫苗来到临沂。雷黛德到达后，马上与白备伍进行了短暂的情况交流和商讨，决定疫苗优先供朱陈、傅家庄等病情严重的4个村庄及人口稠多的城关两地群众注射，计划这项工作用7天至10天来完成。

此时内战已经全面爆发，但"解总"依然与"联总""行总"携手战疫，成立了鲁青区联合防疫委员会临沂分会，并加派我鲁中军区医疗队、临沂医院、滨海医院赴疫区，"行总"鲁青分署第三工作队也派员参与。

5日，白备伍与雷黛德抵达朱陈后，立即与朱陈区政府召开简短会议，决定为防止疫病继续蔓延，立即成立区防疫指挥部，由区长任总指挥，区武装部长任副指挥。指挥部下设纠察队、宣传队、治疗队。医疗队由医救会、卫生局及当地中、西医生组成，至各庄进行注射、治疗。

从这时开始，治疗采用的是雷黛德提出的方案：20毫升至50毫升的17%生理盐水一次静脉推注，迅速解除病人脱水症状；再继续静脉滴注生理盐水或葡萄糖盐水；进一步好转后改口服淡盐水或糖水，同时口服大剂量的磺胺胍和维生素B1、维生素C。此方治疗效果十分显著。省防疫队医生怡然将这个处方公布在了《大众日报》上。

在朱陈紧张工作10天后，雷黛德与白备伍转到距朱陈30多里的唐家沙沟继续抢救。"雷大夫是联总或行总人员中，真真深入到解放区的农村中去进行救济治疗工作的第一个人。她这次在乡下一共注射了有二三千针，她每天六点钟起身，晚上一直忙到十一、二点钟，除了每天三餐饭后的半小时休息外，其余的时间差不多全部都化在工作中，天天在烈日下，自这家跑到那家，不问是怎样窄小的茅屋，病人怎样呕吐了一地的饭水，她也还是亲自至病人跟前，问他病状，细心的治疗。"[1] 8月25日，在疫区奋战了20天的雷黛德乘飞机返回青岛，临行前，山东省政府主席黎玉对雷黛德的竭诚帮助与亲自动手不辞疲劳地抢救病人，表示感谢。

雷黛德带来的药品仍有缺口，省政府紧急拨款200万元，通过各种关系购买疫苗，专为群众注射。科学方法加上组织得当，到9月26日，"临沂防疫指挥部"在《大众日报》上宣布："临沂、费县境内虎疫（霍乱英语译音'虎烈拉'的简称——编者注）经省卫生总局、联总雷黛德医师及滨海行署、临沂县府之卫生机关等两月余之抢救，基本上已被扑灭。两县发病地域计九十六村，患病者一千八百九十四人，两月来治愈者达一千三百九十八人；注射疫苗者，六八六七四人。陷入虎疫威胁之四十五万民众，遂得解救。"[2]

1947年7月，战争形势严峻，"联总""行总"人员撤走，"联总"停止对我解放区的救济。1949年初，中国解放区救济总会山东分会正式撤销。

1948年9月《中国解放区救济总会山东分会两年来工作总结报告》总结了两年来的工作，对相应的外事活动也进行了专门总结。总结认为，在救济时期，"我们的外交方针，主要站在人民的立场，争取以我为主，尽可能的多争取物资，但不为物资所迷惑"。善后阶段的外交方针则是"遵照中央指示'对我们有利的则接受，利多害少的则接受其有利的部分，而揭发其有害的企图，对我们有害或害多利少的则坚决拒绝'的方针进行谈判"[3]。

抗战胜利后山东地区的善后救济是当时中国善后救济的一个缩影。山东地区是国共双方战后角力的重要地区，在善后救济的过程中一直伴随着矛盾和妥协，有着其特殊性，这也在一定程度上增加了善后救济的负担和难度。在这个过程中的外事活动，有可取之处，也有不足之处，如"1.把民主人士中间力量与反动分子一律看待，没个别的争取与瓦解。2.掌握外交政策不够正确，表现左右摇摆。例如郎恩慈本比较进步，对我们同情，我们强请他在群众大会上讲话，因使他异常为难，甚且将他所讲的问题，在报纸

---

① 朱青：《访问雷大夫》，《大众日报》1946年8月28日。

② 于岸青：《扑灭朱陈霍乱疫情始末》，《大众日报》2019年11月23日。

③ 《山东革命历史档案资料选编》第二十一辑，山东人民出版社1986年版，第141页。

上披露，致引起美蒋反动派对他反对而调换工作"[1]。我党领导的人民政权的对外交往，就是在这样不断的外事实践和总结基础上，逐步走向成熟与完善。

四、杨禄奎事件：中共执政史上公审外国人第一案

1947年发生于山东解放区烟台市的杨禄奎事件，是中国共产党领导下的民主政府第一次审理涉外案件，它由一起外籍人员制造的恶性交通肇事案引发，很快发酵成民意鼎沸万众瞩目的重大事件，我民主政府迅速反应果断处置，维护主权，保护人权，惩处罪犯，有理有节，最终使该事件得到公正、妥善的处理，在中共外交史、山东外交史上写下了标志性的一页。

（一）事发过程

抗战胜利后，烟台被八路军解放，成为中共民主政府领导管理下的重要商埠和港口城市。按照相关协议，由美国等发起创立的"联合国善后救济总署"（以下简称"联总"）也在烟台设立了办事处，与解放区民主政府共同负责救济二战中的难民事宜。

1947年5月23日下午5时40分，"联总"驻烟台办事处美籍职员史鲁域琪驾驶中型吉普车在市区疾驶，沿森林路南行时，遇人力车夫杨禄奎由南向北行进。眼见对面尘土飞扬马达轰鸣，杨禄奎急忙拖车向路边闪避，但超速行驶的史鲁域琪却未减速刹车，将杨禄奎连同人力车撞翻并碾轧，杨禄奎后脑破裂，脑浆外溢，小腹、两腿血肉模糊，现场惨不忍睹。史鲁域琪肇祸后，不但不停车施救，反而企图驱车逃逸。来烟出差的《大众日报》社社长匡亚明的警卫员、16岁的李万槐恰过此地，持枪厉声喝止，史鲁域琪无奈停车，但仍坐在驾驶室内无动于衷。闻讯赶来的匡亚明叫大家将伤者抬上吉普车，命警卫员押车急送医院，并立刻派人向市政府报告。

烟台市市长兼外事特派员姚仲明接报后，立即亲自赶往医院探视并请大夫全力抢救，但杨禄奎终因伤势过重抢救无效，于当晚11时死亡。

杨禄奎事件在烟台迅速传开并引起强烈反响。在此几周前，这里刚发生过"联总"人员殴打烟台二中两名学生和一名校工的恶性事件，一波未平，杨禄奎的惨死以及肇事者漠视人命推诿抵赖拒不认错，使得群众情绪更加愤怒。中共烟台市委和烟台市政府对

---

[1] 《山东革命历史档案资料选编》第二十一辑，山东人民出版社1986年版，第140—141页。

这一案件十分重视，案发当天即派外事办公厅主任赵野民与"联总"中国分署驻烟代表李普尔进行交涉；鉴于史鲁域琪的身份特殊，处理起来要涉及外交，烟台市委、市政府同时立即将此案报告给中共华东中央局和中共胶东区委。上级很快回复，指示他们根据有理、有利、有节的原则精神，从实际情况出发进行处理。

事发次日，烟台市总工会向"联总"驻烟台办事处递交了抗议书，并提出了肇事者依法偿命、"联总"驻烟办事处负责死者的医治和丧葬等一切费用、抚恤死者家属、登报向解放区人民致歉并保证不再发生同类事件等5项要求。烟台市政府同日向"联总"提出严重抗议，要求扣押肇事者依法惩办。

（二）三次谈判

自鸦片战争以来，西方列强纷纷在华攫取治外法权，对外国人在华违法犯罪行为包庇纵容，粗暴践踏中国的司法主权。进入民国后，随着民众意识的觉醒和中国国际地位的提升，特别是抗日战争的胜利，我国终于在1946年将非外交人员的单方面不平等的治外法权完全废除。然而在国民党统治区，外国人尤其是美国人的违法犯罪行为仍被轻纵难受惩处，仅以上海为例，据不完全统计，从1945年9月至1946年1月短短4个月内，就发生驻华美军吉普车祸495起，中国民众死伤244人；在青岛也曾发生美军20天害命9条的惨剧，除了一点象征意义的赔偿，肇事者大都逍遥法外。

"联总"驻烟办事处也想依照国统区的"惯例"来处理杨禄奎事件，轻描淡写，敷衍塞责。我解放区政府坚持正义，顺应民意，对此进行了严正交涉和坚决斗争，市长姚仲明等先后与"联总"代表进行了三次谈判。

5月24日，姚仲明与李普尔举行首次谈判，申明我方严正立场，先就死者安葬问题讨论并达成协议，组成以李普尔为主任委员、有市政府代表和杨禄奎家属参加的三方治丧委员会，于26日举行追悼大会和送殡仪式，安葬费用全部由"联总"负担。

26日上午，烟台市党政军民代表及"联总"的有关人员500余人，隆重公祭杨禄奎，设于坤山路12号的灵堂布满了花圈挽联，烟台市政府所送的联幛上写着："解放区乃民主圣地，决不许草菅人命；中国人有民族自尊，岂能容外人逞凶！"姚仲明市长亲自宣读祭文，"联总"代表李普尔致悼词。公祭仪式完毕，姚仲明和李普尔执绋送殡，肇事者史鲁域琪按当地风俗披麻戴孝，紧随死者家属之后。送殡的队伍经由二马路、解放路、朝阳街、儒林街到达西郊墓地。

5月27日，姚仲明等与李普尔举行第二次正式谈判，讨论对受难家属的抚恤和"联总"公开向解放区人民道歉问题。姚仲明明确表示，必须要重视解放区人民的生命价值，照顾到死者家属今后的生活，不能依照国统区仅赔偿几百美元的"惯例"办理。李普尔一方面表示需要报请上级，一方面欲将抚恤问题与惩处肇事者问题搅为一处，以钱代罚。姚市长当即予以驳斥，指出"对行凶者应由司法部门依法惩处，不在谈判范围之内"。双方最后协议：1.先由"联总"出资100美元，维持杨禄奎家属生活急需，后续抚恤问题另行谈判决定。2.由"联总"公开登报声明道歉。

5月28日，《烟台日报》以醒目标题刊登"联总"驻烟台代表李普尔的道歉书，文中保证不再发生同类事件。

第三次谈判于6月7日举行，姚仲明与李普尔及从上海专程赶来的"联总"法律顾问达理琪就抚恤问题达成最后协议，抚恤和赔偿费用总计北海币255万元，折合美金3400元。

（三）依法公开审判

有关丧葬、抚恤、道歉等事宜处理完毕后，该事件中最重要的一步——对肇事罪犯史鲁域琪的审判提上了日程。

1947年6月16日下午，烟台地方法院在市政府大礼堂组成临时法庭，公开审理史鲁域琪交通肇事一案，烟台各界代表300余人到庭旁听，李普尔、美国《纽约先驱论坛报》女记者葛兰恒也列席了庭审。庭审原定于下午2时开始，因有消息称国民党飞机可能袭扰烟台而推迟了约两小时。监审人姚仲明首先致辞，他说解放区的法律对所有的人，不论其种族、民族、阶级和政治信仰，一律平等，审判的意义是为了保障人权："像这样审判犯法的外国人，在中国还是第一次。我们的法律是以人民的意志为最高准则……"

当书记官正式宣布开庭，被告史鲁域琪在两位法警押解下进入法庭，低头站立在一边，继而由检察官起诉，叙述事件经过，主审法官征询杨禄奎家属意见，证人李万槐等一一出庭做证，然后是史鲁域琪的申辩，史鲁域琪简单辩解后，对所犯罪行全部承认，并请求宽大处理。本案事实清楚，人证、物证俱在，嫌犯供认不讳，在短暂休庭10分钟后，法庭当庭宣判，烟台市地方法院院长林蔚宣读了判决书："被告阿力克·史鲁域琪，过失伤致死一命，判处有期徒刑两年。"

审判结束后，姚仲明市长发表讲话说："杨禄奎事件胜利结束了。这次判决的宽大，是为维护与'联总'的友谊，同时也表明解放区人民和政府既不排外也不媚外的一贯立场。"

史鲁域琪对这一宽大处理感激涕零，7月5日，《烟台日报》发表了史鲁域琪的悔过书，他对自己的肇事行为表示惭愧和歉意，祈求解放区人民的饶恕和谅解，就本案公正宽大的处理向解放区政府表示深挚的谢忱。由于肇事方按期如数赔偿，肇事者本人确有悔过表现，烟台地方法院不久发布了缓刑令："查伤害致死人命犯阿力克·史鲁域琪，业经本院判处有期徒刑两年。在执行中，该犯表现悔过深切，并经'联总'驻烟代表李普尔函请保释，本院为了增进解放区人民与'联总'的友谊关系及恢复其救济工作，特根据缓刑制度的基本精神，核准保释。"至此，杨禄奎事件得以妥善解决。

杨禄奎事件看似一桩普通的交通肇事案，却是中国共产党领导下的解放区审判外籍罪犯的第一个案件，我年轻的民主政府对此事件的处理，既坚持原则，又不乏灵活，既顺应民意惩处了案犯，也遵循了法律和国际上对外籍公职人员犯罪的处置惯例，令中国人民扬眉吐气，令外国肇事方口服心服，也令其他旁观者耳目一新。就像美国记者葛兰恒女士在报道中所说："美国人为了轧死的一个中国苦力而被判刑并作公开的道歉，在中国许多世纪的历史上，这是第一回。"

实际上，杨禄奎事件的意义绝不止于案件本身，本质上说，它是中国共产党取得地方政权后在司法、外交领域的一次标志性胜利，它谱写了自鸦片战争以来山东乃至中国外交史、司法史上的新篇章，它是维护国家主权和民族尊严、结束旧中国屈辱外交史的一声嘹亮号角！

五、迫退驻青岛美军：宣传、学运、军事、外交并用

抗战胜利后初期的驻青岛美军是影响中国内政的重要因素，它的存在是中共夺取全国政权的一大障碍。为在内战中取得胜利，我党对驻青美军采取了宣传、学运、军事与外交并用的灵活政策，最终使美军撤离青岛，为解放整个华北乃至全国奠定了重要基础。[1]

1945年9月16日，美国军舰战后首次开进青岛。10月11日，美国海军陆战队第六师在谢勃尔少将率领下于青岛登陆，到30日，美军登陆士兵已两万余人，其在青岛的

---

[1]　张维缜、王希露：《中共对驻青岛美军之政策初探》，《暨南史学》第十四辑，广西师范大学出版社2017年版，第209页。

军事单位总共有第七舰队司令部、海军陆战队、海军陆战队宪兵司令部、海军巡逻队等11个之多。美国凭借战时同盟关系，以帮助国民政府受降与遣送日俘（侨）为名，通过海空军运输美军及国民党军队登陆青岛，完成了对青岛的军事控制，青岛实际上已成为美国在西太平洋地区重要的海军基地。根据时局变化，我党暂时放弃夺取青岛的计划，转而采取"隐蔽精干，长期埋伏，积蓄力量，以待时机"的方针。9月29日，中共中央专门指示中共中央山东分局及中共晋察冀中央局、中共中央华中分局等，避免与美军冲突，但这绝非表明我党欢迎美军在沿海登陆，实际上只是针对时局的权宜之计。11月初，我党已开始对美国在青岛等地武装干涉中国内政的做法展开了宣传攻势。11月18日，《大众日报》刊发社论《抗议美军掩护国民党在青岛登陆进攻山东解放区》。21日，山东省政府、山东省参议会致电美国驻华军总司令魏德迈，抗议美军干涉中国内政，帮助国民党军队在青岛登陆，进攻山东解放区。同时，《大众日报》《大众报》等解放区报纸对驻青美军"恶行"之揭露不遗余力。

宣传攻势之外，中共青岛党组织还发动学生运动来对驻青美军施加压力，以促使其撤离。在中共青岛市委书记宋子成领导下，地下党员通过学运骨干，联系进步学生，团结广大群众。1946年12月24日"沈崇事件"[①]发生后，在中共地下党的推动下，青岛山东大学出现了第一次反美怒潮。之后，在地下党员宋斌（山东大学学生）等参与下，成立了接受中共领导的外围组织青年新报社，形成了以青年新报社成员为骨干的学生自治会。从此，青岛党组织通过学生自治会直接领导了山东大学的学生运动。1947年3月30日，美国水兵白罗德在青岛杀死人力车夫苏明诚，山大学生自治会派出调查组，慰问死者家属，通电国民党政府和美国驻华大使馆要求美军撤出中国，严惩凶手。不久，地下党获悉，美国驻华大使司徒雷登要来山大演讲，又指示学生自治会向其递交抗议书。学生自治会在演讲结束后，向司徒雷登递交了抗议书，提出美军归还所占据的山大校舍与严惩杀死苏明诚的凶手之要求，山大出现第二次反美怒潮。

由"沈崇事件"而引发的全国性反美怒潮动摇了驻华美军的合法性，马歇尔调停失败后，驻华美军开始加快撤军步伐。到1947年8月底，驻北平、天津、塘沽、秦皇岛等

---

① "沈崇事件"：1946年12月24日夜，19岁的北京大学先修班女生沈崇在去东单平安电影院看电影途中，被驻华美军士兵强奸。这一事件引起了北平乃至全国大学生和民众的愤慨。几十个城市的学生和市民游行示威，抗议美军暴行。

地的海军陆战队基本撤离中国，但美国海军西太平洋部队及陆战队仍驻扎青岛，丝毫没有撤离的迹象，这与青岛的重要战略地位是分不开的。

1947年12月25日，国共双方的莱阳战役激战正酣，从青岛赶来的5名美国海军陆战队士兵乘坐吉普车逼近即墨王疃院村的我军阵地，担任阻击任务的中共胶东军区南海军分区独立二团四连士兵向其开枪射击，美军士兵随即还击，但终因众寡悬殊而投降，查尔斯·布莱顿受枪伤送院后不治身亡，其余四人被俘。12月27日，中共中央在发给华东局关于王疃院事件处理办法的电报中指出，被俘美军"正好为美军参加中国内战作证"，对于被击毙之美军，"可拍照殓葬，许其家属来领，以便影响美国人民，反对援蒋内战"。1948年2月13日，新华社发表中国人民解放军总部发言人对王疃院事件的评论，认为美军在中国各地横行无忌，并帮助蒋介石进行内战，完完全全是帝国主义的侵略行为。此外，发言人要求美军必须承担起这次事件的一切责任，美国政府停止在国共内战中援助蒋介石，并立即退出中国。评论中还提到了5名美军死亡与被俘的情况，进而要求美国政府为此事道歉，保证今后不得再侵犯中共解放区，并称"能接受我上述合理要求，则我对被俘美军，亦本中美人民友谊精神宽大处理"。

同时，中美双方展开谈判。美国谈判代表德多玛、毕树德与中共谈判代表徐中夫主要围绕着王疃院事件与美国对华政策的联系而展开争论，经过一个多月的艰苦谈判，在美方答应了包括书面道歉在内的条件基础上，3月31日，中共同意释放4名美军。4月1日，驻青美军西太平洋海军总司令柯克的继任者白吉尔致信时任中国人民解放军山东兵团司令员许世友，为王疃院事件（美称"圣诞节狩猎事件"）中美方的行为正式道歉，承诺取消驻青美军在青岛地区狩猎权，并防止此类事件的发生。

我党掌握有利、有节的原则，在接受了美方书面道歉等条件的同时，释放了被俘美军，展示了其对美交涉的原则性与灵活性，体现了我党在对待驻青美军问题上军事与外交方面的较好配合。这个事件可以看作一个转折点，此后双方未再发生较为激烈的冲突，美国开始考虑从中国"脱身"，这也决定性地影响了中国政局。

1948年初，我山东兵团陆续解放了淄川和潍县，青岛与济南的交通中断。但人民解放军接下来仍未攻打青岛，而是于9月攻克了济南，并于11月发起了淮海战役。到11月底，淮海战役中国民党军队主力大部被围，徐州难保。美国政府加紧了自青岛撤侨的准备工作，其中一项重大行动便是调海军陆战队增援青岛，此举有掩盖撤军行动之意图。11月30日晨，1200多名美国陆战队官兵乘运输舰自关岛抵达青岛。这使得在青岛的美国海军陆战队人数达到3600余人。对此,《大众日报》的报道是"国民党完全出卖青岛"。而12月1日,在香港的民盟发言人则警告美国政府,"美国最近派遣海军陆战队到青岛等地的侵略活动使人忆起一九三七年战争爆发前日本在中国的纪录","如果有任何不幸的事件发生,美国政府应负全责"。

1949年4月21日,中国人民解放军发起渡江战役,23日解放南京,开始向上海挺进。此时,华北绝大部分地方都已解放,江南等地也纷纷解放,这时中共胶东区党委统战部制定了解放已成"孤岛"的青岛的两套方案,既作长期打算,又要随时应对突然事变,把握时机,迎接青岛的早日解放。4月25日,中共山东军区致电中共中央军委及中共华东军区,称据情报透露,国民党青岛市党部在4月23日召开紧急会议,决定二周内撤离青岛,还提到驻青美军已全部离陆登舰,准备撤离青岛。在这种有利形势下,山东军区建议对驻青岛国民党军队发动威胁性攻击,迫敌速走,以便能迅速进入青岛,并防止国民党军队破坏。4月28日,中央军委复电山东军区:"同意对青岛举行威胁性攻击,第一步集十二个团,对若干据点试行攻击。得手后看情形再决第二步行动。其目的,是迫使敌人早日撤退,我们早日占领青岛,但又避免与美军作战(此点应与部队干部讲明白)。"这说明我党在驻青美军问题上持谨慎态度。

5月3日,中国人民解放军第三十二军开始进攻青岛北郊的灵山,从而拉开了为期一个月的青(岛)即(墨)战役的序幕。在这种情况下,美国撤军的准备工作加速进行。

我党在对青岛采取军事行动的同时,还与美驻华大使司徒雷登进行秘密交涉。5月6日,司徒雷登派秘书傅泾波与中共负责南京外事工作的黄华接触,以试探与中共改善关系的可能性。黄华在会谈中明确表示美国政府只有放下"屠刀",才能取得中国人民的谅解。5月13日,司徒雷登与黄华进行了第一次正式会谈。在会谈中,黄华针对司徒雷登提出的美国不愿参与中国内战表态,要求美国政府将驻青岛等地的海军舰只与陆战队撤走,司徒雷登答应转告有关方面。会谈后,司徒雷登又派傅泾波两次会见黄华,傅氏谈到司徒雷登对上次所谈军事问题负责,如美国军队已于5月21日撤离青岛,解放军进入上海,美国舰队即行撤走。以后解放军打到别的地方,美国舰队也自该处撤走。

1949年6月2日,青岛解放,国民党青岛驻军撤离青岛,掩护其撤退的美国军舰也完全撤离了青岛海域。中国人民解放军青岛市军事管制委员会、中共青岛市委随即入城。军管会入城之后立即宣布:国民党政府同各国建立的外交关系一律不予承认;各国外交人员必须遵守中国的有关法令。随后，军管会下令关闭了美国驻青岛的领事馆。6月13日，美国"领事"以私人名义向军管会送交备忘录，军管会以中国与美国无外交关系为由将原件退回，同时宣布美国与国民党政府签订的有关美军在青岛驻军的有关协定无效，并收回了美军在青岛占据的营房、机场、码头。

六、外国记者来鲁：正面报道山东解放区

解放战争时期，外国记者是"向外界说明中国共产党"的重要通道，正是有了这个特殊群体的存在，世界才能了解到中国共产党给中国社会带来了怎样的深刻变化，尤其是红色中国的真实面貌。在这一时期，先后有美国合众社记者爱德华·罗尔波、美国女记者白蒂·葛兰恒、苏联记者金诗伯和维克·斯尼尔逊、澳大利亚记者迈克尔·基恩等到山东解放区采访，并发出相应报道。经亲眼所见，理性分析，他们不约而同地得出了一个结论——解放区才是中国的未来。

（一）美国合众社记者爱德华·罗尔波

1946年2月14日，罗尔波自华中解放区抵达山东解放区首府临沂，就停战协议执行情况进行采访，4月2日离开临沂。

爱德华·罗尔波，美国西弗吉尼亚州一个国会议员的儿子。20世纪40年代来到中国，在设在重庆的美国新闻处工作。在重庆他结交了不少进步朋友，调到福建工作后，曾竭力营救与他同事的中共党员杨枣。抗战结束后，罗尔波访问了新四军，作了大量满怀同情的报道。军调时期，他从苏北来到山东解放区采访一个多月，之后，他还去了晋察冀边区政府所在地张家口，继续就中国共产党领导下的地区进行报道。返回美国后，他成为美国民主远东政策委员会的委员。后来，罗尔波长期居住在夏威夷，并在那里去世。

1946年1月5日，国共双方在重庆达成并签署《国共双方关于停止冲突、恢复交通的命令与声明》（简称《停战协定》），10日颁布，并下达了1月13日午夜生效的停战令，敦促国共双方自觉执行。然国民党反动派毫无停战诚意，在下达停战令的同时又密令其军队迅速"抢占战略要地"。停战令生效的第二天，在江苏如皋发生了国共之间起摩擦的"白蒲事件"，我华中解放区军民立即向社会各界揭露国民党军破坏停战协定的事实真相，同时竭诚寻求和平解决冲突的途径。时任华中军区副司令兼华中野战军司令

员粟裕对美国记者罗尔波发表谈话，揭露国民党军队破坏停战协定、进攻华中解放区的真相。

随后，罗尔波在山东继续就停战后解放区的情形进行采访报道。2月26日《大众日报》刊登罗尔波的通讯《选举穷人》，"这是依着共产党解放区内，对任何问题的决定，都须由人民自己选择的作风进行的"，报道临沂城南关贫苦群众领取联合国救济总署发放的救济物资的情形。此稿由延安新华总社发往美国合众社。3月1日，《大众日报》发表罗尔波文章《阴谋》，揭露青岛国民党第八军企图利用联合国救济物资达其政治目的。3月2日，发表《公平》一文，以大量的事实记述军事调处执行小组处理问题不公平，而美方代表往往倾向国民党方面。罗尔波在临沂遍访学校、乡村，接触面相当广泛，既直接采访当地百姓，也接触了许多在临高级将领，包括新四军兼山东军区政治部主任舒同、新四军一师政委赖传珠、副政委谭启龙，二师政委赵启民，四师师长谭希林，八路军鲁中军区政委向明，滨海军区副政委张晔，渤海军区政治部主任周贯五等。

随后，罗尔波赴兖州采访。在兖州，罗尔波采访了华丰煤矿、新汶公司、汶新铁路等，参观工厂，并下井进入矿坑采访煤矿工人。两天后，到兖州附近的新四军一师驻地，采访城郊农民，听他们控诉由伪军改编的国民党军吴化文部不断出城抢掠、奸淫妇女的罪行，并与新四军一师的哨兵一起站了一夜岗，亲历吴化文部违约开枪射击的情形。16日，罗尔波的通讯《兖州之夜》发表于《大众日报》。4月2日，罗尔波离开了山东解放区。

罗尔波性格活泼，他的采访报道质量很高，1946年1月1日，新华社总社在《把我们的新闻事业更提高一步——元旦给各地总分社及分社的指示信（总社一月一日）》中，指出"新闻的确实与否，影响政治信用和宣传效果甚大……合众社驻华中记者罗尔波的某些电讯，其报道方法就颇值得我们参考"。

（二）美国女记者白蒂·葛兰恒

1947年1月13日，在鲁南前线指挥部里，华东野战军司令员陈毅接受了美国女记者白蒂·葛兰恒采访。次日，这篇报道以《访陈毅将军》的标题，刊登在《大众日报》并配发了陈毅将军的照片。

白蒂·葛兰恒，或译葛兰痕、葛兰。她1917年出生于濒临太平洋的美国西北部一个富裕家庭。1936年，作为位于广州的岭南大学交换生第一次来到中国；40年代初，她再次来到重庆，为美国国际新闻社记者；1946年秋，她作为《纽约先驱论坛报》撰稿人第三次来到中国，从此再也没有离开。这年11月中旬，经中国福利基金会的国际友人王安娜介绍，在时任中共（南方）工作委员会外交事务委员会委员、联络处负责人陈家康陪同下，葛兰恒自沪乘美国登陆艇万俭号来到山东解放区。她是第一位深入华东战场前沿的外国记者，到1948年8月，在将近两年的时间里，她一共撰写了7万多字有关山东解放区的新闻报道，其中一部分发表在上海英文周刊《密勒氏评论报》上。

解放战争时期，直接采访、正面报道中国共产党领导下的军队和人民的外国记者比抗战时期还要少。国民党军队重点进攻山东，解放区处在战火之中，中共的消息相对难以外传，葛兰恒关于山东解放区的报道在国内外产生了广泛影响，难能可贵。她恪守新闻记者的职业准则，其报道皆以亲见亲闻亲历的事实为依据，成为宝贵的历史见证。

在《大众日报》社的支持下，她走遍了山东解放区——滨海、鲁中、鲁南、胶东、渤海，采访的对象有华东最高军事指挥员，也有普通农民；她曾长期住在农民家里，与房东结下深厚友谊；她踏足硝烟弥漫的战场，深入"战俘营"采访；她还写了一位小脚白发的农村妇女，出生入死为共产党收集情报。正如爱泼斯坦所说："葛兰恒在中国逗留期间，访问了许多地方，见闻极广……她努力使这些说明中国国内冲突真相的文章在国外发表。特别是在同解放军一起行军、一起过着艰苦而充满活力的生活时，在不断扩展的解放区里，她了解到中国在军事、政治、社会各方面所发生的、有决定意义的变化。她写下了她看到的一切，并坚信解放区是新中国的样板。"[①]1947年1月2日，鲁南战役打响。11日，我军攻克峄县，俘获国民党军整编二十六师中将师长马励武。硝烟正浓，这天葛兰恒随《大众日报》鲁南前线报道团到达鲁南前线，先后采访了山东军区司令员陈毅、峄县城里的外国传教士、当地农民，还有国民党被俘人员，"她是到过山东战场的第一位外国记者，她见到我们是怎样大量歼灭国民党有生力量而不计一城一地的得失，并最后取得解放战争的胜利"[②]，就此她写出了《访陈毅将军》《中国共产党的战略》《士气是共军成功最重要的因素》等三篇报道。《访陈毅将军》发表后影响很大，2月16日晋冀鲁豫《人民日报》转载，8月，冀鲁豫书店将该文收入《人民解放军将领印象

---

① ［美］葛兰恒等：《解放区见闻》，新华出版社1993年版，第2页。
② 康矛召：《战地黄花——康矛召战时文集》，中央文献出版社2000年版，第194页。

记》一书。《士气是共军成功最重要的因素》指出，为什么中共军队的士气高？"因为他们（中共军队）的做法正好与国民党的相反。他们首先而且唯一要考虑的，是人民的态度。他们每一个行动都要符合人民的利益。"这篇报道的英文版1947年3月8日发表在上海《密勒氏评论报》上。

莱芜战役打响后，我军主动撤出临沂城，中共中央华东局将葛兰恒撤到更为安全的烟台。不久，"杨禄奎事件"发生。葛兰恒意识到，这是在解放区第一次有机会观察到正式的法庭程序，她记录了杨禄奎事件的审判过程，以此为切口深入报道了山东解放区的司法制度。葛兰恒认为审判的意义在于："这次法庭开审，向解放区人民第一次具体证明他们已经真正摆脱了帝国主义的枷锁，扫除了外国人享受的特权——换句话说，山东解放区已经不再是任何别的国家的半殖民地，或者被奴役的随从。"葛兰恒不仅认为这是一次公正审判，而且"对比之下，这次审判似乎体现了构成民主的一些实实在在的、最基本的成分，因此民主成为人们能够触摸到的东西"。

战俘是战争中出现的特殊人群，对战俘的报道牵动人心，一位站在"第三方"立场上的外国记者由此切入采访，所形成的交战双方在军事、政治、文化等方面的对比，无疑更加有说服力。1947年7月的一天，经烟台市市长姚仲明安排，葛兰恒来到位于昆嵛山无染寺的隶属于华东野战军的"解放军官招待所"。极其秘密的"解放军官招待所"在此的半年多时间里，葛兰恒是唯一一位到达这里采访的外国记者。葛兰恒采用问卷调查和深度访谈相结合的方法，对在宿北、鲁南、莱芜、孟良崮等战役中被华野俘虏的50名国民党军高级将领进行了9天的深入采访。之后，她以不同的主题写了七篇文章，总题目叫作《访问战俘营》。她在采访中引用被采访者的话说，"在这样大革命时代，与人民站在一起的人将赢得胜利，而那些完全脱离人民的人将会垮台"。

9月，国民党军大举进犯胶东解放区，相继占领十余座县城。我驻烟部队和党政机关于9月底前撤出烟台市区，葛兰恒随"三支队四大队二十一中队"[①]撤到乳山，之后，她转移到了更为安全的渤海区。在解放区，葛兰恒是个少见的"阔气"记者，不仅有打字机、照相机，还有一辆自行车，经常被驻村剧团借去当作演出道具，直到1948年8月，葛兰恒跟警卫员从益都出发，骑着自行车经过十几天到达河北获鹿县的南海山村，成为我中央外事学校的教员。

---

① 尹作升、李平生主编：《斯文一脉》（上卷），山东人民出版社2014年版，第122页。

1951年2月，因感情纠葛，年仅34岁的葛兰恒在北京去世，《大众日报》刊登了她去世的消息。

解放战争时期，到山东解放区采访报道的外国记者还有金诗伯、为《密勒氏评论报》写稿的维克·斯尼尔逊。金诗伯是在中国长大的俄罗斯犹太人，他们二人都持苏联护照，一起经中共上海办事处介绍来到山东解放区。斯尼尔逊采访四个月后返回上海，发出报道《一手拿枪，一手种地》《解放区城市的经济结构》等，而金诗伯却就此参加了解放区的工作，1953年在山东大学任教的金诗伯加入中国籍，同年加入中国民主同盟；1984年11月，他成为一名中国共产党党员。1993年10月4日，金诗伯在济南逝世。

澳大利亚记者迈克尔·基恩1948年在山东解放区采访了七个月后，在《密勒氏评论报》上发表了《国民党在山东的失败指明了战争趋势》一文。解放战争期间，《密勒氏评论报》"尽管受到蒋介石政权和当时美国官方的压力，却勇敢地站在中国人民一边"。

第二章

社会主义革命和建设时期
山东党的外事工作

综　述

新中国成立之后，在社会主义革命和建设时期，国际格局持续发生深刻复杂变化，随之国内政治体制、政治导向发生多次重大变迁。党的外事工作主要任务是冲破西方敌对势力对新中国的孤立、遏制、包围和威胁，维护民族独立、国家主权和安全，争取有利于社会主义建设的国际和平环境，这也使得这一时期党的外事工作呈现出鲜明的革命性、政治性、倾向性特点，打下了这一时期外事工作的鲜明时代烙印。具体内容主要表现在如下方面：

一是着眼反对霸权主义和战争威胁，积极发挥与苏联及其他社会主义阵营国家的交往活动，广泛开展文化交流、科技交流、学术交流活动，反对以美国为首的霸权主义，组织开展抗美援朝运动，支持世界各国人民的反帝反殖民斗争。

二是努力建立和发展同世界各国友好合作关系，迎来两次对外交往高潮。1949年10月3日，苏联成为第一个与新中国建交的国家，山东与苏联、越南、朝鲜、匈牙利、阿尔巴尼亚等国家开展了文化、经贸、科技等方面的交流活动；20世纪70年代初，与更多的亚、非、拉国家开展交往活动，涵盖政党、卫生、军事、新闻等诸多领域，外事工作进入更深层次阶段。

社会主义革命和建设时期既是维护民族独立、国家主权和安全的斗争时期，也是国内政治环境颇为动荡的时期，还是山东党的外事工作体制初步建立和重大变迁时期，出于这一时期外事工作的需要，大量外事工作以涉外群众团体的名义开展。因国内政策及国际环境的影响，这一时期地方省份党组织不具备独立开展对外交往的权限与能力，山东党组织在这一时期的外事工作主要以落实党中央的外事工作方针、承担国家外事接待任务为主。经过全国人民艰苦卓绝斗争，我国赢得抗美援朝战争伟大胜利，极大增强了中国人民民族自信心和自豪感，有力维护了新中国主权安全和革命成果，空前提高了我国国际地位，为改革开放和社会主义现代化建设新时期外事工作的走深走实奠定了坚实基础。

第一节　党的外事机构与涉外群众团体
在山东的建立与发展

在这一历史时期，山东党的外事机构发生多次重大变革，直至20世纪80年代初才逐渐形成现行体制。出于国际交往及政治需要，这一时期还出现了一批富有影响力的群众团体，大量党的外事工作都是以涉外群众团体的名义开展的。

一、山东党的外事机构演变历程

中华人民共和国成立后，山东党的外事机构发生多次变化，诸如郭子化、谷牧、夏征农、刘秉琳、王众音、李子超、丁韬等均是这一时期党的外事工作中的活跃人物，他们均在下述机构中担任过职务。①

（一）山东省外事委员会

1950年11月21日，根据中共山东分局通知，成立山东省外事委员会，由郭子化、

---

① 郭子化（1895—1975），历任山东省人民政府副主席，华东军政委员会民族事务委员会副主任兼上海市民族事务委员会主任，国务院卫生部部长助理、卫生部副部长等职，1950年成立山东省外事委员会时，其担任书记；谷牧（1914—2009），历任中共济南市委书记、济南市市长、济南警备区政治委员，中共上海市委宣传部部长、市委副书记，中共中央书记处书记、国务院副总理等职，1950年成立山东省外事委员会时，其任委员；夏征农（1904—2008），历任中共济南市委书记，中共中央山东分局宣传部部长，中共山东省委常委、副书记，济南市委书记处书记，中共中央华东局宣传部部长，中共上海市委书记处书记，中共中央顾问委员会委员，上海市社联、文联主席，复旦大学党委书记等职，1954年成立中共山东省委国际活动指导委员会时，其任书记；刘秉琳（1909—1982），历任山东省副省长、山东省军区政委、中共山东省委书记处书记、山东政法学院院长、山东省第五届人大常委会副主任等职，1959年成立中共山东省委外事领导小组时，其任组长；王众音（1915—2004），历任中共中央山东分局宣传部副部长，山东省文教办公室主任，中共山东省委常委、宣传部部长，纪委书记，山东省副省长、省第四届政协副主席、省文联书记等职，1959年成立中共山东省委外事领导小组时，其任组员；李子超（1920—2002），历任山东省交通厅副厅长、党组副书记，中共山东省委副秘书长、城市工作部副部长、中共山东省委书记兼秘书长等职务，1954年成立中共山东省委国际活动指导委员会时，其任委员。

王卓如、郑文卿、王福海、谷牧、王绍洛、孙象逊等7人组成。郭子化为书记，王卓如为副书记。其办事机构为山东省人民政府办公厅外事处，徐中夫任处长。该处于1951年1月启用公章。1952年3月23日，外事处撤销。

（二）中共山东省委国际活动指导委员会

1954年9月25日，山东省和济南市成立中共山东省委国际活动指导委员会。夏征农任书记，陈少卿任副书记，李子超、赵笃生、张国峰、刘健、王月村、冯平、王亮、薛锐、狄井芗、孔益干、杨节、许森任委员。下设外宾接待办公室、秘书组、联络组、参观访问座谈组、招待组，主要负责接待来济南的外国团组，对驻济外国专家的管理以及出国组团的组织工作。地址在济南市经二路纬三路口。1959年6月25日，山东省人民委员会外事办公室在济南成立，原委员会工作全部移交后撤销。

（三）中共山东省委外事领导小组

1959年6月25日，正式成立中共山东省委外事领导小组。组长滕景禄，副组长刘秉琳、陈少卿，组员有余修、王众音、林萍、刘乃殿、丁韬，下设办公室，与山东省人民委员会外事办公室合署办公。1963年2月，省委外事领导小组进行调整，由刘秉琳、栗再温、丁韬、余修、王众音、张国峰、林萍、张恺、崔子厚等9人组成，刘秉琳任组长，栗再温、丁韬任副组长。

（四）山东省人民委员会外事办公室

1959年6月25日，根据中共中央外事小组、国务院外事办公室关于改变外事体制的指示，经山东省委决定，成立中共山东省委外事领导小组办公室和山东省人民委员会外事办公室，滕景禄任组长，刘秉琳、陈少卿任副组长，丁韬任办公室主任。两个办公室合署办公，地址在济南市经三路纬七路山东省人民委员会交际处院内。该办公室历年编制：1961年至1963年均为5人，丁韬任主任，另有处长、科员各1人，俄语翻译1人；1964年13人；1965年15人。1964年1月16日，省人委外事办公室与省交际处合署办公，实际上没有实行合署，而由外办负责人兼任交际处处长。

（五）山东省革命委员会外事办公室

1967年2月成立山东省革命委员会后，省革委于3月12日召开的第7次常委会议研究决定：将原省人委外事办公室改为山东省革命委员会外事办公室，编制4人。1972年1月，省革委办公室外事组成立，负责全省的外事工作。据1972年3月20日省委鲁发50号文件通知，外事组编制6人。1973年7月6日，省委以鲁发126号文件通知，在省革委办公室外事组的基础上组建山东省革命委员会外事办公室。该办公室1974年实有12人，1975年23人，1977年35人，1978年31人。丁韬、童辛先后任省革委外事办公室主任。1979年12月撤销山东省革命委员会成立山东省人民政府时，省府于25日以鲁政发3号文件统一公布其机构设置，原省革命委员会外事办公室改为省人民政府外事办公室，在1982年至1983年的机构改革中，曾确定与山东省旅游局及侨务办公室合署办公。1985年，山东省人民政府外事办公室不再与山东省旅游局及侨务办公室合署办公，成为独立机构。

此外，全国解放之后，山东省内的市地级外事机构依次建立，与省级外事机构同样经历了多次重大变化，逐渐演变形成了现行体制。

二、山东涉外群众团体的建立与发展

涉外群众团体是党的外事工作体系中的重要组成部分，新中国成立后，先后有5个省级涉外群众团体出现，分别为：中苏友好协会山东分会、中国人民保卫世界和平委员会山东省分会、中国人民抗美援朝总会山东分会、中国人民对外文化协会山东省暨济南市分会、山东省人民对外友好协会等，其中前4个群众团体组织已停止活动。市地级涉外群众团体中，济南、青岛、烟台、泰安等地曾成立中苏友好协会、中国人民保卫世界和平委员会、中国人民抗美援朝总会、中国人民对外文化协会等分会组织。

（一）中苏友好协会山东分会

1949年，新中国刚刚建立，苏联向我国伸出了援手，帮助我国重点建设156个项目，正是这些项目奠定了我国民族工业基础，培养了一大批的技术人员，让我们在被帝国主义封锁的环境下能建立一个相对比较完整的国民经济体系。可以说，苏联是一个时代的印记。

第二次世界大战后，社会主义和资本主义阵营形成对峙。苏联是新中国成立后第一个在外交上承认中国的国家。中国共产党出于稳固新生政权、争取苏联援助的需要和意识形态因素，确立了向以苏联为首的社会主义阵营"一边倒"的政策。但是，当时中国民众中有明显的"疑苏"情绪。为了增进民众对苏联的了解，成立具有常态化运行机制的友好协会势在必行。

经过一段时间的筹备，1949年10月5日，中苏友好协会总会在北京成立，成立大会上，选举刘少奇为会长，宋庆龄、吴玉章、沈钧儒、李济深、郭沫若、张澜、黄炎培7人为副会长，丁西林等197人为理事。中苏友协组织机构的设置共分五级：全国设立总会，各大行政区设总分会，省、直属市、自治区设分会，县、市、直属市所辖的机关、企业、工厂和学校设支会，乡村、县市所辖的机关、企业、工厂和学校设支分会。总会和总分会的代表会每3年召集一次，分会和支会的代表会每年召集一次，支分会代表会每半年召开一次。中苏友好协会章程明确规定，协会的宗旨为发展和巩固中苏两国的友好关系，增进中苏两国经济、文化等方面的联系和合作，介绍苏联政治、经济、文化建设的经验和科学成就，加强中苏两国在争取世界持久和平的共同斗争中的紧密团结。

中苏友好协会建立后，全国各大区、省、市、县、乡相继成立基层分支机构。中苏友好协会初期采取个人会员制，会员持证并缴纳会费。1953年6月，停止颁发个人会员证，改成各党派、人民团体和军队集体入会。山东较早即着手开展中苏友好工作，早在1940年春，在鲁南地区就曾成立了山东中苏文化协会组织。在山东抗日根据地各个角落，曾不断进行过宣传苏联和学习苏联的活动。中国人民革命的胜利，中华人民共和国的成立，更开辟了中苏两国伟大人民友好合作的新时代。从1949年起，中苏友好协会的组织在济南、青岛、徐州等几个大城市先后建立。山东省中苏友好协会成立以后，全省各地的中苏友协组织更加普遍地建立起来。截至1952年11月，全省共有118个市、县分会，11个专区工作委员会，14000余个支会，拥有会员290多万，人民解放军各兵种的团体会员尚未计算在内，它已成为推进中苏友好合作的一支庞大队伍。

成立中苏友好协会"其目的就是要增进与巩固中苏两国人民的兄弟般的友谊和合作，促进中苏两大民族的一切智慧和经验的交流"[1]。按照中苏友好协会第一次全国工作会议的决议中所指出的，凡一切享有公民权的中国人民，只要其赞成本会宗旨，愿意增进中苏友好、学习苏联的，不分党派、宗教信仰和性别，都可以成为中苏友好协会会

---

[1] 《对于中苏友好协会认识上的几个问题　中苏友协总会副总干事赵仲池九月二十一日在中央人民广播电台的广播词》，《大众日报》1951年9月27日。

员。从中可以看出，中苏友好协会是一个极广泛的统一战线的群众组织，它的基本任务是以国际主义的精神教育广大群众，增进其对苏联的认识，学习苏联的先进经验。根据中苏友协这一组织的性质和它的基本任务来看，山东中苏友好活动，也是从初期的一般号召逐渐转向具体深入的，从而获得不少成就。

（二）中国人民保卫世界和平山东省分会

世界保卫和平运动在第二次世界大战得到广泛发展。战后由于核武器的发展，世界人民不愿再遭受新的大战的浩劫与毁灭性的核灾难，在许多国家中开展了声势浩大的反对核军备竞赛和保卫和平的运动。1948年在法国、德国、意大利、波兰建立了保卫和平的组织。1949年4月在巴黎和布拉格召开了第一届世界保卫和平大会，有72个国家的代表参加，选出了常设委员会，大大推动了世界和平运动的发展。

为广泛开展反对美国侵略的思想教育，动员全国人民积极投入抗美援朝、保家卫国的斗争，在中共中央及各民主党派支持下，中国人民保卫世界和平委员会于1949年10月成立。1950年7月10日成立中国人民反对美国侵略台湾、朝鲜运动委员会。1950年10月26日，中共中央发出关于在全国进行时事宣传的指示。同日，中国人民保卫世界和平大会同中国人民反对美国侵略台湾、朝鲜委员会合并，改组为中国人民保卫世界和平反对美国侵略委员会，简称"中国人民抗美援朝总会"，郭沫若为主席，彭真、陈叔通为副主席。总会设在北京，各地陆续设立分会。

中国人民保卫世界和平委员会山东省分会（简称"和大山东分会"）于1950年11月上旬成立，起初全称"中国人民保卫世界和平反对美国侵略委员会山东省分会"。会长彭康，副会长马保三、王深林，常务委员刘民生、苗海南、夏征农等21人，委员李澄之、王深林、王统照、陆侃如、吴富恒等99人。下设秘书处、宣传部、组织部、联络部等机构。1956年1月12日，根据中华人民共和国内务部通知，将"中国人民保卫世界和平反对美国侵略委员会山东省分会"改称为"中国人民保卫世界和平委员会山东省分会"，并对领导班子作相应调整，会长夏征农，副会长冯平、刘仲益、李澄之、陈梅川、李子超等5人，常务委员21人，委员72人。1965年4月16日，领导班子再次作调整，主席王众音，副主席冯平等5人，秘书长丁韬，委员38人。1965年9月，成立亚非团结委员会山东省分会，其主席、副主席、秘书长、副秘书长和委员等由"和大山东分会"原套领导班子相应人员兼任，增补成仿吾、杨毅为副主席，增补委员4人，对外挂两个牌子，启用两枚公章，合署办公。

"和大山东分会"成立以后，在"中国和大总会"领导之下，联合各人民团体，积极响应世界和平理事会历次发出的庄严号召，在全省范围内有组织、有规模、有领导地推进了保卫世界和平运动，先后开展了大规模的群众性的关于拥护斯德哥尔摩和平宣言的签名运动，反对使用原子弹的签名运动，支持拥护抗美援朝运动，反对美国侵略、支持殖民地附属国国民解放运动，反对美国干涉中国内政、侵略中国台湾地区等。

（三）中国人民抗美援朝总会山东省暨济南市分会

1950年6月25日，朝鲜内战爆发；7月1日，美国地面部队进入朝鲜。同年10月19日，中国人民志愿军跨过鸭绿江，开赴朝鲜战场。为支援抗美援朝战争，充分发挥人民群众的作用，全国人民抗美援朝运动的统一领导机构——中国人民保卫世界和平反对美国侵略委员会（简称"中国人民抗美援朝总会"）成立。中国人民抗美援朝总会作为中共中央及中央政府战时的助手，在动员全国人民进行抗美援朝、支援前线等方面发挥了重要的作用。

1950年12月29日，中国人民抗美援朝保家卫国委员会山东省暨济南市分会在济南市成立，彭康任主任，马保三、李澄之、王祝晨等任副主任。主要活动有：组织群众举行抗美援朝、保家卫国的集会游行，抗议美国单独对日媾和及重新武装日本的阴谋；组织群众进行增加生产厉行节约以支持中国人民志愿军的活动，订立爱国公约，进行爱国主义活动；进行对烈、军属及革命伤残军人的优抚工作，使其在政治地位、生产生活等方面有所保障和提高；组织中国人民志愿军慰问团、医疗队、支前大队赴朝鲜事宜，安排接待中国人民志愿军归国代表团、朝鲜人民访华代表团来山东各地巡回讲演及访问事项。自美国飞机在青岛上空撒播细菌害虫之后，在全省范围内开展了大规模的、群众性的爱国卫生运动，组织各地人民向志愿军捐献慰问品和武器活动，共计发慰问信3.28万余封，做慰问袋14万余个，捐慰问金86亿元（旧币），捐献武器款2957亿元（旧币），折合战斗机199架。1953年7月《朝鲜停战协定》签订之后，该会终止存续。

（四）中国人民对外文化协会山东省暨济南市分会

新中国成立后，为争取更多的国家和人民了解新生的中华人民共和国，相继成立了一批民间外交机构。1954年5月3日，周恩来总理提议，中国人民保卫世界和平委员会、中国文化艺术界联合会、中华全国自然科学专门学会联合会、中华全国总工会、中华全国民主妇女联合会、中华全国民主青年联合会、中华全国学生联合会、中印友好协会、中缅友好协会、中国人民外交学会等人民团体联合发起成立中国人民对外文化协会。其主要任务是：开展中外民间友好交往，组织代表团互访，增进与各国人民之间的相互了解，推动国际合作，建立交流机制等。

1963年6月21日，由山东省人民委员会外事办公室报请中国对外文化联络委员会，经国务院外事办公室批准成立中国人民对外文化协会山东省暨济南市分会，会长成仿吾，第一副会长王众音，副会长由履新、丁韬，秘书长丁韬（兼）、鲁岐山、叶述先，理事会理事37人。理事会成员以文化、科学、教育、艺术界为主，兼及其他各界。该分会以发展山东人民与各国人民之间的友好关系，促进文化交流为宗旨，其接受中共山东省委的直接领导，同时接受中国人民对外文化协会的指导，进行有关外宾的接待工作和其他有关对外文化友好活动的工作。1966年，中国人民对外文化协会改组为中国人民对外文化友好协会，山东成立中国人民对外文化友好协会山东分会。为精简机构，压缩编制，该分会成立后即将山东省暨济南市中苏友好协会、中国人民保卫世界和平委员会山东省分会、中国亚非团结委员会山东省分会等人民团体机构合并，其日常工作由该分会统一管理，但仍保留原来名义，对外挂四个牌子。

（五）山东省人民对外友好协会

中国人民对外友好协会（简称"全国对外友协"）是中华人民共和国从事民间外交事业的全国性人民团体，以增进人民友谊、推动国际合作、维护世界和平、促进共同发展为工作宗旨，代表中国人民在国际社会和世界各国广交深交朋友，奠定和扩大中国与世界各国友好关系的社会基础，致力于全人类团结进步的事业。协会创办于1954年5月3日，时为中国人民对外文化协会；1966年，改称中国人民对外文化友好协会；1969年，改称中国人民对外友好协会。

新中国成立初期，官方外交活动领域相对狭小，民间外交发挥了独特的历史性作用。对外文协以文化交流为重点，开展同各国人民的友好往来。1966年"文化大革命"开始后，对外交往一度陷于停顿。1969年春，协会恢复活动，工作范围不断扩大，为中日和中美关系发展发挥了特殊作用，友城工作和国际交往逐渐展开。1977年，中国人民对外友好协会山东省分会成立。根据国务院办公厅文件规定的精神，中国友协山东分会为省一级人民团体，同省级的工会、共青团和妇联具有同样的地位和待遇。中国友协山东分会成立以后，在山东省委、省政府和全国友协的领导下，配合政府外交，通过民间渠道同一些国家的民间友好团体和友好人士建立了联系，接待了世界上一些国家和地区的友好访问团组和专业考察团，派团派人出国访问等，对宣传山东、广交朋友，加深了解，增进友谊，促进经济技术合作交流，扩大山东在国外的声誉起到了积极作用。

此外，各地市也纷纷建立了中苏友好协会、对外友好协会、抗美援朝总会、保卫世界和平委员会等地市分会，有力推动了党的外事工作事业及民间交流发展。

第二节　"一边倒"战略下山东党的对苏工作

1949年10月1日，毛泽东同志在天安门城楼上庄严宣告中华人民共和国中央人民政府成立，随后城楼前的广场上举行了盛大的阅兵式和群众游行，威武的受阅部队与欢腾的民众无不展示着新国家的新面貌。然而，广场上的喜悦与欢腾无法缓解新中国所面临的严峻国内国际形势。

一、巩固政权的现实需要确立了"一边倒"战略方向

新中国成立之初，军事上，国民党仍有上百万的残余部队在中国的西南、华南以及沿海的部分岛屿上，即使是在新解放区，也有一些国民党残部与当地的土匪势力相勾结而作困兽之斗；经济上，新政权面临的是被战争蹂躏得千疮百孔的烂摊子，特别是国民党统治的最后几年，无节制的恶性通胀使得民生凋敝，百业萧条；在农村，拥有3亿人以上的新解放区还没有进行土地改革，旧的土地所有制严重束缚着生产力的发展；国际上，苏美之间已经逐渐形成了两个超级大国对峙的局面，虽然苏联等社会主义国家很快承认了新中国，但以美国为首的西方资本主义国家则对新生的人民民主专政国家抱着敌视的态度，他们在经济上对新中国进行封锁，政治上不承认中华人民共和国政府，军事上则进行武力威胁，并期待着中国共产党的失败。

在如此严峻的新形势面前，如何保卫革命胜利果实，捍卫新生的人民民主政权成为中国共产党最为紧迫的任务。新中国成立之后，中国共产党成为执政党，为巩固新生

的社会主义政权，中国共产党在对外交往中将争取外界道义上和物质上的支持作为工作的重心，并更多地参与到国际事务中，特别是社会主义阵营大家庭的事务中以确立新中国的国际地位。为此，在新中国成立后的7年时间里，中国共产党完全倒向了社会主义阵营，并与以苏联共产党为首的诸多社会主义国家开展了十分有益的交流。在这段时间里，尽管中国面临的形势是严峻的，但整个社会主义阵营基本保持着高度的团结，因此，这段时期中国共产党通过与兄弟党，尤其是苏联共产党的友好交往获得了大量支持与帮助。

值得一提的是，新中国成立之后逐渐形成党领导一切工作的局面，新中国的外交工作、民间团体的对外工作与中国共产党的外事工作极大地重叠，从而承担了大量党的外事工作任务，成为中国共产党对外工作中的重要组成部分。

二、广泛开展苏联先进科技、文化宣传及交流活动

早在新中国成立之前，毛泽东同志就已在《论人民民主专政》中断言新中国的外交将是一边倒的，即毫不犹豫倒向以苏联为首的社会主义阵营。[①]1949年10月1日当天，一个由苏联著名作家法捷耶夫、西蒙诺夫领衔的文化艺术科学工作者代表团就出现在了开国大典的观礼台上，并于当月21日由上海抵达济南。尽管这个代表团并不是以苏联官方的名义来到中国的，但它的出现无疑暗示了中苏在未来的紧密联系。这一期间，中国从思想、文化、发展等方面全面向"老大哥"苏联学习，山东开展了大量具有时代特色的对苏交往活动，形式多样多彩，既有举行"中苏友好月"活动、庆祝斯大林诞辰、列宁逝世纪念日、主题酒会、体育竞赛等，又有共青团来访等外事活动，各类活动具有强烈的政治性色彩，对苏交往活动有效增强了山东人民与苏联人民的相互了解和友谊，苏联人民与山东人民建立了稳固而又密切的联系。因对外交往的需要，这一时期的活动有许多是在中共山东党组织的领导下，以中苏友好协会的名义开展的。

（一）举行"中苏友好月"活动

"中苏友好月"活动的举行使得中苏两国的文化交流与文化合作得到了空前未有的加强和发展。20世纪50年代，山东省举行了多轮次大规模的"中苏友好月"宣传运动，

---

① 《毛泽东选集》第四卷，人民出版社1991年版，第1472—1473页。

各地以党的报告员、宣传员及访苏代表为核心，组成了百万人以上的宣传大军，运用了多种多样的形式，向全省人民普遍而深入地进行了多次以中苏友好和介绍苏联为主要内容的国际主义与共产主义的宣传教育。全省90%以上人民受到了极为深刻的教育，基本上达到了家喻户晓、深入人心的要求。"中苏友好月"活动的举办在山东广大人民中广泛地掀起了向苏联学习的热潮，活动形式包括但不限于讲演会、报告会、出版书刊、举办图片展览、放映电影、举办业余俄文学校等，增强了省内人民对苏联人民建设社会主义和共产主义成就和经验的了解。

山东中苏友好协会在山东广大人民中广泛地掀起了向苏联学习的热潮。截至1954年11月，出版期刊、小册子、活页材料等共50余种、近70万份；转发中苏友好协会总会宣传材料40余种、14万份；举行各种报告会、讲演会、座谈会等共达20万次，听众近3000万人次。[1]中苏友好协会山东分会还先后在济南、青岛、潍坊、徐州、德州设立俄文夜校或俄文班，与省总工会、团省工委、省妇联、省青联、省学联等团体一起发出联合通知，配合开展保卫和平、抗美援朝活动组织工作。全省各地中苏友好协会联合各有关单位在群众中推荐了总会的机关报——《中苏友好报》，使该报的发行数增加到2万余份；通过图片展览和放映电影等形象化的宣传，直接受到教育的观众有2780余万人次；全省各地举办业余俄文学校或学习班计有80余班，学员达6000余人；山东中苏友好协会还与山东人民广播电台合办俄语广播学校。[2]通过上述宣传工作，山东省广大人民受到了极大的教育和鼓舞，大大提高了爱国主义和国际主义思想觉悟，进一步认识到社会主义制度的优越性，从而进一步划清了社会主义思想与资本主义思想界限，树立了向苏联一边倒的思想。

（二）开展日常宣传教育及交流活动

除了这些巨大规模的宣传运动，山东省还进行了下列经常的宣传教育工作，在宣传中苏友好，加强国际主义教育和推动学习苏联先进经验方面都发挥了巨大的作用，收到了良好效果。一是定期邀请苏联艺术团、学者代表团、青年代表团以及友好协会代表团访问山东，比较有名的有以鲍·亚·亚历山大罗夫为首的苏军红旗歌舞团，以楚拉基同

---

①　李澄之：《山东省中苏友好协会五年来工作报告（摘要）》，《大众日报》1955年3月22日。

②　李澄之：《山东省中苏友好协会五年来工作报告（摘要）》，《大众日报》1955年3月22日。

志为首的苏联艺术工作团，以苏联哲学家车斯诺柯夫、法学家阿斯凯洛夫为代表的学者代表团，以苏联列宁共产主义青年团中央委员会书记米哈依洛夫同志为首的苏联青年代表团，以叶留金率领的苏中友好协会代表团和以费多罗夫为首的苏中友好协会乌克兰分会代表团。二是定期组织机关、团体、工厂、农业生产合作社、学校的代表和工、农业劳动模范等，参观各地苏联经济及文化建设成就展览会。三是派遣代表前往苏联学习，比如，驰名全国的郝建秀工作法的创造者郝建秀同志，全国农业劳动模范吕鸿宾、董力生等同志曾前往苏联斯塔夫罗波尔边疆区和格鲁吉亚共和国学习。四是组织中苏两国人民间的往来通信运动，全省各地中、小学生以及各界人民向斯大林大元帅、苏联红军以及文化、艺术、科学界通信致敬，苏联的儿童不断寄来"致中国小朋友的信"以及各种礼物，比如，济南市太平街小学曾收到苏联共产主义青年团寄来的队旗及鼓号，滕县干部子弟小学亦曾收到白俄的画刊。这些频繁和广泛的接触，对于传播和学习苏联社会主义建设的各种宝贵经验，以推进我国的建设事业和增进中苏两国人民的友谊，有着很大作用。济南及全省各地人民在了解苏联文化艺术及学习苏联方面受到了极大的启发和帮助，广大的工人、农民和知识分子及其他各界人民普遍地提高了对苏联的认识。

（三）大力学习和推广苏联先进经验

中华人民共和国成立以来，山东人民的爱国主义和国际主义思想觉悟逐步提高，在苏联社会主义建设巨大成就鼓舞下，山东省工业、农业、文化、教育、科学、技术等各部门响应党中央和毛主席的伟大号召，蓬勃地掀起了学习苏联的热潮，日益广泛而深入地展开了学习苏联的运动。全省各方面各部门在学习苏联各种先进经验上确已得到很大收获，创造出不少成绩。比如在工矿生产方面，仅是推广的苏联先进经验全省就不下数十种，其中包括苏联高速切削法、科列索夫车刀法、郭瓦廖夫工作法、流水作业法、高速车丝法、双手电焊法、平行龟裂法、快速烧窑法、快速检修法、真达罗娃工作法等。这些先进生产方法被采用后，生产效率立即有了显著提高。如科列索夫车刀法在济南各机器厂采用后，生产效率提高了10至20倍。奎山煤矿钢铁十五队运用平行龟裂法后，掘进效率提高了70%以上，使每掘进一米成本降低了30多万元。1954年2月，济南第二机床厂成立了推广苏联先进经验小组，将苏联专家提出的40多项建议认真地进行了研究，并已结合具体情况贯彻了13项建议，取得了很大成绩。至于本省各地工厂根据苏联设计的图纸，制造出的各种良好机器，为数也不少。

苏联先进经验在山东省农业生产方面也被广泛采用、推广。不少地区农民曾采用了苏联先进的耕作方法，如实行小麦宽幅密植，玉米、棉花密植，玉米人工授粉等方法，都提高了产量。历城县省农业劳动模范王朝佑所在的农业生产合作社，自从采用小麦宽幅密植、谷子三角留苗，并学会了合理灌溉、合理施肥等办法后，由1952年全社产量平均每亩327斤提高到1953年亩产487斤。国营莱芜农场在1952年试行小麦宽幅密植等办法后，每亩收了915斤，比当地农户多产700斤至800斤，在其把经验介绍给当地农民后，当地农民的小麦产量也提高到每亩600斤至700斤。全国农业劳动模范吕鸿宾从苏联访问回来后，向社员介绍了苏联农业生产情况，他除结合社内实际情况采用了一些苏联先进管理方法外，还学习了苏联山区农民发展生产的经验，要在700亩荒山上栽植苹果树等1500棵，养鸡500只，把穷山变成富山。此外，不少医疗机构已开展了苏联先进经验的学习，学习巴甫洛夫学说、组织治法、无痛分娩法；在教育方面，学习苏联教学法、五级分制记分法和苏联新教材，其他各方面在学习苏联各种先进经验后也取得了良好成绩，许多具体事例，实不胜枚举。苏联无痛分娩法采用后，受到群众热烈欢迎；苏联组织疗法、封闭疗法、睡眠疗法、体育疗法等也都在宣传运用中，并均收到一定效果。

至于在机关、团体中，组织动员全省各级干部和广大人民学习马克思列宁主义、苏联共产党领导建设社会主义的理论与经验、苏联共产党员和苏联人民所表现出的国际主义和爱国主义精神、苏联人民的集体主义与忘我的劳动精神。对苏联先进精神的学习，提高了全省人民对马克思主义的认识，培育了全省不怕困难和战胜一切困难的勇敢精神。广大干部也进一步增强了保卫祖国和建设祖国的信心，提高了工作效率。苏联人民的朝气蓬勃和乐观主义，其对新鲜事物的敏感，对新生事物的热爱、勇于创造的精神，以及他们的崇高的共产主义道德深深地激励着全省人民。全省人民在学习中接受了一次精神淬炼，并从苏联这些科学的理论、最宝贵的经验中获益良多，对于引导人民完成新民主主义的建设，稳步推进社会主义建设发挥着巨大作用。

（四）举行各类集会性活动

为全面学习苏联的先进文化，增进对苏联的认识，山东各地还不定期举行各种形式的纪念性活动，比如斯大林寿辰签名运动、斯大林诞辰纪念会、列宁逝世纪念会、高尔基逝世纪念会、十月革命节、中苏友好同盟签订纪念日、苏军建军纪念会、苏联科技进步座谈会等。这是在国家"一边倒"政策指导下实施的，既是出于维系苏联人民和中国人民感情需要，也是山东人民融入社会主义阵营大家庭的具体表现。相关活动的开展为山东社会主义建设提供了源源不断的精神力量，激发了省内人民向苏联先进精神学习的热情，正如时任中共山东省委第一书记舒同在庆祝十月社会主义革命四十周年万人大会中所提到的，"就是学习苏联人民那种勤俭建国，艰苦奋斗，节衣缩食，支援工业建设的精神，那种高贵的自我牺牲的品质"[1]。

各类活动无不彰显着山东人民与苏联人民的坚定友谊，"我们中苏两国人民的伟大友谊在继续不断地发展和巩固"[2]。在这一期间举办的许多活动规模巨大，比如1949年12月21日，济南市各工厂、学校、机关、部队和市民所参与的斯大林七十寿辰签名运动即达到了21.7万余人次。全国解放后，在毛泽东同志的号召下，全军又掀起了学习苏联建军经验的热潮，在杨得志等高级将领看来，"这一学习，大大缩短了我军实现近代化的摸索过程"[3]。山东烟台、青岛等地市驻军及各界人士还举办了各式苏联建军纪念活动，各部队也分别举行报告会、座谈会、晚会等庆祝活动。活动期间，很多电影院上映了《山地大战》《夏伯阳》等苏军战斗片。友好馆、友好阁、友好画廊、工人文化宫等处，展出了"苏军的光荣四十周年""苏军的英雄事迹"等图片，举办了"苏联文艺作品中的苏军形象"报告会等。相关活动的举办使得我军了解了国际一流军事强国的发展现状及自身不足，加速了我军的现代化建设进程，进一步加强了中苏两国人民和军队之间的战斗友谊。

1960年5月1日，在苏、美、英、法四国政府首脑会议即将召开的前夕，美国派遣间谍军用飞机侵入苏联领空进行挑衅，中共山东省委迅速发动并组织多次集会声讨美国的侵略行径。1960年5月21日，济南各界人民52万人举行了声势浩大的集会和示威，强烈反映了全省人民全力支持苏联的严正立场的意志和决心。时任中共山东省委第一书记舒同，时任中共山东省委书记处书记白如冰，时任中共山东省委常委刘秉琳、李予昂、张新村，时任山东省副省长王哲、苗海南，驻军首长杨得志上将均参与了大会，集会活动的举行有力地声援了苏联的反帝国主义运动。[4]

---

① 舒同：《在济南庆祝十月社会主义革命四十周年大会上的讲话》，《大众日报》1957年11月8日。

② 赵健民：《在济南各界人民庆祝伟大十月社会主义革命三十九周年大会上的讲话（摘要）》，《大众日报》1956年11月7日。

③ 刘钏、石灵：《庆祝苏军建军四十周年》，《大众日报》1958年2月23日。

④ 《济南五十万人集会声讨美国强盗》，《大众日报》1960年5月22日。

第三节　抗美援朝期间山东对朝工作的开展

朝鲜是我国东北的近邻，两国山水相依，自古就有着密切的官方和民间往来。自19世纪末以来，中朝两国人民在长期反对殖民主义的斗争中相互扶持，结下了深厚友谊。1950年朝鲜战争爆发后，美国一方面出兵干预朝鲜并迅速进逼中朝边境，另一方面派出第七舰队进犯台湾海峡，大有将新中国扼杀在襁褓之中的态势。在如此危急的形势下，为了保卫和平、反抗侵略，应朝鲜党和政府的请求，党中央毅然作出抗美援朝、保家卫国的历史性决策。在抗美援朝的艰苦斗争中，中国援朝各种物资560多万吨，开支战费60万亿（旧币）元，死伤志愿军指战员36万余人。[1]在此期间，山东人民在党中央及山东党组织的正确领导下，开展了轰轰烈烈、波澜壮阔的抗美援朝运动，绘就了一幅万众一心、勠力同心的历史画卷。

在这场运动中，全省人民群众的爱国热情和磅礴力量被极大地激发出来。山东抗美援朝运动贯穿抗美援朝战争的始终，主要经历了四个阶段：第一阶段是从1950年9月到1951年1月，主要是学习时局、宣传群众，进行思想发动，克服恐美思想，树立抗美援朝必胜的信心。山东各群众团体、民主党派分别发表声明，一致拥护中国共产党与各民主党派在1950年11月4日发表的联合宣言，决心以坚强的行动，为抗美援朝、保家卫国而奋斗。第二阶段是从1951年2月到3月底，以反对美国重新武装日本为中心，开展了和平签字和慰问志愿军活动。第三阶段是从1951年4月至"五一"节，运动进入高潮，发动全民订立爱国公约。第四阶段是从1951年"五一"节以后直至抗美援朝战争结束，主要是落实抗美援朝总会三项号召（订立爱国公约、捐献飞机大炮、优待军烈属），并使爱国主义教育转入经常化。1953年7月27日，《朝鲜停战协定》在板门店签字，山东抗美援朝运动也随之结束。抗美援朝运动是山东党组织在全境解放后开展的第一次大规模的爱国群众运动。

---

① 裴坚章主编：《中华人民共和国外交史（1949—1956）》第一卷，世界知识出版社1994年版，第79页。

一、开展和平签名运动，动员人民参军援朝

和平签名运动实际上是抗美援朝运动的序幕。1950年5月，山东响应中国保卫世界和平大会的号召，发起和平签名运动。从5月1日起，济南、青岛、烟台、潍坊等城市，首先开展和平签名运动。7月1日至7月7日，举行了和平签名运动宣传周活动。7月20日至8月1日，举行了反对美国侵略朝鲜和台湾运动宣传周活动。参加和平签名运动的群众遍及城市、乡村和各行各业，大家纷纷在签名书上写上自己的名字，表达反对侵略战争的坚定决心和拥护和平的强烈意愿，山东一周之内就有230万人签名。①中共济南市委宣传部一名干部在保卫世界和平座谈会上说："和平是我们的希望和要求，但我们并不骇怕战争。我们对于战争的态度是：我们坚决反对反动的侵略战争，而对于被迫起来自卫的正义的战争，则给予无限的同情与支援。"②1950年9月19日，济南市第二届各界人民代表会议全体会议代表济南市70万人民，向纽约联合国安理会通电抗议美帝国主义对我国领陆、领海、领空的侵犯和对朝鲜的侵略。到1950年10月和平签名运动基本结束时，参加人数达到2194万，占全省总人口数的54.9%。

朝鲜战争爆发后，美国把日本作为其在亚洲进行侵略扩张的基地，加快了单独对日媾和、重新武装日本的步伐。这种做法明显违反了第二次世界大战期间同盟国共同签署的一系列文件。根据中共中央指示，山东组织开展了反对美国对日媾和、重新武装日本的运动。1950年12月12日，济南市工商界一万余人举行抗美援朝保家卫国游行大会。③12月9日，济南市1.5万余青年学生在青年公园举行盛大集会，隆重纪念"一二·九"爱国学生运动十五周年，并热烈祝贺朝鲜人民军与中国人民志愿部队光复平壤的伟大胜利。④1951年1月28日，济南市270余位各界老人举行抗美援朝座谈会及游行示威。⑤2月7日，济宁市文艺界2000余人举行反美帝对日单独媾和，反对美帝把持联合国通过对我国诬蔑的示威大游行。⑥2月15日，济南戏曲界通过了反对美帝武装日本宣

---

① 《和平签名运动更加扩大深入　华东全区除上海外签名人数逾一千万》，《大众日报》1950年7月17日。

② 《济市协商委员会　保卫世界和平座谈会纪要》，《大众日报》1950年7月6日。

③ 《济工商界万人大游行》，《大众日报》1950年12月13日。

④ 《济万五千学生盛大集会》，《大众日报》1950年12月10日。

⑤ 《济市各界老人抗美援朝举行座谈会及游行示威》，《大众日报》1951年1月29日。

⑥ 张小鹏、于健基：《济宁文艺界游行示威》，《大众日报》1951年2月12日。

言、四项爱国公约，组织850余人游行集会反对美帝武装日本阴谋。[①]2月18日，济南市15万人举行集会和示威游行，反对美国单独对日媾和、重新武装日本。[②]3月4日，山东省工农兵劳动模范代表会议代表、各民主党派、人民团体分别发表声明，拥护世界和平理事会要求美、苏、中、英、法五大国缔结和平公约宣言。5月1日，济南市40万人参加"五一"国际劳动节庆祝活动，30万人举行反对美国武装日本、保卫世界和平的示威游行。[③]至7月6日，参与人数达到3120万，占全省总人口的75.2%。通过参加和平签名运动，山东人民群众的政治觉悟得到进一步提升，为抗美援朝运动的开展作了必要的思想准备。

中国人民志愿军入朝作战以后，国内掀起了参军入伍的热潮，山东也不例外。1950年11月，山东分局发出《关于参军运动的指示》，提出完成7万人的征兵任务，最后有7.1万人应征入伍。1953年1月，全省又征新兵5.26万人，超额5.2%完成计划。全省广大工人、农民、机关干部、青年学生纷纷递交决心书、申请书，踊跃报名参军，重现了解放战争时期父送子、妻送郎、兄弟争相上战场的动人场景。劳动模范段广钧把2个儿子送到了志愿军部队；沂蒙山区的一位宋大娘，把唯一的儿子送到了抗美援朝前线；平原县刘宝中的3个儿子都是民兵，争着报名参加志愿军，为满足儿子的愿望，他一次就把2个儿子送到了朝鲜战场。青年学生、青年工人还积极响应中央军委、政务院的号召，报名参加各种军事干校。1951年1月，全省第一批参加军事干校的1328名青年学生离济入学。同年六、七月间，第二批参加军事干校的学生达到2400余人。1950年至1953年，山东共有28万人参军。许多新兵和军事干校学员经过训练后斗志昂扬地奔赴战场，为抗美援朝战争前线提供了充足的兵源支持。

二、订立爱国公约，推动拥军优属

开展订立爱国公约运动是人民群众在抗美援朝运动中的创举，主要内容是开展生产竞赛、优待烈军属等。它通过制订个人奋斗目标，把人民群众的爱国热情与实际行动结合起来，用公约的形式加以巩固和强化。1950年11月，烟台等地开始订立爱国公约，中

---

① 田牧：《济南戏曲界昨集会游行反对美帝武装日本阴谋》，《大众日报》1951年2月16日。
② 《济南十五万人愤怒示威》，《大众日报》1951年2月19日。
③ 《济市三十万人游行大示威》，《大众日报》1951年5月3日。

共中央于1951年2月发出普遍推广订立爱国公约的指示后,山东掀起订立爱国公约的热潮。1951年6月1日抗美援朝总会发出三项号召后,山东又对爱国公约进行了检查、补充、修订或重新订立,将其作为增产节约运动的行动指南。爱国公约是在进行爱国主义教育的基础上,由群众充分酝酿、民主讨论后制订出来的,范围比较广泛,既有工厂、车间、班组公约,也有农民、城市居民、工商界的公约,甚至家庭都订立了爱国公约。据1951年10月24日的统计,"现在全省工厂、村庄及其他基层单位,订立爱国公约者平均达到80%以上,昌潍、胶州、临沂、泰安、文登、淄博等地区及徐州均达到80%,青岛、烟台两市及惠民、德州地区达90%,少数县如广饶、沾化则达100%。济南市约为75%",足见当时山东订立爱国公约的普遍程度。

在订立爱国公约过程中,全省各行各业根据自身生产、工作、学习的特点,与抗美援朝的总任务联系起来,制订了可操作性强、便于落实和检查的具体内容,并以爱国公约为准绳,身体力行。通过普遍订立和认真执行爱国公约,把广大干部群众的爱国热情引导到实际行动上,既调动了他们的积极性和创造性,又推动了各项工作的顺利开展。例如,青岛国棉六厂订立爱国公约后,每日每台车产量超过订立公约前0.45码,次布率占总产量的比率由3.173%下降到1.13%。全省人民在爱国主义思想日益高涨的基础上,又从城市到乡村掀起了广泛的订立和执行爱国公约运动。通过这一形式,把各界人民的爱国主义思想和实际行动用计划固定下来,成为具体的爱国行动纲领,推动了各项工作的胜利完成。据1951年10月以前的统计,全省各种基层组织订立爱国公约的有80%。有些地方,如惠民专区有90%的村庄订立了爱国公约;该专区的广饶、沾化等县,100%的村庄订立了爱国公约。

关怀慰问人民子弟兵是山东在长期革命战争中形成的优良传统,这一优良传统在抗美援朝运动中得到了进一步发扬。山东人民时刻关怀着奋战在前线的志愿军指战员,通过艺术团、医疗团等各种方式开展了慰问活动,从物质上、精神上支援他们。1951年1月22日至24日,山东省各界人民代表会议协商委员会举行第三次扩大会议,讨论并通过关于开展慰劳军属运动、加强拥军优属工作的决议和开展慰劳志愿军、人民军及救济朝鲜难民运动的决议。抗美援朝期间,抗美援朝总会先后三次组织慰问团赴朝慰问,山东每次都派出代表参加,共计130人,其中有志愿军家属、工农业劳动模范、解放军战斗英雄和民兵英雄、少数民族代表及各民主党派代表等。此外,山东还在城市开展了捐献"千元运动",在农村开展了捐献"百元运动"。截至1951年5月,捐款就达到

98.5345亿元（旧人民币），慰问品12.8万件，慰问袋14.3万个，慰问信11.89万封。抗美援朝期间，全省各界写慰问信24万余封（指山东省抗美援朝分会直接发出数），送慰问袋、慰问品（毛巾、肥皂、牙刷、搪瓷缸、日记本等）27万余件，捐献慰问金19.6亿元（旧人民币），捐出书籍7200余册、粮食39.5万斤、衣物8.9万件。海阳县青年妇女把准备出嫁用的布，有的把给孩子做袄的布，都拿出来做了慰问袋。一封慰问信中写道："亲爱的同志，你们英勇作战，步步前进，我们的小袋里有针线，在追杀敌人的道路上，好缝缝鞋子，以便追上敌人，消灭敌人。"这些慰问活动使身处异国他乡的志愿军指战员感受到了祖国和人民对他们的关心和热爱，从而鼓舞了士气和斗志。

为解决广大志愿军指战员的后顾之忧，山东还掀起新的优抚热潮，解决烈军属在生产、生活中遇到的各种困难。在农村，采取代耕、助耕的方式照顾烈军属，确保他们的土地产量不低于本地的平均产量。比如，莱阳县某村互助组的代耕公约上写道：保证先军属后自己，所有代耕地深刨一遍，谷锄六遍，并保证每亩比上年增产15斤至20斤。各地群众都把烈军属的生产视为自己的分内之事，及时为其耕种，多锄几遍地、多施几车肥，甚至先人后己、匿名代耕的事情也屡见不鲜。在城市，各机关、团体、工厂等单位积极帮助烈军属、复员荣军就职就业；学校招收新生时，优先录取烈军属子弟，优先享受助学金和减免学杂费。到1954年，全省共发放烈军属生活补助粮4790万斤、救济款2900亿元（旧人民币），城市烈军属子弟就业9484人。广大烈军属在做好本职工作的同时，积极参加各项政治活动，宣传党的优抚政策，有的还写信给朝鲜前线的亲人，鼓励他们英勇作战、杀敌立功。一位老人给前线的儿子写信说："咱们已经翻了身、过上了好日子，自从你参军后，村里人都很爱护、尊敬咱们。你要好好在前方打仗，啥时候胜利了，咱们再团圆。"为了培养教育革命烈士的子女，山东省截至1953年2月已成立了7个革命烈士子女小学，全部由政府供给其学习、生活等一切费用。转业回乡的军人，一般都已经作了适当安置，其中有些同志已经参加了祖国的各项建设事业。此外，对于贫苦烈属、军属及革命伤残军人的疾病治疗工作也开始在进行。

三、强化组织宣传教育，发起全民捐献运动

抗美援朝运动的开展，离不开党的领导。当时，山东省健全的地方党组织和群众组织，为抗美援朝运动迅速、广泛开展提供了组织保障。按中央部署，山东省各地还在已有基础上加紧建立宣传网。到1951年底，党的宣传员366297名，报告员5500多名，全

省有80%以上的支部建立起宣传网。为了认真执行抗美援朝总会关于继续加强抗美援朝工作的指示，山东省各市、区、县在1952年至1953年期间进行了多次大规模的抗美援朝宣传教育活动，有力地推动了干部和群众积极参加祖国建设和各项抗美援朝工作。各地区先后召开了区、乡干部会议，进行了抗美援朝的形势教育，相继召开了村干部、党员、团员、宣传员、互助组、民兵等各种群众性的会议，进行广泛的宣传教育。有的地区注意利用和发挥广播筒、黑板报等的宣传作用，注意组织宣传员和完全小学学生运用秧歌等群众喜闻乐见的形式，在集市上向群众进行宣传教育。通过这次大规模的抗美援朝宣传教育活动，许多干部和群众都开始认识到美帝国主义无耻地破坏停战谈判和阴谋扩大侵略战争，从而克服了群众的松懈麻痹思想，提高了警惕性。例如，山东费县十区段庄乡乡长宋光修，过去以为革命胜利了，朝鲜战争离得也还远，只顾干自己的活不愿干工作。在听了继续加强抗美援朝工作的报告后，他说："这一年多来真是太麻痹了，今后一定要积极工作，使朝鲜战争取得最后胜利。"山东费县三区有些区乡干部将志愿军的英雄事迹和自己工作加以对比，他们惭愧地说："咱们在后方这样顺利的条件下，作一点工作就喊叫困难，比起志愿军黄继光式的那些英雄们，真是太不应该了。大家都订出计划，决心克服困难，做好工作，向志愿军学习。"[1]宣传网的建立和运转，使抗美援朝运动家喻户晓。许多干部和群众都表示将以积极参加国家建设的实际行动，支援中国人民志愿军。此外，山东省各群众团体，包括工会、青年团、妇联、文联、科协、侨联、社联、学联等，在宣传抗美援朝中起到了重要作用。

在朝鲜战场上，敌我双方武器装备对比悬殊。1951年6月1日，抗美援朝总会发出号召，动员全国人民捐钱捐物购买飞机大炮。6月10日至11日，山东省抗美援朝分会举行扩大会议，讨论并通过贯彻抗美援朝总会"六一"号召，推行爱国公约、捐献飞机大炮和优待军烈属三项爱国行动计划的决议，同时作出全省捐献120架至130架战斗机、组建"山东空军师"的决定。截至1952年4月的统计，全省人民捐献了人民币2957多亿元，折合战斗机197架多，比原定计划多67架。

此外，抗美援朝期间，朝鲜还多次派代表团访问山东。比如，1952年2月22日，朝鲜人民访华代表团华东分团的10位代表访问山东；1952年2月25日，朝鲜访华铁道

---

① 中共费县县委宣传部：《费县广泛进行抗美援朝宣传教育 有力地推动了各项抗美援朝工作》，《大众日报》1953年2月5日。

艺术团在济南首次演出；1952年4月13日，原朝鲜人民访华代表团团长洪淳哲来山东访问。时任中共中央山东分局副书记向明、省人民政府副主席郭子化、省抗美援朝分会会长彭康等首长多次接见朝鲜代表团，充分体现出山东党组织对朝鲜代表团的重视。朝鲜人民访华代表团李柱贤代表说："中国人民志愿军的鲜血，和朝鲜人民的鲜血流在一起，这种深厚的友谊是牢不可破的。"[1]战争磨炼了山东与朝鲜人民的意志，增进了山东人民与朝鲜人民的感情，中朝两国肝胆相照、血肉相连，在国际交往史上留下了浓墨重彩的一笔。

1953年朝鲜停战后不久，朝鲜劳动党中央委员会书记金日成便率领代表团来华访问。在这次访问中，中方与朝方签订了多项经济援助和技术合作协议，再次向朝方给予了无私的援助。此后，中朝双方的友好往来不断，朝鲜与山东多次互派代表团进行友好访问。1953年10月14日，中国人民第三届赴朝慰问团第四总分团从济南赴朝鲜慰问。[2]1954年3月初至6月初，朝鲜人民代表团420余人访华，感谢中国人民对朝鲜的支持。毛泽东、刘少奇等国家领导人亲切接见了代表团成员并与之进行了友好会谈。1954年4月21日，由副团长李永镐和李东英为首的朝鲜人民访华代表团部分代表和朝鲜人民军协奏团，在时任中央人民政府扫除文盲工作委员会主任委员楚图南陪同下访问山东。1955年10月27日，朝鲜青年艺术团在济南举行首次表演会。[3]除双方间的互动访问之外，山东省还组织过多次反对美帝国主义侵略、支持朝鲜人民和平统一祖国的集会活动。

第四节　国际格局变化下山东党的外事工作

20世纪50年代至60年代中期，冷战国际格局从初期向中期过渡，我国的对外交往工作发生了一些变化，这并没有影响这一期间外事工作稳中向好发展的局面。1956年9月15日，中国共产党第八次全国代表大会隆重召开。在这次会议上，苏联、东欧各国、

---

① 《省暨济南市各界举行盛大欢迎会》，《大众日报》1952年2月23日。
② 《赴朝慰问团第四总分团昨出发》，《大众日报》1953年10月15日。
③ 《朝鲜青年艺术团昨在济南举行首次表演会》，《大众日报》1955年10月28日。

朝鲜、越南、蒙古、古巴等54个国家的共产党和工人党派派出代表团参加，巴勒斯坦和美国共产党也派观察员出席了会议。这次大会反映了中国共产党与社会主义阵营的全面合作。

一、20世纪50年代中期以后国际格局的新变化

20世纪50年代中期至60年代中期，以美国为首的帝国主义阵营同以社会主义国家为中坚力量的社会主义阵营继续对垒，国际局势依然紧张。但亚非拉民族解放运动风起云涌，旧殖民体系正在崩溃，特别是英国、法国、比利时、荷兰、葡萄牙的殖民地纷纷独立，深刻改变着世界政治版图。在社会主义阵营内部，由于苏中两国的对立斗争，社会主义阵营逐渐出现裂痕（以苏联公开支持印度为标志，内部矛盾公开在世界面前）。由铁托、纳赛尔、尼赫鲁主张的不结盟运动兴起，独立、自主发展的呼声逐渐强烈。此外，这一期间局部战争、国内战争、双边战争、多边战争连绵不断，如1956年苏伊士运河之战、美国侵越战争等。

新中国初步在国际社会中站稳脚跟，中国对外政策中坚决支持世界各国人民的反帝反殖民斗争，不断加强同亚非拉民族独立国家的交往。1953年12月，时任中华人民共和国政务院总理周恩来在会见印度代表团时提出"和平共处五项原则"，在此基础之上，中国加强同世界各国特别是亚非拉民族独立国家的友好关系。从1956年至1965年有27个国家和中国建交，绝大多数是刚获得独立的亚非拉国家。

二、与社会主义阵营国家间的交往

新中国成立之后，随着中国与东欧的阿尔巴尼亚、捷克斯洛伐克、匈牙利、罗马尼亚等社会主义国家的政治、经济、文化、教育等关系取得全面发展，山东与社会主义阵营的许多国家也有了许多交流与互动。

（一）抗美援越运动

新中国是第一个承认越南民主共和国的国家。1950年1月18日，中越建交，越南政府将该日定为"外交胜利日"。随之，越南与中国开始了较为密切的联系，1950年10月28日，由原越南青年联盟总书记黄明正率领的越南青年学生代表团访问山东，打开了越南与山东人民交往的局面。然而，越南依然不是完整意义上的国家，越南人民还在为自

己的解放事业而斗争。1950年1月，越南共产党创始人胡志明取道中国前往莫斯科，并在莫斯科会见了正在苏联访问的毛泽东及中国共产党代表团一行，他希望中国能够对越南人民反抗法国殖民者、争取民族独立的斗争给予帮助。毛泽东回到北京后立即同中央领导同志讨论了援助越南的问题。在会议上，大家一致同意向越南提供援助。作出援助越南的决定后，立即派中央军委办公厅主任罗贵波作为中共中央联络代表赶赴越南，并派遣军事顾问团对越南人民军进行援助。在越南抗法、抗美战争期间，中国成了越南战争的大后方，为越南军民取得最终胜利提供了坚实的保障。

1964年8月5日，美国借"北部湾事件"，发动侵略战争，军用飞机侵入中国海南岛地区和云南、广西上空，投掷炸弹和发射导弹，打死打伤中国船员和解放军战士，威胁中国安全，越南局势陡然紧张。1965年4月，越南劳动党请求中国支援。毛泽东决定向越南提供全面无私的援助。在美国发动侵略战争后第3天，即1964年8月8日至9日，济南的工厂工人、机关干部、学校师生、街道居民和民兵共计15万余人举行示威游行，愤怒声讨美帝国主义侵略越南民主共和国的罪行。8月10日，济南各界一万余人集会声援越南人民的正义斗争，时任中共山东省委书记处书记、山东省省长白如冰，省委书记处书记刘秉琳等同志参会。刘秉琳在大会上说，"八月五日美国侵略者对越南民主共和国进行了突然袭击，这说明美帝国主义已经跨过了'战争边缘'，走上了扩大印度支那战争的第一步"[1]。截至1964年8月15日，据不完全统计，全省有230万人以气壮山河之势，举行了集会和规模盛大的示威游行，此外，还有千百万群众收听了首都和济南举行的支持越南人民反对美帝国主义武装侵略大会的实况广播。[2]随着抗美援越战争持续进行，山东人民抗美援越的热情日渐高涨。1965年6月28日，济南、青岛2万民兵举行声势浩大的游行集会，愤怒声讨美帝国主义的侵略罪行。时任中共山东省委书记处书记、山东省副省长苏毅然在集会上指出，"我们坚决支持越南人民反对美国侵略、统一祖国的伟大斗争"[3]。1966年7月24日，济南20多万人再次举行援越抗美集会示威。[4]

1970年4月30日，7万名美军和南越军人从越南南部侵入柬埔寨。5月1日、2日，美军恢复对越南民主共和国的广平、义安两省的轰炸，战火逐渐蔓延至柬埔寨、老挝。

---

① 《济南万人集会支援越南人民的正义斗争》，《大众日报》1964年8月11日。

② 《全省二百三十万人集会示威声援越南抗击侵略》，《大众日报》1964年8月15日。

③ 《济南青岛烟台两万民兵反美大示威》，《大众日报》1965年6月29日。

④ 《济南二十多万人举行援越抗美集会示威》，《大众日报》1966年7月25日。

4 日，中国政府发表声明，谴责美国政府的侵略罪行。5 月 20 日，毛泽东在《人民日报》发表《全世界人民团结起来，打败美国侵略者及其一切走狗》一文，这是毛泽东为支援印度支那三国人民的抗美救国战争所发表的声明。1971 年 2 月 17 日，济南 25 万军民举行声势浩大的示威游行，坚决表示和全国人民一道全力支援印度支那三国人民的抗美救国战争。时任山东省革命委员会副主任苏毅然、时任山东省军区负责人鄢思甲、时任济南市革命委员会主任许洪云和副主任张敬焘等，同广大工农兵群众一起参加了示威游行。山东对越南的多频次、大规模的声援活动加强了人民的国防观念，提高了人民的爱国意识，而且有力声援了越南人民的民族解放斗争。

（二）声援民族地区国家反侵略斗争

1955 年国际形势出现缓和，但是不久人们发现，亚非拉民族解放运动以及一系列政治运动愈加激烈，这一期间发生了第二次中东战争（1956 年）、韩国学生运动（1960 年）、土耳其反独裁运动（1960 年）、日本人民反对日美军事同盟条约斗争（1960 年）、古巴击溃美国进攻（1961 年）、巴拿马运河冲突（1964 年）等重要事件，在中共中央及有关部门的决策部署下，山东党组织也随之策划并开展了一系列声援活动。1956 年 11 月 3 日，济南市 12000 余人抗议和谴责英法武装侵略埃及。[1]1960 年 4 月 29 日，济南各界人民 20 万人举行了声势浩大的集会和示威，强烈表达了全省人民坚决支持南朝鲜人民爱国正义斗争的决心，对李承晚集团血腥屠杀南朝鲜人民的罪行强烈抗议。[2]1960 年 5 月 4 日，济南青年和各界人民万余人在"五四"青年节举行了支持土耳其人民爱国正义斗争大会。[3]1960 年 5 月 10 日，济南 30 余万人举行声势浩大的集会和示威，强烈地表达了全省人民坚决支援日本人民反对日美军事同盟条约的正义斗争的决心和力量。[4]1961 年 4 月期间，济南、青岛、烟台、淄博、潍坊、济宁等地数十万人分别举行集会、示威，严厉谴责美帝国主义武装侵略古巴的罪行，欢呼古巴人民抗击美国雇佣军所取得的重大胜

---

① 《济南万余人举行集会和示威游行》，《大众日报》1956 年 11 月 4 日。

② 《支援南朝鲜人民的爱国正义斗争　支持朝鲜人民统一祖国的斗争》，《大众日报》1960 年 4 月 30 日。

③ 《坚决支持土耳其人民正义斗争》，《大众日报》1960 年 5 月 5 日。

④ 《坚决支持日本人民正义斗争　坚决反对复活日本军国主义》，《大众日报》1960 年 5 月 11 日。

利。[①]1962年10月，山东省委和济南市各界人民800余人在珍珠泉礼堂举行集会，支持古巴人民反对美帝国主义的战争挑衅。[②]1964年1月期间，济南、青岛、枣庄、烟台、潍坊等地举行声援巴拿马游行示威活动，仅济南市参加示威和集会的就达15万人。[③]在这段时期的对外声援活动中，刘季平、刘秉琳、夏征农、白如冰、栗再温、刘民生、李澄之等人均是这一时期山东省中共党内外事活动的积极组织者、参与者、领导者。[④]

（三）经济贸易交流

新中国成立之后，中国奉行"一边倒"外交战略，迅速与部分社会主义阵营国家建立了交往关系，中国也注重加强与第三世界关系，同更多亚非拉国家建立外交关系。随着外交关系的建立，中国与社会主义阵营国家间的经济交往渠道也更为通畅，双方相互派遣访团。这一期间，阿尔及利亚政府经济代表团分别于1958年12月、1964年9月两次访问山东，时任山东省省长白如冰、时任山东省副省长李予昂、时任济南市市长杨毅、时任省人委外事办公室主任丁韬等领导负责陪同。

匈牙利人民共和国于1956年1月向山东省捐赠农业机器，并派遣匈牙利专家瓦岱尔纳、班哈西、维莱士和比迪协助山东省建设中匈友谊农业机器拖拉机站。时任山东省副省长王卓如盛赞两国之间的兄弟友谊，他在1957年5月9日匈牙利专家团队回国的欢送仪式上表示，短短一年多的时间里，专家们以丰富的经验和坚苦的工作精神，与我们一道胜利地完成了建站任务。中匈友谊农业机器拖拉机站的建成，充分体现了中

---

① 《济南十万人集会支持古巴正义斗争》，《大众日报》1961年4月24日。
② 《谴责美国战争挑衅　支持古巴正义斗争》，《大众日报》1962年10月31日。
③ 《声讨美帝侵略罪行　支持巴拿马人民斗争》，《大众日报》1964年1月17日。
④ 刘季平（1908—1987），历任中共山东省委书记处书记，安徽省委书记处书记，教育部副部长、代理部长，北京图书馆馆长，文化部顾问等职；刘秉琳（1909—1982），历任山东省副省长、山东省军区政委、中共山东省委书记处书记、山东政法学院院长、山东省第五届人大常委会副主任等职；夏征农（1904—2008），历任中共济南市委副书记，中共中央山东分局宣传部部长，中共山东省委常委、副书记，济南市委书记处书记，中共中央华东局宣传部部长，中共上海市委书记处书记，中共中央顾问委员会委员，上海市社联、文联主席，复旦大学党委书记等职；白如冰（1912—1994），历任山东省省长，中共山东省委第一书记兼山东省革命委员会主任，山东省政协主席，第二至五届全国人大代表，第二届全国政协委员，中共七、八大代表，第十、十一届中央委员，中共十二大、十三大当选为中共中央顾问委员会委员等职；栗再温（1908—1967），历任中共山东省委常委、候补书记，副省长等职；刘民生（1888—1978），历任全国政协候补代表，省政府副主席、副省长，华东军政委员会委员，最高人民法院华东分院院长，省政协二、三届委员会副主席等职。

匈两国人民的友谊有了进一步的发展和巩固。王卓如叙述了匈牙利专家在帮助建站期间所取得的各项成就，指出机械作业显著增产的事实有力地支持了服务区的合作化运动，专家们历次举办的机务和管理人员训练班，不仅为山东省培养了200多名农业机械化干部，而且对全省机械化事业的发展起到了重要作用。他说：山东省农业机械化事业中交织着中匈两国深厚的友谊，为了感谢专家对我们的帮助，我们当十分珍视专家所传授的宝贵经验和科学技术，决心把拖拉机站办好，把山东省农业机械化事业在现有的基础上加以提高。①

1960年4月3日，省和济南市各界人民1500余人，在济南珍珠泉礼堂隆重举行"匈牙利解放十五周年庆祝大会"。时任山东省副省长余修在会上介绍了匈牙利人民共和国在匈牙利社会主义工人党和政府的领导下，15年来在社会主义革命和社会主义建设中所取得的伟大成就，并指出：匈牙利人民的胜利，就是我们的胜利，就是整个社会主义阵营的胜利。②1960年4月10日，匈牙利共产主义青年团中央艺术团在济南"八一"大礼堂举行首次演出，2100余名观众欣赏了匈牙利人民精湛、卓越的艺术。1960年4月30日，为庆祝匈牙利解放十五周年，文化部、中国对外文化联络委员会、中匈友好协会联合主办的"匈牙利人民共和国电影周"，在济南举行的开幕仪式在职工剧院隆重举行。参加开幕仪式的共1000余人。在济南帮助建设的苏联专家也应邀参加了开幕仪式。相关活动的举办使得山东人民对匈牙利风俗、文化有了更多了解，也增进了两国之间的情感与友谊，这种真挚的友谊情感留在了山东人民心里。

（四）文化艺术交流

新中国成立之初，国家百废待兴，文化建设也进入了一个新的建设时期。正如毛泽东同志在1949年全国新政协会议上庄严地指出：随着经济建设的高潮的到来，不可避免地将要出现一个文化建设的高潮。中国人被人认为不文明的时代已经过去了，我们将以一个具有高度文化的民族出现于世界。1949年7月，召开了第一次文代会，成立了中华全国文学艺术界联合会以及各艺术领域协会，对动员广大文艺工作者积极参加新中国社会主义文化艺术事业建设起到了推动作用。会议明确提出了文艺为人民服务，首先是为

---

① 《匈牙利专家成功回国》，《大众日报》1957年5月10日。
② 《庆祝匈牙利解放十五周年》，《大众日报》1960年4月4日。

工农兵服务这一基本方针。为了促进文化艺术事业的发展，丰富文化产品质量，新中国政府邀请社会主义阵营国家的艺术团访问中国，给中国人民带来了丰富精神食粮，增进了社会主义阵营国家间的情谊与友谊。

在社会主义革命与建设时期，苏联向山东省派出的文化交流代表团数量最多，其他国家来访艺术团影响力较大的有：1955年7月，缅甸联邦文化代表团在济南首次表演；1958年10月，以人民演员策格米德为首的蒙古人民共和国国家音乐话剧院艺术团访问济南；1969年3月，玻利维亚"芳达西亚"歌舞团访问济南；1959年8月，罗马尼亚单独表演家一行5人访问济南；1966年4月，巴基斯坦文化艺术团在山东剧院举行了首次演出。这一时期的国外艺术团来访城市主要是省会济南，这说明此时期的艺术团访问具有浓厚的政治意味，省内大多数地区人民难以获得直接参与、体验国外文艺活动的机会，对外文化艺术交流具有活动的政治性和受众的局限性。

（五）体育竞技交流

1917年，毛泽东在湖南第一师范读书的时候，就提出"欲文明其精神，先自野蛮其体魄；苟野蛮其体魄矣，则文明之精神随之"。在他看来，"体育之效，至于强筋骨，因而增知识，因而调感情，因而强意志"。新中国成立后，党和国家迅速把发展体育事业摆上了议事日程。1949年10月，新中国诞生不到20天就召开了全国体育工作者代表大会，商议新中国体育发展事宜，提出"为人民的健康、新民主主义的建设和人民的国防而发展体育"的工作方针。新中国成立初期的体育事业由团中央领导。1952年6月10日，毛泽东同志为中华全国体育总会成立大会题词"发展体育运动，增强人民体质"，进一步明确了我国体育事业发展的根本任务和方向。新中国成立之后，我国多次邀请国外体育代表团访问中国并与国内体育队开展竞技比赛，有力提高了我国体育事业的发展水平。

新中国成立后，来山东省访问的境外体育代表队（含港澳台）主要涉及捷克斯洛伐克、罗马尼亚、俄罗斯联邦等国家和香港、澳门等地区，涵盖篮球、田径、排球等体育领域。从竞技的结果来看，虽然山东省体育队具有主场优势但依然在比赛中处于下风，比赛结果也是输多赢少，这反映出新中国成立之后山东省体育发展水平相对偏低的现状。各国代表队访问山东之后，省委通常会派出高层次领导予以接见。比如，1959年5月23日，以罗马尼亚体育运动委员会主席团委员扬·图尔潘为首的罗马尼亚国家男、女田径队一行25人访问山东，罗马尼亚国家田径队到车站时，受到了时任山东省副省长余修，时任济南市副市长、市体委主任狄井苎，时任省体委副主任季明焘，时任山东体育学院教授田友令，时任山东大学体育教授傅宝瑞，山东省优秀运动员、运动健将郑凤荣等30余人的热烈欢迎。[①]1960年11月6日，俄罗斯联邦男女排球队同山东省男女排球队在"八一"体育馆举行了第一场友谊比赛，在比赛前，时任省委常委、济南市委书记处书记夏征农，时任山东省副省长李澄之，时任济南市副市长狄井苎接见了俄罗斯联邦代表队，省委对国外体育代表队以及体育事业的重视可见一斑。[②]

（六）国外组织、国际组织、左翼政党、国际友人访问山东

中华人民共和国成立后，我国顺应对外交往的需要，与各类国外组织、国际组织及左翼政党建立了联系，部分来华组织、政党也访问山东，丰富了山东的对外交往工作内容并取得了许多成果。主要来访的国外组织有：缅甸联邦国会访华代表团（1957年8月来访，由缅甸联邦民族院副议长德钦登貌带队）[③]、阿尔巴尼亚工会（1964年5月来访，由阿尔巴尼亚工会中央理事会书记索蒂尔·坎伯里带队）、柬中友好协会（1966年5月来访，由柬中友好协会主席兰·涅特带队）、缅甸青年代表团（1957年10月来访，由团长吴波阵带队）、多哥农村青年委员会（1960年10月来访，由委员会主席杜伦·福斯廷和总书记阿梅格博·约瑟夫带队）。主要来访的国际组织有：1958年9月来访的国际学生联合会第五届代表大会的15个国家的学生代表和观察员[④]、世界和平理事会（1958年6月来访，由理事会书记处书记豪尔赫·萨拉米亚带队）。主要来访的左翼政党有：巴西共产党（1959年10月来访，由巴西共产党中央委员会总书记路易斯·卡洛斯·普列斯特斯带队）、澳大利亚共产党（1959年10月来访，由原澳共中央委员会总书记兰斯·路易斯·夏基带队）。主要来访的国际友人为尼冯·萨巴（1956年9月来访）[⑤]。

---

① 《罗马尼亚国家田径队抵济》，《大众日报》1959年5月24日。

② 《昨天在济南作友谊赛》，《大众日报》1960年11月7日。

③ 1957年8月2日，毛泽东主席在青岛接见了以缅甸联邦民族院副议长德钦登貌为首的缅甸联邦国会访华代表团。接见时，周恩来总理也在座，在座的还有刘贯一、王梨夫和青岛市市长李慕。

④ 学生代表和观察员是来自民主朝鲜、匈牙利、波兰、捷克、巴西、哥伦比亚、墨西哥、智利、秘鲁、古巴、危地马拉、尼加拉瓜、苏里南、西班牙、英国等15个国家。

⑤ 时任黎巴嫩东正教大主教、世界和平理事会理事。

三、反对美国对"八二三事件"的军事威胁和挑衅

朝鲜战争爆发之后，美国第七舰队进入台湾海峡，随后，美国与中国台湾地方当局签署《共同防御条约》，解放台湾、统一祖国的大业一时间受阻。1953年7月27日，《朝鲜停战协定》在板门店签订，中国人民又重新聚焦台海问题，于是自1954年9月至1955年3月，中国人民解放军率先攻克了上、下大陈岛和一江山岛，并且炮击南麂岛、高登岛以及金门周边岛屿，第一次台海危机爆发。为了惩治台湾当局对大陆的骚扰和破坏，反对美国搞"两个中国"的阴谋，也为了配合阿拉伯人民反对美国侵略的斗争，中国人民解放军福建前线部队于1958年8月23日向金门、马祖进行了炮轰。这完全是中国的内政，美国却进行了干涉。8月27日，美国总统艾森豪威尔重申，美国将不放弃它已经承担的武力阻挠中国人民解放军解放台湾的"责任"。9月4日，艾森豪威尔和杜勒斯会谈后，授权杜勒斯发表声明，威胁要将美国在台湾海峡地区的保护范围扩大到金门、马祖等中国沿海岛屿，并宣传已经作出了军事上的部署。

中国政府和中国人民坚决反对美国侵犯中国主权、干涉中国内政。9月4日，中国政府宣布中国的领海宽度为12海里，一切外国飞机和军用船舶未经中国政府许可，不得进入中国的领空和领海上空。9月6日，周恩来总理发表了关于台湾海峡局势的声明，强烈谴责美国在台湾海峡地区大量集结武装力量，公开威胁要把它在台湾地区的侵略范围扩大到金门、马祖等沿海岛屿的严重挑衅。随后山东省内军民行动起来，10天之内数百万人次群众举行了空前的反美游行。据统计，仅1958年9月7日，就有济南10万人、淄博3万人、菏泽1.5万人、聊城2600人、威海1.3万余人、临清2.5万人表示拥护周恩来总理的声明，坚决反对美帝国主义的军事威胁和挑衅。[①]省和济南市各界拥护政府声明、反对美国侵略的示威游行大会，在济南"八一"礼堂前广场举行。在大会主席台上，有时任中共山东省委书记处书记谭启龙，时任山东省副省长杨宣武，驻济部队首长杨得志上将、彭嘉庆中将，时任政治协商会议山东省委员会副主席马保三，时任中国国民党革命委员会山东省委员会副主任委员李澄之，无党派民主人士刘民生，时任中国民主建国会山东省工作委员会常委、省工商业联合会代表张蔚岑，时任九三学社济南分社筹委会主任委员杨德斋，时任省工会联合会主席徐雷健，时任共青团山东省委书记林萍，省妇女联合

---

① 《济南十万人示威游行》，《大众日报》1958年9月8日。

会代表张恺，省文学艺术工作者联合会代表燕遇明，还有时任中共济南市委书记处书记李又邨、时任济南市市长刘乃殿、教育界代表丁履德、科技界代表徐眉生等。

此外，一些科学人士及考察团也曾访问山东。1956年11月18日，盐沼英之助博士访问济南。1959年8月23日，罗马尼亚农业考察团访问山东。这些科学团体的到访获得了山东省委的高度重视，弥补了省内在前沿科学技术的不足。

第五节 "文革"的冲击及外事工作理念转变的前奏

1966年至1976年是长达10年的"文化大革命"，有学者称"这10年是新中国成立至今六十多年外交决策史上最混乱和最特殊的10年"[①]。"文化大革命"期间，山东党的外事工作受到了"左"的干扰和冲击，已确立的外事工作程序遭到严重干扰，外事部门和各对外单位的工作遭到不同程度的冲击。在外事干部中也出现了以"左"划线，不实事求是，不平等对待人等形式的"左"倾情绪和无政府主义思潮，使外事工作一度偏离了正确轨道。

一、"文化大革命"冲击与中苏关系破裂的双重局面

1966年8月召开的中共八届十一中全会认为，国际形势当前正处于全新革命的一个时代。1968年10月，林彪在国庆讲话中提出"打倒美帝！打倒苏修！打倒各国反动派！"的行动口号，推行世界革命。除林彪集团之外，时任中央"文革"小组的江青、康生等人更是借"文化大革命"初期的混乱局面，干预周恩来长期掌管的外交外事路线。他们诬蔑新中国成立17年来执行的和平的外交路线是"三降一灭"（即向帝国主义投降，向修正主义投降，向各国反动派投降，扑灭世界人民革命）的外交路线，否定新中国17年以来外交工作取得的成就。他们在外事机构中煽动夺权，制造混乱。"文化大革命"初期的1966年至1969年中共九大前，中国的外交工作一度受到干扰。

国际上，苏共二十二大结束以后，中苏关系渐呈紧张之势。苏共领导人利用各种会

---

① 张历历：《当代中国外交简史》，上海人民出版社2015年版，第118—119页。

议，指名攻击中国共产党。中苏双方就路线方针政策问题公开论战，不断升级的论战使两党的分歧和矛盾加深。1965年3月1日至5日，苏共新领导人不顾中国共产党和其他一些党的坚决反对，在莫斯科举行了"共产党和工人党代表协商会晤"。参加会晤的有19个党，另有一些党拒绝参加。会晤结束后发表了《关于越南事件的声明》和《协商会晤公报》。公报呼吁停止公开论战，"反对一些党干涉另一些党的内部事务"，声称要"积极而全面筹备"召开"新的国际会议"。3月23日，《人民日报》《红旗》杂志编辑部发表《评莫斯科三月会议》的文章，严正谴责苏共的分裂行为。莫斯科三月会议之后，国际共产主义运动从思想上的分歧发展到组织上的严重分裂，中国共产党和苏联共产党以及欧洲一些党之间的关系中断。以1965年莫斯科三月会议为标志，中苏两党关系完全破裂和交往中断。这一期间，中美矛盾依然是主要矛盾，新中国不仅承受"文化大革命"所带来的巨大负面影响，而且从"一边倒"转为独自面对世界各种力量的敌视。由于苏联对中国潜在的军事威胁，特别是1969年后苏联对中国发动军事打击的可能性增加，中国同时面临着两大世界超级强国的敌对局面。这种情况也带来了国际平衡的新变化，苏中关系的紧张使得中美关系缓和成为可能。

围绕新中国国际环境的改变，国家安全上存在严重危险，外事交往政策也在这种环境中酝酿转变。1970年开始中国外交重新面向世界，尤其是加强了与西方的联系。1971年7月中美建立了直接联系，1972年2月尼克松访华和《上海公报》的发表标志着中国对外关系理念的重大变化，这是中国对外关系史上具有深远意义的重大历史事件。

二、20世纪70年代山东党的外事工作发展

进入20世纪70年代，山东外事工作尽管还一定程度地受着"文革"冲击，但是也取得了一定成绩，特别是阿尔巴尼亚、柬埔寨等传统友好国家与山东省的交往相对比较密切。

（一）与阿尔巴尼亚间的交往

1949年11月23日，中国与阿尔巴尼亚建交。20世纪50年代，阿尔巴尼亚是唯一未受中苏关系恶化影响的国家。20世纪60年代，中阿曾有过亲密的友好合作关系。在阿苏关系恶化甚至断交、阿处困难之时，中国批评了苏联的大国主义，并从60年代起，向阿提供了巨大援助。中国帮助阿兴建了钢铁、化肥、制碱、制酸、玻璃、铜加工、造

纸、塑料、军工等新兴的工业部门，增建了电力、煤炭、石油、机械、轻工、纺织、建材、通讯和广播等部门的项目，大大增加了这些部门的生产能力。为了执行援助任务，中国先后向阿派出过近6000名专家。中国还为阿提供了大批经济、军事骨干，其中在中国培训的就有2000余位。20世纪70年代，中美关系改善，阿对此不满，特别是"中国难以满足阿尔巴尼亚在援助方面提出的过高要求时，两国关系开始恶化了"①。但这一期间阿尔巴尼亚还是与中国交往最多的国家之一。

在中阿关系最为紧密的时期，省内各单位创新宣传方式，以文化展览等方式宣传阿尔巴尼亚的文化、政治等内容。1966年2月，中国人民对外文化友好协会山东省分会、山东省文化局、山东省教育厅、济南市文化局、济南市第一教育局联合主办的"阿尔巴尼亚八年制学校学生劳动作业展览"等文化活动取得了较好的效果。阿尔巴尼亚还于1967年10月4日派遣党政代表团访问山东，时任中共中央政治局常委、人大常委会副委员长、中央"文革"小组顾问康生，时任中共中央委员、中国驻阿尔巴尼亚大使刘晓等出席了欢迎大会。1970年12月至1972年6月期间，阿尔巴尼亚还派遣由阿尔巴尼亚人民共和国建筑部副部长维伊兹·杰贝罗同志率领的工矿部代表团，由阿尔巴尼亚教育和文化部副部长、阿尔巴尼亚文化和艺术委员会主席曼绍·巴拉率领的阿尔巴尼亚人民共和国歌剧院芭蕾舞剧团访问山东进行工矿考察和艺术表演。

（二）与柬埔寨间的交往

柬埔寨于1953年11月脱离法国的殖民统治而获得独立。独立后，柬埔寨一直奉行和平、中立、不结盟的外交政策，积极发展与世界各国的友好合作关系。在这一原则指导下，柬埔寨对华政策也是友善的，尤其是西哈努克执政期间，中柬关系稳定，双方交往频繁。1958年7月，西哈努克致函中国政府，提出两国正式建立外交关系。19日，中柬正式建交。1970年3月，柬埔寨发生政变，西哈努克由莫斯科到达北京。10月，中国政府声明，坚决支持西哈努克亲王、柬埔寨统一阵线和柬埔寨王国民族政府，揭露了朗诺集团"共和国"的非法和欺骗性及其反民主、反民族的实质，呼吁各国政府拒绝事实上或法律上朗诺的"共和国"。

虽然是流亡政府的元首，但西哈努克在中国仍然受到极高规格的待遇。1972年8月

---

① 《当代中国》丛书编辑部：《当代中国外交》，中国社会科学出版社1988年版，第316页。

10日，柬埔寨国家元首、柬埔寨民族统一阵线主席诺罗敦·西哈努克亲王和夫人，由时任中共中央军委副主席、人大常委会副委员长徐向前陪同，由北京前往济南进行正式访问，济南市十万群众隆重热烈地夹道欢迎柬埔寨贵宾。访问期间在济南会见了美国加利福尼亚大学学生教师访华团和新西兰—中国协会会员杰拉尔德·米尔斯，观看济南军区某部队表演，参观了济南第二机床厂和济南铅笔厂，听取了有关黄河文化历史情况的介绍，观看了历城县人民"引黄灌溉"农田建设工程和黄河景色，后又前往青岛参观了青岛海产博物馆展出的海洋动物和各种海产标本以及青岛啤酒博物馆、崂山县丹山生产大队的苹果园。

（三）与其他国家的交往

"文化大革命"结束前，因受极"左"思潮的影响，党的外事工作完全"革命化"，但在"一条线"战略以及三个世界划分理论指导下，中国的对外交流并没有停止，特别是随着殖民主义体系在亚、非、拉地区土崩瓦解和亚、非、拉民族解放运动的高涨，为建立反对苏联与美国双重霸权的国际统一战线，中国共产党加强了与亚、非、拉国家政党的接触与团结。由于受"文化大革命"的影响，1965年至1970年期间，来访山东的外国使团数量较少，而在20世纪70年代来访外国使团数量逐渐增加，这也反映出我国对外交往的理念正在酝酿新的变化。

20世纪60年代是革命浪潮席卷全球的10年，在60年代末有两个"革命的中心"，一个是北京，"文化大革命"正如火如荼；另一个是巴黎，在1968年爆发了震撼世界的"五月风暴"，被许多人称为"西方的文化革命"。1968年5月22日，山东革命工人造反总指挥部、山东省贫下中农革命造反总指挥部、红卫兵山东指挥部、红卫兵山东文艺革命造反司令部等四大革命群众组织联合发表严正声明，坚决支持法国工人和学生革命斗争。据统计，仅在1968年5月22日、23日，济南市、青岛市就有40万人次参与游行示威活动。

受"文化大革命"的影响，体育竞技对外交流活动受到严重影响，但这并没有完全中断。土耳其国家男子篮球队于1975年5月13日访问济南并与山东省篮球队进行友谊比赛，新西兰足球队于1975年10月访问济南并与山东省足球队进行友谊比赛，两次比赛均取得了较好的效果。1965年至1970年期间，来访山东的外国组织主要有日中友协第十二次访华团、由巴基斯坦新闻和广播部长赫瓦贾·夏哈布丁率领的巴基斯坦政府友好代表团。70年代期间，更多亚、非、拉国家访问山东，涵盖政党、卫生、军事、新闻等诸多领域，这意味着山东对外交往进入新的层次阶段。比较著名的代表团有：由费萨尔·阿里·阿塔斯率领的也门民主人民共和国农民代表团，由原坦桑尼亚卫生部长姆维尼率领的坦桑尼亚卫生代表团，由原罗共中央委员、罗中友好协会副主席斯特凡·巴维尔率领的罗中友协代表团，由圭亚那合作共和国原总统阿瑟·钟率领的圭亚那代表团，由乍得最高军事委员会原委员、外交和合作部长卡穆盖·瓦达勒·阿布杜勒-卡德尔少校率领的乍得共和国政府代表团，由朝鲜中央通讯社原副社长具一善同志为团长的朝鲜中央通讯社代表团，由赞比亚联合民族独立党中央委员会国防和安全委员会原主席祖卢率领的赞比亚军事友好代表团，由摩洛哥新闻部对外关系司原司长穆罕默德·海德尔·扎亚尼率领的摩洛哥记者代表团。

第三章

改革开放和社会主义现代化建设时期
山东党的外事工作

综　述

改革开放是党的一次伟大觉醒，是中国人民和中华民族发展史上的一次伟大革命。这一历史时期，我国社会主义现代化建设取得的伟大成就举世瞩目，实现了从生产力相对落后到经济总量跃居世界第二的历史性突破，实现了人民生活从温饱不足到总体小康、奔向全面小康的历史性跨越，实现了中华民族从站起来到富起来的伟大飞跃。

这一历史时期，是山东党的外事工作蓬勃起势、活跃发展的历史时期，是山东与世界广泛深入交流、互动持续加深的历史时期。这一历史时期，山东党的外事工作由小到大、由弱变强，积极服务国内国际两个大局，主动融入经济社会发展主战场，因应国际形势跌宕起伏变化，全方位开展对外交流合作，持续提升外事管理服务质量和水平，对山东走向世界、扩大高水平开放发挥了重要推动和促进作用，总的看，走过了以下三个阶段的历史进程。

一、全方位、多层次展开阶段（1978—1991年）

1978年，具有划时代意义的党的十一届三中全会胜利召开，决定把全党的工作着重点和全国人民的注意力转移到社会主义现代化建设上来。根据国内工作中心的转移，拉开了改革开放的伟大序幕，改革成为时代强音、开放成为时代潮流，对外工作的主要任务也转变成为国内经济建设创造良好的国际环境，并因此彻底抛弃了以意识形态划线的交往方式。

1984年4月，我国开放青岛、烟台等14个沿海港口城市；1988年3月，山东半岛经济开放区获批；1990年2月，国务院批准济南市5区5县整体划入山东半岛经济开放区；1990年，召开全省对外开放工作会议；1991年2月，国务院批准山东中西部44个县（市、区）对外开放。伴随全省开放步伐的加快，山东党的外事工作迅速起势，形成第一个高峰。全省16地市、90多个县（市、区）建立健全外事机构，全省外事干部建设进一步加强；在国内率先提出"外事工作为经济建设服务"的理念，与150多个国家和地区建立了经贸关系，缔结国际友城关系32对，533批2355人次外国元首、政府首脑等来访，全省多部门、多层次、多渠道、多形式对外开放格局加快形成。与此同时，受苏东剧变、苏联解体和以美国为首的西方国家对我国实施制裁的影响，对外交流合作受到严重冲击。但山东党的外事迎难而上，注重发挥民间外交优势，积极恢复发展对外交往渠道，对外工作逐步恢复。1991年10月，朝鲜民主主义人民共和国主席金日成来访，成为山东外事走出谷底的重要标志。

二、快速发展阶段（1992—2000年）

90年代初，苏联解体，两极格局瓦解，国际格局剧烈变动，经济全球化浪潮迭起，我国发展面临前所未有的机遇和挑战，党中央积极应对国际关系新变化，推动建立公正合理的国际政治经济新秩序。1992年春，邓小平同志到南方视察，发表系列重要讲话，掀起改革开放新的高潮。山东省召开全省对外开放工作会议，全面实施外向带动战略。山东党的外事工作紧紧抓住机遇，加强对外事工作的集中统一领导，统筹资源为经济建设服务，对外工作迈入新的快速发展期。山东外事在促进全省同外国地方关系正常化和民间友谊深化的同时，将工作重点转移到开辟渠道为经济发展服务上，为开拓国际市场牵线搭桥。这一期间，对外人员交流异常活跃，派出因公出访团组7.6万批、27万人次；接待外宾2240余批、1.67万人次，空前的交流带动强大信息流、资金流、物资流；高层互访明显增多，奥地利总统克莱斯蒂尔、德国总理科尔等44批外国元首和政府首脑来访；新建友好城市关系65对，友好关系迅速拓展；促成重大经贸合作和重大项目550余项（个），聘请外国专家4.3万余人次，服务开放发展取得积极成果。

三、重要战略机遇阶段（2001—2011年）

2001年12月，我国正式加入世界贸易组织，有力推动了对外开放和社会主义市场经济发展。2002年，党的十六大提出，21世纪的头20年，是必须紧紧抓住且大有作为的重要战略机遇期。2006年，中央外事工作会议召开，提出"全方位开展外事工作，维护和用好重要战略机遇期"的要求。山东党的外事工作牢牢把握"大国是关键、周边是首要、发展中国家是基础"的外交布局要求，加大力度开展对外交流合作，形成了富有生机和活力的外事工作体制，为全省扩大开放和实施经济国际化战略创造了更加宽松、友好的发展环境。外事工作机制更加科学、统一、高效，统筹协调和宏观管理能力不断提升；对重要外事事项的管理更加规范，特别是处理了山东中资企业在巴基斯坦、阿富汗遭袭等涉外案（事）件，维护了全省涉外稳定秩序。大力开拓对外交往渠道，缔结友城72对，友城总数达168对，友城建设继续领先全国；发起成立友好省州领导人峰会等多边合作机制，组织了世界500强企业峰会、鲁韩经贸洽谈会等活动，推动美国国际纸业、泰国正大等一大批企业落户山东。

在这一重要历史时期，外事事业取得长足发展，体现在以下方面。

一是对外交往格局实现历史性转变。山东外事紧随国家对外开放步伐，由"一边倒"转向全方位、多层次对外交往合作，工作格局发生历史性转变、突破性发展。在区域上，由只与少数第三世界国家交往逐步扩大至与世界230多个国家和地区交流；在机制上，由以政府为主导转变为各地各部门及社会各界深度参与；在领域上，由以服务政治交往为中心转变为政治、经济、文化等多元化合作；在方式上，由双边合作为主向双多边协同合作发展。

二是各层级对外交往空前活跃拓展。山东与外部世界广泛深入互动，各领域、各层级对外交往活跃度持续提升。高层互访密切，省级领导出访、外国领导人来访数量不断攀升；省委领导以党的代表团名义出访，有力推动党际交往。民间交往逐步崛起，与70多个友好组织和机构建立联系，形成了尼山世界文明论坛、孔子文化节、潍坊风筝节等一批品牌活动。国际友城迅速发展，截至2011年全省建立国际友城和友好合作关系383对；基层结好快速发展，国际友好医院、友好学校、友好港口等不断扩容。山东对外交往实现从官方到民间、从机构到个人、从经济到各领域的拓展。

三是双多边合作机制和成果持续涌现。山东外事积极创新对外合作方式，先后推动建立了友好省州领导人峰会、东北亚地区地方政府联合会、山东—山口—庆尚南道三方会晤机制、山东—京畿道友城联合体等多个地方政府间合作机制，依托机制成功举办了第四次友好省州领导人大会、东北亚地方政府联合会第七次全会、山东—京畿友城联合体大会等重要活动，为山东与各国地方合作架起高质量合作桥梁。

四是全省外事工作体制机制健全完善。山东外事不断加强体制机制改革，建立建强"统一领导、归口管理、分级负责、协调配合"的管理体制，有力保障外事管理和对外交流秩序。1981年，成立省委外事工作领导小组，1988年建立山东省外事工作领导小组，2003年更名为中共山东省委外事工作领导小组，健全了顶层协调机制。省外办经历与其他部门合署办公，到单列为省政府办事机构，到成为政府组成部门，机构建设不断加强。市县也相应建立了外事机构。按照中央要求，制定系列外事管理规范性文件、意见办法和实施细则，建立友好城市、涉外案件、领事保护、外国记者管理等联席会议机制，外事管理体制机制更加健全完善。

这一历史时期山东党的外事工作发展的壮阔图景和历史成就，离不开广大外事干部的辛勤付出，更为党的十八大后外事事业的更大突破，奠定了坚实基础、创造了良好条件。

第一节　波澜壮阔的时代背景

党的外事工作，总是与党和国家的命运同频共振。随着我国进入改革开放和社会主义现代化建设新时期，工作重心和对外工作部署实现历史性转折，也对党的外事工作的起步与发展产生重大影响。

一、党的十一届三中全会对对外工作作出部署

1978年11月10日至12月15日，中共中央工作会议在北京召开，会议讨论了全党工作重心转移到社会主义现代化建设等问题，为随后召开的十一届三中全会作了充分准备。邓小平同志在闭幕式上作了《解放思想，实事求是，团结一致向前看》的重要讲话，指出"我国有这么多省、市、自治区，一个中等的省相当于欧洲的一个大国，有必要在统一认识、统一政策、统一计划、统一指挥、统一行动之下，在经济计划和财政、外贸等方面给予更多的自主权"，"我们还要大力加强对国际法的研究"，"自己不懂就要向懂行的人学习，向外国的先进管理方法学习。不仅新引进的企业要按人家的先进方法去办，原有企业的改造也要采用先进的方法"。这为改革开放廓清了思想迷雾。

1978年12月18日至12月22日，党中央在北京召开十一届三中全会。全会决定，全党工作的着重点从1979年转移到社会主义现代化建设上来；全会讨论了国际形势和外交工作，认为党和政府的对外政策是正确、成功的，取得了重大进展；全会指出，我国在发展国际反霸统一战线、发展同世界各国的友好关系方面，取得了新的重要成就；中日和平友好条约的缔结、中美两国关系正常化谈判的完成，为亚洲和世界和平作出了重大贡献，但是战争危险仍然严重存在，必须随时准备击退来自任何方面的侵略者。党的

十一届三中全会拉开了改革开放的伟大历史序幕，纠正了把自力更生和对外开放对立起来的错误认识，在"请进来"的同时积极"走出去"，加强与世界各国在经济技术上的合作和贸易往来，随着国内经济建设任务的调整，外交外事工作主要任务也转变为为国内经济建设创造良好的国际环境和周边环境。

二、党的十二大关于对外工作的重要部署

1982年9月1日至11日，党的十二大在北京召开。党的十二大明确提出"走自己的路，建设有中国特色的社会主义"重大命题，回答了改革开放的中国坚持什么方向、走什么样的道路这个全党和全国人民最关心的重大问题。从此，中国特色社会主义成为党全部理论和实践的主题。改革开放从十一届三中全会起步，十二大以后全面展开。

十二大报告指出，中国的前途同世界的前途息息相关，中国革命和建设的胜利对世界走向进步和光明是有力支持，中国是国际主义者，深深懂得中国民族利益的充分实现不能离开全人类的总体利益；中国将坚持执行独立自主的对外政策，决不依附于任何大国或者国家集团，决不屈服于任何大国的压力，决不迁就一时的事变，不受任何人的唆使和挑动；中国指导自己同各国发展关系的一贯原则是"互相尊重主权和领土完整、互不侵犯、互不干涉内政、平等互利、和平共处"五项原则，无论是进行互利合作还是提供援助，都严格尊重对方的主权，从不附带任何条件，不要求任何特权；我们党坚持在马克思主义的基础上，按照独立自主、完全平等、互相尊重、互不干涉内部事务的原则，发展同各国共产党和其他工人阶级政党的关系，坚持各国党应当互相尊重。此外，还强调，实行对外开放，按照平等互利原则扩大对外经济技术交流，是我国坚定不移的战略方针；要促进国内产品进入国际市场，大力扩展对外贸易，尽可能多利用一些可以利用的外国资金进行建设，积极引进适合我国国情的先进技术。

党的十二大关于对外工作的部署，标志着我国开始改变70年代与美国建立的潜在"共同制苏"战略关系的政策，也不再以苏划线，既不以社会制度，也不以意识形态的异同论亲疏好恶，而是根据和平共处五项原则发展与所有国家的外交关系。在党的十二大精神指引下，我国在同世界各国发展友好关系方面取得重要进展，对外经贸、科技、文化等合作持续扩大。

三、党的十三大关于对外工作的重要部署

1987年10月25日至11月1日，党的十三大在北京召开。十三大提出并系统阐释了社会主义初级阶段理论，制定了"三步走"发展战略和各项改革任务。党的十三大报告指出：我国经济建设取得的一切成就，都同在拨乱反正基础上坚决推进全面改革和对外开放分不开；改革和开放，冲破了僵化的经济体制，使经济活跃起来，沿海地区，从南到北，正在形成广阔的前沿开放地带。在指导方针上，要求必须坚持对外开放，发展对外经济技术交流与合作，努力吸收世界文明成果，逐步缩小同发达国家的差距。在经济发展上，要求进一步扩大对外开放的广度和深度，并强调，当今世界是开放的世界，必须以更加勇敢的姿态进入世界经济舞台，正确选择进出口战略和利用外资战略，进一步扩展同世界各国包括发达国家和发展中国家的经济技术合作与贸易交流，为加快我国科技进步和提高经济效益创造更好的条件。此外，还特别强调，中国将继续坚定不移奉行独立自主的和平外交政策，在和平共处五项原则的基础上同世界各国发展友好合作关系，将同全世界爱好和平的国家和人民一道，努力推动国际形势朝着有利于世界人民、有利于世界和平的方向继续发展。

20世纪80年代末、90年代初，国际格局发生剧变。按照邓小平同志提出的"韬光养晦、有所作为"方针，我国打破了以美国为首的西方制裁，广泛同许多国家建立起伙伴关系，推动世界朝着多极化发展。

四、党的十四大关于对外工作的重要部署

1992年10月12日至18日，党的十四大在北京召开。党的十四大确立了邓小平建设有中国特色社会主义理论在全党的指导地位，明确了建立社会主义市场经济体制的改革目标，阐述了党和国家对外方针政策。

党的十四大指出了必须努力实现十个方面关系全局的主要任务，要求进一步扩大对外开放，更多更好利用国外资金、资源、技术和管理经验。对外开放地域要扩大，形成多层次、多渠道、全方位开放的格局。拓宽外资的领域，完善投资环境。积极开拓国际市场，促进对外贸易多元化，发展外向型经济。

党的十四大对国际形势和对外政策进行了全面阐述，指出，当今世界正处在大变动的历史时期，两极格局已经终结，各种力量重新分化组合，世界正朝着多极化方向发展；新

格局的形成将是长期复杂过程，和平与发展仍然是当今世界两大主题。面对新的国际形势，中国共产党、中国政府和中国人民将继续积极发展对外关系，努力为我国的改革开放和现代化建设争取有利的国际环境，为世界的和平与发展作出自己的贡献；将始终不渝地奉行独立自主的和平外交政策，维护我国的独立和主权，促进世界的和平与发展；在涉及民族利益和国家主权的问题上，决不屈服于任何外来压力；中国不同任何国家或国家集团结盟，不参加任何军事集团；永远不称霸，永远不搞扩张，同时反对任何形式的霸权主义、强权政治和侵略扩张行为。中国主张在互相尊重主权和领土完整、互不侵犯、互不干涉内政、平等互利、和平共处等原则的基础上，建立和平、稳定、公正、合理的国际新秩序。中国支持联合国及其安理会在维护世界和平，推进裁军进程，促进全球发展，以及解决国际争端等方面发挥积极的作用；将一如既往地同发展中国家在维护各自国家的独立主权上相互支持，在经济、文化方面加强交流；愿意在和平共处五项原则的基础上，同所有国家发展友好合作关系；将坚定不移地实行对外开放，不断加强和扩大同世界各国在平等互利基础上的经济、科技合作，加强在文化、教育、卫生、体育等各个领域的交流。

在这一历史时期，我国以更加开放的姿态，积极参与一系列地区多边组织，开展了多形式、多渠道的区域对话合作，与周边和大国关系展现良好前景。

五、党的十五大关于对外工作的重要部署

1997年9月12日至18日，党的十五大在北京召开。党的十五大将"邓小平理论"确立为党的指导思想，确定了我国跨世纪发展的战略部署。党的十五大在阐述社会主义初级阶段的基本路线和纲领时指出，要坚持和完善对外开放，积极参与国际经济合作和竞争。在谋划经济体制改革和经济发展战略时指出，对外开放是一项长期性基本国策，要努力提高对外开放水平，以更加积极的姿态走向世界，完善全方位、多层次、宽领域的对外开放格局，发展开放型经济，增强国际竞争力；积极参与区域经济合作和全球多边贸易体系。

党的十五大对国际形势和对外政策进行了分析阐述，指出，和平与发展是当今时代的主题，多极化趋势在全球或地区范围内发展，大国之间的关系经历着重大而又深刻的调整，要和平、求合作、促发展已经成为时代的主流；但是，冷战思维依然存在，霸权主义和强权政治仍然是威胁世界和平与稳定的主要根源，世界仍不安宁。要奉行独立自主的和平外交政策，反对霸权主义，维护世界和平，致力于推动建立公正合理的国际政

治经济新秩序；坚持睦邻友好，进一步加强同第三世界国家的团结与合作，继续改善和发展同发达国家的关系，同世界各国和地区广泛开展贸易往来、经济技术合作和科学文化交流，促进共同发展；坚持在独立自主、完全平等、互相尊重、互不干涉内部事务原则的基础上，同一切愿与我党交往的各国政党发展新型的党际交流和合作关系，促进国家关系的发展。

六、党的十六大关于对外工作和对外开放的重要部署

2002年11月8日至14日，党的十六大在北京召开。党的十六大制定了21世纪头50年的长远战略规划，要求集中力量全面建设惠及十几亿人口的更高水平的小康社会；鲜明提出，综观全局，21世纪头20年，对我国来说，是一个必须紧紧抓住并且大有可为的重要战略机遇期；将坚持改革开放、坚持独立自主的和平外交政策纳入"十条"基本经验。

党的十六大在经济建设和经济体制改革方面指出，坚持"引进来"和"走出去"相结合，全面提高对外开放水平，在更大范围、更广领域和更深层次上参与国际经济技术合作和竞争，充分利用国内国际两个市场，拓展发展空间，以开放促改革促发展。

在国际形势和对外工作方面强调，和平与发展仍是当今时代的主题，世界多极化和经济全球化趋势的发展，给世界的和平与发展带来了重大机遇和有利条件，新的世界大战在可预见的时期内打不起来；但是，不公正不合理的国际政治经济旧秩序没有根本改变。我们始终不渝地奉行独立自主的和平外交政策，愿与国际社会共同努力，积极促进世界多极化，推动多种力量和谐并存，保持国际社会的稳定；积极促进经济全球化朝着有利于实现共同繁荣的方向发展；主张建立公正合理的国际政治经济新秩序，维护世界多样性，提倡国际关系民主化和发展模式多样化，反对一切形式的恐怖主义，继续改善和发展同发达国家的关系，继续加强睦邻友好，坚持与邻为善、以邻为伴，加强区域合作，把同周边国家的交流和合作推向新水平；继续增强同第三世界的团结和合作，继续积极参与多边外交活动，继续广泛开展民间外交，扩大对外文化交流，增进人民之间的友谊。

七、党的十七大关于对外工作的重要部署

2007年10月15日至21日，党的十七大在北京召开。强调，深入贯彻落实科学发展观，要求深化改革开放，全面提升开放水平，拓展对外开放的广度和深度，完善内外联

动、互利共赢、安全高效的开放型经济体系。同时指出，当今世界正处在大变革大调整中，世界多极化不可逆转，同时世界仍然很不安宁；主张，各国人民携手努力，推动建设持久和平、共同繁荣的和谐世界；将始终不渝走和平发展道路，奉行互利共赢的开放战略，扩大同各方的利益汇合点，推进贸易和投资自由化便利化；将在和平共处五项原则的基础上同所有国家发展友好合作，同发达国家加强战略对话；贯彻与邻为善、与邻为伴的周边外交方针，积极开展区域合作，深化与广大发展中国家的团结合作，积极参与多边事务，承担相应国际义务，加强人大、政协、军队、地方、民间团体对外交往。

八、全国外事工作会议

全国外事工作会议于1991年7月22日至26日在北京召开。各省、市、自治区主管外事工作的主要负责同志及外办主任，中央党政军各部门、各单位和主要人民团体主管外事工作的负责人，以及部分驻外使节等参加会议。江泽民同志在讲话中对国际形势作了深刻的分析，从各方面阐明了我国贯彻执行的独立自主和平外交政策，特别强调在坚持改革开放的新形势下，要建设一支忠于祖国、献身社会主义事业、精通业务的外事队伍；着重指出，中国十年改革开放取得的巨大成就，证明社会主义制度是富有生命力的，只要我们把自己的事情办好，就是对世界社会主义事业的重大贡献。李鹏同志讲话中，回顾并深刻分析了国际形势的发展和特点，高度评价我国在外交战线上取得的成就和在改革开放中各个部门和各个地区对外交往的发展，并提出当前我国外交工作的主要任务。

九、省委、省政府召开一系列会议推进贯彻落实

省委、省政府和各级党委、政府对外事工作思想上高度重视，组织上不断加强，人力财力上加大支持，把外事工作纳入重要议事日程。1981年，全国地方外事工作会议后，省委、省政府及时听取了汇报，召开由各市（地）负责人参加的工作会议，传达了会议精神；省委、省政府负责同志亲自主持会议并作了重要讲话，全省外事工作开启了党委、政府重视，各部门大力协助，同心协力办外事的新局面。

1985年8月，全省外事工作会议召开。会议传达和学习了全国地方外办主任会议精神，总结近年来外事工作发展情况，加深了对党中央"和平友好干四化"的对外工作总目标的理解，统一了全省外事干部的认识，进一步明确了外事工作的指导思想，为全省

各级外事部门实现从一般的外事接待向进一步当好党委和政府的助手和参谋、从一般的政治友好工作向进一步注意政治和经济相结合、从单纯的外事管理向更好地确立服务的观点转变，奠定了坚实的思想基础。

1991年全国外事工作会议后，山东分别在8、9月份召开省直各部门负责人、各市（地）外办主任会议，及时传达学习会议精神。时任省委书记姜春云主持召开省委常委会，听取全国外事工作会议精神汇报，提出了在全省贯彻落实会议精神的意见和要求。时任省长赵志浩主持召开调整后的省外事工作领导小组会议，研究贯彻全国外事工作会议精神措施等。

2008年2月19日，全省对外开放工作会议在济南召开。时任省委书记、省人大常委会主任李建国，时任省委副书记、省长姜大明出席会议并讲话。会议回顾总结了山东对外开放取得的成就，指出扩大开放事关山东大局，是山东发展的优势所在、潜力所在；强调要坚持对外开放的基本国策，增强发展的动力活力，在改革开放、调整结构、转变发展方式方面走在前列；要积极"走出去"，利用两个市场、两种资源，拓展新的发展空间和领域，并推进实施"深化日韩、提升东盟、突破欧美、拓展非洲"的全面开放战略。

十、全省外事工作会、外办主任会

（一）全省外事工作会议

1987年3月27日，全省外事工作会议在济南召开，时任副省长马忠臣出席会议并讲话，强调了外事工作的归口管理问题。针对当时外事工作中存在的头绪多、管理乱、政出多门、各行其是等突出问题，要求各有关涉外部门共同努力，加强协调，充分发挥外事部门归口管理职能作用。各市（地）、各有关部门要认真贯彻执行党中央、国务院指示精神，按照规定设置外事机构，不能降低规格。

1991年11月29日至12月1日，全省外事工作会议在青岛召开。全省各市（地）的市长（专员）、外办主任和省直79个部门、单位负责人共120余人参加会议。会议统一了对国际形势的认识，加深了对中央外交方针政策的理解，明确了外事工作的总任务和工作重点。会议明确规定，省外办作为全省外事工作职能部门和省外事工作领导小组的办事机构，主要任务是统筹规划、综合协调、审核把关、制定规章、督促检查，进行宏观调控；全省外事工作要进一步实行集中统一领导下的归口管理、分级负责、协调配合的管理体制。

1997年5月19日至20日，全省外事工作会议在济南召开，各市（地）分管外事工作的领导和外办主任、省直有关部门负责同志以及高等院校和大企业负责人等130余人参加会议。这是继1991年以来召开的又一次全省性外事工作会议。时任省委书记吴官正，时任省委副书记、省长李春亭到会讲话。时任外交部部长助理杨文昌出席会议并作报告。会议学习了《关于地方外事工作的若干规定》文件精神，研究外事工作中出现的新情况、新问题，对今后一段时间外事工作作出安排。会议传达学习了省委办公厅、省政府办公厅《关于印发〈加强全省外事工作的若干规定〉的通知》，印发了《关于加强厅局级干部因公出国管理的几个问题》《关于进一步加强因公出国护照签证管理的意见》《关于邀请外国人员来华的若干规定》《关于同外国领馆交往的若干规定》和《关于加强全省友好城市管理工作的若干规定》5个征求意见稿，并进行了对外方针政策和外事业务知识培训。

2001年2月21日，全省外事工作会议在济南召开。会议的主要任务是总结"九五"期间的外事工作，安排部署"十五"外事工作计划，贯彻落实中共中央、国务院《关于加强全国外事管理工作的若干规定》。时任中共中央政治局委员、山东省委书记吴官正出席会议，时任外交部党委书记、副部长李肇星出席会议并作关于国际形势的报告。时任省委副书记、省长李春亭，时任副省长林书香出席会议并讲话。时任省外办主任张伟龄作关于全省外事工作的报告。会议印发《山东省外事工作第十个五年计划纲要》和省委、省政府《关于贯彻落实〈关于加强全国外事管理工作的若干规定〉的实施意见》。济南、青岛、烟台、潍坊、济宁、泰安6市代表在会上作了典型发言。省直部门、各市、驻济各高校和大企业有关领导共160人参加会议。会议要求各级党委、政府要认真贯彻中央17号文件，按照"统一领导、归口管理、分级负责、协调配合"的管理体制，加强对外事工作的集中统一领导，要防止在机构改革中削弱外事工作的倾向，在内设机构、编制、人员和经费上予以保障；要把外事工作作为对外开放工作的重要组成部分来抓，在更大范围和更高层次上充分发挥外事部门的作用；各级各部门的对外工作要逐步形成以外事部门为主体和牵头单位，协同对外的工作格局；外事部门要进一步增强大局意识和政治意识，发挥主动性和创造性，当好党委、政府对外工作的参谋和助手。这次会议是全省外事系统承前启后、继往开来的一次盛会。

（二）全省外办主任会议

1986年9月，省委、省政府召开全省市（地）外办主任会议。各市（地）外办主任，省直各厅、局分管领导和外事部门负责人共80余人参加会议。会议审议通过《全省外事工作"七五"规划》。时任省委书记梁步庭作了重要指示。与会代表认为，制定《规划》是山东省外事工作的一项具有战略意义的基本建设，将使山东省的外事工作方向更明确、目标更准确、工作更主动，对于提高全省外事工作水平具有积极的推进作用，是省外办抓大事、统筹协调全省外事工作的新开端。会议还审议通过《关于加强地方外事工作管理的具体规定》《关于友好城市交往中适当放宽政策的建议》和《关于外国人在我省旅行管理的暂行规定》。

1990年2月28日，全省市（地）外办主任会议召开。会议传达贯彻了第四次全国地方外办主任会议精神，学习江泽民总书记、李鹏总理的讲话，研究本年度全省外事工作问题。7月24日，时任省委书记姜春云、时任副省长马世忠出席在烟台召开的青岛、烟台、威海对外开放座谈会，要求全省上下解放思想、勇于开拓，把开放的步子迈得更好更大。8月31日，全省对外开放工作会议在青岛召开，时任省委副书记、省长赵志浩出席会议并讲话。

1991年1月24日至26日，全省外办主任会议在济南召开，时任副省长马世忠作重要讲话。

1994年12月23日至24日，省外办组织召开全省市（地）县外办主任会议，对全省外事工作作了总结和部署，时任省委副书记、常务副省长宋法棠到会讲话，充分肯定了外事工作取得的成绩。

1996年2月13日至14日，全省地市及部分县（市）外办主任会议在邹平召开，会议传达了全国第七次地方外办主任会议精神，讨论了《关于加强全省外事部门系统建设的意见》。时任省外办主任武钟恕通报了1995年全省外事工作、1996年工作设想以及完成工作任务的几项重点措施。4月26日，全省市（地）外办主任座谈会在济南召开，时任省外办主任武钟恕出席会议并讲话。全省17市（地）外办主任参加会议。会议传达学习了中共中央办公厅、国务院办公厅《关于印发〈地方外事工作的若干规定〉的通知》，并就如何贯彻落实文件精神提出要求。

1997年9月9日，全省市（地）外办主任座谈会召开。会议通报了华东六省市外事工作会议情况和各市（地）贯彻落实全省外事工作会议精神情况，安排部署了编辑出版

《山东省国际友好城市》的有关事宜。

1998年5月5日至6日，全省外办主任座谈会在烟台召开，省市外办负责人参加会议，时任省外办主任武钟恕到会讲话。会议要求，要进一步解放思想、转变观念，不断完善和丰富"大外事"思路。会议指出，要切实重视调查研究，进一步加大为经济建设和社会发展服务的力度和措施，继续贯彻落实《关于加强全省外事部门系统建设的若干意见》，切实抓好自身建设。

1999年3月11日至12日，全省外办主任座谈会在济南召开，17市（地）外办主任参加会议。会议主要传达外交部第九次驻外使节会议精神及钱其琛副总理、唐家璇外长重要讲话。会议要求，结合机构改革，认真做好前期论证工作，进一步优化外事干部队伍结构，发挥外事部门综合归口管理职能，正确处理职能交叉问题。

2000年8月1日至2日，全省外办主任座谈会在济南召开，主要讨论外事工作为经济建设和社会发展服务问题。济南、青岛、烟台、潍坊4市外办，山东社会科学院、山东大学、青岛大学外事处的有关同志共30余人参加会议。会议认为，近年来全省外事部门为经济建设和社会发展服务取得了可喜成绩，积累了一些经验：（一）始终坚持把重大国际合作项目作为重中之重；（二）注重跟踪落实，提供全方位服务；（三）积极牵线搭桥，提供信息服务。会议提出，要努力实现由"办外事"向"管外事"的历史性转变，贯彻"两个服务"精神，保证管理体制的顺畅和政令的畅通。会议提出了新世纪外事工作为经济建设和社会发展服务的设想。

2000年12月28日，全省外办主任座谈会在济南召开，传达中央《关于全国外事管理工作的若干规定》精神，通报省外办2000年工作总结和2001年工作要点，讨论《山东省外事工作第十个五年计划纲要》。省外办、各市（地）外办负责人参加会议。会议认为，新世纪的外事工作面临着新的机遇与挑战，世界多极化、经济全球化、高科技发展日益加快，中国即将加入WTO的新形势以及山东省"十五"计划，都对外事工作提出了新的更高的要求，全省的对外交往将呈现更加活跃的局面，外事工作将处于更加重要的地位。同时，外事工作也面临新的挑战，如何适应加入WTO带来的变化、如何更加有效地做好"两个服务"、如何在扩大开放的情况下切实加强宏观管理、如何把中央17号文件精神落实到位，这些都需要认真思考，以创新的精神作出应对。会议强调，做好新世纪的外事工作必须切实抓好以下几个方面的工作：（一）要加强学习，不断优化知识结构；（二）面对即将"入世"的新形势，要不断研究、适应形势发展，适时调整工作角度，使外事工作在"两个服务"的过程中发挥最佳效果；（三）要加强队伍建设，不断提高干部队伍的总体素质，着力培养"复合型"人才，以更好地适应形势需要；（四）要进一步强化系统功能加强信息沟通和经验传递，不断提高全省外事工作的总体水平。

2002年1月25日至26日，全省外办主任座谈会在济南召开。会议的主要任务是总结2001年全省外事工作情况，表彰先进，研究部署2002年工作。时任省人大常委会副主任王道玉出席会议，省外办、省人事厅有关负责同志和各市外办负责同志共120人参加会议。会上，对全省外事系统22个先进集体和58名先进个人进行了表彰。时任省外办主任张伟龄作《适应入世要求，与时俱进，努力开创全省外事工作的新局面》的报告。

2003年2月27日至28日，全省外办主任会议在济南召开。省市外办领导和省外办各处（中心）负责人参加会议。受时任代省长韩寓群委托，时任副省长邵桂芳出席会议并讲话，时任省外办主任张伟龄作工作报告。邵桂芳在讲话中要求各级党委和政府要充分认识外事工作的极端重要性，创造性地做好工作；越是扩大开放，越要加强外事工作。张伟龄在工作报告中指出，外事工作要紧紧围绕全省经济和社会发展大局，积极主动地发挥外事工作优势，不断探索新形势下外事管理的新思路，创造性地做好全省外事工作，为全面提高全省对外开放水平作出新贡献。

2004年4月13日至14日，全省外办主任会议在济南召开。时任副省长孙守璞出席会议并讲话，时任省外办主任张伟龄作《求真务实，开拓创新，全面开创山东外事工作新局面》的报告。时任省政府副秘书长马越男，省市外办负责人共60人参加会议。会议深入贯彻落实中央和省委、省政府关于外事工作的指示精神，总结上年工作，安排本年工作。孙守璞要求各级外事部门要抓住21世纪头20年重要战略机遇期，在山东形成大开放、大招商、大发展的局面。张伟龄要求全省外事工作要坚持以服务科学发展为中心，充分发挥职能作用，突出创新、务实、规范、效益的理念，进一步加大国际交流与合作力度，全面开创全省外事工作新局面。

2004年9月27日，全省外办主任座谈会在济南召开。会议传达了中央第十次驻外使节会议精神，时任省外办主任张伟龄就全省外事部门贯彻落实十六届四中全会和第十次驻外使节会议精神谈了意见，17市外办主任参加会议。

2006年9月25日，全省外办主任座谈会在济南召开。会议主要任务是传达贯彻中央外事工作会议以及省委常委会议精神。

2009年3月24日至25日，全省外事系统表彰暨外办主任会议在济南召开。会议对近三年来全省外事系统先进集体和先进个人进行了表彰，对2009年工作进行了部署。时任副省长才利民出席会议并讲话，时任省外办主任张伟龄作2008年工作总结和2009年工作报告。

2009年12月28日，省政府在济南召开山东省友城工作30周年暨友城工作会议。时任省委副书记、省长姜大明为大会发来贺信，时任省人大常委会副主任崔曰臣、时任副省长才利民、时任省政协副主席李德强出席会议并为展览剪彩，才利民作重要讲话，时任省外办主任张伟龄作友城交往30周年工作报告。

2010年3月11日，全省外办主任会议在济南召开，时任副省长才利民出席会议并讲话，时任省外办主任张伟龄作工作报告。

2011年3月4日，全省外办主任会议在济南召开，时任副省长才利民出席会议并讲话，时任省外办主任张伟龄作工作报告。

第二节　山东党的外事工作体制机制和规章制度建设不断健全完善

山东各级党委历来十分重视外事工作。改革开放后，为加强对全省外事工作的集中统一领导，1981年6月19日，省委下发文件，决定成立新一届省委外事工作领导小组，其任务为：指导和监督各有关部门贯彻执行中央的对外方针、政策；组织和推动各涉外部门之间的协作；讨论、审议各涉外部门的长远规划，处理和解决重大涉外事项；协助省委、省政府审批重要的出访计划和对外邀请；检查外事纪律、制度落实情况，总结交流外事工作经验、加强外事宏观指导；加强对外友好联络工作。1988年9月10日，省委决定成立新一届山东省外事工作领导小组。2001年4月4日，根据中共中央、国务院指示精神，省委、省政府明确规定全省外事工作实行统一领导、归口管理、分级负责、协调配合的管理体制和管理原则。2003年5月16日，按照中央统一要求，省外事工作领导小组进行了人员调整，并更名为省委外事工作领导小组；领导小组下设办公室，负责日常工作，办公室主任由省外办主任兼任。

在全省各市（地）中，青岛市委外事工作领导小组成立较早，始于1959年。改革开放后，全省其他市地级党委先后成立外事工作领导小组。截至2005年，烟台、威海、潍坊、淄博、泰安、济宁、枣庄、东营、德州、聊城、滨州、临沂、菏泽、日照等市党委均成立了外事工作领导小组。县（市、区）级党委外事工作领导小组的设立，因各地外事工作实际的不同而有较大的差异。

一、省委外事工作领导小组

1981年6月19日，根据对外开放形势和任务的需要，省委决定成立新一届省委外事工作领导小组，时任省委书记李子超任组长，时任副省长刘众前任副组长，成员有童辛、徐天瑞、张福增、李仲铭、张逊三、孙庆荣、祝友君。1988年9月10日，省委决定，调整省委外事工作领导小组，并更名为山东省外事工作领导小组，时任省委副书记、省长姜春云任组长，时任副省长马世忠任副组长，成员有阎琢、聂承厚、王科三、林振麟。

1991年11月21日，省委调整省外事工作领导小组。时任省委副书记、省长赵志浩任组长，时任省委副书记高昌礼，时任省委常委、副省长李春亭，时任副省长郭长才任副组长，省计委、省经贸委、省外办、省侨办等10个部门主要负责同志为成员。11月23日，时任省长赵志浩主持召开新一届省外事工作领导小组会议，研究进一步贯彻全国外事工作会议精神和中央有关文件精神。会议对全省外事工作提出五项要求：一是加强对外事工作的集中统一领导，要高度重视外事工作，对一些重大问题，一把手要亲自抓；二是加强外事工作的归口管理，进一步明确地方外事办公室职能，各有关部门、各民间对外交往团体要提高认识，服从管理；三是加强外事纪律，认真学习中央的路线方针和政策规定，严格执行外事纪律，严肃处理重大违纪案件，做到纪律严明；四是进一步树立为经济建设服务的思想，要根据全省长远经济发展目标，积极牵线搭桥，协助经贸等部门开展工作；五是加强外事队伍建设，进一步加强各级外事部门领导班子建设，采取各种有效形式对外事干部进行培养培训。

1993年2月16日，省外事工作领导小组召开会议，组长赵志浩主持会议，副组长李春亭和领导小组成员出席会议。会议总结分析了1992年全省外事工作情况，研究讨论了1993年外事工作的重点任务和需要解决的问题。会议要求全省各级外事部门要进一步解放思想，积极适应扩大开放的需要，加强与世界各国的交往，开辟更多的对外交往渠道，更好地为全省改革开放服务，为领导决策和基层对外交往提供更多的信息和建议。

2001年4月4日，为贯彻落实中共中央、国务院《关于全国外事管理工作的若干规定》，省委、省政府印发《关于贯彻落实〈关于全国外事管理工作的若干规定〉的实施意见》，明确省委外事工作领导小组的主要职责是：负责处理全省外事工作中的重大问题，协调全省各部门的重要涉外事宜，统筹规划全省外事工作，研究和拟订全省外事规章制度。省政府外事办公室作为省政府外事工作的职能部门和省委及其外事工作领导小组的工作机构，是全省执行国家对外政策和处理重要外事工作的综合归口管理部门，在省委、省政府领导下，统筹协调全省重要外事事项。

2003年5月16日，省委下发《关于调整省委外事工作领导小组组成人员的通知》，将原省外事工作领导小组更名为中共山东省委外事工作领导小组，组长张高丽（时任省委书记、省人大常委会主任），副组长韩寓群（时任省委副书记、省长）、孙守璞（时任副省长），成员有：时任省委副秘书长兼办公厅主任刘忠泉、时任省外办主任张伟龄、时任省外经贸厅厅长周嘉宾、时任省公安厅厅长曲植凡、时任省政府副秘书长马越男等。领导小组下设办公室，负责日常工作，张伟龄兼任办公室主任。

2004年11月25日，新一届省委外事工作领导小组召开第一次会议。领导小组组长、时任省委书记张高丽主持会议并作重要讲话。会议听取了时任省外办主任张伟龄的工作汇报，原则通过了《山东省处理重大敏感涉外案件应急机制》。会议指出，各级党委、政府要充分认识外事工作在经济社会发展中的重要作用，抓好事关全局的重大问题。会议要求，全省外事工作要树立科学发展观，大力整合外事资源，加强对外交往战略研究，全面提高外事干部的政治业务素质、行政能力和战略思维能力，为全省高水平、全方位扩大对外开放作出新的更大贡献。会议讨论通过了《中共山东省委外事工作领导小组工作规则》，明确省委外事工作领导小组的职责为：贯彻执行中央对外方针政策和中央有关外事部门的重要决定及重要指示，结合山东实际，提出贯彻落实意见；负责研究处理全省外事工作中遇到的重大情况与问题；负责整合全省外事资源，统筹协调全省各地各部门的重大涉外活动；指导全省国际发展战略研究，统筹规划全省外事工作；研究指导全省外事法规建设，推进依法行政。《规则》还对省委外事工作领导小组会议制度、主要研究事项、文件审批制度、办公室职责等作出明确规定。

2006年12月14日，省委外事工作领导小组召开第二次会议，领导小组组长张高丽主持会议并作重要讲话。会议听取了时任省外办主任张伟龄《关于起草加强和改进外事工作意见的说明和当前几项重点工作的汇报》，研究通过了《中共山东省委关于加强和改进新形势下外事工作意见》。会议同意省委外事工作领导小组增加省人大常委会办公厅、省政协办公厅作为成员单位；领导小组的职能，可以参照中央外事工作领导小组的职能作进一步研究，原则上领导小组只负责研究解决全省外事工作战略性问题及重大涉外问题。要切实加强党对外事工作的领导，建立健全省、市、县（市、区）三级党委外事工作领导小组。会议要求，领导干部因公出国管理工作要按照中央要求切实做好，要厉行节约，严肃外事纪律；同意省港澳办与省外办实行一个机构两块牌子，同意省外办列为省政府部门；市外事部门列为政府组成部门，由各市报省编办批准；建立健全县（市、区）外事机构，并列为政府组成部门；同意省外办增设"新闻文化处"，并适当增加行政编制；针对山东省对外交往增多，适当增加外事经费基数。

2008年6月27日，时任省委书记姜异康主持召开了省委外事工作领导小组会议。会议听取了时任领导小组办公室主任、省外办主任张伟龄关于奥运京外赛区外事工作会议精神和山东省奥运外事工作筹备情况的汇报。会议对进一步做好奥运外事工作作出了部署，一是要从战略和全局的高度充分认识做好奥运外事工作的重要性和紧迫性，切实增强使命感、责任感，为成功举办一届有特色、高水平的奥运会贡献力量；二是要密切配合、形成合力，依靠集体力量做好奥运外事工作；三是要以改革创新精神做好外事工作，推动山东省经济社会又好又快发展；四是要进一步加强对外事工作的领导。

二、设区市党委外事工作领导小组

1981年，全省各市（地）中，中共青岛市委、中共潍坊地委率先成立了外事工作领导小组。1987年后，有5个地区先后撤地设市，新设立威海、日照、莱芜3个地级市，形成省下辖17个设区市的行政区划。至2007年，17市党委均成立了外事工作领导小组。

三、外国记者管理联席会议

2008年10月17日，时任国务院总理温家宝签署第537号国务院令，公布《中华人民共和国外国常驻新闻机构和外国记者采访条例》，明确了在华外国常驻新闻机构和外国记者采访管理规范要求。2009年5月18日，山东省外国记者管理和舆论引导联席会在济南举行第一次会议，进一步明确工作要求和部门分工。2009年5月25日，省外办与省政府新闻办联合印发了《关于建立山东省外国记者管理和舆论引导联席会议机制的通知》。2009年7月3日，山东省外国记者管理和舆论引导联席会第二次会议在济南举行，时任省外办副主任张继刚出席会议并讲话。2010年2月4日，山东省外国记者管理和舆论引导联席会在济南举行第三次会议。2011年2月16日，山东省外国记者管理和舆论引导联席会第四次会议在济南举行，时任省委外宣办主任李建军、时任省外办副主任张继刚共同主持了会议。2011年3月3日，山东省外国记者管理和舆论引导联席会第五次会议在济南召开，时任省外办副主任张继刚主持会议。2011年10月30日，山东省外国记者管理和舆论引导联席会第六次会议在济南举行。

四、涉外案件处理联席会议

为了加强协调、提高效率，及时、妥善处理和解决重大涉外案（事）件，山东省于1996年建立了由省外办、省高级人民法院、省检察院、省公安厅、省司法厅、省教育厅、省民政厅、省劳动与社会保障厅、省海洋与渔业厅、省监狱管理局、海关、省边防局等有关部门参加的涉外案（事）件工作联席会议机制。机制成员定期召开会议，及时学习中央及业务主管部门关于处理涉外案（事）件的有关规定，熟悉政策，统一认识；及时向成员单位通报山东省涉外案（事）件及处理情况，相互沟通，密切配合；协商处理重大疑难、突发性涉外案（事）件及涉及多个部门、久拖不结的案件；根据上级有关规定和山东省实际，商讨制定加强处理涉外案（事）件的意见和措施。该机制为妥善处置山东省各种涉外案（事）件、维护良好涉外环境，发挥了重要议事平台作用。截至2011年12月，共召开联席会议19次。

五、友城工作联席会议

为进一步统筹各地、各部门的友城工作，整合友城优势资源，形成友城工作合力，更好地推动山东省与国际友城间的交流合作，搭建对外开放平台，充分发挥国际友城在交流与合作中的主渠道作用，2007年10月11日，根据省政府2006年第70次常务会议的决定，建立山东省友城工作联席会议机制。联席会议由时任副省长才利民担任总召集人，时任省政府副秘书长马越男和时任省外办主任张伟龄担任召集人，联席会议由省发改委、经贸委、教育厅、科技厅、公安厅、财政厅、建设厅、信息产业厅、农业厅、海洋与渔业厅、外经贸厅、文化厅、卫生厅、外办、国资委、环保局、广电局、体育局、旅游局、侨办、新闻办、地勘局、贸促会等23个部门和单位组成。各成员单位有关负责人为联席会议成员。联席会议成员因工作变动需要调整的，由所在单位提出，联席会议确定。联席会议办公室设在省外办，承担联席会议的日常工作，落实联席会议议定事项。联席会议设联络员，由各成员单位有关处（室）负责同志担任。联席会议原则上每年召开两次，必要时由召集人决定临时召开。联席会议由总召集人主持，也可由总召集人委托召集人主持。联席会议以会议纪要形式明确会议议定事项，经与会单位同意后印发有关方面并抄报省政府。

六、制度建设

十一届三中全会以后，我国对外政策实现重大调整，坚定奉行独立自主的和平外交政策，对外开放形势发展很快。地市一级政府外事机构得到充实，省直单位、地市以及基层都先后设置了"外事办公室""外事处（科）"或"外联处（室）"等专职外事机构，外事工作空前活跃。应邀来山东访问的各国朋友逐年增加，与友好国家建立了一批固定的友好城市关系、友好学校关系等，先后成立了一批对外友好交流团体。

随着工作重心的转移，经济贸易领域的外事活动骤然增长，政府外事部门和有关涉外部门之间如何分工、合作和处理相互间的关系，外事工作怎样统一管理而又充分发挥多方面的积极性，都是迫切需要研究解决的问题。为统一认识，1980年初，省外办组织各级外事和涉外部门对上述问题进行了讨论，并在第一季度先后召开了全省外事工作会议和省直各涉外部门的座谈会，统一认识并研究了有关措施。4月3日，省政府印发了《关于加强外事统一管理的通知》《关于派人出国和邀请外国人来鲁审批手续的若干具体规定》《关于接收和处理外国赠送礼品的试行办法》等文件，对全省的外事业务起到了重要指导作用。1981年，在编制比较紧张的情况下，省外办增加了10个编制名额，在财政紧张的情况下，拨出一定数量的资金支持外事活动。随着形势的发展，外事接待任务迅速增多。特别是对外经济贸易方面的外事活动猛增，由每年数百人增至数千人、数万人。省外办在1979年全省外事旅游工作会议上提出外事要为四化建设服务。1982年，在学习胡耀邦同志在使节会议上的讲话后，更加体悟到"搞外事工作不搞经济不行"。在1982年召开的省直涉外部门会议上，对此进行了重点学习讨论。在同年全省出口产品会议上，省外办负责人向大会传达了胡耀邦同志的重要讲话，要求外事工作必须有政治与经济相结合的思想。1984年12月16日至19日，外交部在南京召开经济外交问题座谈会，时任省外办副主任周保瑞等参加了会议，会议集中对经济外交工作进行了讨论。省

外办在会议上介绍了外事工作为经济建设服务的一些主要做法:

（1）抓政策、抓纪律、抓制度、抓调研。监督指导对外经贸部门执行中央方针政策,从政治的高度处理重大涉外事宜。1979年实行对外开放政策后,请进来、派出去有一轰而起的苗头,有分散主义、各自为政的现象。1980年,省外办对外事政策、纪律的执行情况进行了一次全面调查,省政府下达了文件,重新明确了请进来、派出去的审批手续、办文程序和送礼、受礼等各项规定,对更好地贯彻对外开放政策起了很好的作用。随着对外经济合作和旅游事业的发展,外宾到非开放地区去的申请骤增。针对情况,省外办联合军区、公安和有关方面进行调查,研究了改进和简化手续的办法,代省政府拟发了文件,从而既加强了管理,又简化了手续,保证了工作顺利进行。

（2）抓外事机构和业务建设。绝大多数省直部门设有外事处,与省外办建立了正常的业务指导关系。这支既懂外事又熟悉经济业务的外事队伍就是搞经济外交的骨干,这支队伍比省和地、市外办系统的干部要多好几倍。这样就可以既不包办代替,又不放任自流。

（3）抓挂勾搭桥。省外办主管友协、友好城市工作和旅游事业,并归口管理专家工作,因此可直接通过这些渠道为有关方面挂勾搭桥,直接参与重要的洽谈。这样逐渐学习和熟悉经济外交工作,取得第一手材料,有利于发现需要解决的问题。

（4）抓协调配合,互相支持。省外办主动与有关方面联系,必要时在人力、条件等方面给予大力支持,帮助重要的接待活动。

为统筹协调全省外事工作,使方向更明确、工作更主动、秩序更规范,自1986年开始制定外事工作五年规划,成为全国各省、自治区、直辖市的先例。同时,省委、省政府及省外办每年都召开不同专题和形式的外事工作会议,及时研究解决工作中遇到的新情况、新问题,部署安排近期和中长期的外事工作。

1986年9月,省委、省政府召开全省市（地）外办主任会议,时任省委书记梁步庭作了指示,各市（地）外办主任及省直各部门外事负责人80余人参加会议。会议审议通过了《全省外事工作"七五"规划》《关于加强地方外事工作管理的具体规定》《关于友好城市交往中适当放宽政策的建议》和《关于外国人在我省旅行管理的暂行规定》4个文件。

为进一步加强对外事工作的统一归口管理,1987年,省外办着重抓了政策指导、政策把关和干部培训工作,先后制定了《关于加强省级机关外事经费管理工作的实施细则》《关于处理外国人病、伤、亡问题注意事项》《关于贯彻〈中共中央、国务院关于严格控制党政机关干部出国问题的若干规定〉的通知》，编印了《出国文件汇编》《专家工作文件汇编》《出国人员须知》等。

1988年，省政府印发《关于加强地方外事工作统一管理的若干规定》，要求地方外事工作统一归口于各级外办管理，因公出国团组由省外办统一预审，各级外办做好当地党委、政府处理涉外工作的参谋和助手。

1991年，省外办制定《进一步改进省领导同志会见、宴请外宾的意见》《关于进一步做好外事接待工作的若干规定》《关于简化部长级以上外宾免检、免验、方便卫生检疫手续的报告》《关于外国记者来我省采访的管理规定》《山东省对外参观点建设和管理工作暂行条例》《关于进一步加强外事服务工作归口管理的规定》等政策性文件。

1992年，省委办公厅、省政府办公厅下发《关于进一步做好省领导同志会见外宾和加强涉外宴请工作管理的通知》，对省领导会见外宾的报批制度、会见时间、新闻报道提出了明确要求。同年，省外办制定印发《县市区外办职责范围》《关于进一步做好全省友城工作的意见》《关于加强我省外事服务工作管理的通知》《山东省简化因公出国审批手续规定》等政策性文件。

1993年，为加强对全省因公出国审批工作的指导，省委、省政府授权省外办出台了《关于调整派遣临时出国人员和邀请外国人来华审批权限的办法》，建立了按月统计汇总全省因公出国情况的制度。同年，省外办印发《关于邀请外国记者来访的几个问题》，提出了加强外国记者管理工作的指导性意见。

1994年，为理顺出国审批关系，严格审批程序，利用护照签证实施"二次把关"，省委、省政府授权省外办出台《山东省因公出国审批管理工作细则》。同时，按照中央关于开展反腐败斗争、严格清理在出国工作中存在的公费旅游等不正之风的要求，省外办下发《关于贯彻中央16号文件精神，严格禁止公费出国（境）旅游的通知》，对进一步严格出国审批手续，压缩控制赴新马泰等热门国家团组，严禁各种形式的出国旅游活动作出具体明确的规定。省政府印发《山东省关于对外公务活动的若干规定》《关于授予外国友人"荣誉公民"称号的有关规定》《关于国际友城交往实行优惠政策的意见》，省外办与省教委联合下发《关于加强对外建立友好校际关系工作管理的通知》等，进一步统一和规范了全省对外交往活动。

1995年，省政府印发《山东省关于对外公务活动的有关规定》，对全省涉外公务活动的各个方面提出具体、规范的要求。省外办会同有关部门转发外交部等五部门《关于严格控制因公出国(境)团组和人员问题的通知》,下发《关于规范我省自办签证管理工作的通知》,对驻京签证处的申办签证权限、手续及有关管理工作提出明确要求,建立了定期报告制度。下发《关于济南、青岛两市副省级干部临时因公出国报批办法的通知》,对组团原则、申报程序作出明确规定。针对山东省有外派劳务权单位增多的情况,省外办下发《关于进一步加强全省外派劳务护照签证工作的通知》;针对部分单位对涉外事件处理程序不了解、权限不明确、汇报不及时,影响处理效果的问题,制定了《关于规范处理涉外事件的实施办法》。为规范对外国经济专家的管理,制定了《外国经济专家来华工作管理办法》实施细则。

1996年3月,中央办公厅、国务院办公厅印发《关于地方外事工作的若干规定》,这是此后一个时期地方外事工作的纲领性文件,对加强新形势下地方外事工作的集中统一领导和严格管理,保证外事工作的更加健康有序发展具有重要和深远意义。5月9日,根据中央文件精神,结合全省实际,省委办公厅、省政府办公厅印发《关于加强全省外事工作的若干规定》,要求切实加强党委和政府对外事工作的集中统一领导,并要求:一是根据外交大权在党中央原则,全省外事工作必须在党中央和省授权范围内开展;二是各级党委和政府要加强对外事工作的领导,要有一位主要领导同志主管外事工作,重大问题"一把手"要亲自抓,党委和政府其他领导同志在处理其分管工作遇有涉及对外政策的重要问题时,要与分管外事工作的领导同志协商,防止政出多门;三是市地党委和政府要按照"站稳立场、掌握政策、熟悉业务、严守纪律"的标准,努力建设一支德才兼备的外事干部队伍。《规定》还明确了市地外事工作体制、市地外事办公室基本任务、全省对外交往应严格遵守的原则等。同年,省外办印发《关于加强全省外事部门系统建设的若干规定》《关于进一步加强申办因公出国护照签证纪律的通知》《关于进一步加强护照管理工作的通知》《山东省外国专家管理职责》《外国专家证颁发与管理规定》等。

1997年,省外办下发《关于进一步加强出国(境)团组和人员管理的通知》。为贯彻中央办公厅、国务院办公厅《关于签发〈往来香港特别行政区通行证〉有关问题的通知》和国务院港澳办公室《关于签发往来香港通行证及赴港签注细则的通知》精神,省委办公厅、省政府办公厅印发《关于签发〈往来香港特别行政区通行证〉的暂行规定》。省外办会同省外经贸委、省经贸委、省体改委等制定《关于贯彻〈关于国有企业和国有控股的公司派遣临时出国(境)人员和邀请外国经贸人员来华审批办法〉的实施意见》。

为解决山东省跨地区、跨部门组团出访问题，省政府办公厅下发《关于转发国务院办公厅关于印发〈关于跨地区跨部门因公出国（境）团组管理办法的通知〉的通知》。

1998年，为了抓好理论学习，提高政治素质，使之制度化、经常化、规范化，省外办党组制定《省外办党组关于加强自身政治理论学习的决定》，坚持每月一次的党组理论学习中心组集体学习制度；贯彻落实《中国共产党党和国家机关基层组织工作条例》；及时传达贯彻中纪委二次会议、省纪委九次全会精神，印发《党风廉政建设工作意见》。

1999年，省外办总结近年外国记者管理工作经验，根据外交部的要求，结合全省实际，印发《山东省外国记者管理办法》。

2000年3月，省外办按照省委部署，结合深入开展"三讲"教育和"回头看"活动，印发《2000年省外办理论学习计划》《省外办关于加强和改进思想政治工作的实施细则》等。为加强机关党风廉政建设，研究制定了《省外办关于落实党风廉政建设责任制的实施细则》和《省外办反腐败抓源头工作实施办法》。

进入21世纪后，外事工作面临的外部环境发生了许多新变化，原有的外事工作政策规定已不能适应新形势新任务的需要。为贯彻落实中共中央、国务院《关于全国外事管理工作的若干规定》，2001年4月4日，省委、省政府印发《关于贯彻落实全国外事管理工作的若干规定的实施意见》。《实施意见》规定，省委成立外事工作领导小组，组长由省委主要领导同志兼任。《实施意见》对省外办工作职责和其他部门外事工作授权作了进一步界定，明确了需报送中央外事工作领导小组和省委、省政府审批的事项，规范了省内跨地区、跨部门组团出国的申报与审批程序，明确了外事工作的纪律与监督措施。为促进上述文件的贯彻落实，省外办下发《关于进一步做好因公出国管理工作几个具体问题的通知》，基本解决了多年来因公出国审批工作中存在的多头管理、体制不顺的问题，各级外办的综合归口管理职能得到进一步加强。

2002年3月，省外办印发《关于政府"提速"工作实施方案》，制定了外事工作精简审批事项、提高审批效率、实行政务公开、转变机关作风的有关措施。

2005年，省外办出台《关于进一步加强因公出国管理工作有关问题的通知》。针对外国记者管理工作中的新情况，省外办下发《关于加强外国记者管理的通知》。针对全省劳务人员涉外案件中出现的新情况、新问题，省外办制定《外事系统突发事件应急预案》，对及时协调处理重要涉外案件起到了重要指导作用。3月17日，外交部领事司回复《复关于因公护照换领因私普通护照事》，4月11日回复《关于自行审发第二本同种类一年期因公护照的通知》，对因公护照管理作出了进一步规定。

2006年8月3日，省外办印发《关于印发〈与领馆交往的暂行规定〉的通知》，按照统一领导、归口管理、分级负责、协调配合的原则，推动与领馆交往活动健康、有序发展。

2006年，根据《中共中央办公厅、国务院办公厅印发〈关于在华举办国际会议的管理办法〉的通知》精神，结合山东省实际，省委办公厅、省政府办公厅印发了《〈关于在华举办国际会议的管理办法〉的通知》，加强在鲁举办国际会议的管理。

2009年，外交部外管司下发《外交部关于进一步加强在华举办国际会议管理的通知》，进一步加强对在华举办国际会议的管理，规范报批程序，严格控制会议数量、规模和规格，厉行节约，讲求实效。

2009年1月9日，省对外友协印发《关于印发〈授予外国友人"山东省人民友好使者"称号的规定〉的通知》，正式设立"山东省人民友好使者"称号，授予为山东省各项事业作出贡献的外国友人。

2009年1月12日，省外办转发《关于转发〈关于实施《外国常驻新闻机构和外国记者采访条例》有关问题的通知〉的通知》，切实加强外国记者管理和舆论引导工作，努力营造客观友善的国际舆论环境，更好地借助外国媒体宣传山东。

2009年5月6日，外交部外管司下发《关于重申邀请或接待外国副部级及以上官员来华有关规定的通知》，进一步规范邀请或接待外国部级官员来华的审批工作。

2010年1月23日，外交部下发《关于妥善处理我地方政府与外国政府建立合作机制问题的通知》，规定地方政府不得与外国中央政府、外交部等政府部门建立正式合作机制；不得同外国签订有关社会科学、新闻、文化、出版等意识形态领域的交流计划、协议，以及涉及政治、经贸、科技、文化等方面的综合性长期交流计划。如确有必要在个别领域同外国签订合作计划、协议，须逐案报中央和国务院主管部门批准。

2010年4月16日，省政府印发《山东省人民政府关于印发〈授予外国友人荣誉公民称号的规定〉的通知》，规范授予外国友人"荣誉公民"称号。

2010年7月28日，为适应新形势发展的需要，解决山东省与领馆的交往活动出现的新情况、新问题，进一步做好领馆管理工作，省外办印发了《关于我相关单位与领馆交往应注意事项的通知》。

2011年12月19日，外交部办公厅印发《关于印发〈护照、签证、APEC商务旅行卡专办员管理规定〉的通知》，对专办员管理进行了详细规定。

第三节　外事工作高起点谋划规划

随着对外开放的深化和经济社会的发展，省委、省政府更加注重通过制订外事工作规划指导事业发展。1986年9月，审议通过了《山东省外事工作"七五"规划》，成为统筹协调全省外事的新开端。外交部领导同志对此充分肯定，指出："地方制定外事工作规划是个创举，也很重要，山东在这方面带了头。"此后，省外办又制定了《山东省外事工作"八五"规划纲要》和《山东省外事工作第十个五年计划纲要》。

一、"七五"规划（1986—1990年）

《规划》总结了党的十一届三中全会以来全省外事工作的发展变化：1978年至1985年，共接待外宾42.11万人次，开放城市增至7个，参观游览点332个，涉外市、地和单位显著增加，接待服务设施有较大改善；与7个国家的19个州（县、区、道、市）建立了友好关系，友好港口、学校发展到33对；累计聘用外国文教专家164人次，工程技术人员852人次；联合国及有关国际性组织在山东省建立合作中心7个，世界银行、世界粮食组织、世界卫生组织对山东省的双边、多边援助项目9个，其中贷款约4400万美元，援助资金约3800万美元，对外经济合作和进出口贸易都有较大幅度增长。

《规划》提出了"七五"时期全省外事工作的指导思想和主要任务：遵循对内搞活经济、对外实行开放的总方针，围绕中国"和平友好干四化"的对外工作总目标，以改革创新和开拓前进的精神，做好全省对外开放工作；正确处理对外工作中政治与经济的关系和外事工作集中统一管理与涉外部门分工协作的关系，抓大事，统筹协调各涉外部门的对外活动，不断扩大对外交往的途径；外事部门自身建设要适应当前改革、开放、搞活的形势，要为90年代经济社会的继续发展做好组织和人才准备；搞好外事工作改革，充分发挥青岛、烟台两市对外开放的优势，同时积极发展内陆市、地的对外工作，为加快全省对外开放的步伐，逐步建立开放性、外向型经济而努力。《规划》提出的工作目标：一是加强外事队伍建设，改变全省外事队伍数量不足、素质不高、不适应对外开放形势要求的现状；5年内把在职外事干部普遍轮训一次。二是大力开展对外宣传，促进对外合作交流；最大限度地增进外国人和港、澳、台同胞对山东的了解，以争取更多的朋友，吸引更多的合作者。三是加快参观旅游点的建设，在巩固提高现有参观旅游点的基础上，每个市、地的各行各业都要新辟3—5个有代表性的参观旅游点；参观旅游点要从现在主要供外国人参观转为参观和洽谈合作并重；1987年完成基层点的定级工作，把全省参观旅游点划分为一、二、三级，分别提出不同的要求。四是进一步扩大友好交往，增进山东与外国地方政府和人民之间的了解和友谊，促进双方交流；到1990年，全省县级以上开放城市都要与外国建立1—2对友好关系；利用友城渠道促进经济、技术合作交流。五是大力引进国外智力，扩大科技交流；多渠道选派科技人员和高校教师出国进修和攻读学位，有目的地选派人员参加国际学术会议；有计划地选派技术工人以研修生的形式，到友好城市学习生产技能；5年累计邀请外国专家2000人以上并充分发挥他们的作用。六是根据中央的部署和要求，搞好全省翻译专业职务的聘任和任命工作。

《规划》提出的主要措施：一是加强党委和政府对外事工作的领导；二是加强外事工作的统一管理；三是加强信息调研工作；四是改革现行礼宾制度；五是改进机关作风，提高工作效率；六是改善接待条件，提高服务质量。

二、"八五"规划（1991—1995年）

《规划》进一步明确"八五"时期外事工作的指导思想：全省外事工作必须坚持党的基本路线，坚持独立自主的和平外交政策，坚定不移贯彻执行党中央、国务院关于地方外事工作的一系列方针政策，坚持"面向现代化，面向世界，面向未来"；在促进中国同外国正常关系和人民间友谊的同时，将着眼点主要放在开拓经贸、科技合作与交流，积极为地方经济建设服务上，为实现全省国民经济和社会发展十年规划及"八五"规划的总体目标而努力奋斗。坚持生产力标准，大胆解放思想，更新观念，不断实践，不断探索，推动扩大对外开放；牢固树立外事为经济建设服务的思想，深入经济，参与经贸，积极开拓多元化国际市场；加强全省外事工作的协调和管理，增强涉外工作的合力，提高整体效能，增强整体开放意识，发挥综合优势，加强对全省外事工作的统一管理、协调、指导和监督；增强服务意识，提供高效优质服务，尽可能简化手续，提高办事效率，疏通对外交往渠道，为全省对外开放提供咨询服务；努力加强全省外事系统功能，增强为经济建设服务的本领和后劲，逐步理顺关系，加强指导，健全职能，形成上下协调一致、运行通畅的外事工作体系。

《规划》提出了"八五"时期全省外事工作的奋斗目标和主要任务：一是始终把为经济建设服务作为头等大事来抓，积极推动外向型经济发展；坚持外事工作服从、服务于全省国民经济和社会发展十年规划和"八五"计划的方向，把工作着眼点主要放在开辟国际经济技术合作渠道、积极参与国际市场多元化上；吸引国外资金要有较大幅度的提高；促成"三资企业"数量比"七五"期间翻一番；开辟对外经济合作和进出口贸易渠道，争取合作项目与贸易额有较大幅度增长。二是加强外事工作宏观管理，协调、指导各级外办、各有关涉外部门做好外事工作。三是积极开辟对外交往渠道，帮助设区市（地）、县和各部门结识更多的外国朋友，帮助基层单位与外国建立各种友好关系；积极邀请外国高规格团组、外国驻华使节，国际大财团、大商社、跨国公司等来访。四是加强信息调研工作，当好对外开放的智囊和参谋；强化信息观念，创办《外事信息》，为各级决策部门、出口生产企业、基层涉外单位提供服务；根据全省经济社会发展和对外开放的实际，对全局性、苗头性的新情况新问题进行调查研究，及时向省领导提供有针对性、有指导作用的意见建议和调研报告。五是加大力度，延伸触角，进一步强化对外宣传。六是加快发展友城关系，推动友城间实质性交往；巩固和深化友城关系，促进实质性交往；向外国友城的周边地区和所在国辐射，发展建立新的联系；大力提倡友城间对口交流；建立国际友城交流事业发展基金会；扩大结好范围，加快结好速度，"八五"时期再建立30对友城关系，使全省友城总数达到60对。七是加强出国审批和外国专家管理服务工作。八是充分发挥民间外交的作用。九是强化服务意识，加强基础设施建设，努力改善外事部门的办公条件。十是大力引进国外智力，扩大科技合作交流；"八五"时期从外国引进各类人才1万人以上，鼓励海外留学人员学成归国，积极选派专家学者参加国际学术会议，每年选派1000—2000名科技人员和高校教师出国进修和攻读学位。

《规划》提出了实现"八五"规划的保障措施：一是进一步解放思想，更新观念，强化大开放意识。二是进一步加强各级党委、政府对外事工作的领导。三是牢固树立为经济建设服务的思想。四是强化职能作用，加强系统建设，提高外事系统整体效能。五是加强外事队伍建设，不断提高干部素质，提高外事工作水平。六是严肃外事纪律，确保党的方针政策的贯彻执行。

三、"九五"时期（1996—2000年）

"九五"时期未制定外事工作五年规划。这期间，全省外事工作严格执行中央和全省的规划要求，始终把开辟渠道、建立联系、广交朋友作为工作重点，官民并举，全社会共同努力，形成了以民间友好交往为基础、以政府间友好往来为主线、以建立友好城市和基层友好关系为依托的全方位、多层次对外交往格局。全省外事部门主动为经济建设和社会发展服务，坚持把重大国际合作项目直接抓在手上，跟踪落实，积极为企业开展国际经贸活动牵线搭桥，提供信息服务。加强国际调研工作，及时分析研究国际经济、社会发展的新情况、新变化，提出意见和建议，为领导决策服务。积极开展对外宣传，加强窗口建设，构筑外宣阵地，不断扩大山东对外影响。

"九五"时期，在全省各级外事部门的共同努力下，外事工作取得重要进展。一是对外交往取得突破性进展，5年来全省外事系统共接待来访团组6479批，6万多人次；派遣因公出访团组3.7万批，13万人次。二是高层互访明显增多，共接待外国副总理以上来访团组26批，省部级来访团组243批，外国使节团组222批；由省级领导带队的出访团组106批。三是新建友城数量有较大增加，5年间，全省新缔结友好城市30对，新结友好学校、友好医院等基层友好关系80对；截至"九五"时期末，全省友城关系发展到93对，基层友好关系达到600多对，民间友好关系20多对。四是涉外管理水平不断提高，在出国审批、办理护照签证、对外邀请、处理涉外案件等方面建立健全了一系列规章制度，严格管理，依法行政，热情服务，保证了对外交往健康有序进行。五是外事工作为经济建设和社会发展服务取得积极进展，共促成重要经贸合作项目208个，总投资近56亿美元；促成文化、教育、体育、卫生等领域重大交流合作项目156个，聘请外国专家42810人次，为促进全省经济建设和社会进步作出了积极贡献。

四、"十五"计划纲要（2001—2005年）

《山东省外事工作第十个五年计划纲要》共分三个部分，第一部分是"九五"时期全省外事工作的回顾和总结，第二部分是"十五"时期全省外事工作的主要任务和奋斗目标，第三部分是实现"十五"计划的保障措施。围绕全省工作大局，《纲要》提出"十五"时期山东外事工作的主要任务是：以邓小平理论和"三个代表"重要思想为指针，全面履行参谋、管理、协调的职能，加强外事工作的集中统一管理，官民结合，大力拓展国际交流渠道，立足"两个服务"，突出重点、开拓创新、加快发展、干出特色，形成富有生机与活力的外事工作运行机制，为全省扩大开放和实施经济国际化战略创造更为有利的国际环境。为实现上述任务，在工作指导上注重把握好以下几点：一是坚持生产力标准，进一步解放思想、更新观念，积极探索外事工作为经济建设服务的新思路、新方法，深入经济、参与经贸，提供有效服务。二是坚持"有为、有效、有序"的工作要求，增强大局意识，提高办事效率，勇于开拓进取，使外事工作在全省对外开放中发挥更大作为。三是坚持按国际惯例和行为准则办事，依法行政，加强全省外事工作的综合归口管理和协调。四是坚持全方位对外交往战略，加强高层互访，加大友城工作力度，加强民间友好往来。五是坚持以人为本，着眼于最大限度激励和调动人的积极性和创造性，加强制度创新和管理创新，全面提高管理水平。

《纲要》提出，要继续大力开拓全方位、多层次、宽领域的对外交往渠道，全面构筑面向21世纪的对外交往体系，向外事大省迈进，为山东省实施经济国际化战略架设更多的桥梁。主要措施是：积极推动高层互访，邀请更多的党宾、国宾和其他高层次团组到山东访问，有计划、有重点地安排省级领导率团出访，提高出访效益；继续巩固、发展友城关系，拓展友城交往渠道，推动实质性合作；积极与国际组织建立联系，探索开展区域性、多边性的合作；进一步推动基层友好关系和民间友好往来，为山东国际化进程创造条件；加强与上级有关部门和我驻外使领馆、外国驻华使领馆的联系沟通，积极争取举办一些重要的国际活动，活跃山东的国际交流。《纲要》对"十五"时期发展建立新的友城关系提出了明确的要求：到2005年，争取全省友好城市数量达到120对，其中省级友城达到30对，17个设区市不留空白，60%的县级市至少有1对友城关系，友好院校、友好医院、友好港口等基层友好关系的数量达到1000对，民间友好关系达到30对。

根据全省外事工作实际，《纲要》对每一地区的工作有重点地提出了具体要求。对亚洲地区，主要是做好周边国家工作，重点加大与日本、韩国的实质性交往合作力度，积极做好与印尼、泰国、印度、以色列等国地方政府的交流，开辟交往渠道，建立友好关系。对欧洲地区，重点是开拓与俄罗斯、西班牙、丹麦、芬兰等国的交往渠道，加强与友好城市间的经贸、科技交流合作，加强与欧洲各跨国公司的联系合作，引进先进设备和技术，引进和培训人才。对非洲地区，重点是开辟交往渠道，加强与埃及、摩洛哥、尼日利亚、肯尼亚等国的交流与合作，开发利用好非洲潜在的市场，为山东企业"走出去"牵线搭桥，提供信息服务。对美洲地区，重点是加强与美国、加拿大和南美地区的交往与合作，推动与美国康州和得州的友好省州关系，疏通交往渠道，加大实质性合作力度，开拓和扩大已与山东建立一定联系的华盛顿州、马里兰州和加利福尼亚州的关系；推动与加拿大安大略和魁北克省的交往联系，加强经贸、科技、教育等方面的合作；进一步做好南美地区工作，协助山东有实力的企业进入南美市场，协助有关部门落实好省领导出访南美的合作项目。对大洋洲地区，重点是加强与澳大利亚、新西兰的交往，畅通与这两个国家地方政府和经济组织的联系渠道，继续巩固和发展与澳大利亚南澳州、巴布亚新几内亚东赛皮克省的友好关系，推动经贸合作。

围绕与各地区的交流与合作，《纲要》强调，"十五"时期要突出抓好以下几个方面的工作：一是加强调研，及时研究国际形势的新发展、新变化，为全省对外开放提供准确的国际信息，为省委、省政府涉外决策提供有效服务。二是配合山东实施经济国际化战略，加强与各地区跨国公司的联系，积极创造条件，为山东省企业"走出去"服务。三是切实抓好与友好省州间的重大合作项目，推动各项合作项目的落实。四是积极承办重大国际活动，扩大山东对外影响，提升全省外事工作的层次和水平。

"十五"时期的外事管理工作，重点是贯彻落实好党中央《关于全国外事管理工作的若干规定》精神，加强全省外事工作的综合归口管理和统一领导。《纲要》要求，按照中央有关文件规定，进一步理顺全省外事工作管理体制，落实外事部门管理职能，强化系统整体功能，建立既符合中央总体外交要求，又适应全省扩大开放实际需要的外事管理机制。一是适应入世后的要求，加强外事政策法规建设，加快与国际惯例接轨的步伐，建立健全外事管理规章制度，使外事工作有法可依，依法办事。二是进一步做好出国审批和护照管理，理顺关系、明确责任、规范管理，提高审批质量和管理水平，努力为出国人员提供高效优质服务。三是加强领事工作，完善领事工作实施办法和操作规程，改进领馆管理，坚持管理与利用并重，密切与领馆的联系、沟通和配合。四是及时稳妥处理各类涉外案（事）件，坚持预防为主，发现问题，及时解决；完善联席会议制度，探索新的联合处理涉外案（事）件的方法和思路，加大外事部门在涉外案件中的参与力度，充分发挥外事部门在涉外案（事）件处置工作中的指导、协调作用。五是进一步做好外国记者管理，建立海外新闻宣传联系点，掌握一批对我友好、热心宣传山东的外国记者队伍；配合重大涉外活动，主动邀请外国记者来访，借助外力宣传山东，增强对外宣传效果。

为顺利完成"十五"时期的各项任务，《纲要》从组织领导、系统建设、队伍建设、基础建设四个方面提出了具体的保障措施。一是各级党委、政府要切实加强对外事工作的领导，把外事工作作为地方对外开放工作的重要组成部分来抓，各市地要成立外事工作领导小组，加强对外事工作的集中统一领导；要定期听取外事部门的工作汇报，研究外事工作重大问题，及时帮助解决工作中遇到的困难，支持外事部门严格管理、依法行政，充分发挥外事部门作为党委和政府对外交往的参谋和助手作用。二是进一步加强系统建设，提高外事系统整体功能；建立信息互通和工作协作配合制度，相互支持、上下联动、资源共享，在全省外事部门形成顺畅有效的工作运行机制；加强东西部地区外事工作的合作与交流，加大对西部地区外事工作的扶持力度，促进全省外事工作协调发展。三是加强队伍建设，不断提高全省外事干部的整体素质，按照"三个代表"重要思想和"讲学习、讲政治、讲正气"的要求，加强干部队伍思想政治建设，牢固树立正确的世界观、人生观和价值观，坚定理想信念，增强事业心和责任感，始终保持奋发向上的精神状态；根据外事工作发展的要求，加强外事业务培训，计划用5年时间，分期分批对干部轮训一次，努力使全省外事干部的业务水平和工作能力有一个大的提高。四是加强基础资料和基础设施建设，健全和完善外事资料信息库，积极改善办公条件，提高办公自动化水平，实现全省外事部门计算机联网，建立"山东外事"网站，更好地为全省对外工作提供信息服务。

第四节　多领域多层次对外交往全面展开

改革开放的纵深推进，改变了过去主要与社会主义国家交往的历史，明确在和平共处五项原则的基础上，坚持独立自主的和平外交政策，与世界各国发展交往关系，推动我国对外关系格局朝"全方位"发展。为配合党和国家中心工作，营造有利外部环境，山东积极服务国家总体外交大局，加强地方交往，举办重大活动，推动各领域、各层次、全方位对外交往全面展开、蓬勃发展。主要呈现出以下几个特点：一是交给山东的国家总体外交任务越来越多，山东在国家外交大局中的地位和作用更加凸显；二是众多外国党的代表团密集到访山东，在国家统一部署下，山东积极参与和服务党的外事工作；三是中央把重大外交外事活动放在山东举办，山东的国际影响力和美誉度不断提升；四是山东自主对外交往深层次展开，高层互访带动作用愈加明显；五是在全省外事工作的推动下，众多重要的国际合作项目在山东省不断落地见效。

一、承接国家总体外交任务

随着对外开放的持续扩大和深入，国家总体外交任务越来越繁重。为统筹用好外交外事资源，中央也把越来越多的重要外交任务和活动交由地方承担。这一期间，山东先后承接接待近60个（59个）国家元首、政府首脑等副国级以上重要团组来访超过110批次（111批）。比如：

1993年4月22日至26日，应时任总理李鹏邀请前来我国进行友好访问的新加坡总理吴作栋偕夫人一行36人，在我国陪同团团长、时任文化部部长刘忠德和时任我驻新加坡大使杨文昌陪同下，来济南、泰安、曲阜、烟台、威海等市进行友好访问。22日中午，时任中共中央政治局委员、省委书记姜春云，时任省长赵志浩和夫人，时任副省长李春亭、王裕晏在济南齐鲁宾馆万寿厅亲切会见新加坡总理吴作栋偕夫人一行。时任省外办主任胡玉亮、时任济南市副市长李华理等参加了会见。22日下午，吴作栋总理一行由时任省长赵志浩陪同，在济南参观了浪潮电子信息集团公司，并题词"希望新加坡与贵公司和山东省有更广泛的经济联系"。23日，吴作栋总理和夫人一行在时任省长赵志浩陪同下先后在泰安、曲阜等地参观访问，受到热烈欢迎。24日至26日，吴作栋总理先后在烟台、威海参观考察，山东悠久的文化历史、良好的投资环境给其留下了深刻印象。

1995年11月15日至16日，时任德国总理赫尔穆特·科尔一行205人在时任机械工业部部长何光远、时任外交部副部长姜恩柱陪同下访问青岛。15日下午，科尔总理在时任国务院总理李鹏陪同下参观了海尔冰箱厂，李鹏在青岛八大关宾馆会见并宴请了科尔，时任省委书记赵志浩，时任省委副书记、省长李春亭出席活动。访问期间，双方共同举办了山东－德国经济技术合作洽谈会，来自德国机械制造、钢铁、冶金等30余个领域的企业界负责人与山东省企业界120余名代表进行了广泛交流，初步达成19项合作意向，总投资额达20亿马克。

2007年12月29日至30日，应时任国务院总理温家宝邀请，日本首相福田康夫访问山东，此系福田康夫上任后首次访华，并正值中日邦交正常化35周年，又即将迎来中日缔结和平友好条约30周年，具有重要意义。29日，时任省委书记李建国，时任省委副书记、代省长姜大明在济南会见了福田康夫一行。30日，福田康夫一行赴曲阜参观孔庙等，在大成殿外，其书写了"温故创新"四个大字。时任外交部副部长王毅、时任中国驻日本大使崔天凯、时任副省长才利民等参加有关活动。

其他的重要团组，还有：

1983年6月4日，朝鲜劳动党中央政治局常委、书记局书记、中央军委委员金日成一行43人，在时任中共中央总书记胡耀邦陪同下来到青岛参观访问。朝鲜贵宾抵达青岛时，受到时任山东省委书记苏毅然、时任省委副书记李昌安、时任青岛市委第一书记周振兴、时任海军司令员刘华清等领导人及各界群众1000余人的热烈欢迎。金日成一行参观了青岛啤酒厂。

1983年7月24日至26日，安提瓜和巴布达总理维尔·康汉尔·伯德一行8人，在陪同团团长、时任邮电部部长文敏生陪同下由北京乘专机到青岛访问。时任副省长李振及其他有关负责人到机场迎送，并以山东省人民政府和青岛市人民政府名义举行了欢迎宴会。在青期间，伯德一行参观了青岛汽水厂、中港码头和崂山水库等。

1985年9月14日至17日，新加坡共和国总理李光耀和夫人、女儿等一行40人，由时任我国外交部副部长刘述卿、时任我驻新加坡商务代表处代表荣凤祥等陪同，来济南、泰安、曲阜进行友好访问。

1985年11月28日，圭亚那合作共和国总理在北京确认济南援助圭亚那纺织有限公司技术改造项目的总体设计方案，并同济南市签署了关于援助圭亚那项目的协议书。

1986年5月25日至30日，新加坡第二副总理王鼎昌及夫人一行8人，由时任外交部亚洲司司长杨振亚陪同来山东济南、曲阜等地参观访问。双方就进一步发展新加坡与山东、济南经济、技术、贸易等方面交流与合作进行了商讨。

1987年5月21日至26日，奥地利前总统基希·施莱辛格偕夫人，由时任中国人民对外友好协会会长章文晋陪同访问山东。时任省长李昌安在济南会见了客人。

1987年8月29日至9月1日，新加坡第二副总理王鼎昌一行7人，由时任外交部副部长、中国孔子基金会副会长宫达非陪同，来曲阜、邹县参观访问。8月30日，参加了曲阜举行的儒学国际学术讨论会。

1988年5月11日至13日，爱尔兰总统帕特里克·约翰·希勒里及夫人一行25人，由时任化工部部长秦仲达陪同访问山东。

1989年5月25日至6月7日，民主柬埔寨国家主席诺罗敦·西哈努克亲王及夫人莫尼克公主一行16人，在时任外交部副部长刘述卿陪同下，对山东进行了友好访问。在两周时间里，亲王一行访问了曲阜、泰安、济南、淄博、潍坊、烟台、威海、青岛8个城市，参观了工厂企业、经济开发区和乡村，游览了风景名胜。

1990年4月15日至17日，赤道几内亚总统奥比昂·恩圭马·姆巴索戈一行23人，在时任商业部部长胡平陪同下访问青岛、烟台，时任省委副书记、省长赵志浩陪同活动。

1990年6月30日至7月2日，孟加拉国总统侯赛因·穆罕默德·艾尔沙德一行53人，在时任交通部部长钱永昌陪同下访问青岛。

1990年7月12日至13日，加拿大前总理埃尔·特鲁多一行3人访问济南、泰安、曲阜，时任省委副书记、省长赵志浩在济南会见了客人。

1990年11月5日至7日，密克罗尼西亚联邦总统约翰·哈格莱尔加姆和夫人一行9人，在时任经贸部副部长李岚清陪同下，对青岛进行友好访问。总统一行先后参观了青岛港集装箱码头、青岛第二食品厂、青岛针织七厂、青岛电冰箱总厂和青岛贝雕厂。

1991年10月7日至9日，朝鲜劳动党中央委员会总书记、朝鲜民主主义人民共和国主席金日成一行75人，在时任中共中央政治局委员、国务院副总理吴学谦，时任中联部部长朱良，时任外交部副部长徐敦信，时任中国驻朝鲜大使郑义等陪同下，访问济南、泰安和曲阜。时任省委书记姜春云、时任省长赵志浩全程陪同金日成主席在山东的活动，先后参观了济南机床二厂，游览了大明湖公园、黑虎泉公园、岱庙、泰山、孔庙、孔府、孔林等名胜古迹。赵志浩还陪同朝鲜劳动党中央政治局委员、国家副主席李钟玉参观了济南汽车制造总厂党家庄分厂。

1992年7月5日至6日，亚美尼亚副总统加吉克·加鲁舍维奇·阿鲁秋尼扬一行访问烟台，时任副省长张瑞凤会见了副总统一行并陪同活动。

1992年9月29日至30日，英国前首相、保守党下院议员爱德华·希思一行30人访问济南，时任省委副书记、省长赵志浩会见了希思一行，并陪同希思一行出席了山东—乐富门烟草有限公司开业典礼。

1993年4月4日，应时任国务院总理李鹏邀请，奥地利共和国总理弗朗茨·弗拉尼茨基及夫人一行67人访问山东。时任中共中央政治局委员、山东省委书记姜春云会见了代表团。弗拉尼茨基总理出席了中国重型汽车集团成立10周年庆祝大会，并为奥地利斯太尔汽车制造技术引进项目通过国家预验收剪彩。姜春云、赵志浩出席剪彩仪式，时任副省长王裕晏参加活动。

1993年4月23日至30日，泰王国披沙迪·拉差尼亲王及夫人一行4人访问北京及济南、泰安、菏泽、烟台、青岛，时任省委副书记、省长赵志浩在济南会见了代表团一行。

1993年7月4日至10日，应我国政府邀请，新加坡政府内阁资政李光耀偕夫人柯玉芝女士、副总理王鼎昌偕夫人一行43人，记者7人，企业家128人，共计178人，在时任国务院特区办主任胡平及夫人等陪同下，来青岛、烟台、威海三市进行友好访问。时任中共中央政治局委员、山东省委书记姜春云，时任省委副书记、省长赵志浩在青岛会见了代表团一行。

1993年11月16日至18日，哥伦比亚前总统、自由党前主席洛佩斯及夫人，驻华大使阿尔瓦罗及夫人访问青岛市，参观了城阳镇、中大服装公司、第二啤酒厂，对其所见所闻给予了高度赞扬，高度评价了我国的现行方针政策。

1993年12月5日至6日，老挝人民革命党中央委员会主席、老挝人民民主共和国政府总理坎代·西潘敦及夫人一行24人，在时任国家教委副主任张孝文陪同下访问烟台市，参观了张裕葡萄酒公司、经济技术开发区和合成革厂。时任省委副书记、省长赵志浩会见并宴请了老挝总理一行。

1994年2月25日，应全国人大常委会的邀请，越南国会主席农德孟一行21人，在济南进行了参观访问。

1994年6月13日至15日，应时任副总理朱镕基邀请，澳大利亚副总理兼住房和地区发展部长布赖恩·豪率领政府代表团一行11人访问烟台市。

1994年8月28日至29日，马来西亚副总理安瓦尔·伊卜拉希姆率政府代表团及企业家代表团一行160人，在时任外交部部长助理王英凡等陪同下访问山东，时任省委副书记、省长赵志浩，时任副省长李春亭、陈建国先后会见了安瓦尔一行。

1994年10月2日至4日，新加坡内阁资政李光耀及夫人一行22人访问山东。时任中共中央政治局委员、山东省委书记姜春云，时任省委副书记、省长赵志浩会见了李光耀资政一行，时任副省长宋法棠参加活动。

1995年6月1日至3日，佛得角总统安东尼奥·马斯卡雷尼亚斯·蒙特罗偕夫人一行18人，在中国政府陪同团团长、时任化工部副部长贺国强陪同下访问青岛。总统一行参观了青岛第二啤酒厂、海尔集团电冰箱总厂和青岛港码头，游览了小鱼山、小青岛公园等。时任省委副书记、省长李春亭会见了总统一行。

1995年9月21日至22日，应时任国家主席江泽民邀请，奥地利共和国总统托马斯·克莱斯蒂尔率政府暨经济代表团一行123人，在时任铁道部部长韩杼滨陪同下访问济南。时任省委书记赵志浩、时任省长李春亭于21日晚在济南齐鲁宾馆会见了克莱斯蒂尔总统一行。会见后，赵志浩与克莱斯蒂尔出席了山东省与上奥州关于开展友好合作与交流意向书签字仪式。22日，克莱斯蒂尔参观了重汽集团公司技术中心、斯太尔卡车总装生产车间及济南污水处理厂，为斯太尔公司与重汽集团公司合作生产的第18000辆卡车下线剪了彩，并亲自驾驶这辆车驶下生产线。

1995年10月7日至9日，赞比亚副总统米扬达偕夫人一行18人在时任地矿部副部长张宏仁陪同下访问青岛，参观了青岛啤酒二厂、纺织厂，游览了崂山。

1995年12月6日至7日，乌克兰总统列昂尼德·达尼洛维奇·库奇马偕夫人一行52人访问中国。在陪同团团长、时任冶金工业部副部长毕群，时任中国驻乌克兰大使潘占林陪同下访问青岛。时任副省长宋法棠陪同库奇马总统一行参观了青岛港务局、大洋食品股份有限公司、青岛啤酒股份有限公司、青岛第二啤酒厂，游览了小鱼山、小青岛公园和市容。

1996年8月31日至9月2日，新加坡内阁资政李光耀一行访问青岛，参观了中德合资企业宇宙集装箱公司和海尔集团冰箱厂，探讨山东、新加坡、德国三方经贸合作的有效途径。时任省长李春亭会见宴请了资政一行。

1996年10月13日至18日，新加坡副总理李显龙一行在国务院特区办副主任万季飞陪同下访问济南、泰安等地，时任省委书记赵志浩会见了代表团一行。

1996年11月8日至10日，津巴布韦副总统穆增达率政府、企业代表团一行25人访问济南，参观了重汽集团等企业，时任省委副书记、省长李春亭会见了代表团全体成员。

1997年6月5日，澳大利亚前总理霍克偕夫人来烟台参加第二届亚太经合组织（APEC）国际贸易博览会，时任国务院副总理李岚清在烟台会见了霍克夫妇，时任外经贸部部长吴仪，时任省委书记吴官正，时任省委副书记、省长李春亭参加会见。

1997年7月25日至28日，美国前总统吉米·卡特先生及夫人一行18人由时任外交学会会长梅兆荣陪同访问济南、邹平，考察中国农村民风民俗、村委会选举、基层政权建设和水利灌溉、农作物耕种机械化程度等，时任省委副书记、省长李春亭在济南会见了客人。

1997年11月13日至14日，澳大利亚前总理霍克作为澳大利亚光塔资源有限公司非执行董事访问山东，考察了省地矿厅，时任省委副书记、省长李春亭会见了代表团一行。

1998年2月11日至14日，新西兰副总理兼财政部长温斯顿·彼得斯率友好代表团一行11人访问山东，考察烟台经济发展、投资环境及1998年10月将在烟台举行的第二届APEC国际中小企业技术交流暨博览会有关情况。

1998年4月28日至30日，应时任国家主席江泽民邀请，吉尔吉斯斯坦共和国总统阿斯卡尔·阿卡耶夫夫妇一行40人，在时任我驻吉尔吉斯斯坦大使陈忠诚陪同下，来山东省烟台、威海两市进行了为期3天的友好访问，参观考察了烟台日冷食品有限公司、龙凤钢琴有限公司、福斯达纸业有限公司、张裕葡萄酒文化博物馆、威海三星电子有限公司、山东三角集团等。

1998年12月5日至6日，摩洛哥首相阿卜杜勒·拉赫曼·尤素福一行128人，在时任中国驻摩大使穆文陪同下访问青岛。代表团参加了青岛—摩洛哥经贸洽谈会，参观了青岛港、海尔集团、渔业养殖基地，签署了《青岛市和摩洛哥丹吉尔市发展友好合作关系的意向书》，时任副省长韩寓群会见了首相一行。

1999年4月14日，前来我国进行国事访问的荷兰王国女王贝娅特丽克丝和亲王克劳斯一行53人，在时任中国驻荷兰大使华黎明、荷兰驻中国大使伍斯德陪同下访问曲阜，时任省委副书记、省长李春亭会见并陪同女王游览了"三孔"。

1999年5月23日至25日，以越共中央政治局委员、常务副总理阮晋勇为团长的越南党政代表团一行16人，在时任中央党校副校长杨春贵陪同下访问山东，时任省委副书记、常务副省长宋法棠会见了代表团一行。

1999年5月25日至26日，老挝人民革命党中央主席、国家主席坎代·西潘敦一行13人访问山东，时任省委副书记、省长李春亭会见了代表团一行，时任省委副书记、常务副省长宋法棠迎送并全程陪同代表团活动。

1999年11月15日至16日，布隆迪总统皮埃尔·布约亚在中国驻布隆迪大使石同宁夫妇陪同下访问青岛，参观了海尔集团、青岛第二啤酒厂等，时任副省长宋法棠会见了总统一行。

2000年4月13日至15日，应时任国务院总理朱镕基邀请，新加坡共和国总理吴作栋对我国访问期间，率政府、企业家代表团一行95人访问青岛，时任省委副书记、省长李春亭会见了吴作栋总理，并共同出席了山东省经贸旅游情况说明会。

2000年6月6日至18日，应哈尔滨工业大学的邀请，韩国前总统金泳三一行20人访华期间，来青岛参观。

2000年6月16日至19日，应外交学会邀请，韩国前总统卢泰愚一行20人访华期间，来泰安、曲阜、淄博、青岛等地参观，并赴济南长清县卢氏氏族村访问。

2000年10月11日至12日，赞比亚总统费雷德里克·奇卢巴一行53人，在时任中国驻赞比亚大使彭克玉陪同下访问青岛，参观了青岛国棉六厂、海尔集团和青岛市政建设。

2000年11月6日至8日，乌拉圭副总统兼国会主席路易斯·耶罗一行7人访华期间顺访山东，时任中共中央政治局委员、山东省委书记吴官正，时任省委副书记、省长李春亭在济南会见了副总统一行，时任副省长黄可华陪同副总统一行在济南、曲阜活动。

2000年11月15日至16日，应全国对外友协邀请，以意中经济文化交流协会名誉主席、前总理安德列奥蒂为团长的意中协会代表团一行21人访问山东省，由时任中国对外友协会长陈昊苏陪同，时任国务院总理朱镕基在济南会见了安德列奥蒂一行。

2001年6月9日至15日，新西兰前总理詹妮·希普利女士来烟台出席第二届APEC投资博览会，时任省委副书记、省长李春亭会见了希普利女士。

2001年8月18日，澳大利亚前总理霍克出席了第十一届青岛国际啤酒节开幕式，并与时任省委常委、青岛市委书记张惠来共同出席了《青岛市与澳大利亚新南威尔士州建立友好合作关系意向书》签字仪式。

2001年10月19日至23日，马来西亚总理马哈蒂尔及夫人率代表团50余人访问中国，期间于22日至23日访问青岛市，参观了海尔集团、小鱼山公园、源丰集团和青岛港。时任省委副书记、省长李春亭在青岛会见了客人，副省长林书香参加活动。

2001年11月18日至21日，应中联部邀请，巴布亚新几内亚前总理、国家联盟党主席麦克·索马雷一行12人访问济南、青岛、临沂等地。时任中共中央政治局委员、山东省委书记吴官正，时任省委副书记、省长李春亭分别会见了代表团一行。时任副省长林书香与东塞皮克省代表进行了工作会谈。在济南、临沂期间，代表团分别与有关部门举行对口项目洽谈，参观山东黄台发电厂、临沂海信电子有限公司等十余家企业，就进一步推动山东与巴布亚新几内亚尤其是与东塞皮克省的经贸合作进行了深入探讨。

2001年11月19日，时任省委书记吴官正、时任省长李春亭在济南分别会见了以国家联盟党主席、前总理麦克·索马雷为团长的巴布亚新几内亚国家联盟党代表团，时任省委秘书长杨传升、时任副省长林书香、时任中联部副局长廖东等参加了会见。林书香率山东省经贸工业组与巴新国家联盟党代表团进行了会谈，双方就伐木项目举行了签约仪式。

2001年11月22日至23日，摩尔多瓦政府总理瓦西里·塔尔列夫率政府和经贸代表团一行25人访问烟台，参观了张裕葡萄酒集团、蓬莱市葡萄种植基地及蓬莱阁景区。时任省委副书记、省长李春亭在烟台会见了塔尔列夫总理一行，时任副省长林书香参加活动。

2002年8月16日至22日，澳大利亚前总理霍克一行6人访问济宁市，受邀担任济宁市人民政府招商顾问，时任省委副书记、省长张高丽在济宁会见了霍克一行。

2002年11月19日至20日，乌克兰总统列昂尼德·达尼洛维奇·库奇马一行60人访问山东，时任省委副书记、省长张高丽在济南会见了库奇马总统一行，时任副省长邵桂芳、时任中国驻乌克兰大使李国邦参加会见。20日，库奇马总统出席了在济南举行的中乌高科技合作园综合孵化大楼落成仪式并剪彩，剪彩活动结束后，库奇马总统在孵化大楼前亲手种植了中国—乌克兰友谊树。

2003年9月13日至16日，波黑塞族共和国副总统伊万·托姆连诺维奇率政府代表团访问山东，代表团参观了济南佳宝集团，与有关部门进行了座谈。时任省委书记、省人大常委会主任张高丽，时任省委副书记、省长韩寓群等会见了波黑客人。

2003年10月15日至16日，乌克兰副总理塔巴奇尼克一行36人访问济南、曲阜，出席在济南举办的乌克兰科技周活动。时任省委书记、省人大常委会主任张高丽会见了代表团一行，时任省委副书记、省长韩寓群与塔巴奇尼克副总理共同出席了乌克兰科技周开幕式，时任副省长王军民参加活动。

2003年11月7日至9日，赞比亚总统利维·帕特里克·姆瓦纳瓦萨及夫人一行62人，在时任中国驻赞比亚大使彭克玉陪同下访问青岛，与青岛有关企业分别签署了《在赞比亚建立穆隆古希工业园区意向书》《关于在赞比亚东部省合资建设轧花厂的协议》《关于在赞比亚穆隆古希工业园区投资建立化肥、农药项目意向书》和《关于在赞比亚穆隆古希工业园区投资建设服装加工项目的协议书》，参观了海尔集团、国棉六厂等企业，时任副省长王军民会见了总统一行。

2004年4月16日至17日，法国前总统德斯坦、驻华大使蓝峰等一行5人访问济南、曲阜。

2004年5月28日至30日，坦桑尼亚总统姆卡帕一行31人访问济南，代表团参观了省立医院、济南高新技术开发区、黄河泺口引黄灌溉工程,举行了坦桑尼亚—山东经济合作洽谈会,总统夫人还参观了济南市少年宫和青年公园社区。时任省委书记、省人大常委会主任张高丽,时任省委副书记、省长韩寓群会见了总统一行,时任副省长谢玉堂、张昭福参加迎送、会见和洽谈会。

2004年6月16日,新西兰前总理詹妮·希普利女士来烟台出席APEC电子商务博览会CEO峰会并在会上致辞。

2004年7月16日,德国副总理兼外交部长约施卡·菲舍尔一行80人访问济南,时任省委副书记、省长韩寓群会见了菲舍尔先生,并共同出席山东力诺瑞特新能源有限公司新厂房落成剪彩仪式。

2004年9月1日至5日,首届威海国际人居节在威海举行,联合国副秘书长、联合国人居署执行主席安娜·蒂贝琼卡女士,时任全国人大常委会副委员长乌云其木格,全国政协原副主席孙孚凌,时任全国人大农业与农村工作委员会主任委员刘明祖,时任山东省委副书记、省长韩寓群,时任省人大常委会副主任李明先,时任副省长赵克志,来自国内外1200余名嘉宾参加了开幕式。威海国际人居节是我国举办的首个人居节会。

2004年9月22日至26日,第二届中国(济南)国际信息技术博览会在济南舜耕国际会堂举行,时任省委副书记、省长韩寓群主持开幕式。联合国副秘书长、亚太经济社会委员会执行秘书金学洙,时任省委副书记、济南市委书记姜大明分别致辞,包括10家跨国公司和32家国内信息业百强企业在内的208家客商参会参展。

2004年10月8日至9日,2004东北亚经济合作论坛在威海举行,时任中共中央政治局委员、国务院副总理吴仪出席开幕式并发表演讲。时任省委书记、省人大常委会主任张高丽,联合国副秘书长、亚太经济社会委员会执行秘书金学洙,韩国前总理南德佑,蒙古国前外长额尔敦楚伦分别致辞,日本驻华大使馆公使原田亲人、东北亚经济论坛主席赵利济,时任省委常委、秘书长杨传升,时任副省长孙守璞出席开幕式。

2004年12月21日至22日,以印尼前总统阿下杜拉赫曼·瓦希德为团长的印尼宗教代表团一行30人访问烟台,在蓬莱阁举行世界和平鸣锣仪式。

2004年12月25日至26日,委内瑞拉总统乌戈·拉斐尔·查韦斯·弗里亚斯一行访问山东,时任省委书记、省人大常委会主任张高丽在济南会见了查韦斯总统,时任省委副书记、省长韩寓群到机场迎接查韦斯总统一行并陪同参观济南市容市貌,游览章丘百脉泉公园等。

2005年4月，澳大利亚前总理霍克作为南澳州政府经济顾问随同该州副总理傅凯文访问青岛。

2005年4月21日至29日，马来西亚前总理马哈蒂尔一行访问山东，参加第22届潍坊国际风筝会、马来西亚文化周、中外市长论坛、寿光国际蔬菜博览会。时任省委副书记、省长韩寓群在潍坊会见了客人一行，时任副省长陈延明参加会见。

2005年5月20日至21日，冰岛共和国总统奥拉维尔·拉格纳·格里姆松及夫人一行79人，在时任中国驻冰岛大使王信石及夫人陪同下访问青岛，参观了冰岛蓝冰公司在中国的最大合作伙伴——华孚信利（青岛）食品有限公司，出席了冰岛—山东经贸研讨会，时任省委副书记、省长韩寓群在青岛会见了代表团一行。

2005年6月26日至27日，斐济总理莱塞尼亚·恩加拉塞一行14人在中国进行访问期间，访问了青岛市，参观了海尔集团、良木公司、迎宾馆，游览了市容，时任副省长孙守璞会见了总理一行。

2006年3月31日至4月1日，中韩国际物流系统研讨会在威海举行，韩国前国务总理郑元植、韩国京畿道知事孙鹤圭、韩国东北亚经济论坛主席赵利济、中国交通运输协会会长钱永昌等出席研讨会。

2006年8月25日至27日，委内瑞拉总统乌戈·拉斐尔·查韦斯·弗里亚斯访问济南、泰安，时任省委书记张高丽、省长韩寓群会见并宴请了查韦斯总统一行。26日，山东省与委内瑞拉经贸合作洽谈会在济南举行，查韦斯总统和韩寓群省长分别讲话。访问期间，查韦斯总统参观了省农科院，游览了泰山。

2006年10月31日至11月2日，柬埔寨首相洪森访问山东，先后参观了孔庙、孔府，农业技术示范园和齐鲁石化公司等企业。时任省委书记、省人大常委会主任张高丽，时任省委副书记、省长韩寓群在济南会见了代表团一行。

2007年1月22日至26日，韩国前国务总理李寿成一行访问山东，时任副省长孙守璞在济南会见了韩国客人。

2007年6月6日至10日，纽埃总理维维埃一行15人访问济南、威海，代表团考察了济南和威海市的一批重点企业，就渔业领域的合作达成了初步意向。时任省委副书记、省长韩寓群在济南会见了纽埃客人，时任副省长王军民参加会见。

2007年7月13日至14日，毛里求斯共和国副总理兼财政和经济发展部部长拉马·克里希纳·西塔南率毛里求斯经贸代表团访问青岛。

2007年8月22日至23日，美国前国务卿玛德琳·奥尔布赖特一行访问山东，时任省委副书记、代省长姜大明在济南会见了美国客人，时任副省长郭兆信、时任省政府秘书长周齐参加会见。

2007年10月3日，菲律宾总统阿罗约访问烟台，时任省委书记李建国，时任省委副书记、代省长姜大明会见了菲律宾客人。会见前，阿罗约总统在姜大明等陪同下，参观了由烟台港与菲律宾国际集装箱码头服务公司共同投资建设的东龙国际集装箱码头。

2007年10月6日至7日，冰岛总统格里姆松率政府及经贸代表团访问青岛，时任省委副书记、代省长姜大明在青岛会见了代表团一行。在青岛访问期间，总统出席了青岛港—怡之航冷库合作项目开业典礼和4个合作项目签字仪式。

2008年5月29日至30日，韩国总统李明博访问青岛。时任省委书记姜异康，时任省委副书记、省长姜大明在青岛会见了李明博总统一行。

2008年8月12日至17日，密克罗尼西亚总统伊曼纽尔·莫里访问烟台、青岛、潍坊、济南，时任省委书记姜异康，时任省委副书记、省长姜大明在济南先后会见了代表团一行。

2008年8月15日，北京奥运会国际贵宾、挪威国王哈拉尔五世及王后宋雅一行13人访问青岛，观摩了青岛奥帆赛相关比赛。

2008年8月16日，北京奥运会国际贵宾、国际奥委会委员、卢森堡大公亨利一行17人访问青岛，观摩了青岛奥帆赛相关比赛，参观了青岛啤酒博物馆。

2008年8月16日，北京奥运会国际贵宾、国际奥委会委员、摩纳哥大公阿尔贝二世亲王一行5人访问青岛，观摩了青岛奥帆赛相关比赛。

2008年8月17日，比利时首相莱特姆一行4人访问青岛，观摩了青岛奥帆赛相关比赛，参观了青岛迎宾馆等。

2008年9月18日至19日，尼日尔共和国总理赛义尼·奥马鲁一行18人，在出席北京残奥会闭幕式后，访问济南、莱芜，参观考察了莱芜雪野水库和力诺集团。

2008年11月13日，委内瑞拉总统查韦斯视察山东兖矿集团委内瑞拉中西部铁路项目中国动车组，并将所乘动车组命名为"玻利瓦尔号"。考察结束时，查韦斯总统题词："今天，我们再次见证了中国与委内瑞拉两国的伟大！毛（泽东）万岁！玻利瓦尔万岁！"

2009年3月17日至18日，朝鲜内阁总理金英日访问山东，参观了济南商河县现代特色品牌农业彩椒标准化基地，赴泰山和曲阜参观访问，时任省委书记、省人大常委会主任姜异康，时任省委副书记、省长姜大明在济南会见了金英日一行。

2009年4月3日至5日，泰国前副总理、泰中文化经济协会副会长披尼·扎禄颂巴，泰国工业部部长参猜率泰国友好代表团一行42人访问青岛，时任青岛市委副书记、市长夏耕会见了泰国客人。

2009年10月16日，时任国家主席胡锦涛在济南会见国际奥委会主席雅克·罗格及夫人安妮·鲍薇娜一行。当天，罗格一行还赴曲阜参观了孔庙、孔府。时任中共中央政治局委员、中央宣传部部长刘云山，时任中共中央政治局委员、国务委员刘延东，时任中共山东省委书记、省人大常委会主任姜异康，时任国际奥委会委员、中国香港奥委会主席霍震霆，时任国家体育总局副局长、中国奥委会副主席、国际奥委会副主席于再清等参加上述活动。

2010年1月26日，美国前总统乔治·沃克·布什一行访问山东，在兖州出席了由华勤集团举办的2010中美企业研讨会并发表演讲，时任省委副书记、省长姜大明在济南会见了美国客人，时任副省长才利民、时任外交部美大司司长郑泽光参加会见。

2010年4月28日，时任省委书记、省人大常委会主任姜异康，时任省委副书记、省长姜大明在青岛会见前来出席"2010中国·青岛国际新能源论坛暨中德企业合作发展峰会"的德国前总理施罗德等外宾。

2010年7月18日至23日，中国—马来西亚商务理事会联合主席、马来西亚前副总理敦·穆萨·希塔姆一行访问山东，时任省长姜大明在济南会见了马来西亚客人。

2010年8月13日至17日，以肯尼亚副总统卡隆佐·穆西约卡为团长的肯尼亚、埃塞俄比亚、坦桑尼亚三国农业代表团一行访问济南、潍坊、烟台等地，时任省委副书记、省政协主席刘伟在济南会见了代表团一行，时任副省长贾万志参加会见。

2010年8月20日至23日，泰国前副总理、泰中文化经济协会会长披尼·扎禄颂巴一行5人访问青岛。

2010年9月1日至3日，密克罗尼西亚联邦副总统阿利克一行访问山东，时任副省长贾万志在济南会见了密克罗尼西亚客人。

2010年9月6日，美国前总统卡特在北京饭店与邹平县西王村党委书记王勇亲切会面。

2010年9月23日，第四届烟台国际葡萄酒节在烟台开幕。时任中共中央政治局委员、中央军委副主席迟浩田，匈牙利原总理彼得·迈杰希，时任山东省副省长张昭福，联合国亚太农业工程与机械中心主任郝乐儒出席开幕式。

2010年9月25日至27日，印度尼西亚民主斗争党总主席、前总统梅加瓦蒂一行15人访问山东，时任省委常委、宣传部部长李群，时任省政协副主席王志民在济南共同会见了印尼客人。

2010年10月16日，美国前国务卿玛德琳·奥尔布赖特一行10人，在时任中国人民外交学会副会长蔡金彪陪同下访问青岛。

2010年10月24日，胡锦涛主席特别代表、时任国务院副总理王岐山与美国总统奥巴马特别代表、财政部长盖特纳在青岛机场举行会谈。

2010年11月4日至5日，英国前副首相约翰·普雷斯科特勋爵一行16人访问德州。

2010年11月18日至19日，泰国前总理差瓦利一行访问山东，时任省委副书记、省政协主席刘伟在济南会见了泰国客人。

2011年6月11日至12日，澳大利亚前总理霍克访问青岛，时任省委常委、青岛市委书记李群会见了澳大利亚客人，澳大利亚驻华大使芮捷锐参加活动。

2011年6月28日至30日，应时任国家主席胡锦涛邀请，苏丹共和国总统奥马尔·哈桑·艾哈迈德·巴希尔一行39人访华，其间于29日至30日访问青岛市，时任省委书记、省人大常委会主任姜异康，时任省委副书记、省长姜大明在青岛会见并宴请了代表团一行。

2011年8月15日，泰国前副总理、泰中文化经济协会会长披尼·扎禄颂巴访问青岛。

2011年9月25日至29日，韩国前总统金斗焕访问威海。

二、外国党的代表团来访

在中央和上级部门的统一安排下，众多外国党的代表团纷纷来山东访问，积极推动与山东交流合作，有力增进了与山东的相互了解，切实加深了与山东的交流互动，极大地促进了山东对外开放水平的提升。这一时期，先后有近180批次（179批）、80多个（83）国家党的代表团到访山东。比如：

1981年4月22日至28日，以布隆迪民族统一进步党中央委员、省委常务书记恩孔齐马纳·皮埃尔为团长的干部代表团一行8人，由布驻华大使陪同，来济南、昌潍、泰安参观访问。在济期间，省农业厅负责人向外宾介绍了全省农业发展情况，参观了农业科技馆，在昌潍重点参观了山区农田、水利基本建设。在济期间，时任省委副书记强晓初会见并宴请了客人。

1996年6月23日至28日，应中联部邀请，由圭亚那总统夫人、人民进步党中央执行委员会委员和进步妇女组织主席珍妮特·贾根率领的圭亚那人民进步党代表团一行3人，在时任中联部美大局局长曹小冰等陪同下访问青岛、济南、泰安、曲阜等地。时任省委副书记陈建国在济南会见了代表团一行。代表团在访问期间参观了青岛海尔工业园、郊区农村、济南五环自行车集团公司、泰安矿业学院幼儿园和泰山、曲阜三孔、六艺城等名胜古迹，对我在改革开放中所取得的巨大成绩表示惊讶，对我人民的生活水平、教育设施表示赞叹，对我对文物的保护也是赞不绝口。

2006年6月29日至7月3日，菲律宾众议院议长、基督教穆斯林民主力量党总裁何塞·德贝内西亚访问山东。6月30日，时任省委书记、省人大常委会主任张高丽在济南会见了菲律宾客人，时任省委常委、省总工会主席柏继民，时任中联部部长助理谭意林参加会见。柏继民主持了山东省情座谈会，并向何塞·德贝内西亚议长介绍了山东省有关情况，就加强双边各领域合作进行了磋商。

其他的一些外国党的重要团组，还有：

1978年2月17日至19日，美国民主党议员亨利·杰克逊一行7人访问济南、淄博和胜利油田。

1978年5月30日至6月3日，由加拿大共产主义同盟中央政治局委员梅多克罗夫特率领的加拿大工人访华团一行5人访问济南。

1978年6月28日至7月1日，以罗马尼亚共产党中央委员、罗共巴格乌县委第一书记罗舒·格奥尔基为团长，罗共候补中央委员、中央宣传部副部长马特伊·依利耶为副团长的罗马尼亚党的工作者访问团一行20人访问济南、青岛。

1978年10月3日至6日，由赞比亚联合民族独立党中央委员会国防和安全委员会主席祖卢率领的军事友好代表团一行12人访问济南、青岛。

1978年10月18日，以朝鲜劳动党中央委员、《劳动新闻》总编辑金基南为团长的《劳动新闻》代表团一行7人，在《人民日报》副总编辑秦川陪同下访问烟台地区。

1979年3月30日至4月2日，以索马里工会总联合会主席、索马里革命社会主义党中央委员马哈茂德·阿里·阿哈迈德为团长的工会代表团一行6人访问济南、青岛。

1979年5月23日，由马里全国解放军事委员会副主席、人民民主联盟副总书记、财贸部部长阿马杜·巴巴·迪亚拉上校率领的友好访问团访问济南。

1979年7月25日，澳大利亚共产党马列主席希尔和夫人乔伊斯·希尔，由时任中联部副部长区棠亮陪同访问青岛。

1980年2月7日至9日，以朝鲜劳动党中央联络部副部长郑海龙为团长的朝鲜劳动党中联部代表团一行6人，访问烟台木钟厂、瓷厂等。

1980年4月24日，以布隆迪民族统一进步党中央委员、省委常务书记恩孔齐马纳·皮埃尔为团长的布隆迪民族统一进步党干部代表团一行7人访问昌潍地区。

1980年6月29日至7月5日，以哥伦比亚自由党（执政党）参议员奥尔梅斯·德·特鲁希略的夫人诺维拉·加西亚·德·特鲁希略为团长的哥伦比亚妇女代表团一行3人，访问青岛、淄博、曲阜。

1980年7月1日至3日，以民主党青年团总书记、农业部助理部长马特拉巴皮里为团长的博茨瓦纳民主党代表团一行8人，由时任中联部副局长徐庆善陪同访问青岛。

1980年8月27日至9月2日，由塞舌尔人民进步阵线总书记、政府行政和政治组织部长居伊·弗·西农率领的塞舌尔人民进步阵线代表团一行3人访问烟台、青岛。

1980年10月5日至6日，由总书记迈因孔·乔纳率领的赞比亚联合民族独立党代表团一行27人，在时任中联部副部长吴学谦陪同下访问青岛。

1980年11月3日，贝宁人民革命党代表团一行8人访问昌潍地区。

1981年2月12日至14日，由法国社会党领导人弗朗索瓦·密特朗率领的法国社会党政治代表团一行4人，在时任中联部副部长冯铉等陪同下，来济南、曲阜参观访问。在济期间，时任省委书记李子超、时任副省长刘众前、时任济南市委书记魏坚毅迎送了外宾。时任省委第一书记白如冰会见并设宴招待。

1981年7月22日至25日，以中央委员、农村发展部长阿纳尼·加苏为团长的多哥人民联盟干部代表团一行5人及多哥驻华大使，由时任中联部副局长赵学礼陪同，来济南、潍坊参观访问。省农业厅负责人向外宾介绍了农业发展情况，并参观了农展馆。在济期间，时任省委副书记李振设宴招待了代表团。

1981年8月15日，法国共产党中央书记处书记雅克·雅凯一行6人访问青岛。

1981年10月31日至11月3日，以挪威工人共产党（马列）主席保尔·斯泰根为团长的代表团一行7人，由时任中联部副局长曹俊杰陪同，来济南、泰安参观访问。省农委负责人向外宾介绍了农业政策和全省农业生产发展变化情况，代表团参观了济南东方红大队、济南柴油机厂，游览了黄河。

1981年11月3日，澳大利亚共产党（马列）主席希尔推荐的卢·希利尔和多琳洛巴赫访问潍坊市和安丘、临朐县。

1981年12月10日至13日，以罗共中央委员、维尔恰县委第一书记特奥多尔·科曼为团长的罗马尼亚共产党党的工作者代表团一行6人访问潍坊、淄博。

1982年5月9日至11日，以洪都拉斯马列主义共产党总书记罗夫莱多为团长、政治局委员巴雷拉·阿里达为团员的洪都拉斯共产党代表团访问济南、潍坊等地。

1982年5月14日至15日，朝鲜劳动党中央联络部副部长金昌权一行5人访问济南、烟台。

1982年5月30日至6月4日，以坦桑尼亚革命党全国执行委员会委员穆·阿·马卡洛率领的坦桑尼亚革命党代表团一行6人，由时任中联部副局长许庆善陪同，访问济南、淄博、胜利油田和潍坊等地。

1982年6月19日，法国共产党马列中央书记处书记雅克·儒尔盖偕夫人访问青岛。

1982年8月9日至19日，以西班牙共产党中央执委、书记处书记安塞尔莫·奥约斯为团长的西班牙共产党休假团一行9人访问青岛、泰安。

1982年8月17日至19日，以法国共产党政治局委员达民埃尔·鲁日里为团长的法共干部团一行10人访问泰安、青岛。

1982年9月8日，以中央委员、内政部长哈巴纳巴齐兹托为团长的卢旺达全国发展革命运动干部代表团一行16人，由中联部顾问张致祥等陪同访问潍坊。

1982年12月13日至14日，新西兰工人共产主义同盟中央书记唐·克拉克，中央常委克里斯廷·吉莱斯皮，中央委员兼《团结报》编辑、记者彼得·弗兰克斯，中央委员兼奥克兰区委书记利奥尼·莫里斯一行4人，由时任中联部副局长齐锡玉等陪同访问德州地区陵县。

1983年4月21日，以加蓬民主党总书记的常任总代表、政治局委员莱昂·奥热为团长的加蓬民主党代表团一行20人，由时任中联部副部长蒋光化等陪同访问潍坊。

1983年6月10日至12日，由罗马尼亚共产党中央检查委员会委员、布加勒斯特市委书记杨·波帕率领的罗马尼亚党的工作者休假团一行20人访问济南、曲阜。

1983年8月12日至26日，西班牙共产党总书记卡里略，由时任中联部副部长朱良陪同来青岛休假。

1983年8月13日至18日，希腊共产党国内派前中央书记德拉科普洛斯偕夫人访问青岛。

1983年8月13日至29日，孟加拉国统一人民党主席卡齐·扎法尔·艾哈迈德偕夫人访问青岛。

1983年8月15日至19日，西班牙共产党中央执行委员、书记处书记蒙·桑切斯·蒙特罗和弗朗西斯科·罗梅罗·马林偕夫人一行4人访问烟台。

1983年8月17日至21日，法国共产党中央委员保罗·弗罗蒙代尔夫妇一行4人访问青岛。

1983年8月22日至26日，意大利共产党总书记贝林格及对外联络部部长鲁比一行，由时任中联部副部长冯铉陪同访问烟台。24日，时任中央书记处书记胡启立、时任山东省委书记苏毅然专程来烟台会见、宴请了客人。

1983年9月8日至10月2日，以中央委员、对外关系部常务书记马祖·夏尔为团长的刚果劳动党领导干部休假团访问青岛。

1983年10月16日至20日，以喀麦隆社会事务部部长、喀麦隆执政党民族联盟妇女组织主席德尔菲娜·昌加夫人为团长的喀麦隆妇女代表团一行7人，在时任全国妇联国际部部长关敏谦陪同下访问烟台、青岛。代表团在烟台、青岛参观了农村手工编织、刺绣、妇女家庭副业和妇女专业承包项目，并参观了蓬莱阁和青岛市容。

1983年10月17日至21日，以洪都拉斯马列主义共产党政治局委员、中央财务书记恰瓦利亚为团长的代表团一行3人访问青岛、烟台。

1983年11月4日至6日，瑞典共产党党报《新日报》主编英格玛·安德逊和党中央学习委员会书记汉斯·阿维德逊访问德州地区陵县、平原县。

1984年2月10日至13日，朝鲜劳动党中央联络部副部长金成哲一行6人，访问烟台张裕葡萄酒公司和牟平县西关村。

1984年5月17日，孟加拉国民族主义党助理总书记兼高级律师阿里·汗访问邹平县小田村、冯家村、东关村。

1984年6月6日，以南斯拉夫共产主义者联盟主席团委员马尔科维奇为团长的南共联盟代表团访问曲阜。

1984年6月8日至9日，多米尼加共和国劳动党政治局委员哈克斯访问烟台。

1984年6月9日，朝鲜自然保护联盟中央委员会副会长梁贞泰一行4人，访问潍坊市寿光县羊角沟、安丘县石家庄和烟台。

1984年7月4日，日本劳动党主席大隈铁二一行10人访问青岛。

1984年7月5日至8日，由坦桑尼亚革命党中央执行委员、迪省主席斯·南东率领的革命党代表团一行6人，访问淄博、德州地区平原县。

1984年8月6日至12日，以罗共中委、登博维察县委书记杨·布库尔为团长的罗共党的工作者休假团一行10人，由时任中联部六局顾问何凤栖陪同访问青岛。

1984年8月9日至20日，西班牙共产党中央执委、瓦伦西亚市副市长胡安·佩德罗·萨莫拉·苏亚雷斯和西共中央委员埃米略·韦尔塔一行4人，来青岛休假。

1984年9月17日至20日，荷兰自由党议员、自由党议会发言人、议会二院外交委员会成员福尔霍文偕夫人访问山东，探讨荷兰与山东经济合作事宜。

1984年9月28日至30日，以罗马尼亚共产党中央委员、加拉斯县委书记阿格拉亚为团长的党的工作者休假团一行12人，访问山东农业大学，游览了泰山、灵岩寺等。

1984年10月3日至4日，由主席保尔·斯太根率领的挪威工人共产党马列中央代表团一行5人访问泰安。

1984年10月5日至9日，贝宁人民革命党政治局委员、中央组织委员会主席、全国青年组织主席巴巴·穆萨访问青岛。

1984年10月12日至18日，以巴西劳工党第一副主席雅各·比塔尔为团长的劳工党代表团一行4人，访问青岛、泰安、曲阜。

1984年10月28日至11月3日，以总书记马里奥·赫耶尔为团长的阿根廷解放党代表团一行3人，访问烟台、泰安和曲阜。

1985年3月7日至11日，玻利维亚共产党马列第二书记阿穆利奥访问青岛、烟台。

1985年3月17日，以西班牙共产党中央执委、中央财务书记弗朗西斯科·罗梅罗·马林为团长的代表团一行4人访问烟台。

1985年3月29日至31日，以桑缪尔·加巴为团长的加纳共和国民主委员会友好人士访华团一行3人访问潍坊。

1985年4月5日至6日，由联邦德国艾伯特基金会副会长、德国社会民主党联邦理事会主席团成员、黑森州州长伯尔纳率领的艾伯特基金会代表团一行6人，访问济南、青岛。

1985年5月1日至2日，以全国政治委员会委员、众议院外委会主席阿尔费雷多·佛朗哥·瓜查利亚为团长的玻利维亚民族主义革命运动代表团一行3人访问泰安、曲阜。

1985年5月12日，以安哥拉全国工人联合会中央书记处书记、中央理事科尔德罗·埃内斯·恩扎孔东巴为团长的代表团一行3人，在全国和山东省、济南市总工会负责人陪同下，访问了济南市职工业余大学。

1985年5月13日至16日，以朝鲜劳动党中央联络部副部长金成哲为团长的朝鲜劳动党中联部代表团一行5人访问烟台。

1985年5月20日至27日，以总书记巴勃罗·梅迪纳为团长的委内瑞拉革命事业代表团一行5人，访问济南、烟台、泰安、曲阜。

1985年6月10日至15日，瑞士劳动党名誉主席让·范桑偕夫人抵青岛休假。时任省委常委、副省长、青岛市委书记刘鹏会见并设宴招待范桑夫妇。

1985年6月28日至7月8日，以白范洙责任书记为团长的朝鲜劳动党黄海南道委员会代表团一行8人访问济南、烟台、青岛，该代表团是对山东省委代表团访问的回访，29日参加签署了山东省与黄海南道缔结友好省道关系的协议书。

1985年7月1日至3日，由中央书记肯尼特·克维斯特率领的瑞典共产党干部代表团一行6人访问济南、淄博、泰安。

1985年7月14日至21日，以法国共产党中央委员、国际部副部长雅克·德尼为团长的法共领导人休假团一行6人访问烟台。

1985年7月15日至18日，由法国共产党中央委员尤里斯蒂昂·布律希率领的法共干部团一行8人访问曲阜。

1985年8月8日至11日，由政治局委员穆萨·康戴率领的塞内加尔社会党代表团一行5人，由时任中联部副局长赵学礼等3人陪同，访问济南、潍坊。

1985年8月13日至16日，已故意大利共产党前总书记贝林格的夫人莱蒂齐亚·贝林格，意共领导机构成员兼中央农业部长卢契亚诺·巴尔卡·贝林格之弟、意共中委兼拉齐奥大区党委书记乔瓦尼·贝林格等一行12人，由时任中联部顾问区棠亮等陪同访问青岛，时任青岛市委书记刘鹏、副书记刘镇会见并宴请了贝林格夫人一行。

1985年8月15日至24日，西班牙共产党中央执委、书记处书记帕拉和中央委员科尔多瓦、省委政治书记埃内斯托偕夫人一行4人访问烟台、青岛，在烟台参观了张裕葡萄酒公司、牟平县西关村，在青岛参观了刺绣厂、国棉六厂、大港码头。

1985年8月28日至31日，由中央委员、中央检查委员会副委员长金佐赫率领的朝鲜劳动党干部休假团一行10人，来烟台、青岛休假，代表团参观了烟台牟平县西关村、青岛刺绣厂、啤酒厂、工贸市场。

1986年4月21日至23日，以朝鲜劳动党中央联络部副部长金成龙为团长的朝鲜劳动党代表团一行5人访问烟台。

1986年5月8日至10日，由瑞士劳动党政治局委员鲁道夫·邦特尔率领的瑞士劳动党干部代表团一行9人访问烟台。该代表团由瑞士劳动党7个州委领导成员（其中有5名中央委员）组成。

1986年7月1日至3日，智利激进党政治委员会委员、前参议员阿乌马达夫妇访问青岛。

1986年7月5日，由科特迪瓦民主党政治局委员、议会副议长、全国妇女协会主席奥尔唐丝·阿卡·昂尼埃率领的科特迪瓦妇女代表团一行5人访问青岛。

1986年8月1日，以罗共中央候补委员、布加勒斯特市委宣传书记巴古拉·克洛依多鲁为团长的罗马尼亚党的工作者休假团一行9人访问威海市。

1986年8月13日至23日，法国共产党中央书记、政治局委员保尔·洛朗偕夫人一行4人访问烟台、青岛。

1986年8月19日至21日，意大利共产党中央书记朱·基亚兰特偕夫人访问青岛。

1986年8月21日至24日，以孟加拉国作家联盟主席弗兹·阿哈迈德为团长的孟加拉国作家联盟代表团一行7人访问青岛。

1986年9月2日至11日，以朝鲜劳动党中央候补委员、党中央工业部副部长朱奎昌为团长的朝鲜劳动党干部休假团一行8人访问青岛、烟台。

1986年9月7日至18日，以马里人民民主联盟中央执行局委员、社会经济事务书记乌马尔·库里巴利夫妇，副总司库法吉巴·迪科夫妇，全国委员会委员阿卜杜勒·阿各兹·迪亚济夫妇及驻华使馆参赞波吉姆一行7人，访问济南、青岛、烟台、泰安、曲阜等地。

1986年9月18日至23日，贝宁人民革命党中央委员阿佐多贝乌·法郎索瓦率领休假团一行4人访问青岛、济南。

1986年10月9日，以日本社会党前副委员长、众议员武藤山治为团长的社会党国会议员代表团一行6人访问曲阜。

1986年10月16日至19日，全印（度）前进同盟总书记、国会议员巴苏访问青岛。

1987年4月16日至18日，马提尼克共产党总书记尼古拉一行3人访问青岛。

1987年4月23日至27日，由朝鲜党中央国际部部长玄峻极为团长的朝鲜党政访华先遣团一行8人，访问山东济南、泰安、曲阜等地，为金日成主席访问山东作安排。

1987年4月27日至5月1日，澳大利亚工党执委兼外交和国防政策委员会主席克利斯朵夫·沙赫特夫妇2人，来山东参观访问。

1987年5月26日至6月2日，以主席埃弗拉因·迪亚斯为团长的洪都拉斯基督教民主党代表团一行6人访问青岛、济南、泰安、曲阜。

1987年7月14日，以民主德国统一社会党中央委员、中央监察委员会主席维尔纳·米勒为团长的休假团一行12人访问青岛。

1987年7月16日至21日，由冈比亚人民进步党全国主席、全国执委主席柯利法·桑巴率团一行4人访问潍坊、青岛。

1987年7月25日至30日，以匈牙利社会主义工人党佩斯州委第一书记克劳斯瑙伊·拉约什为首的党的工作者休假团一行6人访问青岛。

1987年8月8日至13日，法国共产党政治局委员、中央书记、法共议会党团主席安德烈·拉汝瓦尼偕夫人一行3人访问济南、烟台、威海，时任省委书记梁步庭在威海会见了法共客人。

1987年8月8日至20日，佛得角非洲独立党政治委员会委员、外交部部长西尔维偌·达卢斯一行7人，由时任中联部副部长蒋光化陪同访问青岛、烟台。

1987年8月23日至25日，由总书记松莫努和夫人、助理总书记阿里组成的非洲工会统一组织代表团访问青岛。

1987年9月22日至24日，以斯里兰卡工会联合会主席曼迪斯为团长的工会联合会代表团一行3人访问青岛。

1987年9月23日至26日，由罗马尼亚共产党中央检查委员会委员、雅罗米察县人民委员会第一副主席格·格罗迪亚努率领的罗中友协代表团一行3人访问济南、泰安。

1987年10月2日至4日，以西班牙共产党中央执委、塞维利亚省委书记哈维尔·阿里斯图为团长的西共干部团一行8人访问济南、泰安、曲阜。

1987年10月2日至6日，以南非共产党中央委员布·邦廷为团长的南非共产党休假团一行3人访问济南、泰安、曲阜。

1987年11月16日至18日，以朝鲜黄海南道党委书记高允模为团长的朝鲜劳动党党的工作者代表团一行6人访问青岛。

1988年4月20日至26日，以秘鲁革命共产党总书记夫人、拉美大陆妇女阵线代表费洛尔·玛利娜为团长的秘鲁妇女代表团一行5人访问山东。

1988年5月5日至7日，由乌干达全国抵抗委员会委员乔斯姆·顿韦尔杰率领的全国抵抗运动代表团一行4人访问青岛。

1988年5月28日至6月2日，以中央政治局委员、党中央财政书记、国际部长恩卡拉为团长的津巴布韦非洲民族联盟代表团和津巴布韦驻华大使一行9人访问青岛。

1988年7月12日至18日，以法国共产党中央委员、罗纳河口省委第一书记罗贝尔·布雷为团长的法共省委干部考察团一行9人，访问济南、泰安、烟台、威海。

1988年8月5日至9日，由罗共蒂米什县委农业书记勒祖列阿努·阿乌列尔率领的罗马尼亚党的工作者代表团一行6人访问济南、青岛。

1988年8月19日，法国共产党中央政治局委员菲利普·埃尔体格夫妇和法共中委罗贝尔·阿利奥内夫妇一行4人访问山东。

1988年8月19日至25日，以乍得全国独立和革命联中央盟委员会执行局成员、乍得"独草盟"妇女组织主席法带梅·金托夫人为首的乍得妇女代表团一行3人，访问济南、烟台、青岛等地。省委副书记陆懋曾在济南会见并宴请了客人。

1988年8月30日至9月4日，以阿根廷工会协调理事会总书记、拉美工人中央工会协委米格尔·加塞拉为团长的拉美工人中央代表团一行3人访问青岛、烟台等地。

1988年11月1日，以德国社民党联邦理事会成员、该党巴代利亚州议会党团主席希尔泽曼为团长的联邦德国艾伯特基金会代表团一行6人访问青岛。

1988年11月28日至30日，以日本众议员、社会党岩本县本部顾问泽藤礼次郎为团长的日本社会党第四次活动家访华团一行8人访问山东。

1988年11月30日至12月2日，以日本社会党中央执行委员、国民运动局局长深田肇为团长的访问团一行5人访问山东。

1989年3月21日至4月1日，以黄海南道党委书记李凤镐为团长的黄海南道党代表一行7人访问山东。

1989年5月3日至11日，由总书记乔·斯洛沃率领的南非共产党代表团一行3人访问济南、青岛、泰安、曲阜等地。

1990年7月7日至10日，莫桑比克民族解放战士协会副总书记莫亚内上校一行2人访问济南、泰安。

1992年6月6日至9日，应中联部邀请，葡萄牙共产党中央执委会委员桑托斯率葡共干部代表团一行4人访问济南、泰安，参观了济南轻骑摩托车厂、济南清河村、威海毛纺三厂、威海经济技术开发区、烟台葡萄酒厂、烟台经济技术开发区等，时任省人大常委会主任李振在济南会见了代表团一行。

1992年7月23日至29日，以黄海南道党委书记白范洙为团长的黄海南道友好代表团一行7人访问济南、泰安、曲阜、淄博、青岛，时任省委书记姜春云在济南会见了客人。

1992年7月26日至8月2日，瑞士统一社会党中央政治局书记达里奥·吉斯莱达偕夫人访问济南、烟台、泰安、曲阜。

1993年5月6日至10日，秘鲁基督教人民党总书记托马斯·冈萨雷斯率代表团一行5人访问烟台、青岛。

1993年10月28日至11月3日，南非共产党总书记恩夸库拉率团一行5人访问济南、泰安、淄博、青岛等地，参观了济南轻骑摩托车厂、山师大附中、齐鲁石化公司、淄博芭山村、青岛啤酒厂等，时任中共中央政治局委员、山东省委书记姜春云会见了代表团。

1993年11月10日至14日，以中央政治局委员恩科英为团长的津巴布韦民族党代表团一行5人访问青岛。

1994年6月14日至18日，黄海南道党委书记金应基率代表团访问山东。

1994年7月2日至5日，应中联部邀请，葡萄牙共产党中央政治局委员、阿尔加维大区党委书记卡洛斯·菲格拉率葡共干部代表团一行5人访问青岛。

1994年7月7日至9日，希腊共产党中央委员埃莱妮·萨帕塔卡吉率考察团一行3人访问青岛。

1994年9月4日至6日，以中央执政委员会委员、党中央文化部长扎曼为团长的巴基斯坦人民党代表团一行6人访问山东。

1995年10月10日至11日，以斯里兰卡财政计划民族实业及国家统一部副部长费尔南多为团长的国际交流协会代表团一行6人访问山东，时任副省长宋法棠会见了代表团一行。

1996年3月19日至30日，应山东省邀请，朝鲜劳动党黄海南道委员会党委书记郑石林率团一行7人访问山东省，时任山东省委副书记李文全在济南南郊宾馆会见了代表团一行。代表团在山东访问期间，先后访问了济南、泰安、烟台、青岛等地，对山东省经济建设取得的成就表示由衷地称赞，并表示将进一步加强两省道之间的友好交流与合作。在青岛访问期间，时任省长李春亭于3月26日亲切会见了代表团一行，表示将在平等互利的基础上，进一步推进双方之间的经贸合作与友好交往。

1996年8月24日至27日，丹麦共同路线党代表团一行5人访问济南、淄博，时任副省长陈建国在济南会见了代表团一行。

1996年9月26日至28日，爱尔兰工人党主席玛丽安·唐利率工人党代表团一行5人访问山东，时任省委常委、宣传部部长董凤基在济南会见了代表团一行。

1997年3月4日至10日，老挝人民革命党中宣部副部长坎米·赛亚冯率代表团一行6人访问济南、青岛，时任省委常委、宣传部部长董凤基会见了代表团一行。

1997年3月20日至24日，埃塞俄比亚人民革命民主阵线中央执行委员塞耶·阿布拉哈率代表团一行5人访问济南、青岛，时任省委副书记陈建国在济南会见了代表团一行。

1997年5月27日至31日，美国共和党议员菲利浦·英格利希和约翰·恩辛一行5人访问济南、淄博、青岛，时任省人大常委会主任赵志浩在济南会见了代表团一行。

1999年4月8日至10日，突尼斯宪政民主联盟中央委员、对外关系常务书记、议员哈希米·阿姆利和突尼斯驻华大使穆罕默德·蒙吉·拉比卜一行3人访问济南、曲阜、泰安，参观了部分企业，时任省委副书记陈建国在济南会见了客人。

2000年6月27日至29日，毛里塔尼亚民主社会共和党总书记穆罕默德·哈桑率团访问青岛。

2000年7月18日至21日，应中国国际交流协会邀请，洪都拉斯执政党自由党青年书记、国会议员汉达尔一行10人访问济南、青岛，时任省委副书记陈建国在济南会见了客人。

2000年8月21日至25日，应中联部邀请，危地马拉全国革命联盟总书记伊斯梅尔·索托率代表团访问济南、青岛，时任中共中央政治局委员、山东省委书记吴官正在济南会见了代表团一行。

2000年10月17日至27日，应《求是》杂志社邀请，以副总编辑阮进海为团长的越南共产党中央机关刊物《共产主义》杂志社代表团一行8人访问山东。

2001年6月29日至7月2日，应中联部邀请，越共中央政治局委员、岘港市委书记潘演一行9人访问山东，参观了青岛海尔集团、青岛啤酒厂、济南元首针织厂，时任省委书记吴官正会见了代表团一行。

2001年7月27日至28日，越共中央检查委员会代表团一行10人访问济南、泰安，时任省委副书记陈建国会见了代表团一行。

2001年10月11日至23日，以色列司库联合会主席阿米尔·巴托夫一行7人访问济南、潍坊、青岛，时任省人大常委会副主任董凤基在济南会见了代表团一行。

2002年2月26日至3月1日，尼日利亚人民民主党全国书记文森特·奥布拉福一行8人访问济南、泰安，时任中共中央政治局委员、山东省委书记吴官正在济南会见了代表团一行，时任省委副书记陈建国参加会见并与代表团举行了会谈。

2002年4月18日至21日，印度泰卢固之乡党代表团一行10人访问济南、青岛、淄博、泰安。

2002年5月7日至10日，巴伐利亚州社民党议会党团主席弗朗茨·马格特一行13人访问济南、青岛等地，时任省人大常委会副主任王渭田在济南会见了代表团一行。

2002年5月23日至27日，古巴共产党国际关系部对独联体工作局局长加门迪亚率古巴共产党国际关系代表团访问济南、青岛、泰安等地，时任省委副书记姜大明在济南会见了客人。

2002年5月29日至30日，澳大利亚工党原全国总书记汤姆·伯恩斯访问山东，时任中共中央政治局委员、山东省委书记吴官正在济南会见了伯恩斯一行。

2002年9月8日至11日，越共思想文化部副部长武宏仁率培训考察团一行12人访问山东济南、泰安、曲阜，参观访问了《大众日报》社、《济南日报》社、省博物馆、济南高新开发区等。

2004年2月8日至9日，古巴共产党中央委员、分子免疫学中心主任阿古斯·拉赫·达维拉一行访问山东，考察省医科院、济宁高新区和济南力诺集团，时任省委副书记王修智在济南会见了客人。

2004年5月21日至25日，以经济局长（副部级）苏努马为团长的乌干达全国抵抗运动代表团一行3人访问济南、潍坊、青岛，重点考察山东省农业发展情况。

2004年8月31日至9月2日，叙利亚阿拉伯复兴社会党副总书记阿卜杜拉·艾哈迈尔一行7人出席第三届亚洲政党国际会议并顺访山东，时任省委书记、省人大常委会主任张高丽在济南会见了代表团一行。

2004年10月26日至11月1日，以色列司库联合会代表团一行6人访问济南、泰安、青岛，与省财政厅、省审计厅进行了座谈，参观了海尔、青啤等企业。

2005年3月27日，以纽约州民主党联邦众议员查尔斯·兰热尔为团长的美国国会助手团一行16人访问山东。省委副书记、省长韩寓群在济南会见了代表团一行，时任中国人民外交学会会长卢秋田、时任省人大常委会副主任曹学成参加会见。

2005年5月26日至6月2日，朝鲜黄海南道人民委员会委员长权春学一行6人访问济南、潍坊、烟台，时任省委书记、省人大常委会主任张高丽，时任省委副书记、省长韩寓群在济南分别会见了代表团一行。

2005年7月14日至18日，印度共产党总书记普拉卡什·卡拉特一行访问山东，时任省委书记、省人大常委会主任张高丽在济南会见了卡拉特一行，时任省委副书记王修智，时任省委常委、秘书长杨传升参加会见。

2005年10月26日至30日，以总书记德拉马尼为团长的多哥人民联盟代表团一行4人访问济南、淄博，代表团参观了济南轻骑集团、济南高新技术开发区、淄博农村等，时任省委常委、组织部部长刘伟在济南会见了代表团一行。

2005年11月15日至17日，厄瓜多尔民主左派党副主席、皮钦查省省长拉米罗·冈萨雷斯率团访问济南、潍坊、青岛等地，时任省委书记、省人大常委会主任张高丽在济南会见了客人，时任省委常委、秘书长杨传升，时任副省长王军民参加会见。

2006年7月8日至10日，以摩洛哥进步与社会主义党总书记伊斯梅尔·阿拉维为团长的代表团一行访问山东，时任省委副书记高新亭在济南会见了摩洛哥客人。

2006年9月21日至26日，越南共产党中央委员、岘港市委书记阮伯清率团访问山东。省委书记、省人大常委会主任张高丽在济南会见了越南客人。

2007年11月1日至4日，塔吉克斯坦人民民主党第一副主席达弗拉特佐达率该党干部考察团访问山东，时任省委副书记刘伟在济南会见了代表团一行。

2008年3月28日至4月1日，以越共中央委员、永福省委书记郑庭勇为团长的越南党政考察团访问济南、济宁、潍坊、威海等地，时任省委副书记刘伟在济南会见了越南客人。

2008年7月11日至14日，以东帝汶独立革命阵线党副主席阿尔塞尼奥·派尚·巴诺为团长的东帝汶独立革命阵线干部考察团一行访问山东，时任省委副书记刘伟在济南会见了东帝汶客人。

2008年7月19日至20日，老挝人民革命党中央政治局委员、丰沙里省委书记、省长坎山·苏翁率团访问东营市。

2008年9月21日至23日，印度共产党中央书记处书记昌德拉潘一行5人访问青岛。

2008年9月23日至25日，越共中央前总书记黎可漂一行10人，在中联部部长王家瑞陪同下访问济南、泰安、济宁，时任省委书记姜异康在济南会见了越南客人。

2008年10月29日至31日，以朝鲜劳动党中央行政部副部长李胜虎为团长的朝鲜劳动党考察团一行6人访问山东。

2008年10月31日至11月2日，韩国国会议员、大国家党前最高委员元喜龙一行23人访问山东，时任省委常委、宣传部部长李群在济南会见了韩国客人。

2009年2月17日至18日，蒙古乌兰巴托市议会议长、蒙古人民革命党乌兰巴托市委书记图比列格图一行4人，在时任全国政协委员潘庆林陪同下，访问东营市。

2009年3月27日至31日，以越共中央委员、中央直属机关党委书记黄春渠为团长的越南党政干部考察团一行访问山东，时任省委书记、省人大常委会主任姜异康在济南会见了代表团一行。

2009年3月30日至4月2日，以中村纪雄为团长的日本群马县自民党日中议员联盟代表团一行7人访问山东，时任省人大常委会副主任刘玉功在济南会见了日本客人。

2009年4月21日至30日，以农业省党委书记际今哲为团长的朝鲜劳动党农业干部考察团一行19人访问山东，时任省委副书记刘伟在济南会见了代表团一行。

2009年4月23日至29日，以政党联合会第一副主席、伊朗伊斯兰参与阵线党中央委员侯塞尼·考舍菲·瓦哈提为团长的伊朗政党联合会干部考察团一行访问济南、青岛、泰安等地。

2009年7月14日至15日，以越南共产党中央政治局委员、中央书记处书记、中央检查委员会主任阮文芝为团长的越南共产党中央检查委员会代表团访问青岛，时任省委常委、省纪委书记杨传升在青岛会见了越南客人。

2009年10月16日，尼泊尔联合尼共（毛）党主席普拉昌达一行4人访问济南，出席了第十一届全运会开幕式。开幕式当天，时任中共中央总书记胡锦涛与普拉昌达主席进行了简短会晤，时任中联部部长王家瑞会见了普拉昌达主席。

三、成功举办多项重大外交外事活动

为充分调动、发挥和用好地方外交外事资源优势，中央将部分重大外交外事活动，先后交由地方承办。作为全国经济大省、人口大省、海洋大省，山东扛牢政治担当，积极统筹全省外事资源，举全省之力、集全省之智，全力承办好在山东省举办的重大外交外事活动，有力地配合和服务国家总体外交大局，作出了山东应有贡献。这一时期，先后成功承办国家在山东省举办的重大外交外事活动10余场（11场）。主要有：

（一）第十一届国际海藻学术讨论会

1983年6月19日至25日，第十一届国际海藻学术讨论会在青岛市八大关礼堂隆重举行。出席会议的有来自美国、日本、加拿大、菲律宾、法国、英国、巴西、意大利、苏联、印度、泰国、马来西亚、印度尼西亚、埃及等33个国家及香港等地区的学者和外宾随行人员500余人，其中外宾331人，我国正式与会人员155人，列席人员166人，邀请的各级领导和有关人员58人，会议领导小组成员14人。时任中国科学院副院长冯德培、时任外事局副局长朱永行、时任全国科协国际部副部长方钧、时任山东省副省长卢洪、时任青岛市市长臧坤、时任青岛市副市长许善义等出席了会议。会议共收到论文摘要307篇，其中，国外学者的185篇，国内122篇。大会发言共4人，讨论了"经济藻类栽培及其生物学""海藻及其产物的利用""琼胶及卡拉胶化学""微藻的生产及利用""医药及药物学中的海藻"和"伞藻的生物学"等6个专题。

（二）第一届中美图论及其应用国际会议

由中国图论研究会与美国纽约科学院联合发起召开的第一届中美图论及其应用国际会议，1986年6月9日上午在济南南郊宾馆开幕，来自美国、英国、法国、加拿大、日本、匈牙利、波兰、菲律宾、希腊、瑞典、意大利、新西兰、奥地利、丹麦、新加坡、墨西哥、澳大利亚等20多个国家和地区的110多名图论专家、教授和我国90多名图论研究者参加会议。世界著名的数学家、匈牙利科学院院士厄尔多斯，美国贝尔实验室数学研究院院长格雷厄姆，英国剑桥大学教授包拉巴斯等与会。

（三）2002东北亚经济论坛

2002年5月2日至3日，2002东北亚经济论坛在威海隆重举行，来自中、日、韩、蒙的政界高层人士，中、日、韩经济团体负责人，经济媒体负责人，知名学者，中、日、韩和我国港澳台地区、山东省的知名企业家，日、韩、俄、蒙驻华使馆经济官员，世界银行等国际机构的高级官员，部分世界500强企业驻华首席代表，国家部委有关领导等近700人参加了开幕式。时任中共中央政治局常委、国务院副总理李岚清，时任中共中央政治局委员、省委书记吴官正，时任全国政协副主席王兆国、宋健、经叔平，日本前首相海部俊树、韩国前总理李洪九、蒙古国前总理林钦·阿玛尔扎尔格勒，时任山东省省长张高丽等参加了开幕式。开幕式由张高丽主持，李岚清致开幕辞，海部俊树、李洪九、林钦·阿玛尔扎尔格勒分别致贺辞。2002东北亚经济论坛是国务院批准在当年举办的两个重要国际性论坛之一，由中华全国工商业联合会、中国国际贸易促进委员会、中国光彩事业促进会、经济日报社和山东省人民政府共同主办，威海市人民政府承办。本次论坛的主题是"中国加入WTO与21世纪的东北亚经济"，主要议题包括：中日邦交正常化30周年、中韩建交10周年以来中日韩经济的回顾与展望；中国加入WTO对东北亚经济发展的机遇与影响；新世纪世界与东北亚经济面临的挑战与基本走向；新形势下东北亚地区加强经贸合作的现实意义与合作前景。

（四）亚洲合作对话第三次外长会议

2004年6月21日至22日，由外交部主办的亚洲合作对话第三次外长会议（简称ACD会议）在青岛市举行。亚洲22国外长、部分驻华使节，外交部等有关部委领导，山东省、青岛市领导，驻京、驻沪50多位记者，日本记者团，中央18家主流媒体以及其他省市媒体的记者等约600人出席会议。时任东盟秘书长王景荣以及阿联酋代表列席了会议。时任国务院总理温家宝和泰国总理他信参加开幕式并致辞，时任外交部部长李肇星主持会议。会议讨论通过了《亚洲合作宣言》《青岛宣言》，会议决定吸收蒙古国、阿联酋和伊朗为亚洲合作对话的新成员，并确定巴基斯坦为第四次外长会议的主办国，卡塔尔为第五次外长会议的主办国。时任省委书记、省人大常委会主任张高丽，时任省委副书记、省长韩寓群参加了会见活动，出席了会议开幕式。会议取得圆满成功，受到温家宝总理、外交部和中外来宾的一致肯定，进一步提升了山东省的国际形象和国际知名度。

（五）第四次友好省州领导人会议

2008年8月5日至7日，第四次友好省州领导人会议在济南举行，时任山东省省长姜大明、加拿大魁北克省省长沙雷、美国佐治亚州州长珀杜、奥地利上奥州州长普林格、德国巴伐利亚州联邦及欧盟事务部部长隋德、南非西开普省地方政府环境与发展规划部部长尤里斯等114名代表出席会议。巴西圣保罗州因故缺席本届峰会。峰会主题是"建设节约型社会"和"卫生与健康"。与会各省州领导人共同签署了《第四次友好省州领导人峰会联合宣言》。会议期间，时任省委书记姜异康、时任省长姜大明会见了各省州嘉宾，姜大明与各省州领导人举行了双边会谈。时任省人大常委会常务副主任高新亭，时任副省长才利民、王随莲，时任省政协副主席乔延春参加有关活动。峰会后，部分代表赴青岛观摩了奥帆赛。

（六）2008年北京奥运会帆船比赛

2008年8月9日至24日，北京奥运会帆船比赛在青岛举行，来自62个国家和地区的400余名运动员参加了9个级别11个项目的比赛。从8月7日至25日的19天内，青岛市圆满完成了新西兰总督、荷兰王储、挪威国王、密克罗尼西亚总统、英国公主、丹麦王储、卢森堡大公、摩纳哥大公、比利时首相和西班牙公主10批国宾以及圣彼得堡、冰岛怡之航集团、德国驻华大使等来自五大洲17个国家和地区的35个城市贵宾团组，共计45个团组350人次的重大接待任务，创下青岛对外交往五项纪录。9月14日，时任中共中央总书记、国家主席胡锦涛作出重要批示："青岛市成功地举办了奥帆赛和残奥帆赛，为举办一届有特色、高水平的奥运会和残奥会作出了重要贡献。谨向所有参与此项工作的同志们，向广大青岛市民表示亲切问候和崇高敬意。"

（七）东北亚地方政府联合会第七次全体会议

2008年9月1日至4日，东北亚地方政府联合会第七次全体会议在济南召开，中、日、韩、蒙、俄5个国家的46个地方政府的196名代表参会。时任省长姜大明在开幕式上发表了《加强创新合作　共建美好明天》的主旨演讲，时任全国对外友协会长陈昊苏致贺辞，时任副省长才利民主持会议。会议听取了时任省外办主任张伟龄关于第六次事务委员会工作的报告以及联合会秘书处和7个专门委员会的报告，中、日、韩、蒙、俄5个国家的12个省的领导人作了大会发言。会议对6个重要议题进行了讨论和表决，并通过了《山东宣言》。会议批准了韩国、俄罗斯的5个地方政府加入联合会的申请,确定2010年第八次全体会议由韩国京畿道主办。会议开始前,时任省委书记姜异康,时任省委副书记、省长姜大明会见了出席会议的中外嘉宾。

（八）2010中国·青岛国际新能源论坛暨中德企业合作发展峰会

2010年4月29日,2010中国·青岛国际新能源论坛暨中德企业合作发展峰会在青岛举行,时任省委书记、省人大常委会主任姜异康出席,时任省委副书记、省长姜大明与德国前总理施罗德致辞,时任副省长才利民主持开幕式。国家有关部委和单位领导杨文昌、曹健林、李秉仁、卢秋田;德国、奥地利、澳大利亚、俄罗斯、日本、韩国、丹麦、越南、挪威等国以及联合国有关机构的代表和企业负责人等出席论坛。

（九）首届尼山世界文明论坛

2010年9月26日至27日,首届尼山世界文明论坛在泗水尼山圣源书院举行,全国人大常委会原副委员长、尼山论坛组委会主席团主席许嘉璐宣布论坛开幕,国际展览局名誉主席、欧洲科学院副院长、尼山论坛组委会副主席吴建民主持开幕式。时任省委常委、宣传部部长李群,时任省政协副主席王志民以及来自欧美亚三大洲10个国家30多所名牌大学的专家学者和嘉宾出席开幕式。大会通过了《尼山和谐宣言》。

（十）2010中国曲阜国际孔子文化节开幕式及孔子教育奖、孔子文化奖、孔子友谊奖颁奖典礼

2010年9月27日,2010中国曲阜国际孔子文化节开幕式及孔子教育奖、孔子文化奖、孔子友谊奖颁奖典礼在曲阜杏坛剧场隆重举行。时任全国人大常委会副委员长、全国妇联主席陈至立,全国人大常委会原副委员长许嘉璐,全国政协原副主席李蒙,时任省委副书记、省政协主席刘伟,时任省人大常委会副主任、省总工会主席刘玉功,时任省政协副主席、省农工党主委王新陆等出席开幕式及颁奖典礼。陈至立宣布2010中国曲阜国际孔子文化节开幕,刘伟致辞。

（十一）第三届世界儒学大会

2010年9月27日,第三届世界儒学大会在曲阜中国孔子研究院开幕,全国人大常委

会原副委员长、著名汉学家许嘉璐出席开幕式,来自中国大陆及港、澳、台,韩国、日本、新加坡、奥地利等16个国家和地区的86个儒学研究机构的200位专家学者、各界人士就大会议题进行了深入研讨与广泛对话。

四、多国驻华使节访问山东

为加强对各省的宣传推介,推动地方政府与国外地方政府交流合作,深化我国与世界各国的交流交往,在国家有关部委的统一部署和地方的热情邀请下,多国驻华使节团先后频繁到访各地。这一时期,先后共有20多批次(25批)外国驻华使节团来访山东。比如:

1987年9月19日至23日,43个国家的驻华使馆首席馆员和夫人(其中非洲地区11国、亚洲地区10国、美大地区6国、欧洲地区5国、亚非地区3国、国际组织2家、代表处1家)一行63人,由时任外交部礼宾司司长吴明廉陪同,来曲阜、泰安、济南、潍坊和青岛等地参观访问,时任省长姜春云会见宴请了首席馆员,并介绍了山东省的变化和各项建设成就。

1997年2月3日,法国驻华大使毛磊先生及法国LDC公司总裁尚瑟勒尔先生一行来访问,时任省委副书记、省长李春亭在齐鲁宾馆会见了大使一行。毛磊大使表示,将进一步探讨符合双方要求和利益的长期合作的领域,特别是在农业及法语教育方面。会见后,举行了山东凤祥集团总公司与法国LDC集团合资合同的签字仪式。

2011年4月,欧洲21国驻华大使及配偶一行,在时任外交部副部长傅莹陪同下,对济南、泰安和曲阜进行了参观访问。在济南,大使们参观了山东博物馆、中国孔子基金会会馆;在泰安,大使们登上了泰山,感受泰山文化;在曲阜,大使们与知名学者教授进行了"中国传统文化座谈会"并实地参观了孔庙和孔府。山东古老灿烂的历史文化遗产和孔子思想的博大精深,给各国驻华大使留下了深刻的印象。

其他重要团组,主要还有:

1978年5月4日至8日,由时任外交部副部长刘振华陪同的第一批驻华使节92人(其中大使24人、临时代办2人)来济南、胜利油田、淄博、泰安参观游览。

1978年5月10日至14日,由时任外交部副部长张海峰陪同的第二批驻华使节91人(其中大使8人、临时代办3人)来胜利油田、淄博、济南、泰安参观游览。

1978年5月21日至25日,由时任外交部部长助理曹春耕陪同的第三批驻华使节91

人（其中大使9人，临时代办1人）来胜利油田、淄博、济南和泰安参观游览。

1978年5月27日至31日，由时任外交部副部长仲曦东陪同的第四批驻华使节83人来胜利油田、淄博、济南和泰安参观游览。

1981年5月4日至8日，31个国家的驻华正副武官及夫人一行65人，应邀来淄博、泰安等地参观游览。

1983年5月19日至6月1日，66个国家的驻华使节及夫人等112人，分别在时任外交部顾问符浩、时任副部长姚广陪同下，分两批来烟台和青岛参观旅行。在烟台，外国驻华使节团参观了工厂、农村，游览了蓬莱阁等；在青岛，参观了工厂，听取了实行经济责任制和机构改革的情况介绍，游览了市容。

1984年5月22日至26日，联合国系统发展业务活动协调代表孔雷飒和夫人，以及奥地利、丹麦、爱尔兰、日本、新西兰、芬兰、法国、挪威、瑞士、比利时、英国和联邦德国的驻华使节和使馆官员23人，由时任我国对外经济贸易部国际联络局局长卜昭敏等陪同，来泰安、淄博、东营和胜利油田参观。

1993年9月，以亚历山大为团长的世界粮食计划署及各捐助国代表组成的参观团一行18人（联合国开发计划署驻京代表孔雷飒等一家四人于16日由曲阜提前返京），先后参观访问了临沂地区的沂水县，聊城地区的莘县、冠县造林工程，并游览了曲阜、泰安、济南等地名胜。参加这次活动的有世界粮食计划署、驻华代表处副代表亚历山大及夫人以及我国派驻代表龚建英女士，还有美国、法国、比利时、澳大利亚、加拿大、阿根廷、瑞典驻华大使馆的官员及日本、联邦德国的代表。

1996年8月21日，应山东省邀请，以色列新任驻华大使奥拉·那米尔女士访问山东省，时任省长李春亭在齐鲁宾馆会见了奥拉·那米尔女士。

1996年9月12日至14日，德国驻华大使赛康德博士及夫人一行三人应邀来济南、曲阜、泰安进行访问、考察。在济期间，时任副省长韩寓群会见了大使一行及同期来访的以考格尔先生为首的德国巴伐利亚企业家代表团。双方特别就机械、汽车零部件、电子、化工等支柱产业领域内的合资合作，建立以济南为中心的中德合作汽车配件生产基地，组织南部德国经济企业界代表团来山东考察项目、洽谈合作，开辟德国工业园地，进一步改善投资环境等共同感兴趣的话题深入交换了意见。访问期间，赛康德一行还参加了中德合资济南红旗—考格尔汽车制造有限公司的开业典礼，并就山东省与德国，特别是与巴伐利亚州的友好交流及经济合作进行了会谈。

1997年10月18日至21日，西亚北非地区12个国家的驻华使节和夫人在时任外交部部长助理吉佩定及夫人郑淑芳陪同下来山东省参观访问。使节们对其国家发展同山东的经贸合作关系表现出极大的兴趣和热情，表示愿意牵线搭桥，特别是海湾国家的使节们还详细地询问了目前与山东开展投资、技术合作的主要外国伙伴，山东省能源、天然气市场需求量及远景规划和开展炼铝、石化合作等方面的情况，表示欢迎山东派经贸团组去其国家考察，建立合作关系。

2000年6月17日至22日，外交部组织巴西等11国驻华使节代表团访问济南、济宁、泰安、青岛、烟台等地，时任中共中央政治局委员、山东省委书记吴官正，时任省委副书记、省长李春亭在济南分别会见了使节团一行。

2002年9月26日至10月4日，2002年中国曲阜国际孔子文化节在曲阜举办。时任全国人大常委会副委员长曹志，时任全国政协副主席罗豪才；时任省委常委、副省长林廷生，时任省人大常委会副主任莫振奎，时任省政协副主席张敏；日本前首相村山富市；比利时、哥伦比亚、韩国、俄罗斯、法国等11个国家的驻华使节等3000余人出席开幕式。开幕式后，时任副省长林廷生会见了日本前首相村山富市一行。

2003年9月，韩国驻华大使金夏中访问山东。

2005年9月19日，部分阿拉伯国家驻华使节参加了菏泽举行的中国林产品交易会。

2006年6月15日，时任省委副书记、省长韩寓群在济南会见应邀出席2006山东（国际）文化产业博览会的外国驻华使节。参加会见的有古巴驻华大使阿鲁菲、越南驻华大使陈文律、泰国驻华大使祝立鹏等。

2007年8月17日至23日，由时任中国驻法国大使赵进军率领的我国驻外使节团一行36人访问山东，时任省委书记李建国，省委副书记、代省长姜大明在济南会见了使节团一行，时任副省长才利民参加会见。才利民主持座谈会，向驻外使节团介绍山东省有关情况。

2008年8月29日至31日，2008中国（济南）国际旅游交易会在济南舜耕国际会展中心举行，津巴布韦驻华大使沙瓦、土耳其驻华使馆文化新闻参赞欧胜瑞、奥地利驻华使馆商务处旅游部主任约瑟夫·史托金、古巴旅游部驻华首席代表伊丽莎白女士以及来自美国、德国、法国、英国、西班牙、韩国、日本、泰国、斐济等30多个国家和地区的代表参会。

2008年9月27日，第一届山东省文化产业博览会在曲阜开幕，俄罗斯、韩国、乌拉圭、马来西亚驻华外交官出席开幕式。

2009年8月20日，第九届"和平颂"国际青少年文化艺术节在蓬莱开幕。时任教育部副部长、中国联合国教科文组织全国委员会主任郝平，时任省委常委、宣传部部长李群，部分国家驻华大使，和平组织贵宾，来自五大洲十多个国家的上万名青少年和近十万名蓬莱市民共同参加开幕式。

2009年10月18日至20日，2009中国（东营）国际石油石化装备与技术展览会在新落成的黄河国际会展中心举行。时任省委常委、副省长王军民出席并宣布展览会开幕，时任中国贸促会副会长董松根、美国休斯敦市副市长爱德华·冈萨雷斯等来自76个国家的部分政府高级官员、驻华使节以及来自国内外的400余家企业的高层客商代表参加开幕式。

2010年6月25日，中非合作论坛中方后续委员会秘书处与非洲驻华使节磋商会在乳山举行，时任外交部副部长翟隽出席会议。会议由论坛中方后续委秘书长、时任外交部非洲司司长卢沙野和非洲驻华使团团长、多哥驻华大使诺拉纳·塔·阿马共同主持。外交部、商务部有关单位负责人和47位非洲国家驻华大使或其高级代表出席。时任副省长才利民会见了参加会议的中外来宾。

五、积极发挥省领导高层出访引领作用

在对外交往中，省领导出访层次高、推动力大，对促进党的外事工作蓬勃发展有着重要引领作用。为加强山东与世界各国的交往与合作，山东积极发挥高层出访引领作用，组织省领导带队出访420多批次，在经济、科技、文化、教育等各领域达成了系列交流合作共识，取得了一大批丰硕成果。特别是省主要领导同志带队出访，更极大地推进了山东党的外事工作发展。比如：

1993年6月23日至28日，应新加坡政府邀请，以时任省委副书记、省长赵志浩为团长的山东省政府代表团一行7人，以及青岛、烟台、威海、潍坊、济宁、泰安6市市长，考察访问新加坡。新加坡总理吴作栋、副总理王鼎昌会见并宴请代表团及6市市长；李光耀资政会见了赵志浩省长，并进行了长时间深入交谈。代表团分别拜会了新加坡贸工部、建屋发展局、公用事业局等10多家主要经济管理部门，参加了由新加坡贸发局举办的"中国山东贸易与投资研讨会"。访问期间，双方签署了《新加坡－山东经贸理事会谅解备忘录》，成立新加坡－山东经济贸易理事会，作为双方开展投资贸易活动的促

进协调机构。代表团举办了孔子故里文物展，签订开辟山东至新加坡直航包机航线合作协议，参加了齐鲁国际有限公司开业揭牌仪式，共签订合同、协议92项，合同协议外资额20.6亿美元，出口成交1000多万美元。

1999年5月23日至30日，时任中共中央政治局委员、山东省委书记吴官正率中国共产党代表团访问日本。代表团在结束对东京、北海道的访问后，专程来到山东友城和歌山县，揭开了山东与和歌山友好交往15周年庆典序幕，书写了中日两国、两省县友好交往的新篇章。

2005年9月5日至22日，时任省委书记、省人大常委会主任张高丽率山东省代表团访问哥伦比亚、厄瓜多尔、委内瑞拉、智利。访委期间，总统查韦斯会见并宴请了代表团主要成员。9月12日，中国与委内瑞拉高级混合委员会第四次会议和山东经贸洽谈会闭幕，会议签署了一批重要合同和协议。查韦斯总统出席闭幕会并发表讲话。张高丽还会见了委内瑞拉第五共和国运动总书记威廉·拉腊，代表山东与委内瑞拉安索阿特吉州、莫纳加斯州分别签署了建立友好省州关系的协议。加拉加斯市政府授予张高丽"金穗勋章"和"城市钥匙"。9月15日下午，智利参议长罗梅罗在参议院会见了山东代表团，并进行了友好会谈。厄瓜多尔副总统塞拉诺会见了张高丽一行。张高丽代表山东省与皮钦查省签署了《关于中华人民共和国山东省与厄瓜多尔皮钦查省发展友好交往和经贸合作关系的意向书》。由山东省40多位知名企业家和经济部门负责人组成的山东省经贸代表团先后举行4次经贸洽谈会，签订各种合同、协议、意向84项，金额14.4亿美元。

其他省主要领导出访的重要团组，还主要有：

1978年4月27日至5月20日，以时任省委书记李振为团长的友好参观团一行20人，赴朝鲜平壤、元山、开城等地参观访问。

1983年10月11日至20日，以时任省长梁步庭为团长的友好访问团赴日本山口县访问。

1984年4月17日，时任省委副书记、省长梁步庭率友好代表团赴日本和歌山县访问；18日，在和歌山市签署山东省—和歌山县建立友好省县关系协议书。

1985年3月1日至21日，时任省委副书记、省长梁步庭率团访问德国和法国，与法国布列塔尼大区主席马瑟林就双方发展友好合作关系等进行会谈，共同签署《山东省与布列塔尼大区加强经济贸易和技术合作关系意向书》。

1985年4月24日至5月13日，以时任省委副书记、省长梁步庭为团长的中国五省省长代表团一行10人，赴美国参观访问。

1985年5月16日至27日，以省委书记苏毅然为团长的山东省代表团一行9人访问朝鲜黄海南道及平壤、开城、南浦等地，同黄海南道就建立友好省道关系达成一致意见。

1986年3月31日至4月8日，以时任省委书记梁步庭为团长的山东省经济考察团一行5人，赴新加坡参观考察。

1986年5月17日至6月1日，以时任省委副书记、省长李昌安为团长的山东省政府代表团一行7人访问美国康涅狄格州。

1987年3月17日至28日，以时任省委副书记、省长李昌安为团长的山东省政府代表团一行7人访问日本山口县、和歌山县、大阪府和东京等地。

1990年5月13日至20日，以时任省委副书记、省长赵志浩为团长的山东省政府代表团一行5人访问日本。访问期间，代表团会见了日本众议院议长、国际贸易促进会会长樱内义雄，与山口县、和歌山县领导人就今后的交流与合作交换了意见，出席了山口县举办的山东省经济研讨会，同东京、大阪等地金融、企业界人士进行了广泛接触。

1990年8月21日至9月3日，以时任省委书记姜春云为团长的山东省友好代表团一行7人访问朝鲜黄海南道，参观了黄海南道首府和有关工厂、矿山、农场、林场、学校、农户，参观访问了平壤市革命历史博物馆、友谊塔、中央党校、人民大学堂等。朝鲜劳动党中央委员会总书记、朝鲜民主主义人民共和国主席金日成会见了代表团一行。

1991年7月10日至19日，时任省委副书记、省长赵志浩率山东省政府代表团访问德国，出席了在巴伐利亚州首府慕尼黑市举办的山东省第二届经济贸易展览会。

1991年9月5日至13日，应葡共中央邀请，时任中共中央政治局委员、省委书记姜春云率中国共产党代表团访问葡萄牙，参加葡共机关报《前进报》第15届党报节。

1991年10月13日至27日，时任中共中央政治局委员、省委书记姜春云率山东省经济贸易代表团访问加拿大不列颠哥伦比亚省、萨斯喀彻温省、安大略省、魁北克省和美国康涅狄格州。

1992年5月10日至18日，以时任中共中央政治局委员、省委书记姜春云为团长，时任副省长王裕晏为副团长的山东省代表团一行7人，先后访问考察了日本山口县、大阪府、神户市、名古屋市、东京都和筑波科技城，参加了山东省与山口县建立友好关系10周年庆祝活动，出席了山东省向山口县赠送的"泺亭"落成剪彩仪式。

1993年6月28日至7月1日，以时任省委副书记、省长赵志浩为团长的山东省政府代表团一行7人访问马来西亚，分别拜会了马来西亚交通部长林良实等高级官员，出席了济钢与外商合资在澎亨州建设的吉马钢铁厂奠基仪式。马来西亚副总理加化会见了代表团一行。

1993年7月24日至8月3日，时任中共中央政治局委员、省委书记姜春云率山东省友好经济代表团访问澳大利亚。代表团先后访问了维多利亚州、南澳州、新南威尔士州和首都堪培拉，参观考察了公司、企业、农场等，会见了各界知名人士，举办了山东经济发展情况介绍会。澳大利亚总理保罗·基廷、外交贸易部长埃文斯、南澳州州长雷恩·阿诺德分别会见了代表团一行，就进一步增进双方友好合作关系进行了坦诚友好的会谈。访问期间，山东分别与南澳州、维多利亚州签署了《关于进一步加强经济、贸易、技术全面合作交流的协议》《关于发展经济与技术合作、贸易与投资的备忘录》。

1993年8月7日至9日，时任中共中央政治局委员、省委书记姜春云率山东省友好经济代表团访问新西兰。

1993年9月24日至10月1日，时任省政协主席陆懋曾随全国对外友协组派的友好代表团访问奥地利，参加了在奥地利举行的纪念罗生特活动。

1994年6月7日至23日，时任中共中央政治局委员、省委书记姜春云率山东省友好经济代表团一行13人访问瑞典、德国。

1994年7月2日至17日，时任省委副书记、省长赵志浩率山东省友好代表团访问韩国、日本。在韩国，韩国副总理李荣德会见了代表团一行。在日本，山东与日本和歌山县在和歌山市举行隆重仪式，热烈庆祝两省县缔结友好关系10周年。

1994年9月10日至22日，以时任省委副书记、省长赵志浩为团长的山东省友好代表团访问和歌山县，出席了双方结好10周年庆典活动以及和歌山国际旅游博览会。

1994年10月6日至25日，以时任省人大常委会主任李振为团长的省人大友好代表团访问日本山口县等地，考察了日本地方议会工作，拜访了日本国会，参观了重要经济团体。

1995年1月12日至23日，时任省政协主席陆懋曾率省政协友好代表团一行9人访问埃及、加蓬。

1995年6月4日至21日，时任省委书记赵志浩率山东省友好代表团访问瑞典、荷兰。访问瑞典期间，与韦斯特曼省省督扬·吕德举行工作会谈，双方签署了《山东省与韦斯特曼省建立友好省际关系协议书》。

1996年3月27日至4月1日，为庆祝山东省与南澳州建立友好省州关系10周年，时任省委书记赵志浩率山东省经济代表团一行9人访问澳大利亚。代表团拜会了澳联邦政府，会见了南澳州总督、州长和议会领导人，探讨了两省州经济文化交流与合作的重点领域和项目，制定实质性交流计划；会晤了西澳州州长及新南威尔士州政府高级官员，与社会各界友好团体及工商企业界人士广泛接触；考察参观了部分企业、农场、科研和教育单位。

1996年4月7日至10日，时任省委书记赵志浩率山东省经济代表团访问新西兰，拜会了新政府和经济部门主要领导人，考察了部分企业、农场、科研和教育单位。

1996年9月3日至17日，时任省委副书记、省长李春亭率山东省政府代表团访问瑞典、德国、奥地利。

1996年9月9日至14日，时任省委副书记、省长李春亭率山东省政府代表团访问巴伐利亚州，双方在电子、机械、汽车制造、医药、化工等领域达成多项合作协议。

1997年10月6日至22日，省政协主席、省友协会长陆懋曾率山东省友好访问团一行7人访问德国、意大利。

1998年6月14日至28日，时任省委副书记、省长李春亭率山东省政府暨经济代表团访问美国、加拿大，代表团积极宣传中国改革开放政策、经济发展良好形势和投资环境，进一步拓宽了与美、加开展经贸合作的领域。

1999年9月1日至11日，时任省委副书记、省长李春亭率山东省政府代表团一行访问法国和以色列。访法期间，李春亭拜会了布列塔尼大区议会主席德鲁昂、卢瓦尔大区副主席奥热罗，参观了LDC公司、法国电力公司、燃气公司、阿尔斯通公司等企业。

2000年5月9日至20日，以时任省委副书记、省长李春亭为团长的山东省政府代表团一行17人访问日韩。在日本，代表团访问山口县、和歌山县、东京等地，探讨了双方交流合作事宜，分别与山口县、和歌山县领导人签署了加强友好交流备忘录。在韩国，代表团拜访了外交通商部、海洋水产部等中央政府机构，分别与外交通商部次官潘基文、海洋水产部次长洪承涌进行了会谈；访问了韩国锦湖集团、大宇株式会社、大宇汽车等企业，参观了大宇汽车富平工厂、三星航空照相机厂；会见了庆尚南道知事金爀珪，共同签署了进一步扩大交流协议书。

2000年5月28日至6月6日，时任中共中央政治局委员、省委书记吴官正率中共代表团访问乌拉圭、巴西、委内瑞拉。访巴期间，巴西代总统马西埃尔和参议院议长马加良斯分别会见了代表团一行。随访的山东经贸代表团与巴西签署了多项经济合作协议。

2000年6月9日至20日，时任省人大常委会主任赵志浩率山东省友好代表团一行8人访问俄罗斯和英国。

2000年10月15日至28日，时任省委副书记、省长李春亭率山东省政府代表团一行21人访问巴伐利亚州，拜访了巴伐利亚州政府、德国工业联合会、北威州经济部、下萨克森州经济部等，在慕尼黑举办了山东—德国经贸合作洽谈会，共达成53个经贸合作协议，协议总规模6.9亿美元，在合资改造济南、青岛机场项目方面与巴州达成合作协议。

2001年5月8日至28日，时任中共中央政治局委员、省委书记吴官正率中国共产党代表团访问突尼斯、尼日利亚、摩洛哥。访突期间，吴官正会见了突尼斯宪政民主联盟（执政党）第一副主席卡鲁伊、总书记沙乌什等。

2001年7月4日至17日，时任省委副书记、省长李春亭率山东省政府代表团一行12人访问马来西亚、泰国。马来西亚总理马哈蒂尔、泰国副总理披塔等会见了代表团主要成员。代表团访问了泰国中华总商会等一批国际知名大企业、大财团，主持了山东省在泰国举办的鲁泰（鲁港）工商企业经贸合作恳谈会，与泰国北榄府府尹举行了工作会谈并签署了会谈纪要。

2002年3月19日至4月13日，时任省人大常委会主任赵志浩随全国人大代表团访问加拿大、委内瑞拉、厄瓜多尔。

2002年4月3日至9日，时任中共中央政治局委员、省委书记吴官正一行15人访问澳大利亚，会见了澳大利亚联邦政府和南澳州政府领导人，考察参观了当地科研和企业单位，时任中联部副部长王家瑞陪同出访。

2002年4月13日至16日，时任中共中央政治局委员、省委书记吴官正访问新西兰，时任中联部副部长王家瑞陪同出访。

2002年9月16日至28日，时任省委副书记、省长张高丽率省政府代表团一行9人访问马来西亚、印度尼西亚和泰国，泰国副总理披塔会见了张高丽一行。代表团访问了北榄府，探讨了建立两省府友好合作关系意向；参观了正大集团，就正大集团在山东投资进行了深入探讨。

2003年10月19日至23日，时任省委书记、省人大常委会主任张高丽率山东省代表团访问印度，会见了斯特莱特工业集团主席，考察了Infosys软件公司，双方共同举办了山东—卡纳塔克邦IT合作酒会。

2003年10月24日至28日，时任省委书记、省人大常委会主任张高丽率山东省友好代表团一行6人访问韩国，与庆尚南道知事金斌珪举行了会谈。

2003年10月29日至11月3日，时任省委书记、省人大常委会主任张高丽率山东省友好代表团访问日本。

2004年4月19日至25日，时任省委副书记、省长韩寓群率团访问日本，分别访问了日本经济团体联合会、日中经济协会、日本贸易振兴机构、伊藤忠商事、朝日啤酒、名村造船等大企业、大商社，就进一步扩大合作交流交换了意见。

2004年4月26日至5月3日，时任省委副书记、省长韩寓群率代表团访问韩国，拜会了外交通商部长官潘基文、产业资源部长官李熙范，与京畿道知事孙鹤圭举行了会谈。

2004年10月11日至23日，时任省委书记、省人大常委会主任张高丽率山东省友好代表团一行12人访问瑞典、丹麦、奥地利，代表团访问了瑞典韦斯特曼省、奥地利上奥州，访问了瑞典爱立信、沃尔沃、ABB公司，丹麦BWE公司，奥地利奥钢联、斯太尔公司等，推动了有关合作项目的进展。

2004年11月30日至12月12日，时任省委副书记、省长韩寓群率山东省代表团访问芬兰、瑞士、加拿大，参加在加拿大魁北克省召开的友好省州领导人峰会，会见了魁省省长沙雷、不列颠哥伦比亚省省长金宝尔。

2005年5月23日至27日，时任省委副书记、省长韩寓群一行11人赴韩国水原市，参加山东省—京畿道高科技洽谈会暨发展论坛。

2005年11月1日至5日，时任省委副书记、省长韩寓群率山东省政府代表团访问巴伐利亚州，访问了赛德尔基金会、西门子、安联、MAN、瑞特等企业，签署了系列合作意向。

2005年11月17日至12月2日，时任省委副书记、省长韩寓群率山东省友好代表团一行18人访问荷兰、德国、英国。访英期间，参观了龙比亚大学，出席了龙比亚大学与山东省外办关于龙比亚—山东外事管理奖学金项目签字仪式。

2006年7月9日至22日，时任省委副书记、省长韩寓群率山东省政府代表团访问奥地利、埃及、南非三国。

2006年7月11日至12日，第三届友好省州领导人峰会在奥地利上奥州首府林茨市举行。时任省委副书记、省长韩寓群，德国巴伐利亚州州长施托伊伯、奥地利上奥州州长普林格、南非西开普省省长拉苏、巴西圣保罗州副州长古登伯格出席会议。

2006年11月11日至23日，时任省委副书记、省长韩寓群率山东省政府代表团访问委内瑞拉、秘鲁、智利。

2009年11月5日至18日，时任省委书记、省人大常委会主任姜异康率中国共产党代表团访问墨西哥、古巴、巴哈马。

2009年11月30日至12月4日，时任省委副书记、省长姜大明率团访问日本。

2009年12月9日至15日，时任省委副书记、省长姜大明率团访问韩国。

2010年6月21日至7月2日，时任省委书记、省人大常委会主任姜异康率团访问德国、奥地利、瑞士三国。

2010年9月18日至29日，时任省委副书记、省长姜大明率山东省政府代表团对新西兰、澳大利亚进行友好访问，并赴南非出席"第五次友好省州领导人峰会"。

六、推动实施一批重要合作项目

在党的外事工作推动下，山东各地与世界各国地方合作的深度广度不断拓展。在此期间，山东立足资源优势，推动了一大批重要项目在山东实施，取得了良好成效，比较有代表性和影响力的有：

（一）美国学者邹平社会考察项目

1984年10月，美中学术交流委员会主席迈克尔·奥克森伯格提议在中国的农村地区选择一个长期调查点，接待美国学者进行较长期连续性的社会调查研究。在国家有关部委的指导帮助下，中国社会科学院向18个省市征询了选点事宜。经国家多部门的考察遴选，最后确定了山东滨州邹平县以冯家村为基地的包括县城在内的9个村镇，作为中国农村首批对美国学者开放的调查点。美国美中学术交流委员会作为该研究项目的具体执行方，在美全国公开选拔出12位学者、4名留学生助手作为"山东省邹平县区域性研究项目"的成员，从1987年开始，就政治、经济、历史、文化、环境等考察内容连续5年到邹平县调查点进行跟踪考察研究。在中美双方共同努力下，美国学者在邹平的社会研究项目得以顺利进行。第一阶段的集中考察活动从1987年4月到1991年9月，邹平县先后接待美国学者在县域进行了87人次、1487天次的全方位跟踪式的社会多学科调查研究活动，美国学者考察范围涉及邹平县的9个乡镇、16个村和69个县直部门，接触各级各类调查对象17500多人次。专家学者还查阅了大量档案资料，并作了大量第一手问卷调查工作。项目组大多数学者的研究成果对中国改革开放所取得的成就给予了充分肯定，对当时中国所面临的困难和问题作了客观的分析。此类研究成果的公开发表，对当时增进美国人民对中国的全面了解、逐渐改变美国社会对中国社会的看法，都产生了重要作用。参与邹平项目的美国学者通过此次考察，比较深入地了解了中国的真实情况，多数人成为中国农村发生深刻变化的见证人，其研究成果对美国政府制定、调整对华政策也产生了一定的积极影响。

根据前5年在邹平的考察研究活动的实际情况，在美国学者的积极要求下，经山东有关部门缜密研究并报国家同意，美国学者在邹平的考察活动进入项目的延续阶段。该阶段研究由美国学者个人提出研究课题，经我方相关单位审查后，美国学者个人与邹平地方政府协商考察研究的具体事宜。1997年7月25日至28日，在时任中国人民外交学会会长梅兆荣陪同下，美国前总统吉米·卡特及夫人等一行专程到访邹平县，把美国学者在邹平县的考察活动推向高潮。在邹平的考察，卡特目睹了中国农村的发展变化，加深了对中国农村生活的了解。他回美国后不久，于1997年8月10日在《纽约时报》上发表了题为《将中国妖魔化是错误的》的文章，主张美中两国应保持良好关系。

（二）"三沂"粮援项目

1986年9月15日至21日，以世界粮食计划署驻华代表处副代表亚历山大为团长的粮食计划署及各捐助国代表组成的参观团一行18人赴临沂、聊城参观造林工程，了解粮食捐赠情况及其效果。访问期间，联邦德国经济合作部世界粮食局局长曼巴先生提出向临沂地区提供200万马克经济援助，以解决部分群众吃水困难问题。此后该意向发展成为规模较大的"三沂项目"。"三沂"粮援项目，是德国政府无偿援助部分粮食和外汇资金，我国投入相应配套资金，中德双方合作实施的营养保障项目，重点解决沂蒙山区人畜饮水困难、治理水土流失、保护农业自然资源、发展节水型灌溉和修路、架电等基础设施建设，以改善贫困山区人民群众的生产生活条件，加快山区经济发展步伐，简称中德合作粮援项目。粮援项目于1986年考察，1987年立项，1988年正式实施。计划援助资金与国内配套资金比例为1∶0.5，一期工程3年，为1988年至1990年，德方援助小麦3万吨，600万德国马克。1987年6月，在省、地"三沂"粮援项目办公室安排下，首次利用外资解决山区缺水困难，涉及的区域为项目区，其中沂南县项目区有铜井、鲁庄、依汶、马牧池、岸堤、中高湖6个乡镇，230个自然村、18万人，总面积346平方千米；沂水县将沂河以西缺水最严重的11个乡镇定为粮援项目区，即院东头、黄山铺、柴山、崔家峪、夏蔚、高庄、王家庄子、王庄、泉庄、新民官庄、诸葛镇，一期计划建人畜饮水工程128处，解决7.8万口人和10.2万头大牲畜的饮水困难，建灌溉工程42处，扩大和改善灌溉面积1600公顷，治理水土流失面积84.4平方千米。项目最初意向是帮助解决沂蒙山区的沂水、沂源、沂南3个县（简称"三沂"）22个山区乡镇的人畜饮水、节水灌溉和水土保持，兼顾修路、架电等基础设施建设。从1988年到1998年，中德粮援项目连续10年实施，整个项目区先后实施了一系列饮水、灌溉、小流域治理和水土保持等工程，切实解决项目内的人畜饮水问题，极大促进了当地农业发展，自然面貌和经济面貌有了较大改观。通过两国政府富有成效的合作和项目区群众的艰苦努力，在临沂市共投资4.3亿元，其中德方援助资金2.07亿元，国内配套资金2.23亿元，建成饮水工程748处，为78.1万人和70万头牲畜解决了多年的吃水困难，建成节水型灌溉工程153处，发展灌溉面积15.3万亩，治理小流域99条，完成治理面积388平方千米，修建乡村道路2006千米，架设输电线路934千米，培训各类技术人员1.3万人。粮援项目的高质量、高效益，赢得了中德双方的高度赞誉，称之为模范项目、国际合作的典范。

（三）青州南张楼村农村革新和土地整理项目

1988年，德国巴伐利亚州汉斯·赛德尔基金会选中南张楼村实施中德合作"土地整理和村庄革新"项目，这是中国第一个土地整理项目。根据村庄革新、土地整理、节约集约用地的理念，南张楼村对全村进行功能分区，村南村西为工业区，村东是大田区，村北是文教卫生区，村中心是2个生活区，并对传统农居建筑保留，不大拆大建，避免了重复建设造成的资源浪费，解决了过去村民生产生活混杂、村庄布局杂乱无章等现象。村庄建有社区服务中心、文化中心、集贸市场、小学、幼儿园、医院、超市、民俗博物馆、文化广场、休闲公园等公共设施，成了一个特色村。项目超前开展了村庄规划编制，撤并23个生产小队，打破小队间的地块分界，实行统一管理，从土地整治、优化布局、村庄革新、挖潜存量、高标准配套等方面率先开展了整治利用，这也正是该项目实施的根本所在，南张楼村民从中得到了实实在在的实惠。通过土地整理和村庄革新，南张楼村的道路全部实现硬化，6308亩肥沃良田实现了"旱能浇，涝能排"，水肥一体化让农业生产效率大大提升。项目实施30多年以来，借鉴德国"土地整理和村庄革新"先进理念，结合南张楼村村庄实际，以增加耕地面积、提高耕地质量、改善农业基础设施条件和生产条件、统筹城乡经济发展为目标，走出了一条具有南张楼特色的就地城镇化路子，实现了城乡等值发展。

（四）平度市双元制农业职业培训中心项目

1987年12月，全国农村教育为当地经济建设服务现场会在平度召开。为探索新时期中国农村职业教育健康发展路径，振兴农村经济，原国家教委于1988年与德国汉斯·赛德尔基金会签署《关于在山东省平度市建立"双元制"农业职业培训中心的协议》，双元制合作办学项目落户农业经济为主的平度市，以平度市职业教育中心学校为主体，1990年正式开始实施。在青岛市教育局与德国汉斯·赛德尔基金会签定的合作协议框架内，平度职教中心学校自1989年起，与德国汉斯·赛德尔基金会友好合作，共同实施"中德平度农业职业教育培训项目"，旨在通过引进借鉴德国双元制职业教育模式，面向农业农村开展中等专业技术人才本土化培养，为我国中等职业教育发展提供有益经验和借鉴。项目实施至今，历经引进借鉴、迁移推广、拓展创新3个时期11个阶段的发展，中德双方成功探索形成了"双元制"职教模式本土化的平度方案，为当地经济建设、区域发展培养了6.3万余名高素质的中等专业技术人才，为推进当地农村的可持续发展发挥了积极作用，为我国农村职业教育的发展提供了有益经验。自1999年起，学校被教育部认定为"全国重点建设职教师资培训基地"之一，面向全国职业教育管理干部和骨干教师开展培训，传播平度职教经验。这使学校与赛会合办的职教师资培训中心的工作上升到全国层面。赛德尔基金会每年派遣德国专家来平度，协助学校面向全国开展职教师资培训工作。自2007年起，平度职教国际合作经验开始向国外传播。学校与德国汉斯·赛德尔基金会韩国首尔代表处合作，在平度实施了5期朝鲜科技干部农业技术培训班。合作项目的各项成就获得了汉斯·赛德尔基金会的高度认可，其将平度职教中心学校视为农村职业教育创新发展的灯塔，给予合作项目持续不断的支持。

（五）山东—巴伐利亚职教师资培训中心项目

山东—巴伐利亚职教师资培训中心（简称鲁巴培训中心）是山东省人民政府与德国

巴伐利亚州政府合作建立的职教师资培训专业机构，1999年被纳入中国教育部与德国汉斯·赛德尔基金会总体合作框架协议项目体系，2001年2月被教育部确定为"全国重点建设职教师资培训基地"。山东—巴伐利亚职教师资培训中心与山东省民族中等专业学校合署办公，设主任办公室、德国专家办公室、鲁巴培训中心等专职部门。各部门实行主任负责制，建立了自上而下、权责明晰的培训组织体系，以确保培训工作有条不紊进行。依托汉斯·赛德尔基金会，培训中心与德国联邦职教研究所、柏林国际联合大学、黑森州教师培训中心等7家德国职业院校建立合作关系；国内与中国海洋大学教育系、曲阜师范大学传媒学院共建"职业教育信息化发展研究中心"，与滨州职业学院"护理技艺技能传承创新平台"，与山东理工大学、曲阜师范大学、北京超星尔雅教育科技有限公司等13家院校企业建立了稳定合作关系。以汉斯·赛德尔基金会为依托，通过与德国官方机构、大学、职业院校和企业的合作，引进德国职业教育标准，包括引进德国职业教育标准课程、德国技能人才培养模式、德国职业教育教学方法、德国职业教育质量监督和评测体制、德国人才测评和认证体系、德国工业4.0实训车间建设方案及各种软硬件资源。20多年来培训中心已经成长为"中德融合、东西贯通、开放共享"特色师资培训平台，为中国德国职业教育经验本土化实践起到了重要的传播和推动作用。

（六）黄河三角洲经济可持续发展项目

1998年3月，联合国工发组织中国投资促进处（以下简称中投处）项目顾问、中科院研究员吕世勤先生来东营市考察时，提出了东营市与工发组织合作的建议。经过反复研究，东营市决定以"黄河三角洲区域经济开发"为品牌，以"黄河三角洲中心城市区域性代表"的身份与工发组织探讨合作。2001年1月，中投处与东营市签署了为期三年的"UNIDO支持黄河三角洲（东营）经济可持续发展项目合作协定"，工发组织支持以东营市为主体的《黄河三角洲经济可持续发展项目》，与东营市在中长期规划、生态环境开发与保护、信息化城市建设、投资环境宣传、重点项目招商引资与促进对外投资诸方面加强交流与合作。2001年1月，中投处专家到东营举行"国际间投资与合作及对外招商规范化"知识培训，作了《合理利用外资的有效路径和方法》《如何进行国际规范化招商引资》等8个专题的学术报告，100余家企业和政府部门的300余人接受了培训。2001年底，工发组织在深圳召开会议，来自15个国家和地区分支机构的首席代表参加会议。东营抓住这个机会，成功举行了"黄河三角洲经济可持续发展项目联谊会"。

2001年至2004年，东营市共向中投处提报了60余个对外招商项目，中投处项目专家对所有项目进行了财务预算、市场估测、产品分析以及经济效益、发展趋势和竞争能力等方面的论证与评估，并按照国际通行规则进行了包装，通过驻各国促进处对外发布。在此基础上，东营市向海外派出了10余批招商团，接待了30余批来自世界各国的考察团，促成了20多项合作。通过多次培训和开展招商活动，东营市涉外部门和企业对外交往、合作能力得到了不同程度的提高，多家企业不同程度地从中受益。2004年，东营市与中投处签订了第二期合作协定，第三期合作协定也已进入商讨和筹备阶段。

（七）联合国工发组织绿色产业示范区项目

2001年初，UNIDO批准东营市建设"国际绿色产业示范区"，并于3月3日签订了"联合国工业发展组织中国投资促进处与山东省东营市人民政府建设绿色产业示范区协议书"，确立以规划为龙头、以项目为载体、以招商引资为主要形式，全面营造发展绿色产业良好环境，快速启动示范区建设的总体思路。根据东营市的资源优势，重点规划合作建设畜牧、瓜菜、冬枣等15个绿色产业示范园区。经过努力，全市绿色产业蓬勃发展，至2003年，建成了全省最大的波尔山羊纯繁改良基地，浅海养殖面积发展到94万亩，瓜菜面积60万亩，冬枣、桑园、优质粮食面积110万亩，大多数绿色产业示范园成为出口创汇基地。2003年4月，示范区顺利通过中投处考核组验收，被评为联合国工发组织绿色产业示范区，成为全国成功的示范区之一。"联合国工发组织绿色产业示范区"这块金字招牌有力地提升了东营的国际影响力。在示范园区的带动下，东营市的绿色产业蓬勃发展，迅速崛起为山东省重要的农业出口创汇基地。

第五节　高水平国际交流合作平台纷纷搭建

高水平国际平台是对外开放的重要支撑。各地各部门对平台建设高度重视，积极调动各类资源搭建开放合作平台，其中外事部门搭建的主要有：

1. 山东省—魁北克省联合工作组机制。2008年，山东与加拿大魁北克省签署《建立友好省际关系协议书》。根据协议规定，2009年6月，山东省与魁北克省在魁北克市成立友城联合工作组，并召开第一次工作组会议，共同筛选了第一批合作项目，建立了定期交流工作组机制，每2年筛选一批合作项目。此后，分别于2011年8月、2013年10月、2015年9月、2018年1月、2019年7月召开会议，已筛选确定6批39个合作项目，涉及航空、文化、教育、环保、旅游、新材料、医疗卫生等众多领域。山东省与加拿大魁北克省于1991年10月建立友好合作关系，2008年8月正式缔结友好省际关系，建立了各层级和各领域的友好关系。在友好省框架下，人员互访频繁，经贸、科技、文化、旅游等领域合作进展顺利。

2. 山东省－巴伐利亚州战略合作协调小组机制。山东省与德国巴伐利亚州于1987年正式建立友好省州关系，2010年提升为战略伙伴关系。结好多年来，双方在经贸、投资、科技、教育、文化、农业农村、城乡建设、人员培训等多领域开展了富有成效的交流合作，逐步建立了全方位、深层次、宽领域的交流合作格局。2017年5月，两省州结好30周年之际，德国巴伐利亚州时任州长霍斯特·泽霍夫率大型政府、经贸、文化和记者团组访问山东，与时任省委副书记、省长龚正在济南共同签署了两省州《关于进一步加强友好合作和深化战略伙伴关系的共同声明》，一致同意由山东省外办与巴伐利亚州政府办公厅牵头成立山东省－巴伐利亚州战略合作协调小组机制，每两年召开一次会议，在两省州轮流召开，共同梳理、协调、推动两省州各领域交流合作项目。2018年3月，鲁巴战略合作协调小组第一次会议在济南召开，巴伐利亚州政府办公厅外事司副司长科慕贤率团出席会议，省外办时任主任薛庆国、副主任李永森及省有关部门代表参会，双方有关部门共同制定了2018—2020年度合作计划，会后双方签署会谈纪要。鲁巴战略合作协调小组第二次会议原定于2020年在慕尼黑召开，受疫情影响推迟。

3. 山东省和日本山口县、韩国庆尚南道三方事务会议。山东省和日本山口县、韩国庆尚南道互为友城，为促进三方进一步加强合作，1995年，三方建立了政府间合作机制，每年轮流召开三方事务会议并举办相关活动。

4. 东北亚地区地方政府联合会（NEAR）。东北亚地区地方政府联合会（以下简称联合会）于1996年由中国、日本、韩国、俄罗斯4个国家29个地方政府发起成立，目前已扩大至中、日、韩、朝、蒙、俄6个国家79个会员地方政府，中国有12个会员地方政府。联合会由全体会议、事务委员会、17个专门委员会和秘书处组成。主席会员地方政府任期两年，负责筹备和承办全体会议和事务委员会会议。2005年起，在韩国庆尚北道浦项市设立秘书处，现任秘书长林秉镇。山东于1996年加入联合会，是最早加入的地方政府之一，并于2006年9月至2008年9月担任联合会主席会员地方政府，举办了第七次全体会议。2008年倡议成立了海洋与渔业专门委员会，担任海专委协调员，每两年举办一次活动，有效推动了海洋与渔业领域的交流合作。

各地、各部门也搭建了众多开放平台，其中持续时间长、影响力大的有：

1. 泰山国际登山节。泰山国际登山节自1987年举办第一届以来，每年举办一次，于9月6日举办，成为国内近年来具有较高知名度的一个大型旅游节日。该节以突出经贸活动为主题，文体搭台、经贸唱戏，强调发挥登山节的载体作用，以进一步提高泰山、泰安的知名度，在此基础上，宣传、发展旅游，扩大招商引资力度。世界各国及国内来宾和登山健儿参加徒步登山比赛、自行车登山比赛，同时还举办泰山优秀历史文化歌舞及《紫气东来》仿宋代帝王封禅表演，"泰安摄影艺术展""泰山石文化展""泰山文物珍宝展""泰山盆景展""泰山画展"等丰富多彩的文化艺术活动。泰山国际文化研讨会和五岳年会也同时举行。

泰山国际登山节除每年评选出登山状元外，还大力组织经贸交易活动，每年都有数十个参展团，推出160个系列4500多个品种的名优产品参加展销；还举办科技、人才交流会，交流最新科技成果、收集科技人才信息，集海内外人文风光旅游、体育比赛、经贸洽谈、科技交流、艺术展览于一身，每年吸引成千上万名海内外游客来此参观。

泰山国际登山节大致经历了三个阶段发展历程：1987年—1991年，活动内容以文化、体育为主，同时举办一些经贸活动；1992年—1998年，在举办文体活动的同时，突出了经贸活动；1999年至今，突出发展旅游主题，强调发挥登山节载体作用，扩大开放和招商引资。登山节按照"旅游盛会、经贸长廊、竞技摇篮、绚丽舞台"的活动主题，共安排庆典、经贸、旅游、体育和文化5大板块、20项活动。

2. 潍坊国际风筝会。潍坊市举办国际风筝会始于1984年4月1日，来自世界各地的11个国家和地区的风筝代表队以及中外客商数万人云集潍坊，进行风筝放飞表演和有关经贸活动，开创了"风筝牵线、文化搭台、经济唱戏"的新模式，取得巨大成功。从此，每年举办一届。30余年来，潍坊先后与60多个国家和地区建立了经贸合作关系，有力促进了交流、开放、合作与发展。潍坊成了国际风筝活动和文化交流的中心，成为举世闻名的"世界风筝都"和国际风筝联合会总部所在地。

1992年4月18日，第9届潍坊国际风筝会开幕。来自英国、法国、丹麦等11个国家和地区的17支代表队以及北京、吉林、青岛等国内86支代表队参加了表演和比赛，926名外宾和3万余名观众出席开幕式。风筝会期间，潍坊同来自23个国家和地区的132名客商签订各种合同30份，合同利用外资3900万美元，国内贸易成交额15.68亿元人民币。

1993年4月20日，第10届潍坊国际风筝会暨第3届全国风筝比赛开幕式在潍坊市体育场举行。来自美国、加拿大、日本等18个国家和地区的41支代表队以及国内的45支代表队参加开幕式。风筝会期间，潍坊市有关部门和企业与来自30余个国家和地区的168家海外厂商进行了商务洽谈，签订利用外资项目合同、协议130份，外资额18178.6万美元，其中合同88份、合同外资额7574万美元。工业产品展览交易会签订经贸合同、协议2405份，交易额9.1亿元人民币。

1994年4月20日，第11届潍坊国际风筝会在潍坊市体育场开幕。来自日本、韩国、美国、加拿大、英国、法国、德国等19个国家和地区的37支代表队以及国内22个省、自治区、直辖市的25支代表队参加开幕式。同时举办了游览大山会暨个体私营业产品展销会，来自全国各地以及潍坊小商品城的3200余家业户、1000余种产品参展。

1995年4月20日，第12届潍坊国际风筝会、第2届中国国际风筝会、第5届全国风筝比赛开幕式在潍坊市体育场举行。来自奥地利、比利时、英国等14个国家和地区的44支代表队和来自国内的40支代表队以及潍坊市12个县（市、区）代表队参加开幕式。此届国际风筝会历时5天，共接待中外来宾2万余人，其中境外来宾2200余人。境外44名记者和国内250余名记者到会进行采访报道。

1996年4月20日，第13届潍坊国际风筝会开幕式在潍坊市体育场举行。来自澳大利亚、德国、美国、日本、法国、马来西亚等19个国家和地区的32支代表队参会。有890余名台商、港商和日本、美国、新加坡、俄罗斯、韩国、比利时的外商参加经贸洽谈。共签订外资项目216个，合同、协议利用外资额6.2亿美元，出口成交额5599万美元。

1997年4月20日，第14届潍坊国际风筝会开幕。来自美国、英国等国家和港台地区的34支代表队和来自北京、天津等的39支代表队参加开幕式。21日，万人放飞表演在浮烟山放飞场举行。风筝会期间，潍坊科技成果展、农业经济技术洽谈会等多项科技洽谈贸易活动同时启幕。其中，农业经济技术洽谈会转让技术成果2152项，建立合作关系4492项，协议投资2.747亿元人民币。

1998年4月20日，第15届潍坊国际风筝会开幕式在潍坊市体育场举行。来自美国、澳大利亚、英国、加拿大等22个国家和地区的57支代表队和来自北京、天津等国内的73支代表队参加开幕式。2300余人演出了大型歌舞《辉煌的未来》。1000余名中外宾客参加了本届风筝会。潍坊市推出80个重点招商项目。

1999年4月20日，第16届潍坊国际风筝会开幕式在潍坊市体育场举行。来自哥伦比亚、法国、印度尼西亚、日本、韩国、哈萨克斯坦、马来西亚、荷兰、新西兰、巴基斯坦、菲律宾、俄罗斯、新加坡、泰国、乌克兰、英国、美国等国家和中国香港、台湾地区的风筝代表队，来自山东及潍坊市12个县（市、区）和3个开发区的风筝代表队参加开幕式。

2000年4月20日，第17届潍坊国际风筝会在潍坊市体育场开幕。来自美国、澳大利亚、英国、加拿大、丹麦、法国、德国、荷兰等国家的45支代表队，中国台湾、香港、航天体协、北京和东道主潍坊的10支代表队参加开幕式。本届风筝会共签订外商和台商投资项目21项，项目总投资600万美元，其中合同外资额593.5万美元，协议外资额4574万美元。

2001年4月20日至25日，第18届潍坊国际风筝会在潍坊举行。来自美国、德国、韩国、日本等25个国家和地区的56支放飞队的580位风筝爱好者和国内24支代表队的2000余名运动员参加。

2002年4月20日至24日，第19届潍坊国际风筝会在潍坊举行。时任全国政协副主席孙孚凌，时任副省长蔡秋芳，时任省政协副主席周鸿兴、张敏，以色列驻华公使欧慕然出席开幕式。本届风筝会突出发展节会经济，与2002年中国（寿光）国际蔬菜科技博览会等一起举办。

2003年4月20日至5月6日，第20届潍坊国际风筝会在潍坊举行。时任全国政协副主席张思卿、时任省人大常委会副主任曹学成、时任副省长陈延明、时任省政协副主席王久祜出席开幕式。来自25个国家和地区的110支风筝代表队以及5000余名中外来宾出席开幕式。本届风筝会首次由中央电视台、中国足协与潍坊市人民政府联合主办。除风筝放飞外，还举行了经贸洽谈会、旅游工艺品交易会、美食节、民俗游等活动。

2004年4月20日至5月7日，第21届潍坊国际风筝会在潍坊举行。时任全国政协副主席王忠禹、时任省人大常委会副主任曹学成、时任省政协副主席王久祜出席开幕式。时任副省长孙守璞、联合国教科文组织驻北京文化官员高桥晓女士分别在开幕式上致辞。来自21个国家和地区的114支风筝代表队以及近10万名中外来宾到会。

2005年4月20日，第22届潍坊国际风筝会开幕。来自马来西亚、澳大利亚、波黑、俄罗斯、法国、韩国、加拿大、以色列、日本、美国等20多个国家的代表队参加活动。本届风筝会还成功组织了首届世界风筝锦标赛、2005年全国风筝锦标赛、潍坊风筝大赛三大赛事。安排经贸活动23项，共签订合同项目147个，合同利用外资158亿美元。

3. 中国（曲阜）国际孔子文化节。中国（曲阜）国际孔子文化节于1989年创办，是融纪念、文化、旅游、学术、经贸于一体的大型国际性节庆活动，旨在纪念孔子对人类文化发展所作的杰出贡献，弘扬中华民族优秀传统文化，加强国际文化交流与合作。国际孔子文化节由联合国教科文组织、国家旅游局、国家广播电影电视总局、山东省政府、国际儒学联合会、中国孔子基金会、中华民族文化促进会等单位共同主办，济宁市政府、曲阜市政府承办。1989年，经国家旅游局和山东省人民政府批准，于每年9月下旬在孔子故里曲阜市举办中国（曲阜）国际孔子文化节。孔子文化节以浓郁的儒家文化特色，丰富多彩的文化旅游、经科贸活动，吸引了大批海内外嘉宾，形成了独特的风格和魅力，在海内外产生了广泛而深远的影响，被国家旅游局确定为国家级"旅游节庆精选活动"，被国际节庆协会评为"中国最具国际影响力的十大节庆活动"之一，被中国节庆产业评选活动组委会评为"中国十大人物类节庆活动"和"中国十大节庆活动"之一。

文化节期间，先后举办了全球联合祭孔、世界思想家巅峰论坛、世界儒商联谊大会、海外联谊会、海外孔孟颜曾圣人后裔恳亲联谊、国际儒学研讨会、东亚文化论坛等一系列国际性的文化交流活动，在海内外产生了重大而深远的影响。每年国际孔子文化节期间，都有外国政要和驻华使节、海外孔孟颜曾圣人后裔、港澳台同胞以及美国、德国、法国、日本、韩国、新加坡、澳大利亚等国家和地区的中外嘉宾前来参加。通过恳亲联谊、文化交流、经贸洽谈、观光旅游等，进一步密切了孔孟之乡与海内外的联系，使儒家文化与时代发展同步，与世界文化相互交融。通过举办国际孔子文化节，大大提升了曲阜、济宁以至山东的国际知名度和影响力，带来了越来越多新的经济增长点。

第六节　国际友城、友好事业蓬勃发展

1978—2011年，山东十分注重开拓、发展和巩固友城工作渠道。1979年，青岛市与日本山口县下关市建立友好城市关系，成为山东第一对友城。截至2011年末，山东已与世界上六大洲64个国家的383个地方政府建立了友城关系，其中省级友城59对、市级友城248对、县级友城76对，总数居全国前列。友城交流内容涵盖了政治、经贸、文化、科技、教育、环保等诸多领域，并建立了不同层次的友城交流合作机制，成为山东对外开放、开展国际友好交流合作的重要平台和渠道。

一、友协体制沿革

1977年7月11日，省委下发《关于建立对外友协山东省分会的通知》，决定建立中国人民对外友好协会山东省分会，由李子超兼任会长，丁韬任副会长，徐天瑞任秘书长。

1981年10月17日，国务院办公厅下发《关于中国人民对外友好协会的体制和领导关系的通知》明确，全国对外友协是全国性人民团体，与工青妇具有同样地位；由外交部代管；国务院和各部委电文、国务院举行的报告会和其他集会均直接发给和通知对外友协。

1987年后，在各省、自治区、直辖市及部分市、区、县设地方友协。

1987年，山东省人民对外友好协会（以下简称省友协）成立，在省外办增设友协办公室（处级），编制2人。

1996年6月5日，山东省人民政府办公厅关于印发山东省人民政府外事办公室职能配置、内设机构和人员编制方案的通知规定，对外友协工作处主要职责为接待来访的民间友好团体、组织和人士，组织民间友好交流团组的出访；协同有关单位通过民间渠道，开展对外交往与合作；办理省人民对外友好协会的日常工作。

1996年8月15日，中共中央组织部、人事部关于印发《中国人民对外友好协会机关参照〈国家公务员暂行条例〉管理的实施方案》的通知规定，全国对外友协参照《国家公务员暂行条例》进行管理。

2000年7月4日，山东省人民政府办公厅关于印发山东省人民外事办公室职能配置内设机构和人员编制规定的通知规定，设立省对外友好协会秘书处，处级建制，使用事业编制15名，可配处长1名，副处长2名。

2001年1月2日，全国对外友协下发通知明确，经中央、国务院和中央有关部门批准的全国对外友协的性质、地位、管理方式等规定：（1）全国对外友协是全国性的人民团体，和工青妇具有同样的地位；（2）由国务院领导联系，外交部代管；（3）全国对外友协指导地方对外友协业务工作；（4）不参加民政部门的社团登记；（5）参公管理。

2001年3月22日，省人事厅关于省安全生产委员会办公室等部门直属机构列入依照管理范围及设置公务员非领导职务的通知明确，省对外友好协会秘书处，设置调研员职位1个，助理调研员职位1个。

2002年1月19日，省委关于省对外友协理事会换届候选人的批复明确，省委原则同意省对外友协第三届理事会名誉会长、会长、常务副会长、副会长候选人名单。

2006年8月23日，中共中央组织部、人事部关于印发《工会、共青团、妇联等人民团体和群众团体机关参照〈中华人民共和国公务中共中央组织员法〉管理的意见》的通知明确，工青妇等使用行政编制或由中央机构编制部门直接管理机构编制的人民团体和群众团体参公管理，各地要统筹考虑。全国对外友协列为参公管理范围。

2007年12月26日，省委组织部、省人事厅《关于印发参照公务员法管理的省直事业单位名单的通知》明确，将省对外友好协会秘书处列为参照公务员法管理的省直事业单位（共45家）。

二、友城管理政策

1979年5月，时任全国人大常委会副委员长、中日友协会长廖承志率"中日友好之船"代表团访问日本，提议山东青岛市与山口县下关市结为友好城市。10月，双方正式签署协议，是山东与国外缔结的第一对友好城市。此后，全省上下积极开拓友城工作，制定了日趋完善的管理制度，友城工作得到较快和有序发展。

（一）友城工作的方针政策

全国友好城市工作由全国对外友协主管，外交部领导。山东开展友城工作的总方针是：态度积极，步骤稳妥；友好当先，注重实效。友城工作必须贯彻党中央对外政策，必须从我国实行的独立自主的和平外交政策出发，服从和配合国家总体外交。选择友城对象，应采取先交往、后结好，以山东为主、兼顾对方的工作方针。在友城交往中，要讲友谊、讲互利、讲实效。友城工作要加强归口管理，严格执行审批制度。开展友城活动，要坚持节约办外事的原则，人员互访费用采取对等原则。友好城市间不互设官方、半官方性质的常驻机构（经济实体或公司代表处除外），不互派地方政府常驻代表。

（二）友城的组织管理

按照外交部《关于友好城市工作若干规定》，全省友好城市工作由省外办主管，工作职责是：负责省级友城的结好工作和审核各城市结好计划并上报全国对外友协，审批各基层单位结好请示，认真制定和实施协议书及友城间的交流计划，组织好团组的出访和对方来访接待工作，承办友好城市间的联络和接待工作。

（三）友城的管理规定

1991年2月，外交部发文，调整友城结好国别政策。1992年11月，全国对外友协发起成立中国国际友好城市联合会，负责对全国的友城进行宏观管理。当年，全国对外友协下发《关于适当放宽友好城市间交往审批权限的通知》，适当放宽了友城间的人员互访、人才交流、经贸科技合作等方面的审批权限。1992年，经省民政厅批准，山东省国际友好城市交流事业基金会成立，省外办原主任石涛任会长；2005年6月27日，该基金会注销。1993年8月14日，外交部转发全国对外友协《友好城市工作管理规定》。《规定》明确了"友好城市"的定义、宗旨、工作方针及主管单位，对与外国建立友好城市的条件、程序以及友好城市间的人员交往及友好城市间的交流作出规定，对友好城市工作国别政策进行了阐述。省外办及时将《规定》转发全省各地，使全省友城工作进入规范化、法制化轨道。1994年12月，省政府办公厅转发省外办《关于国际友城交往实行优惠政策的意见》，提出各地各部门的对外贸易和经济技术合作项目，在同等条件下由友城间优先选择；引进先进技术与设备，应首先从友城渠道寻找和引进；国外友城来山东建立工业园区，在地点选用、资金配套等方面享有优先权等10条优惠政策，鼓励各地友城不断扩大相互间经贸、科技、文化等领域的实质性交流。1996年，根据时任国务院总理李鹏的指示，山东采取"统筹规划，总量控制，讲求实效，稳步发展"的审批原则，制定了友城发展的新措施。1998年9月，经省委、省政府同意，全省友好城市对外宣传工作研讨会在济南召开。外交部新闻司、国务院新闻办一局、全国友协友城办的负责同志参加会议。时任省委常委、宣传部部长王修智出席会议并讲话，对提高友城外宣工作的档次和水平提出明确要求。

2000年3月，外交部转发《友好城市工作管理规定》，修订了1993年的《规定》。2005年5月12日，《全国友协友好城市工作管理、审批办法》正式施行，友城审批工作的分工、程序更加明晰。

三、友城发展历程

纵观山东友城发展历程，根据历史背景、友城发展特点及其发挥的作用，可分为初步发展、跨越发展、稳步发展三个阶段。初步发展阶段尽管友城数量较少，但对全省的对外开放和友城工作的发展具有开创性意义；跨越发展阶段友城数量增加较快，友城间交流合作不断扩大，推动全省对外开放向全方位、高水平加快推进；稳步发展阶段友城工作从增加数量开始转向提高质量，友城的布局、管理日益合理化、规范化。

（一）初步发展阶段（1979—1990年）

1978年召开的党的十一届三中全会，为全国工作重心转向经济建设和实行改革开放奠定了基础，党中央采取了一系列权力下放和对外开放的政策和措施，极大调动了地方在对外交往中的主动和创造性，增强了各地与外国在经贸、文化等方面的交流，为我国民间外交提供了更加宽广的工作领域和活动舞台。1979—1990年，山东与日本、法国、澳大利亚、德国、美国等11个国家相继建立了28对友城，包括7对省级友城和21对市级友城。这一时期，90%的友城集中在经济实力强、技术先进的发达国家，大量的国外资金、技术和先进的管理经验通过友城注入山东，大批外国专家、学者、技术人员通过友城来到山东，对山东国际化和现代化的快速发展起到了重要的作用。

（二）跨越发展阶段（1991—2000年）

随着改革开放的深化，山东各城市经济实力的增强，友城工作迎来了"跨越发展阶段"。1991年初，山东召开了全省友城工作座谈会，研究制定了"全面恢复友城关系，发展以日本友城为重点的实质性交往，向西欧、北美、中国周边国家及第三世界迈进"的友城工作指导思想，主动走出去做工作，使受1989年政治风波影响的友城关系基本恢复了正常。1992年，国际上掀起"中国热"，山东的对外开放迈入史无前例的高速发展阶段，为友城工作创造了难得机遇。1993年，泰安肥城市与日本山梨县一宫町市正式结为友城，标志着山东县级友城实现了零的突破。山东友城不仅在发达国家继续增加，而且在一些重要的发展中国家也迅速建立。通过友城关系，结合"请进来"和"走出去"，山东对外交流不断扩大，国际合作不断提升，推动对外开放向全方位、高水平加快发展。

对日友城交流合作成果丰硕。山东与日本的9对友城关系发展日益密切，实质性交流合作取得可喜成果。山东与山口县的交往跨入了崭新阶段，双方互派新闻采访团，制作对方的宣传片在各自电视台播放，广受两省县民众关注和喜爱；山口县免费为山东培养环保技术研修人员，并与省环保局共同设立环保监测站；从山口县聘请的水稻专家毫无保留地将水稻栽培技术、病虫害防治及良种培育技术传授给山东科研人员，使山东水稻产量和质量上了新台阶；山东赴山口县研修水产技术的研修人员把在日学到的鱼糜制作技术带回省内，成功研制出中国第一代鱼糜产品；等等。

韩国友城从无到有，交流合作进入快车道。鉴于鲁韩地理位置近、在韩山东籍华侨众多、经济互补性强等地缘、人文优势，在中韩正式建交以前，鲁韩经贸、文化、人文等交流就已很活跃。1992年12月，庆尚南道副知事朴钟泽率团来访，与山东磋商结好协议书草案及经济、贸易、科技、文化、教育等一揽子交流计划。1993年9月，庆尚南道知事尹汉道率团来访，与时任省长赵志浩共同签署了建立友好省道关系协议书，鲁韩交流与合作自此进入快车道。

随着友城数量的不断增加，从20世纪90年代起，山东与东北亚部分发达国家间开展了以友城为纽带的多边合作，创新了友城合作模式，搭建了多边合作平台。山东省与日本山口县、韩国庆尚南道三方互为友城关系，1994年，由山东倡议建立了山东省—山口县—庆尚南道三方会谈机制，会谈每年一次，三方轮流举办，主要协调在体育、教育、环保、文物保护等方面的交流合作。这是山东创立并参与的第一个友城多边合作机制。

这一时期，除了与日韩等国家加强友城交往，山东与东南亚国家的友城交往也实现突破。1996年，山东与越南岘港市签署了《建立友好省际关系协议书》。

这一时期，与欧洲友城交往最频繁、成果最显著的是瑞典韦斯特曼省、德国巴伐利亚州、荷兰北荷兰省，与欧洲其他国家友城交往也在不断发展中，对非洲友城工作也打开了局面。1997年12月30日，中国和南非政府签署了建交公报，这是中国外交史上的一件大事。1998年11月，时任副省长宋法棠率团访问南非西开普省，双方正式签署了缔结友好关系协议书。这是中国、南非建交后，两国之间建立的第一对友城，也填补了山东在非洲地区的友城空白。

2000年9月，全国对外友协在北京国际展览中心举办了中国开展友城工作27年来的首次大型国际友城活动——"2000中国国际友好城市大会和中国国际友好城市交流展暨经贸洽谈会"。山东14个市地组团参展，同时邀请到15个外国友城代表团参会，展位面积、展会期间洽谈合作项目等都居各省市前列，较好地展示了山东改革开放以来友城工作的成果，受到全国对外友协及与会人士的好评，达到了宣传山东、广交朋友、增进友谊的目的。参展期间，与国内外客商达成经贸合作协议近50项，协议金额近2亿元人民币。

（三）稳步发展阶段（2001—2011年）

随着我国综合国力的不断增强，中国在更大范围、更深层次参与了全球经济技术合作和竞争，国际影响力不断上升，主动寻求合作的外国城市也越来越多，友城工作也得到了国家领导人的关怀和重视。这一时期，山东友城工作既迎来了良好发展机遇，也面临新问题新挑战。随着山东综合实力的增强，对外交往工作正由过去"有求于人"的被动局面向"有求于我"的主动局面逐渐转变。欧美发达国家的多位地方政府领导人主动来访，寻求合作，如美国佐治亚州州长、加拿大魁北克省省长、澳大利亚南澳州州长等。友城对山东的期望值大幅上升，要求山东在应对自然灾害、发展友城经济、促进人文交流等方面提供更多的贸易机会和更好的投资环境。山东友城工作按照中央和省委、省政府要求稳步推进。

这一时期，山东省与澳大利亚南澳州务实合作不断深化，成为山东友城工作典范。2010年9月，时任省长姜大明率团访问澳大利亚，深化了友好合作关系。2011年4月，南澳州州长迈克·兰恩率团访问山东，出席了山东省与南澳州结好25周年纪念大会，赠送了纪念物——"智者乐水"雕塑。

2002年1月30日，由山东和巴伐利亚州领导人共同倡议的"五国友城（中国山东省、德国巴伐利亚州、奥地利上奥州、南非西开普省和加拿大魁北克省）领导人会议"在德国慕尼黑召开，五省州领导人就可持续发展问题进行了深入研讨，在人口、教育、资源、环境保护等方面达成了共识，并发表了联合宣言。友好省州领导人峰会自此发展成为机制，现有山东省、德国巴伐利亚州、奥地利上奥州、南非西开普省、加拿大魁北克省、巴西圣保罗州和美国佐治亚州7个正式成员，每两年举行一次主题会议，7个成员轮流举办。自2002年举办第一次峰会至2011年，已成功举办5次，峰会机制促进了合作交流，提高了地区实力。

2003年4月，巴伐利亚州州长、德国基督教社会联盟党主席施托伊伯率团来访，在北京与时任国务院总理温家宝会见，在济南与山东主要领导举行了工作会谈，进一步加深了两省州友好关系。2004年11月，巴伐利亚州赛德尔基金会代表团访问青州，出席了"中德合作土地整理与农村发展培训中心项目"落成典礼及农村发展研讨会。2005年4月，巴伐利亚州经济、基础设施、交通和技术部部长威斯豪耶率巴州政府及经济代表团访问青岛、济南等地，出席了"中国青岛德国周"和山东荷德鲁美特表计有限公司投产仪式，与有关部门洽谈了利用德国政府贷款在山东兴建水处理工程项目等。2007年7月，为庆祝双方建立友好城市关系20周年，山东省与巴伐利亚州共同举办了"山东—巴伐利亚经贸洽谈会""山东文化周""中德农村可持续发展研讨会""中德高等教育合作研讨会"等十几项活动。2008年4月，巴伐利亚州议会议长、赛德尔基金会副主席格吕克一行访问山东，协商了进一步推动该基金会在山东开展的项目等事宜。2010年，山东省与巴伐利亚州共同签署了《山东省与巴伐利亚州建立战略伙伴关系协议》，确定政府、议会及农业、农村发展、食品、服务业、城市可持续发展、先进制造业等为优先合作领域。

四、山东"荣誉公民"和"人民友好使者"授予工作扎实推进

改革开放以来，来鲁旅游、工作、投资兴业的外国人不断增加，其中部分外国友人长期对华友好，为山东省经济社会发展和对外交流作出了突出贡献。为鼓励和争取更多外国友好人士投身山东省经济社会发展，山东省设立了授予外国友人的"山东省荣誉公民"和"山东省人民友好使者"称号。

（一）"山东省荣誉公民"

1990年12月，省对外友协转发了全国对外友协《关于授予外国友人荣誉称号的暂行规定》。1994年初，根据山东省实际情况，省对外友协制定了《关于授予外国人荣誉

称号暂行规定的通知》。1994年11月，省政府下发了《山东省人民政府印发〈关于授予外国友人"荣誉公民"称号规定〉的通知》，加大了对山东省荣誉公民和各市荣誉市民工作的管理力度，标志着"山东省荣誉公民"管理工作迈上了规范化道路。2010年4月16日，省政府再次修订《关于授予外国友人荣誉公民称号的规定》，明确该称号是山东省授予外国人的最高奖项，具体工作由省外办负责。

"山东省荣誉公民"称号授予工作始于1994年，截至2011年底，共向日本、德国、韩国、美国、澳大利亚等19个国家的73位外国友人授予了该称号。其中有德国经济部前副部长、北荷兰省省长等政府高官，也有斗山工程机械（中国）有限公司总经理、尔沃建筑设备高级副总裁等企业家，还有专家、学者、科学家等，他们长期坚持对华友好，对鲁友好，不仅为山东省经济社会发展作出了突出贡献，而且极大促进了山东省的对外交流工作。

（二）"山东省人民友好使者"

为进一步加深与世界各国人民间的友谊，壮大民间友好人士力量，2009年1月9日，省对外友协印发《授予外国友人"山东省人民友好使者"称号的规定》，明确"山东省人民友好使者"称号是对"山东省荣誉公民"称号的补充，授予范围更为广泛，更具有民间性。截至2011年底，省对外友协共向美国、韩国、日本、加拿大等17个国家的43位外国友人授予"山东省人民友好使者"称号。

自2009年起，"山东省荣誉公民"和"山东省人民友好使者"称号开始集中申报授予，每两年一次。

（三）"山东省荣誉公民""山东省人民友好使者"事迹

帮助沂蒙山区脱贫的德国博士邵若泰。1988年起，中德两国政府决定在沂蒙山区开展"中德合作山东粮援项目"，邵若泰博士就是德国派到山东的项目协调员，主要负责代表德方管理外汇资金，监督粮援基金的管理和使用，协调中德双方关系。邵若泰博士工作严谨认真，吃苦耐劳，年过半百的他一年中约有一半的时间要在蒙山沂水的沟壑丛林中度过，夏天蚊虫叮咬，冬天没有暖气，有时候只能靠面包和矿泉水充饥。到2000年，该项目已解决120多万人口和91万牲畜的饮水问题，治理水土流失6.6万公顷，修路2780多公里，架设供电线路1120多公里，大大改善了山区人民的生产和生活条件，扶持区域实现基本脱贫。1996年，省政府授予其"山东省荣誉公民"称号，1998年德国政府授予其"德国最高荣誉勋章"。

中日民间友好人士田中富治郎。田中富治郎是日本名古屋妙香园株式会社社长，长期从事中日民间友好工作，他多次到山东考察，对山东人民有着特殊感情。1998年，他无偿捐资7000万日元，在单县修建了中日友好惠光中学和中日友好惠光公园。1999年，山东省授予其"山东省荣誉公民"称号。此后，田中富治郎先生继续向山东省捐资，累计向单县捐资达1亿日元（约合人民币700万元）。2000年，再次捐款1亿日元在济南千佛山公园兴建了"中日友好弥勒佛园"，成为山东与日本友好交往的象征。

（四）有关启示

一是高度重视授荣工作，将授荣工作同招才引智工作相结合，提升授荣工作水平。"山东省荣誉公民"和"山东省人民友好使者"称号获得者，都是本国、本地区有较高影响力和地位的外国友人，其不仅拥有广泛人脉资源和影响力，而且是某领域掌握国际先进水平的专家，他们对华友好、热爱山东，是海外人才的领军人物。授荣工作是一项高尚又神圣的工作，既是对那些为山东作出贡献的外国友人的肯定，也是对他们的感谢，做好授荣工作，有利于发挥获荣人士的"头羊效应"，对推动山东省招才引智工作起到事半功倍的作用。应提升授荣工作水平，加大对获荣人士的关怀，争取在工作和生活上为其提供政策便利和鼓励措施，不断扩大授荣工作影响力和宣传力度。二是"荣誉公民""人民友好使者"获得者都是山东人民的朋友，他们了解山东、热爱山东，支持和服务山东经济建设与社会发展，在各领域发挥了积极作用，与山东结下深厚的友谊。应充分发掘和用好这一珍贵的"外来资源"，争取国际对中国发展的理解与支持，扩大山东省国际影响力。美国的巴里·贝克是一位有着浓厚中国情结的律师，1986年东营市与美国米德兰市结为友城之后，自1988年起，巴里·贝克就一直担任米德兰—东营姊妹城协会会长。1989年"六四"政治风波后，西方国家联合制裁中国，而巴里·贝克却不顾西方对华制裁，于1989年选派2名米德兰青年到东营学习汉语、教授英语。这两名青年把在东营及中国的见闻告诉了家人和朋友，让他们了解到了真实开放的中国。巴里·贝克还自筹经费先后多次到东营市访问，推动双方交流，宣传我国改革开放成就，对消除部分美国人的冷战思维发挥了作用。

第七节　维护涉外安全稳定不断加强

随着改革开放的日益深化，山东与各国交流合作的不断加强，涉外管理的工作范围、职责、活动不断扩大，呈现多样化、复杂化、规范化和制度化的特点。特别是2001年以后，我国正式加入世界贸易组织，对外开放进入了新的历史阶段。面对新形势带来的新情况、新问题，全省外事系统深入贯彻落实党中央关于加强党对外事工作的集中统一领导的要求，完善工作机制体制建设，坚定不移服务山东省经济发展及社会稳定。山东外事不断加强在鲁外国人管理、外国驻鲁领事馆管理，持续稳妥做好涉外和领事保护案（事）件处置，在重要节点和领域守牢外事底线，维护涉外安全稳定不断加强。

一、加强在鲁外国人管理

改革开放以来，随着山东对外交往的逐步恢复，越来越多的外国人开始来鲁学习、交流和工作，省外办结合山东实际，紧跟时代潮流，针对外国专家管理、境外非政府组织管理、外国人来华邀请、国际会议管理、丰富和服务外国人在鲁生活等方面制定了一系列的体制机制和活动规章，不断规范在鲁外国人管理，使其为山东的文教、科技、经济等方面的发展作出更多的贡献，有效服务了山东省涉外安全稳定大局。

（一）外国专家管理

山东是聘请外国专家较早、聘请数量较多的省份之一，尤其改革开放以后，山东聘请外国专家工作全面展开，经济专家和文教专家明显增多。为激励在鲁外国专家的工作热情，进一步宣传山东投资环境，扩大对外影响，1994年，经省政府同意，省外办将每年5月第二周的周末定为"山东省外国专家日"，届时各地市根据实际情况组织外国专家举办多种形式的庆祝或娱乐活动。为提高各单位对做好聘请外国文教专家工作重要性的认识，进一步规范外专管理工作，省外办自2001年起开始举办全省聘请外国文教专家单位资格年检会议。2002年，为全面提高外国专家管理工作的质量和效率，建立政治过硬、业务熟练、严守外事纪律的外专管理干部队伍，确保外专工作的连续性和管理队伍的稳定性，决定在山东省实行外国文教专家工作"专办员"制度，即对资格单位推荐的外专管理人员进行业务培训，发"专办员"证，建立培训档案，专办员要持证办理聘请外专的相关手续。随着山东省聘请外国文教专家工作原有的管理范围及内容日益扩展，为对原有的管理体制进行进一步的充实和规范，2002年，省外办根据国家外国专家局等有关部门文件精神，制定《聘请外国文教专家单位资格认可暂行管理办法》，规定了聘请外国文教专家单位资格的申请、审批、年检及注册等事宜，加强了对聘请外国文教专家单位的管理。

（二）境外非政府组织管理

中央于2005年成立加强境外非政府组织在华活动管理工作部际联席会议机制，为做好省内境外非政府组织管理工作，山东省成立加强境外非政府组织在鲁活动管理暨我民间组织参与涉外活动管理工作联席会议机制。在2006年由省外办牵头，联合省公安厅、省安全厅、省民政厅等有关部门成立"加强境外非政府组织管理工作联席会议"小范围协调机制（以下简称机制）。机制不定期召开会议，通报境外非政府组织在鲁活动普查摸底情况，学习中央有关文件精神及省领导批示，讨论进一步加强管理的措施。为进一步做好全省境外非政府组织管理工作，2007年，省外办督促各市均建立了由市领导任召集人、市外办牵头的"加强境外非政府组织管理工作联席会议"协调机制，并建立了由市外办、市公安局、市安全局、市民政局等有关部门组成的小范围协调机制，从机制上确保境外非政府组织活动管理工作的正常展开。利用此机制，省外办会同有关省直部门及各市外办对全省民间组织、高等院校、社科机构的涉外活动情况进行了摸底调研，充分掌握了山东省民间组织及高教社科类机构参与国际非政府组织活动的情况，明确了管理重点。为进一步适应时代发展，2010年，省外办研究出台《加强境外非政府组织在鲁活动管理暨我民间组织参与涉外活动管理办法》，并与该项工作取得突出成效的云南、四川外办加强沟通与学习，共同建立《管理工作信息交流机制》，不断加强山东省境外非政府组织管理。

（三）外国人来华邀请

改革开放以来，省外办遵循"集中领导、归口管理、分级负责、协调配合"原则，严格按照国家有关规定对全省对外邀请工作进行管理。为规范山东省邀请外国人来华工作，加强对来华外国人的管理，2001年，省外办根据党中央、国务院及外交部等有关文件精神，制定《关于邀请外国人来华若干问题的暂行规定》，明确了外国人来华邀请的管理主体及适用对象、外国人来华邀请的审批程序及报批事项等一系列内容，提高了山东省外国人来华邀请工作的质量和效率。为顺应时代发展，进一步加强邀请外国人来华管理工作、明确各被授权单位职责，2011年，省外办根据外交部相关文件要求，结合山东省实际，制定《山东省〈关于被授权单位办理邀请外国人来华手续的暂行管理办法〉实施细则》，进一步细化和规范了山东省外国人来华邀请工作。

（四）国际会议管理

为加强对在山东省举办国际会议的管理，2001年，省外办根据党中央、国务院及省委、省政府有关文件精神，制定《关于在我省举办国际会议的管理规定》，明确了山东省举办国际会议须具备的前提条件、会议报批程序及举办会议的相关要求等，有效规范了山东省举办国际会议相关工作。

（五）丰富和服务外国人在鲁生活

为丰富驻鲁外国友人的生活，加强对山东的了解，2005年，省外办举办"外国友人看山东"活动，该活动组织评审（作品以摄影照片的形式），由省领导亲自颁奖，颁奖后参加国庆招待会。该活动增强了外国友人对山东的热爱，促进了中外文化交流。随着对外交流合作的不断深入和发展，越来越多的外国人来鲁进行职业培训，继而出现个别培训单位片面追求经济利益，忽视有关政策规定和管理的问题。为进一步加强管理，做好在鲁外国人服务工作，维护我国家安全和社会稳定，2011年，省外办制定《关于加强外国人来鲁职业培训工作管理的通知》，严格规范了山东省外国人在鲁职业培训工作。

二、做好外国驻鲁领事馆管理工作

领馆管理的主要依据是《维也纳领事关系公约》（以下简称《公约》）、中外双边领事条约、中国相关法律和规定以及国际惯例。《公约》于1963年4月24日在维也纳签订，就领馆定义、领事官员分类、一般领事关系、领事官员及其他领馆人员的特权等进行了规定，并于1967年3月19日生效。中国于1979年7月3日加入该公约，自1979年8月1日起公约对中国发生效力。1994年韩国在青岛设立总领事馆，这是中华人民共和国成立后，外国在山东设立的第一家领事机构。2009年，日本驻青岛总领事馆开馆，这是新中国成立后第二家在山东设立的外国总领事馆。

（一）韩国驻青岛总领事馆

1994年9月，韩国驻青岛总领事馆在青岛正式开馆，韩国外交部相关人员及韩国驻华公使专程赴青岛参加开馆仪式，省有关方面及韩国驻青岛商社代表等200余人参加开馆仪式。建馆后，韩国驻青岛总领事馆共进行了3次迁馆，分别在2001年5月、2004年6月以及2006年4月。韩国驻青岛总领事馆举办、参与了许多重大活动，如2000年，在胶州举办韩中经济文化遗址交流活动；2004年，韩国驻华大使参加在青岛举行的亚洲合作对话会议；2005年，总领馆与山东省政府在青岛共同举办第一届中韩8+8城市会议。

（二）日本驻青岛总领事馆

2009年1月，日本驻青岛总领事馆在青岛市正式开馆，这是外国在山东设立的第2家总领事馆，也是日本在中国设立的第7家总领事馆。日本现在在中国设立有6家总领事馆，其他5家分别设在上海、沈阳（另有驻大连办公室）、重庆、广州和香港。

三、在重大社会事件中守牢涉外安全

除持续稳妥高效处理日常外事工作外，在一些重大社会事件发生时，省外办做到立即响应，紧贴形势所需，针对不同事件范畴制定简洁有效的临时方针政策、工作规章及制度机制，为做好"非典"防治工作，北京奥运会、广州亚运会期间涉外维稳工作提供了坚实的保障，切实有效地巩固了山东省在面临重大社会事件时的涉外安全防线。

（一）在"非典"防治中做好外事工作

为做好山东省"非典"防治工作，进一步落实好上级部门关于"非典"防治工作的精神和要求，2003年，省外办印发了《关于进一步落实非典型肺炎防治工作的通知》，对在"非典"防治中做好外事工作提出了具体要求，同时印发了"非典"对外表态口径、消毒指南及预防注意事项等，并向各市外办印发《关于驻鲁外籍人员"非典"防治应急处理预案》，指导其稳妥做好本地区驻鲁外籍人员的"非典"防治工作。

（二）筑牢北京奥运会期间山东省涉外安全防线

为妥善处理奥运期间发生在山东省内的各类涉外案（事）件，2008年，省外办根据有关文件精神及要求，制定《山东省奥运期间涉外案（事）件处置预案》。规定了适用范围及处理原则，成立了临时指挥体系与工作机制。成立省外事工作领导小组、省奥运工作领导小组，负责统一领导、协调和指挥；成立由省外办牵头，有关部门和单位参与的涉外案（事）件厅际联席会议机制，根据上级处理意见和要求，协调、指导有关方面依法妥善处理，并且在联席会议机制基础上建立24小时应急联络机制，确保案（事）件发生后立即响应；省、市各有关部门和各高等院校成立涉外案（事）件工作小组；各市成立市委外事领导小组负责协调指挥，由市外办牵头成立本市涉外案（事）件处理联席会议，负责做好涉外案（事）件具体处置工作。

（三）做好广州亚运会期间山东省涉外安全工作

为保证广州亚运会和亚残运会顺利进行，保障人民群众生命财产安全及外国在鲁人员和机构安全，2010年，省外办制定了《山东省亚（残）运会期间涉外突发案（事）件处置应急预案》，明确了适用范围及处置程序，成立了临时指挥体系与工作机制。省外办成立亚运工作领导小组，统筹协调亚运涉外应急工作，下设涉外组和新闻组，负责执行具体工作。亚运会期间建立24小时值班制度。

四、持续稳妥做好涉外案（事）件处理及海外领事保护

随着外国人来鲁经商、旅游、学习、探亲和工作的人数与日俱增，各类涉外案（事）件数量逐步上升，涉及范围越来越广，案情也越来越复杂。进入21世纪以来，由于经济的不断发展，山东省出国务工、留学、经商和旅游者逐年增加，境外涉山东省人员和机构的案件相应增加，海外领事保护工作逐步成为山东省外事工作的一项重要内容。省外办在坚守外事底线的同时开拓进取、守正创新，根据不同的形势制定个性化的制度机制，持续稳妥地做好山东省涉外案（事）件处理及海外领事保护工作。

（一）稳妥处理涉外案（事）件，筑牢涉外安全防线

1995年，省外办印发《关于处理涉外案件若干问题的规定》。为加强协调、提高效率，及时、妥善处理和解决重大涉外案（事）件，山东于1996年建立了由省外办、省

高级人民法院、省检察院、省公安厅、省司法厅、省教育厅、省民政厅、省劳动与社会保障厅、省海洋与渔业厅、省监狱管理局、海关、省边防局等有关部门参加的涉外案（事）件工作联席会议机制，该机制为妥善处置山东省各种涉外案（事）件、维护良好涉外环境，发挥了重要议事平台作用。随着外国来华人数日趋增多，为做好涉外案（事）件的预防性工作，保障外籍人员在山东省的安全，维护山东省政治稳定和社会安定的大局，1998年，省外办印发《关于做好外籍人员安全工作的通知》，对做好山东省外籍人员安保工作做出具体要求。为进一步明确处理涉外案件的有关问题，加强协作与配合，2002年，省外办根据《关于处理涉外案件若干问题的规定》，结合山东省实际，制定《〈关于处理涉外案件若干问题的规定〉的实施细则》，规定了涉外案件的详细处置程序，为高效稳妥处置山东省涉外案件提供了更明确的制度依据。

（二）做好海外领事保护，维护山东省公民和机构合法权益

为切实保护境外山东省人员、机构的安全和合法权益，及时妥善处理有关重大事件，2005年，省政府决定由省外办牵头，会同有关部门，建立境外山东省人员和机构安全保护工作联席会议制度，统一指挥、协调重大事件的处置工作，并要求各地市、各有关部门和单位结合各自实际，研究建立本地区、本部门、本单位出境人员和驻外机构安全保护应急机制，制定工作预案。坚持"谁派出，谁负责"的原则，由派出单位负责处理善后事宜，无派出单位的，要根据"属地原则"，由当事人户籍所在地政府负责处理善后事宜。典型案例有：

1. 2003年，39名山东省劳工（青岛即墨籍）以旅游、探亲为由持因私护照被骗赴老挝，滞留11个月未挣分文，生活无着落，请求我驻老挝大使馆早日安排回国。在使馆协助下，其中21人分批自行回国，最后18人因家庭无力资助，使馆要求派员接送。根据省领导批示，在青岛市外办和公安局9人接待陪同下，最后18人也安全抵达青岛。

2. 2008年，在俄罗斯布拉戈维申斯克市务工的日照市89名工人，因未能按时领到工资，生活陷入困难，工人们向日照政府求助。89名工人在2008年3、4月分别由岚山区虎山镇相加结庄村村支部书记陈某组织到俄罗斯布拉戈维申斯克市从事制砖生产。砖厂由日照振兴房地产公司投资兴建，陈某组织生产并根据产量领取劳务费支付工人工资。5月，因砖厂生产达不到数量要求，陈某未能领到足够劳务费用，工人工资被迫停

发，工人们身无分文，多数人情绪激动，酝酿要进行游行、示威。省外办对此高度重视，即与我驻巴罗夫斯克总领馆取得联系，同时与省外经贸厅、省公安厅沟通情况，协商研究，并与日照市政府共同提出应急处理意见。经有关各方反复做工作，日照89名工人情绪稳定，未作出任何过激行为并顺利回国。

第八节 各市外事工作异彩纷呈

一、济南外事工作回顾（1978—2011年）

1978年，随着党的十一届三中全会的召开，我国开启了改革开放历史新时期，这为地方外事工作创造了新机遇。济南外事工作紧密服务国家总体外交和济南市经济社会发展，日益成为推动济南市现代化建设的一支重要力量。

改革开放时期，济南市外事工作加强政策指导与宏观管理，努力构建"大外事"格局，为市民开启了放眼看世界的窗口，为企业搭建了对外合作的平台，提高了济南市社会各界的对外合作水平。与此同时，济南市对外交流渠道不断拓展，先后与17个国家的18个城市建立了友好城市关系，与8个国家的11个城市结为友好合作关系城市，友好交往覆盖五大洲。

（一）旗帜鲜明讲政治，加强党对外事工作集中统一领导

济南始终坚持以党的方针政策为指引，加强党对外事工作的集中统一领导，以市委外事工作领导小组统领全市对外交往工作，谋划全市重大外事活动及招才引智等涉外工作，持续推进济南市对外开放和城市国际化向纵深发展。外事部门整合全市外事资源，先后建立了外事部门牵头、有关部门参与的制止公款出国（境）旅游专项工作联席会议、涉外突发紧急事件应急处置、外国记者管理工作联席会议和境外非政府组织在济南市活动管理联席会议等机制。通过召开全市外事工作会议、召集联席会议、举办出国专办员培训班等形式，进一步加强了部门间的横向沟通与配合，较好地维护了济南市的正常对外交往秩序和社会稳定。

（二）积极谋划主动作为，服务国家总体外交呈现新亮点

地方外事工作是党和国家对外工作的重要组成部分，济南外事在服务国家总体外交中发挥了更好作用，展现了更大作为，扛起应有的责任担当。1993年以来，济南外事日趋活跃，来济外宾逐年增多，呈现"三多一广"的显著特点，即高规格来访团组多，党团、议会交流多，文化、教育、体育交流多，来访人员领域广。其间，来济参观访问的国家领导人29人，部级官员带队的代表团62批580余人次，较重要的政党代表团48批354人次，其中外国政党领袖17人。接待外国驻华使节代表团140批1380余人次，文化、教育、体育代表团88批3220余人次，经贸科技代表团63批690余人次。济南在政治、经济、科技、文化、教育、体育、卫生诸方面的对外交往，均进入前所未有的蓬勃发展阶段。2009年胡锦涛主席在济南会见国际奥委会主席罗格，共同出席全运会开幕式。

（三）发挥友城主渠道作用，积极开展对外交流合作

济南外事注重发挥友城对外交往主渠道作用，紧紧围绕全市中心工作，全面推行"一计划、两台账"建设，与友城展开机制性务实交流活动，努力实现外事与全市重点产业合作对接，与构建全市现代工业体系、新型城镇化建设、繁荣发展服务业密切结合起来，积极推动建设省会公共外交"国际朋友圈"。

市人大常委会先后批准发展了日本和歌山市、山口市等首批友好城市，英国考文垂市、美国萨克拉门托市、以色列卡法萨巴市、乌克兰哈尔科夫市等城市先后与济南建立了友城关系，截至2011年12月，济南市友好城市和友好合作关系城市共29个，遍布世界主要国家和地区。稳步推进"友城来华留学生奖学金"项目，日益成为济南联通友城的纽带。培育了万达经贸洽谈会、山口经贸洽谈会等一批"小而美"的交流项目。友城及友好合作关系城市进一步提升了济南对外开放水平，全面推进了济南与友城在经贸、金融等相关领域的深入合作，有效拓展了济南国际合作空间。在园博会、旅交会、信博会等大型涉外活动中，先后邀请友城或友好合作关系城市万余人次的重要外宾来济参加活动。推动与芬兰万达市、法国雷恩市等友城共同建立了高科技伙伴园区；与国外友城开展了多批次的公务员交流项目，配合全市落实"5150"引才计划，吸引留学博士、硕士等高层次人才来济创新创业。通过与友城开展高层互访和媒体交流等一系列活动，对外广泛宣传了济南的资源优势、投资政策、发展环境及成就。济南鼓子秧歌等一批优秀

文化项目走出了国门，市杂技团、市青少年宫等诸多文化单位交流合作日益广泛，较好宣介了济南，提升了济南国际形象。

广泛开展民间友好交往，加强与全国对外友协联系，推动济南加入世界城市和地方政府联合组织（UCLG），搭建省会国际合作新平台。主动加强与各国对华友好组织、文化、经济团体及友好人士交流，不断开拓对外民间友好渠道。加强与英国考文垂商会、德国奥格斯堡德中友协等民间团体交往，推动了济南与其在教育、医疗、卫生等领域的合作；与日本和歌山市、德国奥格斯堡市等友城开展市民互访交流；建立友好校际关系，开展与国外友好学校互派师生、民宿交流；协助省、市有关部门在法国、澳大利亚、佛得角等地开设孔子学院、孔子学堂。

（四）加强外事综合归口管理，深入拓展外事服务新领域

济南外事部门创新工作方法，争取外交部等上级部门支持，为更好服务全市"走出去、请进来"战略，积极想办法、破难题。进入新世纪，在上级部门大力支持下，济南市获得因公护照颁发权和签证自办权并开办了相关业务，通过直接向各国使领馆申办因公签证，进一步减少了中间环节和办理费用，大大提高了工作效率，受到社会各界的一致好评。为满足越来越多的企业和公民"走出去"的需要，济南外办积极探索开展领事认证和因私签证代办业务，2010年，外交部充分肯定济南开展领事认证代办业务取得的成绩，授予了济南市领事认证自办权。2007年，济南外办根据APEC商务旅行卡可自由出入21个APEC经济体成员、通关快捷、无需签证的特点，主动深入企业宣传和推介，为企业及时"走出去"开展对外合作提供了极为便捷的绿色通道。外事部门积极推行政务公开和服务承诺制度，努力为出国团组提供优质高效服务。

（五）讲好济南发展故事，着力提升城市国际化水平

济南外事积极打造公共外交平台，提升泉城知名度美誉度。1992年，济南在往届金秋经贸恳谈会的基础上举办了金秋经贸洽谈会，除1993年外，连续10年成功举办，为全市招商引资、开拓国际市场发挥了非常重要作用。2004年10月20日，山东与世界500强企业合作战略峰会在济南举行，此次峰会由山东省政府主办，济南市政府及其他多家省市单位具体承办，实现了"交流、合作、对接、双赢"的目的，对世界500强企业在山东（及济南）拓展事业和山东（及济南）企业对外合作产生了良好效果。此外，2001年

开始的中国（济南）国际旅游交易会、2002年开始的中国（济南）国际信息技术博览会、2006年开始的济南国际儿童联欢节、2009年举办的第七届中国（济南）国际园林花卉博览会等，都已成为宣传济南、提高济南国际影响力的知名品牌，取得了较大社会效益和经济效益，为拓展济南与世界各国间的交流创造了条件。

（六）依法行政提升能力，外事管理服务表现新作为

1978—2011年，济南市不断强化外事工作归口管理，统筹全市涉外工作，管理更到位，服务更优化，为民更贴心。因公出国管理水平不断提升。推行因公出访"双标管理"，在全省率先设立服务发展专项计划，聚焦全市重点产业招商引资、招才引智，有力服务全市中心工作；设立出访绿色通道，鼓励园区、企业"走出去"，提供特事特办、急事急办配套服务；强化监管，落实因公出访行前行后会制度，提高因公出访效益。

涉外管理服务不断增强。打造"外事为民服务中心"和"济南企业海外安全交流培训基地"，有效服务企业、市民"走出去"；统筹全市与驻青日、韩、泰领馆的交往，妥善处置重要涉外案件、领保案件，维护了济南市涉外稳定；加大对国际会议的统筹和指导，一站式审批邀请外国人来华、国际会议初审通过率不断提高。

对外开放30多年，济南已由封闭走向开放，济南外事在构建和谐济南中所起的重大作用，古老的泉城所焕发出的现代之美，让它更具备现代化国际大都市的气息。"有朋自远方来，不亦乐乎"，开放好客的济南，将一如既往地结交四海宾朋，笑迎五洲客人。

二、青岛外事工作回顾（1978—2011年）

改革开放以来，青岛的对外交往实现了从无到有、到精、到准的转变。交往对象从被动"请进来"到主动"走出去"，国际友城发展对象从少数国家的一般城市逐步扩展到世界知名城市，友城布局不断完善，交往层次不断提高，交流内容日益丰富。交往目的从最初以服务国家总体外交为主，到服务国家和地方经济、社会、文化等全方位发展而进行有选择、有规划、有战略的交往。交往形式从浅层联系、间断性交往到建立持续性、常态化交流互访机制。青岛外事工作伴随着我国改革开放的进程，呈现从偶然到必然、从单一线性发展到全方位、多元化、立体化发展，从服务、服从到带动、引领全市对外开放工作的脉络和格局。

（一）发展历程

1. 初步发展阶段（1978—1991年）。青岛解放后，中国人民解放军青岛市军事管制委员会设立外国侨民事务处，最初职能是接受中央部署、为军队兵员的接待工作提供服务，后逐步转为负责青岛的对外交往、新闻宣传等工作。1978—1991年间，青岛在对外开放、来访接待及新闻宣传工作上逐步崭露头角。

（1）友好城市工作初步展开。1979年10月，在时任全国人民代表大会常务委员会副委员长廖承志的牵线下，时任青岛市革命委员会主任刘众前率领青岛市代表团访问日本下关市，10月3日，刘众前与时任下关市市长泉田芳次共同签署了《青岛市和下关市友好城市协议书》，青岛市与日本山口县下关市正式结为友好城市。青岛与下关的结好是中日邦交正常化以来，中国与日本建立的第十三对友好城市，也是青岛市以及山东省对外缔结的第一对友好城市。

除下关外，1985年，青岛分别与美国长滩市及墨西哥阿卡普尔科市建立友好城市关系，以经济合作为契机寻求两市的友好交流和共同发展。整体而言，由于对外开放尚处初始阶段，这一时期友城缔结数量较少，主要集中于少数国家和城市；在交流形式上，以制定年度交流计划、对等互派交流团为主，深度和实质性的经济合作尚未展开。

（2）外事工作启动。这一时期的对外交往以接待访问和参观为主，主动"走出去"的活动数量较少。所接待的来访外国党政团体以一般性参观访问和休养度假为主，兼顾参观、考察青岛改革开放和经济社会发展、人民生活等。一些社会主义国家政党，也开始来到我国学习中国共产党发挥基层党组织作用、开展企业改革和农村改革等方面的经验和建设成就。这期间，青岛对外开放范围进一步扩大，逐步形成了能够反映全市政治、经济、文化和社会发展状况，具有地方特色的对外宣传窗口。

2. 全面展开阶段（1992—2001年）。1992—2001年，青岛外事工作全面展开，友城交往、外宾接待、国际会议、新闻宣传、领事工作等步入正规化、规范化轨道，开启了外事新篇章。

（1）友好城市工作全面展开。1992年，为推动国际友城工作，全国对外友协发起成立中国国际友好城市联合会，标志着我国的国际友好城市活动进入了统一协调发展的新阶段。1992—2001年期间，青岛市先后与乌克兰的敖德萨市、韩国的大邱市、以色列的耐斯茨奥纳市、荷兰的维尔森市、英国的南安普敦市以及智利的蒙特港市结为友好城市。在发展双方友谊的同时，注重开展在政治、经济、科技文化、卫生体育和人才培养等各领域的交流与合作。

（2）高层互访启动。伴随我国的对外开放和经济建设的快速发展，青岛外事工作发生了很大变化。一是来访规格提高，团组数量有较大增加；二是来访目的性强、涉及面广，经贸领域合作成为来青访问的主要目的。1992—2001年间，共接待尼泊尔、新加坡、刚果等多个国家和地区党宾来访、政府首脑来访、国家元首来访等20余次。与此同时，青岛外办也积极组织青岛市委、人大、政府、政协有关负责人率团出访日本、韩国、新加坡、马来西亚、美国、加拿大等国，有力推动了青岛市外向型经济发展。

（3）举办大型国际会议提高城市影响力。1995—2001年期间，青岛市开始承办大型国际会议，共举办了6次国际会议。其中有代表性的会议有：1995年2月，青岛举办了中日友好21世纪委员会第十次全体会议，会议讨论了教育、文化、地方、青少年友好交流等议题，从民间交流视角增强中日两国关系的民意基础。1998年10月，青岛举办了"国际海洋生物工程学进展与展望"学术会议，共有206名代表参加会议，会议重点研讨发展中国家海洋生物工程学未来的发展趋势、重点发展领域等问题。这一期间，青岛外办承办的国际会议，以专业性、专题性会议为主，对提升青岛市国际化形象、带动城市经济发展起到积极推动作用。

（4）领事工作取得重要突破。1992年我国与韩国建交后，青岛作为改革开放前沿和对韩贸易主力城市，与韩国在政治、经济、文化等方面的交流与合作呈倍增式增长态势，与之相对应的领事工作也取得突破性进展。韩国驻青岛总领事馆的设立，成为这一阶段外事工作的典型事件。1994年9月，韩国在青岛汇泉王朝大酒店正式设立大韩民国驻青岛总领事馆，成为韩国驻华大使馆下属的6个总领事馆之一。韩国驻青岛总领事馆，是新中国成立后在青岛设立的第一家外国驻青领事机构。

3. 深化完善阶段（2002—2011年）。进入21世纪，青岛改革开放战略深入实施，取得了空前成就。与此同时，我国的外交关系也正面临复杂多变的国际形势。这一时期，青岛外事工作的深度广度迅速提升，成为国家外交大局中的重要节点，成为全市政治、经济、社会、文化等多个领域密不可分的有机组成。

（1）遍及全球的友好城市网络基本形成。这一时期，青岛与12个国外城市建立了友好城市关系，包括乌拉圭的蒙得维的亚，立陶宛的克莱佩亚，西班牙的毕尔巴鄂，法国的南特、布雷斯特，美国的迈阿密，毛里求斯的大港-萨瓦纳大区，俄罗斯的圣彼得堡市，泰国的清迈府，新西兰的奥克兰，巴西的维拉维利亚市，澳大利亚的阿德莱德市。

（2）充分发挥高层次外事活动的拉动作用。这一时期外事工作的主要内容有：一是为2008年奥帆赛残奥帆赛成功举办做好出访与接待工作；二是为国内大型企业"走出去"、国外500强企业"走进来"开展实质性经营合作搭建平台。此外，还包括高层互访、社会主义建设经验交流等工作。

（3）国际会议层次和综合性不断提高。进入新世纪后，青岛市参加并举办的大型国际会议数量大幅度增多，会议的层次逐步提高，举办会议的议题综合性增强，涉及对外交往、经济合作以及文化交流等多个方面。2004年6月，亚洲合作对话（ACD）第三次外长正式会议在青岛召开。此次会议上，温家宝总理发表了题为《共同推进新世纪的亚洲合作》的主题演讲。会议通过并发表了《亚洲合作宣言》和关于能源合作的《青岛倡议》，并决定吸收蒙古国、阿联酋和伊朗作为ACD的新成员。会议期间，温家宝总理和李肇星外长出席会议并会见了22国外长。BBC、路透社、法新社、美联社、朝日新闻、日本广播协会（NHK）等外国（境外）媒体38家采访。

2005年8月，中国—东盟名人小组首次会议在青岛召开。中国国务院前副总理钱其琛、马来西亚前副总理穆萨·希塔姆等中国及东盟十国的11位名人出席了会议。会议形成了《中国—东盟名人小组报告》的初步框架。

2011年5月18日，金砖伙伴城市会议在青岛成功举行。俄罗斯圣彼得堡市、巴西里约热内卢市、印度孟买市作为"金砖伙伴城市机制"成员应邀与会，会后各方共同签署了《青岛倡议》。此次会议就金砖伙伴城市建立友好合作交往机制、深化经贸合作、扩大人文交流等议题进行了深入交流。

（二）重要成果

1. 服务国家外交大局的手段更加丰富。改革开放以来，青岛市积极发挥区位优势，采取多种形式服务国家外交大局，获得好评。一是做好中央安排访青的重要外宾团组。从改革开放初期零星接待一般性参观考察团组，到现在的每年承接数百批包括重要党宾国宾在内的外宾团组，以地方城市为窗口，展现了我国改革开放发展成就。二是服务保障重大国际会议。进入21世纪后，从承办2004年亚洲合作对话（ACD）第三次外长会议、2008年奥帆赛残奥帆赛，到2011年金砖伙伴城市会议，青岛承接国家层面的外事活动数量越来越多、规模越来越大、规格越来越高。为服务国家外交大局作出了积极贡献，为青岛举办国际化盛会积累了丰富经验；既宣传提升了青岛在世界上的知名度、美誉度，也为全市各领域对外交流合作搭建了平台、开辟了渠道。

2. 服务城市发展的领域日渐增多。青岛作为我国东部沿海重要开放城市，与包括友城在内的国际城市在政治、经济、社会、文化、党际交往等各个领域的广泛合作全面展开，对外交往的速度和频率明显加快。服务全市经济建设和社会发展的内容日益丰富，经贸、科技、教育、文化、体育等各领域发展成绩斐然、亮点频出。缔结友好城市和友好合作关系城市的数量以及承办大型国际会议、节会和赛事的数量显著增长，外事出访和接待的频率明显加快，并呈现规划化、常态化发展态势。

3. 对外交往渠道不断拓宽。新中国成立之初，青岛市对外交往的范围，主要局限于对华友好的少数国家和地区；改革开放后，青岛对外交往的城市逐渐扩大到亚洲、欧洲、美洲、大洋洲等国家的主要城市，青岛的国际"朋友圈"逐步扩大。截至2011年底，青岛共有友好城市19对、友好合作关系城市34对，友好足迹遍及世界31个国家和地区，结好数量位居全省第一。国际友好城市、友好合作关系城市成为推动青岛城市对外开放和国际化建设的重要途径，为青岛市开展全方位、多领域、深层次的对外经济合作与文化交流奠定了坚实基础。

4. 外事管理的制度化水平显著提高。城市国际化水平的提升促使外事管理工作不断迈向科学化、规范化、制度化轨道。因公出国（境）管理、国际会议管理、外国记者管理、领馆管理等各项外事管理工作不断在发展中创新方法、提升水平、完善制度，为外事工作的科学发展奠定了扎实基础。

（三）主要经验

1. 始终坚持发挥好战略和区位优势。积极发挥青岛在我国及东北亚政治、经济空间格局中的区位优势和作用，逐步推动从改革开放之初的沿海城市向区域中心城市、国际化城市迈进。在国际交往方面，通过推动韩国、日本和泰国驻青岛领事馆开设，高质量承办奥帆赛残奥帆赛、世园会以及上合组织青岛峰会等多个具有重大国际影响力的对外交往活动，不断提升青岛城市的知名度、美誉度和影响力。充分发挥青岛在国家"一带一路"建设中新亚欧大陆桥主要节点城市和海上战略支点的"双节点"优势，大幅提高青岛在我国对外交往格局中的战略地位，为地方经济发展争取有利机遇。

2. 始终坚持构建"大外事"格局。在30多年的对外交往过程中，青岛既有配合国家总体外交需要、提高我国及全市国际影响力的举措，又有以开放、合作、共赢的胸襟开展国际交流与合作，共同寻求全方位的进步与提高。通过巩固现有友城交往基础，将服务"两个大局"的方法和手段从政治、经贸拓展至文化、教育、科技、体育等多个领域的实质性交流与合作。对外交往主体由外事部门"一元化"向各相关部门团结协作、齐头并进的"多元化"方向转变，逐步实现从外事部门的单独工作到多部门联动，形成对外交往的积聚效应和整体合力。

3. 始终坚持扩大和发展"朋友圈"。充分利用青岛独特的政策优势、区位优势和开放优势，在改革全面展开阶段，积极与世界上经济技术发达、产业特点相似城市建立国际友城关系，为青岛市实施"请进来"战略、发展高新技术产业和引进外资提供平台。在改革开放深化完善阶段，寻求互补性强的城市作为双向合作对象，积极在世界范围内结交与青岛具有类似特征的沿海城市、港口城市，从中获取国际范围内沿海城市发展先进经验，为扩大改革开放寻求市场机遇和合作平台。在改革开放创新发展阶段，积极结交"一带一路"沿线国家的国际友城，作为青岛实施"走出去"战略的主要对象，既积极响应了国家外交战略部署，又为城市发展和国际化建设拓展了新的交往渠道。

4. 始终坚持党对外事工作的集中统一领导。坚持发展和完善党委外事工作领导小组体制机制，党对外事工作的管理已呈常态化、制度化，从2002年开始已连续十年召开市委外事工作领导小组会议，通过会议总结全市外事工作经验，审议全市因公出国（境）计划，研究部署全市重要涉外事项。领导小组及办公室在全市外事工作中发挥了重要的集中领导和统筹协调作用。

三、淄博外事工作回顾（1978—2011年）

1978年5月，国务院批准淄博市对外正式开放，促进了全市外事工作发展。在改革开放的这一历史时期，淄博外事工作全面贯彻落实党中央对外方针政策，在历届市委、市政府的坚强领导下，围绕服务国家总体外交和服务全市经济社会发展，认真履行职责，积极发挥对外桥梁、改革尖兵作用，改革创新、锐意进取，为推动全市现代化建设发挥了重要作用。

（一）外事发展历程

1. 外事机构沿革。新中国成立初期，淄博市的外事活动由市委、市政府直接管理。1960年，市人民委员会设立交际处，监管外事工作。1971年8月，市革命委员会设立外事组，专管外事工作。1975年3月，撤销外事组，成立外事办公室。1983年12月，外事办公室划为市政府序列。1984年2月，定编15名，包括市政府侨务办公室、归国华侨联合会5名，列行政经费开支，设秘书科、接待科。1984年10月，与侨务办公室分设。1986年5月，与市旅游局合署办公。1994年5月，市外办和市旅游局分设。

区县外事机构的建立。2008年11月，根据省委《关于对〈关于加强和改进新形势下外事工作的意见〉贯彻落实情况进行督查的通知》批示精神，按照"机构、规格（正科级）、编制"三明确、三落实要求，建立健全了淄博市各区县、高新区外事机构。

2.工作思路演变。1986—2002年，坚持"有为、有效、有序"的思路和"两个服务"的方针，在改革开放的启动到推进阶段，外事工作紧紧围绕服务外交大局、服务党委政府中心工作，逐步构建起对外交流合作布局、完善了外事管理体制机制等基础工作，淄博外事工作从无到有、逐步成熟。

2003—2007年，坚持"两个服务"方针，坚持"外事无小事，外事办实事，外事成大事"的思路，外事服务经济社会发展的重要作用逐步凸显出来，淄博市对外事工作的理解更加清晰透彻，一手抓解放思想，一手抓实事求是，真正从大势着眼、小微做起，确保外事工作对外结交四海、能办大事，对内讲政治、抓服务、顾大局，全力打造良好涉外环境。

2008—2011年，坚持"围绕中心抓外事，服务大局办实事"理念，以"常规工作创一流、重点工作求突破、服务发展有成效、开创工作新局面"为工作目标。淄博对外开放范围不断扩大，领域不断拓宽，层次不断提高，已经拓展到经济、文化、教育、体育、卫生、艺术等多个领域，既有大型的中长期合作，也有许多短期研究、联合开发、独立投资、合作经营，对外交流合作、外事管理、外事为民等工作都呈现出百花齐放良好态势。

（二）主要工作成就

1.服务国家总体外交成效显著。坚持讲政治、讲大局，坚决贯彻中央和全省对外方针政策，出色完成了上级交办的各项接待任务。成功接待了澳大利亚南澳州政府总理约翰·查尔斯·班侬、柬埔寨首相洪森、柬埔寨诺罗敦·西哈努克亲王、奥地利前总统基希施莱格博士、韩国前总统卢泰愚、南非共产党总书记恩夸库拉、厄瓜多尔共产党总书记雷内·毛杰、越共中央政治局委员阮晋勇、越南国会副主席张光得、德国议会团体主席瓦尔茨、秘鲁共产党总书记夫人及拉美大陆妇女阵线代表弗洛尔·玛丽娜、斯里兰卡西北省省长佩雷拉、伊朗胡泽斯坦省省长瑟亚·迦法·海迦日，国际足联副主席、亚足联主席哈曼及国际禁化武组织，各国大使级团组等重要团组来淄访问。同时，还接待了参观旅游、访问考察、技术交流、贸易洽谈、合资办厂、安装设备、探亲访友的外国人、外籍华人及港、澳客人，共计100多个国家和地区的众多团组，为服务国家总体外交、服务地方经济社会发展作出了应有贡献。

2. 因公出访助力经济社会建设。截至2011年，淄博市因公出国（境）团组共有6867批，23449人。服务配合市主要领导出访，促成了一大批经贸、文教等各类项目，形成了政经互促、以政促经的良好态势。主要团组包括：1986年，时任市委书记赵志浩率文教、卫生及社会公益考察团赴美国伊利市考察；1992年，时任市委书记杜祥荣率经贸团赴美国考察访问；1993年，时任市委书记杜祥荣率团赴韩国考察访问，时任市长韩新民率团赴日本考察访问；1994年，时任市委书记杜祥荣率团赴新加坡、泰国考察访问，时任市长韩新民率团赴韩国考察访问；1995年，时任市委书记杜祥荣率招商经贸考察团赴澳大利亚进行经贸招商，时任市长李书绅率团赴美国考察访问；1997年，时任市委书记李新泰赴美国、加拿大考察访问，时任市长李书绅率团赴澳大利亚、菲律宾考察访问；1999年，时任市委书记阎启俊率团赴越南、菲律宾、澳大利亚进行友好访问和经贸考察，时任市长张建国率团赴日本、韩国考察访问；2001年，时任市委书记阎启俊率团赴新加坡、马来西亚、泰国考察访问，时任市长张建国率团赴美国考察访问；2002年，时任市委书记张建国赴日本、韩国考察访问；2006年，时任市委书记、市人大常委会主任张建国率团到德国、意大利和法国进行招商及访问。

3. 友城助推对外交流不断扩大。改革开放以来，淄博对外友好交往取得了丰硕成果，先后与美国伊利市、法国拉罗什市、日本加茂市、俄罗斯诺夫哥罗德市、俄罗斯布拉茨克市、菲律宾万那威市、南非新堡市等12个国际城市缔结为友好城市。在此基础上，注重拓宽视野，广泛进行友好交往，先后与多个国际城市建立了基层、民间等各类友好合作关系，并开展了一系列实质性交流。截至2011年，全市发展国际友好城市11个，国际友好合作关系城市15个，基层友好关系119对。

改革开放以来，淄博市外办积极指导帮助基层单位大力开展对外友好交流合作，包括：山东理工大学（含原淄博师专、山东工程学院、淄博学院）与美国艾丁堡罗大学、法国南特大学、俄罗斯诺夫哥罗德学院、日本新潟中央短期大学，市职业学院与韩国广州市东元大学，市实验中学与韩国广州市市立中学分别建立友好校际关系等；淄博市教育局与美国伊利市苗克瑞克教区、俄罗斯布拉茨克市教育局等建立友好交流关系；市中心医院与美国伊利市哈姆特医疗中心建立友好交流合作关系；淄博电视台与美国洛杉矶华美电视台结为友好电视台；市工商联与南非新堡市商会建立友好商会关系等。

4. 涉外管理工作更加稳慎有力。随着对外开放和法治进程的不断推进，淄博市依法保护外籍人员的合法权益，妥善解决和处理各类涉外案件，从抓微观管理向注重宏观管理和服务结合转变，营造了和谐的涉外环境，促进中外合作，取得了明显效果。1986—2011年，共办理对外邀请函4808批，7861人次。截至2008年，办理外国专家证640人次。1992—1995年，共批准周村纺织大厦、颜山宾馆、般阳山庄、淄博玫瑰大酒店等27家宾馆为涉外接待单位。

全市涉外管理机制有力加强。1997年，淄博市印发《关于加强全市外事工作管理的规定》等5个管理办法，淄博外办会同市法院、检察院、公安局等部门建立了涉外案件处理联席会制度。1998年，完善了涉外案件处理联席会议制度。2004年，出台《关于进一步做好外事接待工作有关问题的通知》《外宾接待管理工作规定》，规范了全市外事邀请、接待工作。2006年，按照省委有关文件要求，全市外事、公安、民政等各有关部门加强境外非政府组织在淄活动及市内民间组织参加国际非政府组织活动管理工作，及时掌握涉外案件的特点和动向。

激励国际专家助力淄博发展。改革开放以来，淄博市为表彰和鼓励淄博市经济建设和社会事业发展中作出突出贡献的市外人士，从1984年开始授予"淄博市荣誉市民"称号。2009年正式出台《淄博市荣誉市民称号授予办法》。截至2011年，共授予来自13个国家和地区的40人"荣誉市民"称号。同时，1986—2002年，有9名在淄作出突出贡献的外国专家被山东省人民政府授予齐鲁友谊奖，有2名被国家外专局授予国家外专最高荣誉奖"国家友谊奖"；2011年，淄博市4人获"山东省人民友好使者"荣誉称号。

提供优质外事服务和指导。改革开放以来，市外事翻译工作室（原市外服中心）逐步开展了代办护照签证、办理卫生检疫、代购国际机票、代办保险，以及资料翻译等各项涉外服务项目。共累计提供现场翻译服务2000多天，翻译文字资料800多万字。圆满完成了高层出访和外事会见的翻译服务、2005年第十三届世界瓷砖大会、2009年亚足联U19男足锦标赛、2010年亚青赛、中澳男篮国际友谊赛、历届国庆招待会、历届国际陶博会等活动的涉外指导、外宾邀请、接待和翻译等任务。

5. 因公出国（境）管理更加规范。1992年，非经贸团出国审批权下放市级，外事活动日趋活跃。2004年，出台了全市第一部规范因公临时出国（境）审批工作的政府规章《淄博市人民政府关于加强和改进因公临时出国（境）审批工作的意见》，进一步理顺关系，简化程序。2006年，开通省政府电子专网，实现全市因公出国审批数据网络传输。2008年，下发《关于对县处级领导干部因公出访实行计划管理的通知》，强化任务审批管理、计划管理。开展"坚决制止公款出国（境）旅游"专项行动，取消无实质性内容团组10批。2009年，印发《淄博市贯彻执行〈关于进一步加强因公出国（境）管理的若干规定〉实施意见》，对不符合规定的团组，坚决不予审批。修订《因公出访团组保证书》，从出访前规范安排因公出访、出访期间严格执行外事纪律、出访后严格证照管理和备案制度等方面作出明确要求。共举办APEC商务旅行卡推介活动20余场，300余家企业参加。截至2011年，累计为全市企业人员办理APEC商务旅行卡110余张，位居全省前列。

6. 打造品牌外事活动。国际友城淄博行品牌。2007年9月8日—11日，成功举办"国际友城企业家淄博行"活动，美国伊利市、南非新堡市、俄罗斯布拉茨克市、韩国广州市友好城市代表团逾60名代表，在各自市长的带领下前来参加活动，在投资、贸易、技术和文教、卫生等领域达成合作意向和协议33项。2008年10月20日—23日，成功举办了"第二届国际友城淄博行——中国淄博·日本周南合作专题"活动，日本周南市市长岛津幸男、议长福田文治率领政府官员、工商会及企业家代表和环保专家共28人参加活动，达成了合作意向或协议16个。

淄博英语大赛品牌。2007—2011年举办淄博英语大赛，比赛分为选拔赛、初赛、复赛、决赛4个阶段和成人专业组、成人非专业组、高校专业组、高校非专业组、高中组5个组别进行。大赛在创新组织形式、提升比赛质量、扩大社会影响、办出特色、形成品牌等方面不断实现突破，共计4万余人次参赛。

高端国际展会品牌。2011年10月14日—12月14日，淄博陶瓷文化展在英国萨里郡蓝特宝展览馆举办。展会由淄博市政府和英国萨里郡议会主办，市外事办公室、市陶瓷行业协会共同承办。萨里郡提供10万英镑支持，免费提供展馆最佳位置和展具，负责展品在英国期间的安全保卫，提供淄博市展会工作人员住宿和新闻媒体的宣传报道。展会期间，举办中英陶瓷投资贸易商务研讨会，达成多个合作意向。

全方位国际交流品牌。改革开放以来，淄博市在国际友城交流领域取得了丰硕成果，在广度和深度上，与韩国广州市的交流合作成为淄博与国际友城交流合作的典范。两市于2003年9月15日正式结好以来，共举办青少年交流13届560人；公务员交流7届13人；高层互访及诸领域交流团组共计41批432人；全市建立友好学校5对；两市在开展"人"的交流基础上，深挖友城优势资源，积极探讨和开展其他领域的交流合作，经贸、教育、体育、文化、环保、陶瓷及新农村建设等相继走进友城，取得了良好成效。

（三）主要经验

1. 必须坚持围绕中心、服务大局。地方外事工作只有主动顺应新常态下速度变化、结构优化、动力转换的发展趋势，紧紧围绕市委、市政府"一个目标定位、四个着力建设、十个率先突破"的总体要求，精准服务于经济建设和社会发展，才能求得自身更大发展。

2. 必须坚持苦练内功、出色履职。外事部门必须将精力放在为领导当好参谋助手、为基层提供优质服务上，更好借助独特资源优势，积极服务国家总体外交，助力地方经济社会发展。只有出色的工作，方能赢得上级部门的认可和支持，为地方外事工作发展赢得先机。

3. 必须坚持上下联动、凝聚合力。市级外事部门在行政领导、资源渠道等各方面都具有优势，只有多关注和扶持区县外事工作发展，坚持从实际出发，根据工作不同情况和特点，实施分类指导，统筹兼顾、抓好典型，才能以上促下，推动全市外事工作形成"大外事"的有利格局。

4. 必须坚持以人为本、外事为民。久久为功、持续发力，不断激发外事干部昂扬向上、积极奋进的正能量，提升干部能力素质，努力建设一支政治坚定、素质过硬的外事干部队伍，是外事工作不断发展的有力保证；践行外事为民，让外事工作成果更多惠及全市人民，是外事工作服务经济社会发展成效的实践检验。

四、枣庄外事工作回顾（1978—2011年）

自1986年11月30日，国务院批准枣庄市为对外开放地区以后，枣庄外事部门从容应对纷繁复杂的国际形势，紧紧抓住机遇，奋力开拓进取，奋力扎实工作，全市外事工作从小到大、由弱变强，逐步走向经济社会发展主战场，进入空前活跃、跨越发展的重要历史时期。

（一）枣庄外事工作发展历程

1. 外事管理体制发展历程。一是加强党的集中统一领导，健全党委外事工作领导体制。逐步健全全市外事工作机制，不断加强对外事工作的归口管理和综合协调，形成统一领导、归口管理、分级负责、协调配合的外事工作管理体制，在党委的统一领导下，调动各方面积极性，形成做好外事工作的整体合力。1997年8月6日，成立了以市委书记为组长，市委副书记、市长为副组长，有关部门负责人为成员的枣庄市委外事工作领导小组，领导小组办公室设在市政府外事办公室，领导小组办公室主任由市政府外事办公室主任兼任。此后，各区（市）委相继成立了以区（市）委主要领导为组长的区（市）委外事工作领导小组，健全了区（市）政府外事办公室，加强了党对外事工作的集中统一领导。

二是发挥民间外交作用，逐步完善对外友好协会组织。1990年2月10日，枣庄市人民对外友好协会第一届理事会召开，枣庄市人民对外友好协会成立，共有理事47人，与市政府外事办公室一个机构两块牌子。1995年2月28日，枣庄市人民对外友好协会第二届理事会召开，共有理事81人。1999年10月，在市政府外事办公室单设了枣庄市人民对外友好协会秘书处。2001年市级党政机关机构改革中，明确枣庄市人民对外友好协会为人民团体，与市政府外事办公室一个机构两块牌子，设立友协秘书处。2004年3月9日，枣庄市人民对外友好协会第三届理事会召开，共有理事134人；枣庄市人民对外友好协会经济联谊会成立大会召开，选举了经济联谊会执行会长、副会长和秘书长，联谊会实行执行会长负责制。2010年机构改革后，枣庄市人民对外友好协会与市政府外事和侨务办公室一个机构两块牌子，日常工作由市政府外事和侨务办公室承担，工作各有侧重。在推进民间友好工作中，枣庄市人民对外友好协会遵循"以民促官，官民并举"的指导思想，在政治、经济、文化、教育、卫生、体育、社会公益、妇女和青少年交流等众多领域，全面配合地方政府间交往，大力发展与世界各国对华友好组织和友好人士的交流与合作，广交、深交朋友，为枣庄对外开放涵养更多的外事资源，营造良好的国际环境。

2. 对外交往工作发展历程。枣庄市对外交往有文字记载的历史可以追溯到晚清时期。自1986年成为对外开放地区以来，枣庄市出入境人数持续增长，外事工作稳步发展。1986—2011年间，来枣访问、考察、投资洽谈、技术指导的外国重要客商和友人总人数，及出国考察、访问、经济贸易洽谈人数均达到6000余人次。从枣庄市对外交往的国家、地区来看，70至80年代初，枣庄市对外交往主要局限于前苏联、朝鲜；1984年以后，与日本文化交流开始频繁；1985年以后，与澳大利亚、美国陆续有交往，但基本局限于煤炭领域；1986年以后，陆续与日本、韩国、泰国、美国、加拿大、澳大利亚、德国、英国、波兰、荷兰等10余个国家在文化、艺术、工业、农业等多个领域开始了越来越频繁的交流与合作。

一是盘活友城资源，建好友城合作平台。1987年，枣庄市与德国施普罗克赫弗尔市签订友好城市协议，宣告枣庄市国际友城工作正式起步。枣庄市外事部门贯彻落实省、市提出的对外交流"主攻日韩，兼顾欧美"的战略部署，先后确立友好城市4个、友好合作关系城市8个，涉及欧美、日韩、东南亚、澳大利亚等国家和地区。多年来，通过友好城市间，尤其是与日本美祢市，韩国高敞郡、杨平郡互派团组和人员，国际友城成为枣庄市对外交往的窗口之一，交流范围涉及工业、农业、经济、贸易、文化、科技、教育、卫生等各个领域，从政府到民间进行了广泛的交流，充分显示了友好城市在对外开放中的推动和辐射作用。1993年6月1日，枣庄与日本美祢市正式签署友好城市关系协议书，此后多年间，两市互派各类团组30余个，涉及行政、文教、卫生、体育、经济、贸易等各个领域。枣庄对韩友城工作虽然起步较晚，但发展速度较快，与韩国全罗北道高敞郡通过政府、企业、团体互访，在经济、文化、教育、农业等领域开展了广泛友好交流活动。借助友城交往平台，过去局限在官方层面的对外交往，逐渐深入到经贸、投资、人文、社会等各领域，层层搞外事、行行都涉外，对外交往活动伴随着对外开放的深入，渗透到人们的社会生活中。

二是发挥外事资源优势，精准服务对外经贸交流。1986年以来，枣庄各级外事部门把主要精力都放在为经济建设服务上，充分发挥对外接触面广、信息渠道多等优势，把服务经济贯穿到外事工作全过程，积极为对外经济、科技合作提供信息、开辟渠道、牵线搭桥、协调服务。外事部门坚持以引进资金、技术、人才和开拓国外市场为重点，逐步形成了包括提供信息、牵线搭桥、协调关系、兴办经济实体、为外资企业服务、直接开展招商引资活动、改善投资环境等为主要内容的多元化、全过程服务工作。据不完全统计，1986—2011年，直接通过外事部门联系举办经贸洽谈会、商品展示会、投资（招商）说明会等20余次，促成合同、协议185项，合同、协议利用外资金额12625万美元；外事部门通过招商引资直接引进项目68个，引进资金1240万美元；派出5名水泥、2名石材研修生赴日本美祢市宇部兴产伊佐水泥厂、大理石工业所进行研修。在直接服务招商引资的同时，外事部门充分发挥职能优势，通过主动服务因公出访团组、帮助民营企业开展国际合作、为外资企业排忧解难、优化外商投资环境等措施，积极推进"请进来""走出去"战略，服务全市各领域对外开放和经济社会发展。1986—2011年，全市各级外事部门积极服务领导和重要团组出访，派出因公出访团组2170批6224人次；为25家民营企业共28人次办理APEC商务旅行卡，方便民营企业"走出去"开展合作交流；办理对外邀请341批529人次，为企业邀请境外专家和技术人员提供了便利。

三是依托特色传统文化，拓展对外文化交流。全市各级外事部门充分利用鲁南文化、运河文化、大战文化和儒家文化等众多传统文化元素积淀的优势，积极开展对外文化交流。充分利用枣庄市树石榴树开展特色文化交流，1998年与日本美祢市开展互赠市树活动，将20棵石榴树苗栽种在美祢市政府大院和公园内，供市民观赏；2008年初，将4棵石榴树引种到巴黎大使官邸，以此为媒介加强与法国在文化、教育、经贸等方面的交流和合作。成功承办山东省第八届"外国专家日"活动，驻省会济南的近百名外国经济、文教专家前来枣庄市参观考察冠世榴园、墨子研究中心、汉画石像馆。自1986年以来，开展了较为频繁和密切的对日文化交流活动，与日本雪心会、东京都翠清书道会、美祢市翠清书道会开展了多次书画艺术交流活动，并与日本美祢市翠清书道会在峄城冠世榴园景区内共同建成"枣庄国际友谊书法碑廊"，荟萃中外古今书法名家大作；2005年组织6名书法家携作品参加日本翠清书道会举办的作品展，进一步丰富活跃了对日交流；2006年派出两个经贸、文化友好交流团访问美祢市，参加在日本下关举行的山东省出口商品展示洽谈会，考察日本及韩国的多个企业和商工会议所，为对外交往交流建立了更多渠道；2007年，日本株式会社中国影像公司在拍摄《中国古代伟人》纪录片期间，来滕州市采访了墨子研究中心及博物馆。

四是拓展服务领域，务实推进基层友好交流。依托市友协会员间的组织协调和联系沟通，开辟各类友好交往渠道，为企业和友协理事"走出去"提供服务和支持。在省对外友协的支持下，承办"2011·山东国际青少年文化之旅"活动，来自韩国、黎巴嫩等国家近200名海外青少年到枣庄参观游览运河古城、青檀寺、鲁班纪念馆等景点，并与枣庄市中学生开展交流活动。积极推进多领域对外合作，通过峄城区与杨平郡的合作交流，实现了枣庄市区级单位对外开展友好关系的突破；指导协调枣庄市世界语协会举办第三届（枣庄）国际世界语节，邀请法国、日本等多国的世界语团体以及全国、全省世界语协会人员来枣庄市参加学术交流及经贸考察；引荐韩国公州映像大学与枣庄职业学院就联合办学、加强交流与合作进行洽谈，签订建立友好学校协议；协助市劳动技工学校和日本国大阪市株式会社大阪EDF研究所签订共同举办枣庄日本语学校的协议。

（二）枣庄外事工作成果丰硕

改革开放以来，枣庄外事工作努力适应形势要求，认真贯彻执行中央对外方针政策，紧紧围绕市委、市政府中心工作，不断提高外事管理水平和服务质量，工作领域不断拓展，工作队伍不断壮大，为扩大对外开放、促进全市经济社会发展作出了贡献。

1. 外事管理工作严格规范。各级外事部门积极配合中央和省有关部门，精心做好党宾、国宾及其他重要外宾的接待工作，全市1986—2011年共接待重要外宾672批6602人次，既圆满配合了中央的外交工作，又有力推动了枣庄市在政治、经济、科技、文化、教育、医疗等各领域的对外交流与合作，扩大了枣庄的国际影响，提升了国际知名度。与国际组织、机构和外国驻华使领馆交往合作日益频繁，1986—2011年，先后接待国际组织、机构和外国驻华使领馆来访团组和人员120批700余人次。切实提高因公出国（境）管理水平和质量，严格执行因公出国（境）管理规定，实行因公出国（境）特别是领导干部因公出国（境）计划管理，持续增强出访的科学性、规范性、计划性，提高出访成效；主动配合纪检监察部门，坚决防止和纠正不正之风，严防出访违规行为；加强出访后的跟踪落实工作，加强对因公出国（境）证照的收缴、查验和管理，加大出访报告催缴力度，及时选编优秀出访报告，做好出访效益评估，扩大出访成果共享，更好地服务全市经济社会建设。1986—2011年，先后为2170批6224人次办理了因公出访审核审批手续，无违规现象。

2. 对外交往平台不断拓展。随着枣庄对外开放的不断发展，对外交往突破了过去以经贸交流为主的交往模式，向文化、教育、医疗、民生、城市建设等多方面拓展，全面构建起从官方到民间、从机构到个人、从经济领域到社会领域的全方位、多层次的国际交流合作格局。1986—2011年，全市共有10所学校、6家医院建立了对外友好合作关系；先后授予4位外国友人"枣庄市荣誉市民"称号；2位外国友人被授予"山东省人民友好使者"荣誉称号。枣庄市人民对外友好协会与美中文化交流协会、美国纽约州美中协会签订了友好交流合作意向书，与日本美祢市日中友好协会、日本守口门真日中友好协会、韩国庆南韩中经济文化友好协会、冰中友好协会、荷中友好协会、美国联合商会、澳大利亚费尔市及澳大利亚澳中经济技术协会、澳大利亚—中国和谐发展中心建立发展了友好交往关系，交流内容广泛，交往活动频繁。教育、医疗等领域对外交流合作精彩纷呈，枣庄实验学校与韩国高敞北中学、枣庄十五中与韩国上关中学、枣庄三中与韩国高敞北高中建立友好学校关系；枣庄实验学校与韩国高敞北中学就联合在韩开设中国国家级"孔子课堂"以及在枣设立韩国文化博物馆合作项目达成意向；枣庄职业（技师）学院与中德诺浩教育投资有限公司合作成立中德诺浩汽车学院；枣庄职业学院、枣庄科技职业学院与德国德凯达集团在护理人才输出方面开展合作；枣庄市经济学校与韩国映像大学达成联合学历教育合作项目；枣庄市立医院与韩国加图立大学圣文森特医院缔结友好医院，双方交流合作不断增强，管理和医疗技术水平得到提高；枣庄市立医院与新加坡百汇医疗集团在枣庄设立新加坡百汇医疗（中国）癌症治疗中心，引进国际一流的技术和服务。

3. 外事干部队伍素质全面提升。全市各级外事部门把加强外事干部队伍建设作为一项长远的系统工程抓紧、抓实、抓好，努力提升外事干部队伍综合素质。坚持不懈抓好外事干部的理论学习与业务培训，不断提高外事干部服务经济建设和社会发展的水平和能力，提高外事干部应对复杂国际形势和处理国际事务的能力。加快培养高素质外事工作人才，积极探索新形势下外事干部的成长规律和培养途径，形成有利于优秀人才脱颖而出的体制机制，努力造就一支政治素质高、业务能力强、组织纪律严、经得起风浪考验的外事干部队伍。不断加大人才引进和培养力度，大力引进新形势下所需的各类人才，为外事工作队伍增加新鲜血液。多年来，枣庄市外事工作队伍中年轻干部的比重逐年增加，干部队伍结构逐步优化。截至2011年，全市外事系统共有干部26人，其中，市级外事部门共有在职在编干部16人，40岁以下年轻干部占40%；县级外事部门共有在职干部10人。

（三）枣庄外事工作发展经验

1. 坚持党对外事工作的集中统一领导。坚持党对外事工作的集中统一领导，这是外事工作披荆斩棘、攻坚克难，不断走向胜利的根本保证。正是因为全市各级外事部门能够始终坚决贯彻中央对外方针政策，坚持国家利益至上，切实增强政治观念和大局观念，注重统筹兼顾，保质保量完成好各项外事工作任务，不断增强外事工作的针对性、实效性、规范性和严肃性，才能不断推进外事工作取得新成效。

2.坚持外事工作"两个服务"相统一。地方外事工作是国家总体外交的有机组成部分，促进地方经济国际化，推动城市国际化进程和地方经济社会发展也成为地方外事工作的重要工作目标。多年来，全市各级外事部门，一方面坚决贯彻中央"地方外事必须服从和服务于国家外交总体"的部署与要求，紧紧围绕党和国家中心任务和外交工作大局，积极承担并高质量完成中央外交赋予的各项外事工作任务，为服务国家改革发展稳定大局和对外关系大局作出积极贡献；另一方面，按照中央关于外事工作"依靠发展、服务发展、促进发展"的方针，努力转变观念和改变工作方法，依靠国内国外两个市场、两种资源，逐步打破过去只重视办好手续、迎来送往的观念，强化服务意识，利用信息优势，切实把外事工作融入全市对外开放大局中，积极拓展国际经贸文化合作平台，利用各种渠道为地方引资、引智，当好企业"走出去""引进来"的纽带，从发挥职能和工作优势上积极寻求为经济社会服务的立足点和突破口，不断提高整合、利用资源的能力，深入开展地方外事管理模式创新，建设管理和服务为重点的人民满意的外事工作部门。

3.坚持构建"大外事"工作格局。构建"大外事"工作格局，创新工作机制体制，是外事健康发展的基本保证。在创新领导机制方面，成立了市委外事工作领导小组，制定了领导小组工作规则，并根据分工变化及时调整领导小组成员，将外事工作纳入市委、市政府的重要议事日程，从全市经济社会发展的大局和高度来研究外事工作，提高全市上下对外事工作的认识，增强对外事工作的统筹协调能力，充分发挥党委对全市外事工作的领导作用。在创新工作机制方面，牢固树立外事工作"一盘棋"思想，初步建立了涵盖党委、人大、政府、政协和社会各界的"大外事"格局，定期召开会议，沟通情况，研究分析外事全局性、战略性重大问题，各部门、领域和行业间对外事工作的联系沟通日益密切，协作配合日益顺畅，逐步形成了外事工作整体合力。

4.坚持维护群众利益和社会稳定。随着枣庄市经济社会快速发展和改革开放深入推进，来枣外国人持续增加，涉外国人事件增多，其敏感性、复杂性日益突出。随着枣庄市"走出去"战略加快实施，公民和企业在境外活动范围日益扩大，面临的安全风险急剧上升，海外领事保护事件不断增多。枣庄外事工作积极做好"在外枣庄人"和"在枣外国人"的管理与服务工作，维护中、外当事人合法权益，为枣庄市改革发展营造和平有利的外部环境。

五、东营外事工作回顾（1978—2011年）

改革开放以来，东营外事工作经历了从无到有、从小到大、从弱到强的转变，外事机构由原来单一的外事接待、办理出国手续部门，转变为一个集管理、服务为一体的政府职能部门，期间经历了数次机构改革、人员配置，为扩大全市对外开放，推动经济社会快速发展，发挥了不可替代的重要作用。

（一）东营市外事机构沿革

东营于1983年10月建市，同年6月24日，省委、省政府《关于批准东营市市级党政机关机构设置方案的通知》批准设置东营市人民政府外事办公室。1985年8月28日，市编制委员会《关于同意成立东营市旅游局的批复》同意成立东营市旅游局，与市人民政府外事办公室合署办公，一个机构，两个牌子。1988年3月，市委常委会研究决定，市政府侨务办公室与市外事办公室、市旅游局合署办公。1989年9月，市侨联与外办、侨办、旅游局合署办公，但人事、财务仍由市委办公室管理。1996年11月，市政府《东营市人民政府外事办公室东营市人民政府侨务办公室东营市旅游局职能配置、内设机构和人员编制方案》对机构职能、内设机构进行了进一步明确。2000年10月14日，省委、省政府下发了《中共山东省委、山东省人民政府关于〈中共东营市委机构改革方案〉和〈东营市人民政府机构改革方案〉的通知》，批准市政府外事办公室、市政府侨务办公室合并，组建市人民政府外事与侨务办公室，机构名称延续至今。2010年，修订部门"三定"方案，对市外侨办主要职责、内设机构和人员编制进行了新的明确和优化。

改革开放以来外事事业的发展历程，是外事管理体制机制不断制度化、规范化的过程，也是外事部门统筹管理作用不断提升的过程。市委外事工作领导小组制度更加健全完善，每年筹备召开市委外事工作领导小组全体会议，不定期召开工作会议，研究部署全市外事工作规划和重大涉外事项。推动出台了《市委外事工作领导小组工作规则》等多个规范性文件，各县区及开发区均成立了党委外事工作领导小组和外事工作机构，建立制度，明确程序，作出规范，使整个外事工作做到了有章可循。

（二）主要成果及经验做法

1. 党政干部因公临时出国管理规范有序。严格执行上级政策规定。因公出国（境）

管理是外事管理的重要组成部分，是与中国社会制度和外事管理相适应的特殊的行政审批管理制度。随着形势的变化，东营市根据中央和省因公出国（境）管理工作政策规定先后数次改革调整。东营市在审批领导干部因公出国（境）方面坚持的基本原则是：①出访任务要明确；②人员结构要合理；③在外时间要紧凑；④出访邀请要对口；⑤同一县区、同一部门的主要领导，原则上不得同团出访或6个月内分别率团出访同一国家或地区。

日常工作中，严格按照因事定人、人事相符的原则，按照《因公出国团组审核详单》的审核标准，对出访任务、人员结构、日程安排、经费预算、邀请函等进行全方位审核把关，出访效益大大提高，出访秩序进一步规范。与组团单位、省外办、签证处及时对接，把握好护照、签证办理的各个环节，有效保证了高峰期各团组的顺利出访。

高效服务因公出国（境）团组。东营市普通团组因公出国（境）管理，经历了不断创新发展的过程，总的趋势是简化手续，减少环节，提高效率，为出国（境）人员提供高效优质服务。同时坚持严格遵守计划、量化管理规定，科学制定全市年度因公出国计划；不断完善出访监管机制，强化监督检查。

东营市因公出国审批管理，始终围绕市委、市政府确立的全市经济建设和社会发展总体战略目标任务，按照地方服从中央、局部服从整体、当前利益服从长远利益的原则开展各项工作，落实有关政策规定，注意加强协调配合，审批质量和管理水平不断提高。加强证照管理。为切实做好护照及赴港、澳通行证管理工作，东营市按照外交部和省外办的相关要求，认真研究制定了证照保管规章制度，及时发现和解决在管理中遇到的各种问题，同时加大证照收缴力度，严格查验出入境记录和在外停留天数，有效维护了全市因公出国（境）工作的良好秩序。

为适应信息化建设需要，东营市按照外交部和省外办统一部署，积极推进因公电子护照项目试点，开展生物信息采集工作。同时对《因公出国证照借用登记簿》的格式内容进行了调整。所有团组均无擅自改变路线、行程及随意取消或压缩公务活动等违规违纪现象发生，并均按规定报送出访报告及相关材料，收缴率达100%，为保障出访取得实质性成果打下了基础。

开展因公出国联合督导检查。加大对因公出国的监督检查力度，将因公出国专项检查作为一项重点工作常抓不懈，由市委外事工作领导小组办公室牵头，联合组织、财政、审计等部门开展专项检查，齐抓共管，上下联动，逐渐发展为常态化机制。

利用外事资源不断提高全市对外开放服务水平。精心做好高层领导因公出访服务工作，以高层出访推动重大国际合作。深入做好前期调研，增强了出访的计划性、目的性和实效性。市级领导出访团组先后在30多个国家举办投资说明会、项目推介会、经贸洽谈会、产品展销会等，成功推动了金岭、胜动、科瑞、高原等多个大型企业与对外项目合作。

加大为企业申办APEC商务旅行卡的力度。为企业申办APEC商务旅行卡，是外事部门服务地方经济发展大局的一项重要举措。东营市从2009年开始办理APEC商务旅行卡，共为科瑞集团、方圆集团、山东垦利石化有限集团公司等90多家大中型企业办理400余人次。严格执行省外侨办对申请办卡企业实施的量化标准，积极推进APEC商务旅行卡业务，充分利用网络、报刊等多种宣传方式加大宣传力度。

2.领事服务工作深入发展。外国人来华邀请。1999年11月2日，省外办印发《关于同意东营市人民政府外事办公室签证通知权的批复》。遵循"属地、分级管理，谁邀请、谁负责，宽严相济、区别对待"的原则，东营外办严格按照规定对全市对外邀请工作进行管理，未出现违规使用邀请函情况，促进了东营市对外邀请工作健康有序发展。

海外领事保护。新形势下，海外领事保护工作逐步成为地方外事工作的一项重要内容。

第一，预防性领事保护宣传。在外交部领事司及省外办指导下，东营市预防性领事保护宣传活动年活动启动，发放了《海外人员出行指导手册》《中国公民出国提醒》《中国企业海外安全风险防范指南》《中国领事保护和协助指南》等宣传册，掀起了领事保护宣传的热潮。山东省外办、东营市外侨办和科瑞集团共同建立了"山东省海外公共安全培训基地"，成为全国首个由企业与外事部门共建集业务技能、领保业务知识培训、实操训练、学术研讨为一体的海外公共安全综合培训基地。在省、市两级外办的指导下，基地的培训模式和课程设置日趋完善，教育专业化和常态化水平进一步提升，每年培训学员达1000人次，并先后承接全省县（市、区）级外办领事保护培训班、全市外事侨务培训班等外事系统培训，在领事保护的"上游治理"关键环节上发挥了重要作用。

东营市预防性领事保护知识宣传活动范围逐年扩大，社会知晓程度逐年提高，取得了良好的效果。一是深入开展了预防性领事保护知识"进社区、进学校、进企业"活动，主动上门服务，发放宣传资料。二是在《东营日报》上开设专栏大力推广、普及领事保护知识。三是先后邀请外交部领事司、省外办、省公安厅领导前来指导工作,举办领事保护和海外公共安全知识讲座。四是注重强化领保工作向基层下沉,指导各县区进行了形式多样的领保宣传活动。举办领事保护知识图片展5次,累计发放各类宣传资料3万余册。

第二,海外领事保护重要案(事)件。在领事保护案(事)件的处置中,始终以外交、外事政策为指导,以维护公民合法权益为根本,在法律、政策允许的范围内,为在海外遭遇危险、困难的市民提供最大程度的协助,协助驻外使领馆妥善处置了企业员工利比亚撤侨、东营市企业人员在哥伦比亚被武装人员绑架、东营市公民在俄罗斯突发精神疾病、东营市留学生在韩国涉事被捕等多起领事保护事件,得到了群众的一致好评。

3. 深化对外友好交往,促进开放发展。东营市国际交流工作坚持开放引领,着力开拓对外交往渠道,拓展同世界各国和地区在经济、文化、艺术、科技、卫生、体育等多领域的交流与合作。全市的国际交流工作经历了从无到有、从小到大、从弱到强的发展过程,形成了多层次、多渠道、全方位的对外交往局面,为全市对外开放的不断扩大和经济社会快速发展,发挥了不可替代的重要作用。

优化友城发展布局。自1986年起,先后与美国得克萨斯州米德兰市、韩国江原道三陟市、法国东比利牛斯省、印度尼西亚东加里曼丹省巴里巴班市4个城市正式缔结为国际友好城市,与世界能源城市伙伴组织(WECP)框架内的20多个会员城市和韩国京畿道杨州市、德国巴伐利亚州巴特基辛根市、澳大利亚天鹅市、美国麦迪森威尔市、乌克兰波尔塔瓦市、瑞典皮特奥市、英国吉尔福德市、葡萄牙佩苏达雷瓜市、乌干达霍伊马地区等20余个国家的40多个地区和城市结为友好合作关系城市。友城间开展公务员互派、经济、教育、文化、科技交流1200余批次,签署各类合作协议800余个。

推动友城务实合作。1990年8月,经与友好城市美国米德兰市共同推进,广饶县159吨大蒜首次销往美国,这是东营与友城间促成的农产品贸易之一,也是山东向美国出口的第一笔大蒜贸易。多年来,东营通过国际友好城市、国际组织等平台,积极构建双边和多边合作框架,为东营市经济发展、扩大对外开放提供了强有力的支撑。

通过高层出访、经贸互访等交流活动,世界能源城市伙伴组织(WECP)、联合国环境规划署等国际组织平台,举办"黄河三角洲中心城市——东营市投资环境说明会""德国·黄河三角洲(中国·东营)高效生态经济区开发建设说明会"等宣传推介活动,以及邀请各友城来东营市参加中国(东营)国际石油石化装备与技术展览会、黄河口（东营）国际马拉松赛、中国（广饶）国际橡胶轮胎暨汽车配件展览会、黄河三角洲（中国·垦利）国际生态农业博览会等大型国际展会，与各国际友好城市开展了农业、纺织、化工、机械、医疗等多领域的经济合作。

与各友城文化艺术交流蓬勃发展。1999年与韩国江原道三陟市签署了《互派公务员协议》，两市每隔一年互派一名公务员赴对方城市进行为期6个月的研修。与韩国京畿道杨州市签署了《互派公务员协议》《青少年交流协议》，每年组织中学生互派交流和公务员短期研修交流。依托友好城市及外事、侨务资源，东营市多次组派艺术团参加韩国三陟市文化艺术节、书画展，组织学生赴美国东洛杉矶学院研修等一系列交流，举办了东营—巴特基辛根之春音乐会、东营市外国友人暨侨胞新春联欢晚会，丰富了市民生活，也为城市的发展带来了别样的色彩。

打造提升国际友城平台。在园博园设立东营国际交流纪念园，集中展示国外友城赠送的纪念物以及文化交流合作成果，并制作了东营市友好城市掠影展示牌，以"友谊、和谐、合作"为主题，展示对外友好交流与合作成果，增进市民对国际友城和外事侨务工作的了解。组织拍摄了对外宣传片《魅力东营》，并与国际友好城市、友好合作关系城市联合进行展播，提升东营市的国际形象和知名度。

4. 与国际组织合作层次不断提升。东营与国际组织开展合作的历史较长，自20世纪80年代建市之初便与世界粮食计划署开展项目合作，之后与欧盟等国际组织开展合作。据统计，近20年来与东营市开展合作的国际组织有30多个，涉及农业、工业、能源、海洋安全与合作、环境保护、文化、教育等多领域；近10年联系较为密切的重点合作对象有5个，包括联合国环境规划署（100多国）、世界能源城市伙伴组织（17国，21会员城市）、东亚地方政府会议组织（8国，66会员城市）、联合国工业发展组织（53理事国）和东亚海域环境管理区域项目组织（14国）。通过与这些国际组织建立密切联系，东营市不仅成了各组织的核心成员，如在WECP中担任董事会成员，在相关国际事务中获得了较大话语权，而且借助国际组织平台，利用国际会议、国际活动，扩大了对外往来和对外传播，塑造和提升了东营市的国际形象和国际视野。

以项目促合作。东营市与东亚海域环境管理区域项目组织开展了稳固持续的合作。东营市于2005年11月正式成为东亚海项目海岸带综合管理平行示范点，2007年5月在越南签署了《东亚海岸带可持续发展地方政府网络（PNLG）章程》，正式成为网络成员。2011年东营市承办了PNLG年会，东亚海计划9个成员国26个地方政府共约105名代表与会。此后，东营市一直积极参与PNLG的各期项目，进一步提高了东营市的小流域治理和海岸带综合管理能力和水平，扩大了东营市海岸带管理经验的推广，增强了东营市的国内外影响和地位。东营市与联合国工业发展组织的合作也十分广泛。该组织与东营市先后开展了黄河三角洲可持续发展项目、国际绿色产业示范区项目、"资本与市场高端论坛"等项目和"国际间投资与合作及对外招商规范化"等知识培训等活动，促进了东营市在绿色农业、碳减排、企业融资、清洁能源产业领域的蓬勃发展。

以定期交往促合作。东营市于2001年加入世界能源城市伙伴组织（WECP），并以此为平台，积极拓展与世界能源城市的交流与合作，每年市长或其代表都参加WECP五月份工作会议或年会，使东营市与全球能源城市的交往日益密切。每年的工作会议和年会，增进了与各会员城市间的理解与友谊，通过WECP这个平台，与美国米德兰市、休斯敦市，英国阿伯丁市，挪威斯塔万格等城市建立了友好城市或友好交往城市关系。通过定期组织企业参加美国、加拿大、沙特、阿联酋的会员城市组织的石油石化装备与技术、汽车零配件、橡胶轮胎等国际展览与技术交流活动，邀请成员城市参加东营市的国际石油装备与技术展览会，促成了大批经贸项目合作。

5. 引资引智工作取得重大突破。坚持开放促发展理念，积极对接融入"一带一路"倡议，加强对外经济、文化和人才合作，开展了一系列对外交流合作重大项目和活动。

推动"走出去""引进来"。紧紧围绕石油石化、石油装备、橡胶轮胎、有色金属等优势产业集群找机遇、做文章，推动装备、技术、标准、服务"走出去""引进来"。科瑞集团在海外成立了16个研发中心，与40多个国家的石油部、220多家国际石油公司开展合作。积极应对国际贸易摩擦取得重大进展，应对美国全钢"双反"案件获胜，是东营市应对国际贸易摩擦10年来首次获得成功，预计每年为相关企业争取约2亿美元全钢胎市场份额。

打造和借力重要交流平台。举办了"美中创新创业联盟东营恳谈会"，11位海外高层次人才参会，在肿瘤治疗研究、医药生产等领域达成5项合作意向。举办了"相约东营·共话发展侨商侨领进东营座谈会"，30余名侨商侨领参会，签署了清洁能源供热、国际教育合作等合作协议。组织企业参加了"万侨创新，智汇山东——科创委员和海外博士走进济南侨梦苑"活动。举办了中美清洁技术合作交流会，美方14家清洁能源技术企业进行了项目路演推介，与80余家企业开展了商务对接，在石油化学、环境检测、电动汽车等领域达成合作意向30余项。

六、烟台外事工作回顾（1978—2011年）

（一）外事工作初步探索（1978—1983年）

党的十一届三中全会以后，烟台对外开放区域小范围扩大，外事部门逐渐成形，外事工作迈出探索性的一步。

1978年，"烟台地区革命委员会外事处"更称为"烟台地区行政公署外事处""外事办公室"，1983年11月1日，"烟台地区行政公署外事办公室"更称为"烟台市人民政府外事办公室"。

1978年原烟台市（现芝罘区，下同）被批准对外开放（限于市区）。1982年，原烟台市被国务院确定为乙类开放区（即控制对外开放区，外国人来烟要预先办理旅行签证）。1983年3月增加蓬莱（蓬莱阁）、莱州市、龙口市（原黄县，含龙口镇）为丙类开放区（即一般性非开放地区），其他各县为丁类区，即不开放区。

（二）对外开放快速发展，外事工作逐步完善（1984—1993年）

1984年4月，国务院进一步实施沿海地区经济发展战略，确定烟台为全国首批14个沿海开放城市之一，同年12月，龙口港被批准开放。1985年2月，烟台市被列为甲类开放地区，自此，外国人来烟只需办理住宿登记即可，不必事先通知和办理旅行签证。全市除长岛县外，其余的县市区全部对外开放。1985年6月，福莱山区（现烟台经济技术开发区）、芝罘岛（局部）、崆峒岛、养马岛等处对外开放。1988年烟台市管辖的县市（除长岛县）又被国务院确定为沿海经济开放区。

本阶段，烟台的外事业务工作逐步完善，全市出访团组增加，出国管理工作有新进展。

1. 出国业务方面：1980年，烟台市获权独立派出出国团组。1984年，国务院授权烟台市政府审批本地区县处级及其以下经贸、科技人员因公临时出国。1986年2月被授权办理因公出国护照、签证手续，并有权审批处级以下的各类经贸、非经贸出国团组来往人员。

2. 领事方面：随着对外开放政策的深入发展，经国务院批准，烟台市外办自1984年11月1日起被授权向驻外使领馆、处可直接发签证的通知函电。1985年12月外交部、省外办又批准烟台市外办从1986年2月1日开始，正式为烟台因公来华的外国人办理再入境签证，更加方便来烟工作的各国专家，可在烟台当地直接办理延期签证或再入境签证。截至1988年底，来烟台的外国人及华侨累计15.94万人次。自1993年1月开始，外交部信使队不再向驻外使、领馆、处转送烟台市邀请外国人来华批件。各被邀请人须持有签证通知权的单位所发的邀请函（电）到烟台外办驻外使、领馆（处）办理入境签证。

3. 友城结好方面：烟台的友好城市发展始于1985年，与美国圣迭戈市达成第一个友城关系。之后分别与日本别府市（1985年）、新西兰陶朗加市（1986年）、日本宫古市（1993年）缔结友城关系。1993年，圣迭戈港与烟台港建立了友好港际关系。

4. 外事服务方面：1988年经市机构编制委员会同意成立烟台外事服务处（现烟台国际交流中心），主要开展外国驻烟机构（人员）所需雇员招聘及管理，代办护照签证业务，为烟台市外事接待提供后勤保障。

（三）对外开放全面发展，外事工作成形（1994—2003年）

从1995年开始，烟台市所属各市、区对外结好工作也取得突破，多次承办一系列重大的、面向国际的经贸性活动，到1998年4月，烟台高新区被列入国家对外开放的高新技术开发区，烟台已经形成全方位、多层次、宽领域的对外开放格局，这为地方外事工作提供了广阔天地。

1. 出国业务方面：2001年外交部授权烟台市外事办公室因公签证自办权。

2. 领事方面：烟台市外事办被列入"二类被授权单位"，把一次来华签证的邀请权下放给基层企业，使外国人来华更加便利和高效。同时，为方便企业，烟台市外办积极克服不利限制，主动与驻外使馆沟通，使真正需要多次往返中国的外国人获得了所需的多次签证。

为更好吸引外籍高层次人才和投资者来烟台市服务和投资，烟台市外办充分利用新颁发的《关于为外国籍高层次人才和投资者提供入境及居留便利的规定》，对符合条件、需多次临时入境的外国籍人士，办理2—5年多次入境有效、每次停留不超过1年的F字签证，更加方便外国人来华工作交流，极大地改善对外开放的软环境。

3. 友城结好方面：这一时期，通过外事部门的持续努力，烟台对外结好稳步发展，友好城市不断拓展，先后与俄罗斯符拉迪沃斯托克市（1994年）、泰国普吉府（1997年）、英国安格斯（1999年）、韩国原州市（2000年）、韩国蔚山市（2001年）、瑞典厄勒布鲁市（2002年）结为友好城市或友好合作关系城市。

4. 外事翻译方面：1995年，经烟台市民政局批准，烟台市翻译协会成立，是烟台市翻译工作者的专业性群众团体，其宗旨是以经济建设为中心，加强对烟台市翻译工作的管理，开展翻译交流、培训和服务，为烟台改革开放和经济建设服务。1996年，烟台市外事翻译中心成立，为科级拨款事业单位，主要职责是为市政府及有关部门单位的各项外事活动提供翻译服务。1997年6月，烟台市代表国家承办第二届亚太经合组织（APEC）国际贸易博览会，圆满完成了会议翻译任务。之后又相继为APEC中小企业技术交流暨展览会、第二届APEC投资博览会、APEC电子商务博览会及烟台国际果蔬博览会等在烟举办的大型国际展会提供高质量翻译服务。自1998—2007年，市外事翻译中心邀请和组织美国环球教育协会来烟为全市中学英语教师、翻译协会会员和英语爱好者进行英语培训，每期培训的学员都在350人以上，通过与外教互动式学习交流，改进了烟台市中学英语教学方法，提高了外语人才的英语水平和翻译技能。

（四）对外开放稳步发展，外事工作成熟（2004—2011年）

经过改革开放30多年历程，烟台对外开放格局不断扩大，储备了丰富的国际友城资源、使领馆渠道资源、国际组织资源，烟台市对外交往稳步向着更高层次发展。

1. 出国业务方面：2007年外交部授权烟台市外事办公室为当地民营企业中高层管理人员申办APEC商务旅行卡；2009年，授权烟台市外事办公室为当地国有企业中高层管理人员申办APEC商务旅行卡。

2. 涉外案件处置方面：2006年，烟台市外办按照市政府和省外办部署，制定《烟台市重大涉外突发事件应急预案》，成立了烟台市重大涉外突发事件应急领导小组，其办公室设在市外办，领事科具体承办。制定了烟台市涉外突发事件应急预案操作手册，规定了涉外突发事件分级、处置流程、应急处置程序、处置机构与职责等内容。2010年10月，市外办根据市政府的要求，对《烟台市重大涉外突发事件应急预案》进行修订。

3. 认证方面：2006年9月，外交部正式授权烟台外办为本市及所辖地区各企事业单位及公民个人送往国（境）外使用的各类商业文件及公证文书代办外交部领事司认证，并通过外交部领事司统一申请外国驻华使馆领事认证。经多次争取，2008年5月，外交部正式授权烟台外办对本市各机关、企事业单位及公民个人发往领区所属国使用的各类商业文件及公证文书办理领事认证。目前，烟台外办已与韩国驻青岛总领馆、泰国驻青岛总领馆建立联系，开展领事认证自办业务。同时，代办外交部领事司除韩国、泰国以外的其他国家的领事认证业务。

4. 友城结好方面：友城结好发展迅速，与保加利亚布尔加斯市（2004年）、法国坎佩尔市（2005年）、法国昂热市（2006年）、匈牙利松博特海伊市（2007年）、韩国仁川市（2007年）、韩国安山市（2009年）、美国奥马哈市（2010年）结为友好城市或友好合作关系城市。期间，烟台市所属各区市对外结好工作也取得进展，2006年，芝罘区与韩国蔚山市市中区结为友好合作关系城市；2011年，蓬莱市与美国索诺马县缔结友好城市关系，栖霞市与仁川市东区结为友好合作关系城市。截至2011年底，烟台市已与12个国家和地区的28个城市结为友好城市或友好合作关系城市。

5. 外事翻译方面：为烟台市举办的欧盟—山东信息产业峰会、国际果蔬博览会、国际葡萄酒节等重大国际节会组织配备外语翻译和志愿者，并圆满完成节会的口笔译翻译任务及会务相关等工作。承担市重要外事文件、文书及对外交往书信和外事活动笔译工作，先后笔译各类稿件10000多份。邀请外交部、中国外文局高翻，国内外知名专家来烟举办高层次外语研修班，开展烟台市英语翻译高级研修班、英语演讲比赛、英语沙龙、翻译讲座等系列活动，促进了全市外语教学与实践的结合，培养出大量优秀外语人才，极大提高了全市外事翻译队伍整体水平，服务烟台改革开放和经济社会发展。

（五）主要经验

1. 统筹外事管理，形成"有统有放、配合协调"的涉外工作机制。建立健全市县两级党委外事领导小组工作机制，党委、人大、政府、民间和公共外交"六位一体"的大外事工作机制，完善重大涉外突发事件应急机制、因公出国联查机制、外国记者管理和舆论引导联席会议机制、境外非政府组织管理机制等系列涉外工作机制，打造统一领导、归口管理、分级负责、协调配合的烟台外事管理工作网络，上下左右联动、各界共同发展的工作格局，形成全市对外交往工作的整体合力。

2. 统筹对外交往，构建"巩固周边、拓展全球"的对外交往格局。围绕烟台"深化日韩、拓展港台、提升东盟、突破欧美、开发非洲"的开放布局，选择一批经济上有互补性、能够进行产业对接、进行资本输入或提供能源的城市建立新友城，为全市与相关地区的经济社会交流与合作搭建新的桥梁，提高烟台市外向型经济的抗风险能力。加大对国际友城工作的经费支持，为推进与各国际友城的交流合作提供资金保障，为全市经济转调升级提供强大的外部支撑和动力源泉。

3. 统筹重大外事活动，搭建"经贸引领、多元发展"的合作共赢平台。围绕烟台东部新区建设等重大战略目标，抓住对外开放有利机遇，积极推进中日韩地方经济示范区建设，推动铁路轮渡、水产养殖等多个项目落户烟台。邀请国外政要、国际组织要员、大使参赞、知名侨社团侨领以及世界500强、华商500强等大企业、大财团高层来烟参观考察，推动务实合作。认真接待国际友城市长、议长来访，精心策划市级领导出访友城，推动烟台与各国际友城间多领域、深层次的交流合作。

4.统筹涉外人才培养，打造"一专多能、全面过硬"的对外开放队伍。按照新的人才队伍建设目标，创新完善高端人才引进、使用和激励机制，充实烟台外事干部队伍。健全多级培训机制，不断提升外事干部队伍整体素质。完善县级外事机构队伍，提高基层执行力，增强末端延伸性。发挥翻译协会作用，整合培养社会翻译力量，发现、凝聚、储备优秀外事翻译人才。通过一系列的力量补充和技能培训，打造一支随时能够拉得出、用得上、打得赢的对外开放干部队伍。

七、潍坊外事工作回顾（1978—2011年）

改革开放以来，潍坊外事工作坚决贯彻执行中央对外方针政策和上级业务主管部门的工作部署，坚持解放思想、求实创新、锐意进取，不断适应对外开放新形势的需要，积极开展国际友好交流合作，管理水平、服务能力不断提高，为服务国家总体外交和全省、全市经济社会发展作出了积极贡献。

（一）外事机构设置、改革及发展主要情况

1.初步发展阶段。1978年5月，国务院正式批准潍坊市对外开放，撤销昌潍地区革命委员会外事办公室，成立昌潍地区革命委员会外事处。7月，成立昌潍地区行政公署，外事机构也随地区名称的变更改为昌潍地区行政公署外事处，下设秘书、外事、侨务3个科。同年9月，外事处改为外事办公室，编制10人。1979年10月，昌潍地区行政公署外事办公室将侨务科分出，编制7人。1981年7月，昌潍地区更名潍坊地区，昌潍地区行政公署外事办公室改名为潍坊地区行政公署外事办公室，增设旅游科，编制3人，外事科改为接待科。1984年1月，改名为潍坊市人民政府外事办公室，外事办公室共10人，下设秘书科、接待科、宣传科。1985年12月与新成立的市旅游局合署办公。

2.迅速发展阶段。1992年初，市外办设有秘书科、接待科、宣传科、友城科、政工科5个科，行政编制19人，事业编制4人。1994年9月，增设旅游管理办公室，事业

编制增为9人。1996年12月，市外办与市旅游局分设，不再合署办公。市外办设秘书科（政工科）、出国管理科、亚洲科、欧洲非洲科、美洲大洋洲科5个科，行政编制20人，其中工勤编制2人。设正科级事业单位1个（市对外友好协会办公室），编制6人。

3. 深入发展阶段。2001年5月，市外办与市侨办合并组建为潍坊市人民政府外事与侨务办公室，为市政府主管全市外事与侨务工作的工作部门。设有秘书科、出国管理科（挂领事科、市政府港澳事务办公室牌子）、亚洲科、欧非美大科、侨务科（挂经济联络科牌子）5个科，编制26人，其中行政编制23人，工勤编制3人。所属3个事业单位：市对外友好协会办公室、市外事翻译中心、市外事服务中心。2008年，潍坊市机构编制委员会研究同意单设领事科。

4. 创新发展阶段。2010年3月，明确潍坊市外事与侨务办公室，为市政府工作部门。设7个职能科：秘书科、出国管理科、亚洲科、欧非科、美大科、侨务科（挂经济联络科牌子）、领事科。机关行政编制22名，配备主任1名、副主任3名，正科级领导职数7名、副科级领导职数4名。市外事与侨务办公室挂市港澳事务办公室牌子。所属事业单位不变。

（二）外事工作取得的主要成就

1. 围绕业务工作突出抓了主要职能的履行与发挥。外事与侨务归口管理工作。自1978年，昌潍地区行政公署侨务办公室发布《关于加强调查研究认真做好侨务工作的通知》以及1979年《关于加强外事接待管理工作的若干意见》以来，潍坊外事与侨务归口管理得以不断加强完善。2002年，起草了《关于进一步加强外事工作的要求》。2011年，市外侨办发布《关于进一步加强外国驻华使节来潍参观访问邀请接待工作的通知》。因公出国（境）及涉外管理工作。在出国管理方面，逐步制定完善审办程序和相关规定。2007年全面落实出国团组网上报批，提高了出国审批行政效率。2009年，在全省率先试点实行县市区联网直报，效率提高40%以上。1999年以来，市外办协调部门处理涉外案件30余起。外事接待。从1978年开始，潍坊外事接待工作进入迅速发展阶段，由小到大，由少到多，逐步发展。1980年接待外宾710人，1988年接待外宾达到6783人，比1980年提高8.6倍。从1988年的10000余人次增加至1996年的13500人次。平均每年接待外宾2000多人次。同时接待了柬埔寨主席西哈努克亲王、新加坡副总理李显龙、马来西亚前首相马哈蒂尔等重要贵宾。考察访问。自1979年以来，潍坊市平均每年派出各类因公出国团组120余批，300多人次。荣誉市民。1993年4月，授予日本1人"荣誉市民"称号。1998年4月，授予日本1人"荣誉市民"称号。1999年5月授予日本1人，1999年9月授予日本、韩国、瑞士、德国、英国、澳大利亚、美国等10人，2000年4月授予澳大利亚、德国、马来西亚等3人，2001年5月授予韩国1人，2001年7月授予日本1人，2003年6月授予德国1人，2005年11月授予日本1人潍坊市"荣誉市民"称号。2009年12月授予马来西亚、美国、日本、中国香港、中国澳门、中国台湾等15人潍坊市"荣誉市民"称号。

2. 围绕对外开放环境建设突出抓了基础条件的完善。打造"千里民俗旅游线"使对外开放资源得到了整合。1986年，市政府外事办开辟了潍坊"千里民俗旅游线"，途径10个县市区，全程950多千米，有30多个景点，5个专业综合博物馆，3个民俗旅游村，之后得到了不断发展完善。培养壮大翻译队伍使对外开放有了外语人才支撑。1998年12月成立了潍坊市外事翻译中心，提供外语翻译服务和外事外语业务培训等，配齐了英、法、德、日、意、俄、阿拉伯等各大语种的10余名专兼职翻译，全面提高全市的翻译水平，改善潍坊市对外开放软环境。2004年10月起，市外事与侨务办公室启动了全市翻译人才综合网络库的建设工作。整合涵养华侨华人资源使对外开放有了海外依托。推荐有影响有代表性的海内外侨胞担任有关职务。同时，还面向全国重点侨乡要资源、要效益，认真实施"151"工程，搜集整理了10个重点国家、50个重点侨团组织和100个重点华人华侨信息，编印成册，同时成立潍坊市侨商投资企业协会，组织参加了"华侨华人世博行"等活动。

3. 围绕潍坊国际知名度提高突出抓了平台建设。创办潍坊国际风筝会，让潍坊的国内外知名度不断提升。1984年首届潍坊国际风筝会拉开帷幕，开创了"风筝牵线、文化搭台、经济唱戏"新模式。1988年第五届潍坊国际风筝会召开主席团会议一致通过潍坊为"世界风筝都"。1989年第六届潍坊国际风筝会期间，成立了由美、日、英、意等16个国家和地区风筝组织参加的"国际风筝联合会"，并决定总部设在潍坊。至2011年潍坊国际风筝会已连续成功举办了28届。

建造风筝博物馆让世界有了了解潍坊的特色窗口。1986年，连续三届潍坊国际风筝会让潍坊风筝驰名中外。潍坊市委、市政府研究决定新建一座风筝博物馆，建筑面积8100平方米，是我国第一座大型风筝博物馆。

挖掘整理潍县集中营历史资源让世界聚焦潍坊。太平洋战争爆发后，日本在潍县乐道院设立了外侨集中营，先后关押中国沦陷区内的欧美侨民2008人。通过挖掘整理和筹备，于2005年举办了中国人民抗日战争胜利暨潍县集中营解放60周年纪念活动。

融入国家对外合作战略打造潍坊市国际化平台。不断适应改革开放的新形势，深度融入共建蓝黄"两区"等重大发展战略，提升城市国际化水平，增强国际竞争力。立足潍坊比较优势，打造潍坊市中韩食品示范区、国际食品城、国际畜牧产业园、中国—东盟国际食品贸易港、中澳合作食品产业园等国际化平台。深化与中国驻外使领馆和外国驻华使领馆合作，举办了"外交使节潍坊行"活动。

4. 围绕经济社会发展突出抓了对外"三招三引"。用好出国访问机会加大对潍坊"三招三引"环境的宣传。市外办在组织出访考察同时，对潍坊"三招三引"环境进行突出介绍；以海外人才恳谈会、招商引资座谈会、招商环境推介会等形式，开展招商引资、招才引智、招院引所活动。

举办各类"潍坊行"活动让外宾和华侨华人实地了解潍坊。2006年，精心组织了"中外使节潍坊行"活动。2007年，组织了有实力、有影响力的海外侨领、侨商100余名来潍参加潍坊行活动。2009年，组织了"海外华商博士投资创业潍坊行"活动。

通过各类活动周、中外论坛、重大节会邀请海外客人深层了解潍坊。2004年潍坊国际风筝会期间，潍坊市政府与马来西亚驻华大使馆共同主办"马来西亚文化周"活动，促进潍坊与马来西亚的广泛交流与深入合作。2006年组织了"中外经济论坛"。2008年，举办了"国际友城合作发展论坛暨百名企业家潍坊行活动"。2011年，举办中阿、中非中小企业合作论坛，配合国家党际对外交往，邀请来自阿拉伯、非洲17个国家政要、使节、政党负责人和100多家企业代表来潍参会交流，洽谈合作。下大力气抓好"三招三引"项目的落地，仅2010年完成招商引资6亿元。

（三）主要经验

1. 坚定不移贯彻落实党的外事开放政策是保持外事工作正确方向的重要前提。为贯彻党的外事开放政策及各级党委政府工作部署，每年召开一次全市外事工作会议，总结工作成绩和存在的问题，部署当年工作和任务目标。加强专题调研，为市委、市政府和上级业务领导机构决策提供依据。注重抓好潍坊外事与侨务网的建设，抓好新媒体的开发利用。认真贯彻落实中央、省市文件精神，就因公出国管理、涉外案件处理和领事保护等实行分工负责制，不定期地对落实情况进行督查，发现问题及时解决。

2. 坚定不移建立完善宏观管理体制是做好外事工作的重要保障。从1978年潍坊对外开放之初，市委即成立了"潍坊外事领导小组"。1998年之后，潍坊市委外事工作领导小组组长均由市委书记担任，副组长由市委副书记、市长以及市委、市政府分管领导担任，成员为市直各有关部门主要负责人。注重抓好因公出国（境）和涉外管理机制的建立和完善，根据上级要求和形势需要制定完善了系列制度和规定，建立了由市外侨办牵头的有关联席会议机制。专门设置了领事科，邀请外交部和省外办领导来潍举行了"潍坊市境外领事保护宣传活动"启动仪式，协调我国驻外使领馆妥善处理潍坊企业及潍坊籍居民在境外寻求领事保护事宜。对于本市发生的弄虚作假骗取因公出国（境）证件偷渡案、外国人意外死亡事件，及时协调当地公安或外国驻华使领馆等妥善进行处理。

3. 坚定不移搞好"三个服务"是做好外事工作的重要目标。把服务国家总体外交和全市开放发展作为工作立足点和着眼点，处处维护国家利益，不越位、不缺位，正确处理好各种关系。大力实施"走出去""请进来"战略，开展与发达国家的资金、人才、技术合作，与发展中国家的资源、能源、市场合作，促进全市对外开放格局更加均衡合理。

4. 坚定不移树立"大外事"观念是创新外事工作的重要基础。围绕党和国家对外工作部署和全省外事工作全局，通过国际友好城市、华侨华人社团等各类对外交往渠道，为潍坊城市建设、工农业发展、文化教育体育进步服务。充分利用政党外交、政府外交、民间外交、国家领导人出访、国家举办的各类高峰论坛或会议以及各类友好省、州渠道，加强与国外的友好交往与合作。与美国、以色列、丹麦、荷兰、日本、德国等驻华使领馆始终保持密切联系，并实施动态管理。加强与我国驻外使领馆联系，邀请我国驻外使节来潍参观考察，定期向我国驻外使领馆提供潍坊有关信息，为宣传推介潍坊，帮助企业"走出去"打造海外服务平台。不断加强对外国大商社、大财团、大企业、基金会等机构组织的联系，发挥其窗口和纽带作用，寻求合作的途径、信息和机遇，联手促成更多经贸成果。

5. 坚定不移发挥民间外交作用是做好外事工作的有益补充。通过各种外事活动和民间渠道开展对外友好交往，积极与国外民间友好团体和友好人士建立联系，政商并举，以政带商，以商促政。积极支持鼓励全市各界社会组织与国外开展民间交往，推动其建立友好合作关系。积极与各国开展民间友好交往活动，热情接待来自各国的民间教育团体、文化团体、经贸团体等，为"海外潍坊"战略框架打下了基础。促成了潍坊一中、潍坊二中、山东科技职业学院、市人民医院与国外教育、医疗机构建立友好交流关系。

6.坚定不移培养造就一支政治和业务素质过硬的干部队伍是做好外事工作的重要保证。定期组织各种理论、业务学习，派出干部赴外交学院、市委党校等培训基地学习外语及管理知识，全面提高外事干部业务素质和专业能力。先后选派5名优秀翻译人员赴我驻韩国、匈牙利、波兰、日本、印度等大使馆帮助工作。先后选派有关同志赴日本日向市、日本岐阜县、韩国安养市、澳大利亚东吉普斯兰市、德国弗赖辛地区担任国际交流员。1978年开始，举办了业余英语学习班，70%的涉外人员参加了外语学习。自2002年至今，市外办已组织举办了10届潍坊市外语大赛，语种以英语为主，兼涉韩语和日语。

八、济宁外事工作回顾（1978—2011年）

1978年实施对外开放政策后，济宁市顺应时代潮流，加快融入国际社会，由封闭走向开放，对外交流领域越来越宽，外事活动逐渐增多，党宾、国宾、友城朋友、合作方代表等重要外宾及来济工作学习的外国人数量持续增加，与世界不同民族、不同区域城市在文化、科技、经贸等领域的交流合作逐步加强。

（一）外事侨务组织机构发展

1978年9月，济宁地区行政公署外事办公室成立。1984年1月，济宁地区行政公署外事办公室更名为济宁市人民政府外事办公室。1986年10月，济宁市成立市旅游局，和市外事办公室合署办公，主管全市外事、旅游事务。1987年11月，成立济宁市人民对外友好协会。1998年济宁市编委批准成立济宁市翻译中心，隶属市外办管理。1998年5月，济宁市委成立济宁市外事工作领导小组。2000年3月，市政府外事办公室与市旅游局分设，保留人事秘书科、礼宾接待科、友好城市工作科、涉外管理科4个科室和济宁市翻译中心、济宁市外事服务处2个下属事业单位。2001年6月，市政府外事办公室与市政府侨务办公室合署办公，设置济宁市人民政府外事办公室（挂济宁市人民政府侨务办公室牌子），设综合科、涉外管理科（挂市政府港澳事务办公室牌子）、侨务工作科、亚洲科、欧洲非洲科、美洲大洋洲科6个科室，机关行政编制15人，工勤人员编制3人，离退休干部工作人员编制1人。管理济宁市翻译中心、济宁市外事服务处、济宁中国旅行社3个下属事业单位。同年，市委、市政府出台相关政策，基本理顺外事工作及因公出国管理体制。2003年11月，"济宁市外事工作领导小组"更名为"中共济宁市委外事工作领导小组"。2007年4月，济宁市编委批准成立济宁市人民对外友好协会办公室，编制4人，由市外（侨）办管理。2009年12月济宁市人民政府机构改革，将市政府外事办公室（挂市政府侨务办公室牌子）更名为市政府外事侨务办公室。

根据济宁市机构改革"三定"方案，1984—2006年，各县市区均成立专门的外事侨务机构，同时在工作制度上逐步规范。1993年制定《济宁市外办接待工作基本程序规范》《外事接待工作中的几项规定》，对外事接待工作作出具体规定。1995年制定《关于进一步加强和改进我市外事接待工作的意见》，逐步实现全市外事接待和礼宾管理的制度化、规范化。2001年9月市政府办公室对市外事侨务工作职责进行界定。2003年12月，国务院授予济宁市派遣因公临时出国（境）人员和邀请外国相关人员来华事项审批权。2005年市政府建立归口管理、相关职能部门通力配合的领事管理机制，领事管理工作纳入平安济宁建设整体工作盘子。2010年"三定"方案分别对外侨工作职责作出新的规定。

（二）涉外礼宾接待

1978—2011年，全市发挥济宁文化资源优势，认真服务国家总体外交，共接待外宾团（组）14000余人次，其中副部级以上团（组）376人次。到访的外宾包括外国国家元首和政府首脑、前政要、政府高官、世界500强及大公司高层代表、友好城市代表团、外国驻华使领馆代表、国际组织代表、国外工商组织和其他民间组织代表、外国记者等。

1981年2月法国社会党领导人弗朗索瓦·密特朗，1985年9月新加坡总理李光耀，1989年5月柬埔寨西哈努克亲王，1991年6月巴布亚新几内亚总督艾里、澳大利亚前总理高夫·惠特拉姆，1991年10月朝鲜劳动党总书记、共和国主席金日成，1993年4月新加坡总理吴作栋，1993年9月印度前总理拉·甘地夫人索尼亚，1996年10月新加坡共和国副总理李显龙、韩国新国民政治会议总裁金大中，1999年4月荷兰女王贝娅特丽克丝和亲王克劳斯，2000年6月韩国前总统卢泰愚，2002年8月澳大利亚前总理霍克，2002年9月日本前首相村山富士，2004年4月法国前总统吉斯卡尔·德斯坦，2006年11月柬埔寨首相洪森，2007年12月日本首相福田康夫，2009年3月朝鲜总理金英日，2009年

10月国际奥委会主席罗格，2010年1月美国前总统乔治·布什，2010年9月特立尼达和多巴哥总统乔治·理查兹、印尼前总统梅加瓦蒂、匈牙利前总理迈杰希、汤加王国公主皮罗莱坞等国家元首、党宾、国宾及皇室成员先后访问济宁。

（三）因公出国（境）管理

改革开放特别是20世纪90年代以后，济宁市因公出国（境）考察访问、经贸洽谈、出外参展等任务不断增多。市委、市政府先后出台多项有关因公出国审批管理规定和办法，1995年，制定《关于出国审批管理工作中几个具体问题的通知》《关于赴国（境）外培训项目办理程序的通知》和《济宁市因公出国审批管理工作细则》。1997年，下发《关于严格控制因公出国（境）工作的通知》《关于做好严格管理公费出国（境）工作的通知》和《济宁市因公出国管理实施细则》。2001年，市委、市政府印发《关于贯彻落实鲁发〔2001〕9号文件精神的通知》。2003年12月，国务院授予济宁市派遣因公临时出国（境）人员和邀请外国相关人员来华事项的审批权。2005年，市委办公室、市政府办公室印发《关于进一步加强因公出国（境）管理提高出访效益的意见》，调整因公出国管理重点，创新因公出国管理模式，形成完善合理的因公出国管理体制。1978—2011年，累计审批因公出访4100多批14600余人次，涉及美国、德国、法国、日本、澳大利亚、南非等60多个国家和地区，主要参加招商引资、设备考察、经贸洽谈、文化交流、技术培训等，对促进全市对外开放、加快外向型经济发展、开展招商引资引智等发挥了积极作用。先后在美国、德国、巴西、俄罗斯、日本、韩国等国家和香港等地区举行经贸招商推介活动，一批国际知名大公司如日本小松、美国伊顿、德国巴斯夫、意大利倍耐力、美国国际纸业等在济宁落户。

（四）领事管理

随着济宁市对外开放的扩大，领事工作重要性日渐凸显。2004年2月1日，外交部授予济宁市政府一定的邀请外国人来华通知权，级别属二类，编号为3243。主要发放的邀请种类有：1.访问类F（1）、F（2）、F（多）；2.工作类Z（文教）、Z（经济）。2008年，根据"三定"方案，市外办（侨办）设领事工作科，主要负责协调涉及韩国、日本和泰国驻青岛总领事馆的有关工作，按照国家有关领事工作的政策规定和授权，审核、承办应邀来访外国人士的邀请事务、签证通知函电及其他领事业务等。1978—2011

年以来全市共签发邀请通知函电和核实单共3109件4200人次。认真贯彻落实市委、市政府建设领事保护与服务海外民生工程的战略部署，妥善处置涉及我企业和公民的数起领事保护案（事）件，维护了企业和市民的合法权益。市县两级联动，采取多种形式做好预防性领事保护的宣传工作。济宁市政府外事侨务办公室为境外非政府组织管理的重要成员单位，协助做好外非政府组织在济宁市的管理工作。做好涉及外国人管理工作的重要事项、指导外国专家管理工作。

（五）对外友好合作交流

济宁市友好城市工作始于1984年与日本足利市结好，截至2011年，已与10个国家的23个地方政府结为友好城市或友好合作关系城市。济宁市外事部门始终把友城工作作为外事工作重点，按照"积极稳妥、合理规划、重点推进、全面发展"的友城工作思路，稳步向世界五大洲扩展友城，友城数量进一步增加，交往领域亦不断扩大，友城工作从"面小量少"进入"全方位、多渠道"时代。从区域布局上，传统的日韩地区友城发展较快，经贸科技文化发达的欧洲、美洲、大洋洲地区友城数量也得到迅速扩展。从交流领域上，交流与合作范围越来越宽，从最初的文化、教育、旅游等传统领域转向经贸、科技、农业、环境、卫生等新的领域。从交流方式上，从当初的一般礼节性互访向互惠互利的实质性合作转变，对济宁经济社会发展与国际接轨的推动效果日益凸显。从20世纪90年代开始，先后与日本石川县小松市、韩国大邱广域市寿城区、韩国庆尚北道荣州市、俄罗斯罗斯托夫州塔甘罗格市、德国巴伐利亚州上弗兰肯大区、乌克兰文尼察州文尼察市、巴西圣保罗州奥萨斯库市、瑞典法格什塔市、加拿大皮克灵市、澳大利亚黄金海岸市、韩国论山市、巴基斯坦拉合尔市、葡萄牙英雄港市、莫桑比克太特市、美国阿肯色州小石城市、匈牙利巴拉顿福瑞市、美国春田市、法国弗龙萨克大区、芬兰于韦斯屈莱市等城市结为友好合作关系城市，济宁曲阜市、邹城市等县市区与日本、德国、法国、韩国等确立9对友好合作关系城市。积极促进民间友好，开展青少年交流、友好学校交流、民间文化艺术交流等，使对外交往植根于民众之中，已与美国齐鲁同乡会、孔子基金会、法中专业促进会、奥地利中国友好交流合作协会等60多个对华友好组织建立友好交流关系。1996年以来，先后有15位为济宁发展作出较大贡献的美国、德国、日本、韩国、瑞典、新加坡、英国、意大利等国人士被授予"济宁市荣誉市民"称号。济宁在加强对外友好交流的同时扩大经贸合作，与近

200个国家和地区保持经贸伙伴关系，进出口总额连续增长。对外投资额连年在全省保持前列，如意集团、兖矿集团、太阳纸业等一批骨干企业紧跟国家"走出去"战略，在全球布局产业链，投资建设原料基地、加工基地、营销基地，在企业国际化上迈出新步伐。

（六）"文化外事"活动

济宁是中国传统文化的发源地之一，是孔子、孟子、颜子、曾子、子思五大圣人的故乡。济宁外事充分发挥"孔孟之乡、运河之都、文化济宁"资源优势，打响"文化外事"品牌。支持济宁文化产品"走出去"，积极开展一系列有吸引力、影响力的儒学文化交流活动，在向国际社会弘扬传播中华优秀传统文化的同时，更多更强地发出济宁声音、讲好济宁故事、树立济宁形象。"孔子文化节"是国家级文化节庆活动，也是济宁市的金名片，自1984年举办以来，参加这一节庆活动的外宾和海外同胞、侨胞累计达8万多人次。"尼山世界文明论坛"是以开展世界不同文明对话为主题，以弘扬中华文化、促进中外文化交流为目的的国际文化学术交流活动。目前，尼山世界文明论坛已举办四届，每届有近百位国际组织官员和知名专家学者参加。世界儒学大会作为国际化儒学研究与交流的高端文化交流平台已举办八届。33个国家的机构和个人先后受到"孔子教育奖"表彰，美国、德国、法国、日本等国家的专家44人获得"孔子友谊奖"。市外侨办积极参与全市重大文化活动的组织，近年来在孔子文化节期间连续开展"友城朋友聚圣城"和"海外侨领孔子故里行"活动，有针对性地邀请友城市长、知名侨领以及外国前政要、社会知名人士参会，圆满完成所有涉外活动的外事礼宾、翻译等任务，以此活动广泛拓展与友城及侨胞之间的合作联系，进一步提升济宁自主外事侨务活动的国际化程度和影响力，展示出济宁国际化城市的新形象。

九、泰安外事工作回顾（1978—2011年）

1978—2011年，泰安外事工作紧紧围绕全市中心工作，以服务国家外交大局、服务全市经济社会发展两个服务为主题，着力推动外事工作实现"三个转变"，即由接待服务型向发展服务型转变、由粗放管理型向规范管理型转变、由尽责守成型向开拓进取型转变，不断提高外事管理服务水平，为全市经济社会发展和对外开放作出了应有贡献。

（一）对外友好关系的发展历程

泰安外事工作紧紧围绕渠道建设这个中心，优化对外布局，积极开拓以友城为主的对外友好关系，积极推进建设全方位、多领域的对外友好网络。

泰安市国际友好关系起步于1984年。1987年5月份，泰安市与日本桥本市建立了第一对国际友好城市关系。经过多年发展，截至2011年，累计与13个国家的18个城市结为友好城市或友好合作关系城市，缔结了3对国际友好山关系，与9个国家的17个院校、医院等建立了基层友好关系，对外交往交流的渠道不断拓宽。利用国际友好关系这一桥梁与纽带，推动泰安市积极有力地进行国际经济、科技、文化的交流与合作，在开拓国际市场、引进技术和人才、吸引投资等方面取得了一定成就，提高了泰安的国际知名度，加快了泰安与世界接轨的步伐。

1978—2011年，泰安市对外友好关系的发展经历了四个阶段：

第一阶段1984—1987年，是友好关系发展的探索阶段。这一时期，泰安市缔结友城关系1对。由于对外开放刚开始起步，对外交往较少，日本因其文化历史背景及地理位置的特殊性，成为泰安市对外交往的首要对象。

第二阶段1988—1995年，是友好关系发展的迟滞阶段。这一时期的对外交往遇到困难而徘徊，泰安市努力打破西方制裁，将交流重点放在民间交往渠道方面，积极与外国友人、民间友好团体、地方政府进行沟通，做了大量艰苦细致的工作，保证了对外友好交往工作的延续性。

第三阶段1996—2002年，是友好关系快速发展的阶段。这一时期，在市领导的高度重视下，泰安市外办把友城作为重点工作，千方百计寻求合作伙伴，拓展对外交往广度深度，通过艰苦工作，新发展缔结友好城市关系6对，1对待签；其他基层友好关系也得到迅速发展。友好城市和基层友好关系之间交流积极深入，实质性交往不断拓展，山口涂料厂与澳大利亚麦克阿瑟地区政府就技术合作问题达成一致，与市国际公司达成互设办事处意向；与日本桥本市开展书法交流；充分发挥友城中介机构的作用，中意泰利达中介咨询有限公司促成了意大利有关企业与东平工具厂自给技术方面的合作；中澳泰吉有限公司促成澳方有关企业与山口镇签订合作生产塑料制品以及铁路指示灯护锁项目意向等。

第四阶段2002—2011年，是友好关系深入发展的时期。这一时期，泰安外办紧扣渠道建设，根据对外开放战略布局，选择互补性强、合作性高的对等城市，在平等互利、友好往来的基础上结为国际友好城市或友好合作关系城市，全方位、多领域的对外友好网络初步形成。友城建设方面，更加注重友城布局的合理化、友城交往的机制化、友城交流的全面化、友城合作的深度化；行业友好关系建设方面，更加注重交往领域的广泛性、交流的针对性、发展的适应性、合作的实效性。如在国际友城建设上，结合泰山国际名山的影响力和地位提出了"名山结盟，山城互动"的奋斗目标，泰山先后与欧洲的阿尔卑斯山、日本的富士山、韩国的汉拿山缔结了友好山关系，山际交往不断走向深入。同时，科学布局县级友城工作，积极拓展县级对外友好交流和经贸合作，如：宁阳县与巴西里贝朗布雷图市政府签订友好合作关系城市意向书；肥城市与美国凤凰城和澳大利亚伯伍德市建立了对外联系等。

（二）对外友好往来取得的成效

1978—2011年，泰安市以国际友好城市和友好合作关系城市为主的对外友好往来发展迅速，取得的主要成绩如下：

1. 拓展了对外交往渠道，全面开创了对外交往的新局面。自开展国际友好工作以来，泰安市积极拓宽对外交往交流渠道，加大"走出去""请进来"力度，使全市对外交往交流的范围扩大到了70多个国家和地区。友好关系有友好城市关系、国际区域友好合作关系、友好校际关系、友好医院关系等类型，交流合作的领域涉及社会、经贸、科技、文化、体育等多个方面，并取得显著成果。比如，2006年成功举办了"中国·泰山中小城市发展国际交流大会"，来自美国、英国等21个国家的40位市长、32家国外机构代表和国内专家学者3300余人出席了开幕式。出席会议的时任外交部部长助理李辉表示，这次会议将有助于解决世界中小城市发展面临的共同问题，互相学习借鉴先进经验和做法。

2. 提高了外事服务效能，有力推动了外向型经济发展。通过国际友好关系的发展，使泰安市在亚洲、欧洲、大洋洲、美洲有了较为稳定而可靠的对外窗口，为泰安市外向型经济的发展架起了桥梁。外事工作紧紧围绕全市发展中心，抓重点、办实事，千方百计提高外事工作为经济建设服务的实效性。一方面，认真做好高层出访，以信誉高、决策强的优势来提高交往的实效性。泰安外办根据全市扩大开放、加大外向型经济发展的整体布局，规划高层领导出访的重点国家和地区，通盘考虑全市外事工作的重点，在统一规划下展开友好交往和交流，使高层互访朝着规范化、实质性方向发展。这一时期，出访工作稳中有升，联络交往了一大批政要名流及财团、商社、企业、科教等各界人士，既为国家总体外交作出了积极贡献，也为泰安市外向型经济的发展起到了积极推动作用。比如，政府代表团访问美国、巴西期间，与美国尤金公司签订了购进1.11亿美元玻纤产品的销售合同，与拉斯考浴缸厂达成在泰建立卫浴设备生产厂的协议，与巴西达成大豆、农药、灵芝孢子粉、糖类制品等产品的贸易和合作的协议。

另一方面，在接待中积极主动做好牵线搭桥，促成了一批合作事项。比如，2009年成功举办了"中国侨商投资企业协会理事泰山圆桌会议"，东南亚最大的国际性商业银行泰国盘谷银行、秦皇岛新澳海底世界生物科普有限公司、上好佳（中国）有限公司等30余家实力雄厚的知名企业代表参加了会议，达成了农产品种植与加工、五星级商务酒店、水上旅游项目开发等项目合作意向7个。

3. 强化了外事为民理念，切实维护了海外公民的合法权益。随着全球化进程不断加快，越来越多的公民出境留学、工作、旅游、探亲。与此同时，全球化的发展也使得传统及非传统安全领域危险因素进一步显现，给海外公民的安全保护带来了新的挑战。面对领事保护领域的严峻形势，泰安市外事工作秉承"以人为本、外事为民"的理念，寓管理于服务之中，迅速反应、积极应对，发挥领事联络员制度作用，实行服务承诺制、限时办结制，尽最大努力为基层、企业和群众提供了便捷、优质的领事保护服务，有效维护了海外公民的合法权益。

4. 积极开展授荣工作，有效推动了各项事业的发展。自1998年《泰安市荣誉市民称号授予办法》颁布实施至2011年，已开展了2次授荣工作，授荣对象包括来自8个国家和地区的13名海外侨胞、港澳同胞、外国友人和国内市外人士。授荣工作的开展进一步激发了授荣对象来泰投资兴业的热情，他们积极为招商引资、开展对外交流牵线搭桥，以其良好的示范带动作用，推动泰安市各项事业发展迈上新台阶。

（三）泰安市外事工作的主要做法

1. 切实加强因公出国（境）管理工作。认真贯彻落实中央和省市一系列关于因公出国（境）管理工作的政策规定，按照"因事定人、人事相符"的要求，对县以上领导干部因公出国（境）实行了计划管理，全市因公出国审批工作步入了机制化、制度化、规范化的轨道。1978—2011年，泰安市因公出国3551批10449人次，有力推动了泰安市招商引资、招才引智，促进了对外交流合作。

2. 创新提升外事接待工作。在外事接待理念、接待方式、接待细节等方面进行了系列探索和创新，既展现了中华文化和泰山元素，又尊重了国际惯例和对方习俗，增进了双方了解，创造了合作契机，得到了来访外宾的赞扬和好评。比如，2006年8月27日，委内瑞拉玻利瓦尔共和国全国代表大会主席尼古拉斯·马杜罗代表团一行88人对泰安进行了友好访问，并游览泰山。通过此次访问，其对泰安、泰山留下了深刻美好的印象，为下步交流合作奠定了坚实基础。2013年，时任委内瑞拉玻利瓦尔共和国总统的尼古拉斯·马杜罗再次率团访问了泰安。1978—2011年，泰安市共接待新加坡总理李光耀、美国国务卿舒尔茨、朝鲜劳动党总书记金日成、乌克兰总统库奇马等外宾共927批14321人次，其中副部级以上164批2715人次。

3. 灵活开展友城交往工作。对不同类型友城采取了不同工作方法，保证对外交流主渠道的畅通有效。在对外交往中，鉴于东西方文化的差异和政府组成及职能的差异，在处理与不同国家友城的关系中，注意采取不同的工作方法。比如，因地缘和文化的因素，亚洲国家的政府机构任期较为稳定，在与韩国、日本等亚洲国家的交往中，泰安市注重发展政府间的交往，由政府牵线来推动双方在经贸、文化等领域的合作；而在西方，市长多为民选、兼职，任期短，泰安市则在与政府正常交往的前提下，侧重与对方经贸、企业界以及民间知名人士广泛而直接地建立经常性的往来关系。比如，在同澳大利亚麦克阿瑟地区的交往中，对方市长是一年一次改选，而且多是兼职，我们则采取了"民促官"的方式，加强了与该市知名企业家和社会活动家——国会议员法摩、杜勒斯、罗杰、保尔·布莱顿先生的交往。这些国际友人为双方经常性、实质性的交往发挥了积极推动作用；在巴西，通过与巴西山东同乡会、巴中工商总会的交往，与巴西政治、社会、经贸等各界人士建立了联系，打开了泰安与巴西交往的窗口，为双方的经贸合作奠定了良好的基础。

4. 全面优化涉外服务工作。泰安市自2004年开始了邀请外国人士来访的审核、审批工作。截至2011年底，共办理665批次涉外邀请。该项工作开展以来，泰安市不断简化审批程序，缩短办结时间，为国有和民营企业开展对外业务提供了更加优质便捷的服务。此外，泰安市自2010年起开始推行APEC商务旅行卡业务，截至2011年，共办理11批30人次APEC商务旅行卡申请。为方便企业更好更快"走出去"，进一步服务外向型企业，泰安市外办制定了《泰安市企业人员申办APEC商务旅行卡实施细则》，大力宣传推介APEC商务旅行卡，加快了外向型企业走出去的步伐，为"走出去"战略实施贡献了外事力量。

十、威海外事工作回顾（1978—2011年）

1978年对外开放以来，威海各级党委、政府深刻认识开放的重要意义，不断解放思想，迅速采取措施，主动出击，制定各项促进开放政策，争取国家授权，加大对外宣传力度，快速打开了开放局面。1984年，威海获国务院批准成为首批沿海开放城市，享受全国沿海开放城市政策，1987年6月又批准设立地级威海市。威海市成立之时，恰逢改革开放如火如荼铺开之际，威海市抢抓机遇、顺势而为，明确把对外开放作为经济发展的突破口，对外开放由此进入新的历史时期。1990年9月，中韩第一条国际海上客货班轮运输航线威海—仁川航线正式开通，全市对外开放进入快车道。20世纪90年代之后，威海全面启动"借韩兴威"战略，确立起中韩合作的优势地位。

在新的历史形势下，威海市各级外事部门认真贯彻执行党中央对外方针政策，坚守为国家总体外交和威海经济社会发展服务的根本宗旨，积极发挥外事优势，不断拓宽对外交往渠道，促进国际交流与合作，依法进行涉外管理与服务，开展招商引资，全市外事工作形成了从官方到民间，从政治到经济、文化、教育、科技、体育、卫生等多层次、宽领域的新格局，在更大范围、更广领域、更高层次上扩大对外开放，极大促进了全市对外开放和外向型经济的发展，逐步构建起面向全球的多层次开放格局。对外开放始终是威海的优势所在、潜力所在、希望所在。

（一）围绕中心服务大局，有力地配合国家总体外交

威海外事牢记"外事无小事"，坚持讲政治、顾大局、守纪律，深刻认识和把握中央对国际形势的科学分析和正确判断，积极服务国家总体外交大局，认真完成上级交办的各项任务，为配合国家总体外交作出了应有的贡献。

主动服务国家总体外交。多年来，配合"中美交流年""中法交流年""俄罗斯中国年""中韩文化交流年""中非友好50周年纪念"等活动，积极开展各类友好交流活动。1994年6月，正值中美关系处于低谷之际，威海市邀请了以圣塔芭芭拉市长为团长的美国中小城市市长、议员代表团来访，受到中央和省有关部门表扬。1998年4月，吉尔吉斯共和国总统阿斯卡尔·阿卡耶夫及夫人一行40人，在时任副省长宋法棠、时任我国驻吉尔吉斯大使陈忠诚等陪同下访威。2004年8月，联合国副秘书长、人居署执行主任安娜·蒂贝琼卡，韩国驻青岛总领事辛亨根，坦桑尼亚汤加市市长卡西姆，日本宇部市市

长藤田忠夫、议长杉山孝治，韩国富川市市长洪建杓，挪威挪中友协会长埃文斯莫等来威海出席首届"中国（威海）国际人居节"。2006年，中非合作论坛北京峰会召开，外事部门做了大量工作，先后促成了威海市与突尼斯的苏斯市建立了友好城市关系，与刚果（布）首都布拉柴维尔市结为友好合作关系城市，与坦桑尼亚的汤加市签署了友好合作关系意向书。邀请接待了刚果（布）总统夫人等多个重要团组，打开了威海市与非洲国家友好经济交往的突破口。2008年5月，韩国华城市与威海市结为友好合作关系城市时，通过威海市向地震灾区捐款3万美元。

积极做好对外增信释疑工作。在中日关系低迷的情况下，积极主动开展工作，邀请日本宇部市政府和市民参加了国际（威海）人居节和"东亚投资论坛"等活动，成功组织了两市结好5周年、10周年、15周年和20周年纪念活动，并多次组团参加"宇部节"；促成威海市外国语进修学院与大阪产业大学、宇部大学和开拓者大学分别建立了友好学校关系，荣成市与滨田市结为友好合作关系城市；宇部市政府每年都举办大型"市民国际理解讲座"介绍中国和威海，并先后3次组织500多人次的大型市民访华团访威，首开威海国际包机航线，两市之间的了解和人民友谊进一步加深，双方在经贸、教育、文化、环保、劳务等领域的合作取得了丰硕成果，成为国际友好城市的典型范例和中日友好的最好见证。

努力涵养国际民间友好资源。威海自1991年启动"威海市荣誉市民"授荣工作，至2011年共授予18名外国友人该称号，有效团结国际友好人脉。近年来，通过友城等涉外渠道，先后与美国、日本、韩国、英国、俄罗斯等国家友城开展以学生为主体的青少年友好交流活动30多次，参与交流的中外青少年3000多人次，发挥了国际友好"小使者"的作用，受到普遍认同和欢迎。先后举行档案搜集、环保研讨、体育比赛、文艺表演、人才培训、中医诊疗、友城书画展等各种活动50多次，不仅增进了了解和友谊，而且也极大地促进了威海社会事业的进步。

（二）有力服务"走出去"，极大促进了威海对外经贸合作

作为中国大陆距离韩国最近的城市，威海抓住"借韩兴威"的思路，逐步构建起具有威海特色的大开放格局。威海市外事部门牢固树立"大外事"理念，整合和利用好各类外事资源，积极为各行业、各领域的对外交流合作提供优质服务，整体推进了全市对外开放步伐，为保持经济又好又快发展作出了应有贡献。目前，威海已获得外交部所能

授予地方外办的全部领事授权，包括颁发护照、港澳通行证、申办签证、对外邀请、领事认证等；与120多个我驻外使领馆和40多个外国驻华使领馆保持联络沟通。

服务保障因公出访取得务实成果。随着领事权利的获得，加之地级市的建立、对外开放等诸多原因，威海市因公出国（境）人员大幅度增长。外事部门严格遵守量化管理规定，做到把有限的资源用到最需要的地方，1988—2011年共审核审批因公出国团组16378批70604人次，有效扩大了威海市对外交往的范围及经贸合作成果。1994年10月，威海市政府友好代表团访问日本宇部市，举办了"威海市投资环境说明会"，共签订合资合作合同、协议15项。1996年5月，以时任中共威海市委副书记、市长孙守璞为团长的威海市经贸考察团前往韩国招商引资，共签订利用外资合同协议59项，1.5亿美元；进出口合同协议41项，成交额3.2亿美元，威海对外经贸发展成果丰硕。

涉外管理和领事保护扎实安全屏障。坚持以人为本、外事为民的宗旨，加强部门沟通联络，不断修改和完善涉外事件应急预案，提升了涉外和领保案（事）件处理的依法性、整体性和灵活性。妥善处理赤道几内亚工程承包人员伤亡、外派研修生伤亡事故等各类涉外和领保案（事）件90余起。进一步做好预防性领事保护工作，凸显"预防为主、处置为辅"的领保工作理念，加强领事保护"上游治理"。先后在全市主要涉外企业、机关、社区、出入境大厅等开展了海外领事保护知识宣传系列活动，有效增强了企业和公民海外风险防范意识和自我保护能力。针对境外领事保护日益复杂严峻的形势，加强防范预警机制，最大限度维护境外我人员、企业和机构的生命财产安全和合法权益，为地方经济社会发展提供了稳定的外部环境。

（三）扩大友好交流，有效推动威海国际知名度的提升和社会各项事业的发展

国际友城布局日益优化。1987年地级威海市成立伊始，就与英国彻特纳姆市建立了友好城市关系，开启了促进友好交往、扩大对外开放的新局面。多年来，威海努力拓展国际友城布局，形成了遍布亚、欧、美、非、大洋洲五大洲的国际友城格局，共有市级友好城市关系8对，分别为英国彻特纳姆市、日本宇部市、意大利比拉市、美国圣塔芭芭拉市、韩国丽水市、俄罗斯索契市、新西兰蒂玛鲁市、突尼斯苏斯市。作为友好城市关系的补充，又发展了5对友好合作关系城市，分别是韩国富川市、刚果（布）布拉柴维尔市、白俄罗斯新波洛茨克市、韩国首尔龙山区、韩国华城市。此外，各市（区）发展友城关系2对、友好合作城市关系17对。此外，友好学校、友好电视台、友好协会等各

类基层友好关系百余对。威海市多领域、多层次、多元化的友好关系新格局基本形成，逐渐开辟出一条威海通向全球的国际之路。

外事服务质效日渐提高。外事部门结合威海实际需求，对自身资源不断挖掘和整合，在全市对外经贸合作中发挥了不可替代的作用。一是积极参与重大国际活动。在历次的中韩经贸洽谈会、东北亚论坛、东亚经济论坛、国际（威海）人居节、中韩海上铁路轮渡项目研讨会、中韩（威海）文化交流展等，以及赴美、加、法、日、韩、澳、新及非洲招商、推介等重大经贸活动中，提供了邀请、翻译、礼宾、联络、接待等全方位服务。二是积极为外向型经济发展牵线搭桥。充分发挥友城，尤其是日、韩友城的平台和桥梁作用，在对外经贸合作中开展实质性交往，重点在港口通航、电子产品、海产品深加工、机械制造、食品加工、服装贸易等方面开展招商引资。三是前瞻性服务经济社会发展。威海市有针对性组织访问友好城市，先后与韩国富川市签订了《进一步加强文化及文化产业交流合作协议书》；与英国彻特纳姆市和新西兰蒂马鲁市签订了加强教育产业合作协议书等，这都为威海打造国际化城市目标的实现奠定了良好基础。

城市国际形象不断提升。全市外事系统通过各种对外交流渠道持续宣传和推介威海，让世界更好地了解威海，努力为威海经济社会发展创造良好的国际环境和条件。先后与韩国、日本、英国等国家和地区的友城23家世界友好新闻媒体建立了联系，共邀请外国新闻记者120余批来威海市采访，在国外媒体上发表文章、新闻纪录片100多篇（部），客观真实地介绍威海市历史、文化和经济发展情况，在世界范围内引起了很好的反响。通过友城渠道，积极开辟宣传威海窗口，目前，已经有7个友好城市专门设立了"威海之窗"展览和"威海园""威海林"等。此外，越来越丰富的社会性民间友好交流也在不断扩大。

十一、日照外事工作回顾（1978—2011年）

改革开放以来，日照市外事工作认真贯彻落实党中央对外方针政策，不断优化对外开放外部环境、拓展对外合作渠道、搭建国际交流平台，在服务国家总体外交和全市经济社会发展方面作出积极贡献。

（一）发展历程及重要成果

1. 1978—1989年，日照外事工作以推动经贸、技术、学术交流和港口交通考察为重点。1978年，党的十一届三中全会作出实行改革开放的历史性决策。伴随改革开放，日照外事工作从实际出发、从基础抓起，主要面向日本、澳大利亚和欧美等发达国家，着力推动对外交流与合作。经贸方面，主要在水产、煤炭、钢铁等领域开展了一系列对外交流与合作，与日本、菲律宾、加拿大、西班牙、意大利、法国、荷兰、巴西、韩国的团组洽谈煤炭贸易，与日本、美国、韩国的团组洽谈水产业务，与日本、澳大利亚的团组考察港口运输和拟建钢铁厂事宜。技术方面，与日本、德国、英国的技术人员进行设备安装调试和技术指导。学术方面，与美国、西德、日本、土耳其的团组进行海洋研究考察和地理学术交流。港口交通方面，与日本、菲律宾、加拿大、意大利、法国、荷兰、巴西、韩国、新加坡的团组对石臼港、岚山港进行考察，与日本、英国、美国的技术人员参与港口建设和技术服务。出访团组以赴日本、美国、韩国等进行煤炭业务洽谈、技术培训和经贸考察为主。

2. 1989—2001年，日照市外事工作以开辟对外交往渠道、拓展对外合作领域为重点。这一时期，日照市在对外交往上获得了更大自主权，由政府部门主导的地方对外交往活动明显增多，国际友城建设迅速起势，交流合作领域不断拓展，外事服务与管理同步推进，服务经济发展成效明显。友城交往方面，先后与土耳其特拉布松市、新西兰吉斯本地区建立友城关系，与澳大利亚马拉宾纳市、意大利雷焦·艾米利亚市、韩国始兴市、德国舍讷贝克市结为友好合作关系城市。对外交流方面，举办企业恳谈会、投资说明会、招商推介会、经贸洽谈会等系列活动，推动经贸、科技、文化、教育等领域务实合作，先后促成了兖日水煤浆中试厂、大宇粉磨厂、日照发电有限公司等项目开工建设。外事服务管理方面，出台因公出国（境）管理、对外交往活动等若干文件，保障对外交往工作健康有序进行。

3. 2001—2011年，日照市外事工作以优化对外交往渠道、深化对外交流内容为重点。这一时期，高层交往日益频繁，友城渠道进一步优化，对外交流合作深入推进，服务发展成果丰硕。高层交往方面，市级领导出访人数和批次明显增加，接待德国前总理施罗德、联合国副秘书长兼人居署执行主任安娜·蒂贝琼卡、墨西哥维拉克鲁斯州州长菲德尔·埃雷拉等重要外宾来访。服务发展方面，日照市荣获联合国人居奖，日照至韩国平泽客箱班轮航线开通，招引亚太森博浆纸、现代威亚汽车发动机、森达美棕榈油、锦湖金马化工等外资项目。对外交流方面，积极推动日照农民画、青少年书画作品走出去，举办国际帆船锦标赛、中日韩大帆船赛、日照国际茶博会、日照

（国际）旅游峰会、德国中医研修班等重大涉外活动，大型谈话节目《城市1对1：中国日照—美国阿罕布拉市》通过央视国际频道向全球播出。友城工作方面，新缔结墨西哥夸察夸尔科斯市、日本室兰市、韩国唐津市3个友好城市，与韩国平泽市、韩国浦项市、菲律宾卡加布兰市、法国洛里昂市、俄罗斯布拉戈维申斯克市、巴西瓜路佳市、美国阿罕布拉市等10余个城市结为友好合作关系城市，初步形成了全方位、多层次国际友城格局。

（二）日照外事工作主要经验

1. 坚持"加强党对外事工作的集中统一领导"生命线，确保外事工作形成合力、保持定力。坚持"党管外事"原则，以党的外事方针政策为指引，1990年3月，日照市委成立外事工作领导小组，建立健全市县两级党委外事工作领导小组机制，建立完善重大涉外突发事件应急机制、因公出国联查机制、外国记者管理和舆论引导联席会议机制等系列涉外工作机制，打造统一领导、归口管理、分级负责、协调配合的外事管理工作网络，形成全市对外交往工作的整体合力。

2. 突出"服务国家总体外交"工作大局，使外事工作保持明确的工作目标和政治方向。坚定不移贯彻落实国家对外开放政策，以维护发展大局、服务开放全局为己任，深入参与不同时期国家战略实施，努力增进与世界各国人民的了解和友谊，广泛结交对华友好的地方政府要员和各界知名人士，积极承担并高质量完成国家外交赋予的各项外事工作任务。

3. 立足"服务全市经济社会发展"根本任务，实现外事工作大有可为、大有作为。转变工作理念，主动融入全市开放发展大局，统筹利用外事资源，发挥朋友多、渠道广、信息灵的优势，把"外事＋招商"贯穿对外交往活动。持续精准发力，推动资金、装备、技术、人才、服务等"走出去、引进来"，为推动日照经济社会发展作出了积极贡献。

4. 践行"外事为民"工作宗旨，推动外事工作更接地气、更聚人气。延伸外事服务链，围绕领事保护、出入境管理、APEC商务旅行卡等职能，主动谋划，靠前服务，助力企业开展对外交流合作。坚持以人民安全为宗旨，加强海外安全能力建设，妥善处置涉外案件和领事保护事件，维护日照市公民、法人在海外合法权益，努力让外事工作成果更多惠及人民群众。

十二、临沂外事工作回顾（1978—2011年）

改革开放后，临沂市积极实施对外开放政策，对外交往渠道越来越多，对外交流领域越来越宽，政府、民间以及商务交流持续增加，与世界有关国家在文化、科技、经贸等领域的交流合作逐步加强，临沂市在世界的知名度不断提升。

（一）临沂市外事组织机构和职能沿革

1. 改革开放初期机构职能情况。1980年10月，设立临沂地区行署外事办公室。1983年11月，党政机关机构改革将行署外事办公室、侨务办公室合并成立临沂地区行署外事侨务处（对外可同时挂行署外事办公室、行署侨务办公室牌子），为比局低半格的二级机构，由行署办公室领导，不列入行署工作机构序列。1984年9月，临沂地区行署将地区外事侨务处分设为行署侨务办公室（列入行署工作部门序列）和行署外事办公室（为比局低半格的机构）。1989年9月，恢复临沂地区行署外事办公室为正县级行政单位，归口行署办公室。1990年11月，地区编办批复设立涉外科。1992年9月，地区编办批复设立临沂地区外事服务中心，为正科级事业单位，实行企业化管理，事业编制2人，配主任或副主任1职。1992年12月，临沂地区职称改革领导小组批复组建临沂地区翻译专业职务中级评审委员会，中评委办事机构设在行署外事办公室。

2. 近二十年来机构职能情况。进入21世纪以来，随着临沂对外开放的逐步扩大，外事部门编制和人员也不断增多，职能配置也越来越齐备。2001年7月，机构改革市政府外事办与市政府侨办合并成立临沂市人民政府外事与侨务办公室，下设秘书科、涉外综合科、出入境管理科、侨政科，编制17名，市外事服务中心隶属市外侨办领导，加挂市对外友好协会办公室的牌子。2008年5月，市委编办批复设立临沂市人民对外友好协会办公室，为正科级财政拨款事业单位。

3. 全市外事系统机构职能建设情况。根据临沂市（地区）机构改革方案，各县区政府逐步成立工作机构或配备兼职和专职工作人员从事外事工作。同时，逐步建立健全相关工作制度，规范各项外事管理工作，先后制定印发了《临沂市外办接待工作基本程序规范》《外事接待工作中的几项规定》《关于进一步加强和改进我市外事接待工作的意见》以及其他外事管理文件，编印了《涉外礼仪手册》，使全市外事接待、礼宾服务以及外事管理工作逐步制度化、规范化。

2001年，市委、市政府印发《关于进一步加强外事管理工作的实施意见》，形成了全市外事工作统一领导、归口管理、分级负责、协调配合的管理体制。2004年3月，临沂市委成立市委外事工作领导小组，加强了党委对外事工作的统筹协调和统一领导。2004年11月，临沂市政府被授予派遣因公临时出国（境）人员和邀请外国相关人员来华事项审批权。

（二）外事工作取得的重要成果

1. 认真做好重要外宾接待，组织好市领导重要出访，拓展国际交流合作渠道，促进了临沂市经济和社会事业对外交流与合作。1978—2011年，积极服务国家总体外交和全市经济和社会事业对外交流合作，共接待官方外宾团组900多批10000余人次。重要的外宾有：1984年接待了以国土和城市管理委员会森林局副局长崔基朱为团长的朝鲜油栗考察团，联合国粮农林业教育、就业及机构科长希尔米先生和美国驻华使馆二等秘书司徒璇女士等。1989年联邦德国经济合作部局级官员曼巴先生来访。1992年10月，奥地利联邦议会常务副会长图岑贝格、联邦卫生部长奥森温克勒先生在时任全国对外友协副会长陈昊苏陪同下，来临沂市参加莒南县纪念奥地利友人罗生特医生的活动。1994年上半年接待了以奥地利奥中友协会长卡明斯基为首的14人访华团。1995年11月，丹麦驻华大使、丹麦欧登市市长率团访问临沂。1996年12月，以色列国柯雅特市市长代表吴瑞、李玉潮等访问临沂市。1999年8月，加纳共和国财政部代表、卡马拉公司总裁巴巴·卡玛拉在加纳驻华大使伊曼纽尔·奥斯卡·阿梅耶多沃陪同下来临沂市进行非正式考察和访问。2000年2月，韩国镇海市市长率政府代表团对临沂市进行了第一次友好访问，双方正式签订了友好城市关系意向书。2000年首届（临沂）全国农村适用型工业品博览会期间，玻利维亚、刚果、厄瓜多尔、柬埔寨、加蓬、俄罗斯等11个国家的驻华使节到访临沂。2001年6月，几内亚驻华大使齐吉·卡马拉先生、使馆一等秘书邦古巴·塞古巴先生访问临沂市。2003年几内亚共和国经济和财政部长马拉等组成的几内亚政府代表团来临沂市进行考察访问。2003年，韩国镇海市市长金炳鲁参加临沂书圣文化节活动。2003年11月，韩国平泽市市长金善基率代表团访问临沂市。2011年，韩国军浦市市长金润周、墨西哥瓜那华托州郝雷夸罗市市长率团访问临沂市。

全市外事部门积极组织市级领导出访，拓展了对外友好合作关系，推进了全市重点对外合作项目的开展。比较重要的市级领导出访活动有：2001年4月，时任市长李群、时任市人大常委会主任李祥栋率团访问韩国镇海市，双方签署了两市友好关系备忘录和公务员交流协议书。2002年，时任市委书记乔延春出访希腊、意大利。2005年，时任市委书记、市人大常委会主任李群出访德国，与威尔堡市席克市长签订了友好城市协议书。2006年，时任市长连承敏出访美国雷顿市、日本春日井市，就友好城市关系进行了磋商。2008年9月，时任市委书记连承敏率团出访欧洲，与瑞典埃斯基尔斯图纳市签署了建立友好城市关系意向书。2010年，时任市长张少军率团出访瑞典、德国和西班牙。

2. 因公出国（境）管理工作日益完善。改革开放特别是20世纪90年代以后，临沂市因公出国（境）考察访问、经贸洽谈、参展参会等任务不断增多。市委、市政府先后出台多项有关因公出国审批管理规定和办法，1995年转发《关于赴国（境）外培训项目办理程序的通知》，制定《临沂市因公出国审批管理工作细则》。1997年印发《关于严格控制因公出国（境）工作的通知》《临沂市因公出国管理实施细则》。2001年，市委、市政府印发《关于贯彻落实鲁发〔2001〕9号文件精神的通知》。

2004年11月，经国务院批准，省政府授予临沂市政府一定的派遣因公临时出国（境）人员和邀请外国相关人员来华事项的审批权。2005年，市委办公室、市政府办公室印发《关于进一步加强因公出国（境）管理提高出访效益的意见》，调整因公出国管理重点，创新因公出国管理模式，形成完善合理的因公出国管理体制。2014年，市委办公室、市政府办公室印发《关于进一步规范县处级以下国家工作人员因公临时出国的实施意见》，使全市因公出国管理更加规范。市外侨办积极探索管理与服务并重的审核审批模式，以出访任务为导向，严格控制出访团组规模和人数，加强对因公出国活动和实效的审批和监督力度，加大因公护（证）照收缴和管理力度，延伸监督链条，使因公出访成为扩大对外交流与合作，促进全市经济社会发展的主渠道。1978—2011年，累计审核审批因公出访3800多批11000余人次，涉及美国、加拿大、德国、法国、英国、日本、韩国、澳大利亚、俄罗斯等30多个国家和地区，主要任务有参加招商引资、项目考察、经贸洽谈、参展参会、文化交流、业务培训等。先后在美国、英国、德国、俄罗斯、日本、韩国等国家和地区举行经贸招商推介活动，对促进全市对外开放、加快外向型经济发展、开展招商引资引智等发挥了积极作用。

3. 涉外管理工作日趋规范。2005年10月，外交部授予临沂市政府一定的邀请外国人来华签证通知权，级别属二类，编号为3269。1978—2011年共审核、签发邀请通知函电共7400余件、1000余人次。认真贯彻落实外交部和省外办关于加强领事保护的政策，采取多种形式做好预防性领事保护的宣传工作，妥善处置海外涉及临沂市企业和公民的数起领事保护案（事）件，维护了临沂市企业和市民的合法权益。

4. 对外友好关系建设成果丰硕，对外友好交往内容逐步丰富。临沂外事部门积极拓展对外友好关系，按照"积极稳妥、合理规划、重点推进、全面发展"的友城工作思路，稳步向世界五大洲扩展友城，友城数量逐年增加。2003年10月与韩国镇海市建立友城关系，2007年11月与美国雷顿市建立友城关系，2009年7月与瑞典埃斯基尔斯图纳市建立友城关系，2011年5月与比利时罗莫尔市建立友城关系。2003年11月与韩国平泽市结为友好合作关系城市，2009年6月与墨西哥阿巴索罗市结为友好合作关系城市，2010年3月与美国哈蒂斯堡市结为友好合作关系城市。另外，2010年5月与美国蒂夫顿市签订友城意向书，2011年4月与西班牙阿拉贡省签订友城意向书。临沂外事部门始终把友城作为对外交流与合作的平台，友城交流工作从"面小量少"进入"全方位、多渠道、宽领域"时代。从区域布局上，依托临沂商城，以商贸物流开拓、巩固了友好关系。从交流领域上，交流与合作范围越来越宽，从最初的文化、教育、旅游等传统领域转向经贸、科技、农业、卫生等新的领域。1995年以来，先后有27位为临沂市发展作出较大贡献的美国、德国、日本、俄罗斯等国人士被授予"临沂市荣誉市民"称号。加强华文教育和外派华文教师工作，临沂大学、王羲之故居分别被国侨办列为华文教育基地和海外华裔青少年中华文化传承基地。

5. 服务国家总体外交和地方经济社会发展成绩显著。全市外事部门积极贯彻执行中央有关外交外事方针政策，服务国家总体外交事业。接待外交部、中联部、全国对外友协的重要团组20多个。积极做好在临沂市举办的重大涉外活动的外事服务工作，先后服务了9届中国（临沂）国际书圣文化节、2届中国（临沂）国际商贸物流博览会、兰陵国际蔬菜博览会、沂河系列国际水上赛事等。积极利用外事侨务资源开展引资引智工作，在印度、澳大利亚、芬兰、美国、日本建立了5个海外人才工作站，各人才工作站积极发挥传递信息和组织联络的作用，宣传临沂市的招才引智政策，组织高科技人才来临沂市考察，为海外人才与临沂市企业合作牵线搭桥，帮助临沂市出访团组在当地举办引资引智推介会等。积极服务临沂商城国际化，在外事接待、出国访问中把推介临沂商城作为一项重要内容，提高临沂商城的知名度。利用外事侨务资源，协助临沂商城开拓国际业务，协助在中东等地区建设"海外商城"。

（三）主要经验

1. 抓好自身建设和队伍建设，是做好外事工作的基础。临沂外事部门坚持推行科学规范管理，坚持靠制度管人办事，管理工作规范化、科学化程度不断提升。开展"内强素质、外树形象""外事工作提升年"等创建外事品牌活动，提升了外事部门的对外形象，激发了干部争先创优的精神风貌。提高外事干部的业务素质，外事干部队伍基本实现了年轻化、专业化和高学历化，为外事事业长远发展提供了可靠保障。通过外语人才招考，成立翻译协会利用好社会翻译人才等途径，培养出一支高学历、年轻化、专业化的翻译人才队伍，目前市外事翻译中心已有英、日、韩、俄、法、德、西班牙等7个语种的翻译人才，在服务市领导涉外活动、重要外事材料翻译审核等工作中，出色地完成了任务。

2. 加强统筹管理以推动工作规范化制度化，是做好外事工作的保证。改革开放以来外事工作的发展历程，是外事工作体制机制不断规范、完善的过程，也是外事部门统筹管理职能不断提升的过程。每年筹备召开市委外事工作领导小组全体会议，研究部署全市外事工作规划和重大涉外事项；出台了市委外事工作领导小组及办公室职责和工作规则等多个规范性文件，各县区（开发区）均成立了党委外事工作领导小组，全市外事系统形成了党委统一领导、外事部门落实协调、相关部门配合的领导管理体制。认真执行上级因公临时出国政策规定，科学编制全市对外交流整体规划和年度因公出访计划，坚持保控结合，确保让有实质性任务的团组顺利出访。强化护照证件管理，集中开展了护照清理收缴活动，联合纪检、组织、审计、财政等部门定期组织因公出国专项检查，确保各项纪律规定落到实处。完善了涉外突发事件应急处置机制，妥善处置涉外突发事件，维护了临沂市公民在海外的合法权益。

3. 发挥好外事资源渠道平台优势，是推动外事工作深入发展的重要力量。注意挖掘和涵养外事交往资源，把建立联系的国外地方政府、社会团体、大公司等作为重要的工作资源，密切日常联系，把友好关系稳定住、保持好，将其作为开展国际交流与合作的重要渠道。充分发挥外事资源优势，搭建高水平、宽领域、多层次、常态化的对外交流平台，放大重大活动平台效应，以活动促交流，以活动促发展。充分发挥好友好城市对外交流合作平台的作用，在不断优化完善友城布局的基础上，开展全方位的务实交流合作，巩固提升友好关系。重视发挥民间对外交往的作用，坚持官方和民间渠道并行，全方位与世界各国在经贸、教育、文化、医疗、科技等各领域开展合作交流。

十三、德州外事工作回顾（1978—2011年）

德州外事工作围绕国家、省、市有关部署，坚持"服务于中央总体外交、服务于地方经济建设"的方针和宗旨，积极从多层次、多角度开展工作，为德州地方经济社会发展作出了积极贡献。

（一）外事机构沿革

德州市外事机构始建于1979年，当时在行署办公室内设外事侨务办公室，相当于科级建制。1984年3月正式成立地区外事侨务处，为副处级单位，隶属行署办公室，对外称德州行署外事办公室和德州行署侨务办公室。1990年6月升格为正处级单位，为外事办公室（侨务办公室、旅游局）。2001年6月机构改革以后旅游局分设。2010年，根据《中共德州市委、德州市人民政府关于德州市人民政府机构改革的实施意见》设立德州市人民政府外事侨务办公室，为市政府工作部门。现下设四个科室：综合科、外事科、侨务科、出入境管理科以及一个群团单位（德州市人民对外友好协会）和一个科级事业单位（德州市外事服务中心）。

（二）20世纪70年代末至1988年，德州市外事侨务事业在摸索中前进，做了一系列打基础、利长远的工作

这一时期是我国外事事业全方位、多层次开展阶段。德州各级外事部门从自身实际出发，严格落实国家政策，不断加强自身建设，努力提升对外宣传工作水平，打破了来访外宾的疑虑，为德州改革开放事业营造了良好舆论氛围和社会基础。

以接待促宣传，以接待促发展。这一时期，德州地区制定了《关于加强地方外事工作管理的有关规定》，本着"热情接待、多做工作"的原则，以接待促宣传，为全区改革开放事业营造了良好开端。外国来宾数量较以往大幅增加、规格提高、目的更加多元化，实现了从单独参观访问到经济考察、技术交流、洽谈贸易和从参观农村到参观城市厂矿的转变。来访目的主要有三类，一是考察十一届三中全会后农村改革情况，二是深耕菲律宾与中国传统友谊，如合作拍摄《苏禄王与中国皇帝》电影，三是开展经济合作和技术指导。

塑形象、重宣传，提升德州海外知名度。改革开放以来，特别是1987年被正式批准

列为对外开放城市后，德州对外交往日益频繁，海外知名度不断扩大。一是注重提升外事干部和涉外工作人员素质。贯彻礼宾改革、勤俭办外事，同时加强对本区出国人员管理，适时开展出国外事纪律教育。二是深挖地方特色，对已有参观点梳理分类，着重凸显改革以来发生的巨大变化；着力提升"乐陵小枣节""宁津蟋蟀节"等德州特色节日、活动的知名度，充分展示德州改革开放以来的新面貌。三是加大对外宣传力度，利用出、来访机会主动宣传德州，广泛结交朋友；利用参加"青岛小交会"契机，让外商了解德州地区对外开放、发展外向型经济的优惠政策和条件，积极推动各县市项目成交。

积极拓展友城交流，开辟民间交往渠道。1985年，国家下发了《关于友好城市工作的若干规定》，要求进一步发展、规范友好城市工作。德州地区对外交往也迈上了新台阶，与日本爱媛县新居滨市建立了联系，为缔结友城拉开序幕。

解放思想，积极作为，为四化建设提供有力支撑。1984年国家首次提出"经济外交"概念，德州响应号召，发挥外事优势，为德州市引进旋压技术和成套啤酒生产线，扩大德州特优质产品如德州黑陶、乐陵中华蜜酒的宣传和销售，收效明显。

（三）1989—1991年，外事事业的特殊时期，外事工作在曲折中前进

1989年春夏之交的"政治风波"发生后，西方国家对我国实行经济制裁，德州对外交往受到较大影响。面对这一形势，各级外事部门用好各种渠道，开展了艰苦的解疑释惑工作，并积极拓展与其他国家在经贸、人文等领域的交往，保持了德州对外开放的连续性，为德州的经济发展作出了新的贡献。

多渠道、多层次、多形式地开展了对外宣传工作。研究制定符合德州地区实际的外宣措施，注重开发地方特色。1990年7月，在德州市政府的大力支持下，与北京青年影视制作中心完成了电视片《在这方厚重的福地上——苏禄王后裔在德州》，让菲律宾人民和世界人民更多地了解德州。

热情友好，多做工作，友城交流和民间交往取得新进展。各级外办克服困难，积极做工作，保持与对外友好交往的延续性，加深了与日本新居滨市的相互了解，为双方今后在各领域的实质性交流合作奠定基础。

（四）1992—2005年，把为经济建设服务摆在更加突出位置，大力拓展外事工作

邓小平同志南方谈话后，我国改革开放和经济建设进入了新的快速发展阶段。德州

各级外事部门审时度势、抢抓时机、整合资源，助力德州经济社会发展，利用外事资源开展招商引资、招才引智工作的优势凸显。

为经济建设服务路子逐渐拓宽。发挥媒介作用，服务地区重大涉外活动。1992年，德州地区在深圳举办大型全区产品展销经贸洽谈会，会上接待中外来宾3000余人，签订合资项目、合同及协议83项，总投资13.95亿元，其中外资7.9亿元，签订出口合同29项，金额达1.94亿元。1996年以来，德州充分发挥历届"中国德州经贸洽谈联谊会"平台优势，树立国际品牌，积极邀请高规格团组参会，促成了一批合资合作和出口项目。同时，借助与会企业家加大德州投资环境和优惠政策的宣传力度，扩大德州对外影响。

对外交往日益频繁，友城工作实现新突破。一是深耕与日本新居滨市友好交往，友城数量实现零的突破。1992年5月，新居滨市伊藤武志市长代表团访问德州，两市友谊进一步加深；同年7月，杨传堂专员率团回访，德州地区与新居滨市建立友好交流关系。同时，德州市第十中学和新居滨市中获中学、德州市东方红路第一小学和新居滨市中获小学建立友好学校关系，德州地区的对外友好交往工作取得重大进展。此后，双方在教育、文化、经贸等各个领域开展了更加密切、更加富有成效的交往，互访不断，互派研修生项目机制化运转。1997年11月，经上级批准，双方正式建立友好城市关系，德州市友城实现零的突破。二是用好多种资源，拓展友好交往渠道。与菲律宾的交往升温。苏禄王墓是我国唯一带有守陵村落的异邦王陵，是中菲友谊的见证，也是德州与菲律宾密切交往的纽带。1995年12月，菲律宾苏丹王皇太子伊士麦·基兰访问德州，与德州市共同成立"苏禄王巴都葛叭哈喇基金会"，在海内外募集资金用于苏禄王墓的修缮、开发工程。此后，德州与菲律宾的交往日益频繁。菲律宾驻华大使罗穆阿多·翁和夫人、菲律宾北伊洛戈省省长等多次来访，菲方代表也连续多年参加经洽会，双方友谊更加密切，经贸成果更加丰硕。与韩国始兴市建立友好交流关系并取得突破性进展。在多次互访、深入了解的基础上，2004年10月，始兴市副市长李启长带领始兴市政府代表团和文化演出团一行33人，对德州市进行了为期4天的友好访问、文艺演出和考察，两市还开始实施互派公务员工作，友好交往机制化开展。2003年12月，德州市人民对外友好协会正式成立，民间对外交往步入新阶段。自成立以来，友协配合外事工作，积极开展民间外交，在推动对外交流方面收到事半功倍的效果。经市友协推荐，德州学院俄语教学主任、俄符拉迪沃斯托克国立经济与服务大学与德州学院合作俄方项目负责人娜塔莉亚被授予"山东省人民友好使者"称号。

外事基础工作稳中有进，机构建设进一步完善。一是接待工作日益增多。1992年至2005年间，德州市各级外事部门本着热情友好、有礼有节的原则，共接待外宾逾万人次，涵养了丰富的资源。二是因公出国管理更加规范。1992年9月29日，《关于德州地区因公出国申报审批的规定》出台，进一步规范因公出访。三是机构建设进一步完善。1993年，根据省外办指示，经行署批准，成立"德州市外事服务中心"，外事服务更加便捷。

（五）2006－2011年，外事工作"两个服务"协调发展、取得实质成效

2006年以来，德州市各级外事部门在夯实各项工作基础的前提下，围绕中心工作，为德州市的长远发展增添了动力。

加大"走出去"和"请进来"工作力度，服务中心工作成效显著。一是积极参加国内外重大外事活动。在活动中参加或举办了多场投资项目说明会、产业推介会，树立德州品牌形象。二是深挖重点地区外事资源。整理完成东南亚招商重点指南、设立马来西亚联络处，将德州市打造成对外开放的新高地；以项目促合作，德州－荷兰智慧温室项目落地开花，全力打造文洛式智能温室规模中心和全国聚集度最高的智慧农业发展中心。三是大力开展外事招商引资。全市外事部门直接引进或作为第一引荐人达成的投资及意向投资百余亿元，包括中日合资企业德州富林环保包装项目、临邑－印尼万公顷玉米种植项目，总投资30亿元的宝雅新能源汽车项目，总投资1.2亿元的夏津凯密迪化工项目，天津农垦集团投资，马来西亚发林集团投资、总投资150亿元的东盟国际生态城项目，全荷兰技术、计划3年建立30个规模现代温室的荷兰智慧农业大棚项目等。同时，积极推动本地企业走向国际舞台，且由过去单纯地输出产品转化为输出资本、产业、技术等要素，在更广领域、更深层次参与全球的买与卖，国际竞争力大大加强。四是积极承办国家、省涉外重大活动。成功承办第四届世界太阳能大会、中国（德州）"美利达杯"国际自行车赛等重要国际活动。

大力开展海外招才引智工作。随着德州市引进海外留学人才政策的日臻完善和创业环境的不断改善，德州市积极探索海外人才的引进方式和渠道，搭建平台，构筑载体，让海外留学人才在德州能施展抱负，实现合作共赢。一是利用市投资贸易洽谈会、太阳能利用博览会、资本交易大会等活动作为引资引智的固定平台，通过各种方式邀请海外德州籍或非德州籍"四有"人士参会，目前德州市已有12名外籍专家荣获省政府颁发的

"齐鲁友谊奖";二是利用出访机会,积极联络海外华人华侨专业社团,通过他们联系更多的海外留学人员和专业人士,积极向其推介宣传德州的投资创业优惠政策;三是依托"德州留学人员创业园"和"山东省华侨华人投资创业基地"两大创业基地,为海外专业人士、留学人员创新创业提供便利;四是设立4处海外人才工作站,聘请10多名海外人才工作联络员、17名德州市经济社会发展顾问、10名招商顾问,吸引外国专家和海外留学人员到德州进行考察交流和项目对接、投资洽谈。近年来,一大批华侨华人专业人士、海归高级人才在德州进行创业创新,为德州的技术升级、产业发展注入了强劲动力。

友城工作硕果累累。这一时期,德州市友城工作呈现了交往国家更为广泛、交流合作更加务实、交往层次日益立体化的特点。截至2011年,德州市共有地市级友好城市2个,友好合作关系城市7个。

十四、聊城外事工作回顾(1978—2011年)

改革开放以来,聊城市外事系统始终把外事工作放在经济社会发展大局中科学谋划,找准工作定位,发挥资源优势,在促进对外交流合作、展示聊城形象等方面取得了显著成绩,为建设聊城,提高聊城国际知名度和影响力作出了积极贡献,多次获得"全省外事工作先进集体""全省外事工作先进个人"等荣誉称号。

(一)机构沿革

1997年之前,全市8个县(市、区)都设有外事侨务工作机构,有的单独办公,有的与民族宗教合署办公。1997年机构改革时,全区各县均撤销了该机构。1997年2月,聊城地区行政公署外事侨务办公室(正县级单位)成立,内设秘书科、外事科、侨务科、旅游科。1998年10月,聊城地区撤地设市,聊城地区外事侨务办公室更名为聊城市外事侨务办公室。各县(市、区)民族宗教机构相继恢复,东阿、东昌府、冠县、茌平、高唐、临清、阳谷的外事侨务工作机构亦恢复,莘县外事侨务工作机构当时没有恢复。2001年9月至今,更名为聊城市人民政府外事与侨务办公室,内设秘书科、外事科、侨务科三个科室和外事中心。

目前,市外侨办与市归国华侨联合会、市对外友好协会合署办公,下设聊城市外事中心(正科级事业单位),承担全市外事管理、因公出国、涉外领事、侨务事务等方面的工作。市侨联为正县级人民团体,承担全市侨界参政议政、维护侨益、海外联谊等方面的工作。市友协为正县级人民团体，负责全市基层民间友好交往。市外事中心为市外侨办直属正科级公益一类事业单位，协助办理公务护照签证、APEC商务旅行卡、外国人来华邀请等业务。

（二）工作回顾

1. 外事出访与接待。改革开放以来，聊城外事工作紧紧抓住服务国家总体外交这条主线，自觉强化政治意识、责任意识、大局意识、服务意识，圆满完成了一大批出访和接待任务。每年都组团赴国外境外开展招商引资、项目考察、友好访问等活动，重点出访国家有美国、法国、德国、澳大利亚、俄罗斯、日本、韩国、印度尼西亚等国，多次组织策划由市级领导参加的境外经贸活动，在拓宽聊城市对外交往空间、扩大经贸合作等方面取得了丰硕成果。

在接待工作中，市外侨办时时保持高度政治敏锐性，坚决维护国家主权和国家利益，时刻牢记政治责任和肩负使命，严格接待程序，严密组织实施，做到了周密细致、热情大方、富有成效，多次受到外宾称赞和上级部门的表扬。接待来聊城市访问的外宾3000多人，其中重要来宾100多人，这些外宾外国政要，遍布全球五大洲。

2. 友好城市和友好人士。聊城市现有市级友城和友好合作关系城市4对：2001年6月7日，聊城市与韩国宜宁郡缔结友好市郡关系，双方在互派公务员、产业研修生、文化艺术交流、学生夏令营和农业技术交流等方面的交流与合作达成了合作协议。2003年10月14日，聊城市与澳大利亚布莱克城市缔结友好城市关系，此后双方在教育交流、人才培训、中国园建设等方面取得了实质进展。2005年5月3日，聊城市与韩国光明市结为友好合作关系城市，双方在经济、贸易、科技、文化、公务员互派交流和医疗等方面的交流与合作成效显著。2007年6月13日，聊城市与德国奥芬巴赫地区建立友好城市关系，两个城市多年来持续开展友好校际青少年交流活动，成为聊城市民间交往的亮点。县级友好关系城市目前有1对：2002年10月，东昌府区与韩国仁川市广域市中区建立友好合作关系。

在多年外事交往中，许多外国朋友积极为聊城的对外交往牵线搭桥，为聊城的经济建设引凤筑巢，同时也为聊城的科教文化提供信息，他们努力将自身事业、生活与发展对我友好关系紧密结合起来，成为聊城市经济建设的重要力量，中外文化交流的友好使者。为表彰其中作出突出贡献的外国友人，2005年，授予韩国希杰（聊城）生物科技有限公司董事长李在元、总经理金载仪"聊城市荣誉市民"称号，并颁发了金钥匙。2010

年，授予美国友人牧琳爱、日本友人林恭隆、澳大利亚友人查理劳尔斯等人"聊城市荣誉市民"称号。

3. 因公出国管理和对外邀请。严格执行中央、省、市因公出国管理各项规定，严把因公出国审核、审批关，控制行政事业单位出国（境）团组、人数和经费支出。大力宣传因公出国管理工作的严肃性和重要性。出访报告除涉密内容外全部在政府网站上公示，接受社会监督，此举为山东省首个且唯一地市。公务护照收缴率达100%。1998年至2001年，围绕贯彻落实中央、省委有关文件精神，聊城市加强了对外事工作的集中统一领导和归口管理工作，以市政府办公室文件形式，下发了《关于进一步做好因公出国管理和邀请外国人来访工作有关问题的通知》。2006年，经国务院批准，外交部授予聊城市一定的派遣因公临时出国（境）人员和邀请外国相关人员来华事项的审批权，即根据人员管理权限，本市县处级及其以下经贸、科技人员因公临时出国（境）和邀请外国相关人员（不含在外国企业中兼职的前政要）来华，经市政府外事办公室审核后，报市政府审批；县处级以上人员和县处级及其以下非经贸、科技人员因公临时出国（境），须按有关规定报批；邀请外国副省部级及其以上政要来访，须按规定程序办理报批手续。2007年，市外侨办以市委办公室、市政府办公室名义起草下发了《关于进一步加强领导干部因公出国管理工作有关问题的通知》，提升了因公出国管理更好为全市"走出去"战略目标服务的能力。2010年，正式启动APEC商务旅行卡办理，使企业在亚太经合组织成员之间免签出访。积极稳妥做好外国人来华邀请工作，严把邀请外国人来华审批关，确保涉外安全稳定。对邀请单位的资质、信用、业务规模等认真审查，对被邀请人的情况也尽可能进行了解。截至目前，聊城市共为1000多位主要来自亚洲和非洲等国的外商或来访人员办理了签证通知函，所有被邀请者都顺利完成来访任务，没有出现任何纰漏，更未出现非法入境、非法居留、非法就业"三非"现象。

（三）主要成就

1. 服务国家总体外交，抓好涉外管理。始终把服务国家总体外交摆在首要位置，牢固树立"外事无小事"理念，坚决贯彻党中央对外方针政策，自觉服从服务党和国家对外战略部署。改革开放以来，聊城市接待来访多批重要外事团组和外国政要，外事接待工作水平不断提高，通过努力，把地方外事侨务资源有效地转化为国家外交资源，有力服务国家对外关系大局。同时，强化因公出国（境）管理，认真做好出国计划申报、出访活动安排、行前教育、团组出访报告上报、出访成果督促检查等，抓好规范服务和跟踪落实。为办理因公出国、对外邀请手续的人员提供"一站式"服务；积极推进为企业办理APEC商务旅行卡业务，得到了服务对象好评。精心做好市级领导因公出访服务，为市领导提供出访服务近百人次，先后在20多个国家举办投资说明会、项目推介会、经贸洽谈会、产品展销会等，成功推动10余个大型企业与国外合作。此外，积极稳妥处置涉外事务，以市政府办公室文件下发了《聊城市涉外突发事件应急预案》，完善外国记者管理机制，建立了市外国记者管理和舆论引导联席会议制度。严把邀请外国人来华审批关，认真办理来华人员签证通知函。妥善处理了多起涉外事件、领事保护事件，应对涉外突发事件能力不断增强。

2. 加强海外联络工作，推进友好交往。全方位推进聊城市与国际友城的交流合作，先后与韩国宜宁郡、澳大利亚布莱克城市、德国奥芬巴赫地区建立友好城市关系，与韩国光明市结为友好合作关系城市，为聊城扩大开放和加快发展搭建起了广阔平台。其中，与韩国光明市加强了教育、文化、医疗、经贸合作，连续多年开展互派公务员交流、韩免费治疗我先心病患儿活动；与韩国宜宁郡、德国奥芬巴赫地区建立的青少年文化交流和姊妹学校已经成为全省深化友城合作的典范；与澳大利亚布莱克城共建的中国昌莱园项目获得澳大利亚友协大奖，同时聊城市也受到全国对外友协表彰。与日本、以色列、美国、巴西、阿根廷、意大利、匈牙利、俄罗斯等国城市达成了建立友好合作意向。

3. 打造对外交往平台，提升聊城市开放水平。一是发挥部门职能，服务经济建设和社会发展，围绕市委、市政府"实施走出去战略，建设海外聊城"以及招商会战等重大战略部署的实施，先后邀请了美国、英国、法国、荷兰、意大利、俄罗斯、韩国、瑞典、日本、澳大利亚、巴西、阿根廷、印度尼西亚、新加坡等多国以及港澳数十个访问团（组），共300多名海外经贸文化界知名人士和华商侨领，前来聊城市进行文化、教育、经贸、卫生、农业、高新技术等领域交流合作、实地考察、投资洽谈，充分展现和提升了聊城市的国际化开放程度，进一步促进了聊城市开放型经济发展。二是利用出访机会，加强交流合作，不断提升聊城市的知名度和国际影响力。近年来，先后策划组织了由市级领导参加的赴日本、韩国、欧洲、美洲、澳新等国家和地区的境外经贸活动，推进了企业间的经贸合作以及协议意向。三是加大直接为企业服务力度。组织企业开展对外合作，方式灵活，针对性强。近年来，积极借助省级对外联系平台，组织多家企业参加了"山东省—山口县经贸洽谈会"、加拿大魁北克省"北方计划暨矿业合作推介会"、"中韩贸易洽谈会"等系列活动。四是建立人才工作指导体制和协调机制，统筹海外人才引进。在美国、澳大利亚等地设立了聊城市海外高层次人才联络处，建立了海外重要企业、重要华商和高层次人才信息库，定期向联络处提供聊城引进人才新政策、人才需求以及活动动态等资讯。

（四）经验启示

1. 胸怀全局，做好外事工作。加强和做好外事工作，是加快聊城国际化进程的必然要求。外事工作是聊城的窗口，其水平的高低、服务的优劣、与国际接轨的程度，都直接影响到聊城对外开放进程。外事部门要胸怀全局，增强政治意识、大局意识和前沿意识，围绕聊城经济社会的发展重点推进外事工作。要全面提升对外开放能力和水平，扩大对外交往空间和范围，积极拓展国际和区域合作，加大政治、经贸、文化、旅游、友好城市等多领域的对外交流力度，争取在更大范围、更广领域、更高层次上，更加广泛和深入地参与国际竞争与合作。要更加积极地"引进来""走出去"，充分发挥企业与市场的先锋效应，参与国际竞争，争创国际品牌，扩大聊城的国际知名度，为进一步优化全方位开放格局和加快国际化城市建设创造有利条件。

2. 围绕中心工作，服务经济社会发展。要立足聊城实际，牢固树立新的资源观，充分用好国内外两个市场、两种资源，一方面不断提高"引进来"的水平。比如，利用外交部、驻外使馆、海外华侨组织等渠道，帮助吸引海外专家学者和高层次人才到聊城市高等院校讲学、从事科研活动，搭建科技国际交流合作平台；适时安排外国高层及企业人士访问聊城重点企业和优势企业，为企业的招商引资、对外交流牵线搭桥，构筑合作平台。另一方面把"走出去"作为城市发展的重大战略切实抓出成效。比如，大力宣传推介聊城优势企业产业，在高层领导的出访工作中有针对性地安排企业重要项目的推介推广洽谈；积极做好APEC商务旅行卡的审核、申报等工作，为畅通聊城市民营企业"走出去"渠道，提供高效便捷服务；加强与企业外事管理部门的协调联络，提供涉外政策指导，做好企业常驻外国专家、技术人员、企管人员的日常管理和涉外案件的应急处置工作。

3. 加强统筹管理，提高外事侨务工作协调能力。按照统一领导、归口管理、分级负责、协调配合的原则，涉外部门要牢固树立"大外事"的理念，不断充实、完善市、县两级党委外事工作领导小组，并积极发挥统筹协调作用，形成各单位、各部门、各地方齐抓共管的局面，拓展政府间、部门间、行业间以及企业间的对外交流与合作，调动更多的社会资源参与外事工作，加强交流，密切协作，实现归口管理和分工协作的有机统一，真正确立起外事侨务港澳工作"一盘棋"的思想，达到统一思想、同心工作、步调一致。通过扎实有效地开展外事工作，努力形成政府统筹、部门联动、官民并举、资源共享、协同发展的良好对外开放格局。

4. 不断创新，提高外事服务能力。作为市委、市政府的对外职能部门，要不断提高新形势下应对和处理外事事务的能力和水平，提高服务经济社会跨越发展的能力和水平，创新工作理念和方式方法，不断探索外事工作的新渠道、新载体。比如，在外事接待中有针对性地增加个性化服务；在对外宣传中挖掘聊城文化特色，以创新思维打造富有聊城特色的外事活动新品牌；在友城交流中加强对国际友城工作的宣传和实质性功能开发，促进与友城间经济贸易、文化旅游、科技教育等方面的往来；在对外交往中充分利用各类对外交往平台资源，注重发挥民间组织作用，促进议会外交、公共外交、民间外交多元化发展，全方位、多层次拓宽政治、经济、文化等方面的务实交往与合作。

十五、滨州外事工作回顾（1978—2011年）

（一）改革发展历程

1. 机构成立，迈出开放交流第一步。1980年11月，成立惠民地区行署外事办公室，归口行署办公室，主管全区外事及接待工作。1980年7月，新西兰农业考察团一行4人来惠民地区考察渤海草地开发事宜，此为全区改革开放后接待的第一个国外代表团。1981年10月，时任行署副专员刘之申随国家农业部组织的赴联邦德国畜牧考察团出国考察，这是改革开放后惠民地区首次派员短期出国执行公务，也是改革开放后全区地级领导干部首次出国访问。1983年，经省外办、旅游局实地考察，省政府办公厅批准邹平县小田大队、冯家大队和高青县常家大队、博兴县工艺美术一厂、北镇活塞厂5个单位为全区首批外事活动点。

2. 外事与侨务合署办公、旅游职能调整，大外侨局面初步形成。1984年4月，地区外办与地区侨办合并为地区外事侨务处，为副县级行政单位，同时对外挂行署外事办公室和行署侨务办公室的牌子。1985年8月，美国哥伦比亚大学政治学教授伯恩斯坦（中文名白思鼎）受美国美中学术交流委员会派遣，赴邹平县冯家村等调查点开展为期10天的蹲点考察，是美国高级学者初次来惠民地区农村进行较长时间的综合性考察。1986年8月，惠民地区外事侨务处加挂"惠民地区旅游局"牌子，先后设"旅游局综合业务科""涉外旅游科"，"旅游科"管理旅游事务。

1987年，外交部、公安部、教育部、科委、社科院联合确定邹平县冯家村等9个村镇为全国首批对美国学者开放的农村调查点，供其长期连续蹲点考察使用。1988年7月，地区外事侨务处加挂"山东省归国华侨联合会惠民地区办事处"牌子。

3. 对外开放力度逐步加大，外事侨务管理逐步加强。1989年5月，首届《孙子兵法》国际研讨会在惠民县召开。1991年1月23日起，经国务院批准，惠民地区外事工作全面开放，外宾只要遵守中国的出入境管理规定，访问不再受其他限制，外事接待空前活跃。

1991年7月，地区外事侨务处更名为地区外事侨务办公室，为正县级行政单位。同年10月，地区旅游局连同"滨州中国旅行社"和旅游科工作人员、旅行社车辆财产等划归地区接待处。自1991年11月，惠民地区外办实行出国审批、护照签证业务专办员制度，受省外办委托代省外办收缴、保管普通因公出国护照。1992年成立"滨州地区对外开放协调领导小组"，时任地委副书记、行署专员李戈任组长，时任地委常委、副专员阎启俊及时任副专员赵延孝、蔡玉昌任副组长。1994年，调整滨州地区对外开放协调领导小组，时任地委副书记、行署专员李戈任组长，时任地委常委、常务副专员赵延孝及时任副专员蔡玉昌、方宝田任副组长。

1995年5月，日本山口县小郡町友好访华团一行7人到邹平县进行友好访问，双方签订《关于促进友好交流的协议书》，是全区与国外建立的第一对县级友好交流关系。1996年10月，地区外事侨务办公室改称"行署外事侨务办公室"，对外使用"行署外事办公室"和"行署侨务办公室"牌子。同时，地区旅游局重新划归行署外事侨务办公室。

4. 以服务全市经济建设为着力点迈入全面推进阶段。2005年，外交部授予滨州市人民政府一定的外事审批权，即根据人员管理权限，本市县处级及其以下经贸、科技人员因公临时出国，经市人民政府外事办公室审核后，报市人民政府审批；县处级以上人员及县处级及其以下非经贸、科技人员因公临时出国，须按有关规定报批。因公出国审批权下放以后，滨州市的对外交流与合作日趋频繁，人员交流越来越密切，极大促进了滨州市经济、社会发展。2012年，外交部对民营企业人员因公出国执行公务和持用因公护照事宜进行了规范。2012年底，随着中央八项规定的出台，外交部、中央外办、中央组织部、财政部联合下发《关于进一步规范省部级以下国家工作人员因公临时出国的意见》，推动因公出国管理更加严格和规范。

友城交流广度和深度逐步加深。进入新世纪，滨州市友城工作不断拓展，借助友城平台，滨州市的对外开放广度深度逐步增强，拉近了滨州与世界的距离。2006年，滨州市与韩国高阳市正式建立友好城市关系。2008年，与日本纪之川市缔结为友好城市。2011年，与韩国任实郡签署建立友好城市意向书，2012年双方正式建立友好城市关系。

（二）主要成就

严格落实政策，科学制定出访计划，着力强化外事纪律。加强、改进因公出国（境）管理工作的有关政策，坚持从严从紧和保压结合，坚持"因事定人"原则，强化因公出国（境）管理的刚性要求。每年初，根据因事定人、人事相符的原则，要求各县区、各部门、各单位在研究确定各自对外交往总体布局、重点和主要事项的基础上，梳理出下一年度拟请市级领导以上领导出访推动或出席的重要任务和活动，并提报下一年度县处级及以下人员因公出访计划。认真落实事前公示、事后公告等规定，抓好出访前安全保密和外事纪律教育工作。

积极搞好对外协调联络，重点团组出访保障有力。按照省委外事工作领导小组部署和滨州市发展需要，科学统筹、合理规划市级领导出访，做好市级领导出访活动的组织筹备、项目对接、客商邀请等工作，务实高效地组织好出访活动。

跟踪出访成果落实情况。每半年对全市因公临时出国情况进行检查，要求每个团组提报《出访团组任务执行情况报告表》和《出访团组外事纪律执行情况报告表》，对因公出访团组出访成果落实及进展等情况进行跟踪检查。

加强因公出国（境）证照管理，完善收缴措施，确保证照按时全部上缴。团组出访前发放明白纸提醒团组人员必须在回国后7日内将因公证照交回，逾期不交者暂停受理该人员因公出访申请。安排专人电话及时催缴，保证证照及时收缴。

创新举措，热情高效服务。从年初开始，对受理的所有因公出访、对外邀请和APEC商务旅行卡申办三项业务的材料进行扫描，建立电子档案，方便及时查询，提高了工作效率。作为对外窗口，时刻对办件人员热情礼貌、笑脸相迎，主动宣传、细致解释政策规定，耐心解答有关问题、咨询，指导帮助申办人员准备申报资料、解决疑难问题。对不符合要求、材料不全、手续不完备的，一次性提出补充、修改意见建议，避免申办人员出现多次往返的现象。对急件经常加班加点，保证了因公出访团组能够顺利出访，被邀请的国外客商能够按时来到滨州。

（三）经验启示

做好对外邀请服务，积极鼓励国外优秀资源走进来。针对企业办理邀请人员来华事项，滨州市外办在网站发布申报所需材料、工作流程等，提高办事效率；热情耐心解答业务申办人员有关问题、咨询，指导帮助申办人员准备申报材料。对于材料齐全、合乎规定的申请，实行当日办结。为加强和规范邀请外国人来华手续办理工作，进一步提升外事管理和服务水平，滨州市实施专人办理制度，要求各申办单位选派政治素质高、责任意识强、业务能力强、岗位相对稳定的本单位人员作为外事专办员，并组织专办员参加培训，有效避免了申办单位人员不固定，外国人来华后续追踪情况落实不到位等情况。

借助办理APEC商务旅行卡支持民营企业走出去。2007年3月，接省外办转发外交部《关于民营企业人员申办APEC商务旅行卡的通知》，滨州市决定将民营企业人员纳入旅行卡申办范围，并制定《关于民营企业人员申办APEC商务旅行卡的办法和管理规定》。2007年6月，滨州市决定在全市范围选择1—2家企业作为试点，为民营企业人员申办APEC商务旅行卡。随对外开放深入，滨州市企业人员的对外交流与合作日趋频繁，人员交流越来越密切，极大促进了滨州市经济、社会发展。APEC商务旅行卡办理成为外事部门服务经济发展大局的一项重要举措。2009年12月，滨州市决定在全市开展为民营企业人员申办APEC商务旅行卡工作，以方便滨州市民营企业更好开拓海外市场，推动外向型经济发展。民营企业人员APEC商务旅行卡的办理，极大地促进了滨州市民营经济的发展，总体使用、管理情况良好。

借助出访机会积极宣传滨州，促进出访交流成果落地。借助各种出访机会，积极协调各类资源，做好准备工作和对接工作，促进项目落地。

十六、菏泽外事工作回顾（1978—2011年）

改革开放以来，在省外办和市委、市政府正确领导下，菏泽外事工作紧紧围绕服务国家外交大局、服务地方经济建设，拓宽对外交往渠道，营造对外开放良好氛围，精心打造菏泽崭新的国际形象，让菏泽加快走向世界，让世界更深入了解菏泽。

（一）菏泽外事工作发展历程

1. 外事工作起步阶段（1979—1985年）。菏泽地区外事工作起步较晚，开始只在专署办公室设一秘书兼管。1982年3月，成立菏泽行署侨务办公室，负责侨务、外事、宗教三项工作。1984年3月改设行署外事侨务处，外事工作比较单一，主要是礼节性的外事接待，1979—1985年共接待外宾12批168人。

2. 外事工作拓展阶段（1986—2005年）。随着菏泽市对外开放的逐步深入，来菏参观访问的外国友人、出访团组、友好城市交往活动逐渐增多，外事工作范围日益拓宽，外事促进地方经济社会发展的功能日益凸显。1986—2005年，外宾来访团组31批208人；菏泽共派遣各类出访团组1366批3758人次，其中经贸团组571批2242人、考察团组323批645人、培训团组152批246人、参加国际会议团组83批155人、参展团组78批168人、参加比赛团组5批12人、援外团组3批10人、友好交流访问团组88批193人、科学技术交流团组63批87人。2005年5月25日，经国家友协批准，菏泽市与韩国金浦市缔结为友好城市。同年6月21日，菏泽市与乌拉圭东岸共和国黑河省弗来宾多市缔结为友好城市。

3. 外事工作规范发展阶段（2006—2011年）。随着菏泽市对外交往不断拓展，外事工作不再局限于因公出访及来访接待，范畴日益拓宽，业务日益增多，但同时面临的国际国内环境也日益复杂，规范管理菏泽市对外交往的特点日益明显。截至2011年，菏泽市共派出各类团组257批858人。菏泽市已与韩国金浦市、乌拉圭弗来宾多市、巴西哥伦布市、美国莫比尔市和巴吞鲁日市、俄罗斯奥廖尔市、日本热海市缔结了7对友好城市关系；与9个国家的13个城市达成结好意向或正在洽谈结好事宜。

2008年9月1日，经国务院批准，外交部同意授予菏泽市人民政府一定的外事审批权（派遣因公临时出国〔境〕人员和邀请外国相关人员来华事项的审批权）。自此菏泽市帮助企业邀请外国人来菏商业贸易、工作的数量持续上升。

（二）菏泽外事大事记

1982年3月，成立菏泽行署侨务办公室，负责侨务、外事、宗教工作。1984年3月，改设外事侨务处。

2000年4月，菏泽市单县与韩国星州郡结为友好合作关系城市。这是菏泽市县区建立的第一对友好合作关系城市。

2001年11月，菏泽市人民政府外事办公室与菏泽市人民政府侨务办公室合并成立菏泽市外事侨务办公室，为菏泽市政府组成部门，正县级行政单位。

2005年5月25日，经全国对外友协批准，菏泽市与韩国金浦市结为友好城市。这是菏泽市建立的第一对友好城市关系，填补了菏泽市友好城市的空白。近年来，菏泽市已与韩国金浦市、乌拉圭弗来宾多市、巴西哥伦布市、美国莫比尔市和巴吞鲁日市、俄罗斯奥廖尔市、日本热海市缔结了7对友好城市关系。共有菏泽与巴西乌贝兰迪亚市、西班牙里奥哈省、乌拉圭加内罗尼斯省，单县与韩国星州郡，牡丹区与谢尔布哈夫区5对友好合作关系城市。与9个国家的13个城市达成结好意向。

2008年9月1日，经国务院批准，外交部同意授予菏泽市人民政府一定的外事审批权（派遣因公临时出国〔境〕人员和邀请外国相关人员来华事项的审批权）。

2008年10月，菏泽市与韩国金浦市开展互派公务员交流活动。

2008年11月，经市委同意设立菏泽市外事服务中心，为科级财政拨款事业单位。2015年1月，菏泽市外事服务中心更名为菏泽市外事翻译中心，为公益一类。

2010年7月，菏泽市开展中韩（菏泽市·金浦市）青少年国际交流活动。目前已举办了6期，双方交流中学生数量600余人。

（三）重要成果

1. 深入贯彻落实中央、省市工作部署，精准服务国家总体外交。发挥市委外事工作领导小组重要作用，深化"大外事"工作格局。抓住中央加强党对地方外事工作领导体制改革的契机，推动市委外事工作领导小组积极发挥作用，自觉服务外交大局。市委外事领导小组认真贯彻落实中央外事工作会议精神，准确把握新形势下外事工作的原则和要求，切实把思想和行动统一到中央的对外大政方针上来。要加强工作统筹，严明外事纪律，严格执行中央八项规定精神，主动融入国家总体外交战略，立足"科学赶超、后来居上"的战略定位，坚持"引进来"和"走出去"并举，开放带动与创新驱动并重，经济领域与社会领域对外交流合作并进，不断提升全市对外开放水平。

2. 着力统筹全市外事资源，全面助推菏泽市国际化进程。依托友城资源，巩固和扩大友好关系。利用菏泽市已结好的7对友好城市和30多个友好合作关系城市，加大民间交往力度，拓宽多领域合作渠道。配合全国对外友协和省对外友协开展友城关系及友好合作关系城市调研，梳理了菏泽市与友好城市间的合作情况。积极承办重要外事活动。

配合举办、承办的"牡丹文化艺术节"和中国林交会等重大活动，按照规定程序做好来菏泽市重要外宾团组的接待工作及菏泽市重大节庆、赛事、展会等活动中的涉外管理和服务工作。积极承办上级交办的重大外事活动，重点策划符合菏泽市特点的涉外活动，进一步提升菏泽市外事工作的地位和作用。做好重大会议的礼宾接待、后勤保障、翻译服务等工作。立足外事职能，优化业务办理流程，竭力为企业创造便利、提供高效服务，助力菏泽市打造审批事项少、办事效率高、服务质量优的营商环境。积极制定年度出访招才引智专项计划，通过海外开展人才推介会、寻找引智项目，开展海外招才引智活动，并取得丰硕成果。加强规划、合理布局，创新思路、积极作为，充分利用菏泽市特色资源优势，同主要国家开展全方位、多层次的外交活动，努力扩展菏泽市友城覆盖面，服务菏泽市对外开放和经济社会发展大局。

3. 大力推动服务重心下移，提升外事管理和服务质量。严格执行中央、省委关于加强因公出国（境）管理文件，规范因公出国（境）管理，在控制因公出国总量、制止公款出国（境）旅游等方面取得实效。出访团组把"招商引资、招才引智"作为出访重要任务之一，扩大与国外政府、商会等的合作交流。积极拜访驻在国政府、商会和有关企业，通过推介会、座谈会等形式大力宣传菏泽，并邀请出席活动的外宾来菏回访。同时持续做好跟踪服务，抓好成果落实，取得显著成果。维护涉外安全，将领事保护工作纳入全市突发事件应急管理工作，制定并更新《菏泽市涉外突发事件应急预案》《领事保护工作计划》《预防性领事保护宣传人员培训》；加强与驻鲁领馆联络与交往，接触中严守外事纪律，定期上报交往情况；重点做好出国人员信息采集工作，确保境外有危险时及时通知相关出国人员安全撤离。

第四章

中国特色社会主义新时代
山东党的外事工作

综　述

党的十八大以来，习近平总书记以伟大政治家、战略家的远见卓识和非凡胆略，提出一系列新理念新思想新战略，推动党和国家事业取得全方位、开创性成就，推动中国特色社会主义进入了新时代，推进中国特色大国外交打开了新局面。山东党的外事工作紧跟党和国家前进步伐，紧随大国外交新征程，进入了创新发展、变革发展、内涵发展的新时期。

先进思想总是与伟大事业交相辉映。当今正经历世界百年未有之大变局，中国特色社会主义进入新时代，面对世情、国情、党情的深刻变化，以习近平同志为核心的党中央深刻把握新时代中国和世界发展大势，在对外工作上进行了一系列重大理论和实践创新，提出了构建人类命运共同体、新型国际关系、共建"一带一路"、新文明观、新安全观、全球治理观、全球发展倡议、全球安全倡议、全球文明倡议等新理念，确立了习近平外交思想的指导地位，推动中国外交取得了举世瞩目的历史性成就，我国国际影响力、感召力、塑造力进一步提高。山东党的外事工作坚持以习近平外交思想为遵循，在波澜壮阔的大国外交征程和新时代社会主义现代化强省实践中砥砺奋进，走过了极不平凡的历程，主要可划分为以下三个时期。

一、求新求变，实现创新式发展时期（2012—2016年）

2012年以来，国际局势发生深刻复杂变化，国际势力对比东升西降，根据购买力平价计算，2014年时新兴市场和发展中国家经济总量已超过发达国家；世界经济深度调整，国际形势变乱交织。我国经济进入新常态，与外部世界利益交融不断扩大，前所未有走近世界舞台中央。2014年，中央外事工作会议召开，提出中国必须有自己特色的大国外交。山东外事工作因应党和国家对外方针政策，把握国内国际两个大局的互动演变，坚持求新求变，确定2012年为"外事创新年"、2013年为"创新提升年"、2014年为"创新转型年"，2015年时明确"外事工作转型发展"的历史任务，全省外事工作求新求变，在创新中实现较好发展。

这一时期，山东外事工作狠抓顶层设计和统筹协调，举办全省外办主任读书会、全省市县领导干部外事工作专题研讨班，编制完成"十三五"规划，调整省委外事工作领导小组构成，召开4次省委外事工作领导小组会议、3次全省外事与港澳工作会议等，强化对全省外事工作统筹。狠抓布局优化，提出了"稳住亚洲、拉近欧美、提升澳新、深耕拉美、拓展非洲、统筹港澳"的总布局，8.07万人次因公出访，3.4万余外宾来访，山东"走出去""引进来"力度更大、领域更宽、成果更丰。狠抓管理服务，推进实施全省县市区负责人国际化综合能力提升工程，建设山东省中小企业对外交流合作平台、山东省领事保护信息服务平台，为经济社会发展服务能力显著提升。

二、调整体制，实现变革式发展时期（2017—2019年）

2017年以来，世界多极化继续发展，国际关系分化组合更趋复杂，国际格局面临深刻调整。特别是2018年以后，美国单方面执意挑起中美经贸摩擦，对我国进行全方位遏制打压，给我国外部环境带来不利影响。我国社会主要矛盾发生历史性变化，比历史上任何时期都更接近、更有信心和能力实现中华民族伟大复兴目标。党中央对地方外事工作领导体制进行改革，为山东外事工作创造了新的条件和保障。

这一时期，山东外事工作扎实推进党对地方外事工作领导体制改革，召开6次省委外事工作领导小组（委员会）全体会议，推动省市县（市、区）党委外事工作领导小组改建为党委外事工作委员会，外事体制机制焕然一新。服务保障上合组织青岛峰会、博鳌亚洲论坛全球健康论坛大会、海军成立70周年多国海军活动，筹办了外交部全球推介活动、山东国际友城合作发展大会等涉外活动，对外交流合作更加深入。

三、应对疫情，实现内涵式发展时期（2020—2022年）

2020年伊始，新冠肺炎疫情突如其来，是我国防控难度最大、感染范围最广的一次重大突发公共卫生事件，也是百年来全球发生的最严重的传染病大流行，深刻改变了世界。全球性问题凸显，逆全球化思想抬头，美西方极力实施打压中国的战略和政策，我国面临着比以往更加严峻的国际环境。党的二十大胜利召开，科学擘画了在新的历史条件下全面建设社会主义现代化国家、夺取中国特色社会主义新胜利的宏伟蓝图。山东外事工作应变局、开新局，克服疫情影响，积极向内挖潜，实现了疫情条件下的高质量发展。

山东外事工作积极抗击新冠肺炎疫情，扛牢外事组工作，派出赴英国联合工作组，出台一批疫情防控措施，深入开展"心手相连 共抗疫情"国际友好活动，有力维护疫情防控大局。争取国家外交资源赋能，推动外交部多项试点、中国—太平洋岛国应对气候变化合作中心、中国—加勒比发展中心、中外青少年交流基地等国家级平台落地。加强顶层设计，召开4次省委外事工作委员会全体会议，编制完成外事"十四五"发展规划。强化系统建设，建成39家外事研究与发展智库，实施"外事+""一市一策"，形成一批特色合作项目。服务经济社会发展，深入实施"外事联百企"等外事服务打造对外开放新高地16项专项行动，举办国际青年交流大会、世界入海口城市合作发展大会等重大活动，开展"云外事"交流1500多场次，用好"快捷通道"为涉外企业解难纾困。强化国际传播，策划驻华大使话山东、外国友人讲山东故事、云话山东等活动，实施国际友城宣传推广行动，山东外事高质量发展之路越走越宽。

新时代山东外事工作的十年，是高质量发展的十年，取得了许多重要成就。

党对外事工作的集中统一领导显著加强。深入贯彻习近平外交思想，扎实推进党对外事工作领导体制改革，16市、136个县市区实现党委外事工作委员会全覆盖，各项制度和运行机制更加完善，有效发挥了对本地区外事工作的统筹协调。

山东外事在国家总体外交中的地位作用进一步提升。圆满完成上合组织青岛峰会、海军成立70周年多国海军活动等保障任务，承接东亚海洋合作平台、中国—太平洋岛国应对气候变化中心等一批国家级平台，承接外交部多项试点任务，对国家总体外交贡献度持续上升。

服务新时代社会主义现代化强省建设有力有效。优化国际友城布局，国际友城由2011年末的383对、分布于64个国家拓展至2012年的612对、94个国家，增长60%。推动中日（淄博）大气污染防治综合示范区、中以水资源综合利用城市、中国—南部非洲发展共同体工业园区、东亚畜牧产品交易平台等项目落地。稳妥处置涉外和领事保护案（事）件3120余起，为对外开放营造良好环境。

具有鲜明山东特色的外事工作品牌加快形成。举办外交部全球推介活动、山东国际友城合作发展大会、国际青年交流大会等一批高质量高水平涉外活动，"云外事"成为对外交流重要途径，山东外事品牌影响力显著提升。

随着进入"乙类乙管"常态化防控新阶段，山东党的外事工作也迎来重要转折。迈上新的历史征程，山东外事工作将坚持以习近平外交思想为指导，更好服务国家总体外交和全省高质量发展，积极贡献外事智慧和外事力量。

第一节　新时代山东党的外事工作的时代背景

世界正经历百年未有之大变局，我国处于近代以来最好的发展时期，中华民族伟大复兴处于关键时期，两者同步交织、相互激荡。山东外事工作在"大变局""战略全局"两个大局的互动中加速发展。

一、党的十八大对对外工作的有关部署

2012年11月8日至14日，党的十八大在京召开。大会明确了全面建成小康社会的目标，对推进中国特色社会主义建设作出全面部署。在对外工作上，党的十八大指出，当今世界正在发生深刻复杂变化，和平与发展仍然是时代主题；世界多极化、经济全球化深入发展，文化多样化、社会信息化持续推进，科技革命孕育新突破，全球合作向多层次全方位拓展，新兴市场国家和发展中国家整体实力增强，国际力量对比朝着有利于维护世界和平方向发展，保持国际形势总体稳定具备更多有利条件。同时，世界仍然很不安宁，国际金融危机影响深远，世界经济增长不稳定不确定因素增多，全球发展不平衡加剧，霸权主义、强权政治和新干涉主义有所上升，局部动荡频繁发生，粮食安全、能源资源安全、网络安全等全球性问题更加突出。

我们主张，在国际关系中弘扬平等互信、包容互鉴、合作共赢的精神，共同维护国际公平正义；要遵循联合国宪章宗旨和原则，坚持国家不分大小、强弱、贫富一律平等，推动国际关系民主化，尊重主权，共享安全，维护世界和平稳定；要尊重世界文明多样性、发展道路多样化，尊重和维护各国人民自主选择社会制度和发展道路的权利，相互借鉴，取长补短，推动人类文明进步；要倡导人类命运共同体意识，在追求本国利益时兼顾他国合理关切，在谋求本国发展中促进各国共同发展，建立更加平等均衡的新型全球发展伙伴关系，同舟共济，权责共担，增进人类共同利益。中国将始终不渝走和平发展道路，坚定奉行独立自主的和平外交政策，坚决维护国家主权、安全、发展利益，决不会屈服于任何外来压力。中国反对各种形式的霸权主义和强权政治，不干涉别国内政，永远不称霸，永远不搞扩张。中国将始终不渝奉行互利共赢的开放战略，通过

深化合作促进世界经济强劲、可持续、平衡增长；将加强同主要经济体宏观经济政策协调，通过协商妥善解决经贸摩擦；坚持权利和义务相平衡，积极参与全球经济治理，推动贸易和投资自由化便利化，反对各种形式的保护主义。

中国坚持在和平共处五项原则基础上全面发展同各国的友好合作。将推动建立长期稳定健康发展的新型大国关系，坚持与邻为善、以邻为伴，巩固睦邻友好，深化互利合作，努力使自身发展更好惠及周边国家。将加强同广大发展中国家的团结合作，共同维护发展中国家正当权益。将积极参与多边事务，推动国际秩序和国际体系朝着公正合理的方向发展。

二、党的十九大对对外工作的部署

2017年10月18日至24日，党的十九大在京召开。大会作出中国特色社会主义进入新时代的重大政治判断，指出我国社会主要矛盾已经转化为人民日益增长的美好生活需要和不平衡不充分的发展之间的矛盾，这是关系全局的历史性变化，对党和国家工作提出了很多新的要求，并对决胜全面建成小康社会、开启全面建设社会主义现代化国家新征程作出战略部署和安排。

在对外工作上，党的十九大报告指出，中国共产党是为中国人民谋幸福的政党，也是为人类进步事业而奋斗的政党，始终把为人类作出新的更大的贡献作为自己的使命。中国将高举和平、发展、合作、共赢的旗帜，恪守维护世界和平、促进共同发展的外交政策宗旨，坚定不移在和平共处五项原则基础上发展同各国的友好合作，推动建设相互尊重、公平正义、合作共赢的新型国际关系。

在分析世界局势时强调，世界正处于大发展大变革大调整时期，和平与发展仍然是时代主题；世界多极化、经济全球化、社会信息化、文化多样化深入发展，全球治理体系和国际秩序变革加速推进，各国相互联系和依存日益加深，国际力量对比更趋平衡，和平发展大势不可逆转。同时，世界面临的不稳定性不确定性突出，世界经济增长动能不足，贫富分化日益严重，地区热点问题此起彼伏，恐怖主义、网络安全、重大传染性疾病、气候变化等非传统安全威胁持续蔓延，人类面临许多共同挑战。呼吁各国人民同心协力，构建人类命运共同体，建设持久和平、普遍安全、共同繁荣、开放包容、清洁美丽的世界。

在党代会报告中强调，中国将坚定奉行独立自主的和平外交政策，中国决不会以牺牲别国利益为代价来发展自己，也决不放弃自己的正当权益；奉行防御性的国防政策，永远不称霸，永远不搞扩张。积极发展全球伙伴关系，推进大国协调和合作，构建总体稳定、均衡发展的大国关系框架，按照亲诚惠容理念和与邻为善、以邻为伴周边外交方针深化同周边国家关系，秉持正确义利观和真实亲诚理念加强同发展中国家团结合作。加强同各国政党和政治组织的交流合作，推进人大、政协、军队、地方、人民团体等的对外交往。坚持对外开放的基本国策，积极促进"一带一路"国际合作，加大对发展中国家特别是最不发达国家援助力度，促进缩小南北发展差距；支持多边贸易体制，促进自由贸易区建设，推动建设开放型世界经济。秉持共商共建共享的全球治理观，支持联合国发挥积极作用，支持扩大发展中国家在国际事务中的代表性和发言权。

三、党的二十大对对外工作的部署

2022年10月16日至22日，党的二十大在京胜利召开。大会回顾总结了过去五年和新时代十年的伟大变革，阐述了开辟马克思主义中国化时代化新境界，中国式现代化的中国特色、本质要求和重大原则等重大问题，对全面建设社会主义现代化国家、全面推进中华民族伟大复兴进行战略谋划，为新时代新征程党和国家事业发展、实现第二个百年奋斗目标指明了前进方向、确立了行动指南。

党的二十大指出，世界之变、时代之变、历史之变正以前所未有的方式展开，和平、发展、合作、共赢的历史潮流不可阻挡，但与此同时，和平赤字、发展赤字、安全赤字、治理赤字加重，人类社会面临前所未有的挑战，世界又一次站在历史的十字路口。党的二十大强调，中国始终坚持维护世界和平、促进共同发展的外交政策宗旨，致力于推动构建人类命运共同体；将坚定奉行独立自主的和平外交政策，维护国际关系基本准则，维护国际公平正义；将尊重各国主权和领土完整，尊重各国人民自主选择的发展道路和社会制度；将奉行防御性的国防政策，永远不称霸、永远不搞扩张。

中国坚持在和平共处五项原则基础上同各国发展友好合作，推动构建新型国际关系，深化拓展平等、开放、合作的全球伙伴关系；推动构建和平共处、总体稳定、均衡发展的大国关系格局，深化同周边国家友好互信和利益融合，加强同发展中国家团结合作，加强同各国政党和政治组织交流合作。将坚定奉行互利共赢的开放战略，推动建设开放型世界经济。将积极参与全球治理体系改革和建设，践行共商共建共享的全球治理观，坚持真正的多边主义，推进国际关系民主化。将积极参与全球安全规则制定，加强国际安全合作，为维护世界和平和地区稳定发挥建设性作用。

中国将坚持对话协商，推动建设持久和平、普遍安全、共同繁荣、开放包容、清洁美丽的世界。呼吁世界各国弘扬和平、发展、公平、正义、民主、自由的全人类共同价值，促进各国人民相知相亲，尊重世界文明多样性，共同应对各种全球性挑战。

四、周边外交工作座谈会

2013年10月24日至25日，周边外交工作座谈会在北京召开。这次会议旨在总结经验、研判形势、统一思想、开拓未来，确定周边外交工作的战略目标、基本方针、总体布局，明确解决周边外交面临的重大问题的工作思路和实施方案。习近平总书记指出，我国周边外交的战略目标，就是服从和服务于实现"两个一百年"奋斗目标、实现中华民族伟大复兴，全面发展同周边国家的关系，巩固睦邻友好，深化互利合作，维护和用好我国发展的重要战略机遇期，维护国家主权、安全、发展利益，努力使周边同我国政治关系更加友好、经济纽带更加牢固、安全合作更加深化、人文联系更加紧密。我国周边外交的基本方针，就是坚持与邻为善、以邻为伴，坚持睦邻、安邻、富邻，突出体现亲、诚、惠、容的理念。要坚持睦邻友好，守望相助；讲平等、重感情；常见面、多走动；多做得人心、暖人心的事；要诚心诚意对待周边国家，争取更多朋友和伙伴；要本着互惠互利的原则同周边国家开展合作。要着力深化互利共赢格局，加快基础设施互联互通，建设好丝绸之路经济带、二十一世纪海上丝绸之路。

五、2014年中央外事工作会议

2014年11月28日至29日，中央外事工作会议在北京召开。这次会议是党中央为做好新形势下对外工作召开的一次重要会议。会议全面分析国际形势和我国外部环境的变化，明确新形势下对外工作的指导思想、基本原则、战略目标、主要任务。

习近平总书记深入分析了世界发展态势和国际格局变化，强调，要充分估计国际格局发展演变的复杂性，更要看到世界多极化向前推进的态势不会改变；要充分估计世界经济调整的曲折性，更要看到经济全球化进程不会改变；要充分估计国际矛盾和斗争的尖锐性，更要看到和平与发展的时代主题不会改变；要充分估计国际秩序之争的长期性，更要看到国际体系变革方向不会改变；要充分估计我国周边环境中的不确定性，更要看到亚太地区总体繁荣稳定的态势不会改变。习近平总书记强调，当今世界是一个变革的世界，是一个新机遇新挑战层出不穷的世界，是一个国际体系和国际秩序深度调整的世界，是一个国际力量对比深刻变化并朝着有利于和平与发展方向变化的世界，要端起历史规律的望远镜去细心观望；综合判断，我国发展仍然处于可以大有作为的重要战略机遇期，我们最大的机遇就是自身不断发展壮大。

习近平总书记强调，中国必须有自己特色的大国外交。要使我国对外工作有鲜明的中国特色、中国风格、中国气派，要坚持中国共产党领导和中国特色社会主义，坚持我国的发展道路、社会制度、文化传统、价值观念；要坚持独立自主的和平外交方针，坚定不移走自己的路，走和平发展道路；要坚持国际关系民主化，坚持和平共处五项原则，维护国际公平正义；要坚持合作共赢，推动建立以合作共赢为核心的新型国际关系，坚持互利共赢的开放战略；要坚持正确义利观，做到义利兼顾，要讲信义、重情义、扬正义、树道义；要坚持不干涉别国内政原则，通过对话协商以和平方式解决国家间的分歧和争端。

习近平总书记指出，当前和今后一个时期，我国对外工作要贯彻落实总体国家安全观，增强全国人民对中国特色社会主义的道路自信、理论自信、制度自信，维护国家长治久安。要争取世界各国对中国梦的理解和支持，坚决维护领土主权和海洋权益，维护国家统一，维护发展机遇和发展空间，努力形成深度交融的互利合作网络；要提升我国软实力，讲好中国故事，做好对外宣传。

习近平总书记要求，要切实抓好周边外交工作，切实运筹好大国关系，切实加强同发展中国家的团结合作，切实推进多边外交，切实加强务实合作，切实落实好正确义利观，切实维护我国海外利益。强调，必须加强党的集中统一领导，改革完善对外工作体制机制，强化对各领域各部门各地方对外工作的统筹协调，加大战略投入，规范外事管理，加强外事干部队伍建设，为开创对外工作新局面提供坚强保障。

六、2018 年中央外事工作会议

2018 年 6 月 22 日至 23 日，中央外事工作会议在北京召开。

会议确立了习近平外交思想的指导地位，集中在以下 10 个方面：坚持以维护党中央权威为统领加强党对对外工作的集中统一领导，坚持以实现中华民族伟大复兴为使命推进中国特色大国外交，坚持以维护世界和平、促进共同发展为宗旨推动构建人类命运共同体，坚持以中国特色社会主义为根本增强战略自信，坚持以共商共建共享为原则推动"一带一路"建设，坚持以相互尊重、合作共赢为基础走和平发展道路，坚持以深化外交布局为依托打造全球伙伴关系，坚持以公平正义为理念引领全球治理体系改革，坚持以国家核心利益为底线维护国家主权、安全、发展利益，坚持以对外工作优良传统和时代特征相结合为方向塑造中国外交独特风范。

习近平总书记指出，当前，我国处于近代以来最好的发展时期，世界处于百年未有之大变局，两者同步交织、相互激荡。从党的十九大到党的二十大，是实现"两个一百年"奋斗目标的历史交汇期。

习近平总书记强调，要深入分析世界转型过渡期国际形势的演变规律，准确把握历史交汇期我国外部环境的基本特征，统筹谋划和推进对外工作。既要把握世界多极化加速推进的大势，又要重视大国关系深入调整的态势；既要把握经济全球化持续发展的大势，又要重视世界经济格局深刻演变的动向；既要把握国际环境总体稳定的大势，又要重视国际安全挑战错综复杂的局面；既要把握各种文明交流互鉴的大势，又要重视不同思想文化相互激荡的现实。对外工作要根据党中央统一部署，加强谋篇布局，突出工作重点，抓好工作。要高举构建人类命运共同体旗帜，推动全球治理体系朝着更加公正合理的方向发展。要坚持共商共建共享，推动"一带一路"建设走实走深、行稳致远。要运筹好大国关系，推动构建总体稳定、均衡发展的大国关系框架。要做好周边外交工作，推动周边环境更加友好、更加有利。要深化同发展中国家团结合作，推动形成携手共进、共同发展新局面。

习近平总书记要求，外交是国家意志的集中体现，必须坚持外交大权在党中央。要增强政治意识、大局意识、核心意识、看齐意识，坚决维护党中央权威和集中统一领导，自觉在思想上政治上行动上同党中央保持高度一致，确保令行禁止、步调统一。对外工作是一个系统工程，政党、政府、人大、政协、军队、地方、民间等要强化统筹协调，各有侧重，相互配合，形成党总揽全局、协调各方的对外工作大协同局面，确保党中央对外方针政策和战略部署落到实处。要建设一支忠于党、忠于国家、忠于人民，政治坚定、业务精湛、作风过硬、纪律严明的对外工作队伍。要根据党中央统一部署，落实对外工作体制机制改革，加强驻外机构党的建设，形成适应新时代要求的驻外机构管理体制。

七、习近平总书记对山东工作的重要指示要求

习近平总书记对山东情深似海、厚望如山。党的十八大以来，习近平总书记五次亲临山东视察，多次作出重要指示批示，为山东发展把脉定向、掌舵领航。

2013年11月24日至28日，习近平总书记来到青岛、临沂、济宁、菏泽、济南等地，深入革命老区、企业、科研院所、文化机构等，考察经济社会发展情况，推动党的十八届三中全会精神学习贯彻。调研期间，习近平听取了山东省委和省政府工作汇报，对山东近年来的工作给予肯定，希望山东认真学习贯彻党的十八届三中全会精神，锐意改革，敢创新路，坚决打好转方式调结构攻坚战，切实做好保障和改善民生、创新社会管理这篇大文章，努力在推动科学发展、全面建成小康社会历史进程中走在前列。

2018年6月12日至14日，习近平总书记在出席上海合作组织青岛峰会后，先后来到青岛、威海、烟台、济南等地，深入科研院所、社区、党性教育基地、企业、农村，考察党的十九大精神贯彻落实和经济社会发展情况。14日下午，习近平总书记听取了山东省委和省政府工作汇报，对山东各项工作给予肯定。希望山东深入贯彻党的十九大精神和新时代中国特色社会主义思想，坚持稳中求进工作总基调，统筹推进"五位一体"总体布局、协调推进"四个全面"战略布局，全面做好稳增长、促改革、调结构、惠民生、防风险各项工作，打好"三大攻坚战"。强调，推动高质量发展，关键是要按照新发展理念的要求，以供给侧结构性改革为主线，推动经济发展质量变革、效率变革、动力变革。要坚持腾笼换鸟、凤凰涅槃的思路，推动产业优化升级，推动创新驱动发展，推动基础设施提升，推动海洋强省建设，推动深化改革开放，打造对外开放新高地，推动高质量发展取得有效进展。

2019年4月，习近平总书记在青岛出席庆祝人民海军成立70周年海上阅兵活动，首次提出构建"海洋命运共同体"的重大倡议。

2021年10月20日至22日，习近平总书记在山东考察，深入东营市的黄河入海口、农业高新技术产业示范区、黄河原蓄滞洪区居民迁建社区等，实地了解黄河流域生态保护和高质量发展情况。22日下午，习近平总书记在山东省济南市主持召开深入推动黄河流域生态保护和高质量发展座谈会并发表重要讲话，嘱托山东"努力在服务和融入新发展格局上走在前、在增强经济社会发展创新力上走在前、在推动黄河流域生态保护和高

质量发展上走在前，不断改善人民生活、促进共同富裕，开创新时代社会主义现代化强省建设新局面"。

这些年，全省上下深入贯彻习近平总书记对山东工作的重要指示要求和党中央决策部署，立足新发展阶段，完整、准确、全面贯彻新发展理念，主动服务和融入新发展格局，2017年，在深入调研、摸透省情的基础上，明确了经济文化强省建设的目标思路和新旧动能转换的战略构想；2018年，突出顶层设计，全面展开新旧动能转换重大工程；2019年，确定为"工作落实年"，强化担当作为、狠抓落实；2020年，确定为"重点工作攻坚年"，发起九大改革攻坚行动；2021年，围绕落实重大国家战略、科技创新等7个领域"求突破"；2022年，推出"十大创新""十强产业""十大扩需求"行动，引领全省发展环境、经济结构、体制机制实现系统性重塑，全省发展呈现由"量"到"质"、由"形"到"势"的趋势性转变。

全省上下科学研判、准确把握国内国际形势的发展变化，积极应对新冠肺炎疫情和地区冲突等因素冲击，坚持高水平扩大对外开放，成绩斐然。全省进出口总额从2012年的1.55万亿元增长到2022年的3.33万亿元，十年增长115%，实际使用外资增长3倍。深度融入共建"一带一路"，"齐鲁号"欧亚班列可直达"一带一路"沿线23个国家54个城市。2022年，山东与"一带一路"沿线国家进出口规模首次突破1万亿元人民币，同比增长38%。

这期间，一批国家级开放平台落地山东。2018年6月10日，习近平总书记在上合组织青岛峰会上郑重宣布，"中国政府支持在青岛建设中国—上海合作组织地方经贸合作示范区"，上合示范区正式成为国家战略。2019年7月24日，习近平总书记在主持中央深改委第九次会议，审议通过上合示范区总体方案时强调，建设上合示范区旨在打造"一带一路"国际合作新平台，这是对上合示范区建设的明确定位。

2019年8月26日，《国务院关于印发6个新设自由贸易试验区总体方案的通知》印发实施，中国（山东）自由贸易试验区正式设立。国家赋予山东的战略定位是：全面落实中央关于增强经济社会发展创新力、转变经济发展方式、建设海洋强国的要求，加快推进新旧发展动能接续转换、发展海洋经济，形成对外开放新高地。

2021年4月，经国务院批准设立济南新旧动能转换起步区。济南新旧动能转换起步区是贯彻落实黄河流域生态保护和高质量发展重大国家战略，加快山东新旧动能转换综合试验区建设，发挥山东半岛城市群龙头作用，复制自由贸易试验区、国家级新区、国家自主创新示范区和全面创新改革试验区经验政策，积极探索新旧动能转换模式而设立的国家级新型战略新区。

2021年10月8日，国家印发《黄河流域生态保护和高质量发展规划纲要》，山东于2022年2月15日正式发布《山东省黄河流域生态保护和高质量发展规划》，标志着这一重大国家战略在山东的正式落地。

2022年8月，国务院印发《国务院关于支持山东深化新旧动能转换推动绿色低碳高质量发展的意见》，赋予山东建设绿色低碳高质量发展先行区重大使命，这是党中央提出"双碳"战略以来，全国第一个以绿色低碳高质量发展为主题的战略布局。

第二节　深入学习领会贯彻落实习近平外交思想

理念是行动的先导。山东外事工作坚持理念先行，突出理论引导，深学细悟笃行习近平新时代中国特色社会主义思想特别是习近平外交思想，以科学的立场观点和方法，深入谋划新时代外事工作，推动外事转型发展，取得系列重要成果。

党的十八大以来，以习近平同志为核心的党中央，在推进新时代中国特色社会主义伟大事业的历史征程中，领导我国对外工作攻坚克难、砥砺前行，经历了一系列风险考验，战胜了许多艰难险阻，办成了不少大事要事，取得了全方位、开创性历史成就，走出了一条中国特色大国外交新路，为实现"两个一百年"奋斗目标、实现中华民族伟大复兴的中国梦营造了良好外部环境。习近平总书记牢牢把握中国和世界发展大势，深刻思考人类前途命运，继承发扬新中国外交核心原则和优良传统，积极推进重大外交理论和实践创新，提出一系列富有中国特色、体现时代精神、引领人类进步发展潮流的新理念、新主张、新倡议，形成了习近平外交思想。

在习近平外交思想的科学指引下，我们以服务民族复兴、促进人类进步为主线，立足中国发展新方位，把握中国同世界关系新变化，坚持立己达人、胸怀天下，坚定不移走和平发展道路，推动构建人类命运共同体，推动构建相互尊重、公平正义、合作共赢的新型国际关系，始终做世界和平的建设者、全球发展的贡献者、国际秩序的维护者。

一、高度重视、切实抓好习近平外交思想的学习贯彻

（一）认真学习贯彻中央外事工作会议精神

2014年11月28日至29日，中央外事工作会议在北京召开，时任省委书记、省人大常委会主任姜异康，副省长夏耕参加。在2015年1月6日省委外事工作领导小组第三次全体会议上，姜异康同志强调，要认真贯彻落实中央外事工作会议精神，发挥好省委外事工作领导小组作用，统筹谋划和推动对外交往活动；一切对外工作都要在"外交大权在中央，外事工作授权有限"的基础上进行，对此一定要保持清醒头脑，重大问题一定要及时请示汇报；党中央交办的任务要完成好，切实加强外事管理，严格遵守外事纪律、组织纪律、保密纪律，健全制度，规范程序，切实提高管理水平。

2018年6月22日至23日，中央外事工作会议在北京召开。会后，山东省委高度重视，于7月26日召开省委外事工作领导小组会议，传达学习中央外事工作会议精神，强调要深入学习领会习近平外交思想，将其融入山东省外事工作的全过程各领域；按照党中央对外决策部署，积极推进外事工作，切实为中国特色大国外交作出山东贡献。

2021年12月14日，时任省委常委、秘书长刘强在全省外事工作专题研讨班上做了《学思践悟习近平外交思想　提高做好地方外事工作的本领》的专题讲座。刘强同志指出，做好地方外事工作十分重要，外事工作指导思想和根本遵循是习近平外交思想。刘强同志围绕习近平外交思想的核心要义"十个坚持"，从"为什么要坚持""重在坚持什么""山东外事工作如何落实"三个方面系统阐述"十个坚持"的科学内涵，并强调习近平外交思想是对我们党在革命、建设、改革伟大实践中产生的外交理论和实践的继承发展，同时也具有习近平总书记个人的独创之处；"十个坚持"是个整体，彼此相互衔接、有机协同，具有鲜明的整体性、统一性、系统性，必须深刻领悟、全面把握、坚决落实。

（二）召开省委外事工作领导小组（委员会）会议，把学习贯彻习近平外交思想贯彻始终

1. 2014年7月7日，省委外事工作领导小组第二次全体会议在济南召开。与会人员一致认为，党的十八大以来，以习近平同志为核心的党中央准确把握世界格局变化和我国发展大势，全面推进中国特色外交理论与实践的创新和发展，开创了我国外交工作新

局面，是山东省对外交流合作的根本遵循和行动指南；习近平总书记视察山东时的重要讲话，为山东省对外交流合作提供了重要遵循。要牢固树立政治意识和全局观念，把外事工作放在全国外交大局中来把握、来谋划，深入贯彻落实中央关于外交工作的方针政策和决策部署，积极配合和服务全国外交大局。要结合山东实际，创造性地开展工作，进一步增强外事工作的针对性、实效性，努力开创山东对外交流合作新局面。

2. 2015年1月6日，省委外事工作领导小组召开第三次全体会议。会上，传达学习了中央外事工作会议和有关通知精神。与会人员一致认为，习近平总书记在中央外事工作会议上的重要讲话，站在党和国家战略和全局高度，科学分析了国际形势和我国外部环境的变化，明确提出了新形势下我国对外工作的指导思想、基本原则、战略目标和主要任务，深刻阐明了对外工作必须把握和处理好的一系列带有根本性的重大问题，体现了我们党对外工作的重大理论创新和实践成果，是做好新形势下外事工作的科学指南和重要遵循。要认真学习领会，把握精神实质，切实把思想和行动高度统一到中央决策部署上来，坚定维护国家主权、安全和发展利益，自觉把山东对外工作融入全国对外工作总体格局，找准定位，发挥作用，树立整体"一盘棋"思想，使地方外事工作更好地为全局服务。

3. 2016年1月16日，省委外事工作领导小组召开会议。会议指出，要认真学习贯彻习近平总书记在中央政治局"三严三实"专题民主生活会上的重要讲话精神和中央关于外事工作的决策部署，严格落实"四个自觉"的要求，切实增强政治意识、大局意识、核心意识、看齐意识，坚持坚定正确的政治方向，深入谋划推进山东省外事工作。要丰富外事工作内涵，拓展工作外延，以新的发展理念为引领，编制实施好山东省外事工作"十三五"规划，推动中央决策部署和国家外交战略在山东省落地实施。

4. 2017年12月1日，十一届省委外事工作领导小组在济南举行第一次全体会议。会议指出，党的十八大以来，在以习近平同志为核心的党中央坚强领导下，山东省外事战线的同志们扎实工作、开拓进取，领导小组各成员单位密切配合、群策群力，为中国特色大国外交和全省经济社会发展作出了积极贡献。进入新时代，外事工作也要有新气象、新作为，要深入学习贯彻党的十九大精神，自觉践行习近平新时代中国特色社会主义思想，牢固树立"四个意识"，坚定"四个自信"，旗帜鲜明讲政治，坚定不移维护以习近平同志为核心的党中央权威和集中统一领导，不折不扣地落实好党中央决策部署，努力开创山东省外事工作新局面。

5. 2018年1月11日，省委外事工作领导小组在济南召开会议。会议指出，山东省外事工作要坚定不移高举习近平新时代中国特色社会主义思想伟大旗帜，深入学习贯彻党的十九大精神，切实增强"四个意识"，坚定"四个自信"，旗帜鲜明讲政治，坚决维护习近平总书记核心地位，坚决维护以习近平同志为核心的党中央权威和集中统一领导，贯彻落实总体国家安全观，贯彻落实党中央关于外交外事工作的决策部署，更好服务中国特色大国外交，更好服务山东省改革开放和经济社会发展。

6. 2018年7月26日，省委外事工作领导小组召开会议。会议认为，过去5年多来，我国对外工作取得的全方位、历史性成就，根本在于以习近平同志为核心的党中央坚强领导，在于习近平新时代中国特色社会主义思想的科学指引。山东省在以习近平同志为核心的党中央坚强领导下，深入学习贯彻习近平外交思想，按照党中央对外工作决策部署，积极推进外事工作，特别是圆满完成了上海合作组织青岛峰会服务保障工作任务，在对外交往、商务合作、人文交流等方面也取得较好成效。要深入学习领会、全面贯彻落实习近平外交思想，融入贯彻到山东省外事工作的各领域、各方面、各环节，切实加强党对外事工作的集中统一领导，树牢"四个意识"，坚定"四个自信"，做到"四个服从""两个维护"，为中国特色大国外交作出山东贡献。会议强调，外事工作要围绕中心、服务大局，坚决落实新发展理念，进一步放大上合组织青岛峰会效应，讲好中国故事山东篇章；要全面贯彻总体国家安全观，坚定维护国家安全和发展利益；进一步加强因公出国（境）管理，提高出访成效；搭建高质量对外开放平台，创新双多边交流机制；加强外事干部队伍建设，提高政治素质、国际视野和业务能力。

7. 2018年11月3日，省委外事工作委员会召开第一次全体会议。会议强调，要深入学习贯彻习近平新时代中国特色社会主义外交思想，增强"四个意识"，坚定"四个自信"，做到"四个服从"，将"两个维护"贯穿山东省外事工作始终，全面加强党对地方外事工作的集中统一领导，落实好中央对外工作决策部署。要树立总体国家安全观，坚定维护政治安全、政权安全、意识形态安全、网络安全。今年以来，山东省对外工作亮点纷呈，要进一步总结经验，强化统筹、综合施策，持续放大后续效应，推动山东省经济社会持续健康发展。要大力推进全省新一轮对外开放，展示习近平新时代中国特色社会主义思想在山东的生动实践和巨大成就，更好服务中国特色大国外交；要统筹发挥外事优势，当好对外开放的桥头堡、交流合作的牵线人、打造对外开放新高地的排头兵。

8. 2019年1月7日，省委外事工作委员会在济南召开第二次全体会议。会议指出，做好2019年外事工作，要坚持以习近平外交思想为指导，树牢"四个意识"，坚定"四个自信"，坚决做到"两个维护"，认真贯彻党中央决策部署，聚焦落实山东省重大战略任务，统筹资源，系统谋划，精准发力，不断开创山东外事工作新局面。会议强调，要努力服务党和国家重要外事活动，积极融入"一带一路"，扩大对外经贸合作和人文交流，持续放大上合组织青岛峰会、外交部全球推介活动后续效应；要紧紧围绕全省中心工作，搭建平台、汇聚合力、塑造优势；要扩大对外宣传，用好中外各种资源讲好中国故事"山东篇"；要坚决落实总体国家安全观，加强和规范外事管理，强化规矩和纪律意识；要强化队伍建设，打造高素质外事工作队伍。

9. 2019年7月2日，省委外事工作委员会召开第三次全体会议。会议指出，今年是中华人民共和国成立70周年，是全面建成小康社会的关键之年，国家大事要事多。服务保障国家重大涉外活动，既是外事工作必须承担的政治任务，也是义不容辞的政治责任，要树牢"四个意识"、坚定"四个自信"、做到"两个维护"，坚决贯彻落实党中央对外政策方针和决策部署，全力做好相关涉外工作，营造良好涉外环境。会议强调，要高标准举办山东国际友城合作发展大会，展示山东机遇，更好服务经济社会发展；要落实好省属企业外事管理规定，支持企业国际化经营战略；要全面贯彻总体国家安全观，严格执行外事纪律，维护好重点领域涉外安全；要切实抓好当前工作，推动外事工作取得扎实成效。

10. 2020年1月14日，省委外事工作委员会召开第四次全体会议。会议指出，过去一年，在习近平外交思想指引下，山东外事提高政治站位，主动服务国家外交大局，加速释放国家战略叠加效应，高水平打造对外开放平台，树牢总体国家安全观，各项工作取得显著成效，为全省改革发展稳定营造了良好外部环境。会议强调，做好今年外事工作责任重大、任务艰巨，必须深入学习贯彻习近平外交思想，树牢"四个意识"、坚定"四个自信"、坚决做到"两个维护"，聚焦国家外交大局和山东高质量发展来谋划推动山东省外事工作；要深化关键地区、重点领域国际合作，积极开拓国际合作空间，加大重大开放平台建设，塑造开放发展新优势；要坚持底线思维，防范化解涉外领域风险隐患。

11. 2020年10月10日上午，省委外事工作委员会召开第五次全体会议。会议指出，习近平总书记高度重视外交外事工作，每一项重大涉外工作都亲自运筹、亲自谋划、亲自部署。要认真贯彻习近平外交思想，增强"四个意识"、坚定"四个自信"、做到"两个维护"，不折不扣把党中央对外决策部署落到实处。要坚定不移维护国家总体外交大局，加强外事政策和外事纪律教育；要着力疏通拓展对外交往渠道，巩固好重要交往资源，用好新兴交往方式，讲好中国故事"山东篇"；要坚决维护涉外安全稳定，增强风险防范意识和能力，高标准完成党和国家交办山东省的各项涉外任务，举办好重大外事活动。

12. 2021年1月29日，省委外事工作委员会召开第六次全体会议。会议指出，过去一年，山东省外事工作积极服务国家总体外交大局和全省经济社会发展，取得明显成效。今年是"十四五"开局之年，外事工作任务艰巨繁重。要深入学习贯彻习近平外交思想，增强"四个意识"、坚定"四个自信"、做到"两个维护"，坚决服务国家总体外交大局，严格遵守外事纪律，确保党中央对外决策部署不折不扣落到实处；要全力服务庆祝建党100周年，讲好中国故事山东篇，维护涉外安全稳定，营造良好氛围；要形成外事工作整体合力，将经贸、文化、旅游、科技、教育等各方面工作融为一体；要扎实做好疫情防控中的涉外工作和涉外工作中的疫情防控，积极主动扩大对外交往交流，举办好重大对外交往活动。

13. 2022年2月24日下午，省委外事工作委员会召开第七次全体会议。会议指出，习近平总书记高度重视外交外事工作，多次发表重要讲话、作出重要指示；我们要增强"四个意识"、坚定"四个自信"、做到"两个维护"，以实际行动贯彻落实好习近平外交思想。会议强调，要坚决贯彻落实党中央对外决策部署，加强对外宣传阐释，为党的二十大胜利召开营造良好外部环境；要找准服务大局的切入点和突破口，高水平举办重大涉外活动；要积极服务省委中心工作，努力建好重大平台，加强线上线下交往；要切实维护涉外安全，抓好涉外疫情防控；要压紧压实工作责任，强化统筹协调，确保各项工作落到实处。

（三）召开全省外办主任会议、全省外事与港澳工作会议、全省外事工作会议，将学习贯彻习近平外交思想推向深入

1. 2012年2月3日上午，全省外办主任会议在济南召开。会议指出，全省外事系统要认真贯彻落实省委外事工作领导小组扩大会议精神，正确把握和应对形势变化，紧紧围绕中心、服务大局，积极主动地配合好国家总体外交活动。要围绕"蓝黄"等重点战

略实施，充分发挥外事部门优势，积极推动重大国际交流合作项目。深入开展公共外交，把山东省的发展优势、历史文化转化为国际影响力，推动山东省软实力建设。要充分利用外事资源，巩固和拓展对外交往渠道，特别要深化与友城的实质性交往，精细化做好工作，力争在友城合作上实现新突破。要创新思路，充分整合各地各部门的涉外资源，共同构建内外统筹、相互促进、相得益彰的大外事格局。切实加大外事管理力度、创新管理方式方法，在外事维稳、因公出国（境）管理、应急处置、领事保护、舆论引导等方面进一步提升工作水平。要切实建立健全外事机构，加强外事队伍建设，努力开创外事工作新局面，为加快推进经济文化强省建设作出更大贡献，以优异成绩迎接党的十八大和省十次党代会胜利召开。

2. 2015年2月2日，全省外事与港澳工作会议在济南召开。会议传达了中央外事工作会议和省委外事工作领导小组第三次全体会议精神，对全省近三年外事创新的开展情况进行了总结，指出经过外事系统思想观念、体制机制、工作举措等方面创新，服务国家总体外交更加有力、对外交往合作布局更加优化、外事管理更加规范、外事为民更加务实，有力服务了地方经济社会发展。同时，会议对下步外事工作转型作出了重点部署和要求，提出了"六个转型"的目标任务，明确了"高、快、精、实、严"五项标准要求。

3. 2017年12月29日，全省外事与港澳工作会议在济南召开。会议传达了省委外事工作领导小组第一次全体会议和2017年全国地方外办主任会议精神，回顾总结了党的十八大以来的全省外事与港澳工作，指出，过去五年，山东外事工作在中国特色大国外交中的地位和作用更加凸显，对外交流合作舞台更加宽广，外事管理和服务取得更大成效，维护涉外安全稳定发挥更重要作用，工作制度化、规范化建设迈出重要步伐。今后五年，全省外事系统要全面贯彻落实党的十九大精神，坚持以习近平新时代中国特色社会主义思想为指导，坚持外交大权在以习近平同志为核心的党中央，全面贯彻党对对外工作的集中统一领导和全方位统筹协调，努力服务中国特色大国外交和经济文化强省建设，加快改革创新、提质增效，在四个方面全面"强"起来，主要是：在服务国家总体外交上强起来，在服务全省经济社会发展上强起来，在外事与港澳工作提质增效上强起来，在干部队伍建设上强起来。

4. 2020年1月15日，全省外事系统表彰暨全省外办主任会议在济南召开。会议隆重表彰了近年来全省外事系统工作先进集体和先进个人。会议指出，2019年全省外事工作以习近平外交思想为指导，按照省委、省政府决策部署，全面贯彻落实党对外事工作的集中统一领导，扎实推进"不忘初心、牢记使命"主题教育，着力打造外事工作"升级版"，不断优化体制机制，努力提升外事领域治理体系、治理能力现代化水平和服务保障水平，融入"一带一路"建设，推动全省高质量发展，优化对外开放布局，提升外事管理水平，求真务实，开拓进取，各项工作取得长足发展。要科学谋划扎实做好2020年全省外事工作，以习近平外交思想和党的十九大精神为指导，坚定"四个自信"，树牢"四个意识"，做到"两个维护"，深入贯彻党的十九大和十九届二中、三中、四中全会精神，紧紧围绕省委、省政府中心工作，凝心聚力，奋发有为，更加有力服务国家总体外交，为全省高水平对外开放和高质量发展作出新的更大贡献。

5. 2021年2月8日，全省外办主任会议在济南召开。会议指出，2020年是极为不平凡的一年，面对错综复杂的国际形势变化和突如其来的新冠疫情冲击，全省外事系统坚持以习近平新时代中国特色社会主义思想特别是习近平外交思想为指导，全面把握省委十一届十一次、十二次全会要求，按照省"重点工作攻坚年"决策部署，致力顾大局、战疫情、强交流、促发展、守防线、抓统筹，全力服务国家总体外交和地方经济社会发展，各项工作取得显著成效。新的一年，全省外事系统要认真贯彻落实省委、省政府决策部署，聚焦打造对外开放新高地，围绕"七个走在前列""九个强省突破"，以系统化、工程化、项目化思维，着力构建上下贯通、左右协同、优势互补、均衡发展的"大外事"格局，全力推动后疫情时代外事工作实现更大突破，为全省打造对外开放新高地、推动现代化强省建设作出外事人应有的贡献。

6. 2022年3月8日上午，全省外事工作会议在济南召开。会议强调，要把学习贯彻习近平外交思想作为做好外事工作的根本，坚持常态化学习，在学懂弄通做实上狠下功夫。要聚力推进服务大国外交和山东省高质量发展，抓好外事平台建设，优化对外交往布局，争取更多外事资源落地山东。要更高水平统筹发展和安全，扎实做好海外利益保护、涉外疫情防控等工作，切实守牢涉外安全底线。要加快推进外事工作理念创新、渠道创新，完善"外事+"工作机制，丰富疫情下对外交往模式，优化对外传播方式，不断激发外事工作动力活力。会议要求，各级要高度重视外事工作，党委外事委要积极发挥作用，加强外事队伍建设，抓好工作落实，推动全省外事工作不断提质增效。

（四）依托学习培训加深对习近平外交思想的理解把握

1. 2018年11月6日至9日，省外办和省委党校（省行政学院）共同在济南举办2018年全省外事工作专题研讨班。在外交部、外交培训学院的大力支持下，来自外交部、国务院发展研究中心及有关省直机关的相关领域领导、业务专家为培训班授课，从习近平外交思想、"一带一路"与经济外交、领事保护及涉外案件处置、国家安全、涉外舆情处理、外交外事礼宾、外事管理政策等方面讲解政策理论、传授工作经验。通过培训，为切实提高外事工作者的综合素质能力，实现外事工作两个服务的任务，打下了良好基础。

2. 2019年7月5日至12日，省外办举办了副处级领导干部及各职级调研员主题教育读书班。党组书记、主任、主题教育领导小组组长蔡先金同志作开班动员讲话。蔡先金要求，要统筹处理好学习教育和业务工作，原原本本学、全面系统学，入心入脑、真信真用，真正使自己理论学习有收获、思想政治受洗礼；要学以致用、以学促工，把理论与解决外事工作的重点、难点问题结合起来，提高运用科学理论解决实际问题的能力；要把读书班的学习成果转化为干事创业的自觉行动，牢记初心使命，勇于担当作为，为打造山东省外事工作升级版贡献自己的力量。

3. 2021年12月13日至17日，在山东省委党校举办全省外事工作专题研讨班，时任省委常委、秘书长刘强为研讨班学员授课，系统阐释习近平外交思想的科学内涵和核心要义，对"十四五"时期山东外事工作如何贯彻习近平外交思想提出明确要求。省委外办主任蔡先金主持开班式。省委外事工作委员会成员单位、省直部门分管负责同志及市、县（市、区）分管外事负责同志参训。培训期间，来自外交部、全球化智库、中联部、省委党校的相关同志进行了授课，蔡先金同志重点讲述了新时代地方外事工作"怎么看""怎么干"的重要问题。通过此次培训，为进一步贯彻落实习近平外交思想提供了科学的指导方法，取得了良好效果。

二、坚持以习近平外交思想为指导，科学谋划新时代山东外事工作

省委外事工作委员会提出，要以习近平外交思想为指导，科学谋划新时代山东外事工作，把习近平外交思想贯彻落实到山东外事工作的全过程、各方面，为中华民族伟大复兴贡献山东外事力量。省外办（省委外办）深入领会、扎实落实，组织力量专题研究，精心编制五年规划，做出总体安排。

（一）科学编制外事"十三五"规划

外事"十三五"规划深刻把握外事面临的新形势、新挑战、新问题，指出，山东外事要全面贯彻党的十八大和十八届三中、四中、五中全会精神和习近平总书记系列讲话以及对山东工作的重要指示要求，坚持党对外事工作的集中统一领导，以创新、协调、绿色、开放、共享理念为引领，以提升科学运筹国内国际两种资源、统筹国内国际两个大局的能力和水平为重点，以转型发展为动力，以在全面建成小康社会进程中走在前列为目标，紧紧围绕《山东省国民经济和社会发展第十三个五年规划纲要》，强化全球视野、战略思维和大局意识，在发展中求创新，在创新中求突破，在国内国际两个大局的相互作用中把握发展机遇、创造发展条件、营造良好环境、化解风险挑战，努力服务国家总体外交大局，服务全省经济社会发展全局，助推经济文化强省建设。

"十三五"规划要求，全省外事工作必须牢牢把握"外交大权在中央、外事工作授权有限"这一根本原则，积极打造具有山东特色、山东风格的外事工作，做到"五个坚持"：坚持党的领导，把党的领导落实到外事工作的方方面面，确保中央对外方针政策落到实处，确保外事工作正确的政治方向；坚持"两个服务"，把服务国家总体外交和服务地方经济社会发展作为根本出发点和落脚点，有针对性地开展对外交流与合作；坚持统筹协调，把统筹协调作为根本方法，努力统筹国内国际两个大局、两种资源、两个市场，全力构建外事工作新格局；坚持转型发展，把转型发展作为重要动力，促进外事工作理论创新、制度创新、机制创新；坚持外事为民，推动外事工作重心下沉，使外事工作成果更多惠及基层、企业和广大民众。

"十三五"规划明确，"十三五"期间要实现对外交往布局更加完善、大外事工作格局进一步深化、专业化规范化水平大幅提升、服务和管理能力显著提高、公共外交深入开展的目标。

"十三五"规划提出，要优化对外交往布局，把与重点国家、重点地区的交流合作提高到一个新水平，制定与重点国家和地区交流合作计划。要更精准服务国家总体外交，扎实服务"一带一路"建设，积极承办和参与重大涉外活动，服务国家自贸区战略。要构建新型友城关系，稳固和深化友城合作，积极创新友城合作模式。要打造外事工作品牌，突出特色化、机制化品牌活动，擦亮国际合作平台品牌，做强"文化外事"品牌。要加快外事转型发展，进一步强化外事服务，构建公共外交体系，提升外事管理水平。

（二）山东外事"十四五"发展规划和2035年远景目标

"十四五"时期，山东外事工作面临复杂内外环境，世界百年未有之大变局加速演进，国际格局深刻变动；我国迈上实现第二个百年奋斗目标新征程，山东省综合实力和国际影响力进一步提升，这都为外事工作创造了广阔空间。

"十四五"时期，山东外事工作将坚持以习近平新时代中国特色社会主义思想特别是习近平外交思想为指导，深入学习贯彻党的十九大和十九届历次全会精神，完整、准确、全面贯彻新发展理念，主动服务和融入新发展格局，坚定贯彻习近平总书记对山东工作重要指示要求，锚定"走在前列、全面开创""三个走在前"总遵循、总定位、总航标，以打造山东外事工作品牌为抓手，以职能转变和工作转型为动力，以塑造山东外事工作新形象为目标，统筹服务国家总体外交和服务全省高质量发展，统筹维护疫情防控成果和扩大对外交流合作，统筹基础巩固与优势塑造，持续提升外事工作质量和水平，丰富拓展外事工作内涵和外延，全面开创新时代山东外事工作新局面。

"十四五"时期，山东外事工作将坚持"九个必须"的基本原则，即必须加强党对外事工作的集中统一领导，必须以习近平外交思想为指导，必须服务国家总体外交大局，必须服务全省经济社会发展，必须统筹发展与安全，必须增强系统思维，必须深化改革创新，必须强化渠道开拓，必须加强队伍建设。

"十四五"时期，山东外事工作要坚持鲜明战略导向，集中表现为"四有六新"，有大胸怀、大格局、大布局、大协同，谋新愿景、树新目标、成新范式、上新台阶、开新局面、塑新形象。

"十四五"时期，山东外事工作要在各领域各方面有较大发展，整体能力和水平有较大提升，外事系统建设得到明显加强，到2035年，在各领域各方面走在全国前列。

"十四五"规划提出，一体推进服务大国外交和全省高质量发展，要求外事工作积极服务黄河重大国家战略、科技自立自强等全省重大战略；加快塑造地区国别交流合作新态势，提出"深耕日韩、做强东盟、拉紧欧亚、稳住欧美、开辟非洲、做实拉美、拓宽大洋"的工作思路；聚焦聚力外事渠道建设，要求丰富渠道资源、建设新型友城关系，完善交往布局；做强民间外交、公共外交，要求健全体制机制、塑造品牌活动、加强人脉涵养；提升外事管理服务水平，要求优化工作运行机制、加强和改进国际传播、做强外事研究与发展智库；筑牢涉外安全防线，加强外事干部队伍建设。根据规划，谋划推出258个外事重点项目，为"十四五"外事发展谋先机、定方向。

三、以转型提升引领新时代山东外事工作

迈入新时代的山东外事工作，面临新形势新任务。在习近平外交思想的科学指引下，山东外事工作进行了转型提升理论和实践探索。2015年1月6日，省委外事工作领导小组第三次全体会议作出了外事工作转型发展的重要决定，要求结合山东实际，积极推动外事工作转型发展，一要拓展服务领域，积极为山东省企业海外投资提供信息咨询、风险提醒、联络协调服务，搭建中小企业对外交流合作的平台；二要加强协调互动，在处理涉外案件时，要及时请示报告，加强与其他部门的合作，相互支持，推动经济社会发展和对外交往；三要规范外事工作，标准要高，措施要严，工作要实，形成硬性约束，在因公出国（境）管理上，推动实现由"因人定事"向"因事定人"转变。同年2月2日，全省外事与港澳工作会议在济南召开，会议总结了外事创新的经验做法和成果，对2015年"外事工作转型年"活动进行动员和部署，提出了"加快推进由外事的'事'向党委政府中心工作的'事'转型""加快推进外事资源由相对集中向基层、企业、民众和社会组织下沉转型""加快推进由强调特殊性向'守纪律、讲规矩'转型""加快推动由忙于事务向谋事、落实转型""加快推进由注重形式、数量向注重成效、质量转型""加快推进干部队伍素质由单一向复合转型"等"六个转型"的目标任务。

2020年初，突如其来的新冠肺炎疫情打乱了以往工作节奏，线下交往受阻，对外工作受到较大冲击，外事工作亟需转型升级。2020年3月23日，省外办召开"重点任务攻坚年"动员大会，决定将转型提升作为全办"重点任务攻坚年"的主题主线和主攻方向。会议分析了转型提升的必要性，指出转型提升是外事干部的共同追求、外事发展的现实需要、外事事业的使命担当。强调，转型提升要抓住本质和关键，要在转型，重在提升，转型是建立在正反两方面经验教训基础上的守正创新，不是推倒重来、另起炉灶；提升是各项工作在良好基础上的提质增效，力戒形式主义、调门高实效少；转型提升要以习近平新时代中国特色社会主义思想为指导，深入贯彻落实习近平外交思想，着眼"十四五"期间国家总体外交和全省开放发展大势，综合研判这次疫情对国际交流合作带来的影响，抓住利当前、谋长远、管根本的关键环节和问题持续发力，更新思想观念，提升精神境界，调整工作重心，创新工作模式，优化体制机制，高起点谋划、高水平建设、高标准推进八大工程。一是扎实推进制度体系建设工程，完善省委外事工作委员会及其办公室工作制度体系、外事管理工作制度体系和内部管理体系。二是扎实推进

"十四五"规划工程，加强调查研究，发挥好规划的指导和引领作用。三是扎实推进渠道建设工程，树牢渠道理念，优化渠道布局，拓展渠道载体。四是扎实推进外事系统建设工程，强化党委外事委统筹职能，建立"外事+部门"厅际联席会议机制，推行"一市一策"试点等。五是扎实推进亮点活动品牌工程，提高举办标准、突出成果导向，多争取国家级、国际级重大活动。六是扎实推进外事服务提升工程，创新外事政策宣介，开展好外事政策、外事纪律、办事指南便民服务，提升外事服务信息化水平。七是扎实推进干部队伍建设工程，加大干部培养、选拔、交流力度。八是扎实推动党的建设工程，加强支部标准化建设，持之以恒正风肃纪。通过八大工程建设，为外事转型发展构建了"四梁八柱"。

2021年，省委外办启动编制山东外事事业"十四五"发展规划，紧紧围绕"外事应是什么样，怎样做好外事""建设一个什么样的外事系统，怎样建好外事系统"的关键问题，引领外事工作系统性、整体性重塑。重点扣紧"六个新""六个强调"布局规划。

"六个新"体现为，要有新愿景，让山东外事影响力和贡献率居于全国地方外事前列，基本实现外事领域治理体系和治理能力现代化。有新目标，在全国地方外事系统中牢牢占据第一方阵，成为打造对外开放新高地排头兵。成新范式，敢为人先，敢于抢占"后疫情时代"发展制高点，丰富服务发展模式。上新台阶，外事各领域各方面都有明显改进和提高，转型升级取得更加明显成效。开新局面，在对外交流的传统优势基础上，不断开新局、育新机。树新形象，塑造山东外事服务大局建功立业的外事铁军形象。

在具体导向时，体现为"六个强调"，进一步强调政治机关建设，推动由事务型向政务型转变；增强政治统领，跳出事务"圈子"，向综合政务迈进。进一步强调外事系统建设，推动更充分发挥统筹协调作用；提高系统联动性协调性，持续增强大统筹大协调的视野、能力和水平。进一步强调优化外事资源配置，推动资源向大布局大平台投放；站在战略和全局高度，集中调度配置资源，服务全省布局、服务开放载体建设。进一步强调以人民为中心，推动工作向中心工作和重点战略用劲；立足人民、造福人民、根植人民，围绕党和国家中心工作，全省重点发展战略谋划推进外事。进一步强调两个统筹，推动服务大国外交和服务全省经济社会发展一体化；一体推进服务国家总体外交和全省高质量发展，争取更多国家机制平台落户。进一步强调底线思维斗争意识，推动对外开放条件下维护安全能力逐步提高；树立"总体安全""大安全"意识，逐步构建外事领域"大安全"格局，与国内安全统筹衔接，为党的执政安全政治安全守住底线。

此外，要打牢大省外事的"大外事"格局基础，体现"大胸怀"，有兼济天下的情怀，把握"国之大者"，增强为民族谋复兴、为人类求进步的使命感。体现"大格局"，坚持服务国家总体外交、服务山东发展相互协同、互促共进。体现"大布局"，关注外部更统揽内外，从百年变局、内外互动中前瞻布局发展，更好优化全球布局。体现"大协同"，没有与外事无关的社会，要推进部门及各单位协作，形成对外合力。

总的看，习近平外交思想贯穿山东外事工作始终，引领了新时代山东党的外事工作，实现外事工作整体转型、系统升级，为国家总体外交和新时代社会主义现代化强省建设作出外事人的新贡献。

第三节　加强党对外事工作领导体制
改革取得显著成果

党的十八大以后，党的集中统一领导全方位得到加强。长期以来，党领导地方外事工作取得辉煌成就，但也一定程度存在党的领导弱化、贯彻落实党中央对外工作决策部署不及时不到位、外事领域纪律规矩意识不强、各自为政、政令不畅通等问题。加强党对地方外事工作领导体制改革提上了议事日程。

一、中央对加强党对地方外事工作领导体制改革要求和山东省落实举措

2017年2月6日，中央全面深化改革领导小组第32次会议召开，审议通过《关于加强党对地方外事工作领导体制改革的实施意见》，并指出要把加强党对对外工作的集中统一领导贯彻到对外工作体制机制的方方面面，明确地方党委对本地区外事工作的主体责任，完善省以下地方党委对外事工作的领导和工作体制。

2017年5月，中办国办印发《关于加强党对地方外事工作领导体制改革的实施意见》，对加强党对地方外事工作的集中统一领导作了具体部署。

2018年6月，中办印发《关于新时代加强统筹地方外事工作的意见》，要求紧扣服务国家总体外交、服务地方经济社会发展等目标统筹地方外事工作，并对统筹机制作了具体部署。

2018年6月，中办印发《中央外事工作委员会工作规则》《中央外事工作委员会办公室细则》等文件，对中央外事委、中央外办运行机制作了明确规定。

山东省高度重视地方外事工作领导体制改革工作，严格按照党中央部署要求，推进改革落实落地。

2018年7月，省委办公厅、省政府办公厅印发《关于贯彻加强党对地方外事工作领导体制改革的实施意见》，要求全面落实党对地方外事工作的集中统一领导，确保全省外事工作始终同党中央保持高度一致；全面贯彻上级外事工作领导小组各项决策部署，健全党委外事工作领导小组运行机制和相关制度，明确界定党委外办、政府外办职责划分，加强基层外事工作，加大对外事的投入和保障。

2018年12月4日，省委办公厅印发《省委外事工作委员会工作规则》《省委外事工作委员会办公室工作细则》，对省委外事工作委员会的性质和机构设置、指导思想、工作原则、职责任务、日常工作规则和会议制度进行了规定，夯实了其领导全省外事工作的制度基础。同时，明确了省委外事工作委员会办公室作为省委外事工作委员会的办事机构，在规划研究、统筹协调、外事管理、检查督办等方面为省委外事工作委员会提供服务。

2019年2月3日，省委外事工作委员会制定《关于新时代进一步加强和改进全省外事管理工作的意见》，加强党对外事工作的统一领导和统筹协调，严格执行党中央、国务院关于外事工作各项规定，按照统一领导、归口管理、分级负责、协调配合的原则，规范程序、完善机制、明确要求、严明纪律，构建更加科学完备、高效顺畅的外事管理工作体系，提高外事综合归口管理能力和水平。

2019年8月，省外办会同相关部门印发《关于省属企业外事管理工作的若干规定》，明确了省属企业外事工作"统一领导、归口管理、分级负责、协调配合"的管理体制，对因公出国、因公护照、签证和APEC商务旅行卡的申办和管理、邀请来访、举办国际会议等作出明确规定，强化了对省属企业外事工作的领导。

二、省委外事工作委员会改建情况

2018年3月，中共中央印发《深化党和国家机构改革方案》，根据方案，中央外事工作领导小组改为中央外事工作委员会，负责外事领域重大工作的顶层设计、总体布局、统筹协调、整体推进、督促落实。根据《中共山东省委　山东省人民政府关于山东省省级机构改革的实施意见》精神，省委外事工作领导小组改为省委外事工作委员会，作为省委议事协调机构，负责外事领域重大工作的统筹谋划、综合协调、整体推进和督促落实。

省委外事工作委员会组成人员为：省委书记，省委副书记、省长，省委常委、组织部部长，省委常委、宣传部部长，省委常委、秘书长，省政府联系外事的副省长，省委外办、省发展改革委、省公安厅、省自然资源厅、省商务厅、省国家安全厅主要负责同志。

省委外事工作委员会的办事机构为省委外事工作委员会办公室（简称省委外办），设在省政府外事办公室（简称省外办）。在2018年机构改革中，广东、海南、湖南、湖北、河南、四川、陕西、内蒙古等8个省级外办整建制列入省委序列。经中央编办批准，2021年时将山东省委外办由设在省外办调整为省委工作机关，成为第9个转隶省委的省级外事机构，加挂山东省人民政府外事办公室牌子，党对外事工作的集中统一领导和各项对外决策部署贯彻落实进一步强化。

2018年至2022年，省委外事工作委员会已召开7次全体会议。运行四年多以来，充分发挥了党对外事工作集中统一领导作用。

三、省委外办内设机构改革情况

2017年1月，山东省人民政府办公厅印发《山东省人民政府外事办公室主要职责内设机构和人员编制规定》，省外办内设机构为：秘书处、人事处、综合协调处、因公出国管理处、涉外管理处（挂领事保护处牌子）、亚洲处、欧洲非洲处、美洲大洋洲处、礼宾处、港澳事务处、护照签证处；机关党委。所属事业单位为：省对外友协秘书处（参照公务员法管理单位）、省外办制证中心（公益一类）、省外事翻译中心（公益一类）、省外办机关服务中心（差额预算管理）、山东外事服务处（从事生产经营活动）。

2018年1月，为统筹做好外事、侨务和港澳工作，经省委研究并报中央编办批准，设立中共山东省委外事工作领导小组办公室，作为省委外事工作领导小组的常设办事机构；撤销山东省人民政府侨务办公室，将其机构职责并入山东省人民政府外事办公室，山东省人民政府外事办公室更名为山东省人民政府外事侨务办公室，加挂山东省人民政府港澳事务办公室牌子。中共山东省委外事工作领导小组办公室与山东省人民政府外事侨务办公室一个机构、两块牌子。合并后，省委仅对领导班子进行了任命，仍为独立运行的两个单位，未进行三定修定。内设机构为：秘书处、人事处、综合协调处、因公出国管理处、涉外管理处（挂领事保护处牌子）、亚洲处、欧洲非洲处、美洲大洋洲处、礼宾处、港澳事务处、护照签证处；机关党委。所属事业单位为：省对外友协秘书处（参照公务员法管理单位）、省外办制证中心（公益一类）、省外事翻译中心（公益一类）、省外办机关服务中心（差额预算管理）、山东外事服务处（从事生产经营活动），增加山东华侨会馆、《山东侨报》社。

2018年10月机构改革，根据职责调整方案要求，侨务事务及相应职责编制划转至省委统战部（挂省侨办牌子）。涉及港澳事务及相应职责编制，划转省委台港澳办。山东华侨会馆、《山东侨报》社2个事业单位调整为省委统战部（挂省侨办牌子）管理。

2018年12月，省委编办印发《山东省人民政府外事办公室职能配置、内设机构和人员编制》规定，内设机构为：省委外办秘书处、综合处、人事处、宣传调研处、因公出国管理处、涉外管理处（挂领事保护处牌子）、亚洲处、欧洲非洲处、美洲大洋洲处、礼宾处、护照签证处；机关党委。所属事业单位为：省对外友协秘书处（参照公务员法管理单位）、省外办制证中心（公益一类）、省外事翻译中心（公益一类）、省外办机关服务中心（差额预算管理）、山东外事服务处（从事生产经营活动）。

2021年2月，经省委研究并报中央编办批准，将中共山东省委外事工作委员会办公室由设在山东省人民政府外事办公室调整为省委工作机关，加挂山东省人民政府外事办公室牌子，不再保留单设的山东省人民政府外事办公室。2021年6月，中共山东省委办公厅关于印发《中共山东省委外事工作委员会办公室职能配置、内设机构和人员编制规定》规定，内设机构为：综合处、人事处、宣传调研处、因公出入境管理处、涉外管理处（挂领事保护处牌子）、亚洲处、非洲处、欧亚处、欧洲处、美洲大洋洲处、礼宾处；机关党委。

2020年4月，经省委编办批复，省对外友好协会秘书处改为省对外友好协会机关内设机构，省对外友好协会机关增设联络处。2021年12月，经省委组织部批复同意，重新认定省对外友好协会机关参照公务员法管理。

2020年10月，事业单位机构编制改革，整合山东省人民政府外事办公室机关服务中心和山东外事服务处，组建山东省外事服务保障中心。2021年3月，省委编办印发省委外办所属事业单位省外事服务保障中心、省外事翻译中心、省委外办制证中心机构职能编制规定，3个事业单位均为公益一类。

四、全省市、县外事委员会及外事机构设置情况

2018年机构改革后，各市、县（市、区）外事机构设置、人员配置、日常运转等有关情况相应发生变化，总体来看，通过此次机构改革，各级党委外事工作领导体制进一步健全。

16市均已成立市委外事工作委员会，由各市市委书记任委员会主任，市委副书记、市长担任委员会副主任，委员大部分由市委秘书长、分管外事工作的副市长、组织部部长、宣传部部长以及发改、商务、外事、国安部门主要负责人构成，个别市根据各自实际，吸收公安、教育、科技、文旅、海洋发展和渔业部门主要负责人为委员。县（市、区）党委外事工作委员会基本实现全覆盖。

16市中，枣庄设立市委外事工作委员会办公室，泰安市不再单设政府外办，在市政府办公室加挂市外办牌子，其他市均单设了市政府外事办公室。

136个县（市、区）中，有111个县（市、区）设立了政府外事部门，但大部分是挂靠（内设）于政府办公室或商务部门。

五、民间外交工作体制（省对外友协）发生重要变化

因应民间外交发展新形势，省对外友协体制机制也发生重要变革。

（一）机构沿革

2012年8月15日，省机构编制委员会《关于明确省对外友好协会机关机构性质的批复》明确，同意将省对外友好协会机关明确为群众团体机关。2014年，明确省对外友协会长由省外办主任兼任，常务副会长1名按正厅级配备，省友协机关下设秘书处，编制14名。2018年5月，国务院办公厅明确中国人民对外友好协会是从事民间外交的全国性人民团体，在党中央集中统一领导下，由国务院领导联系，外交部代管。2018年6月20日，省机构编制委员会办公室重新核发"统一社会信用代码证"，明确省对外友协为群众团体。

省对外友协为理事会制，每届5年，2019年改选换届成立第四届理事会，共有1位会长、1位常务副会长和11位副会长，110个团体理事来自省直部门、群团组织、高校、媒体、企业和各市外事部门，另有11位海外名誉理事。

2020年，明确为省级群众团体，参公管理，2021年省对外友协机关增设联络处，秘书处和联络处共设编制24名。

（二）主要职责

一是指导、开展全省民间外交工作，组织协调国际民间交往活动和出访接待，发展中外民间友好力量，承担全国友协和省外办交办的工作任务；二是受委托承担全省友城及友好关系的发展规划、报批审批和综合管理；三是受委托承担"山东省荣誉公民""山东省人民友好使者"的评选、审核、报批、授予和服务工作，实施"省政府友城留学生奖学金"项目；四是负责联络理事单位，加强内部建设，指导各市友协工作。

第四节　国家外交资源富集山东

中央指出，地方外事工作是国家总体外交的重要组成部分。山东省委要求山东外事工作坚决扛起肩负的责任，为中国特色大国外交贡献山东力量。在省委坚强领导下，山东外事工作发挥优势，立足国家所需、山东所能，积极争取国家外交资源落地赋能，统筹推进"两个服务"，取得了显著成效。

一、服务保障和承办参与重大国家外交活动

随着国家对外开放的纵深推进，党中央大力举办重大国家外交活动，积极参与全球治理体系改革和建设，为世界和平与发展提供了中国方案和中国贡献。山东抢抓政策机遇，积极配合和参与国家领导人重要出访活动，推动更多国家外交活动在山东举办，有力地服务了国家总体外交大局和全省高质量发展。这一时期，山东先后服务保障和承办参与的重大国家外交活动10余场。主要有：

（一）配合党和国家领导人重要出访活动

山东先后随同党和国家领导人出访的重要活动有3场。主要是：

（1）2012年，时任省委书记、省人大常委会主任姜异康随同李克强副总理出访俄罗

斯，出席中俄地方领导人会晤，推动山东与伏尔加河流域各地区交流合作。

（2）2014年11月19日，首届中澳省州负责人论坛在悉尼举办。习近平主席与澳大利亚总理阿博特亲切接见双方参加论坛的有关省州负责人，共同出席论坛并分别致辞。时任省委书记、省人大常委会主任姜异康出席首届中澳省州负责人论坛有关活动，推动深化中澳地方交流与合作。

（3）2018年9月10日至13日，为配合习近平主席访问俄罗斯，时任省委书记、省人大常委会主任刘家义率代表团访问俄罗斯，出席第四届东方经济论坛和中俄地方领导人对话会等活动，推动深化中俄地方交流与合作。

（二）第二届中非省市长对话

2013年6月27日上午，第二届中非省市长对话在济南开幕。中非地方政府合作论坛理事长、第十一届全国政协原副主席阿不来提·阿不都热西提，时任省委副书记、省长郭树清，时任中国人民对外友好协会会长李小林，非盟前主席让·平出席开幕式并致辞。开幕式上，李小林代表中国人民对外友好协会授予让·平"人民友好使者"称号。时任中国人民对外友好协会副会长冯佐库主持开幕式。时任副省长夏耕、时任省政协副主席孙继业等出席开幕式。本届中非省市长对话由中国人民对外友好协会和山东省政府联合举办，主题为"实业兴地方，基础促发展"，非洲19国的25位地方政府领导人、11国驻华大使，国内6省市、山东各设区市的代表和中非50多位企业家参加本届对话。会议期间还举行了省市长对话、对非投资贸易与工程推介会等一系列活动。

（三）2014年亚太经合组织第二次高官会

2014年5月14日，2014年亚太经合组织（APEC）第二次高官会在青岛市召开。21个APEC经济体、秘书处、工商咨询理事会以及观察员的300多名代表出席会议。APEC高官会主席、时任外交部副部长李保东主持会议并致辞。会前，APEC部分相关委员会、工作组举行了40多场次会议，约1600名代表与会。此次高官会旨在梳理APEC合作进展，推进各领域合作倡议，为将于11月在北京召开的APEC第22次领导人非正式会议作准备。会议围绕"推动区域经济一体化""促进经济创新发展，改革与增长""加强全方位基础设施与互联互通建设"三项重要议题进行了深入讨论。会议就启动亚太自贸区进程进行了充分协商，就APEC促进全球价值链发展战略蓝图、APEC促进贸易投资发展能力建设战略计划等重点倡议交换意见。会议围绕经济改革、新经济、创新增长、包容性支持、城镇化"五大支柱",探讨经济结构改革、财税政策支持、互联网经济、绿色发展、蓝色经济、跨越"中等收入陷阱"等领域合作,共商促进经济创新发展、改革与增长之路。会议在制定亚太互联互通蓝图等方面进一步扩大了共识,重点讨论了公私合营框架、拓展投融资渠道、软件和人员互联互通等问题。

(四)第三届中国—中亚合作论坛

2015年6月15日至16日,第三届中国—中亚合作论坛在日照市隆重举行。时任中共中央政治局委员、中央政法委书记孟建柱,乌兹别克斯坦第一副总理阿齐莫夫,吉尔吉斯斯坦副总理基尔以及中国与中亚国家代表出席了论坛。本届论坛以"共建丝绸之路经济带,打造互联互通新格局"为主题,策划中国与中亚国家合作发展新蓝图。论坛期间,各方积极洽谈,加强合作,签约了一批合作协议。其中,日照港集团与中亚五国有关企业签订投资6000万元、占地12万平方米的港口物流园协议,中亚(日照)航贸服务中心与中亚(日照)港口物流园启动,搭建起扩大对外开放的新平台。

(五)第二十二届国际历史科学大会

2015年8月23日至29日,第二十二届国际历史科学大会在济南举办。习近平主席发来贺信,时任国务院副总理刘延东在开幕式上宣读了习近平的贺信并致辞。国际历史学会主席玛丽亚塔·希耶塔拉,时任中国社科院院长王伟光,时任省委书记、省人大常委会主任姜异康,时任省委副书记、省长郭树清出席开幕式。国际历史学会副主席茜尔达·萨波托、皮姆·邓波尔,秘书长罗伯特·弗兰克,江小娟、杜玉波、李培林、孙伟、王文涛、孙继业、张海鹏、李守信、张荣等同志出席开幕式。国际历史科学大会创办于1900年,每5年举办一届,是国际上影响最大的历史学盛会。本届大会是国际历史科学大会首次在亚洲国家举办,由国际历史学会主办,中国史学会和山东大学承办。来自世界90个国家和地区的2000余名史学专家和学界精英出席会议。

(六)2016年二十国集团民间社会会议

2016年7月5日至6日,2016年二十国集团民间社会会议(以下简称C20会议)在青岛召开。会议以"消除贫困、绿色发展、创新驱动与民间贡献"为主题,设置了开幕式、闭幕式、2次全体会议、3次分议题论坛，共有来自全球50多个国家和地区的170多个民间组织的210多名代表参加了会议。会议取得重要成果——《C20会议公报》，并递交G20杭州峰会筹委会。C20会议是G20杭州峰会的6个配套会议之一，受到国内外高度关注。习近平主席向会议发来贺信，时任国务委员杨洁篪出席会议开幕式，宣读了习近平主席贺信并致辞。时任十一届全国政协副主席、中促会会长孙家正，时任中联部部长、C20会议筹委会主任宋涛，时任省委书记、省人大常委会主任姜异康，时任中联部副部长、中促会副会长、C20会议筹委会副主任刘洪才，时任外交部副部长李保东，时任省委常委、青岛市委书记、C20会议筹委会副主任李群以及埃及前总理、沙拉夫可持续发展机构董事会主席伊萨姆·沙拉夫，泰国前国会主席兼下院议长、前副总理、泰国帕依荣基金会副主席颇钦·蓬拉军，韩国国会前副议长李秉锡等中外嘉宾出席了会议。会议的高水平筹办和服务工作给与会代表留下了非常美好而深刻的青岛印象，赢得中外方广泛赞誉。孙家正会长指出："中央和山东省青岛市的有关部门恪尽职守，通力合作，特别是青岛市，为会议顺利召开作出了重要贡献。"

（七）首届"一带一路"国际合作高峰论坛

2017年5月14日至15日，首届"一带一路"国际合作高峰论坛在北京举行，论坛主题是加强国际合作，共建"一带一路"，实现共赢发展。习近平主席分别出席论坛开幕式和领导人圆桌峰会并致辞。其间，包括29位外国元首和政府首脑在内的来自130多个国家和70多个国际组织的约1500名代表齐聚一堂，共商"一带一路"建设大计，共绘互利合作的美好蓝图。"一带一路"国际合作高峰论坛是"一带一路"框架下最高规格的国际活动，是新中国成立以来由中国首倡、中国主办的层级最高、规模最大的多边外交活动，也是各方共商、共建"一带一路"，共享互利合作成果的重要国际性合作平台。"一带一路"国际合作高峰论坛迄已举办两届，论坛主要活动包括开幕式、领导人圆桌峰会、高级别会议、分论坛、企业家大会等。5月13日，时任省委常委、常务副省长李群在北京出席"一带一路"国际合作高峰论坛中外记者会，介绍山东有关情况，并回答中外记者提问。

（八）上海合作组织青岛峰会

2018年6月10日，上海合作组织成员国元首理事会第十八次会议在青岛国际会议中心举行。中国国家主席习近平主持会议并发表重要讲话。上海合作组织成员国领导人、常设机构负责人、观察员国领导人及联合国等国际组织负责人出席会议。与会各方共同回顾上海合作组织发展历程，就本组织发展现状、任务、前景深入交换意见，就重大国际和地区问题协调立场，达成了广泛共识。会议发表了《上海合作组织成员国元首理事会会议新闻公报》《上海合作组织成员国元首关于贸易便利化的联合声明》《上海合作组织成员国元首致青年共同寄语》《上海合作组织成员国元首关于在上海合作组织地区共同应对流行病威胁的声明》。按照"世界水准、中国气派、山东风格、青岛特色"的办会要求，山东认真贯彻落实省市一体化运行机制，为出席会议的12个国家领导人、10个国际组织负责人、115位副部级以上人员、13位外国驻华大使和总领事等，共2000多名外宾提供了精准高效的服务保障，为峰会成功举办作出了应有贡献，向世界展示了山东改革开放发展的巨大成就。习近平总书记作出重要指示，充分肯定了上海合作组织青岛峰会的服务保障工作。山东省外办被表彰为"上海合作组织青岛峰会山东服务保障工作先进单位"。

（九）外交部山东全球推介活动

2018年9月20日，外交部山东全球推介活动在外交部蓝厅举行。本次推介活动的主题是"新时代的中国：新动能 新山东 与世界共赢"。时任国务委员兼外交部部长王毅发表致辞，时任山东省委书记刘家义，时任省委副书记、省长龚正分别讲话和推介，外国驻华使节代表应邀发言并与来宾互动交流。作为本次活动的牵头部门之一，山东省外办严格按照"细致、精致、极致"的要求做好本次活动的筹办，办主要领导靠前指挥，6名办领导挂帅、20多名联络员入驻7个工作组，专人赴外交部外管司帮助工作，全程参与领导讲话文稿和PPT制作、展览展示、专项推介会、冷餐会、宣传片、暖场片、视觉设计等各个环节，圆满完成各项任务，多位省领导给予批示肯定。作为东部沿海经济发达省份的第一次推介，又是全面推介加专项推介的第一次尝试，140多个国家的驻华使节、国际组织驻华代表及工商界代表、中外专家学者和媒体记者共500余人出席，成为山东省向世界的"一次惊艳亮相"。会后48小时，全网信息总量3.6万余条，各大网络平台点击量超过20.9亿次，网络总覆盖全国及山东用户达到25.1亿人次；各大搜索引擎搜索"山东全球推介"显示相关信息498万余条。会后，梳理重点项目信息42项，并接待阿曼青年才俊代表团等来访，启动"驻华机构齐鲁行·美加篇"活动，深化活动后续工作。

（十）博鳌亚洲论坛全球健康论坛大会

2019年6月10日至12日，首届博鳌亚洲论坛全球健康论坛大会（以下简称大会）在青岛西海岸新区举行，来自55个国家和地区的2600余名嘉宾参会。本届大会旨在深入贯彻落实习近平总书记关于博鳌亚洲论坛要针对国际社会重点关注问题提出更多"博鳌方案"的重要指示精神，推动实施"健康中国战略"，促进全球健康事业发展和健康领域国际交流合作。大会的举办，对贯彻落实习近平总书记"办好一次会，搞活一座城"，建设现代化国际大都市的重要指示要求，促进山东省及青岛市大健康产业发展具有重要意义。

（十一）2021上合博览会暨地方经贸论坛

2021年4月26日，2021上海合作组织国际投资贸易博览会暨上海合作组织地方经贸合作青岛论坛在青岛胶州开幕。全国政协副主席、中国社会科学院"一带一路"国际智库名誉主席、"一带一路"国际合作香港中心主席梁振英，时任省委书记、省人大常委会主任刘家义，上合组织秘书长弗拉基米尔·诺罗夫出席活动并致辞。时任外交部副部长乐玉成，塔吉克斯坦驻华大使萨义德佐达·佐希尔，中国国际贸易促进委员会副会长、中国国际商会副会长、上合组织中国实业家委员会主席张少刚致辞。海关总署发布中国对上合组织国家贸易发展指数。开幕式还举行了揭牌和签约仪式。

（十二）王毅2022年在青岛会见外长活动

2022年8月9日至16日，时任国务委员兼外长王毅在青岛分别会见韩国和尼泊尔外长，视频会见亚非发展中国家驻日内瓦使节，并与智利外长通电话。9日，王毅同来华访问的韩国外长朴振举行会谈。这次访问是朴振就任韩国外长以来的首次访华，也是韩国新政府上台后首个访华的高级别团组。在会谈中，两国外长在政治对话、经贸谈判、人文交流等领域达成一系列共识。10日，王毅同来华访问的尼泊尔外长卡德加举行会谈。卡德加外长的此次访华，既是对王毅外长3月访问的回访，也是2021年7月上台执政的德乌帕政府同中国的主动接触。双方商定，尽早商签共建"一带一路"实施方案，年内还要召开经贸联委会和贸易畅通工作组会议。双方还将加快推进加德满都内环路二期升级改造，推进电力联网项目。加强电力合作规划，构建跨喜马拉雅立体互联互通网络。特别是，王毅外长宣布，中方将使用对尼援款支持中尼跨境铁路可行性研究，年内派专家赴尼开展踏勘，这无疑是中尼构建跨喜马拉雅立体互联互通网络的重要一步。15日，王毅视频会见来华访问的亚非发展中国家驻日内瓦使节。双方就人权问题交换了意见，王毅就加强全球人权治理、改进多边人权机构工作提出四方面建议。16日，王毅应约同智利外长乌雷霍拉通电话。双方表示将保持高层往来，高质量共建"一带一路"，打造共建绿色、数字和健康丝绸之路标杆，拓展服务贸易、数字经济、智慧城市、5G、清洁能源合作新空间。

二、争取重要平台落户山东

国家外交平台是地方加大对外宣传推介、加强对外交流合作的重要渠道和桥梁，对于推动地方经济社会发展具有重要意义。山东在积极培育地方对外交往平台的同时，不断加大对上争取力度，推动众多国家外交平台在山东密集落地，并加快建设，为山东省经济社会高质量发展作出了突出贡献。这一时期，重要的国家外交平台在山东落地建设的有6个，主要是：

（一）中国—上海合作组织地方经贸合作示范区

2018年6月10日，习近平主席在上海合作组织成员国元首理事会第十八次会议上宣布，"中国政府支持在青岛建设中国—上海合作组织地方经贸合作示范区"，上合示范区正式成为国家战略。国务院在《中国—上海合作组织地方经贸合作示范区建设总体方案》批复中指出，按照党中央、国务院决策部署，上合示范区要打造"一带一路"国际合作新平台，拓展国际物流、现代贸易、双向投资、商旅文化交流等领域合作，更好发挥青岛在"一带一路"新亚欧大陆桥经济走廊建设和海上合作中的作用，加强我国同上海合作组织国家互联互通，着力推动形成陆海内外联动、东西双向互济的开放格局。中国—上海合作组织地方经贸合作示范区坐落于沿海开放城市青岛，位于胶州湾北岸，总面积108平方公里。东接日韩面向亚太地区，西接上合组织国家，南连东盟，北接蒙俄，区位优势明显。示范区启动建设以来，认真贯彻落实习近平总书记重要指示要求，主动服务和融入国家开放战略，全力推进国际物流、现代贸易、双向投资合作、商旅文交流发展"四个中心"建设，呈现开局良好、全面展开、加速推进的态势，坚持"搭平台、创模式、聚产业、强主体"，建设与上合组织国家相关地方间双向投资贸易制度创新的试验区、企业创业兴业的集聚区、"一带一路"地方经贸合作的先行区，打造新时代对外开放新高地。

（二）境外安保培训基地

2020年，经外交部批复，全国首家境外安全保障培训基地落户山东。培训基地位于山东省临沂市沂蒙干部学院，是山东省内唯一一家全国境外安全保障培训基地。培训基地自成立以来，始终坚持以"四个对接"为抓手，以服务国内企业、人员"走出去"和外方学员"请进来"培训目标定位，以融合沂蒙老区红色教育资源为培训特色，在制度建设、硬件建设、培训实践等方面，为地方外事部门境外安保培训工作积累了宝贵经验。2021年，基地成功承办举办外交部境外安全保障工作培训班2次，来自全国16省市的涉外部门干部和外向型企业负责人共350人参加培训。外交部两次专门致信表示感谢，评价培训工作"组织有力、安排周到、效果突出"。

（三）中国人民对外友好协会中外青少年交流基地

中外青少年交流基地由中国人民对外友好协会与山东省政府共同打造，旨在发挥山东传统文化独特优势，让中外青少年在学与游中感悟以儒家思想为代表的中国优秀传统文化。2021年4月25日，全国对外友协会长林松添和时任省委书记、省人大常委会主任刘家义共同为基地揭牌，标志着基地正式落地曲阜师范大学。基地制定了"一门交流课堂、一项品牌活动、一个网络平台、一家专门智库、一座体验中心"等"五个一"工作体系，研制了专家分享、文化体验、藏品鉴赏、德行养成、手工制作、中国国情等六大课程模块，组织有关专家学者编撰了《中国的孔子　世界的智慧》精品丛书。丛书围绕"仁、义、礼、智、信"儒家精义，采用通俗易懂的语言，生动有趣的故事，融入剪纸、传统服饰等中国传统文化元素，配以数字动画讲解。策划举办了"畅享儒家文化，中英结伴同行"主题活动、中英小学生"携手迎冬奥，一起向未来"线上交流活动、五大洲青年"携手迎冬奥　共祝中国年"活动、"文化分享日·中日大学生交流"等丰富多彩的线上线下交流活动，面向中外青少年讲好"中国故事""中国共产党故事"，持续弘扬传播中国优秀传统文化，服务国家总体外交和全省高质量发展。

（四）中国—上海合作组织经贸学院

2021年9月17日，习近平总书记在北京以视频方式出席上海合作组织成员国元首理事会第二十一次会议并发表题为《不忘初心　砥砺前行　开启上海合作组织发展新征程》的重要讲话，正式提出了设立中国—上海合作组织经贸学院的重要倡议。中国—上海合作组织经贸学院作为省领导建议在上合示范区框架内推动建设的重点项目，被正式纳入上合峰会讲话内容。2022年1月13日，中国—上海合作组织经贸学院在青岛正式揭牌。1月18日，中国—上海合作组织经贸学院理事会成立会议暨学院挂牌仪式举行。学院以上合示范区为推进主体、青岛大学为实施主体，整合国内优质资源，面向上合组织国家及"一带一路"沿线国家，突出国际化、市场化、创新性办学特色，着力建设"经贸+"学科体系，培养熟悉上合组织国家国情、通晓国际规则、服务"一带一路"建设的创新型经贸人才，打造专业化多元化人才培养平台、"中国+上合组织国家"高端国际智库平台、畅通高效的经贸合作和交流平台。

（五）中国—太平洋岛国应对气候变化合作中心

2021年10月，时任国务委员兼外长王毅在首次中国—太平洋岛国外长会上宣布，成立中国—太平洋岛国应对气候变化合作中心。该气变中心由外交部、生态环境部和山东省联合建设，落户山东省聊城市。气变中心是中国与太平洋岛国在气候变化领域第一个多边合作平台。2022年4月，气变中心启用仪式暨中国—太平洋岛国应对气候变化高端对话会开幕式在山东省济南市举行。时任省委书记、省人大常委会主任李干杰出席活动并为气变中心揭牌，时任省委副书记、省长周乃翔致辞，时任省委副书记杨东奇宣布合作倡议。气变中心先后成功举办了中国—太平洋岛国应对气候变化高端对话会、太平洋岛国风情展暨青年人才交流活动、第五届太平洋岛国研究高层论坛、小岛屿国家可持续发展与气候变化应对学术研讨会等活动；举办了首期"中国—太平洋岛国应对气候变化高级培训班"，并协助生态环境部成功举办两期应对气候变化培训班；宣布向岛国提供山东省应对气候变化国际学生奖学金，向有关国家捐赠了一批应对气候变化物资；接待了太平洋岛国政要、驻华使节访鲁，出版了《太平洋岛国蓝皮书》《太平洋岛国研究》等刊物，积极建设相关实验室，建设高层次人才团队。

（六）中国—加勒比发展中心

2021年9月，习近平主席在出席第七十六届联合国大会时提出全球发展倡议。2021年12月，时任国务委员兼外长王毅在中国—拉共体论坛第三届部长会议上宣布成立中国—加勒比发展中心，就落实全球发展倡议加强同加勒比国家交流合作。中心由外交部联合山东省建设并落户济南市。中心以服务国家总体外交为己任，深化我国同加勒比地区在减贫、粮食安全、抗疫和疫苗、发展筹资、气候变化和绿色发展、工业化、数字经济、互联互通等八大领域的交流合作。2022年7月，中国—加勒比发展中心揭牌仪式暨中国—加勒比发展交流会在山东省济南市成功举办，时任省委书记、省人大常委会主任李干杰出席致辞并为中心揭牌。中心在济南雪野湖国际会议中心设立培训基地，济南大学成立加勒比地区研究中心，已成功举办了"圭亚那网箱养鱼培训班"，特立尼达和多巴哥商务推介会，"中国（山东）—牙买加投资推介会"等活动，向加勒比有关国家捐赠抗疫物资等。

三、建立试点合作机制

建立重要合作机制，有利于整合多方资源，发挥各自优势，凝聚强大合力，更好推动国家重大外交外事工作取得务实成效。山东积极发挥地方优势，切实加强与国家部委对接联系，推动建立重要合作机制，利用国家外交资源，带动山东省外事工作加速向高质量发展。山东省于2020年被外交部纳入试点机制，作为全国最早的四个省份之一，始终围绕服务国家总体外交、服务全省高质量发展"两大任务"，因时因势高水平谋划试点项目，注重发挥省委外事委统筹协调作用，细化试点单位职责分工，健全沟通交流、试点项目推进落实机制，强化责任落实，整体性评估试点项目进展。截至2022年底已谋划推出344个重大外事项目。通过项目带动，山东省服务国家外交战略更加坚定有力，中国—太平洋岛国应对气候变化合作中心、中国—加勒比发展中心等一批国家外交资源集中落地赋能，全省外事资源力量持续凝聚，加速推进"一带一路"建设、黄河重大国家战略、海洋强省建设等，外事工作战略布局更加优化，外事工作平台持续夯实，各领域涉外工作质效不断提升，取得一系列突破性成果，多省调研山东省经验，亮点做法被外交部推广。

四、接待外国政党考察

加强与中联部工作对接，建立与有关部门、单位的联合工作机制，积极承办外国政党干部考察活动，争取政党资源落户山东省。10年来，接待各类外国政党培训考察活动100余批次。比如：

2016年7月，以巴基斯坦旁遮普省首席部长夏巴兹·谢里夫为团长的巴基斯坦穆斯林联盟（谢里夫派）代表团一行访问山东。时任省委书记、省人大常委会主任姜异康会见了代表团一行，双方共同举办山东—旁遮普经贸合作推介会。2016年9月，时任省委常委、常务副省长孙伟会见了莫桑比克解放阵线党中央政治局委员比亚斯一行，共同出席了济南域潇集团与莫桑比克捐赠和投资谅解备忘录签字仪式，为山东省企业"走出去"给予了有力支持。

2018年，时任省委常委、组织部部长杨东奇，时任省委常委、统战部部长邢善萍，时任省委常委、政法委书记林峰海，时任省委常委、组织部部长王可等同志先后分别会见苏丹全国大会党领导局成员、组织部部长、政府联邦治理部部长哈米德·穆罕默德·努尔率领的干部考察团，古巴共产党中央政治局委员、国务委员会成员、工人中央工会总书记乌利塞斯·吉拉特率领的代表团，马格里布国家和北非国家政党干部考察团，俄罗斯统一俄罗斯党青年干部考察团。考察团在省委党校住读期间，参加专题授课和座谈交流、访问科研院所和企业、赴基层单位观摩党建工作情况，对山东省党建工作取得的成绩表示赞赏，对我党治国理政和管党治党的成功实践和经验给予高度评价。

2019年，由赞比亚、埃及、土耳其、马来西亚、印尼、墨西哥、阿根廷等10个国家智库组成的新兴智库学者考察团一行17人来访山东，时任省委常委、秘书长孙立成会见考察团。考察团还参访济南、济宁等地。

第五节　构建外事工作大协同工作格局

中央外事工作会议要求，加强党对外事工作的集中统一领导，推动形成协同有力的对外工作格局。要坚决维护党中央权威和集中统一领导，把党总揽全局、协调各方贯彻到对外工作的方方面面，确保党中央对外方针政策和战略部署落到实处。山东省委外事工作委员会作出部署安排，要求山东外事工作在这方面要积极主动作为，开拓创新，奋力走在前、开新局。这一时期，主要特色工作有：

一、"一市一策"工作

为统筹省级外事资源、更好服务各市经济社会发展，进一步发挥外事资源、渠道、政策和人才等优势，根据各市区位、资源、经济、人文、外事工作水平，山东外事工作创新探索实施"一市一策"专项行动，助力各市建设高水平开放型城市，共同服务打造全省对外开放新高地，增强高质量发展动力活力。

（一）签署合作备忘录

2020年下半年，省委外办开始组织实施"一市一策"专项行动。目前，已先后与临沂市、淄博市、威海市、东营市、德州市签署行动计划。在专项行动带动下，各市服务国家外交战略向下延伸，如临沂市承办两届RCEP区域（山东）进口商品博览会，提高了临沂城市知名度和影响力等。在专项行动框架下，山东省外办在搭建高水平国际平台、项目推动、嘉宾邀请和活动举办等方面给予各市外办大力支持，扎实推进地市各项工作提质增效，服务当地重点领域稳步提升。

（二）省市一体培育各市外事工作增长点

充分发挥"一市一策"机制作用，省市上下联动，密切协作，共同打造特色外事品牌活动，积极培育各地外事工作增长点。其中，重要的品牌活动有：

1. 中国（山东）—东盟中小企业合作发展大会

2021年5月28日至29日，"中国（山东）—东盟中小企业合作发展大会"在济南举办。会议由山东省人民政府和中国—东盟中心共同主办，采取线上线下相结合的方式，会议主题为"RCEP签署背景下中国与东盟中小企业合作发展机遇与前景"。东盟8国驻华使领馆及企业机构，中国—东盟中心，全国侨联、中联部，山东省省直部门及省会经济圈7市外办、企业代表240余人在济南参会；东盟国家政要，东盟秘书处，中国驻东盟使团，东盟国家友城政府代表线上参会或录制视频；中国建设银行山东省分行在新加坡、马来西亚、越南、印尼设4个海外分会场，由当地商会在柬埔寨、印尼、马来西亚、菲律宾、泰国组织5个海外分会场；活动期间，共计1800多家企业在线参会。本次活动突出德州元素，德州市与中国—东盟中心签署《德州市人民政府与中国—东盟中心双向交流备忘录》，揭牌成立了"山东（德州）—东盟中小企业联盟"及"山东东盟研究中心"，助力山东省打造对接东盟国家的高能级平台，尤其是助力德州打造中国北方对接东盟节点城市的品质提升和内涵完善，构建山东省东西部协同开放的良好格局。

2. 世界入海口城市合作发展大会

2022年11月10日，由山东省人民政府联合中国人民对外友好协会、水利部黄河水利委员会、联合国环境规划署主办，东营市政府、山东省人民政府外事办公室、山东黄河河务局、联合国环境规划署国际生态系统管理伙伴计划承办的世界入海口城市合作发展大会在东营市成功举办。大会以"江河奔海·共向未来"为主题，采取线上和线下相结合方式，邀请国内外入海口城市代表、外国驻华使节、国际组织负责人及专家学者等共计约1000人参会。在东营设主会场，在水利部黄河水利委员会、山东省其他15市，以及新加坡、日本、韩国、澳大利亚、马来西亚、越南等国家设分会场。时任全国政协副主席张庆黎出席大会并讲话，时任省委书记、省人大常委会主任李干杰出席并致辞，省委常委、副省长曾赞荣主持大会开幕式。克罗地亚前总统斯捷潘·梅西奇，白俄罗斯前副总理、维捷布斯克州州长亚历山大·苏布博京等外国前政要，水利部黄河委员会党组书记祖雷鸣、中国人民对外友好协会副会长袁敏道、生态环境部总工程师张波等中央部委领导，联合国环境规划署生态司司长苏珊·加德纳、中国—东盟中心秘书长史忠俊、上海合作组织副秘书长索海尔·汗、联合国教科文组织驻华代表夏泽翰等国际组织负责人分别致辞。开幕式上发布了《世界入海口城市合作发展东营倡议》等7项重要成果。

3. 第二届RCEP区域（山东）进口商品博览会

2022年8月19日，第二届RCEP区域（山东）进口商品博览会在临沂举办，山东省政府相关负责人、临沂市政府相关负责人等出席博览会开幕式并巡馆。第二届RCEP博览会是山东省政府《落实〈区域全面经济伙伴关系协定〉先期行动计划》举办的三个展会活动之一。本届博览会以"新时代、新格局、新平台、新机遇"为主题，以展示RCEP区域国家、城市、商协会与山东经贸人文交流，展销RCEP区域知名品牌和优质商品为主要内容。本届博览会展览面积共计2.53万平方米，折合国际标准展位1232个，来自境内外的512家企业参展。博览会期间，配套举办了RCEP中小企业论坛、主宾国推介活动、第二届RCEP区域（山东）国际合作交流会、第二届RCEP区域特色产品网红直播选品会、地产品园区招商推介会、临沂进口商品城消费购物节等系列活动。

4. 2022中日（淄博）地方经贸合作洽谈会

2022年11月15日，由淄博市人民政府、山东省人民政府外事办公室、韩国驻青岛总领事馆主办的2022中韩（淄博）地方经贸合作洽谈会开幕。洽谈会以线上线下相结合的方式举行。经贸合作洽谈会共邀请日方参会嘉宾90人，其中线下59人，线上31人；中方参会企业和机构100余家200余人。先后组织了开幕式、中日（淄博）企业对接洽谈会、中日（淄博）创新创业论坛、外商实地考察和参访齐文化博物馆、中国陶瓷琉璃馆等活动，其中桓台县高档皮革智能化制造项目、沂源县旭阳（山东）智能装备项目等7个项目进行了集中签约，淄博市相关区县与韩方机构、企业进行了现场推介和"一对一"对接洽谈，达成合作意向18项。

5. 2022中国威海·国际英才创新创业大会

2022年8月24日至26日，2022中国威海·国际英才创新创业大会召开，吸引150余名院士专家、企业代表参会。大会以"聚智汇能·逐梦深蓝"为主题，围绕威海海洋产业发展实际和企业人才技术需求，举办院士主旨演讲、海洋产业双招双引环境推介等活动。大会期间，8名人力资源和社会保障部国家级创业导师被聘任为威海市"引才大使"，9个海洋领域合作项目现场签约。启动海洋产业重点技术"揭榜挂帅"项目征集工作。举办跨国公司领导人青岛峰会威海海洋产业合作沙龙，聘任5位城市合伙人，集中签约19个重点项目，总投资额267亿元。新增东非索马里和西非几内亚2处远洋作业渔场，国内首艘冷桥结构CCS级万吨级冷藏运输船"鲁荣渔运898"正式启航，加快远洋渔业扩规提档。

6. 中国—东盟市长论坛暨协同创新发展大会

2022年7月28日，中国—东盟市长论坛暨协同创新发展大会在德州开幕。本次活动以"构建区域城市合作网络，共促中国—东盟升级发展"为主题，采取现场会议加视频连线的形式，由山东省政府、中国市长协会、中国—东盟中心主办，德州市政府、广西市长协会和山东省委外办承办。会上，启动了中国（山东）—印尼投资贸易与文化旅游交流周活动。大会发布了《德州共识》，"黄河—湄公河流域地方合作研究专家委员会秘书处"落户德州，"大运河—东盟历史文化研究院"等机构正式揭牌，130家企业参与对接洽谈，大会现场签约8项，总计17.6亿元人民币。中国—东盟市长论坛是东盟博览会框架下的一项重要活动，旨在推进中国与东盟国家城市负责人间的交流对话。此次是论坛首次走出广西在我国北方城市举办，对德州市嫁接利用国家级优质平台资源、高质量对接东盟国家合作、全力打造"携手东盟，相约德州"城市品牌、加强与国内城市间交流、提升城市影响力具有重要意义。

7. 2021RCEP区域（山东）国际合作交流会

2021年10月20日，以"开放合作、互利共赢"为主题的2021RCEP区域（山东）国际合作交流会——感知新山东·临沂专场活动举办。RCEP区域国家驻华驻鲁使领馆及其他地方政府、行业协会、机构代表处及企业代表、驻临外国友人代表等中外友人参加。在与会中外嘉宾的共同见证下，临沂大学与临沂市外办《共建"临沂RCEP区域合作研究中心"合作框架协议书》顺利签约，《韩国碧陆斯高端电子元件研发生产项目》等3个投资项目签约落地，揭牌成立"临沂RCEP区域合作研究中心"。在会后进行的项目对接洽谈会上，参会县区和企业"一对一"洽谈、"面对面"交流，实现了项目成果与实际需求精准对接。

8. 2022RCEP区域（山东）国际合作交流会暨山东省—胡志明市投资贸易对接会

2022年8月19日下午，2022RCEP区域（山东）国际合作交流会暨山东省—胡志明市投资贸易对接会在临沂市举行。会议采用"现场+云端"方式，在临沂市、越南胡志明市分设会场。省委外办副主任孙业宝、泰国驻青岛总领事馆总领事王玉君致辞，中国驻胡志明市总领事馆总领事魏华祥视频连线致辞，日本驻青岛总领事馆首席领事吉田智久美出席。会上举行了临沂市人民政府与中国驻胡志明市总领事馆合作谅解备忘录、临沂市人民政府外事办公室与越南中国商会胡志明市分会合作备忘录等签署仪式。临沂市与越南共6家企业进行了项目推介。与会人员共同观看了临沂市、越南胡志明市宣传片。驻华驻鲁外国机构和行业协会代表，以及临沂市、胡志明市投资贸易促进中心有关负责人和部分企业家代表参会。

二、"外事+"机制

2020年年初，省委外办立足服务国家外交和山东经济社会发展，深入挖掘对外交流资源禀赋，探索统筹外事资源新路径，提出"外事+"构想，致力于打破外事部门"单打独斗"的旧局面，发挥好涉外部门整体合力。通过"外事+"积极牵头相关行业领域部门单位，共建合作机制、共商合作重点，把握发展方向、找准突破切口、谋划合作布局，促进资源深度融合，以大协同形成大合力，优化全方位开放格局，促进高水平对外开放。目前"外事+"由最初的教育合作，逐渐拓展到青年、贸促、人才、交通、金融、农业、港口等领域，基本实现了重点涉外领域的全覆盖。

（1）与教育厅：2020年9月18日，省外办与省教育厅签署《关于深化合作共同服务打造对外开放新高地的备忘录》，实现了"外事+"机制的首次"试水"。省委外办主任，省外办党组书记、主任，省对外友协会长蔡先金，时任省委教育工委常务副书记，省教育厅党组书记、厅长邓云锋，出席签约仪式并代表双方签约。目前，已与省教育厅共同打造了中俄、中日、中白（山东）教育国际合作联盟，为山东省与相关国家300多所院校深化国际合作搭建了平台，并推动山东师范大学与俄罗斯国立师范大学共同设立山东师范大学赫尔岑国际艺术学院等亮点项目落地。

（2）与团省委：2021年6月3日，山东省委外办、团省委青年外事工作联席会议第一次会议在青年企业家创新发展国际峰会总部基地召开。双方充分发挥各自政策、渠道、信息等优势资源，合力打造兼容创新的青年外事工作新机制。围绕经贸、文化、青少年交流、外宣、机关建设等5个方面12个工作项目加强协作协同，通过扩大青企峰会国际朋友圈和品牌影响力，共同建好用好"中外青少年交流基地"，策划举办"国际青少年交流大会"，实施"青少年全球伙伴计划"，选树"青年山东形象大使"等举措，全力打造一批青年外事工作品牌。目前，已共同实施全球青年伙伴计划，促成与34个国家缔结2065对青年伙伴。

（3）与省贸促会：2021年12月9日，时任省贸促会党组书记、会长于风贵与省委外办主任蔡先金签署合作备忘录。双方将发挥外事、贸促各自资源优势，进一步围绕共建工作机制、共享资源信息、共商合作重点、共促重点项目、共办涉外活动、共拓交往渠道、共建服务平台、共优管理服务、共助开放发展等九大方面深入开展合作，为全省深化改革创新打造对外开放新高地注入新动能、增添新活力。省委外办支持举办"对话山东"、中国品牌海外推广系列活动，大力推动搭建经贸合作平台和企业服务平台。

（4）与建行山东省分行：2022年4月21日下午，省委外办与建设银行山东省分行举行理论学习中心组联学共建暨合作备忘录签约仪式，双方领导班子成员及相关处、部负责同志参加活动。省委外办主任、省对外友协会长蔡先金，建设银行山东省分行党委书记、行长杨军出席活动并讲话。省委外办副主任林海滨与建设银行山东省分行党委委员、副行长董强代表双方签署了《合作备忘录》。双方合作打造"建行全球撮合家"山东（RCEP）专区、举办山东"建行杯""国际交往这十年"征文活动，共促经贸合作和国际传播。

（5）与山东高速集团：2021年10月13日，省委外办与山东高速集团召开第一次联席会议，通过了共同服务打造对外开放新高地联席会议运行机制和第一批合作项目清单。省委外办主任、省对外友协会长蔡先金，时任省委外办副主任、省对外友协常务副会长李荣，省委外办副主任林海滨；山东高速集团党委书记、董事长周勇，山东高速集团党委副书记、董事、总经理王其峰出席会议。双方共同推进济青中线主题特色服务区建设，巩固友城关系、做好公共外交。

（6）与山东人才发展集团：2022年4月13日下午，省委外办与山东人才发展集团有限公司召开合作发展座谈会，并签署合作备忘录。省委外办主任、省对外友协会长蔡先金，山东人才发展集团党委书记、董事长王卫中出席活动并讲话，时任省委外办副主任、省对外友协常务副会长李荣，副主任林海滨，山东人才发展集团党委副书记、总经理张祝秀，党委委员、副总经理褚国良及双方相关处室负责同志参加活动。双方共推海外人才工作站建设，推动海外高层次人才引进和新产业布局。

三、山东省外事研究与发展智库联盟

山东省外事研究与发展智库是2019年以来山东省外事领域的一项创新性工作，是山东省外事工作以习近平外交思想为指导、积极服务国家外交大局和全省高质量发展的重要举措，也是全省外事工作适应新形势、服务全省开放发展的一项重要部署，走在了全国前列。

2022年7月25日，山东省外事研究与发展智库座谈会在济南召开。省委常委、秘书长张海波出席会议，并为山东外事研究与发展智库联盟揭牌。他指出，山东省外事研究与发展智库联盟的成立，是贯彻落实习近平总书记关于建设中国特色新型智库重要指示要求的具体行动。要加强理论研究，把学习宣传阐释习近平外交思想作为工作主线，争做阐发习近平外交思想的"专家团"；要当好参谋智囊，应时代之问、建睿智之言、谋发展之策，打造汇集众智的"智力池"；要深化国际合作，广泛推进研究成果交流，开拓公共外交"新阵地"；要着力锻炼队伍，将理论研究的过程转化为带队伍、育人才的过程，建设聚合英才的"人才库"。全省各级外事部门要加强对外事智库工作的支持指导，推动外事智库建设不断提档升级，为加快新时代社会主义现代化强省建设提供有力智力支撑。

高标准开展评审认定。3年来，创新制度和实践，先后制定《关于开展外事研究与发展智库建设的实施意见》《山东省外事研究与发展智库课题管理办法（试行）》《山东省外事研究与发展智库经费管理办法（试行）》《关于进一步加强外事智库研究能力建设

的实施意见》等规范性文件，分三批评审认定了覆盖重点国别地区，涉及政治、经济、文化、教育、青少年等众多领域，分布"一带一路"、RCEP、自贸区等重点机制平台，由25所高校和科研机构设立的39家山东省外事研究与发展智库，外事智库研究能力和水平逐年提升，省级外事工作的"外脑"智囊团逐步建立。

高质量推进课题研究。经过3年探索，初步形成了省社科规划专项课题和办级课题2个层级、综合评审和定向委托2种方式、课题引领和信息约稿2种形式的智库工作模式。截至2022年底，共设立课题136个，包括省社科规划"打造山东对外开放新高地研究专项"课题50项，办级评审课题79项、定向委托课题7项，组织信息约稿20余篇条。其中，2020年度第一批外事智库研究课题22个，已全部结题并印制论文集1本，德州东盟合作、太平洋岛国研究、"一带一路"和RCEP研究等一批成果进入不同层级决策参考。

高起点打造研究成果。一是服务了领导决策。德州学院东盟研究中心为打造德州东盟北方支点城市作出积极贡献，省委党校"一带一路"研究中心、山东财经大学中日韩研究院RCEP研究成果得到省领导批示，潍坊学院、临沂大学等智库研究成果不断涌现。山东省与德国制造业企业合作分析及有关意见建议、后脱欧时代山东对英国合作展望、山东高校外国留学生中华文化认同情况、以迪拜世博会为契机全面推动山东省对阿联酋交流合作、乌克兰危机—战争对全球贸易和发展的影响等多篇调研报告获省领导批示，为全省的对外开放提供了有力参考。二是服务了外交大局。聊城大学北冰洋研究中心，积极开展北极原住民研究，研究成果得到中国社会科学院表彰，上报中央办公厅，为中国参与北极研究与开发提供了有力理论与证据支持；太平洋岛国研究中心，则为中国—太平洋岛国应对气候变化合作中心落户聊城奠定了坚实基础；2022年，中国—加勒比发展中心落地济南，济南大学迅速跟进，成立加勒比地区研究智库，为中心建设出谋划策。三是形成了思想共识。全省外事系统对外事智库的认识更加清晰，用理论研究推动工作开展的理念更加明确，各地党委、政府对外事智库的重视程度有了很大提升。目前，除了省委外办建有39家智库，我们还与教育厅一起评定山东省与特定国家或区域交流合作研究中心候选单位34个，推进16市外办至少筹建了1家市级外事研究智库。外事智库矩阵正在形成，思想引领、智力支撑、全球视野、战略眼光的新时代山东外事工作新路径令人期待。

第六节　搭建高能级开放平台

我国始终奉行互利共赢的开放战略，始终没有改变扩大高水平对外开放的决心，始终没有改变同世界分享发展机遇的决心，推动经济全球化朝着更加开放、包容、普惠、平衡、共赢方向发展，推动建设开放型世界经济。习近平总书记多次强调，中国对外开放的大门只会越开越大。山东省委始终把对外开放作为全省中心工作，统一部署、统一推进，要求山东外事工作积极搭建高能级开放平台，助力山东省打造对外开放新高地。

一、精心策划实施高层交往

为加快推进山东对外开放发展，山东外事工作按照"深耕日韩、做强东盟、拉紧欧亚、稳住欧美、开辟非洲、做实拉美、拓宽大洋"的布局思路，以高层交往为带动，密切与重点国家区域交流合作，不断优化对外交往布局。这一时期，省委、省政府主要领导重要团组出访14批次，接待外国重要团组来访13批次，有力地推进了对重点国家地区的交流合作。

（一）重要出访活动

1. 2012年7月30日至8月4日，应韩国首尔市政府邀请，时任省委副书记、省长姜大明率山东省政府代表团成功访问了韩国。在韩期间，代表团出席了2012韩国丽水世博会中国馆山东活动周开幕式，会晤了韩国国会议长姜昌熙、外交通商部长官金星焕以及首尔特别市市长朴元淳、全罗南道知事朴唆莹、京畿道副知事李在律等国家政要和地方官员；走访了现代汽车、SK、乐天、希杰等大企业集团；出席了韩国全经联、韩中亲善协会分别举办的两次企业恳谈会。代表团与韩国各界人士广泛接触，介绍山东经济社会发展和对外交流合作情况，积极推介中日韩地方经济合作示范区构想和蓝黄战略，进一步推动了山东与韩国的全方位合作。访问京畿道期间，双方签署了《山东省和京畿道关于加强省道交流合作的谅解备忘录》。访问首尔特别市期间，双方签署了《山东省与首尔市关于加强友好交流合作的合意文》。访问全罗南道期间，双方签署了《山东省和全罗南道关于加强交流与合作的谅解备忘录》。中国驻韩国使馆临时代办陈海、中国驻光州总领事滕安军、韩国驻青岛总领事黄胜炫等陪同出席了相关活动。

2. 2014年11月17日至21日，时任省委书记、省人大常委会主任姜异康率山东省代表团成功访问了澳大利亚。代表团此行出访，主要是在全国对外友协的统一安排下，配合习近平主席访问澳大利亚，出席首届中澳省州负责人论坛有关活动，深化中澳地方交流与合作。18日晚上，南澳州州长魏杰抵达悉尼，即与姜异康举行了非正式会见。19日上午，中澳友好省州举行一对一会谈。会谈前，姜异康与魏杰会见了双方企业家。20日中午，姜异康与澳大利亚前驻华大使芮捷锐、澳大利亚前外长鲍勃·卡尔等友好人士会面交谈。访问期间，姜异康于20日上午主持召开山东在澳投资企业座谈会，了解企业在澳发展情况，听取大家的意见建议。

3. 2015年6月7日至10日，时任省委副书记、省长郭树清率山东省政府代表团访问新加坡。6月8日，郭树清拜会了新加坡总理李显龙，表示将在理事会框架下，进一步加强与新加坡在经济园区、金融、国企、生产性服务业等领域的合作。访问期间，代表团还会见了新加坡副总理兼财政部长尚达曼、贸工部长林勋强、贸工部政务部长张思乐等政要，考察了新加坡市区重建局、纬壹科技城规划开发园区、南洋理工大学和星桥、腾飞集团等。

4. 2015年8月24日至27日，时任省委副书记、省长郭树清率领山东省政府代表团对韩国进行友好访问，广泛接触韩国政要和工商企业界人士，就中韩自贸区新形势下山东与韩国的经贸合作交换意见，推动双方抢抓中韩自贸区机遇，深化经贸领域合作。访问期间，郭树清拜会了韩国国会议长郑义和；会见了韩国产业通商资源部部长尹相直，双方签署了经贸合作谅解备忘录，建立省部会商机制；会见了仁川市市长刘正福、首尔市市长朴元淳。

5. 2015年9月6日至12日，时任省委书记、省人大常委会主任姜异康应邀率团访问了澳大利亚和新西兰。访问期间，共举办21场次会见、经贸推介、签约、实地考察等活动，进一步深化了友好合作关系，扩大了经贸、农业、矿业、科技、文化等多领域务实合作，取得了一系列实质性成果。在南澳州访问期间，姜异康书记与魏杰州长签署了《山东省—南澳州友好合作行动计划（2015—2018）》，共同见证企业项目签约并分别致辞。

6. 2015年9月20日至26日，时任省委副书记、省长郭树清率领山东省政府代表团访问美国、日本。在美国，代表团出席了第三届中美省州长论坛，围绕清洁能源与经济发展、促进地方合作等议题，与中美部分省州负责人进行了交流；考察了微软、波音、亚马逊等企业，与思科、特斯拉高管人员探讨了合资合作。在日本，代表团走访了住友商事、三菱集团、瑞穗金融集团、野村证券以及日本交易所等企业和机构，通过进一步推动与日本大企业的战略合作，加强金融、环保、科技等领域交流，促进双方经贸合作迈上新台阶。

7. 2016年4月24日至30日，时任省委副书记龚正率团访问美国、加拿大。在美国，龚正会见了康州州长丹尼尔·马洛伊，出席了康州旅游产业大会，与美国商务部助理副部长桑蒂略共同见证山东省旅游局与康州经济发展部签署旅游合作备忘录，举办了山东—康州经贸推介暨企业洽谈会、山东加州投资合作交流会和山东（硅谷）人才合作交流会。在加拿大，会见了魁北克省省长菲利普·库雅尔，出席了山东—魁北克投资合作交流会。访问期间，代表团重点考察了庞巴迪、蒙特利尔银行、IBM、易安信、思科、特斯拉、惠普等世界500强和行业领军企业，并见证了山东黄金集团与蒙特利尔银行战略合作，美国江森自控与北汽集团（滨州）高性能蓄电池等项目的签约仪式，出席了浪潮集团在加州硅谷的服务器工厂的开工仪式。

8. 2016年7月9日至16日，时任省委副书记、省长郭树清率山东省政府代表团访问以色列、德国，广泛接触两国政府和经济、科技、教育界人士，出席在慕尼黑举行的第八次七国友好省州领导人峰会，与德国下萨克森州正式缔结友好合作关系，访问多家世界知名企业，出席经贸合作交流会，签署一批重要合作项目，推动了山东与以色列、德国在多个领域的务实合作。

9. 2017年9月6日至15日，时任省委副书记、省长龚正率山东省代表团访问了澳大利亚、新西兰、白俄罗斯，进一步密切交往、深化合作，取得一系列重要成果。代表团分别在澳大利亚悉尼市和阿德莱德市、新西兰奥克兰市，举办了多场经贸投资交流活动，新西兰前总理珍妮·希普利、澳大利亚南澳州州长魏杰等政要，以及澳新两国地方政府代表热情参与并致辞，澳中商会、澳新银行、睿银集团等200多家知名机构或企业代表踊跃参加。在澳大利亚和新西兰期间，龚正先后访问了绿叶医疗郝斯特威尔私立医院、南澳健康与医学研究中心、南澳水处理示范项目、恒天然集团、海尔—斐雪派克奥克兰研发中心等，出席山东省—南澳州职业教育与培训论坛，参观2017皇家阿德莱德博览会，考察了金融创新、医疗卫生、医养结合、水资源利用、农业新六产、科技研发、品牌建设、营销网络等情况。

10. 2018年9月10日至13日，时任省委书记、省人大常委会主任刘家义率代表团访问俄罗斯。代表团此次出访，主要是配合习近平主席访问俄罗斯，出席第四届东方经济论坛和中俄地方领导人对话会等活动，深化中俄地方交流与合作。访问期间，刘家义分别会见了滨海边疆区代州长塔拉先科、伊尔库茨克州州长列夫琴科、鞑靼斯坦共和国总统明尼哈诺夫、卡玛斯集团总裁谢尔盖·果戈金、俄罗斯科学院副院长兼远东分院院长谢尔基延科等。

11. 2018年11月7日至16日，时任省委副书记、省长龚正率代表团访问法国、意大利、德国。访问期间，代表团分别在米兰和慕尼黑出席了中国（山东）—意大利产业合作交流会、山东—巴伐利亚产业合作交流会，龚正作主旨演讲，向各界人士推介山东，就深化山东与意大利、与巴伐利亚州的务实合作提出建议。在法国期间，龚正访问了法国液化空气集团、路易威登艺术博物馆、马比莱创新中心，与企业和机构管理人员深入交流；在意大利期间，龚正先后拜会了伦巴第大区副主席法布里奇奥·萨拉、艾米利亚—罗马涅大区主席斯坦法诺·波那奇尼，进一步拓宽与意大利交流合作渠道；在德国期间，龚正会晤了巴伐利亚州州长马库斯·索德尔，向巴州新政府的组建表示衷心祝贺。

12. 2019年3月24日至4月2日，时任省委副书记、省长龚正率山东省代表团，成功访问日本、韩国、菲律宾，取得一系列重要成果。访问期间，代表团先后举办了山东省—和歌山县经济交流说明会、中日（大阪）康养产业合作交流会、山东省（东京）投资合作交流会、山东—韩国经贸合作交流会暨新品发布会、中韩地方经济合作与自贸协定政策推介会、山东—菲律宾（宿务）合作推介会等活动，出席了好客山东文化旅游（大阪）推介会、海丝新篇——2019韩国·中国山东文化年、山东—和歌山县结好35周年纪念大会等活动，会晤了产业通商资源部通商交涉本部长俞明希、首尔市市长朴元淳、仁川广城市市长朴南春、韩中亲善协会会长李世基，拜会了菲律宾众议院议长阿罗约。

13. 2019年12月1日至8日，时任省委书记、省人大常委会主任刘家义率山东省代表团成功访问韩国、日本。代表团足迹遍及日韩主要城市，广泛接触日韩政要及各界人士，举行了中国山东·韩国开放合作推进会、深化中国山东·日本开放合作推进会、"对话关西"暨山东—日本新兴产业推进会等数十场外事活动，考察韩国三星、SK和日本丰田、电产等日韩企业，为深化开放合作搭建平台、建立机制，签署一批高质量的合作协议和项目，取得一系列重要合作成果。访问期间，刘家义拜会了韩国国务总理李洛渊、日本前首相福田康夫、前议长河野洋平等，会见了日本自民党干事长二阶俊博、日本公明党党首山口那津男、经济产业大臣据山弘志、外务副大臣铃木馨祐和韩国产业通商资源部部长成允模、外交部部长康京和、国土交通部部长金贤美等多位政要，就进一步加强山东与日韩地方交流合作深入交换意见，达成诸多共识。

14. 2022年4月14日下午，时任省委书记、省人大常委会主任李干杰在山东大厦以视频形式会见了联合国第八任秘书长、博鳌亚洲论坛理事长、潘基文基金会理事长潘基文。

（二）重要来访活动

1. 2013年11月6日至8日，来自欧盟18个国家驻华使馆和机构的9位大使、10位副馆长及参赞偕配偶一行24人，对济南、泰安、曲阜进行了友好访问。此次活动国别多、层次高、内容实、见效快、影响大，取得了圆满成功。7日下午，时任省委副书记、省长郭树清在济南会见并宴请了代表团一行。访问期间，代表团在济宁参观了山东太阳纸业股份有限公司，在济南参观了齐鲁软件园，考察了新农村济南市市中区小庄村的村容村貌，参观了小庄村小学，并到济南大学与学生进行面对面交流，参观了"三孔"，游览了泰山。

2. 2013年12月17日至20日，应时任全国政协主席俞正声邀请，波兰参议长波格丹·博鲁塞维奇率17人代表团访问山东。时任全国政协外事委员会副主任、博鳌论坛秘书长周文重陪同访问。时任省委书记、省人大常委会主任姜异康，时任省政协主席刘伟会见并宴请了参议长一行。代表团先后参观了曲阜"三孔"、泰安宁阳经济开发区山东塔高矿业机械装备制造有限公司、山东博物馆和趵突泉等，时任省政协副主席孙继业全程陪同代表团在鲁活动。

3. 2014年8月29日至31日，安提瓜和巴布达总理贾斯顿·布朗及夫人一行7人访问济南、曲阜。30日，时任省委书记、省人大常委会主任姜异康在济南会见了布朗总理及夫人一行。访问期间，布朗总理与山东省新能源、工程机械、信息技术、基础设施建设等领域的11家企业代表座谈；在济南参观了力诺集团、济南市高新区软件园、燕山社区；在曲阜游览了"三孔"，参观了济宁如意集团。此外，总理夫人玛利亚还访问了济南市儿童福利院。

4. 2014年9月24日至28日，斯里兰卡议长恰马尔·拉贾帕克萨一行6人访问山东。

时任省委副书记王军民在济南会见宴请了恰马尔议长一行。代表团还考察了山东高速集团，在曲阜参观了"三孔"，访问了青岛港。

5. 2014年9月27日至28日，以久加诺夫主席为团长的俄罗斯联邦共产党代表团一行5人访问山东。时任省委书记、省人大常委会主任姜异康会见了久加诺夫主席一行。在济南，代表团参观了山东博物馆，游览了趵突泉和大明湖；在曲阜，代表团参观了孔府、孔庙、孔林，并向孔子墓敬献了鲜花，时任中联部副部长周力全程陪同代表团在鲁活动。

6. 2014年10月25日，正在我国进行国事访问的坦桑尼亚总统贾卡亚·姆里绍·基奎特率坦桑尼亚革命党总书记、外长、贸工部长、桑给巴尔财政部长等一行50余人访问山东。时任省委书记、省人大常委会主任姜异康在济南会见并宴请了代表团一行。基奎特总统一行访问了济南军区兵种训练基地，与时任济南军区司令赵宗岐中将进行了座谈交流，考察了训练基地及动态课目；考察浪潮集团云计算创新中心，了解浪潮与坦桑尼亚合作项目进展情况；赴山东省立医院（东院）参观远程医疗中心，与援坦医疗队专家现场连线交流，与省卫计委、省立医院以及援坦医疗队成员代表座谈。

7. 2015年4月25日至26日，应我党邀请，塞舌尔人民党总书记、副总统丹尼·福尔一行4人访问济南。在鲁期间，代表团参观访问了力诺集团、浪潮集团和省立医院，参观了趵突泉。25日下午，时任省委副书记王军民会见丹尼·福尔总书记一行。

8. 2015年9月4日至5日，联合国秘书长潘基文来山东访问。时任省委书记、省人大常委会主任姜异康会见，时任省委副书记、省长郭树清宴请潘基文一行。在鲁期间，潘基文游览了泰山、曲阜、趵突泉等。

9. 2016年5月20日至21日，莫桑比克总统菲利佩·纽西一行65人访问山东。20日，时任省委书记、省人大常委会主任姜异康在济南会见了纽西总统一行，双方就加强海洋经济、农业、能源、基础设施等领域务实合作进行了深入探讨。在济南期间，时任省委常委、常务副省长孙伟与纽西总统一行非正式会面，时任我驻莫桑比克大使苏健陪同代表团访鲁，时任省委常委、省委秘书长于晓明参加了相关活动，时任副省长夏耕全程陪同总统访问。在鲁期间，双方共同举办了山东—莫桑比克经贸对接会。代表团考察了中国中车济南轨道交通装备公司、山东高速集团、山东晶荣食品公司等企业，参观了章丘百脉现代农业示范园、济南职业学院；总统夫人一行访问了山东省特殊教育职业学院和山东省妇女儿童活动中心。

10. 2016年12月3日至5日，塞拉利昂总统欧内斯特·巴伊·科罗马一行20人，在时任我驻塞拉利昂大使吴鹏陪同下访问山东。3日，时任省委书记、省人大常委会主任姜异康在济南会见了科罗马总统一行。访问期间，科罗马总统一行考察了济南市高新区、青岛港、青岛流亭国际机场、章丘百脉现代农业示范园及中国重汽集团、山东钢铁股份有限公司莱芜分公司等企业。

11. 2017年3月28日至29日，塞尔维亚总统托米斯拉夫·尼科利奇访问山东。29日，时任省委书记、省人大常委会主任姜异康在济南会见了尼科利奇总统及代表团一行。时任中国驻塞尔维亚大使李满长，省领导于晓明、孙立成等参加会见。访问期间，尼科利奇总统一行出席了青岛莱西市中塞文化村暨南通三建塞尔维亚足球学校项目奠基仪式并致辞，赴曲阜参观了孔府、孔庙；总统夫人访问了山东博物馆。时任副省长孙立成陪同尼科利奇总统一行在鲁活动。

12. 2017年5月15日至17日，埃塞俄比亚总理海尔马里亚姆·德萨莱尼率代表团一行55人访问山东。16日，时任省委书记、省人大常委会主任刘家义，时任省委副书记、省长龚正在济南共同会见了海尔马里亚姆总理一行。同日，"山东—埃塞俄比亚产能合作论坛"在济南举办，龚正与海尔马里亚姆总理共同出席论坛并致辞。访问期间，海尔马里亚姆总理一行访问了山东高速集团和浪潮集团，见证了浪潮集团与埃塞俄比亚科技部签署战略合作协议。总理夫人罗曼·塔斯法耶访问了山东特殊教育职业学院。

13. 2018年4月25日至27日，应全国政协邀请，密克罗尼西亚联邦国会议长西米纳一行9人访问山东。25日，时任省政协主席付志方在青岛会见了议长一行，省政协副主席程林陪同会见。双方就加强农业、海洋渔业等领域合作进行了交流。访问期间，议长一行还参观了青岛明月海藻集团有限公司、青岛特锐德股份有限公司中国新能源生态科技馆和青岛啤酒博物馆。

二、高质量举办重大涉外活动

省委外办将办好重大涉外活动作为服务高质量发展的重要抓手，主动谋划、靠上服务，推进举办了一批规格高、影响大、集聚作用强的重大活动。这一时期，举办或协同举办一系列重大外事活动近10项。主要是：

（一）山东国际友城合作发展大会

2019年10月15日至20日，山东国际友城合作发展大会在济南、青岛成功举办。本次大会由省政府和全国对外友协共同主办，以"深化合作，共谋发展"为主题，突出和平、发展、合作、共赢理念，是近些年来山东省规模较大的主场外事活动。大会先后举办开幕式、签约仪式、省州长高端论坛、市长论坛、中小企业合作论坛、文化和旅游合作论坛、多边双边会见和工作会谈等各类活动33场，共签署各类协议82项。时任省委书记、省人大常委会主任刘家义出席开幕式并作主旨演讲，时任省委副书记、省长龚正主持，时任省政协主席付志方、时任省委副书记杨东奇、中央外办副主任孙书贤等出席。与会中外嘉宾1200余人，其中参会外宾886人，来自33个国家的113个团组，包括省级友城团组46个289人，市级友城团组67个395人、外国驻华使节36人、日韩驻青岛总领事馆8人，日本和歌山县庆祝两省县结好35周年专门代表团158人。参会的嘉宾有正省州长（议长）7人，副省州长（议长）9人，正市长（议长）18人，副市长（议长）7人，外国驻华大使15人。国际友城合作发展大会的成功举办，搭建了立足山东、开放包容、友好务实、合作发展的国际友城合作平台，为新时期国际友城合作新发展发出了山东倡议、付诸了山东实践。

（二）国际青年交流大会、"黄河湾国际青年经济论坛"

2022年5月13日，国际青年交流大会在济南成功召开。大会以"青春山东，共享未来"为主题，聚焦国际青年群体，紧扣青年受众特点，集聚青年群体力量，深度融入"黄河"元素，致力于打造国内综合性国际青年交流平台及"永不落幕"的国际青年交流盛会，进一步加强山东同世界各国人民尤其是青年朋友之间的相知相通，塑造青春之山东、青春之中国、青春之世界。

大会得到中外有关方面的高度关注和大力支持，时任全国政协副主席、中国宋庆龄基金会主席李斌，塞尔维亚共和国总统阿莱克桑达尔·武契奇，基里巴斯共和国总统塔内希·马茂等以视频形式致辞。全国对外友协会长林松添，时任团中央书记处书记、中华全国青年联合会副主席傅振邦线上出席并致辞。上海合作组织秘书长张明、联合国发展系统驻华协调员常启德等国际组织负责人向大会祝贺。时任省委书记、省人大常委会主任李干杰出席开幕式并作主旨讲话，省委副书记、省长周乃翔主持开幕式，省政协主席葛慧君，时任省委副书记杨东奇，省委常委、宣传部部长白玉刚，副省长曾赞荣等出席会议。48个国家5000多名各界代表线上参会，110多万人观看直播，中外400多家媒体发布相关信息，点击量突破3亿次。本次大会发布全球青年伙伴计划等10项国际青少年交流成果，启动"2022山东省国际青少年交流年"和"青年眼中的中国与世界"国际青年艺术展。

本次大会主论坛是"黄河湾国际青年经济论坛"。论坛在济南、北京设两个会场，以"新格局与新经济"为主题，中外经济学家聚焦后疫情时代、大国博弈下的全球经济变局与中国新发展格局，探讨数字经济全球化下的国际经贸趋势、商业模式变革、技术创新驱动与产业转型升级、新业态与品牌国际化战略等热点、难点问题，解读如何抓住"双循环"新格局中的历史机遇，鼓励青年把握创新机遇、完善创新生态、推动科技赋能、助力共同富裕和绿色可持续发展，积极参与推动新一轮全球化。

为推动大会成果落地，还在年内举办了"G20青年企业家对话暨国际青年英才山东行"等活动。

大会是近年来山东省自主举办的规格最高、规模最大、参与最广、内容最多的国际青年交流活动，对于后疫情时代积聚人脉、打造对外开放新平台具有重要意义。

（三）尼山世界文明论坛

尼山世界文明论坛，是以中国古代伟大的思想家、教育家孔子诞生地——尼山命名，以开展世界不同文明对话为主题，以弘扬中华优秀文化、促进中外文化交流、推动构建人类命运共同体为目的，学术性、国际性与开放性相结合的国际思想文化对话交流平台。首届尼山世界文明论坛于2010年9月举办，截至2022年底已举办八届，对于促进世界不同文明之间的交流互鉴、推动建设和谐世界、增强中华文化在国际上的传播力影响力发挥了重要作用。

2021年9月26日至28日，第七届尼山世界文明论坛在济宁曲阜成功举办。泰国公主诗琳通、日本前首相福田康夫、菲律宾前总统阿罗约等在论坛开幕式致辞，20个国家的38名驻华使节参与论坛活动。论坛期间，举办"驻华使节齐鲁文化行"活动，组织驻华使节参观孟府、孟庙、尼山圣境和济南泉水文化等，增进外宾对中华优秀传统文化和儒家文化的理解。

2022年9月26日至28日，第八届尼山世界文明论坛在济宁曲阜成功举办。论坛期间，邀请东帝汶总统奥尔塔、多米尼克总理斯凯里特、所罗门群岛总理索加瓦雷、吉尔吉斯斯坦国务秘书卡斯曼别托夫、希腊前总统帕夫洛普洛斯、日本前首相福田康夫、韩国前总理李寿成、新西兰前总理希普利、塞尔维亚前总统尼科利奇等9位外国政要、前政要与会；来自31个国家33个使领馆的48位外国驻华使节和驻鲁总领事线下出席活动；组织国内50多位专家学者参加活动；邀请260余位驻华使节、国际友城市长、外国专家学者"云端"参会。

精心策划驻华使节齐鲁文化行、尼山国际友城市长对话、孔子—托尔斯泰思想对话会、省领导集体会见、驻华使节访谈、2022尼山中希古典文明对话会、驻华使节餐叙等"1+6"主体外事活动，丰富论坛国际元素；接续举办丝路名城对话：济宁—普斯科夫、丝路名城对话：淄博—布拉茨克、中韩儒学对话与人文交流研讨会、"典籍里的中国"山东—埃及青年文化交流周等活动，擦亮了"文明对话"系列品牌；发布2022年度山东省友城结好项目、"山东之窗"海外项目《稷下学宫与柏拉图学园比较研究论集》《2022中希古典文明研究尼山共识》，设立中希古典文明研究奖学金，揭牌成立"中希古典文明研究院"。主体外事活动的设置和系列成果的落地，推动本届论坛成为新冠肺炎疫情发生以来，外国政要前政要出席人数最多、驻华使节集中来访人数最多、外事活动最为密集、外事元素最为丰富、外事项目成果最实、文明对话成效最好的论坛，实现了论坛国际影响力的全方位、深层次、强力度提升。

（四）协同举办跨国公司领导人青岛峰会、国际粮食减损大会等国际会议

跨国公司领导人青岛峰会，旨在为跨国公司与中国政府共商共赢搭建平台，拓宽地方政府与跨国公司交流渠道。2019年10月19日至20日，首届跨国公司领导人青岛峰会在青岛国际会议中心举办，习近平向首届跨国公司领导人青岛峰会致贺信。2021年7月15日至16日，以"跨国公司与中国"为主题举办第二届跨国公司领导人青岛峰会。2022年6月19日，由商务部和山东省人民政府共同主办的第三届跨国公司领导人青岛峰会在青岛隆重召开。本次峰会围绕"聚焦跨国公司同中国合作""展望跨国公司发展""宣示中国推动更高水平对外开放"的定位，在对话中谋合作，在合作中求共赢，共同构建新发展格局，为中国和世界经济增长注入新的动力。

2020年11月21日，习近平主席在二十国集团领导人第十五次峰会上指出，中方倡议适时召开国际粮食减损大会，欢迎二十国集团成员和相关国际组织积极参与。国际粮食减损大会由中国倡议，旨在搭建多方参与对话的平台，探讨国际粮食减损挑战、合

作、责任和治理等重大议题，凝聚国际社会粮食减损共识，增强新冠肺炎疫情下全球粮食安全韧性。为落实习近平主席重要倡议，山东省积极争取国际粮食减损大会落户山东。2021年9月9日至11日，国际粮食减损大会在济南市成功举办。本次大会以"减少粮食损失浪费，促进世界粮食安全"为主题，与会人员围绕粮食生产过程减损、产后减损、减少消费浪费3个主题进行了深入交流探讨，宣布《国际粮食减损大会济南倡议》，并启动山东省粮食减损行动。包括二十国集团国家在内的50多个国家300多名代表通过线上、线下形式参会，30多位农业部部长及国际组织负责人发表重要主张。作为本次活动成员单位之一，山东省外办高度重视国际粮食减损大会筹备工作，办领导多次召集有关处室召开专题工作会议，根据大会组委会要求建立了部省市联合工作模式，并专门抽调业务骨干人员统筹做好大会礼宾接待、省领导会见、友好城市邀请等工作，确保大会顺利、平稳、有序举办，多角度、立体化展示了山东省农业领域特别是粮食减损方面的成绩，提升了山东省国际影响力、感召力，赢得国际社会广泛赞誉。

（五）友好省州领导人峰会

山东省1987年7月与德国巴伐利亚州建立了友好省州关系，鲁巴关系日益巩固提高，各领域的交流合作空前活跃，实质性成果显著增加。山东省于1996年与巴州在奥地利的友好伙伴上奥州建立友好省州关系，1998年与巴州在南非的友好伙伴西开普省正式缔结友好关系。2000年，时任山东省委副书记、省长李春亭访问慕尼黑，巴州前州长施托伊伯提出"我的朋友也是你的朋友"，建议在巴州的友好省州间开展多边交流与合作，我方对此积极响应，友好省州领导人峰会正式提上议事日程。友好省州领导人峰会机制成立于2002年，由山东省、德国巴伐利亚州、奥地利上奥州、加拿大魁北克省、南非西开普省、美国佐治亚州、巴西圣保罗州7个成员组成。峰会由各省州每两年轮流举办一次，目前机制下达成的双多边合作项目超过300个。2022年11月，山东省启动峰会会前系列活动，线上成功举办了第十一次友好省州领导人峰会系列活动启动仪式暨"儿童与绿色发展"主题活动，12月7日，第十一次友好省州领导人峰会绿色建筑交流合作研讨会线上成功举办。

第七节　在抗疫形势下打造山东外事品牌

在全省涉外疫情防控工作方面，山东省坚定外防输入、内防反弹、及时诊疗救治的目标导向，切实将疫情防控涉外工作、防范境外疫情输入与服务经济社会高质量发展相结合，坚决织密扎牢防控网络，促进对外交流合作畅通，有力维护全省疫情防控工作大局。

一、加强组织领导，构建协调联动工作格局

新冠肺炎疫情发生后，省委、省政府高度重视，第一时间将入境人员防控工作纳入全省防控体系，由省委新型冠状病毒肺炎疫情处置工作领导小组（指挥部）统一领导。

强化统一指挥调度机制。在原有工作框架基础上，增加分管外事的副省长担任省委领导小组（指挥部）副组长，并增设由外事、卫生健康、公安、海关、边检、宣传、交通运输、机场、口岸、港口等15个部门组成的入境人员防控工作组（外事组）。省委外办抽调60余名精干力量集中办公，内设综合、外事协调、信息、省际、宣传舆情、国际、境外双稳等10个专项工作小组，全面加强对境外输入性疫情风险防控工作的统筹协调与集中领导。

强化属地管控责任机制。省委、省政府多次召开专题会议，主要领导多次作出指示批示，先后出台《关于加强口岸出入境人员疫情防控措施的紧急通知》《山东省入境人员疫情防控操作指引》《关于进一步加强境外疫情输入性风险防控工作的通知》《关于加强内外联动社会联防做好入境人员疫情防控的通知》等30多份规范性文件，深化细化110余项具体防控措施，有效提高了防控工作的实效性，打造了从"国门到家门"的全链条管控体系。全省各级将入境人员疫情防控工作纳入当地疫情处置工作体系，严格落实党政主要负责同志第一责任人责任，确保责任到岗、到人、到位。

强化内外协同落实机制。建立与济青烟威等空港城市、日韩泰三国驻鲁总领馆和各有关省市的，覆盖信息通报、人员转接、应急处置等各环节的"纵到边、横到底"的工作协同机制，最大力度调度各领域、各方面力量投入防范境外疫情输入工作。省

内各口岸所在市领导小组（指挥部）均设立相应组织机构，统筹协调本地区涉外疫情防控工作，其他各市也全面建立完善领事通报、请示报告、应急处置、信息共享四项涉外应急机制。此外，还先后与北京、上海、天津、河北、江苏等30个省（市、自治区）建立省际协同机制，深化在举措互通、人员转运、病例救治、服务保障等方面合作。研究制定《由省外口岸入境来鲁人员新冠肺炎疫情防控工作实施方案》，成立35个口岸工作专班，并派遣干部赴北京专班支援工作，坚决做好省外口岸来鲁人员疫情防控。

强化正面舆论宣传。充分运用多媒体形式，加大覆盖力度，及时发布宣传信息，深入讲述各地与外国人共同抗疫故事，营造良好氛围。举办专题新闻发布会，加强对"入境来鲁人员须知"政策解读力度。

二、强化底线思维，纵深推进"双稳"工作

积极做好"稳住人心、稳在当地"各项工作，协调商务、国资、侨务等部门全面摸排掌握我在外人员信息，动员各市指挥部组织基层社区走访慰问境外人员国内家属。派遣山东省赴英国联合工作组，5天内筹集48吨防疫物资，于2020年3月28日至4月2日在英国开展工作，先后与在英留学生、中资机构员工、华侨华人和英方机构开展活动10场次，是全国首个顺利成行的"双稳"工作组，受到中央外办、外交部肯定与表扬。及时向驻外使领馆通报山东省疫情防控有关情况，强化"双稳"工作协调对接。实施山东高校支援留英学子抗击疫情结对服务计划，选派200名专家编成100个小组，服务我在英100余所高校就读留学人员。建立"齐"心守护、爱在身边——山东高校援助海外学子抗疫远程咨询服务平台，组织驻鲁7所医学类高校选派60名专家定时为海外学子开展咨询服务，落实对海外学子的关心关爱。

三、创新交流模式，打造对外交流工作新品牌

在统筹做好山东全省涉外疫情防控工作基础上，着眼疫情之下开展对外交往的新特点、新要求，山东省创新采取线上"云外事"、线下"快捷通道"等措施，着力破解制约人员往来现状，创新推动交往模式转变，确保了"人员往来不止步、对外交流不停歇"，有力促进各领域对外交流与合作。

主动加强国际疫情防控协作。积极践行人类命运共同体理念，全面加强国际疫

情防控协调合作，为防范境外疫情输入争取国际力量支持。制定《关于进一步规范对外国抗疫物资捐赠办理程序的通知》，疫情发生当年，就以省政府名义累计向韩国、日本、马来西亚、泰国、意大利、塞尔维亚、法国、德国、西班牙、菲律宾、哈萨克斯坦、美国、巴基斯坦、布基纳法索、巴西等40多个国家捐赠口罩720多万只，以及防护服、护目镜、手套等多批防疫物资。省卫生健康委派遣4支医疗队承担国家援外医疗任务，为相关国家抗疫提供帮助。疫情防控期间，先后收到国家国际发展合作署、国务院联防联控机制外事组、韩国驻青岛总领事、意大利伦巴第大区主席等各方感谢信25封。

全面开启线上"云外事"交流模式。虽然过去"面对面"的对外交往因疫情影响按下了"暂停键"，但山东省外事交往不但没有停止，而且呈现出愈加活跃之势。其中，线上"云外事"发挥了格外重要的引领作用。新冠肺炎疫情暴发后，山东省外办第一时间开通24小时热线电话，每天坚持8语种疫情通报，策划推出"心手相连　共抗疫情"国际友好活动，及时向各国际友城、友好组织、国际友人等表达慰问之情，开展多种形式的国际抗疫协调合作，推动各领域对外交流。与美国得克萨斯州医学中心（以下简称得州医学中心）于2020年4月10日举办了"心手相连　共抗疫情　中国山东—美国得州抗击新冠肺炎疫情经验交流协作会"，我方13名、得方20名医疗疾控领域专家深入探讨了疫情形势、预防措施和治疗方法，全面分享了疫情防控经验做法，得到外交部高度肯定。2020年以来，已累计互发慰问支援函电600余件（封），组织举办线上交流活动1500余场，有效实现了牵线搭桥、共享共赢的目的，签署或达成多项协议和合作意向，受到各方广泛好评。通过"云外事"，一批国家前政要、国际组织前领导人、政党领袖等出席山东省活动。

创新打造对外交流机制平台。在巩固原有外事交流合作机制平台基础上，紧密结合山东实际，进一步创造性打造"相约上合""携手东盟""拉美桥""非洲桥""美加连线""鲁欧友城线上直通车""中东欧合作进行时""山东友谊之窗云端会"等一系列外事活动新品牌，有力推动了山东省与相关地区的国际交流与合作。

1."拉美桥"服务平台。"拉美桥"服务平台通过举办政策解读、资源对接、智力支撑等各类专题性活动，为全省企业对拉美合作牵线搭桥，提供信息、人脉、渠道支持，促进山东省与拉美地区务实交流合作。平台由省委外办牵头，成员包括省贸促会、省司法厅、省地方金融监管局、山东大学、山东师范大学、山东财经大学、山东青年政治学院、山东省国际承包劳务商务及中央驻鲁企业、省属企业和民营企业等。平台已举办地区形势讲座、国别投资政策解读、合作项目宣介、校企对接、企业经验分享等活动10余场，包括与拉美国家驻华使馆合作举办"'携手安第斯'——玻利维亚、哥伦比亚、秘鲁、厄瓜多尔、委内瑞拉云推介活动"，会同我驻外领馆推荐平台企业参加"2021年中国巴西部分省州市云上国际服务贸易交易会"线上展览等，得到企业广泛好评。平台企业数量由最初的34家上升到目前的111家，企业成员数量仍在动态增长中。

2. "鲁欧友城线上直通车"对欧合作平台。"鲁欧友城线上直通车"对欧合作平台于2020年启动，聚焦山东省重点行业、产业对欧合作需求，为全省与欧洲国家和地区的合作开通欧亚班列的"云上齐鲁号"。平台先后开展了"中国山东省—德国巴伐利亚州食品产业直通车""山东—苏格兰友城线上直通车""山东省—法国布列塔尼大区生态合作线上直通车"等系列活动，有效搭建起鲁欧全方位交流合作新平台。

3. "非洲桥"服务平台。"非洲桥"服务平台，由省委外办牵头成立，邀请省贸促、教育、住建、商务、文旅等部门作为指导单位，吸纳相关协会及机构为会员单位，为全省对非合作主体提供政策解读、资源对接、智力支持等服务。2022年2月28日，非洲桥服务平台启动仪式暨山东—摩洛哥合作对话会活动在山东济南举办。外交部非洲司，中国驻摩洛哥大使馆、摩洛哥驻华大使馆、山东省商务厅、省文化和旅游厅、山东省文化产业发展协会等协会及机构，山东省16市外办及各区县外办，60余家山东在非投资发展企业及有意向开展对非合作企业代表参加活动。启动仪式上，非洲桥服务平台各成员单位通过了成员合作共识，表达了"聚焦非洲、开创新局，以点带面、共促发展，聚精会神、优化服务"的共同心愿。平台启动以来，已先后开展了山东—摩洛哥合作对话会，摩洛哥柑橘水果进口专场对接会，山东—埃塞俄比亚投资、贸易、文旅对接会暨鲁非同心·埃塞俄比亚国家日，"鲁非之约"非洲驻华使节山东行，山东—乌干达投资旅游推介会等多场活动。

疫情防控期间，外事工作受到各方肯定，收到外方或国内锦旗、感谢信120余件。

第八节　民间对外交往迈上新台阶

民间外交是外交外事工作的重要组成部分。党的十八大以来，习近平总书记高度重视民间外交，亲力亲为推动民间对外交往工作；山东外事工作将民间外交摆上重要位置，抓友城、聚人脉、促传播，推动山东省民间对外交往更加活跃，增进了人民友好、展示了山东形象。

一、国际友城工作创新发展

（一）友城规模持续扩大

友城是地方外事工作的重要组成部分。全省外事部门认真贯彻落实习近平总书记关于国际友城工作"三个一批"的重要指示要求，积极开拓新友城，全省国际友城由2011年末的383对、分布于64个国家拓展至2022年末的612对、分布于94个国家，友城体量和分布区域进一步扩大和优化。特别是部分友城结好意义重大，比如，推动山东与乌兹别克斯坦撒马尔罕州正式建立友好省州关系，并纳入习近平总书记出访上合峰会成果。当前的山东国际友城工作，无论从数量还是涉外资源质量、合作交流成果、工作机制保障来看，都已经进入历史最好时期，全国对外友协领导对山东省国际友城工作给予高度表扬和肯定。

（二）友城研究逐步深入

友城是扩大地方对外开放的重要载体和渠道，山东省友城工作多次写入政府工作报告。省外办加强友城战略研究，先后完成《山东对澳大利亚交往战略规划》《山东对澳大利亚金融合作战略规划》等课题。与省社科联等联合推出《山东省友城发展研究报告》，梳理回顾山东省友城发展历程，分析友城面临的形势，明确了新时期友城发展的总体目标和主要任务，是山东省开展友城工作以来第一部专题研究报告。完成《山东省友城交往质量评估研究报告》，对全省35对省级友城交往质量作了客观准确评价，得到省领导充分肯定。2018年，完成了《山东友城发展的历程、成就和经验》《关于山东省"一带一路"沿线友城情况的调研报告》等。

（三）友城谋划不断加强

2015年，首次召开全省友城专题会议，首次启动全省各级友城摸底调查工作，为做好友好工作打下了坚实基础。2018年3月，在济南成功举办首届山东省友城工作专办员培训班，各市外办专办员、部分县（市、区）外事干部、省外办有关工作人员等参加。2021年10月，举办全省国际友城工作会议，各市外办、部分县（市、区）外办负责同志与会，省委外办主任蔡先金总结了山东省友城工作总体情况，分析了友城工作存在的不足，要求把国际友城打造成为对外开放的重要窗口、对外交流合作的重要载体、服务国家总体外交的重要抓手、检验国际化程度的重要标杆，对做好新时期友城工作作了具体部署。

（四）友城管理更加规范

2016年，在全省各市外办建立了友城工作专办员制度，专办员主要承担本市范围内友城对外结好等具体管理职责。2019年，规范建立友好合作关系城市和基层友好关系工作审批流程，规范了与国外建立国际友城及友好合作关系签订意向书和协议书的中外文统一文本。2021年初，专门制定出台了《关于推动国际友城工作高质量发展的实施意见》，明确了未来五年发展目标和工作举措。此外，推动建立友城工作评价标准和季度报告制度，制定《友城工作评价标准和季度成果统计表》，按季度分别从"强化""激活""开辟"三个方面汇总全省各级友城工作进展情况，并对每项友城间具体工作赋予权重分值，收到了良好效果。

（五）友城合作成果丰硕

依托友城加强对外交往，连续举办了20届"山东省—山口县经贸洽谈会"，惠及上千家中小企业，其中山口银行在青岛设立分行，成为山东省第一家外资银行。德国巴伐利亚州自1987年与山东省缔结友好省州关系以来，先后促成潍柴集团重组德国凯傲集团、林德液压、一汽—大众华东生产基地落户青岛，中国重汽与巴州曼集团战略合作，空客直升机青岛H135型总装线等项目，促进了双方企业合作共赢。山东企业利用友城渠道"走出去"，青岛城建投资集团在菲律宾北伊洛戈省建设的风光一体化发电项目，是菲律宾最大的新能源发电项目；烟台万华集团在匈牙利包尔绍德州投资宝思德化学项目，累计投资超过150亿元，带动就业超过3000人。截至2022年末，山东省通过友城渠道，已累计促成投资合作项目1.1万个，总投资近6000亿元。

（六）友城品牌越擦越亮

依托友城广泛开展各领域交流，提升交往质量，擦亮活动品牌。在国际友城组织开展"来自孔子家乡的文化展""山东国际青少年文化之旅""孔孟文化图片展"等文化交流活动；积极宣传推介国际友城优秀文化，举办"日本文化周""德国巴伐利亚文化周""南澳州风景与印象画展"等友城宣传活动，取得较好效果。各市推进友城人文交流项目，济南市启动国际友城"口袋花园"项目、青岛市建设"国际会客厅"等，让文明交流成为增进友城友谊的桥梁纽带。深化友城间教育、医疗、养老、科技等民生合作，通过友城引进的地膜覆盖、节水灌溉和红富士苹果、布尔山羊、澳大利亚肉牛等新技术、新品种，至今仍被广泛应用；通过友城推进建立的1200多对友好医院、学校、企业、组织等，更是在经济社会生活中发挥着重要作用。

（七）友城机制更加牢固

着力打造国际友城常态化交往机制，积极开辟资源渠道，不断创新交流模式。推动建立"山东省—南澳洲高层工作组定期会晤机制"，召开山东省—魁北克友城联合工作组会议，举办第二届中非省市长对话、中国—东共体国家省市长对话等活动，参与东北亚地方政府联合会第十二次全体会议、东北亚地方政府联合会青年领袖论坛、东北亚地方政府联合会能源气候专门委员会活动等，推动成立"山东省—韩国京畿道高校合作联盟""山东—加拿大新斯科舍省高校合作联盟""山东省—东盟教育联盟"等多个教育联盟，友城合作机制内涵更加丰富。

二、人脉资源不断拓展

持续做好"荣誉公民""人民友好使者"授荣工作，鼓励外国友人参与山东省经济社会建设，不断积累人脉资源。截至目前，已向119位外国友人授予了"山东省荣誉公民"称号，向242位外国友人授予了"山东省人民友好使者"称号，有126名外国留学生获得了"省政府友城留学生奖学金"。特别是，依托国庆招待会举办授荣仪式，隆重表彰在山东省各行业各领域作出重要贡献、享有崇高声誉的外国友人，成效较好。

1. 2013年9月29日晚，省政府举办表彰大会暨国庆招待会，时任副省长夏耕出席；会上，对10名获得"山东省荣誉公民"和30名获得"山东省人民友好使者"荣誉称号的外国友人进行了表彰。

2. 2014年9月29日晚，省政府在济南举行庆祝中华人民共和国成立65周年招待会。时任省委副书记、省长郭树清出席并致辞，时任副省长夏耕主持招待会，荣获"山东省人民友好使者"称号的外国友人代表，在鲁工作、学习的外国专家、留学生代表，山东的友好省州、外国驻鲁机构代表参加招待会。

3. 2015年9月29日晚，省政府在济南举行招待会，庆祝中华人民共和国成立66周年，时任副省长夏耕出席并致辞，外国专家和友人代表参会。

4. 2016年9月27日晚，省政府在济南举行庆祝中华人民共和国成立67周年招待会，时任副省长夏耕出席并致辞，招待会前举行了"山东省荣誉公民""山东省人民友好使者"授荣仪式。

5. 2017年9月28日晚，省政府在济南举行庆祝中华人民共和国成立68周年招待会，时任副省长任爱荣出席并致辞，会上举行了"山东省荣誉公民""山东省人民友好使者"授荣典礼。

6. 2018年9月27日晚，省政府在济南举行庆祝中华人民共和国成立69周年招待会，时任副省长任爱荣出席并致辞，外国友人代表参会。

7. 2019年9月29日下午，省政府在济南举行国庆招待会，庆祝中华人民共和国成立70周年，时任省委书记、省人大常委会主任刘家义出席并致辞。招待会前，省领导和中外人士共同参观了"奋进的山东——庆祝中华人民共和国成立70周年成就展"，外国友人代表和境外金融机构、世界500强企业代表以及外国文教、经济技术专家、留学生代表等参会。

8. 2020年9月29日下午，省政府在济南举行国庆茶话会，庆祝中华人民共和国成立71周年，时任省委书记、省人大常委会主任刘家义出席，外国友人代表、外国文教和经济技术专家、留学生代表等参会。

9. 2021年9月30日下午，省政府在济南举行国庆茶话会，庆祝中华人民共和国成立72周年。会上宣读了2021年"山东省荣誉公民""山东省人民友好使者"授予决定，授予18人"山东省荣誉公民"称号，授予47人"山东省人民友好使者"称号。省委副书记、省长周乃翔为获得荣誉称号的外国友人代表颁发荣誉证书，外国友人代表等参加茶话会。

10. 2022年9月29日下午，省政府在济南举行国庆茶话会，庆祝中华人民共和国成立73周年。会上，时代楷模张连钢、王传喜结合自身经历，生动讲述了近年来各自领域发生的深刻变化，展望了未来发展的美好前景，青少年代表合唱《歌唱祖国》，外国友人代表等参会。

三、青少年交流逐步起势

紧紧抓住青少年全体，全力推动山东省国际青少年交流工作"走在前、开新局"，培树"青春山东"品牌。

（一）打造"黄河湾"国际青少年交流品牌

推出黄河特色青年达沃斯"黄河湾国际青年经济论坛"，邀请国内外知名经济领域专家学者组建论坛秘书处，围绕落实黄河国家战略、绿色发展、创新创业等热点，与中外青年交流思想，启迪青年成长。建设"黄河湾国际青年经济论坛"网站，借鉴世界经济论坛、博鳌亚洲论坛等管理模式，开发网上注册、新闻发布、活动预报、需求对接、成果发布、线上直播等功能内容，构筑青年线上交流平台。打造沿黄省（区）国际青少年交流合作机制，联合其他沿黄省（区）对外友协共同成立了"沿黄九省（区）国际青少年交流机制"，举办首届联席会议，共同签署了《沿黄九省（区）建立国际青少年交流机制的共识》，实现国际青少年交流跨区域联动。推出文创品牌"黄河赤子"，通过挖掘黄河文化元素，与省文旅集团合作推出"黄河赤子"形象，制作吉祥物，制作"我家住在黄河湾"动漫作品，开发文创衍生品等，带动相关文创产业发展。组织"黄河湾"国际青年汉语大赛，以黄河文化、绿色发展等为题，面向各市、驻鲁高校、国外友城、友好组织等广泛征集外国友人汉语作品，通过比赛发现一批知华友鲁外国汉语人才。

（二）积极向上争取项目资源

承办或参与第二届中非未来领袖对话、第二届中韩大学生演讲大赛、中日友城青少年线上"虚拟互访"系列活动、"中日友好杯"中日大学生征文比赛和"我眼中的中国—

智慧生活"短视频大赛等国际青少年交流活动，争取中国宋庆龄基金会东北亚青年可持续发展研习营活动在山东开营。

（三）促成全省开展国际青少年交流活动活跃态势

开展"山东省国际青少年交流年"，全省上下共策划实施国际青少年交流活动235项，16市深入发掘本市外事资源和特色优势，广泛开展各种形式的线上线下交流活动。省委外办与淄博市共同举办"G20青年企业家对话暨国际青年英才山东行"，来自13个国家的国际青年代表、"国际青年领袖对话"项目成员30余人开展了"G20青年企业家对话""国际青年英才对话"，并进行了主题参访活动。省委外办与东营市推动该市青少年示范性综合实践基地作为国际青少年"黄河文化"交流营实体，打造山东省第二个国际青少年交流基地。

四、国际传播打开新局面

（一）巩固创新外事宣传阵地

省委外办加强与山东电视台融媒体中心的战略合作，立足山东电视台这一省级媒体资源平台，进一步巩固了"双网双微"（省委外办官方网站，齐鲁网专题栏目，山东外事微博、微信公众号）宣传主阵地，推动了外事宣传由"自拉自唱"转向"社会同唱"的新阶段。2020年，针对网络上围绕新冠疫情"唱衰中国"的恶意行为，先后组织开展了"全球心连心　携手战疫情""坚定信心、精准服务，助力全省外资外贸企业平稳发展暨进一步优化涉外营商环境""外贸外企复工记""'心手相连　共抗疫情'国际友好活动"等系列主题宣传活动，主动扩大涉外疫情防控宣传范围，最大限度做好山东外事在疫情防控中的宣传报道工作，积极向国内国际传递了山东外事战"疫"正能量。邀请外交部亚太和非洲中心外媒记者团来鲁参访，2022年8月1日至6日，邀请来自中国国际新闻交流中心亚太和非洲中心的23个国家33名外国记者来鲁，先后在烟台、威海、青岛实地参访，多角度、全方位展示山东省改革发展成就，向世界展示了可信可爱可敬的中国形象；本次外媒团是疫情防控期间到访山东人数最多、规格最高的外媒团组，外媒记者团和外交部领导对山东工作高度评价和热烈赞扬。省委宣传部、省委外办共同出台《2022年山东省国际友城宣介推广工作方案》，确定25个友城作为外宣重点；围绕济宁孔子家乡、滨州孙子故里、枣庄台儿庄古城、潍坊风筝节等全省标志性文化，"一城一策”向国外友城进行城市推介；用好日本朝日新闻、德新社、匈牙利布达佩斯商贸中心、英国齐鲁文商会等平台渠道，把握友城宣传重点，灵活开展宣介。在友城外宣基础上，省市协同联动，广泛开展跨国界、跨文化交往活动，多角度、多形式、多层次地打造国际友城宣传品牌。

（二）用好外事资源讲好山东故事

积极推动外事宣传方式转变，探索从外国人的视角讲好山东故事。2020年，组织开展了"驻华大使话山东"活动，邀请20个国家的驻华大使、总领事在《大众日报》、山东广播电视台等主流媒体发表署名文章，回顾与山东的友好合作，介绍各自国家情况和合作意愿，展望"后疫情时代"合作前景，全网发布相关信息总量超5000余条，《中国日报》、人民网、《大众日报》、闪电新闻、大众网、今日头条、腾讯等20余家媒体推送稿件，各大网络平台点击量超过1.2亿次。组织开展了"外国友人讲山东故事"活动，邀请13位在鲁各行各业的外国朋友接受媒体采访，畅谈在山东工作生活感受，表达合作共赢、共同发展意愿，用外国人喜欢的方式、听得懂的话语，全面立体地展现山东经济社会发展新气象，山东人民广播电台、齐鲁网、中国山东网等10余家主流新闻媒体展开系列报道，凤凰网、腾讯网、网易、搜狐、新浪、爱奇艺、bilibili等10余家门户网站和视频网站推送视频和图文资讯。2022年春节前后，主动发挥外事宣传优势，联合省委宣传部和省委网信办组织开展了"外国友人大拜年"主题宣传活动，发动各市积极参与，收集100余位外国友人的祝贺视频，助力营造欢乐祥和的节日氛围，积极推动春节文化"走出去"。此外，结合重大外事活动，组织开展使节专访、图片展览、论坛对话等活动，中央、省级媒体频繁发稿，通过外事场合展示山东经济社会发展成就，助力讲好中国故事山东篇。做大做强"翻译山东"工程，与山东画报出版社合作翻译出版物《天下泰山》，与山东画报社合作翻译《诗画山东》。

（三）打造宣传交流新平台

2021年，推出"云话山东"系列活动外宣品牌。结合党史学习教育，联合省委宣传部、省委网信办共同举办了"云话山东"第一期之"寻找外事中的红色印迹"专题宣传活动，以"礼赞共产党、开放新山东"为主题，充分挖掘和展示了习近平新时代中国特色社会主义思想特别是习近平外交思想在山东的成功实践，历时4个月走遍了全省

16市，人民网、央视网、《大众日报》、《学习强国》平台、大众网、闪电新闻、脸书、推特、腾讯、百度、搜狐、新浪、网易等30余家媒体推送稿件，各大网络平台点击量超过2.2亿次，总覆盖全国以及山东用户达到1.25亿人次。2021年9月下旬，在第七届尼山世界文明论坛期间组织"云话山东"第二期之"山水圣人，魅力山东"外媒专场宣传活动，聚焦"一山一水一圣人"的宣传主线，邀请到来自今日俄罗斯国际通讯社、葡萄牙卢萨社、巴西《环球报》、韩国首尔广播电视台、《世界日报》等10余家外国媒体的驻华记者走访济南、济宁、泰安三个城市，围绕"圣人篇""山水篇""动能篇"，从文化、生态、发展三个维度对外解读新时代山东特色，生动讲述山东发展故事；活动吸引了美联社、雅虎财经、芝加哥《每日先驱报》、《布法罗新闻报》、《国际财经时报》等全球200多家主流媒体参与报道，覆盖海外受众约2亿。2022年，联合省委网信办开展了"云话山东"第三期"喜迎二十大，外事走基层"主题宣传活动，以外事资源下沉、服务经济社会发展为主要宣传目标，充分宣讲好山东高质量发展成功实践；结合16市50多个采访点宣传报道情况，整理印制《喜庆二十大，外事走基层》专刊。此外，还开展"新时代十年·外国友人话山东"采访活动，邀请16市在鲁专家、留学生、工商界人士、跨国企业高管等外国人士，通过各种形式宣讲在中国的所见所闻所感。

第九节　外事管理服务效能不断提升

山东省外事工作积极践行"外事为民"宗旨，全力筑牢涉外安全防线，全省外事服务管理工作水平不断提升。

一、加强涉外安全保障能力建设

（一）提升领馆管理服务水平

对照外交部有关领馆管理政策规定，严格规范全省与领馆交往活动，积极利用领馆发挥桥梁纽带作用，服务国家外交大局和地方经济社会发展。2014年12月，泰国驻青岛总领馆开馆。2021年10月，柬埔寨驻济南总领馆开馆。至2022年，山东省共设立韩国、日本、泰国、柬埔寨等四家外国驻鲁总领馆。

（二）持续提高海外利益保障能力

聚焦有效保障我境外企业和公民安全，积极开展"领保伴你行""海外利益保护巡查"等，全力防范化解企业境外项目风险，做好海外利益摸排工作，稳妥处置涉外和领保案件，有效化解不稳定因素。一是加强领保宣传力度。2012—2022年，先后组织各级领保志愿者开展"领保伴你行"进机场、进企业、进高校、进社区、进电台等宣传活动1100余次，发放宣传资料20万余份，并通过省内主流媒体和主流网站、新闻客户端、微信公众号等新媒体广泛宣传，构建媒体传播矩阵，推动领保宣传纵深开展。特别是围绕提升"走出去"企业、人员境外安保意识和能力，省外办会同有关部门召集山东省"走出去"重点企业，多次召开境外安全专题培训会议，听取企业工作汇报，要求企业进一步强化境外安保主体责任意识，细化风险防控措施，排查安全风险隐患，抓好日常应急演练，全力做好境外安全保障工作。全省各级各有关部门积极行动，组织举办"走出去"重点企业境外安全保障培训班70余次，省外办派员赴现场指导并授课10余次。二是加强海外利益保护巡查。组织海外安全巡查团，实地走访调研山东省在泰国、越南、加纳、尼日利亚、塞内加尔等国重点企业，督促企业加强应急处置预案建设，提升安全防范能力。积极拜会我驻当地使领馆以及商协会组织，有效增进了与我驻外使领馆、商协会的互通合作，与我驻外使领馆建立"点对点"互动反应机制，构建应对安全风险联动体系。疫情防控期间，在全省常态化推广"线上巡查境外项目、线下走访企业总部"相结合的巡查模式，推进境外重点企业项目安保"云巡查"。累计走访、调研、巡查企业1000余次，帮助境外企业排查安全风险隐患350余处，提出整改意见建议400余条，协助解决企业项目急难愁盼问题。三是稳妥处置涉外和领保案件。累计处置领保案件1062起，涉外案件2189起。

（三）全力打造境外安保培训样板

2020年，境外安全保障沂蒙干部学院培训基地落户山东临沂。一是发挥龙头示范引领作用。汇聚全省资源加强沂蒙干部学院培训基地建设，先后发掘沂蒙革命事迹、红色故事，打造沂蒙革命纪念馆、孟良崮战役纪念馆、沂蒙红嫂纪念馆等35个现场教学点，有力凸显了基地红色教育优势。通过聚专家，有力组建来自外交学院、中国国际问题研究院、北京电子科技学院等的60多名专家组成的教学师资库，推动安保培训专业化。基地先后成功承办了2期外交部境外安全保障工作培训班，覆盖16个中东部省（区、市），

350余名厅处级干部和"走出去"重点企业负责人参训。二是立足特色形成多点布局。为应对越来越多的涉外企业对境外安保培训的迫切需求,通过政策指导、资源支持、选树典型等方式,鼓励、支持和推动各市挖掘本地资源,建立省(市)级境外安保基地并开展培训。截至目前,山东省已先后在东营、济宁、潍坊、济南、淄博5个市建立了8个基地。在东营市科瑞集团建立了"山东省海外公共安全培训基地",探索出"理念意识+安全知识+技能实训+心理建设"相结合的培训模式;其与中石化境外公共安全培训胜利油田基地建立了长期战略合作伙伴关系,每年培训学员1000人次以上。济宁市立足其劳务输出多、外派培训需求高等特点,依托企业建立了4个市级境外安保培训基地。济南、潍坊、淄博市培训基地亦为依托当地企业建立,在承担企业外派劳务培训的同时,办好本地市县级外事系统安保培训活动,成效良好。8个省(市)级基地与沂蒙干部学院培训基地优势互补、衔接联动,共同满足"走出去"企业、人员安保培训需求,并向着特色化、系统化、实用化加快发展。据不完全统计,2022年各培训基地开展培训活动70余次,培训5000余人次。三是延伸链条推动海外覆盖。面对疫情期间"国内人员出不去、海外员工轮换难"的困境,适应新形势,加强线上联系,将境外安保培训延伸至海外企业、人员。促交流,实施与美国、乌克兰等国家地方政府抗疫经验交流协作活动,保障我境外人员安全与健康。搭平台,汇聚山东7所医学类高校的50余名专家,建立"山东高校援助海外学子抗疫远程咨询平台",为在外留学生以及部分务工人员提供防控知识咨询、心理辅导、疾病诊疗等服务,10万余人受益。建机制,探索与国际SOS救援中心等机构合作,发挥境外国企、大型民企等龙头企业桥梁作用,组织专家依托远程视频或现场授课等形式,对我境外滞留人员开展个人防护培训和心理辅导,并积极引导企业建立将考试结果与回国机会、优先顺序挂钩的管理机制,从多方面维护境外人员安全。

二、加强外事服务能力建设

坚持"人民至上"发展理念,推进外事管理服务实现科学化、精细化、便利化。一是强化数字赋能。全面签发含指纹、照片、签名信息的电子护照,创新推出数字化系统智能催缴因公护照新模式,先进经验获外交部领事司转发。二是深化"放管服"改革。坚持能放尽放、放管结合,全省因公护照委托保管单位由12家扩大至33家;聚焦窗口服务质量提升,先后推出"出国有境、服务无境""六个一线工作法"新模式,让外事服务有温度、能感知；推出"外事惠企、出国易行"特色服务品牌，持续扩大APEC商务旅行卡宣传推介，持卡量达1.5万张，稳居全国前列；建设完善北京、青岛签证办事处，形成因公签证"一体两翼"格局，建成"审护签"一站式服务平台，为因公出国单位节省大量时间和往来成本；推出来华邀请"当日办结""快捷通道"，保障疫情防控期间企业亟需外国人才入境复工复产；开通领事认证"绿色通道"，宣传推广"掌上办"，服务便利化水平不断提升。

三、加强审护签管理服务平台建设

自2003年起，省外办组织力量自主研发"山东省因公出国管理系统"，2012年将该系统升级为"山东省因公出入境综合管理系统"，完成了"一网两级五项目"建设，覆盖全省外事审批部门和专办员单位，在全国率先实现了任务审批、证照颁发、出国签证、来华邀请、APEC商务卡五大业务网上办理，其中任务审批做到了申报、审核、下达批件全程网上办理，实现了"零跑腿"。山东省外办还开发了短信发布平台，团组进展情况、计划通知、证照催缴等实现了系统发布、短信通知。近年来，广东、江西、重庆、云南、甘肃、陕西、山西等省、直辖市外办均曾来山东省外办学习。2018年外交部《外事管理》刊发了山东省的经验做法。

2019年，按照"一个系统运行、一张网管理、一个平台对外"的原则，进一步创新研提"山东省因公出国审护签管理服务平台"（以下简称平台）建设方案。2020年7月22日，省大数据局同意建设"山东省因公出国审护签管理服务平台"。平台被纳入《山东省大数据创新应用突破行动方案》第一批创新应用场景，列入省政府《落实"六稳""六保"促进高质量发展政策清单（第四批）》。平台设计建设历时两年，2022年8月22日通过专家组验收，2022年9月20日正式启动运行。

平台实现"两个"全覆盖。业务范围上打破过去因公出国管理（审护签）、APEC商务旅行卡、领事认证、来华邀请业务分属4个独立系统的条块限制，涵盖因公出国管理（因公出国团组任务审核审批、因公出国重大任务库、因公护照申办），外事服务（外国人来华邀请、领事认证、因公出国团组签证、APEC商务旅行卡申办），外事资料（各国资料，山东省国外友城、友好人士等外事资源数据库和主题数据库）等功能，实现因公出境业务全覆盖。使用单位上，平台由原来不到200家一级专办员单位使用，下延到目前涵盖市（县、区）一、二级专办员单位6000余家使用，实现因公出国申报单位全覆盖。

平台实现"三个统一"。统一网络审批，平台将全省35家有外事审批权单位审批事权汇总整合，实现外事审批业务跨层级、跨区域网上审批，因公出国"审护签"工作实现"一件事一次办"。统一工作标准，统一规范申办审批流程，精简办事材料，对申报材料实行"两个免于提交"，精简各类申报审批材料30余项。统一安全保障，按照"涉密数据一律不上网"的原则，确定了"服务上云、数据后置、边界安全"的平台网络结构，实行三级等保，确保数据安全。

平台实现"三个提升"。解决外事业务分头办、窗口跑的难题，实现从"见面办"到"网上办、掌上办"的提升。解决数据共享难题，实现从"用户跑腿"到"数据跑路"的提升。解决信息化服务不通问题，实现从"提供服务"到"推出服务"的提升。

平台实现管理"四化"。计划管理科学化，开发因公出国计划管理模块，将全省省管干部、各市市管干部年度出国计划申报、审批，计划统筹、执行、调整等业务纳入平台进行智能化管理，加强了对全省"走出去"重大项目的统筹调度。审核审批标准化，建立因公签证、APEC商务旅行卡、领事认证等多场景智能预审系统，确定审核业务逻辑，明晰申请材料、量化审批标准、共享审批信息，实现智能化审批，既提升了审核审批效率，又避免了人为因素对审核审批工作的干扰。监督检查即时化，通过大数据手段，实现"盯团、盯人、盯护照"。统计分析多样化，平台建立山东省因公出国大数据分析应用场景，引入智能报表、可视化分析工具，实现数据统计，报表设置的条件、内容可自由组合，实现外事数据从初级统计到条件分析的转变，为统筹、决策提供参考，提高数据利用率。

第十节 党建引领作用更加强化

党的十八大以来，习近平总书记高度重视党的建设，扎实推进新时代党的建设新的伟大工程。山东外事工作树牢"抓党建就是最大政绩"的理念，坚持党建与外事两手抓、两促进，有力提升机关党建科学化规范化水平，外事干部的政治判断力、政治领悟力、政治执行力不断增强，为外事事业高质量发展提供了坚强政治保障。

一、机关党建工作进一步强化

坚持"第一议题"制度，加强理论学习中心组集体学习，认真学习领会习近平新时代中国特色社会主义思想特别是习近平外交思想，深入学习贯彻党的十八大、十九大、二十大及历届全会精神，不断提升理论修养和政治站位。立足"规定动作扎实有效，创新动作亮点纷呈"的目标，扎实开展党的群众路线教育实践活动，认真参加"三严三实"专题教育、"两学一做"学习教育、"不忘初心、牢记使命"主题教育、党史学习教育活动等，推动全体党员干部政治意识、政治能力持续提升。建立机关党建工作会议、定期专题汇报等制度，签订《机关党支部书记党建"一岗双责"工作责任书》《党员承诺书》，深入实施"三微"（微测验、微党课、微课堂）工程，大力开展文明机关创建，扎实推进基层党支部标准化建设，严格落实"三会一课"制度，推动机关党建走深走实。严格执行中央八项规定和省委实施办法，落实《省外办党风廉政建设和反腐败工作实施意见》，签署廉政建设责任书，建立创先争优、双向约谈长效机制，防腐堤坝更加坚实。

二、促进党建与业务更好融合

充分发挥党建引领作用，深入推动党建与外事同向聚合、深度融合，切实提升党组织凝聚力战斗力，激发党员干部"事争一流、唯旗是夺"意识，创新开展"党建引领 融通内外"活动。

"党建引领 融通内外"活动紧密贴合外事工作实际，以"七个走近"为载体，创新和探索党建与外事深度融合的有效路径与方式。其主要内容包括：走近世界拓视野，主要围绕强化政治思想建设，充分发挥外事资源优势，面向外事系统干部和有关高校、企业、社会组织举办分地区分国别主题培训，大力提升外事干部政策理论水平和综合业务素质。走近驻外机构结对子，主要围绕强化基层组织建设，充分发挥党建引领作用，组织全省外事系统基层党组织与我驻外使领馆、驻外企业、海外园区等机构基层党组织开展结对共建，共同提升基层党建工作质量。走近国际友城谋合作，主要围绕强化机关模范带头和参谋助手作用，深入贯彻落实习近平总书记重要指示批示精神，进一步拓展友城渠道、丰富交往内容，推动友城合作高质量发展。走近外国政党述友谊，主要围绕推动构建人类命运共同体，充分用好山东涉外红色故事资源，在中联部指导下，协助办好外国政党干部培训班，策划开展"线上""线下"交流活动，更好服务党的外事工作。走近上级部门寻支持，主要围绕强化大局意识，充分用好和发挥山东外事资源和对外交往优势，积极推动全省外事系统基层党组织与中央有关部门基层党组织加强联系对接，进一步提升"两个服务"能力和水平。走近基层送温暖，主要围绕巩固拓展党史学习教育成果，持续深化"我为群众办实事"实践活动，深入企业、社区、农村一线解难题、送温暖，让外事服务更好地惠及基层和民众。走近国际传播扩影响，主要围绕扎实推进习近平新时代中国特色社会主义思想的国际传播，充分用好山东实践的生动案例，通过多元方式面向国际社会组织开展宣传活动，提升山东国际影响力。

为确保活动落实落地，省委外办成立了由办主要负责同志任组长的活动领导小组，统筹抓好活动顶层设计、整体推进；印发了《省委外办关于开展"党建引领 融通内外"活动方案》《省委外办关于"走近驻外机构结对子"实施方案》《省委外办关于"党建引领 融通内外"活动专家师资库管理办法（试行）》等多份文件，明确要求、具体部署。建立了由省内思想政治、经济建设、黄河战略、儒家文化、乡村振兴等领域20余位知名专家学者组成的专家师资库，多次召开机关党委会、室务会研究推进落实情况，并在全省外事工作会议上全面动员部署，形成协调联动、督促落实强大合力，有力推动活动在全省外事系统迅速、深入、广泛开展起来。

（一）"走近世界拓视野"切实增强了外事干部的能力素质

聚焦强化政治机关建设，提升外事干部理论水平业务能力，各基层党组织策划"走向世界"主题培训和"国际形势大家谈"活动，发起"齐鲁最美翻译"大赛，建设外事书院，设立省图书馆省委外办外文分馆，创新编辑《全球眼》外事信息参考，一批研究成果为省领导决策提供了重要参考。通过活动开展，全省外事干部进一步开拓了国际视野，更新了思维和理念，提升了综合素质和能力。

（二）"走近驻外机构结对子"提升了对外交流合作层次

聚焦提升基层党组织党建工作质量，切实通过联学共建达到"共建促党建、共建促了解、共建促合作、共建促发展"的目的，各基层党组织在深入调查了解我驻外机构需求基础上，结合自身业务工作发展需要，以"送理论、送文化、送温暖"等"三送"服务为核心，先后与多家我驻外使领馆基层党组织开展结对共建活动，邀请师资库专家学者就中医文化、儒家思想、海洋经济、现代农业进行了线上授课，搭建了共同学习和深入交流的平台，开辟了交流合作新渠道，加强了工作中的相互配合，推动了人脉、信息、项目等资源成果的转化，形成了与驻外机构优势互补、协调互动、互惠互利的良好局面。

（三）"走近国际友城谋合作"巩固拓展了国际友好关系

聚焦贯彻落实习近平总书记关于国际友城合作的重要指示批示精神，各基层党组织在研究制定党建工作计划时，把巩固拓展国际友好交往渠道、实现友城高质量发展作为党建成效的一项重要内容，深入实施"激活友城""开辟友城"专项行动，优化国际友城合作布局，成功举办中国山东省—塞尔维亚伏伊伏丁那省友好合作高层对话会、中德友城论坛"绿色合作"分论坛、"鲁布有约"山东省—布列塔尼大区友好交流年、山东—日本友城友好周开幕式暨山东省—山口县结好40周年高层视频交流会、庆祝中韩建交30周年活动月等活动，友城"朋友圈"进一步扩大。

（四）"走近外国政党述友谊"较好服务了党的外事工作

聚焦服务好党际交往，在中联部支持和指导下，各基层党组织充分利用山东涉外红色资源编印《看见，外事中的红色印记》，主动向外国政党讲述在中国共产党领导下山东成功发展经验；组织举办尼雷尔领导力学院南部非洲六姊妹党中青年干部研讨班"云考察"课程青岛专场活动，围绕"中国共产党与南部非洲六姊妹党的探索与交流"这一主题，宣介习近平新时代中国特色社会主义思想地方成功实践经验，助力推动与非洲相关政党治国理政经验交流互鉴。依托省委党校策划开展与古巴国家和政府干部高等学院视频连线交流活动，在科技、外贸、医药、区域发展等不同领域进行了深入交流，进一步巩固发展了友谊。

（五）"走近上级部门寻支持"推进了一批国家级平台项目落实落地

聚焦破解外事工作发展难题需要，针对山东省国家级重点对外交流活动和项目较少的实际情况，各基层党组织积极与中央外办、中联部、外交部、全国对外友协等上级部门基层党组织进行联学共建，通过共同开展党建活动建立了全方位的工作联系机制，获得上级部门多方面的支持，先后争取国际粮食减损大会、中日韩对接合作发展山东行、全国境外安全保障培训基地等一大批重要涉外活动、平台、机构集中落户山东省，更好丰富了山东省涉外平台。

（六）"走近基层送温暖"持续深化了"我为群众办实事"实践活动

聚焦推动"外事为民"措施落实落地，各基层党组织和广大党员干部深入社区、农村一线，聚焦"一老一小"群体，策划开展了"译路相随""领保伴你行""'疫'不容辞　外事人在行动"等一系列志愿服务活动，积极协调开展医疗、涉外法律咨询，认领捐建"希望小屋"；举办"家乡永远在身边"春节慰问视频连线暨境外安全"云巡视"系列活动，慰问山东省企业海外员工，向基层一线群众提供了周到暖心的外事服务。聚焦"第一书记"村和"双联共建"村实际需求和困难问题，研究制定23条支持帮扶措施，得到了广大群众的欢迎和认可。

（七）"走近国际传播扩影响"有效宣传了山东的良好国际形象

聚焦贯彻落实习近平总书记"讲好中国故事，传播好中国声音"的重要指示要求，各基层党组织自觉把国际传播能力建设作为检验基层党组织战斗堡垒作用和党员先锋模范作用的重要方面，出台全省外事系统国际传播能力提升工作方案，策划开展对外宣传培训教育、在国外主流媒体进行宣传报道等活动10余场，组织举办"驻华使节齐鲁行""齐鲁文化行"等活动，全面展示了全省上下主动作为、敢于担当的精神风貌，讲述了在鲁外国友人与山东的深情厚谊，增强了山东形象的国际影响力。

"党建引领　融通内外"党建活动开展以来，围绕"七个走近"，先后组织各类党建与外事融合活动80余场次，取得显著成效。活动的开展，实现了党建与外事任务和目标的有机统一，探索了外事目标与党建成效有机衔接的评价机制，强化了外事系统基层党组织功能，凸显了外事干部植根人民、服务人民的襟怀担当。

三、推出山东特色党建品牌

（一）打造"外事讲堂"品牌

为加快培养造就高素质、专业化的外事干部队伍，结合外事工作实际需要，设立"外事讲堂"，按照分级分类、形式多样、注重实效、全员培训的原则，采取"请名师、自己讲、进基层"的办法，对外事干部进行全面培训。一是请名师进讲堂。邀请专家深入解读党的理论知识、政策法规、重要文献、重大战略部署；邀请外交部、中联部、全国对外友协以及有关高校的专家，就国际形势或地区形势分析以及交流合作重点进行讲解，就公共外交、涉外突发事件处置、领事保护等领域进行重点辅导；邀请专家就外事工作者履职所需要的经济、政治、文化、社会和哲学、管理、法律、心理等相关知识进行辅导，补齐能力短板、提高综合素质。二是外办干部上讲堂。组织办领导以主题报告、专题讲座、党课辅导等方式，为全办干部做政治理论和习近平外交思想学习辅导，安排处级干部为全办就分管的某项工作进行专题介绍。三是外事讲堂下基层。选派省委外办对外事工作政策业务有研究、实践经验丰富的干部，到各市外办、有关企业、高校开展因公出国管理、涉外管理、领事保护、外事礼宾礼仪、翻译等领域的专项授课。此外，延伸推出"处长上讲台""国际形势大家谈"等活动。"外事讲堂"开办以来，开展80余场次活动。

（二）成立"WE创空间"

"WE创空间"是凝聚外事青年干部力量、激发创新创意热情、开展常态化创新创意活动的平台，旨在号召全体青年干部树立"外办大家庭"理念，将青年的智慧、活力、干劲凝聚为推动山东外事事业转型升级的强大动力。"WE创空间"成立后，每年举办创新创意大赛，成为鼓励和支持全办青年干部干事创业的加速器。

（三）擦亮青年干部理论学习品牌

大力实施青年理论学习提升工程，突出理论武装和研学实践，强化青年理论学习与业务工作深度融合，以青年理论学习小组为载体，着力提升青年干部学习的制度化和实效性。制定《关于加强青年理论学习的实施意见》《关于深入实施青年理论学习提升工程的指导意见》，建立领导班子成员联系青年理论学习小组制度，吸收青年干部代表列席理论学习中心组集体学习并参加交流研讨；联合省委办公厅、省委政研室、省委国安办、省委省直机关工委、省档案馆建立联学联建机制。以"学用新思想，建功新时代——外事工作青年说"为主题，创办"青年干部上讲台"活动，分享理论学习成果，提升青年干部理论学习能力。

第十一节　各市外事工作格局一新

一、济南市外事工作回顾（2012—2022年）

进入新时代，面对新形势、新任务，济南外事工作认真贯彻习近平外交思想，在市委、市政府坚强领导下，立足科学发展，树立战略思维和国际视野，主动融入国家对外开放大局和省会开放发展全局，科学谋划和务实推进省会外事工作，为济南市的经济建设和社会发展作出了重要贡献。

习近平总书记对山东、济南对外开放高度重视，重要指示要求一脉相承。2018年6月，习近平总书记视察山东、济南时要求山东、济南主动融入国家对外工作大局，提高对外开放水平，扩大高质量招商引资，深度融入"一带一路"建设，打造对外开放新高地。2021年10月，习近平总书记再次视察山东、济南，勉励山东、济南努力在服务和融入新发展格局上走在前，为济南外事工作指明方向并赋予新内涵。为深入贯彻落实习近平总书记对山东、对济南工作的重要指示要求，济南外事工作勤耕笃行，服务国家总体外交和新时代社会主义现代化强省会建设，积极深化对外交往合作，有力稳定涉外安全秩序，在克疫情、应变局、防风险中实现了高质量发展。积极推动城市间经贸、科技、教育、文化等多领域对外开放合作，有效支撑省会经济社会发展。济南外事工作围绕服务国家总体外交和服务省会经济社会发展的总体目标，形成了外事部门牵头、相关部门协同配合的工作格局。2012年以来，先后与9个国家的9个城市建立了友好城市关系，与33个国家的42个城市结成友好合作关系城市，国际友城总数达80个，友好交往覆盖五大洲。随着"请进来""走出去"领域持续拓展，因公出入境管理更趋规范，涉外服务环境日趋改善，外商投资不断扩大，对外经贸逐年递增。

（一）加强党对外事工作集中统一领导，党管外事体制机制进一步健全完善

进入新时代，济南始终坚持"党管外事"原则，谋划省会对外工作。这一时期，济南外事工作内涵外延不断拓展，综合协调、对外交流、重大活动、外事管理和涉外安全等业务板块齐头并进，外事工作综合性、塑造力、显示度不断提升。在习近平外交思想

指引下，全面推进外事工作领导体制改革。2019年以来，推动市委外事工作领导小组改建为市委外事工作委员会，以市委外事工作委员会统领全市对外交往工作，委员会办公室设在市外办。召开市委外事工作委员会会议3次，谋划全市重大外事活动及招才引智等涉外工作，持续推进济南市对外开放和城市国际化向纵深方向发展。审议通过《市委外事工作委员会工作规则》《关于加强和改进因公出国管理的意见》等9个文件。各区县全部召开党委外事工作委员会会议，强化党委外事工作委员会及其办公室职能，完善跨部门协调机制。全市形成市委外办牵头，全市各区县、各部门密切配合、协同推进的外事工作格局。

（二）服务党和国家总体外交，不断搭建高水平开放平台

进入新时代，济南外事工作在服务党和国家总体外交中发挥了更好的作用，展现了更大的作为，扛起了地方外事工作应有的责任和担当。其间，领事机构落户实现零的突破。2020年6月，国务委员王毅宣布柬埔寨总领馆落地济南，柬埔寨成为新中国成立后首个在济南设领的国家，山东成为拥有两个设领城市的省份，充分体现出党中央对山东和济南的信任，对济南实施强省会战略、打造对外开放新高地具有重要意义。

"国字号"平台落地济南。为贯彻落实习近平主席在第七十六届联合国大会上提出的《全球发展倡议》，经国务院批准，时任国务委员兼外交部长王毅正式对外宣布成立中国—加勒比发展中心。2022年7月6日，中国—加勒比发展中心揭牌仪式暨中国—加勒比发展交流会在济南成功举办。中国—加勒比发展中心的成立，有力服务了国家总体外交，为促进中加共同繁荣发展搭建了新平台。国际性会议频频落户济南。落实习近平主席G20峰会倡议，争取并成功举办首届"国际粮食减损大会"，成为疫情以来我国农业领域和济南历史上规格最高国际会议。习近平主席向大会发来贺信。打造国际金融引擎，外交部指导的"2021亚信金融峰会"在济南举办。承办第四届"中国—中亚合作对话会"，成为第二届"一带一路"国际合作高峰论坛后第一次国家级多边国际会议，在服务国家战略中推进了济南对外开放。首次承办联合国会议——第五十一届国际食品添加剂法典委员会会议，通过多边舞台发出了济南声音。组织承办"中国—中东欧国家地方合作研讨会""第十三届欧洲外交官研讨班""发展中国家智库学者考察团"等各类友好访问、外事会议、经贸活动。服务国家总体外交。承接中央交办的外交外事工作，配合做好上合组织青岛峰会的服务保障工作，深度融入国家重大发展战略，做好全市"一

带一路"建设工作，谋划重要团组赴"一带一路"沿线布局合作。济南与乌兹别克斯坦撒马尔罕市结好纳入习近平主席2022年出访上合峰会成果。推动"中国制造2025"深度对接"德国工业4.0"，以新旧动能转换重大工程为引领，有力推动了国际产能合作。

（三）优化友城布局，开展多领域多层次对外交往

进入新时代，注重发挥友城对外交往主渠道作用，扎实推进与友城间经贸科技文化等多领域务实合作，不断拓展济南国际"朋友圈"。济南市国际友城由28个增加至79个，友城网络覆盖五大洲。其中多为国际知名和区域明星城市，如美国加利福尼亚州的首府萨克拉门托市，世界著名梅厄医疗中心所在地以色列卡法萨巴市、英国的汽车城考文垂市和日本自民党原干事长二阶俊博的故乡日本和歌山市。

精心安排高层团组出访。外事部门与相关部门加强配合，缜密组织高层团组出访并做好项目的跟踪落实。出访团组在推进友城建设、促进济南市经济发展、扩大招商引资、广揽海外人才等方面发挥了重要作用，共促成了济南市与沃尔沃公司、中海集团、以色列环达通集团等对外合作项目，在推进文化、教育、人才、对外渠道建设等方面取得了显著成果。

随着对外开放进程加快，济南市国际友城建设更加积极，成效显著，先后获得"国际友好城市交流合作奖""中美友好城市青少年交流奖""中意合作地方贡献奖"等奖项。2019年，济南成为全省首个当选世界城地组织（UCLG）世界理事会和执行局成员的城市。在旅交会、泉水节、中德中小企业合作交流大会、"国际泉水文化景观城市联盟会议"、"Touching济南"世界知名企业交流对话、济南国际友城商品展等大型涉外活动中，先后邀请友好城市或友好合作关系城市万余人次的重要外宾来济南参加活动，全面推进了济南与国际友城在经贸、文化等相关领域的深入合作，有效拓展了全市国际合作空间。

主动加强与各国对华友好组织、文化、经济团体及友好人士的交流，不断开拓对外民间友好渠道。完成济南市荣誉市民评选工作，先后授予54位外籍人士荣誉市民称号，在全市对外开放、城市国际化建设方面起到了积极促进作用。加强与英国考文垂商会、德国奥格斯堡德中友协等民间团体的交往，推动了济南与其在教育、卫生等领域的合作；与日本和歌山市、德国奥格斯堡市等国际友城开展市民互访交流；建立友好校际关系，开展与国外友好学校互派师生、民宿交流；协助省、市有关部门在法国、

澳大利亚、佛得角等地开设孔子学院、孔子学堂。友城奖学金在"一带一路"渠道开辟和友谊使者培养方面作用明显，蒙古乌布苏省、柬埔寨暹粒省、东京都和日本新潟市等新交流渠道都加入项目。多名获得奖学金资助的外国留学生成为济南海外宣传员和友谊传播者。

（四）讲好济南故事，着力提升城市国际化品质

进入新时代，济南着力提升城市国际化水平，主动讲好济南故事，提升泉城知名度、美誉度。从"宜业、宜居、宜学、宜医、宜乐、宜融"六个方面打造"类海外"环境，推出全国首个地方国际化标准库，齐鲁医院、省立医院、济南中心医院、济南市儿童医院等4家三甲医院均开设国际门诊，一批国际社区、国际街区、国际人才社区和15个涉外服务港投入使用，建成一批国际友城花园，促进省会国际化水平不断提高。沉浸式打造区县为主体的"类海外"环境，重点打造"城市国际化赋能乡村振兴"实践基地等项目建设，《大众日报》《济南日报》多次报道济南"类海外"环境建设成果。济南签证中心投入使用并拓展建成全国首家区域性签证中心，入驻32国签证机构，为山东及周边省份近3亿人口提供一站式服务。创建济南市政府英文网、"脸书"济南市官方账号、"推特"济南市官方账号等国际传播平台，形成全国首家城市国际传播矩阵。截至2022年底，矩阵阅读总量超8800万，脸书和推特粉丝总量超47万。旗下济南市政府英文网连续3年入选"中国最具影响力外文版政府网站"名录。推出《泉城市民国际礼仪规范》，举办32场"国际礼仪培训"，组织驻济外籍人员参与制作22期"国际礼仪加分计"节目，并在济南music88.7频道播出，覆盖30万人次，不断提高市民国际化素养。培育了济南—尼斯体育嘉年华、济南城市名片—德国德累斯顿男童合唱团公演等一批"小而美"的交流项目。

（五）开展抗疫外事，与国际友城心手相连共同抗击疫情

疫情暴发后，国际友城十分关心济南，日韩泰驻鲁总领馆、瑞士阿劳市等19个国际机构和城市发来慰问函电，美国萨克拉门托市、瑞中友好协会第一时间向济南捐赠N95口罩、消毒液等一批防护物资，济南市向意、韩、柬、英、日等25个国际友城和友好组织捐赠20万只口罩，韩国水原市市长廉泰英在脸书上专门致谢，厚植了海外民意基础，有力服务了国家外交大局。

2020年疫情发生以来，作为市指挥部外事组组长单位，牵头13个市直部门和16区县（功能区）高质量做好入境疫情防控工作，完成第八批驻马里维和部队等军事演习包机，以及央企包机、乌克兰撤侨及定期国际航班、国际货运航班197班26549人的隔离转运保障任务，为省会经济社会发展和人民群众生命健康安全提供保障。习近平总书记对济南执行的全国首架英国小留学生包机任务报告作圈阅批示；省委副书记、省长周乃翔对济南圆满完成乌克兰撤侨在济南隔离保障任务两次提出表扬；解放军北部战区领导评价外事组团队是一支能打仗、作风硬的专业队伍。外交部、省指挥部多次推广济南的经验做法。济南市外办入境疫情防控专班被表彰为全市疫情防控担当作为"出彩型"好团队。

（六）坚持外事为民，不断提升外事管理服务水平

进入新时代，济南市不断强化外事工作归口管理能力，统筹全市因公出访和涉外管理工作，管理更到位，服务更优化，为民更贴心。

因公出访管理水平不断提升。聚焦新旧动能转换、双招双引、经贸科技合作等领域策划实施因公出访，推动国际合作项目数百个，为省会发展积聚动能。推进因公出国审批业务、APEC商务旅行卡等助企举措"网上办""掌上办"，实施APEC商务旅行卡倍增计划，将申办门槛降到全国同类城市最低，截至2022年底，累计为全市268家企业办理APEC商务旅行卡2024人次。

涉外管理服务不断增强。有效统筹全市与日、韩、泰、柬驻鲁总领馆的交往，妥善处置重要涉外案件、领保案件，维护了全市涉外稳定。不断简化境外来华签证邀请审批流程，实行"来济必要性"及"疫情防控方案"平行审批，构建企业对外合作"快捷通道"。在全国首家推出新冠病毒感染疫苗接种领事认证，满足市民出国（境）留学及企业拓展海外项目等客观需求。深入开展领事保护知识"进企业、进社区、进校园"活动，多批次走进企业、学校、社区举办预防性领事保护宣讲和"国际礼仪培训"，及时发布海外安全提醒。

服务企业基层能力不断提高。开展"外事联百企"，向全市外向型企业问需，并提供国际合作支持事项。加强外事资源下沉，实行"一区一策"助力区县拓展全方位多领域对外交往合作，为16个区县（功能区）提供208项外事服务，结合区县发展需求设计59条精品外宾参访路线。

新发展阶段，济南外事工作将更好地感悟信仰之力、理想之光、使命之艰、担当之要，奋力书写省会外事高质量发展新篇章。

二、青岛市外事工作回顾（2012—2022年）

党的十八大以来，青岛外事工作坚持以习近平新时代中国特色社会主义思想特别是习近平外交思想为指引，深入贯彻落实党中央对外工作方针政策和战略部署，积极融入和服务"一带一路"等国家战略，服务国家总体外交和地方经济社会发展取得积极成效，对外交往合作不断深化，国际影响力和国际化水平显著提升。全市外事工作得到中央外办、外交部、全国对外友协、外交学院、省委外办，以及市委、市政府充分肯定，荣获"上海合作组织青岛峰会服务保障工作先进集体""全国地方外事工作优秀集体""国际友好城市交流合作奖"等荣誉称号。

（一）加强党对外事工作集中统一领导，构建"大外事"工作格局

坚持和加强党对外事工作的集中统一领导，全面贯彻落实中央和省委关于加强党对地方外事工作领导体制改革的实施意见等一系列外事改革和管理规定，强化统筹协调，不断夯实党管外事工作基础，全面推动加强全市外事工作体制机制建设、制度设计，严格执行外事工作请示汇报制度，严肃各项外事纪律，不断巩固全市"统一领导、归口管理、分级负责、协调配合"的大外事格局，进一步提升外事领域治理能力和水平。

1.调整机构。根据党和国家机构改革要求，调整组建了市委外事工作委员会，下设办公室在市政府外办。

2.创建制度。制定出台一系列规范性文件，为全面统筹全市外事工作、整合利用全市外事资源服务国家外交大局和地方经济社会发展夯实制度基础。

3.明确重点。贯彻落实习近平总书记"办好一次会，搞活一座城"、建设现代化国际大都市、打造"一带一路"国际合作新平台等重要指示批示精神，结合青岛实际，扎实推进新时代中央赋予地方外事工作服务国家总体外交、服务地方经济社会发展、服务全面推进"一带一路"建设、服务构建人类命运共同体"四个服务"的目标任务。

4.强化队伍。根据市委强化外语、外事、外经贸"三外"人才队伍建设要求，加速建立"三外"人才库，编制工作方案并开展培训，参与上合组织青岛峰会、博鳌亚洲论坛全球健康论坛大会、中国人民解放军海军成立70周年多国海军活动等重大活动外事服务保障工作，开展相关外事培训，提升外事工作能力。

（二）开展多领域多层次对外交往

1. 政党外交。积极参与开展党的外事工作。党的十八大以来，根据中联部统一部署和要求，青岛市接待了巴基斯坦穆斯林联盟（谢里夫派）领导人夏巴兹、赞比亚爱国阵线总书记怀恩特·卡宾巴等重要党宾团组。2016年11月30日至12月8日，应墨西哥革命制度党和阿根廷共和国方案党邀请，青岛市十八届六中全会精神对外宣讲团访问上述两国，全面深入宣介六中全会精神。2022年5月31日，在中联部安排和指导下，成功举办尼雷尔领导力学院南部非洲六姊妹党中青年干部研讨班"云考察"青岛专场活动，向外国政党"云推介"市南区八大关街道基层党建"青岛样板"，来自坦桑尼亚革命党等南部非洲六国政党的120名中青年干部参加本次活动。习近平总书记向全体学员回信。

2. 民间外交。经中央批准，2016年二十国集团民间社会（C20）会议于7月5日至6日在青岛召开，习近平主席致贺信，杨洁篪在开幕式上宣读贺信并致辞，来自54个国家和地区170家组织的200余名中外代表围绕"消除贫困、绿色发展、创新驱动与民间贡献"的主题进行了坦诚深入的交流，讨论通过了《2016年二十国集团民间社会会议公报》。《公报》充分反映了民间社会的声音，凝聚了全体与会代表的智慧和心血，特别是关于G20杭州峰会的建议，对于形成和丰富G20成员有关共识，更好地应对国际社会在稳增长、促发展、保民生的挑战起到积极作用。

3. 经贸领域。2013年10月，青岛与法国布雷斯特市共同举办了"创新与蓝色经济"研讨会。2015年7月，时任津巴布韦共和国民盟副主席、第二书记兼第一副总统埃默森·姆南加古瓦一行访问青岛，双方共同签署了《关于津巴布韦经济特区与工业园项目的谅解备忘录》。2016年7月，国家海洋局与山东省人民政府正式签订东亚海洋合作平台共建协议，在青岛西海岸新区设立东亚海洋合作平台总部，进一步提升了青岛市海洋经济发展水平，为青岛企业依托该平台开拓"一带一路"合作伙伴市场提供了强有力支持。始终秉持"外事搭台，经贸唱戏"，积极促成日本欧力士产业运营平台项目落户，这是青岛引进的第一个世界500强产业运营平台总部项目；通过中德"快捷通道"包机与巴斯夫集团高管等德国企业家建立密切联系并结下深厚友谊，集团执行董事凯礼致函市委主要领导表示愿意与青岛市就开展务实合作进行深入交流，与德国驻华大使馆、中国德国商会共同举办德企对接会活动，推动对德产业交流与合作。

4. 教育领域。2014年，组织青岛大学代表团赴乌拉圭共和国大学访问并就在国际友城蒙得维的亚市开办乌拉圭首所孔子学院达成意向。2015年至2018年，组织青岛学生代表连续4年参加"中日小大使"互访交流活动，得到中日两国政界高层、社会各界的高度评价和大力支持，成为知名公共外交品牌。2018年的"中日小大使"得到了安倍晋三的接见。2018年11月，市外办会同市教育局举办了友好城市教育国际研讨会，邀请了12个国家15个城市的代表参会，与青岛市签订10余项合作协议。通过国际友城扩大青岛教育国际交流合作朋友圈，合作举办"青岛友好城市教育国际研讨会""青春青岛·中外青少年共话冬奥"等，推动中外学校、学生之间互学互鉴与交流合作。

5. 文体领域。2014年，青岛举办了国际友好城市艺术节，邀请了8个国家和地区的78名艺术家与青岛文艺团体共赴剧院、社区展演，使市民欣赏到了不同风格、独具魅力的精彩演出。多次派遣艺术团访问韩国大邱市参加"友好城市日"活动并举行艺术演出。2015年，联合泰国驻青总领事馆举办了纪念中泰建交40周年文艺演出。2015年9月，青岛市与新西兰奥克兰市合作的好莱坞3D巨制《奇迹：追逐彩虹》在青拍摄。该片是青岛市有史以来拍摄规模最大的电影，对宣传推介青岛、提升国际知名度具有重要意义。通过积极争取做工作，促成国际友城韩国釜山支持青岛获评联合国教科文组织授予"电影之都"称号。

（三）搭建高水平开放平台

党的十八大以来，青岛密集承办了APEC第二次高官会、APEC贸易部长会议、二十国集团民间社会会议、2014年世界园艺博览会、2017金砖国家协调人第二次会议、2017亚欧数字互联互通高级别论坛等高规格国际会议和外事活动，特别是2018年上海合作组织成员国元首理事会第十八次会议在青成功举办，习近平总书记亲临青岛，为山东、青岛发展带来千载难逢的历史机遇。青岛深入贯彻落实习近平总书记对山东、对青岛工作的重要指示批示精神，以举办高规格国际会议和外事活动为平台，广泛聚集信息、人才、技术等要素并产生互动耦合，全面放大办会效应，助力高水平对外开放。

1. 全力以赴服务国家外交大局。2018年6月9日至10日，上海合作组织成员国元首理事会第十八次会议在山东青岛成功召开。9日，习近平总书记在青岛国际会议中心举行宴会，欢迎出席上海合作组织青岛峰会的外方领导人。10日，习近平总书记在青岛国际会议中心主持召开上海合作组织成员国元首理事会第十八次会议，同上合组织成员国领导人共同签署并发表了《上海合作组织成员国元首理事会青岛宣言》，宣布中央支持在青岛建设中国—上海合作组织地方经贸合作示范区。共有来自12个国家的国家元首或政府首脑、10个国际组织或机构负责人出席峰会，注册外宾超过2000人，参与采访的中外记者超过3000人，成员国领导人签署、见证了23份合作文件。上合组织青岛峰会的成功举办得到了与会中外领导人、参会代表、媒体记者和国际社会的高度评价。习近平总书记作出重要指示，指出"服务保障工作有力有序、精心细致，体现了世界水准，展示了中国气派、山东风格、青岛特色"。这是对包括外事工作团队在内的全市各部门及全市人民的巨大鼓励和鞭策。

2022年8月7日至11日，克服时间紧、任务重、疫情叠加等困难，仅用10天筹备时间，圆满保障了时任国务委员兼外长王毅在青会晤韩国、尼泊尔外长，实现"零感染、零失误、零事故"，外交部予以表扬。2022年是我国同多个国家建交"逢十"周年，举办了青岛与德企产业链合作交流会、纪念中韩建交30周年音乐会等系列庆祝活动，既配合了国家外交大局，又在国际舞台上展现了青岛风采。

2. 搭建重大外事活动平台。上合组织青岛峰会成功举办后，青岛全面贯彻落实习近平总书记"办好一次会，搞活一座城"的重要指示精神，借助一切外事渠道和资源优势，举办了博鳌亚洲论坛全球健康论坛大会、上海合作组织国际投资贸易博览会暨上海合作组织地方经贸合作青岛论坛、跨国公司领导人青岛峰会、世界韩商合作大会、RCEP经贸合作高层论坛和中德对话论坛等重大外事活动。这些平台汇聚多国元素，瞄准重大项目，竭力助推发展，呈现出"外事搭台、经贸唱戏"的良好局面，实现了外事工作的功能放大、责任放大，促进了一批项目落地，进一步扩大了青岛的世界知名度和影响力。其中，两届全球健康论坛大会共实现47个合作项目签约，总投资额逾500亿元人民币，其中康复大学落户青岛，2022年交付使用，使广大市民分享到大健康产业发展带来的更多红利。

3. 搭建重点国家交往平台。全方位推进德国、日本、韩国、以色列、上合组织国家等重点国家国际客厅建设，包括邀请外国驻华大使和我国前驻外大使为客厅"站台"。德国驻华大使两次率团访青；日本驻华大使、以色列驻华大使专程率团访问客厅；韩国驻华大使为客厅开业发来贺电，全力推进客厅建设，组织各类政务、商务代表团访问客厅，洽谈合作，促成一系列务实成果。截至目前，共有200余个项目和机构入驻5个国际客厅。

（四）优化全球布局

1. 对外交流与合作渠道进一步拓宽。国际友城是青岛对外交流合作的重要渠道和平台。2012年以来，青岛友好城市和友好合作关系城市新增32个，总数已达85个，共有友好城市28个、友好合作关系城市57个，友好足迹遍及世界47个国家和地区，青岛的"国际朋友圈"越来越大。2019年举办国际友城工作40周年系列活动，创办首届国际友好城市商品展，邀请来自35个国家59个省州和城市的400余名外宾来青，开展青岛友好城市教育国际研讨会等一系列交流活动，开辟了友城合作新模式，友城间交往水平进一步提升，交往内容更加丰富，市民参与度更高。青岛国际友城工作连续6次荣获中国"国际友好城市交流合作奖"。

2. 对外交往渠道呈现多元化。2014年12月，泰国驻青岛总领事馆开馆仪式在青岛香格里拉大酒店举行，这是继广州、上海等地之后，泰国在中国设立的第九个总领事馆，泰国也成为继韩国、日本之后第三个在青岛设立总领事馆的国家，是第一个在山东设立总领事馆的东盟国家。2015年5月，在中国、印度两国总理的见证下，青岛市与海德拉巴市正式签署结好协议，实现了青岛在南亚国际友城"零"的突破，为青岛与印度及南亚交往开辟了新渠道。2018年5月，与进入欧洲门户的港口城市希腊比雷埃夫斯市结为友好城市关系，为服务国家"一带一路"倡议开辟了新的交往渠道。2021年，与巴基斯坦费萨拉巴德市等5个上合组织国家的城市结好或签署意向书。2022年，与吉尔吉斯斯坦首都比什凯克市、亚美尼亚首都埃里温市、基里巴斯泰奈纳诺市等3个城市结好。青岛在上合组织国家的"朋友圈"从上合组织青岛峰会前的3个增加到14个。举办"国际友人青岛行"活动，邀请在青的山东省荣誉公民、齐鲁友谊奖获奖者等国际友人一同走进青岛，进一步树立了青岛开放包容的良好形象。

（五）开展抗疫外事

1. 守望相助，多渠道开展抗疫国际合作。疫情发生后，在国内疫情形势和防疫物资紧张的情况下，青岛的国际"朋友圈"积极为青岛市筹集抗疫物资。其中，针对青岛市疫情初期医务人员口罩紧缺的情况，"琴岛奖"获得者、阿根廷企业负责人从多个国家紧急采购了4万只N95口罩捐给青岛市。与国际友城"守望相助、共克时艰"，在韩国疫情发生初期，率先通过外交部发言人宣布对韩国大邱市进行捐助，成为我国对韩国正式宣布的第一批援助防疫物资。此外，还向日本、以色列、巴基斯坦等国家的国际友城进行了力所能及的援助。协助以色列、斯洛文尼亚、德国等国家或国际友城以青岛为基地在华采购、运输防疫物资。与80余个国际友城、国际组织、友好人士、驻华外交领事机构等互通慰问信函，充分展示了青岛的国际担当和对外开放良好形象。

2. 主动担当，搭建对外交往"空中走廊"。全方位做好外交领事人员入境服务保障工作，有效服务了国家外交大局，外交部把青岛市做法作为模板推广到第一入境点有关城市。积极贯彻落实中德两国领导人达成的建立中德"快捷通道"共识，体现青岛担当，圆满完成43架次法兰克福至青岛包机的服务保障任务，累计运载德国在华650余家企业、机构共8700余人，维护了国际产业链、供应链稳定，也传递了青岛温度，为全市更高水平对外开放、重大项目洽谈合作涵养了一批高端人脉。大众、西门子、巴斯夫等德国世界500强，世界银行驻华首席代表、亚洲开发银行等驻华机构，德国驻华大使、日本驻华大使等多位驻华使节向青岛市发感谢信，表示通过入境和在青隔离，对青岛有了更深入了解，愿进一步加强合作。

3. 危中寻机，广泛深入开展"云外事""云交往"活动。坚持"交往不断、合作不断、项目不断"，通过"云外事""云交往"开拓创新平台化国际合作，开通了与德国、以色列等重点国家驻华大使馆，以及日本欧力士集团等世界500强的视频连线，达成诸多合作共识；作为中国唯一地方城市，应邀参加了金砖国家友好城市暨地方政府合作论坛线上会议；组织开展了中德科技合作论坛、"拉美桥"青岛站专题活动等系列线上对话活动，推动经贸、科技、文化、教育、卫生等多领域对外交流合作。

（六）维护涉外安全稳定

1. 领事管理工作及时到位。青岛是国家重要沿海开放城市，目前有3家外国驻青总领事馆，中外人员交往深度和广度不断扩展。牢固树立总体国家安全观，依法依规妥善做好涉外应急处置工作，获得外交部、省外办等上级部门的充分肯定和认可，连续多年被青岛市委、市政府通报表彰。

2. 切实维护全市海外企业和公民合法权益。青岛于2018年设立了青岛市应对境外突发事件专项工作经费，市外办牵头相关部门及区市赴境外及时有效处置紧急突发事件，年均处理领事保护案（事）件10余起，切实维护全市海外企业和公民的合法权益及生命财产安全。在外交部等上级部门的统一指挥领导下，积极配合中国驻外使领馆稳妥处置了一系列海外案（事）件。

3. 国际会议管理和外国记者工作扎实有序。按照中央和省举办国际会议有关规定，严格做好青岛市举办国际会议的管理工作，协助办会单位履行国际会议报批程序，年均受理完成30余批次国际会议审核报批与指导协调对接工作。做好外国记者来青采访工作，年均接待百余人次的境外媒体记者采访，向外界展示了青岛市良好的对外形象。

（七）加强机关干部队伍建设

党的十八大以来，坚持以习近平新时代中国特色社会主义思想为指导，深入学习贯彻党的十八大、十九大、二十大精神及习近平总书记重要讲话、重要指示精神，坚定拥护"两个确立"，不断增强"四个意识"、坚定"四个自信"、做到"两个维护"，不忘初心、牢记使命，以党的政治建设为统领，牢固树立"抓党建就是抓全局"的理念，扎实开展党的群众路线教育实践活动、"三严三实"专题教育、"两学一做"学习教育、"不忘初心、牢记使命"主题教育、党史学习教育，开展"我为群众办实事"系列活动，引导党员干部牢固树立理想信念和宗旨观念，进一步增强党组织的创造力、凝聚力、战斗力和组织力，为各项外事工作开展提供有力思想政治及组织保障。

认真践行新时代党的建设总要求和新时代党的组织路线，坚持新时代好干部标准和忠诚干净担当要求，全面落实市委市政府工作部署，干部队伍建设工作取得一定成绩。通过面向社会招录、基层遴选、选调生等多种方式选拔年轻干部，市外办干部队伍年龄结构明显优化，平均年龄为41.59岁；专业外语干部数量逐年增加，共有英、日、韩、泰、德、法、葡、西、俄、阿10个语种，干部队伍呈现高学历、年轻化和专业化特点，整体素质和专业化水平明显提升。把实干实绩作为评价衡量干部德才的重要标准，充分激发外事干部担当作为、开拓创新、奋勇争先的作风和精神。

三、淄博市外事工作回顾（2012—2022年）

过去十年，是淄博对外开放蓬勃发展的十年。这十年，淄博外事工作坚持以习近平新时代中国特色社会主义思想特别是习近平外交思想为指导，在市委、市政府的正确领导和上级部门的有力指导下，聚力服务国家总体外交大局，全面深化对外交往合作，优化外事管理服务，完善外事工作体制机制，全市外事工作实现高质量发展，为新时代社会主义现代化强市建设作出外事贡献。

（一）突出政治引领，加强党对外事工作集中统一领导

党的十八大以来，淄博市委不断加强党对外事工作的集中统一领导，健全党对外事工作领导体制机制，2018年12月，出台了《关于贯彻加强党对地方外事工作领导体制改革的实施意见》。同月，市委十二届六次全会通过的《关于淄博市市级机构改革的实施意见》，将市委外事工作领导小组改为市委外事工作委员会。并于2019年开始，先后召开十二届市委外事工作委员会第一次、二次、三次全体会议和十三届市委外事工作委员会第一次全体会议，审议通过了《中共淄博市委外事工作委员会工作规则》《中共淄博市委外事工作委员会办公室工作细则》，明确了外事工作委员会成员单位职责分工，先后制定了《中共淄博市委外事工作委员会关于新时代进一步加强和改进全市外事管理工作的意见》等文件10余份，进一步加强了对全市外事工作的顶层设计、统筹协调和规范管理，构建起更加有力高效的"大外事"工作格局。

（二）搭建高端开放平台，服务国家总体外交大局和全市经济社会发展

服务保障重大外事活动。贯彻落实党中央对外决策方针，高质量完成外交部、全国对外友协、省委外办等上级部门交办的工作任务，紧紧围绕"一带一路"倡议、RCEP、上合示范区等国家、省重大发展战略，组织开展对外交流合作，有力服务国家总体外交大局。2012—2022年，先后服务保障了国际体操世界杯A级赛、第四届东盟与中日韩媒体合作研讨会、第二十二届国际历史科学大会淄博卫星会议、俄罗斯国际公共外交论坛圆桌会议等20余项重大外事活动。

搭建高端开放平台。先后成功举办淄博—南澳州经贸洽谈会，2022中日、中韩（淄博）地方经贸合作洽谈会等，组织参加中日韩对接合作发展山东行、鲁韩医疗健康系列活动、山东儒商大会等活动，开展对外经贸洽谈，达成了一批交流合作项目。2012—2022年，共计组织1300余家企业参加各类洽谈活动，现场签约30余项，达成合作意向80余项。其中成功招引近30亿元的韩国现代智能制造项目落户淄博。

集聚优质涉外资源。2020年10月，促成省外办与淄博市签署《关于共同打造高水平开放型城市行动计划》，使淄博成为全省"一市一策"试点工作城市之一，为集聚省内优质外事资源向淄博市下沉夯实了基础。2019年，创建全国首个对外交流合作信息平台——淄博市对外交流合作信息平台。平台汇聚经贸科技、文教卫体、外语人才等各类涉外信息资源近15000条，点击量36000余人次，在国际友城布局、搭建信息桥梁、线

上业务预审、外语人才合力等方面发挥显著成效。

助力城市品质活力提升。牵头推进全市国际语言环境建设，编印《淄博市公共服务领域英文翻译指南》，协调城管、卫健、公安等部门规范改造各类双语标识10100余处。打造首个涉外交流平台——淄博国际客厅，成功举办"感知淄博"系列活动和"活力淄博"英语风采大赛，助力提升城市能级活力。组织"云话山东""国际友城互致问候互送祝福"等国际传播活动，与俄罗斯诺夫哥罗德市建立媒体互动机制，编辑《遇见淄博（英文版）》，有力宣传推介了淄博。

（三）拓宽交流渠道，开展全方位宽领域多层次对外交往

优化提升国际友城全球布局。重点围绕"一带一路"合作伙伴开拓结交新国际友城，国际友城结好实现了从重"量"到提"质"的转变。2012—2022年，推动淄博市与英国伯恩茅斯市、淄博市临淄区与韩国高灵郡建立友好城市关系，与加拿大旺市、柬埔寨柴桢市、马达加斯加上马齐亚特拉大区等建立友好合作城市关系，淄博国际"朋友圈"扩大到五大洲22个国家、33个城市。深化国际友城交流合作，组织"国际友城淄博行""相聚淄博"国际交流合作洽谈会等，推动国际友城工作走深走实。其中，2019年10月，举办"相聚淄博"2019国际交流合作洽谈会，13个国家的80余位外宾参加，与韩国广州市、俄罗斯布拉茨克市、法国拉罗什市分别签署合作协议。

积极开展民间对外交流。出台《关于加强淄博民间外交工作的意见》，全面推动经贸、科技、人文等领域对外交流合作。2012—2022年，先后在巴西、法国、韩国等10余个国家建立海外联络站，共授予7名国际友人淄博市"荣誉市民"称号；8人荣获"山东省人民友好使者"荣誉称号。组织举办G20青年企业家对话暨国际青年英才山东行、全球青年伙伴计划、国际友城青少年交流等活动，推动青少年领域对外交流合作。服务保障世界足球文化高峰论坛、"起源地杯"国际青少年足球锦标赛、齐文化艺术节、"旱码头"文化旅游节等活动，推动蒲松龄纪念馆正式被中国侨联确定为"中国华侨国际文化交流基地"，深化文旅、体育等领域对外交流合作。促成市中心医院与沙特阿拉伯达曼医疗集团结为友好医院等，推动教育、卫生等领域对外交流合作。

（四）践行外事为民，持续优化外事管理服务

优化外事业务办理流程。创新设立外事服务窗口，整合各项外事为民业务，严格落

实一口受理、一窗出证、一次办好；推动外事业务流程再造，简化受理、审批等办理流程，缩短办理时限，提升外事服务效率；三项外事业务列入免提交清单，助力淄博无证明城市建设，进一步优化淄博营商环境。

加强外事业务规范管理。加强因公出国（境）管理，严格执行中央和省、市委关于因公临时出国管理的政策规定。2012—2022年，因公出国（境）团组共有1007批、2626人。认真做好外国人来华邀请，通过绿色快捷通道，为企业急需的外籍专家、技术人员办理邀请来淄事宜，助力复工复产。2012—2022年，共办理对外邀请函2673批、4256人次。扎实开展APEC商务旅行卡申办，共举办APEC商务旅行卡推介活动50余场，1600余家企业参加。2012—2022年，办理APEC商务旅行卡1200余张，位居全省前列。2019年5月，经外交部授权批准，开始办理领事认证代办，成为全省6个办理该业务的城市之一。2020年、2021年连续两年荣获外交部通报表扬，截至2022年，总计办理457批1439本。

扎实服务涉外企业单位。认真践行"外事为民"理念，扎实开展"外事联百企"等活动，深入涉外企业单位一线走访调研，摸清对外合作实际需求，协调解决困难，助力涉外企业单位"走出去"。2021年、2022年分别组织开展"深耕涉外资源　服务高质量发展"落实突破行动和"深耕涉外资源　服务全方位开放"品质提升行动，两年时间共走访涉外企业单位1100余家，解决或答复对外合作交流渠道少、海运难、招工难等问题和需求920余个。

（五）敢于担当作为，扎实做好疫情防控外事工作

2020年2月，面对境外疫情输入风险增大的严峻形势，按照市委、市政府部署要求，淄博市外办牵头组建入境人员疫情防控工作组，全程负责、全员参与、全域协调，建立了信息渠道畅通、防控体系联动的工作机制，制定了《关于加强境外疫情输入防控工作方案》等规定，扎实推进工作。坚守入境组、机场工作专班、人员转运、隔离点和工作人员休整点，以及驻成都、重庆口岸防控专班等岗位，并加强工作协调，确保措施落地，实现境外疫情零输入的目标。牵头工作期间，调度入境人员信息1.9万条，接回入境来淄人员和转运国内中高风险地区来淄人员2800余人。被评为山东省抗击新冠肺炎疫情先进集体，2人获评山东省抗击新冠肺炎疫情先进个人。积极开展抗疫国际合作，先后向6个国家7个国际友城捐赠防疫物资，与以色列、沙特等国家18所医疗机构举办

6次视频会议，分享抗疫经验，赢得国际社会普遍赞誉。

（六）守牢安全底线，全力维护涉外安全稳定

坚持统筹发展和安全，牢固树立总体国家安全观，确保涉外领域安全稳定，为涉外企业和群众"走出去"保驾护航。大力开展领事保护宣传，组织"领保伴你行"活动，推动领事保护知识宣传进机关、进企业、进校园、进社区等，通过电视台、报纸、网站、客运站、电影院、商超等多种渠道，转发播放外交部关于疫情领保宣传片9万余次。妥善处理涉外案（事）件和领保案（事）件，编发《中国领事保护和协助指南》等，制定《淄博市涉外突发事件应急预案》等，增强企业和群众规避风险能力。2012—2022年，妥善处置处理涉外案（事）件30起，协调处理境外领事保护事件31起。

（七）注重内涵建设，打造高素质外事干部队伍

完善外事工作体制机制。2015年2月，组建淄博市人民政府外事侨务办公室，为市政府工作部门。2018年12月，淄博市市级机构改革中，重新组建市外办（市委外办）。2021年4月，新设立淄博市人民对外友好协会机关，列入群团机关。2021年7月，召开市对外人民友好协会第三届理事会会议，选举产生新一届领导班子，并先后成立高等教育、文化旅游、医疗卫生等友协专门委员会，统筹做好全市民间外交工作。2020年12月，成立淄博市外事服务中心（加挂市外事翻译中心牌子），为正科级公益一类事业单位，进一步壮大外事工作力量。

加强机关自身建设。加强政治理论学习，提高政治站位，促进党支部充分发挥战斗堡垒作用，党员发挥先锋模范作用，推动党建与业务工作深度融合，以高质量党建引领外事工作高质量发展。2012年评为全省外事系统先进集体、2017年评为全省侨务系统先进集体、2020年荣获省级文明单位、2021年评为淄博市先进基层党组织，2022年评为全市第一批模范机关建设突出单位。

提升外事干部队伍素质。常态化开展"学讲见述""外事讲堂""青年干部讲坛"等活动，持续提升外事干部能力素质。制定《关于凝聚翻译合力助推对外交流的意见》，开展翻译实战演练，锤炼翻译队伍。创新编印《淄博外事——区域国别信息参考》专刊，助力涉外企业和单位"走出去"。摸底统计全市各语种翻译人才，建立翻译人才库，选拔组建青年外语志愿者服务队，为大型涉外活动提供翻译保障。2012—2022年，

先后完成了上合组织青岛峰会、山东国际友城合作发展大会、跨国公司领导人青岛峰会等大型涉外活动的翻译及服务工作。

四、枣庄市外事工作回顾（2012—2022年）

2012年以来，枣庄外事工作认真贯彻落实中央和省、市关于外事工作的总体部署，服从服务国家总体外交，紧紧围绕全市中心工作推动对外交流与合作，枣庄国际影响力进一步提升，对外交流合作领域进一步拓宽，"引进来""走出去"战略卓有成效。

（一）加强党的集中统一领导，逐步构建"大外事"工作格局

旗帜鲜明讲政治，落实"党管外事"要求。发挥党管外事政治优势，加强党委对外事工作的集中统一领导，构建"大外事"工作格局，推动中央和省、市委对外事工作部署要求落地见效。2018年12月，成立枣庄市委外事工作委员会，进一步贯彻落实中央加强党对地方外事工作集中统一领导的要求，完善外事工作领导体制和工作机制。2021年12月，枣庄市委外事工作委员会办公室（以下简称枣庄市委外办）由市政府办公室挂牌机构调整为市委工作部门。2022年7月，枣庄市委外办领导班子组建到位，成为全省第一个实现转隶市委工作部门的地市外办。枣庄市委外办成立后，及时建议调整市委外事工作委员会成员单位，整合汇总全市外事资源，积极推动构建"横向协同、纵向联动"的"大外事"工作格局，逐步形成全市外事工作"一盘棋"思想。

突出党建统领，推进"党建+外事"有机融合。多年来，充分发挥党建统领作用，大胆探索党建与业务工作深度融合之路，以高质量党建为外事工作引领方向、激发动力、提供保障。特别是2022年以来，枣庄市委外办把创建党建品牌作为推动外事工作高质量发展的重要抓手，聚力打造"党旗分'外'红·枣庄格'外'好"1+6+N党建品牌矩阵，以"党旗分'外'红·枣庄格'外'好"主品牌为引领，聚焦作风建设、服务外交大局、经济发展、人才引育、友好交流、外事管理等6大重点领域，培育"外事大讲堂""青蓝计划""外眼看枣庄""Hi, Zaozhuang!""丝路桥计划""外事惠企行""国际人才驿站""外语人才志愿服务队""国际会客厅""友城枣相遇""小小外交官""审护签·一网办""海外护航行动"等N个特色子品牌，推动党建与外事业务工作深度融合、同频共振。

（二）提高政治站位，全力服务国家总体外交

枣庄外事工作紧紧抓住服务国家总体外交这条主线，自觉强化政治意识、责任意识、大局意识、服务意识，坚定不移贯彻国家外交工作方针政策，圆满完成了上级部门赋予的各项任务。完成枣庄市委书记率中共青年交流团一行访欧并出席第三届中欧政党高层论坛及中欧青年政治家对话会、台儿庄古城·国家非物质文化遗产博览园艺术传承交流团作为辅团随中共代表团出席葡萄牙共产党《前进报》节活动、德国青年政治家考察团来枣庄市访问并召开中德青年政治家对话会等对外交流活动，有力配合了政党外交和国家总体外交活动。圆满完成波兰驻华大使塔德乌石·霍米茨基，亚洲国际象棋联合会主席、阿联酋王子沙赫苏尔丹·宾·哈里发·阿尔—纳哈扬，埃及驻华大使艾哈迈德·里兹克，南澳大利亚洲议会司法委员会委员李珍等重要外宾，以及以外交部机关党校教务长、大使霍玉珍为团长的外交部机关党校第56期培训班社会调查团、外交部"赴枣庄社会调研考察团"、以老挝政府办公厅行政礼宾司代司长塔文·占塔拉为团长的老挝领导干部考察团、"2015年优秀华裔大学生文化参访团"等重要团组和英国内政部国务大臣、枢密院顾问官麦克·贝茨勋爵"为和平行走——麦克·贝茨勋爵徒步中国"活动的接待工作，热情周到的接待服务工作，受到上级部门和来枣嘉宾的高度评价。

（三）搭建特色平台，服务高质量发展

枣庄市各级外事部门积极发挥外事资源优势，突出服务枣庄经济建设这个主题，注重在外事活动中寻求发展机遇，全力为枣庄经济社会高质量发展搭建高水平开放平台。

用好平台资源，搭建合作桥梁。充分利用中非地方领导人对话活动、香港山东周、阿斯塔纳世博会山东活动周、"海外知名企业家齐鲁行"等系列活动和省政府、省商务厅经贸活动等省级平台，积极推进经贸合作。在安排市领导和经贸代表团出访活动中，都把宣介枣庄市特色产业和重点行业、促进经济交流合作作为重要内容，先后与多个国家和地区建立经贸合作关系，对外交流合作不断拓展。特别是策划组织了2014年赴日韩经贸洽谈活动，召开5次专题推介会，形成11个合作意向；2021年联合欧盟研创中心举办枣庄科创园区欧盟专场推介会，启迪之星（枣庄）等3家园区与欧盟20余家中小企业线上交流；2022年组织枣庄市企业参加"非洲桥"突尼斯专场推介会、山东—山口县经贸洽谈会、中国（山东）—牙买加投资推介会等8场省级推介活动，举办"携手友城　共享未来"——枣庄（菲律宾）打拉合作交流会等6场市级推介活动，推介枣庄市"6+3"

现代产业及"双招双引"政策。

汇聚人才优势，服务对外开放。通过外事接待、团组出访和参加重大外事活动，建立海外人才合作机制。2014年促成枣庄职业学院、枣庄技师学院与中德诺浩教育投资有限公司签署《中德诺浩高技能汽车人才培养合作协议》，中德高技能汽车人才培养项目——中德诺浩汽车学院落户枣庄。2018年促成英国提塞德大学健康与社会保健学院与枣庄市妇幼保健院、枣庄职业学院、枣庄科技职业学院就联合会诊、医务人员研修、学术交流等达成合作共识，促成日本甲子园大学与枣庄学院、立新小学和枣庄市实验小学就教师培训、交换生派遣、建立友好学校等事宜达成合作意向。2022年引荐4家海外机构与枣庄市开展引才合作，其中英中培训中心被评定为全市首批海外引才联络站；发起成立枣庄市第一支外语人才志愿服务队，首批招募176名涵盖10个语种的志愿者，向各类对外活动提供翻译服务10余次，为"2022中国（枣庄）国际锂电产业展览会"翻译资料50000余字，制作发布《6种外语推介锂都枣庄》宣传片，境内外总播放量超10万次，助力展会办出"国际范"。

主动开展对接，助推台儿庄古城国际化。2012年，依托中央电视台中文国际频道《城市一对一》栏目，举办了"枣庄与华沙对话"节目，并实现双方多次文化交流互访。应波兰驻华大使馆邀请参加"第二届中波友好论坛"，并在论坛上推介枣庄和台儿庄古城。协助枣庄世界语协会在台儿庄古城举行"英雄的华沙、不屈的台儿庄"中波两国民间文化交流活动。在台儿庄古城举行2012年（中国·枣庄）亚洲国际象棋团体锦标赛、中国第二届非物质文化遗产博览会、纪念中国人民抗日战争暨世界反法西斯战争胜利70周年"阳光下的笔触——俄罗斯当代名家精品油画展""斗争与苦难——第二次世界大战中的波兰人"图片展等活动，进一步提高了台儿庄古城的国际知名度。实现台儿庄古城和法国塞纳古城的友好交流合作，促成塞纳古城组团参加第二届山东省文博会枣庄分会活动。促成山东大学国际教育学院外国留学生及中国师生赴台儿庄古城开展中华文化体验活动。

（四）开展多领域合作，推进全方位对外交往

加强国际传播能力建设，多维度展现枣庄人文风采。在筹划协调重要团组和外宾访问日程安排时，根据团组特点和访问任务，主动安排其参观考察能反映枣庄经济社会发展现状、体现枣庄特色文化的典型项目，吸引外宾了解枣庄、关注枣庄、推介枣庄。充

分利用台儿庄大战、滕州鲁班墨子故里、峄城冠世榴园、薛城铁道游击队、山亭汉诺庄园红酒等地域品牌元素，全方位、立体化讲好中国故事枣庄篇。通过"云话山东"活动向10余家海外媒体推介枣庄援非医疗队、汉诺故事、世界语博物馆、铁道游击队和"小小外交官"中韩青少年交流故事。主动参与策划对汉诺庄园的宣传，稿件《一根葡萄藤连起中德情——德国专家的枣庄故事》被多家海外华文媒体转载，扩大了汉诺庄园的国际影响。与韩国国际友城高敞郡政府建立宣传信息互换机制，高敞印象宣传册、覆盆子酒饮等特色产品在台儿庄古城高敞城市展馆展出，枣庄市《大国工匠王亮》等多个双语视频和《这里是枣庄》等文章在韩国《高敞消息》等媒体发表。在高敞郡设立"中华文化之角·尼山书屋"，投放近3000份枣庄城市宣传册（韩语版）及中华传统文化儿童绘本，进一步提升了枣庄在韩知名度。连续多年举办在枣外国人体验民俗和文化活动，增进在枣外国友人对中华传统文化的理解和对枣庄的归属感。2022年组织"外国友人拜大年"，"火龙钢花"民俗表演视频助兴乌拉圭2022欢乐春节暨女王选举，滕州博物馆、汉画像石馆和山东文物考古研究院与乌拉圭国家人类学博物馆线上交流，"小小外交官"中韩青少年视频交流会，中德足球嘉年华，枣庄遇见乌拉圭——路易斯·法比尼"高乔人"摄影展等活动，推动中外文化交流互鉴。

全方位拓展，民间外交日益活跃。本着实现官方外交与民间对话互补、官方交流与民间往来互动的目的，积极推进"请进来""走出去"战略，持续推动民间外交发展。市对外友好协会与韩国平生教育开发院建立友好协会合作关系，积极开展合作交流。市外事服务中心和澳大利亚—中国和谐发展中心签订友好合作协议，双方在招商引资、招才引智、交流发展等方面达成共识。深入发展基础教育领域对外交往，高敞北中、高敞北高中分别与实验学校、枣庄三中建立友好关系并开展合作交流，韩国上关中学与枣庄十五中开展了丰富多彩的交流活动。不断加强职业教育领域对外交流，组织职业类院校前往韩国开展职业教育合作，开设国际合作办学专业并派出学生前往韩国深造；邀请韩国映像大学形象设计系教授来枣庄市进行形象设计授课；邀请德国经济合理化建设委员会访问枣庄市职业院校，并在引进德国师资、职业教育培训等方面达成合作意向。

深层次推进，加强国际友城交流合作。2012年以来，不断整合全市外事力量和资源，在加强与日韩等周边邻国的交往基础上，提高国际友城交往质量，开拓对外交往渠道，优化国际友好关系城市布局。在乌拉圭和日本新开辟意向友城3对，实现南美国际友城新突破；紧抓中外建交逢五逢十契机，激活日本、德国睡眠友城；巩固与RCEP国家友城务实合作，与菲律宾打拉市开展专题推介洽谈活动；务实推进与韩国友好合作关系城市高敞郡、杨平郡的多领域、深层次合作，开展"中韩青少年暑期夏令营"文化交流活动、青少年传统文化演出和入住家庭生活体验活动等多项文化交流活动，多领域对外交流日益活跃。在全国对外友协举办的"2012百城论坛"上，枣庄市荣获"城市科学发展奖"。

（五）加强外事管理服务，维护涉外安全稳定

强化管服并举，提高因公出国成效。按照中央有关文件精神，严格贯彻落实因公出国管理的有关规定，加强因公出国政策引导和绩效管理，通过规范、有序、健康、有效的管理，保证有实质性任务的出访团组、遏制一般性和重复性考察，使因公出国管理工作更加规范化、细致化、制度化。坚持管理和服务并举，对重点招商团组及其他任务紧急的出访团组急事急办、特事特办，为对外交流合作开辟"绿色通道"。全面接入因公出国审护签一体化管理平台，实现外事业务"网上办、掌上办"。2012—2022年间，共办理因公出访团组542批1280人次。

推进外事惠企，优化营商环境。开展"外事惠企行"活动，梳理打包外事惠企政策，深入全市重点涉外企业，上门送服务、讲政策、解难题，服务枣庄市涉外营商环境优化。优化外国人来华邀请和APEC商务旅行卡办理流程，对急需来枣的学者和商务人员畅通快捷通道，2012年以来共办理APEC商务旅行卡45批79人次、来华邀请410批684人次。全力维护涉外环境安全稳定，积极做好第二届中国枣庄·台儿庄古城国际冬泳节等重大活动中的涉外工作，稳妥处置各类涉外事件和领事保护事件。特别是2022年以来，不断加大领事保护工作力度，创新用好网络平台开展工作，通过宣传推广外交部"平安丝路"网站和客户端，赴重点"走出去"企业进行境外安保调研并开展"云巡查"活动，为企业和人员提供更加及时权威的风险预警信息和境外安保指导。

坚持稳妥有序，开展抗疫外事。积极协调多部门为外资企业及时办理出口产品原产地证明，确保企业产品如期装船起运。为确有必要来枣的外籍专家和商务人员25批44人次及时办结外事手续，有力保障枣庄市对外开放刚性需求，同时协助指导企业做好在线洽谈和远端对接，对非必要线下来华人员做好疏导和保障工作。有序推进在枣外籍人员疫苗接种，确保有接种意愿者应接尽接。积极开展涉外疫情防控宣传，及时发布中英日韩四语种致在枣外籍人士倡议书、中英文温馨提示和防疫小常识，开通4语种24小时防疫咨询热线，向重点涉外企业和外籍专家普及疫情防控知识，耐心细致做好境外投资

企业和海外滞留留学毕业生"双稳"工作，切实筑牢涉外抗疫防线。

新时代新征程上，将始终坚持以习近平新时代中国特色社会主义思想特别是习近平外交思想为指导，深入学习贯彻党的二十大精神，聚焦省委加力提速工业经济高质量发展和枣庄"工业强市、产业兴市"战略，以更高的站位、更实的举措、更优的作风，继续推动枣庄市高水平开放服务高质量发展取得新突破，为新时代社会主义现代化强市建设贡献外事力量。

五、东营市外事工作回顾（2012—2022年）

新时代十年，东营外事工作坚持以习近平新时代中国特色社会主义思想特别是习近平外交思想为指导，解放思想，创新理念，积极作为，突出为国家总体外交服务、为东营市经济社会发展服务、为对外开放需求服务，以"大外事"促进"大开放"推动"大发展"，各方面工作取得历史性转变。

（一）牢牢把握加强党对外事工作集中统一领导核心要求，扎实推进外事工作体制改革，积极主动服务国家总体外交大局

以健全完善党委外事工作委员会工作机制为抓手，加速推进由"办外事"向"管外事""统筹外事"转变，外事部门管理职能作用得到不断提升和强化。

1. 深入服务党和国家总体外交。认真学习贯彻习近平外交思想，深入领会构建新型国际关系、构建人类命运共同体核心要义，时刻准确把握工作方向和重点，结合东营市实际认真贯彻落实。坚决贯彻执行中央和省关于对外工作的各项决策部署，建立完善工作机制，积极稳妥处理涉外有关事项，全力维护了国家安全发展利益。

2. 顺利完成地方外事工作体制改革。认真落实中央关于地方外事工作的部署要求，制定了市委外事工作委员会工作规则及办公室工作细则，明确了市委外事工作委员会及其办事机构的职能定位和工作机制。努力推动市委外事工作委员会工作制度化、规范化，每年召开市委外事工作委员会全体会议，安排部署全市外事工作重大事项。推动各县区及开发区成立党委外事工作委员会或外事工作机构，落实重大外事事项报告制度，各涉外部门、各高校、重点企业设立外事专办员。

3. 加强全市对外工作的顶层设计。针对因公临时出国、外事邀请接待、涉外安全、对外交往等领域的新政策新规定，结合东营市外事工作实际，坚持问题导向，先后研究

制定了进一步加强和改进全市外事管理工作的意见、东营市国际友城"十四五"发展规划、国际友城工作规程、做好全市民间外交工作的意见等规范性文件，每年制定出台全市对外工作意见，对全市对外工作系统谋划，对加强党对外事工作集中统一领导，强化外事管理职能提供了有力依据和制度保障。

（二）深入聚焦打造对外开放新高地重要目标，不断深化各领域的国际交流合作，有效提升城市国际化发展水平

巩固友好点，补足薄弱点，突破空白点，着力构建与黄河三角洲中心城市、黄河入海口城市地位相适应的开放环境，逐步建立起以友好城市、友好合作关系城市为主，官方、民间团体和友好人士相结合的全方位、宽领域、多层次的对外交往格局。

1. 优化完善国际友城布局。瞄准"一带一路"沿线及欧美等重点联系国家和区域，深化拓展各类友好关系。树立"经贸合作开展到哪里，友城就建到哪里"的理念，搭建起层次高、覆盖广的国际友城网络。先后与印尼巴里巴班市、英国吉尔福德市、俄罗斯阿尔梅季耶夫斯克市、巴基斯坦古杰兰瓦拉市、苏里南共和国帕拉马里博市东北区以及世界能源城市伙伴组织的会员城市建立了友好城市关系。截至2022年底，东营市已与30余个国家44个城市建立国际友城关系。依托国际友城，深入实施"外事+"工程，政府间开展各领域交流152批次，推进实施了国际青少年"黄河文化"交流营等国际合作项目60余个。

2. 深入开展抗疫国际合作。新冠疫情防控期间，着眼疫情下开展对外交往的新特点、新要求，积极研究探索对外交往的新模式、新打法，打造国际视频会议室，开展"云外事"活动50余场次，确保了国际交流不降温、不断线。深入开展"全球心连心，携手战疫情"活动，2020年以来，向巴西、乌干达等多个国家的友好城市和友好组织捐赠了价值60万余的防疫物资。向美国、匈牙利、澳大利亚等国家的7个国际友城和外事工作海外联络站发送了慰问信。国内疫情严重时期，南非联络站向东营市捐赠了3780个N95口罩和80个电子温度计。

3. 注重发挥国际组织作用。深度参与联合国环境规划署绿色经济行动合作伙伴计划，连续实施4期绿色经济试点示范项目，联合国环境规划署把东营市列为首个"绿色经济试点示范城市"。加强与世界能源城市伙伴组织联系，每年参加5月工作会议及年会，与各会员城市保持密切交流，并成功承办2013年年会。与东亚地方政府会议组织建

立联系，自2012年加入该组织，每年派团参加"东亚地方政府会议"及"东亚暑期培训"。与联合国工业发展组织保持长期合作，推动签订《联合国工业发展组织支持清洁技术与新能源产业（东营）国际示范城市项目协议》。与欧盟中国经济文化委员会开展合作，签订《战略合作框架协议》。

4. 着力打造"海外东营窗口"。加强联络联谊，大力涵养海外资源，面向政治上有地位、社会上有影响、经济上有实力、专业上有造诣的高层次国际友好人士展开工作，多途径、全方位加强与国内外大财团和商协会、同乡会组织的信息沟通。十年来，先后在五大洲设立14个海外联络处，聘请驻海外联络员48名，与50余个国家和地区的100余名"四有人士"建立联系。这些资源为东营市开展国际交流合作发挥了重大作用。

（三）紧紧围绕新时代东营发展目标定位，努力服务高质量发展，着力打造外事服务品牌

充分发挥外事资源渠道优势，找准与中心工作的结合点、切入点，主动谋划、积极作为，着力搭建高层次平台，助力重大战略实施和高水平现代化强市建设。

1. 打造高能级对外开放平台，成功举办世界入海口城市合作发展大会。大会是党的二十大胜利召开后，山东省举办的首个高规格、高层次综合性国际会议，也是东营市历史上举办的规模最大、规格最高的国际会议。坚持求精求高、省市联动、高位推进，于2022年11月10日在东营市成功举办，时任全国政协副主席张庆黎，时任省委书记、省人大常委会主任李干杰，省政协主席葛慧君等中央和省领导出席大会，40余个国家100余个城市以不同形式参与大会。大会发布"世界入海口城市伙伴计划"等7项重要成果，央视《新闻联播》、CGTN刊播大会盛况，美国《先驱日报》等120余家国外媒体发布大会有关新闻。大会有力推出了"入海口城市"概念，赋予东营市全新城市名片，搭建起开展城市外交的机制化、品牌化平台。省长周乃翔在2022年省政府工作报告指出世界入海口城市合作发展大会影响广泛。

2. 发挥外事参谋作用，创新打造《外事参考》服务品牌。坚持全球视野、瞄准决策需求、阐述外事观点，推动外事工作从"办"向"办+谋"、从"劳力"向"劳力+劳智"转变。围绕当前具有全球性意义的政治、经济、安全重大热点问题，对RCEP正式生效、数字经济、"一带一路"建设等课题深入研究剖析，形成14期专题报告，其中第12期《全球数字经济标杆城市的发展实践》获得市委主要领导批示，第2期《RCEP正

式生效及我市的对策建议》获得市政府主要领导批示，第13期《我市公共场所外语标识规范化建设调研情况报告》获得市委秘书长批示。

3. 扎实开展"双招双引"，助力"走出去""请进来"战略实施。整合资源，广辟渠道，搭建平台，在海外召开多场次黄蓝战略推介会、项目说明会、投资洽谈会等，组织200余家企业参加了"中国（东营）—俄罗斯石油装备产业交流对接会""山东—乌干达投资旅游推介会"等活动，先后招引"农产品国际冷链仓储配送中心"、泰国正大集团东营现代农业生态园项目、加拿大硅纳米电池等14个项目，引进投资30余亿元，引荐包含泰山学者在内的海外高层次人才10余名，推动近1000家企业走出去参展、投资考察和参加外事活动。

（四）始终坚持政府职能转变和"外事为民"努力方向，强化责任意识，认真履行涉外管理服务重要职责

树牢"外事为民"理念，坚持外事资源下沉、重心下移，深化外事工作创新转型，实现了部门形象大改变。

1. 外事管理服务提质增效。因公出国管理工作扎实有序开展，按照"控制总量、突出重点、保压结合、服务发展"要求，统筹安排出访团组。疫情防控期间，贯彻上级部署要求，因时因势调整因公出国管理政策。加强涉外安全管理，每年与重点涉外企事业单位及县区、开发区签署三方共同管理责任书，修订《东营市涉外突发事件应急预案》，完善了涉外突发事件应急处置机制，妥善处置多起涉外突发事件。开展预防性领事保护宣传年和领事保护"五进"活动，建设了领事保护知识宣传示范学校和重点社区。建立了海外安全信息发布平台，与省外办、科瑞集团共建"山东省海外公共安全培训基地"。与外国驻华机构的交往合作规范有序开展，邀请日本、韩国、泰国驻青岛总领事，荷兰驻华使馆农业参赞等访问东营，就经贸、人文等领域深化合作达成共识。

2. 外事为民惠企深入扎实。深入开展了"外事联百企、进基层"活动，累计赴120余家涉外企业和基层单位开展调研，梳理解决问题264项。在全省率先建立"东营外事通"——涉外事项综合服务平台，推动资源整合、信息共享、流程再造、惠企便民，启动"因公出国审护签管理服务平台"，实现因公出国审批、护照签证、来华邀请、领事认证等外事业务"网上办""掌上办"。深入开展公共场所外语标识规范化建设，提出500余项更正建议，形成3项长效工作机制。

3. 涉外疫情防控精准有效。牵头疫情防控入境和外事专班工作，建立了全过程、无缝隙闭环管控机制，筑牢了"外防输入"的有效屏障。扎实做好入境人员防控措施、预案、规范等工作，制定了《关于外国人入境东营后疫情防控有关工作的意见》《入境外籍人士疫情防控工作规范及应急处置预案》等文件。东营市2022年度"创新实干、事争一流"综合表彰暨作风建设大会上，市入境人员疫情防控和外事工作专班荣获"疫情防控"先进集体。

（五）大力加强自身建设，强力推进作风转变，夯实外事工作发展基础

坚持把强化外事部门自身建设作为打基础、利长远的重要工作，通过创建"五型机关"（学习型、服务型、创新型、和谐型、廉洁型），打造"融通国际、开放先锋"党建品牌、坚持"党建统领、六力齐施"工作思路，党的建设、机关建设、队伍建设呈现新面貌，为实现外事工作长远发展奠定坚实基础。

1. 体制机制进一步优化。2019年党政机构改革顺利推进，党对外事工作集中统一领导工作机制有效落实。市人民对外友好协会顺利转设为群团组织，成功进行换届选举，为推进国际城事业奠定了更加坚实的组织基础。外事翻译室职能和岗位得到优化，顺利完成各项改革任务。东营市翻译协会成功召开第三届会员代表大会，为促进东营市翻译事业发展提供了有力支撑。市外办机关先后修订完善20余项规章制度，使各项工作走上制度化、规范化、科学化轨道，干部职工的向心力、凝聚力、战斗力不断增强。

2. 干部队伍素质能力进一步提升。十年来，通过举办外语大赛、公开选考、"名校英才进东营""百名博士进东营"等途径，培养打造了一支高层次外事人才队伍，干部职工编制数增加一倍多，干部队伍结构基本实现了年轻化、专业化和高学历化。目前已涵盖英、俄、日、韩、法等5个语种，出色完成东营市重大涉外活动翻译工作，陪同市领导出访40余个国家，承担外事活动翻译任务300余场次，担负了黄河口国际马拉松赛、东营国际石油装备与技术展览会、广饶国际橡胶轮胎展览会等重大涉外活动翻译任务，为全市对外交流合作提供了有力的人才保障。

六、烟台市外事工作回顾（2011—2022年）

新时代十年，烟台市外办在烟台市委、市政府坚强领导下，始终坚持以习近平外交思想为指导，紧扣服务国家总体外交、服务地方经济社会发展两大任务，充分发挥外事

工作的综合引领作用，持续营造环境、广辟渠道、搭建平台、扩大合作，为烟台高质量发展贡献外事力量。

（一）坚持党的集中统一领导，坚定正确政治方向

扎实开展党的群众路线教育实践活动、"三严三实"专题教育、"不忘初心、牢记使命"主题教育、党史学习教育，认真学习贯彻党的十八大、十九大、二十大和历届全会精神，切实把思想和行动统一到党的路线、方针、政策上来。坚持把班子和干部队伍转变工作作风、提升综合能力摆在突出位置，坚持服务经济、服务基层为导向，瞄准"严真细实快"要求，定期开展每周夜校、外事讲堂、形势政策宣讲，开展公文写作、翻译比武等活动，着力锻造一支有国际格局、有全球视野、有战略思维、有执行魄力的"四有"外事铁军队伍。2019年，烟台市委外事工作委员会正式成立，每年组织召开市委外事工作委员会全体会议，将党的建设与事业发展以及业务工作同谋划、同部署、同推进。

（二）积极开展国际友城结好，优化全球友城布局

牵头制发《烟台市人民政府关于2020—2022年全面加强国际友城合作的意见》，不断扩大国际"朋友圈""合作圈"。2012年以来，先后与澳大利亚麦凯—伊萨克—惠森迪地区（2012年）、西班牙埃纳雷斯堡市（2013年）、匈牙利米什科尔茨市（2015年）、巴基斯坦拉合尔市（2015年）、澳大利亚查尔斯特市（2016年）、俄罗斯顿河畔罗斯托夫市（2017年）、马来西亚巴达旺市（2017年）、挪威斯塔万格市（2018年）、韩国扶余郡（2019年）、牙买加金斯敦市（2019年）、韩国平泽市（2020年）、希腊希俄斯市（2021年）、塞尔维亚兹雷尼亚宁市（2021年）、以色列佩塔提克瓦市（2022年）、白俄罗斯平斯克市（2022年）、智利特木科市（2022年）正式建立国际友城关系。同时，烟台市所属各区市对外结好工作也取得进展，蓬莱区与法国索米尔市（2012年）、莱州市与西班牙拉雷多市（2014年）、蓬莱区与葡萄牙莱里亚市（2015年）建立友好城市关系。在国务院总理李克强和牙买加总理的见证下，烟台与牙买加首都金斯敦市在人民大会堂建立友好城市关系，填补了山东在加勒比地区友城合作的空白。截至2022年底，烟台市已与全球23个国家的47个城市建立国际友城关系。

（三）服务国家总体外交战略，提升烟台国际形象

推动召开东亚经济交流推进机构第五届总会，共同签署《烟台宣言》，举办"国际能源投融资合作新主张"交流会、第十二届世界就业联盟东北亚区域会议等重要国际会议。加强与"一带一路"合作伙伴间的经贸合作，推动巴基斯坦烟台工业园、柬埔寨天睿农业经贸合作区、中国匈牙利宝思德经贸合作区、中菲集装箱码头、海上岩屑泥浆回注服务、烟台洋匆购公司与希腊玛斯蒂雅公司合作等对外合作项目建设落成。争取重大外交外事资源落地，推动山东省外事教育基地落户烟台，编纂《中国共产党烟台外事办公厅大事记》等书籍，创新搭建全省外事工作的宣传窗口、调研基地和教育阵地。积极打造"对接北欧合作示范城市"，申请承办"北极圈论坛"系列活动，推进"中挪中心"等高层次合作平台落地。2013年，烟台市被中联部确定为我国党际交往接待基地和展示基层党建的培训基地。

（四）搭建高水平对外开放平台，服务烟台经济发展

搭建平台推动经贸交往。搭建"中挪中心"、烟台市创新合作交流工作站、烟台（挪威）创新中心、启迪中英海洋科技研究院等招引平台，举办或组织参加烟台城市推介会、山东—摩洛哥合作对话会、仁中论坛、尼山世界文明论坛、中国—中东欧国家市长论坛等政府交流研讨会、经贸洽谈会、产业交流推介会等活动500余场，推动签署合作协议和意向800余个。在24个海外联络站建立起涉外企业推介平台，加大与欧洲医疗联盟、德国欧亚文化经贸中心、韩商会等20余个国际商会、协会的交流合作力度。

招商引资加快国际务实合作。充分发挥资源、渠道和信息等方面优势，组织"外国驻华使节走进烟台""驻华使节齐鲁行"等系列活动，高标准接待英国、加纳、希腊、日本、韩国等驻华大使代表团等重要团组来访，推动加纳机场城和港口建设、烟台御花园老年公寓投资建设中韩合资医院、高新区健康城、税港区欧洲高端橄榄油展厅等多个合作项目。邀请科达集团、西门子能源有限公司等多家海内外知名企业和在烟投资外商机构来烟台市调研走访150批次，推介烟台市"双招双引"重点项目，鼓励企业来烟扩大投资，涵盖葡萄酒、海工装备、三文鱼合作养殖、医疗健康、IT等多个领域。推动招金集团、玲珑集团、中集来福士等烟台市重点企业"走出去"招项目，开展国际合作，促成烟台亚琦纺织有限公司在孟加拉国投资建厂、与阿根廷神猎者酒庄葡萄酒合作项目、"中巴经贸文化中心"等重点项目100余个。

招才引智拓展海外引才渠道。赴美国、加拿大、巴西、荷兰、挪威等国家举办"慧聚烟台——海外人才引进推介会",采取"人才+项目"一体化招引方式,精准举办烟台—荷兰人才对接会、烟台—韩国人才对接会、烟台—海外机构人才合作洽谈会,邀请高层次人才、高新企业等来烟就业创业。针对性举办组织中芬智能制造论坛、烟台—波里人工智能编程大赛等活动,推动烟台市先声麦德津生物有限公司、正海生物有限公司等企业与美国AxioMx等海外企业合作开发合成亲和试剂、生产生物可降解植入体产品等多个合作意向。举办"对话北美""连线东盟""共创未来"等系列活动和烟台—加拿大葡萄酒合作对话会、烟台—挪威海洋产业合作会议、烟台—圭亚那乔治敦市警务交流会等"云外事""云会见""云会谈"对话交流活动500余场。推动烟台市与瑞士发展与合作署签署了《中瑞低碳城市项目合作备忘录》和《关于试点项目框架协议核心内容及过程的联合声明》,成立"中瑞低碳城市项目办公室""中瑞节能环保示范科技园"和"中瑞先进技术转移中心",烟台市成为全国10个"中瑞低碳城市"候选城市中首个与瑞士方面正式确定开展合作的城市。组织参加"2017中欧城市可持续发展论坛",推动烟台市正式加入中国国际城市发展联盟。

(五)发挥外事资源优势,开展深层次多领域对外交往

推动中国科学院烟台海岸带研究所、中国农业大学烟台研究院、烟台大学、鲁东大学等驻烟高校与国立新西兰理工学院、美国佛罗里达国际大学、芬兰萨塔昆塔应用科技大学等世界知名高校开展海洋、人工智能等领域的交流合作,促成合作办学及互派留学生意向。促成烟台一中与韩国仁川市江华高中等数十对友好学校关系。举办烟台法国昂热文化周、"仙境海岸 鲜美烟台"胶东非遗文化展、"云端比邻 共创未来——2022烟台市友好城市文化交流分享会"等活动,在俄罗斯顿河畔罗斯托夫市顿河国立技术大学建立"尼山书屋",不断扩大烟台市国际影响力。接待亚太非洲记者代表团、"海外媒体烟台行"等媒体记者团组10余批200余人次来烟实地探访,感知烟台经济社会发展成就。举办"走出国门看友城""外国友人大拜年""新时代·新鲁菜""新时代,我在中国""中外文化交流面对面"、烟台"格"外好等系列活动,传播真实、立体、全面的烟台形象,助推城市国际化。

（六）履行外防输入主体责任，严密组织涉外疫情防控

筑牢"外防输入"防控圈。及时准确推送疫情防控信息，向上报送烟台6个口岸的海港入境船只437艘、登临检疫船员3311人，报送烟台市境外输入确诊病例及无症状感染者信息77人次，向韩国驻青岛总领馆推送入境韩籍人员信息219批4533人次。严格执行4架包机600余名境外员工和学生接返、入境、转运、隔离等相关工作，做好5名外交人员的隔离、转运期间的礼宾工作。

助力解决企业发展难题。为蓬莱巨涛、冰轮集团、现代汽车重点企业审核申办外籍人员来烟邀请函，涉及20余个国家1428批5465人次，受理南山集团包机入境申请3次，为企业必要急需的外籍管理和技术人员及时申请签证入境给予最大支持和帮助，为助力复工复产提供了重要保障。推动烟台市外籍人士新冠病毒疫苗接种工作，接种率近100%，专项指标位居全省第一。

（七）坚持"外事无小事"不动摇，维护涉外安全稳定

建立中央、地方、驻外使领、企业和公民个人"五位一体"境外安保工作联动网络，形成立体式领事保护机制。会同公安、商务、应急等14个部门，建立"境外人员和机构安全保护工作联席会议"工作制度，完善防范预警和应急处置机制，编纂《涉外法律法规司法解释汇编》，进一步加大"外事和领保知识进社区、进学校、进企业"工作力度和范围，发放领事保护知识手册1000余册。依法妥善处置涉外案（事）件220起，领事保护案（事）件160起，较好地维护了烟台市在外公民、涉外群众和在烟外国人的合法权益。

（八）履行"外事为民"工作宗旨，发挥管理服务职能

立足部门职能，服务"引进来""走出去"。依法便民做好领事认证工作，开展"公证+认证一站式服务"，办理领事认证9500余批19500余件。做好因公出国管理工作，审批因公出国团组3600余批7600余人次，办理签证14500余批26000余人次，制定《烟台市APEC商务旅行卡申办企业资质量化标准》，深入推广申办APEC商务旅行卡，审核申办旅行卡800余批1500余人次。

创新外事服务，营造和谐外事环境。2014年，实施"外国人及海外侨胞在烟帮助计划"，2019年，实施"外籍人士在烟帮助计划"。编印省内首家采用中、英、日、韩多语种《外籍人士在烟工作生活指南》，涵盖烟台概况、帮助计划、外国人工作许可、出入境、海关申报等内容，向在烟外籍人士免费发放9000余册，为在烟外籍人士在学习、生活、工作等方面提供便利。开展"外语标识规范化行动"，助力对市区公共场所及养马岛、朝阳和所城街区等滨海黄金旅游带外语标识进行规范整治3000余条，助力打造更具影响力的现代化国际滨海城市。

七、潍坊市外事工作回顾（2012—2022年）

党的十八大以来，潍坊外事工作坚决用习近平外交思想武装头脑、引领实践，不断提高服务国家对外工作大局水平，提高服务地方高质量发展能力。3次被评为全省外事系统先进集体，连续8年被评为省级精神文明单位，有关经验多次被外交部、新华社和省委外办宣传推广，被市委市政府通报表扬。

（一）新时代潍坊外事机构设置、改革及发展概况

根据对外工作体制机制改革统一安排部署，2019年1月，潍坊市人民政府外事办公室由原市外事与侨务办公室改建而成，加挂市委外事工作委员会办公室牌子，主要承担全市因公临时出国管理和外国人来华邀请、对外交流合作、外事活动服务保障、涉外管理和国际友城结好交往等工作。内设综合科、出国管理科、涉外管理科和国际交流科。配主任1名，副主任3名。友协机关属群团组织，下设秘书科和对外联络科；市外事翻译中心为公益一类正科级事业单位。

（二）坚持以加强党对外事工作的集中统一领导为根本，政治能力建设显著增强

一是市委外办统筹领导协调作用愈加彰显。根据机构改革安排，2019年完成了职能调整和人员转隶，出台"三定"方案，每年召开市县两级外事工作委员会全体会议，为全年外事把舵定向。各级外事部门扎实履行归口管理、统筹协调职能，着力构建"大外事"格局，推动建设顺畅高效的外事管理体系。

二是外事工作制度化、规范化建设再上台阶。先后出台《新时代加强和改进全市外事管理工作的意见》等9个市级层面外事工作指导性文件，内容涵盖机制体制运行、国际友城优化升级、因公出国政策和服务"两大主业"等方面，为潍坊外事科学发展提供了政策遵循和组织保障。

三是党建引领政治建设更加定型。扎实开展党的群众路线教育实践活动、"三严三实"专题教育、"两学一做"学习教育、"不忘初心、牢记使命"主题教育和党史学习教育。完整、准确、全面贯彻落实党的十八大、十九大、二十大精神。推动"学外交思想、开外事新局"学习实践走深走实,"结红色纽带,担外事使命"党建品牌全省领先,实现基层党组织与驻外使领馆联学共建全覆盖,"四联四建"潍坊模式得到上级部门高度评价。

（三）坚持以服务中国特色大国外交为方向,外事工作主基调愈加坚定

一是配合国家外交方针,持续深耕城市品牌国际推广。积极搭建外宣平台,对外讲好中国故事潍坊篇章。通过新华社向全球发布潍坊声音,有关报道累计被5346家国外媒体刊发,访问量突破18亿次。《潍坊一分钟》宣传片在11个国际友城政府官网落地播出,让世界更加了解潍坊,让潍坊加速走向世界。2015年,市外侨办牵头制订城市品牌国际化三年行动方案并有序推进。双语标识示范工程为城市更新中英标牌5400块;"山东潍坊"新媒体三年间粉丝量突破百万,阅读量破1.4亿,居中国政府类新媒体10强。深挖乐道院、1532文化产业园、坊茨小镇等涉外场景国际元素,助力潍坊当选中国第二个"国际和平城市"。2015年,策划举办"潍县集中营难友潍坊行"系列活动,曾被关押在潍县集中营的13位难友及后代80余人重游故地,祈祷和平,引发国内外舆论强烈反响。乐道院潍县集中营博物馆入选第一批"山东省外事教育基地",使潍坊外事教育实现历史跨越。在德国弗莱辛建立潍坊尼山书屋,投放潍坊风筝、木版年画等文宣品,"潍坊范"深受当地市民喜爱。建成全国首个集友城风貌沉浸式体验、人文交流全域化互动于一体的潍坊国际友城云上博物馆,成为记录国际友城交往,传承美好情谊的载体。

二是服从疫情防控大局,充分彰显共筑疫情防控命运共同体"潍坊担当"。服从疫情防控大局,三年间抽调半数干部参与一线值守,一名同志被表彰为全省抗疫工作先进个人,云南专班多次获市委通报表扬。第一时间组建翻译志愿服务队,先后三次发布6语种《致在潍外籍人士的一封信》,引导其支持配合防疫政策,在知情自愿的原则下接种疫苗。积极开展疫情防控国际协作,35个外国驻华机构、国际友城来电来函表达关心支持。应请求向韩国安养市等6个国际友城和柬埔寨捐赠防疫物资超28万件。与奥尔什丁市、瓜兰达市云端共办"心手相连·共抗疫情"经验交流会,新华社、两国主流报纸《论坛报》《新闻报》进行了报道,新华社以《〈参考消息〉两次关注潍坊》为题点赞潍坊。

三是聚焦国家总体外交部署,以一域之光为全局添彩。争取外交部支持,推动东亚

畜牧交易平台建设列入东亚峰会议程。2022年,配合国家外交部署,举办对德、对韩系列外事主题活动,在日本成功举办"飞扬和平,潍坊——风筝之都走世界"非遗展。主动融入"一带一路"倡议框架,与柬埔寨茶胶省、越南北宁市等国外城市保持密切互动,推动友好合作。抢抓RCEP历史机遇,与潍坊学院联合成立"潍坊RCEP研究中心",入选省外事研究与发展智库,工作得到省委外办主要领导批示肯定。

(四)坚持以拓展优化交往路径为基础,对外交流合作逆势前行

一是精心打造潍坊外事活动品牌。以享誉全球的潍坊国际风筝会为依托,打造"外交使节潍坊行"外事品牌。2013年,隆重举办"中国国际友城市长(潍坊)生态峰会"暨"国际风筝城市联盟"启动仪式,促成土耳其安塔利亚省省长、联合国教科文组织亚洲区秘书长、俄罗斯等10国驻华外交官、中外环保领域企业和专家150余人来潍考察洽谈,达成众多合作意向。2019年,品牌升级为"外交使节暨国际友城市长潍坊行",先后邀请丹麦、肯尼亚等10余个国家驻华大使、总领事,近百名外国商会会长线下参会,马格德堡市等10位国际友城市长线上参会,增添了生动国际元素。配合做好风筝会、中日韩产业博览会等主场外事外宾邀请、涉外礼仪、外事翻译等服务保障。邀请日本前首相鸠山由纪夫出席第四届中日韩产业博览会。成功举办首届中国—中东欧国家特色农产品云上博会,潍坊主场外事再添新平台。

二是积极开辟"云外事"工作新路径。推动国际交往逆势前行。举办"云外事"活动15场,深度参与各类线上活动超过50场,较好弥补了线下交往停顿的短板。潍坊市政府主要领导批示:潍坊对外交往不仅没有因为疫情按下"暂停键",反而实现了大踏步前进。2021年,与日向市成功举办结好35周年纪念活动,与乌拉圭特立尼达市共办高端农业合作对话会,乌拉圭《国家报》头版头条进行报道,在乌掀起了"潍坊热"。2022年,同日本、韩国、德国、加纳等国家举办8场"云外事",内容涉及高端制造、友城结好、现代农业等各领域。

三是不断加强国际友城拓展交往。秉承潍坊对外交往推进到哪里,国际友城工作就跟进到哪里的方针,国际友城交往拓展大步迈进。10年来,先后与韩国江原道平昌郡等22个城市结好,数量超过此前26年总和。潍坊国际友城数量达到42个,遍布6大洲23个国家,居全省第三位。省友协日韩工作委员会秘书处设在潍坊,为深度对接日韩争得优势平台。国际友城工作经验在省政府新闻发布会上作重点推介。作为全国国

际友城交往典范，波兰奥尔什丁市、德国弗莱辛地区被全国对外友协授予"对华友好交流合作奖"。

（五）坚持以打造对外开放新高地为抓手，"外事+"赋能助力"两大主业"成效斐然

现代农业和先进制造业是潍坊当家产业。为更好推动"两大主业"高水平开放发展，市委外办出台指导意见，汇聚优势资源，强化机制保障，展现外事作为。

下好外事惠企"先手棋"。市外办主动作为，切实为涉外企业纾困解难，开展"外事助企点对点·外事惠企面对面"活动，选取40家重点企业点对点对接，同时面向有需求的市场主体推出7大类17项服务举措，点面结合、精准施策，挂单销号，先后为717家企业解决外籍专家来华邀请、员工海外利益维护等问题，做法被外交部和新华社报道。2021年，联合4家驻外使馆，举办两场"和你在一起"海外企业"双稳"专场，为企业海外员工送去潍坊党委政府的关怀帮助。2019年，推动以色列超小型质子重离子项目落户潍坊，促成天瑞重工与英国内维尔院士团队开展技术合作。2022年，与德国弗莱辛举办先进制造业对话会，为本市头部企业开拓海外市场注入信心。承办鲁德人才交流会，签署人才交流三方合作备忘录，为海外高端人才来潍创业筑巢引凤。建立高端外事信息"点到点"共享机制，为涉外部门和企业制定产业规划、拓展海外市场提供宝贵信息支撑。

行稳外事助农"直通车"。积极争取外交部通过全球驻外机构网大力宣传推介潍坊国家农综区。推动国家农综区、山东胜伟集团、乌拉圭美洲肉类集团三方的农业领域"两国双园"运营模式成功实践。组织指导"中沃优达进口食品交易洽谈会暨全球农产品现货交易平台"启动，签订出口贸易额211亿元，进口贸易额231亿元。促成正大集团300万只全产业链蛋鸡项目落户安丘。2022年，组织参加中国（山东）·加纳友好合作发展对话会，达成了国际友城结好、农综区推介、中加经贸合作促进会揭牌、系列涉农项目签约等一揽子成果，推动"三个模式"沿"一带一路"倡议走进非洲。推进"三农"涉外服务直达，建立市县外事惠农联络员制度和涉农项目库、人才信息库。争取"山东省外事惠乡村培训基地"落地潍坊，承办5期"农业丝路先锋"培训班。外事助农"潍坊经验"多次被外交部、省委外办推广。

（六）坚持以扛牢外事为民责任为使命，外事领域治理体系和治理能力现代化建设蹄疾步稳

一是多措并举提升服务群众满意度。针对企业反映的APEC卡办理程序复杂等问题，积极争取省外办政策支持，成功为企业减负提速，被评为全市"优质服务项目"。聚力打造全景式、一站式外事服务场景，推出主要外事业务线上审批、机要专递、网上缴费等服务项目，实现了"网上办、不见面、保安全、能办事"。设立"外籍人员服务窗口"，为办理业务的外籍人员提供周到服务。编制《潍坊市党政干部因公出国（境）团组绩效评估实施意见（试行）》，加强行前、行中、行后管理，倒逼监管责任落实。2012年至2022年，审批上报1448批4228人次因公出国团组，为495家外向型企业2149人次申办APEC商务旅行卡，申办量和办结量位居全省前列。

二是坚持不懈提升群众海外出行安全感。建立健全涉外安全联席会议机制、企业及个人"走出去"培训机制、涉外安全分析研判机制和重要节点预警机制。10年间，共妥善处置重点涉外、领保案（事）件130余起，有效避免了输入型涉外安全隐患，有力维护了企业、公民海外合法权益。2015年，在青州市成立全市首个"境外领事保护培训基地"，探索出企业主导、政府指导、政企联动的抓涉外安全新路子，开展"领保知识进乡村"专项行动。在处置曾某某非正常情况归国事件中，化解了重大领保安全隐患，驻在地使馆给予高度评价，省委外办向市委、市政府致信感谢，外交部作为典型案例向全国推广。

三是千方百计做好经常性惠侨和服务荣誉市民工作。用心办好"外籍友人之家"，坚持荣誉市民经常性联系和细致化关怀机制，制定《潍坊市荣誉市民授予办法实施细则》，在近两次全省授荣评选中，8名在潍外籍友人当选"山东省荣誉公民"和"山东省友好使者"，数量居全省第一位。对荣誉市民合理诉求"有求必应""一办到底"，每年按相关标准组织免费体检，开展外事服务"六上门"，切实增加了其归属感、获得感和荣誉感。

四是持之以恒锻造建设过硬外事干部队伍。在干部队伍中持续开展"三学一比"活动，引导大家在学理论中充盈政治修为，在学业务中提升工作能力，在学榜样中激发干事激情，在比贡献中践行初心使命。举办10期"外事工作大家谈"课堂，10余篇外事调研成果获全省外事系统和市政府优秀调研成果一、二、三等奖。创刊《外事动态》39期，为领导决策提供了有效参考。完善"潍坊市优秀翻译人才库"，入库人才达157人。

连续举办 18 届全市外事专办员培训班和外语大赛。应外交部要求，先后选派 6 名干部赴我国驻韩国、匈牙利、波兰、日本、印度、德国等大使馆帮助工作。进一步理顺优化干部队伍梯次配备，推动人岗相适交流机制常态化，干部队伍年龄结构、能力素质、作风养成等方面都取得明显提升。

八、济宁市外事工作回顾（2012—2022 年）

（一）一体推进，加强党的集中统一领导

近年来，济宁外事工作坚持以习近平新时代中国特色社会主义思想为指导，坚持党管外事的基本方向，在学深悟透习近平外交思想的基础上，全面贯彻落实党中央的大政方针和战略部署，统筹国内国际两个大局，严格遵守党的外事工作纪律和规矩，服务国家总体外交和全市经济社会发展均取得新的突破。一是健全机制。充分发挥好济宁市委外事工作领导小组、济宁市委外事工作委员会的统筹指导作用，将各级各类外事工作安排部署落到实处。2019 年，按照全市机构改革要求，济宁市外办顺利完成职责与职能调整、人员转隶等机构改革各项工作，进一步理顺外事工作机制。二是凝聚合力。1998 年济宁市外事工作领导小组成立，2003 年更名为济宁市委外事工作领导小组，不断强化资源统筹，努力拓展对外交流渠道，构筑起全方位、多渠道、宽领域的外事工作格局。2019 年，为进一步加强党对外事工作的领导，发挥党委对外事工作的统筹协调作用，推进外事战线职能整合，济宁市委外事工作委员会成立，作为市委议事协调机构，受省委外事工作委员会和市委领导。挂牌成立了市委外事工作委员会办公室，制定出台委员会工作规则和办公室工作细则，综合施策，调动全市各部门、单位对外工作资源协同发力，凝聚工作合力。三是强化纪律。牢牢把握外事工作高度的政治性和政策敏感性，严肃外事纪律，严格工作制度，定期组织开展全市外事工作培训，规范指导全市涉外部门、单位有序开展礼宾接待、因公出国、对外交往等涉外活动，坚定维护国家对外工作大局。

（二）双管齐下，开展多领域多层次对外交往

一是"走出去"扩大对外合作。2012 年以来，济宁市外办严格按照中央八项规定要求，健全制度建设，全面规范全市因公出国管理。积极推进山东省因公出国审护签管理服务平台推广使用工作，逐步实现因公出国审批、护照、签证、APEC 商务旅行卡等外事业务实现"一网通办"。2012—2022 年，累计审批因公出访 680 批、1400 余人次，涉

及美国、加拿大、德国、法国、意大利等多个国家和地区，主要参加招商引资、设备考察、经贸洽谈、文化教育交流、人才引进、技术培训等活动，对促进全市对外开放、加快外向型经济发展、开展招商引资引智等发挥了积极作用。美国伊顿、爱科，日本小松、伊藤忠、胜代，德国巴斯夫、西门子、林德、大陆，意大利倍耐力，新加坡丰益国际及华润、光大等15个国家和地区的53家世界500强企业落户济宁。对外讲好"济宁故事"，每年组织开展对国际友城、合作城市宣传活动，通过交流互访、开展交流会、专题推介会、定期发送外宣资料等"点对点"交流，由点带面扩大城市国际宣传辐射效应，多层次多渠道对外讲好新时代中国故事"济宁篇"。

二是"引进来"推动开放发展。近年来济宁市充分发挥独特文化资源优势，叫响"文化外事"品牌，全力做好重要礼宾接待等工作。十年来共接待外宾团组372批4578人次，其中副部级以上团组67批1112人次，到访的外宾包括外国国家元首和政府首脑、前政要、政府高官、世界500强及大公司高层代表、友好城市代表团、外国驻华使领馆代表、国际组织代表、国外工商组织和其他民间组织代表、外国记者等。联合国前秘书长潘基文、法国前总理多米尼克·德维尔潘、墨西哥前总统福克斯等国家元首、党宾、国宾先后访问济宁。

积极营造良好的涉外"软环境"。1993年起，济宁市开始授予外国友人荣誉市民称号，2012至2022年，共有26位外国友人获评"济宁市荣誉公民"，21位外国友人获评"济宁市人民友好使者"。同时6名在济外国友人获评"山东省荣誉公民"和"山东省人民友好使者"称号。积极开展"外国友人看济宁""外国友人拜大年"系列活动，厚植人文情怀。2013年起，在全市开展"外国友人在济宁"系列报道活动，陆续对在济宁工作的外国友人进行采访报道，并通过电视、报纸、网络等媒体进行多元化传播，拉近了外国友人与市民之间的距离。多次举办"外国友人拜大年"活动，在济国际友人、外国留学生等拍摄拜年视频向济宁人民传达新春祝福，体验济宁市浓厚的春节氛围，进一步增加对济宁的认同感。

（三）发挥优势，搭建高水平对外开放平台

经过长期传承与积淀，济宁现有联合国教科文组织世界遗产名录2处，全国重点文物保护单位41处，拥有"三孔"、"两孟"、微山湖、梁山等文化地标；设立了尼山世界儒学中心、孔子研究院、孟子研究院、孔子博物馆等享誉国内外的研究机构，为展现儒家文化当代魅力、彰显时代价值不断注入新元素。十年来，通过中国（曲阜）国际孔子文化节、尼山世界文明论坛、孟子故里（邹城）母亲文化节等大型论坛、节庆活动，济宁市积极邀请国际友城代表团、驻华使节等来济，参加祭孔大典、"友城朋友聚圣城"、国际友城市长（尼山）对话、驻华使节齐鲁文化行等多主题活动，为深化中外文化交流、文明互鉴提供了新视角，为济宁市对外友好交流合作搭建了新平台，将儒家文化、济宁元素推向更加广阔的国际舞台。

2020年，全国对外友协在济宁设立全国首个中外青少年交流基地，济宁市抢抓机遇，主动借力国家和省级高端平台开展对外交往活动，精心打造国际青少年交流"济宁品牌"，进一步扩大儒家文化在国际青少年中的影响力。基地依托曲阜师范大学、尼山世界儒学中心等院校和文化设施，聚焦推动中外青少年交流，把基地打造成为传播和弘扬中华优秀传统文化、讲好"中国故事"的交流平台。2021年4月，时任省委书记、省人大常委会主任刘家义，全国对外友协会长林松添共同为"中外青少年交流基地"揭牌。6月，基地承办了"畅享孔子文化　中英结伴同行"首场线上交流活动。2021年以来，中国宋庆龄基金会举办的东北亚青年可持续发展研习营活动连续两年走进济宁，带领中外青少年近距离感受儒家文化，积极培育促进中外友好的青年使者。

（四）提质拓面，优化友城全球布局

近年来，济宁市坚持为国家总体外交服务，稳步开展国际友城工作，友城数量进一步增加，实质性交流合作不断深化。一是在区域布局方面。传统的日韩地区国际友城数量发展速度较快，经贸科技文化发达的欧洲、美洲、大洋洲地区的国际友城数量也得到迅速扩展，"一带一路"合作伙伴的国际友城工作取得新突破。2012年以来，济宁市先后与加拿大、澳大利亚、韩国、巴基斯坦、葡萄牙、莫桑比克、美国、匈牙利、法国、芬兰、菲律宾、吉尔吉斯斯坦、马拉维、俄罗斯、白俄罗斯等15个国家的17座城市新建国际友城关系，将友好合作关系城市俄罗斯塔甘罗格市提升为友好城市关系。截至2022年底，济宁已与22个国家的43个地方政府建立了国际友城关系，形成了遍布六大洲的"朋友圈"。二是在交流合作方面。以互利互惠为抓手，谋划多种形式的交流活动强化升华国际友城纽带关系。2012年以来，与国际友城间开展了40余场友城交流活动，涉及教育、文化、经贸等各领域，为服务地方经济社会发展，实现双方合作共赢搭建了重要平台。2017年5月，济宁市外办与俄罗斯塔甘罗格市博物馆协会在济宁市博物馆联合举办"俄罗斯文化与契诃夫生平展"暨"5·18国际博物馆日"系列活动。2019年7月，与美国伊利诺伊州春田市共同打造的济宁市友城国际博士工作站在高新区正式揭牌，为济宁市开展双招双引工作、对接国际合作项目搭建了重要平台。近三年来，积极拓展交流渠道，与日、韩、俄等国际友城开展多领域"云外事"交流，成功举办、承办了"相约上合"山东—俄罗斯艺术院校合作交流会、济宁市—寿城区交流合作线上对话会、济宁市—俄罗斯普斯科夫市友好交流合作线上洽谈会、"青春力量 携手前行"——济宁市足利市中日大学生线上文化交流会、2022"山东—俄罗斯普斯科夫州合作交流会暨丝路名城对话：济宁—普斯科夫"线上交流活动等活动，为疫情形势下的合作交流提供了更多机遇。

（五）主动作为，展现疫情防控外事担当

2020年以来，济宁市外办立足外事职能，全力守牢全市涉外疫情防控防线，有力服务全市防控大局。一是主动担当。先后派出13批23人次到市委疫情防控指挥部和北京、南宁、长沙工作专班轮岗工作，靠前站好国际口岸防疫岗，严防境外疫情输入。抽调人员高度负责，守好国门防线，多次受到上级领导和返济人员的表扬和肯定。济宁市驻南宁口岸专班的工作受到了省委书记、省长批示表扬。截至2022年底，累计闭环转运管控境外来济宁人员3.3万人，接受和推送境外人员信息近1.1万批、6万条，派出接返车辆派送3.2万辆次、7.3万人次，累计管理、服务外籍人士近7500人。同时全体党员干部响应号召下沉社区一线，增援包保社区、村居防疫工作，开展核酸检测、生活物资保供等志愿服务，助力基层防疫。二是积极作为。全面摸排统计，建立在济外国人动态管理台账。实行新入境外籍人员"日报告"和"零报告"制度，实时掌控在济外国人动态信息，主动摸清工作底数。三是优化服务。及时开通日语、韩语、英语等24小时咨询服务热线，向在济宁市外籍人员发放慰问信和多语种防疫手册，加强人文关怀。开展外籍师生走访慰问活动，及时做好政策解读。第一时间启动济宁市中韩、中日等邀请函办理"快捷通道"，2020年以来共签发邀请核实单140批、376人次，高效服务企业亟须专家、人员来济洽谈合作，华勤集团两次赠送感谢信和锦旗。圆满完成济宁市大型骨干企业永生重工韩籍人员来济宁包机工作，加快推进该公司高端工程机械底盘件项目安装落地，企业和外籍专家专门赠送了感谢牌。四是加强抗疫合作。开展"心手相连、共抗疫情"国际友好交流活动，市政府主要领导与友好城市市长互致慰问信、感谢信34封，向韩国寿

城区、立陶宛乌田纳市、法国弗龙萨克市等国际友城捐赠了口罩、防护服等防疫物资，进一步筑牢友好交流的坚实基础。

（六）创新举措，维护涉外安全稳定

树牢"外事为民"理念，让基层群众更多了解领事保护知识，提高规避海外风险和自身安全保护能力。一是提高宣传覆盖面。以泗水、汶上、任城等外派劳务集中、境外领保事件多发的县区作为基点举办领事保护知识图片巡展，发放各类领保宣传品，推动领保宣传工作走进社区、下到基层、进驻企业、贴近民众。不断完善门户网站和微信公众号，丰富领事保护知识宣传专栏的内容，全面、详细介绍领事保护知识，及时发布预警信息。广泛宣传推介外交部"12308"领事保护热线，为济宁市公民和企业提供领事保护和服务信息。通过"济宁新闻网""东方圣城网"、济宁曲阜机场、长途汽车站等媒体平台播放外交部"非必要、非紧急、不出国"专题宣传片，让市民及时了解国家的疫情防控政策，提高海外安全防范意识。二是创新宣传形式。加大力度打造有地方特色的预防性领事工作机制，2015年，以山东润泽国际经济技术合作公司为依托，成立"济宁市海外公共安全培训基地"，成功承办2016年全省领事保护培训活动。以山东经典集团、山东迪尔集团为依托，成立两处市级海外领事保护培训基地。2021年起，先后在任城区、高新区、兖州区、曲阜市等县市区设立"济宁市海外领事保护知识宣传站"6处，进一步活化领事保护宣传实践。三是提高处置能力。协调指导相关部门单位切实履行属地责任、主体责任，守好一排底线，依法依规妥善处置了各类领事保护案（事）件、涉外案（事）件，有力维护了全市安全稳定涉外环境。

（七）提升能力，培育高水平外事干部队伍

2012年以来，济宁市外侨办先后被外交部、国侨办授予"服务国家总体外交突出贡献奖"，被省文明委授予"省级文明单位"，被省人社厅、省外办、省公务员局联合授予"全省外事系统先进集体"。国际友城工作在"2016中国国际友好城市大会"上作典型发言，足利市被全国对外友协授予"对华友好城市交流合作奖"。孔子研究院被评为国家级华文教育基地。2019年至2022年，济宁市外办被省人社厅、省外办评为全省外事系统先进集体，被市委、市政府评为济宁市抗击新冠肺炎疫情先进集体、系列重大活动先进集体，被市委经济运行应急保障指挥部评为在推进重点外资企业全面复工复产工作中表现突出的先进单位，市外办党总支被评为市直机关先进基层党组织。一是配强干部力量。2012年以来，重点强化梯队建设，在干部配备上有针对性地弥补专业弱项、拉长管理短板，持续加强干部队伍建设与年轻干部培养选拔，通过公开招考、事业单位人员调整、"优才计划"等不断充实新力量，干部年轻化、专业化程度大幅提升。二是提高外事履职能力。抓好专业能力提升，聚力培养了涵盖英语、德语、俄语、日语等6个语种的专业化、高素质的外事干部队伍。进一步强化人才保障。2021年济宁市对外友好协会机关明确为群众团体机关，推动友协更好地履行职能、发挥作用。坚持以学促干，组织党员干部参加外事系统、党校等组织的学习培训，多次邀请外交部及省委外办处室开展外事政策、礼宾礼仪、领事保护等专业培训，每年组织翻译人员参加全省翻译培训。加强实践锻炼，先后选派5名业务骨干借调外交部驻外使领馆工作。坚持岗位练兵，举办"我来讲党课""外事干部上讲台"等活动，全方位打好外事"基本功"。三是推动"党建+外事"走向深入。高标准开展了党的群众路线教育实践活动、"三严三实"专题教育、"两学一做"学习教育、"不忘初心、牢记使命"主题教育、党史学习教育等活动，坚持把主题教育同外事工作紧密结合，推动学习取得实效。创新创建"五彩纽带"党建品牌，搭建对外交流新平台。加强省市联动，联合外交部驻德国慕尼黑总领馆、驻柬埔寨暹粒领事办公室及省委外办有关处室开展"外事担使命　初心向党红"等活动，以党建为媒搭建起国际交流合作新桥梁。抽调多批干部赴驻村帮扶、驻企攀登、"四进"等工作一线成长锻炼，为全市发展贡献更多外事力量。

九、泰安市外事工作回顾（2012—2022年）

2012年至2022年，是党和国家历史上极为重要的十年，也是泰安外事工作中极不平凡的十年。进入中国特色社会主义新时代，在市委、市政府的正确领导下，泰安市外办坚持以习近平新时代中国特色社会主义思想为指导，深入学习贯彻习近平外交思想，全面落实党的十八大、十九大和二十大精神，加强党对外事工作集中统一领导，紧紧围绕市委、市政府中心工作，有力推进外事管理规范提升，外事服务更加优化，渠道建设不断拓展，涉外环境安全稳定，踔厉奋发、勇毅前行，开展了一系列开创性、长远性工作，开创了外事工作高质量发展的新局面。现将工作情况总结如下。

（一）坚持党管外事，全力构建"大外事"工作格局

1. 加强机制建设，构建党管外事新格局。一是召开了市委外事工作委员会第一次、第二次全体会议，聚焦国内国际两个大局、统筹发展开放两大任务，全面分析当前外事工作形势，深入研究重大外事事项，审议通过多个打基础、立规矩、利长远的重要文件，切实加强对外事工作的统筹谋划、顶层设计、整体推进和督促落实。二是健全完善市委外事工作委员会体制机制，严格落实重大外事事项请示报告制度，统筹推进全市对外交流合作规划和部署，加强与各部门在贯彻落实中央和省委对外工作部署上的协调联动。三是完善县市区外事职能部门建设，加大对县市区外事工作指导力度，促进各级外事工作委员会办公室切实有效运转，形成党管外事工作新格局。

2. 夯实理论基础，扎实筑牢思想阵地。坚持把党的领导作为首要政治纪律和政治规矩。始终站在忠诚捍卫"两个确立"，坚决做到"两个维护"的政治高度，自觉把思想和行动统一到中央对外大政方针和省委、市委工作要求上来，坚定不移用党的创新理论武装头脑、指导实践、推动外事工作。强化对党忠诚教育，始终把"不忘初心、牢记使命"作为党的建设的永恒课题和全体党员干部的终身课题，积极开展"微党课"、大讲堂和主题党日活动，健全理论学习长效机制，不断提高外事干部队伍的政治判断力、政治领悟力、政治执行力。

3. 坚持学以致用，深入贯彻习近平外交思想。把学习贯彻习近平外交思想作为做好全市外事工作的根本所在，将其作为一项长期的重要政治任务来抓。坚持学思用贯通，知信行统一，推动习近平外交思想融入贯彻到泰安市外事工作各领域、全过程，将其转化为融入共建"一带一路"、促进高水平对外开放等方面的强大力量。

（二）发挥外事优势，奋力推动对外合作迈上新台阶

1. 广泛开展对外交往，努力扩大务实合作。一是积极争取外交部、省委外办支持，力邀高规格的党宾、国宾和高级别外宾来泰安市考察访问，通过创新接待理念、搞活接待方式，努力促成实质性合作，实现外事接待由"迎进来"到"引进来"的转型。比如，在泰安市外办策划开展的"驻外（华）使节泰山行""海外精英泰山创业行"等品牌活动中，积极邀请驻外（华）使节、重要国际组织负责人来泰安市参观考察，牵线搭桥，切实做好对口企业、对口项目的推介对接和跟踪服务工作，合力推进招商引资和招才引智工作齐头并进，互利共赢，取得了显著的经济效益和社会效益。2012年至2022年，泰

安市接待了包括时任联合国秘书长潘基文代表团、委内瑞拉玻利瓦尔共和国总统尼古拉斯·马杜罗代表团在内的来访团组共229批3215人次，其中副部级及以上团组47批786人次。二是切实强化措施，推动因公出访精准服务全市经济社会发展。加大因公出访与项目建设结合力度，精心做好访前对接、访中洽谈、访后落实等各环节工作，既加强对出访项目的宏观管理和服务指导，又强化监督检查，确保公务出访特别是高层出访工作质量和成效，洽谈推进了泰国正大国际商业广场项目、新加坡泺亨现代物流中心项目、匈牙利人才金港项目、瑞典山特维克掘进机合作项目、美国硅谷美华科技城等一批大项目、好项目。2012年至2022年，泰安市共批准出访729批1990人次，有力推动了泰安市外向型经济发展。三是全面融入上级部门和泰安市举办的重大涉外活动，积极做好泰山国际登山节、泰山国际文化论坛、泰山国际马拉松赛等活动的翻译服务和礼宾礼仪指导工作，全力服务泰安市对外开放和经济社会发展。四是积极推进APEC商务旅行卡业务，助推企业"走出去"。为方便企业开展海外业务，泰安市外办推行了APEC商务旅行卡"网上初审"服务，建立了重点外向型企业服务对象资料库，为企业提供了简便、快捷和高效的服务。2012年至2022年，共为111批253名商务人员办理了商务旅行卡，加快了泰安市外向型企业"走出去"的步伐。

2. 线上线下有机结合，推动民间友好交流。打好中华泰山牌，以山引宾客，借山做文章，与国外民间机构、人士广泛开展线上线下交流，厚植民间友好基础。一是积极做好"山东省荣誉公民""山东省人民友好使者"和"泰安市荣誉市民"的遴选推荐工作，扩大泰安市海外"朋友圈"。2012至2022年，泰安市成功推选"山东省荣誉公民"3人、"山东省人民友好使者"6人，授予了来自8个国家和地区的8人"泰安市荣誉市民"称号，在海内外产生了良好反响，有效鼓励带动了各国友人积极参与泰安市的发展建设。二是线上线下相结合，精心策划开展国际青少年交流活动。以青少年交流为突破口，助推各层级友好往来，从而进一步推动泰安市对外友好工作向前发展。比如，泰安市外办于2021年1月联合市教育局以及泰安和龙仁的多所高校就开展合作办学、学术交流及师生互派等合作事宜召开了专题视频会议。经过积极努力，当年7月泰安、龙仁两市政府、山东第一医科大学和龙仁明知大学达成协议并签署了《促进城际及校际间国际交流的业务合作协议》。该协议的签署带动两市交往不断走深走实，务实合作迈出新步伐。三是加强线上线下与国外民间组织和国际友人的联络，支持县市区、学校、医院等建立基层对外友好关系，构筑宽广的民间对外交往渠道，推动对外友好关系迈上新台阶。

3. 扎实做好外宣工作，努力提升国际影响力。一是积极与市委宣传部、山东第一医科大学等部门单位协作，共同开展外宣活动。比如，开展了"感知山东——外国留学生泰安行活动""外国留学生体验中国传统文化——走进泰山区"等系列外宣活动，组织在泰留学生体验农家乐采摘、参加包粽子等活动，展示繁荣发展、开放自信的新时代泰安形象。二是与泰安日报社、泰安电视台等媒体联合拍摄系列外宣视频，并充分利用各类媒体平台及公共场所屏幕进行宣播，讲好泰安故事、传播泰安声音，树好泰安形象。比如，联合泰安电视台拍摄了《外国人眼中的泰山汉字》宣传片。片中组织外国友人拜访传拓艺人，实地领悟泰山石刻魅力，弘扬了泰山及传统汉字文化。三是协同市委宣传部做好《外国人在泰安的一天》系列视频录制、《天下泰安》系列宣传片英文字幕的翻译审定以及全市各类外宣资料的翻译工作，向世界展示生动立体、开放包容的泰安形象。四是与国际友城密切合作，做好了城市外宣工作。通过意大利罗古市等国际友城友协官网、脸书、展览馆对泰安市进行了宣传推介；积极筹备参加第二十七届双年展"巴萨罗马涅展"等国际友城展会，对泰安市企业宣传资料和企业产品进行集中展示；牵头召开了泰安市与罗古市友好交流合作线上视频会议，就在其市立图书馆设置"中国文化之角·尼山书屋"宣传中华优秀传统文化事宜达成了共识。

（三）优化国际友城布局，着力打造对外友好"升级版"

自始建国际友城迄今，泰安市国际友城虽然数量较多，但分布不够均衡。对此，泰安市外办加强顶层设计，优化国际友城布局，进一步挖掘国际友城合作潜力，扩大泰安市国际"朋友圈"，同时深化与已结国际友城从政府到民间交流合作的深度和宽度，丰富国际友城交流合作内容，促进国际友城交流成果转化。一是深度融入国家"一带一路"建设，补齐东南亚地区国际友城短板，加快推进泰安市与马来西亚柔佛州古来县和沙捞越州古晋南市的国际友城结好进程，积极促进泰安市与菲律宾达沃市建立国际友城关系。二是继续深化与日韩等已建国际友城的交流合作。比如，参加日本富士山世界遗产10周年庆典活动；积极筹划与日本八王子市在经贸、文化等领域的"云推介""云会谈"等合作交流活动；加快推进山东第一医科大学与韩国龙仁市明知大学线上开展校际文化交流活动。三是努力激活与意大利罗古市、斐济南迪市、巴西永贾伊市等交往较少国际友城的友好往来。促成泰山与法国圣·米歇尔山缔结"友好山"关系，推动了泰安市与圣·米歇尔山市的务实交流合作，构建了多渠道、全方位的对外交往新格局。

（四）强化外事担当，全面做好疫情防控各项工作

1. 疫情就是命令，坚决扛牢抗疫外事责任。2020年初，面对境外疫情输入风险增大的严峻形势，泰安市外办坚持"疫情就是命令，防疫就是责任"，牵头成立了工作专班，抽调专人全程参与、全域协调，专门负责入境人员疫情防控工作。同时，向海口美兰机场和昌北机场口岸专班派驻专人值守，协同有关部门做好境外来泰人员检疫查验和服务保障工作。

2. 筑牢疫情防线，扎实做好常态化疫情防控。一是做好入境疫情防控统筹协调、数据统计、督导检查、通报函电办理等各项工作，织密织牢入境人员全链条闭环管理，确保了全市输入性疫情防控形势稳定。二是扎实做好了疫情防控外事组驻点督导工作。按照市疫情指挥部安排部署，疫情防控外事组驻肥城督导组压实责任，强化措施，对肥城市常态化疫情防控工作进行全面督导检查，确保督导工作落到实处。三是摸清底数，稳妥有序推进在泰外籍人员疫苗接种工作。全面系统地摸排在泰外籍人员底数，确保泰安市外籍人员应接尽接。

3. 深化友好关系，不断加强疫情防控国际合作。深入开展"心手相连、共抗疫情"国际友好活动，密切与有关国家地方政府、友好人士的联系，积极开展疫情防控国际合作。一是及时开展慰问声援。泰安市向日本八王子市、韩国泰安郡、意大利罗古市等国际友城致电、致函慰问，传递守望相助、战胜疫情的信心，表达开展国际合作的意愿。二是积极协调国际捐赠。比如，2022年，南非华人警民合作中心与Future Solar Development公司向泰安市捐赠医用口罩3万个，医用防护服600件；日本百川株式会社、外山雅章教授向泰安市捐赠防疫物资两批；日本八王子市将其用于震灾而储备的1万个外科口罩支援泰安市。三是积极提供对外援助。在了解到意大利罗古市等国际友城防疫物资急缺后，泰安市外办积极协调4万个医用口罩支援国际友城，表达患难与共的情谊，为推动今后友好交流与合作夯实基础。

（五）强化管理举措，努力营造安全稳定涉外环境

领事保护和涉外维稳工作关乎国家外交大局和我国海外公民安全利益。工作中坚持"预防就是最好的领保"，着力提升了涉外管理能力。一是健全完善了涉外应急案件处理机制，本着积极、稳妥、低调、从速的原则，做好了涉外案件和领事保护工作。2012年至2022年，妥善处置了涉及劳资纠纷、人身安全等问题的各类领保和涉外案（事）件

逾90起，有力维护了泰安市在外人员和企业的合法权益，为经济社会发展营造了良好的外部工作环境。二是加强领事保护宣传力度。通过泰安市新闻媒体宣传报道、向企业发放领保宣传册及在各县市区、街道办事处、社区宣传栏集中宣传等举措，进一步提高领保知识普及率。三是认真做好涉外邀请管理工作。涉外邀请管理工作关系到我国国家主权、安全和发展利益。泰安市外办在坚持"为企业服务，促进泰安市对外经贸发展"原则的同时，对重点敏感国家来泰邀请从严审核，严防"三非问题"发生。2012—2022年，共办理来自32国家1689批次3252人次的涉外邀请，在有效防范输入型安全威胁的同时有力服务了泰安市经济社会发展。

十、威海市外事工作回顾（2012—2022年）

党的十八大以来的十年，是党和国家事业取得历史性成就、发生历史性变革的十年，也是威海牢记嘱托、砥砺奋进，实现大跨越大发展的十年。十年来，威海始终坚持以习近平新时代中国特色社会主义思想为指导，牢记"国之大者"，始终沿着习近平总书记指引的正确方向奋勇前行，以实际行动坚定拥护"两个确立"，坚决做到"两个维护"。

这十年，威海改革开放持续深化，在与世界深度互动互促中，威海先后争取到国务院深化服务贸易创新发展试点、国家级跨境电商综合试验区等国家级试点，全市进出口总额10年增长83.8%，获批实施省以上改革试点200余项，各类市场主体达到44万户、增长了2.4倍，获评中国国际化营商环境建设标杆城市。通过长期努力，2022年威海市地区生产总值达到了3408.2亿元，综合实力跃上更高台阶，无论是从经济增长的"速度"，还是改革开放的"质量"，都证明了这十年是威海经济社会发展取得历史性进步、全方位跃升的最好时期。

面对变幻复杂的国际形势、艰巨繁重的发展稳定任务和突如其来的疫情冲击，威海市外事工作在市委、市政府的坚强领导和省委外办的大力支持下，审时度势、求新求变、担当作为，主动配合服务国家总体外交，积极融入全市经济社会发展大局，推进城市国际化战略，为打造对外开放新高地贡献外事力量。威海市外办先后获授"山东省抗击新冠肺炎疫情先进集体""山东省外事系统先进集体""省级文明单位"等多项荣誉称号，2020年、2021年连续两年被市委、市政府评为年度工作"优秀单位"。

（一）坚持党的集中统一领导，有力服务国家总体外交大局，逐步构建起"大外事"工作格局

过去十年，随着城市国际化战略和打造对外开放新高地的推进，威海牢固树立党管外事理念，始终坚持以习近平新时代中国特色社会主义思想特别是习近平外交思想为指导，全面、深刻、系统把握我国对外交往的战略布局和方针政策，推动对外工作战略部署在全市落地生根。

面对新时代外事工作的新形势新问题新要求，明确党委对外事工作的主体责任，进一步健全完善外事工作管理体制。2019年，市委外事工作委员会成立。2020年根据实际增员扩面，将成员单位由6个增至10个，覆盖统战、公安、商务、安全、海事等多个领域，有效推动领导体制改革成果向各涉外领域延伸。在市委外事工作委员会的架构下，定期召开年度全体会议，第一时间传达上级对外工作相关文件会议要求，转发上级对外工作要求，针对因公出访、国际友城交往、外事纪律等内容进行研究部署，构建起上下贯通、齐抓共管、协同共享的外事工作机制。

坚决服从国家外交大局，重大涉外会议、外事活动保障有力。圆满完成上海合作组织青岛峰会等重大会议的服务保障任务，高效精准服务驻华大使齐鲁行、亚太非记者团来鲁参访等外事活动，接待巴西、哥伦比亚、秘鲁、乌兹别克斯坦、白俄罗斯、阿根廷等多国驻华大使及上合组织副秘书长等将近300个团组来访，重点国别交流推进稳妥务实，多次得到外交部、省委外办的书面表扬和肯定，为中国特色大国外交作出了威海贡献。积极对上争取政策支持，精致城市建设、深耕日韩、国际海洋强市建设、外事红色教育培训基地建设、职业教育培训交流等多方面工作取得积极成效，外交部、省委外办等上级部门交办的重大任务和试点工作得到有效落实，威海一战华工纪念馆被纳入首批山东省外事教育基地。

（二）围绕助力"双招双引"，开展多领域多层次对外交往，有效服务地方经济社会发展大局

聚焦全市经济社会发展主战场，积极融入新发展格局，主动谋划、主动设计、主动落实，服务城市国际化战略，助力企业融入"双循环"，深入推动多领域合作交流，民间交流、公共外交迈出新步伐，对外交流质效显著提升。抢抓政策红利，在深耕日韩上下功夫，推动园区培育提升行动，推动构建更高层次对外开放经济发展模式。2015年，

威海与韩国仁川自由经济区被选定为中韩自贸区地方经济合作示范区，威海由此成为首个被写入自贸协定的中国城市，开创了双边自贸区建设的先河。2018年"威海成为中国首个也是目前唯一一个被写入自贸协定的城市"成功入选山东省庆祝改革开放40周年最具影响力的事件。

积极助力企业纾困。针对日趋复杂的国际经济形势，实施"外事联百企"等专项行动，走访100余家重点外资企业和外向型企业，了解企业在"走出去"和"请进来"方面的需求和困难。下调威海市APEC商务旅行卡申办企业资质量化标准，累计办理APEC卡2000余张，办卡量连续多年居全国地级市首位，为助推企业拓展海外市场提供了快捷高效的渠道。做好山东省因公出国审护签管理服务平台上线工作，深入推进外事业务流程再造，累计办理领事认证4131批10401份。特别是在新冠疫情防控期间，为相关物流、生产和技术服务急需人员开通"快捷通道"，先后为企业办理来威邀请函993批1796人次，从细节入手优化涉外政务服务。

十年来，全市进出口总额增长83.8%，经贸合作覆盖全球94%的国家和地区，实际使用外资增长3倍。惠普、马夸特、捷普等众多大企业、大项目相继落地。2022年，积极推动中韩两国部委正式签署"四港联动"整车运输试运行谅解备忘录，举办威海—仁川地方经济合作联委会第五次工作会议和第二届韩国（山东）进口商品博览会，策划配套活动20余场，达成贸易意向额56亿元。积极服务全市重要国际活动，参与了健康城市市长论坛、人居节、英创会、国际铁人三项赛、世界摩托艇锦标赛等国际活动和国际赛事，提供翻译、重要外宾邀请以及礼宾指导等服务。

（三）高质量推进国际友城工作，拓展全球对外交往布局，提升友好交往层次和维度

自2012年以来，威海先后新增荷兰阿克马市、韩国群山市、乌克兰尼古拉耶夫市、韩国大邱广域市寿城区、日本泉佐野市、马来西亚美里市等友好合作关系城市6个。目前，威海市共有市级国际友城21个，各区市国际友城26个，实现五大洲全覆盖。按照维护、深化、拓展、提升的工作思路，重点加大对日韩和"一带一路"合作伙伴国际友城的维护、拓展、外宣工作。先后组织并参与威海国际友城合作对话会，亮相鲁韩国际友城视频交流会、俄罗斯人民外交论坛圆桌会议、尼山世界文明论坛国际友城市长尼山对话等高级别、多双边活动，策划开展青少年书画展、城市虚拟互访体验交流等活动，

深化对日、韩、俄等国家和地区交往，推进对英交流合作典范城市建设。加强国际友城资源储备，深化与俄罗斯、罗马尼亚、美国、韩国、法国、坦桑尼亚等国家市联系，推进缔结友好城市关系。配合打造城市客厅，整理、征集国际友城外事礼品、纪念品40余件，成功打造威海国际友谊林，提高了国际友城工作市民参与度。

广泛团结国内外友好力量。先后举办中韩（威海）人才交流合作大会暨韩国留学人才云上对接会，推动山东（威海）韩国留学人才创新创业基地设立及其他对韩人才交流平台载体建设。做好"山东省荣誉公民""山东省人民友好使者""齐鲁友谊奖"等推荐工作，修订《威海市授予荣誉市民称号办法》，授予39名经贸、教育、科技等多个领域中外友好人士"威海市荣誉市民"称号。开展线上问卷调查、实地走访调研及外籍人士座谈会活动，宣传外事业务政策，征求对威海市涉外营商环境的意见建议310余条。开展公务员交流5批6人次，开展两届国际友城留学生奖学金项目；积极参与全省国际青少年交流年活动，先后推动在威院校与众多外国高校建立起合作关系，结成学生伙伴100余对，培育起友好交往使者。

（四）提高外事管理服务水平，推动审核审批流程再造，优化涉外营商环境

用足用好因公出国管理政策，严格遵守量化管理规定，把握"因事定人、人事相符"的因公出国原则，在全省率先实行了县处级干部因公出国年度计划管理，增强了出访的科学性、规范性、计划性。正确处理好因公出访与禁止公款出国旅游的关系，开展了制止公款出国（境）旅游专项工作，坚持杜绝了无实质性内容的团组出访，对符合规定，特别是事关全市对外开放大局和招商引资的重要团组提供绿色通道，切实维护良好的因公出国秩序。2019年，积极争取"惠普全球激光打印机基地项目""IBM服务外包研发中心项目"纳入了"2019年山东省因公出国重大任务库"，当年共审核审批因公出访团组257批768人次，其中经贸类团组571人次，占出访总人数的67%，十年间累计审批因公出国团组2548批6174人次，有效保障了威海市"双招双引"等对外交往工作。

围绕推进城市国际化战略，积极落实《威海市城市国际化促进条例》要求。2019年起，威海市外办牵头，会同全市30余个成员单位，深入开展城市国际化语言环境建设，经过3年努力，组织编写了3期《威海市城市公示语中英、中韩译写规范》70万余字，共建成外语标识21万余条，设置二维码3500余个，公共场所外语标识覆盖率和准确度显著提高；围绕提升业务工作水平，系统研究学习国际形势及重点国家和地区外交

政策，掌握外事礼宾礼仪知识，强化外事纪律培训，引导涉外行业人员用世界眼光、战略思维、国际视野审视机遇和分析问题，组织全市范围外语翻译培训18次。整合威海市翻译协会资源，组建起覆盖7语种477人的外语人才库，增设12345政务服务平台招聘英语、韩语、日语座席人员，持续提升城市语言环境国际化水平。

（五）践行外事为民宗旨，扛牢涉外疫情防控职责，筑牢涉外安全坚固防线

安全是发展的前提，发展是安全的保障。外事工作始终将涉外安全工作作为首要前提和底线，坚定贯彻总体国家安全观，全力维护涉外安全稳定。加大涉外管理工作力度，贯彻落实重要外事管理政策法规，召开全市涉外安全与外事纪律工作会议，就做好涉外安保维稳工作纪律规定进行重申、强调。强化领事保护"上游治理"。修订完善了一系列涉外应急处置预案，推动关口前移，常态化开展海外领事保护知识宣传系列活动，对威海市重点企业海外项目的境外安保工作开展"云巡查"，有效提升企业海外安全防范意识和应急处置能力。稳妥、低调、有序地做好涉外渔船、外籍人士在威意外死亡、威海市市民在国外死亡、失联、遇险等涉外和领事保护案（事）件290余起，重点领域涉外安全风险有力化解。

建强"外防输入"坚固防线。自2020年2月以来，威海市外办牵头疫情防控外事组工作，始终对境外疫情输入性风险保持清醒认识和高度警惕，密切跟踪疫情发展变化，及时完善涉外疫情防控工作机制、工作方案及应急预案，在全国率先采取入境集中隔离政策，筑牢外防输入的坚固防线。3年间，累计完成威海机场3115名外籍人士机场分流转运及2900余名在威外籍人士疫苗接种工作。2020年11月，在全球体育赛事"停摆"间隔8个月后，威海成功承办国际乒联男、女世界杯赛，交出了一份"疫情防控零输入"的优异答卷。威海市积极开展国际抗疫援助，向12个国家的22个有友好交往的城市和3个国际组织捐赠口罩共计80余万只，收到外方感谢函15封；协助马来西亚沙捞越州政府和西班牙使馆采购价值1000余万美元防疫物资，为威海市与马来西亚美里市结为友好城市打下良好基础，外交部、驻外使领馆、省委外办和外方给予高度评价。

十一、日照市外事工作回顾（2012—2022年）

党的十八大以来，日照市外事工作坚持以习近平新时代中国特色社会主义思想特别是习近平外交思想为指导，牢记人民至上、外事为民，全面加强党对外事工作集中统一领导，坚持统筹国内国际两个大局，守正创新、踔厉奋发，为服务国家总体外交和全市经济社会发展作出积极贡献。

（一）强化统一领导，坚持党管外事迈上新台阶

十年来，日照市外事工作坚持加强党对外事工作的集中统一领导，不断提高政治站位、健全体制机制、加强队伍建设，为全市外事工作高质量发展奠定了坚实基础。

——强化理论武装、提高政治站位。坚持把《习近平外交思想学习纲要》作为重点学习内容，及时跟进学习习近平总书记关于国际风云变幻和中国外交前进方向的最新科学分析、准确研判和战略部署，深刻领会习近平外交思想的核心要义、精神实质，坚定拥护"两个确立"，增强"四个意识"、坚定"四个自信"、做到"两个维护"。增强战略思维能力，把外事工作置于国家总体外交和全市经济社会发展"两个大局"中审视、谋划和推动，以大外事促进全市大开放大发展、体现新担当新作为。提升历史思维能力，编纂《日照市外事志（1985—2022）》，总结历史经验、汲取历史智慧，得到省、市领导充分肯定。

——健全体制机制、形成工作合力。坚持党管外事，健全市县两级党委外事工作委员会（领导小组）体制，形成党委、人大、政府、政协和社会各界协同发展的"大外事"工作格局。每年召开市委外事工作委员会会议，集中调度、合理配置各方资源，把党的领导不折不扣地落实到工作各方面和全过程。理顺外事工作体制，推动下属机构改革，将市国际交流中心转企改制，划入市人才集团，设立市外事翻译中心。召开日照市人民对外友好协会第二届理事会会议，完成群团换届工作，优化了友协领导班子结构、扩大了成员组成范围、健全了工作体制机制。

——加强队伍建设、永葆对党忠诚。开展党的群众路线教育实践活动、"三严三实"专题教育、"两学一做"学习教育、"两学一做"学习教育常态化制度化、"不忘初心、牢记使命"主题教育、党史学习教育、学习宣传贯彻党的二十大精神等7次集中性活动，推进党内教育从"关键少数"向广大党员拓展，把党要管党、全面从严治党要求落实到每一名党员身上。举办全市外事干部培训班、能力提升年、外事干部讲堂、青年讲堂等活动，选派人员到上级部门跟班学习、到基层挂职锻炼、到驻外使领馆工作，不断提升干部职工综合素质，练就担当作为真本领，打造政治强、业务精、作风好、纪律严的外事队伍，为做好外事工作提供了有力支撑。

（二）立足"两个大局"，服务对外开放取得新成效

十年来，日照市外事工作立足国内、放眼世界，深刻认识国内国际形势变化，坚持统筹国内国际两个大局，为国家总体外交和全市对外开放提供全方位、高质量的服务。

——服务国家总体外交大局。对接国家战略实施，拓展与"一带一路"合作伙伴的合作空间，举办第三届中国—中亚合作论坛、中国—乌兹别克斯坦政府间合作委员会第三次会议等活动，促进了与中亚各国的交流合作；抓住RCEP协定生效契机，加强与有关国家地方政府间交流，提升对外开放水平。配合高层出访，参加时任中共中央政治局常委、国务院副总理韩正同志出席的第二届中国—哈萨克斯坦地方合作论坛和第十二届阿斯塔纳经济论坛等国家重大外交活动，受到与会领导好评。国家部委专门发电对日照展现的高度担当精神和务实工作作风表示感谢。组织参加、服务保障上级举办的上合组织青岛峰会、山东国际友城合作发展大会、国际青年交流大会、第八届尼山世界文明论坛、中日友城"合作共赢、共同发展"等国际活动30余次，推动了与国外地方政府及社会各界的务实交往。

——服务全市高质量发展。当好高质量发展的"实干家"，做好现代威亚汽车发动机等龙头项目服务保障工作，为打造汽车零部件等重点产业集群奠定了基础。推动日照至韩国平泽客箱班轮航线复航，保障了日照第一条国际客运航线正常运营。积极开展"双招双引"，推动多领域交流，邀请韩国驻青岛总领事馆总领事等外国驻华使领馆高层，韩国现代汽车集团会长郑梦九、副会长薛荣兴，诺贝尔物理学奖得主美国Barry C.Barish，新加坡金鹰集团董事会主席陈江和等重要团组30余批100余人次来访，洽谈推进项目143个，签约项目46个，总投资14.6亿美元。组织中国日照韩国周、韩国韩中知名人士日照行、首届中国（日照）茶博会、日照国际友好合作交流周等活动20余场，助力30余家企业"走出去"开拓国际市场。推动重要产业开展国际合作，多次组织茶企赴日韩等国参展，引导茶产业向国际化、高端化发展。成立日照市APEC商务协会，为企业抱团开展国际合作搭建平台。

——营造良好发展环境。实施外宾就医卡和日照旅游一卡通制度、筹建日照市耀华国际学校、推动外国专家来日照定期坐诊，优化就医、旅游、教育环境；开展日照文化体验日、邀请国际文艺团体演出、举办国际体育赛事、设立国际友城图书角，优化娱乐休闲环境；建立公共场所外文标识检查机制、在政务服务大厅开设外文"图书角"，优化公共场所语言环境。打造优质涉外营商环境，得到上级部门和社会各界的高度肯定。坚持总体

国家安全观，增强风险意识、筑牢安全防线，健全涉外案（事）件处理机制，完善《日照市涉外突发事件应急预案》，及时开展涉外突发事件应急演练，妥善处置14起重要涉外案（事）件。加强海外日照平安体系建设，出台《境外领事保护预案》《日照市"一带一路"建设境外突发事件应急处置预案》等规定。举办领保知识"进企业、进学校、进社区、进机关"活动10余次，提升市民海外安全意识。新冠疫情防控期间，通过"云巡查"等形式，做好境外机构人员安全保障工作。稳妥处置重要海外领事保护案（事）件11起，维护了全市在外法人、公民的合法权益，为全市对外开放创造了良好发展环境。

（三）牢记人民至上，践行外事为民取得新成绩

十年来，日照市外事工作牢记人民至上、外事为民理念，全力做好境外疫情防控、提升外事服务效能、开展民间对外交往等工作，把外事为民扛在肩上、落到实处。

——做好境外疫情防控。2020年牵头市指挥部疫情防控外事组工作，负责疫情防控中的外事工作和外事中的疫情防控工作，实现对3.2万名入境返回人员的全链条闭环管理，为400余名外籍人士接种新冠病毒疫苗，妥善处置70余次境外输入病例等突发疫情、20余次外籍人员紧急救助，协调日韩机构向日照市捐赠口罩12万只、善款1亿韩元，牢牢守住人民生命安全底线。组建驻青岛、浙江、北京等口岸专班，执行境外人员"点对点"闭环转运任务。驻青岛口岸专班有序运转1046天、出动1100余车次、安全行驶30万余公里、闭环转运7000余人，实现了零感染、零扩散目标。统筹疫情防控与经济发展，扎实做好"六稳"工作、全面落实"六保"任务，办理外国人来华邀请146批787人次；协调开通韩国入境国际包机，帮助78名韩国技术人员和部分驻在员家属顺利来华，保证国际供应链、产业链畅通。策划"云外事"活动，组织"心手相连·共抗疫情"日照—韩国新冠肺炎疫情防控经验视频交流会、日照市与唐津市缔结国际友城15周年纪念视频会议等活动，做到疫情背景下对外交流热情不减、感情不变、渠道不断，树立国际合作"日照形象"。

——提升外事服务效能。开创政府部门、国有企业、社会力量多元主体联动涉外服务新模式，采取成立外国人服务站、社区涉外便民联络站等措施，打造外国人综合服务体系，提供"一站式""零距离""多元化"服务，营造了暖心舒心的良好环境。《人民日报》头版刊登该经验做法，省、市领导作出批示肯定。整合服务资源、增强服务功能，围绕因公出国等业务申报资料准备、审批流程优化等方面，办理出访团组776批

1925人次、办理对外邀请函（核实单）1589批4788人次、APEC商务旅行卡447张，尤其是2022年9月份正式运行省因公出国审护签管理服务平台，实现因公出国审批、颁发因公护照、代办因公签证、领事认证、APEC商务旅行卡办理等外事业务"一网通办"。深化服务内容，帮助市人才发展集团获得韩国一般签证代办资质，方便市民赴韩开展商务、留学等活动。举办外来投资者恳谈会、韩国投资企业座谈会、编发《外籍人士在日照工作生活服务指南》及到企业走访调研，为外籍人员和涉外企业解决就业、生活和生产等方面的困难，得到社会各界高度赞誉。

——积极开展民间对外交往。优化国际友城布局，与法国旺多姆市、韩国泗川市等10个国家15个城市结为国际友城，为全市对外开放提供了有力支撑。尤其是2014年时任日照市市长李同道在北京人民大会堂与土库曼斯坦土库曼纳巴特市市长阿纳耶夫·达夫朗共同签署了建立友好城市关系协议书，国家主席习近平与土库曼斯坦民族领袖别尔德穆哈梅多夫共同出席并见证了签字仪式。发挥4位山东省荣誉公民、10位山东省人民友好使者、36位日照荣誉市民的示范作用，以及市对外友协12家海外联络处、13名海外名誉理事的纽带作用，吸引了一大批外国友人来日照创新创业，为对外开放积聚了深厚人脉资源。坚持让文明交流互鉴成为增进日照市与世界各国人民友谊的桥梁：推动教育领域对外交流，举办了韩语演讲比赛、中日友好助学金发放、中国日照·日本室兰中小学生书画交流展等活动20余场，促成日照职业技术学院、山东外国语职业技术大学等学校与韩国世翰大学等60余所国（境）外院校建立友好关系。促进文体领域合作，连续举办10届中韩书画展，促成日照市乒乓球协会、东港跆拳道协会分别与韩国唐津市乒乓球协会、跆拳道协会结为友好协会，在唐津市设立中华文化之角·尼山书屋，市文化馆阳光女子乐团赴德国和瑞典举办专场演出等。推进医疗卫生领域对外合作，帮助日照市人民医院、日照市中医医院等分别与韩国亚洲大学医院、加拿大七橡树医院等10余家国外医院开展合作，有力推动了医疗卫生事业发展。

十二、临沂市外事工作回顾（2012—2022年）

2012—2022年，在临沂市委、市政府的正确领导下，在上级部门的有力指导下，临沂市外事工作坚持以习近平新时代中国特色社会主义思想特别是习近平外交思想为指导，深入贯彻落实党和国家对外方针政策，始终坚持外事工作服务经济社会发展和外交大局，外事工作不断取得新成效。

（一）加强党的集中统一领导

深入学习贯彻习近平外交思想，召开市委外事工作领导小组全体会议、市委外事工作委员会全体会议、全市外事工作会议等会议研究部署全市重点外事工作，审议并印发《中共临沂市委外事工作领导小组职责和工作规则》《关于进一步做好市级领导外事工作的若干规定》等10余个指导性文件。2019年1月，全市市级机构改革后，市委外事工作领导小组改为市委外事工作委员会，召开市委外事工作委员会全体会议4次，强化了市委外事工作委员会及其办公室职能，加强对全市外事工作的顶层设计、统筹谋划和督促落实，指导全市各县区（开发区）成立县区党委外事工作委员会，县区外事工作领导体制更加清晰。

（二）构建大外事工作格局

围绕服务国家总体外交和临沂市经济社会高质量发展，充分整合涉外资源，构建上下贯通、左右联动、优势互补、相互促进的"大外事"格局。

1. 完善工作机制。调整充实市委外事工作委员会成员单位名单，印发《中共临沂市委外事工作委员会成员单位职责分工》文件，明确各方职责，加强沟通协作，形成工作合力。

2. 主动服务国家总体外交。承办了第三届金砖国家青年外交官论坛，得到外交部和金砖五国及泰国和有关联合国组织青年外交官的赞赏。圆满完成外交部2022年公务员考录服务保障工作，外交部专门向临沂市政府致信表扬。争取外交部和省外办支持，推动国家级海外公共安全培训基地落户临沂。

3. 全面开展"外事+"行动。市政府在全省16地市中率先与省外办签订打造对外开放新高地行动计划，大力开展"外事惠乡村""外事联百企""外事牵文旅""外事助商贸"等活动。组织100余家临沂商城涉外企业参加APEC商务旅行卡专场推介会，组织乡村振兴带头人70余人参加"农业丝路先锋"培训活动，开展"外事政策业务宣讲"和"外事干部走基层"活动，组织外向型企业参加"拉美桥""非洲桥"、黄河—湄公河流域地方合作研讨会等活动。

4. 服务全市经济社会发展。助力临沂商城成为山东省欧亚班列三个集结中心之一，与"一带一路"沿线64个国家建立了贸易联系，布局了15处海外商城、海外仓。组织参加首届国际青年交流大会，大会组委会向临沂市外办致感谢信。组织参加第八届尼山世界文明论坛·尼山国际友城市长对话活动、鲁韩友城视频交流会和金砖国家友好城市暨地方政府合作论坛。成功推进奥德集团与韩国SK集团合资设立液化天然气进口与堆场项目，推进经开区与日本守口门真日中友好协会签订智能制造产业合作协议，组织韩国京畿道军浦市中小企业进驻临沂进口商品城设立军浦馆，推动临沂商城与韩国平泽港务局签订了《设立临沂商城平泽港韩国海外仓战略合作协议》。

5. 推动党建和业务融合。建立"党建联建、业务联办"模式，成功争取到领事认证代办权。开发、建立、升级集APEC商务旅行卡、外国人来华邀请核实单、领事认证代办等业务"一网通办"的"临沂市外事综合服务平台"，在全省16地市率先实现业务服务市级层面零收费。

6. 持续助力外向型企业发展。联合市行政审批局等8个部门，整合14项与外国人来临沂投资工作相关事项，打造"外国人来临投资工作综合服务专区"，为外国人来临投资、工作等提供一站式办理服务。打造"红色沂蒙　志愿翻译"服务品牌，免费提供7种语言的涉外文件翻译审核服务2253批次。打造"外事为民、助力发展"品牌，为162家企业895人受理APEC商务旅行卡申办材料，受理外国人来华邀请3216批5016人次，受理领事认证业务550批1297份。服务企业"走出去"开拓市场，奥德集团在非洲兴建的安哥拉奥德工业园、尼日利亚大众工业园被评为"省级境外经贸合作区"。

（三）开展多领域多层次对外交往

持续开展不同形式、不同规格、常态化的外事活动，通过举办各类展会、比赛等活动，涵养人脉、吸引人才，打造城市名片。

1. 积极"请进来"。接待来自美国、意大利、韩国、日本等国家的重要外宾200余批1800余人次。邀请加纳共和国贸易工业部部长哈鲁纳·伊德里苏、加纳驻中国大使海伦·马姆莱·科菲、澳大利亚西澳州奥尔巴尼市代表团、国际会展举办企业协会主席大卫·奥德安率领的美国商务考察团、德国下萨克森州经济劳动与交通部长奥拉弗·利斯一行、日本Ｊ＆Ｋ株式会社社长原瑞穗、世界500强韩国SK集团和希杰集团、法国、津巴布韦、毛里塔尼亚驻华大使、埃塞俄比亚驻华大使馆公使等来临沂市考察访问。

2. 主动"走出去"。规划全市对外开放布局及对外交往十大重点区域，组织全市因公出国团组600余批1400余人次，赴欧美、中东等国家和地区举办招商推介会，推荐学生赴日本横滨市进行介护实习。与韩国军浦市多次组织高中生代表团互访、公务员交流和缔结国际友城关系10周年庆祝活动。与中国驻外总领馆开展"云端牵手·精神共学"线上交流活动。持续开展"走访驻华驻鲁机构行"和"驻华驻鲁机构行"活动，与150余家驻华驻鲁机构建立密切联系。

（四）搭建高水平开放平台

充分发挥外事资源优势，搭建高水平、宽领域、多层次、常态化的对外交流平台，放大重要活动平台效应，以活动促交流，以活动促发展。

1. 举办重大主场活动。举办中国（临沂）东盟国家投资贸易推介会、澳新企业座谈会、世界华文传媒论坛记者临沂行活动、中国沂河国际滑水公开赛、百名外国专家沂蒙行、临沂国际马拉松赛等活动，连续举办了10届中国（临沂）国际商贸物流博览会和两届RCEP区域（山东）进口商品博览会、9届书圣文化节，打造临沂外事品牌。连续三年举办国际合作交流会—感知新山东·临沂专场活动，举办2022RCEP区域（山东）国际合作交流会暨山东省—胡志明市投资贸易对接会，承办"牵手非洲 相约临沂"非洲驻华使节临沂行主题推介会，共邀请30余个国家47个代表团的460余名海内外嘉宾参会。

2. 充分放大平台效应。临沂市政府与日本奈良县政府（东亚地方政府会议秘书处）签署了《关于举办第十二届东亚地方政府会议合作备忘录》，成功获得第十二届东亚地方政府会议举办权，成为该会议机制建立以来承办全体会议的第一个地级城市。成功推动"临沂RCEP区域合作研究中心"入选山东省外事研究与发展智库。推动莒南县罗生特医院评为全省首批外事教育基地。2名国际友人被授予"山东省人民友好使者"称号，9位国际友人被授予"临沂市荣誉市民"称号。

（五）优化全球布局

1. 不断扩大对外交往范围。高定位、多方面、有层次地逐步推动临沂市对外交往，40余批市级领导率团出访了30余个国家和地区，世界五大洲的重要国家和地区皆有交流。

2. 交往合作领域不断延伸。对外合作领域延伸到电子信息、人才引进、文化旅游、智慧物流，在商贸物流、人才交流、高新技术等领域合作成效显著。临工集团与瑞典沃尔沃合作成立了建筑设备公司，金正大集团斥资1.16亿欧元收购了德国康朴园艺公司，中日韩合资顺和国际智慧物流园项目顺利运营，临沂大学与俄罗斯国家科学院、韩国水原大学的人才交流密切。

3.国际友城交往不断深化。按照"控制数量、提高质量、科学布局、规范结好"的发展思路，优化国际友城布局，扩大国际"朋友圈"。临沂市国外友好城市及友好合作关系城市已遍及20个国家30个城市，其中友好合作城市7个，签署友好城市意向书城市6个，友好合作关系协议书城市9个，签署友好合作关系意向书城市8个，结成4对县级友好城市关系，在商贸、物流、文化、教育等领域取得务实成效。

（六）开展抗疫外事

积极履行外事部门职责，为全市疫情防控大局贡献力量。牵头组建市指挥部入境人员疫情防控组和疫情防控外事组，制定《临沂市疫情防控涉外应急处置方案》等12个文件，在全省16地市率先开通24小时涉外咨询和求助电话。牵头组建北京、上海口岸工作专班（组），参与组建呼和浩特口岸工作专班，派遣7批次人员参与专班工作，累计摸排筛选临沂市入境人员信息121条604人，摸底梳理分析境外拟来临人员3431人，参与转运入境来鲁人员1935人次，转运境外来临人员11批105人次，服务全市700名在临外籍人士接种新冠病毒疫苗，接种率达99.3%。接收日本奈良县、韩国军浦市等国际友城、领事馆和机构团体慰问函电7件，向境外发送慰问函电11件。积极开展抗疫国际合作，争取海外友好团体向临沂市捐赠防疫物资折合人民币80万余元，协调相关部门向国际友城捐赠防护口罩30万只。临沂市外办被市委、市政府授予"临沂市抗击新冠肺炎疫情先进集体"，1名同志被授予"山东省抗击新冠肺炎疫情先进个人"，2名同志被授予"临沂市抗击新冠肺炎疫情先进个人"。

（七）维护涉外安全稳定

加强对《领事保护知识手册》等领保信息的宣传，联合8部门进行领事保护宣传，定期开展4·15"领保伴你行"国家安全日活动，协调配合各部门处理领保案件，有效维护临沂市在外公民的安全和正当权益。加强各部门间沟通，积极应对、妥善处理各类涉外领事案件。

（八）加强机关干部队伍建设

聚焦新时代好干部标准，坚持严管和厚爱相结合，不断健全完善制度体系建设，畅通干部培养、选拔、任用、激励渠道，着力打造高素质外事干部队伍。

1.加强干部教育培训。组织全市400余名涉外干部到知名高校参加打造对外开放新高地培训班,开展20余期"外事干部大讲堂"活动,举办30余期外语沙龙活动,切实提高外事服务专业能力水平。

2.注重干部挂职锻炼。选派1名干部到韩国浦项市东北亚地方政府联合会秘书处工作,选派1名干部参与亚太经合组织第二次高官会会务工作,选派1名干部到外交部挂职锻炼,选派1名干部到东亚地方政府自治联合会交流,选派2名干部到韩国军浦市公务员交流,2名年轻外语干部被外交部借调派驻到我国驻外使领馆工作。

十三、德州市外事工作回顾(2012—2022年)

德州外事工作坚持以习近平新时代中国特色社会主义思想特别是习近平外交思想为指导,在德州市委、市政府坚强领导,山东省外办有力指导下,坚持"外事为民、服务发展"工作理念,以"党建统领、形象提升,团结协作、工作争先,提高德州外向度、提升国际化水平"为工作目标,积极推动德州特色产品走向世界,聚力为建设"中国北方对接东盟支点城市、东盟产品集散中心、'一带一路'重要节点城市"贡献外办力量。

(一)坚持党建引领,强化队伍建设

德州市外办坚决执行"党管外事"的原则,不断加强党对外事工作的集中统一领导,坚决贯彻党和国家对外工作战略部署。作为市委外事工作委员会办公室,为委员会做好规划研究、统筹协调、整体推进等服务。开展外事工作专题调研,全覆盖走访德州市13个县(市、区),形成调研报告,为委员会提供决策参考。推动召开市委外事工作领导小组全体会议、市委外事工作委员会全体会议,先后审议通过《市委外市工作委员会关于新时代进一步加强和改进全市外事管理工作的意见》等文件。落实全面从严治党要求,认真开展党的群众路线教育实践活动、"三严三实"专题教育、"两学一做"学习教育、"不忘初心、牢记使命"主题教育,扎实推进党史学习教育常态化、长效化,以强化队伍建设为切入点,夯实"严真细实快"工作作风,打造"五型"机关,建设一支"讲政治、精业务、敢担当、能创新"的外事铁军。

(二)以高端外事为抓手,助力城市国际化建设

近年来,德州市外办加大推动与驻华使领馆联系、筹办重大活动的力度,以高端外

事促开放、促合作，产生了良好的倍增效应，逐步形成了深耕东盟、合作欧洲、走进非洲的外事交往格局。

1. 策划组织高层互访，对外交往不断拓展。2012年以来，谋划推动市领导出访67批300余人次，共接待重要来访团组328批3600余人次。充分发挥高层互访对提升对外交往水平的引领带动作用，畅通官方交往渠道，带动德州与不同国家和地区的交流联络，以多领域合作深化巩固交流成果。

2. 加强与重点驻华使领馆联系，进一步拓展德州市与"一带一路"合作伙伴的关系。先后拜访欧洲多国、非洲多国及东盟十国驻华大使馆，积极推介德州，畅通官方交往渠道。与泰国驻青岛总领事馆保持密切联系，于2018、2019年先后举办两届"德州—泰国风情周"。与印尼驻华大使馆举办"德州—印尼投资贸易洽谈会"，筹备举办"中国（山东）—印尼投资贸易与文化旅游交流周"。邀请荷兰驻华大使馆农业参赞来德州市举办中国（德州）—荷兰设施农业产业线上对接会，科技专员赴希森马铃薯产业集团调研，寻求产业合作机会。赞比亚驻华大使多次应邀来访德州市，促成德州职业技术学院与赞高等教育部合作项目。经南苏丹驻华大使馆介绍，与南苏丹首都朱巴市结成友好合作关系城市。

3. 举办参与服务重大国际活动，搭建高层交流平台。组织德州市多家企业参加相约上合、中日韩对接合作发展山东行、省"拉美桥"平台建设、山东—哈萨克斯坦（俄罗斯）农业合作交流视频会等10余项省级活动，拓展了德州市与中东欧、中亚、非洲和拉美国家的联系。先后举办荷兰—中国（德州）现代农业精准对接会、中国（德州）—荷兰设施农业产业线上对接会暨德州驻荷兰海外联络处签约仪式，有力推动双方在设施农业、高质量农产品供给等方面开展务实合作。全面引进荷兰创新模式和温室技术，发展"智慧农业大棚"项目，推动德州市规划建成世界最先进的"文洛式"智能温室规模中心和全国聚集度最高的智慧农业发展中心。

（三）提升国际化水平，探索建立新型国际友城关系

1. 拓宽对外交往渠道，加快推进国际友城建设步伐。截至目前，德州市国际友城网络已覆盖五大洲33个国家，建立各类友好城市关系46对，校际、院际及县级友好关系80余对。坚持以"一国一友城，一友城一特色"为目标，积极扩大德州市"国际朋友圈"。深化与既有国际友城韩国始兴市交流。自结好以来，两市政府代表团互访17

批300余人次；公务员交流5批10人；青少年家庭体验交流19批380余人次；促成3对姊妹学校；举办德州—始兴公务员羽毛球友谊交流赛、中韩友城（德州—始兴）青少年围棋友谊赛等系列活动。积极发展新朋友。邀请赞比亚首都卢萨卡市、菲律宾卡莫纳市市长，赞比亚驻华大使率团参加首届"山东国际友城合作发展大会"，与德州市分别签署友好合作关系城市协议；先后与新西兰黑斯廷斯市、荷兰韦斯特兰市、澳大利亚奎那那市等8个城市缔结友好关系。连续举办七届国际友城友人贺新春活动，推动民心相通，营造良好国际友城交往氛围。

2.积极推进民间外交工作，各领域友好交流合作日益频繁。密切与对华友好人士来往，举行德州市友协驻菲律宾、驻俄罗斯、驻荷兰联络处成立仪式，德州—东盟项目中心德商商会联络处揭牌仪式，连续举办3届海外联络主任德州座谈会。菲律宾上好佳（中国）有限公司设立"上好佳—德州五中助学基金"、日本水月会多次来德开展助学活动。推动友好人士参与我省授荣工作，经德州市推荐，马来西亚发林集团有限公司主席林玉唐荣获"山东省荣誉公民"称号，上好佳董事长施学理、发林旅游开发有限公司总经理林尊文、宜瑞安副总裁雅克·古励荣获"山东省人民友好使者"称号。

（四）防疫情输入，在疫情大考中扛牢政治责任

作为市疫情防控外事组组长单位，德州市外办认真贯彻落实国家、省、市关于"严防输入"的部署，全面推进涉外疫情防控工作任务落实，扎实有效做好涉外疫情防控工作，有力维护了德州市疫情防控大局。

1.全力开展疫情防控工作。牵头负责德州市疫情防控外事组工作，摸底排查外籍人员信息，执行"日报告""零报告"。制定《德州市疫情防控涉外应急处置预案》《关于疫情防控涉外工作的指导意见》，印发3语种《疫情防控手册》1925本，为在德外籍人士开通6种语言24小时咨询服务热线。为在德外籍人士赠送防疫物资、提供防疫"绿色通道"政策咨询服务，助力企业复工复产。积极派员参加疫情防控工作专班、隔离人员转运工作专班、经合肥口岸入境来鲁人员疫情防控工作专班和教育复学工作专班工作，获评"山东省抗击新冠肺炎疫情先进集体"。认真做好在德外籍人员新冠疫苗接种工作，摸清外籍人员在德底数及接种意愿，强化疫苗接种宣传。

2.积极开展疫情防控国际捐赠交流工作。全市共收到慰问函电12件，发送国际友好慰问函电13件，收到海外捐赠医用口罩20400只、防护服30套，办理向友好城市捐赠

医用口罩40000只，通过与国际友城的互助交流，积极宣传了德州市在友好城市的正面形象，进一步增进国际友城关系。

（五）深化与东盟交流合作，建设对接东盟支点城市

近年来，德州市充分利用传统人文优势，抢抓"一带一路"建设和RCEP签约生效机遇，以打造中国北方对接东盟支点城市为目标，围绕畅通贸易、促进投资、深化人文交流等重点领域，力争在对接东盟合作中走在前开新局，为全国全省加强与东盟合作贡献力量。

1. 坚持系统谋划，融入新格局。一是借势谋发展。近年来，市委、市政府积极主动对接东盟，明确了对接发展五年规划，将建设"打造中国北方对接东盟支点城市"列入"十四五"规划和2035年远景目标。二是顺势强推进。细化对接东盟工作任务目标，在产业产能合作、园区建设等12个方面推出精准务实的措施。同时，高度重视与广西壮族自治区在对接东盟工作中的合作。2021年市委主要负责同志带队赴南宁市开展对接考察活动，签署合作备忘录，组织举办"东盟通"企业高管培训班，选派干部在广西挂职交流。三是乘势建平台。市外办成为2022年全省外事系统"一市一策"唯一试点单位，与省委外办签署《关于共同构建德州市全面开放新格局的合作备忘录》；"山东（德州）—东盟中小企业联盟"等一系列对接东盟平台先后落户，搭建起合作的高位平台。

2. 推进经济互融，完善新机制。一是积极"走出去"。在东盟十国机制性举办"百企下南洋""中国—东盟经贸洽谈会"等商务对接活动，截至目前，累计合作签约92个、总金额逾40亿元人民币。二是主动"引进来"。2018年以来，先后举办30余场经贸对接活动，其中2022年举办的"中国—东盟市长论坛暨协同创新发展大会"，线上线下共有130余家企业参与推介对接和洽谈交流，现场签约8项、总金额35.51亿元人民币。三是全力"发展好"。恒源石化并购了马来西亚第二大炼油厂，借助壳牌业务开拓东南亚市场；马来西亚发林集团投资的德州东盟国际生态城等重点项目运营良好。2019—2021年，德州市与东盟地区进出口贸易额从42.9亿元提高到69.5亿元，平均增长率27%；2022年以来，双方贸易额达115.2亿元，同比增长65.8%。

3. 全面对接合作，拓展新领域。一是深化对接领域。积极推动东盟国家学生来德参访交流，开展互派体验活动，累计派出121人次教师赴东盟国家任教。加快建设山东东盟研究中心，组建"数字东盟"大数据平台研究团队，制定《数字东盟建设专项规划》。

二是固定对接模式。与东盟国家多个城市签署友好合作关系协议，设立德州友协菲律宾联络处，利用苏禄王墓这一独特历史渊源，以大运河国家文化公园建设为机遇，打造东盟国际文化交流示范园。每年固化开展"携手东盟·相约德州"对接东盟品牌活动，机制性举办"东盟国家主题周"等系列活动。成功策划举办"中国（山东）—东盟中小企业合作发展大会""中国—东盟市长论坛暨协同创新发展大会"等重要国际会议，建立常态化的办会机制。

4. 持续做优环境，谱写新篇章。一是塑优"软环境"。在国内率先建立"德州·东盟国际化政务服务专区"，目前主动服务与东盟国家有贸易往来的企业及投资德州的东盟国家企业办件120余件、提供咨询服务200余件。建立市领导联系包保重点东盟企业工作机制。全面推进流程再造，对外资项目提供"一对一"精准服务及全链条领办代办，优化口岸营商环境促进跨境贸易便利化若干措施，实施"先放后检""边装边检""即卸即检"等模式，RCEP货物"6小时放行"。二是提升"硬实力"。目前，已开通平原—青岛港海铁联运集装箱班列、济铁齐河海铁联运班列，为周边市出口型企业提供快捷新通道。成功打造齐河县东盟国际生态城，建立东盟企业在华总部聚集区。

（六）管理服务并重，切实维护全市涉外工作良好秩序

近年来，德州市始终贯彻总体国家安全观，增强风险意识，创新方法，有效应对，全力维护涉外安全秩序。

1. 加强审核把关，党政干部因公出国（境）规范有序。坚持严格审批与提升服务质量相结合，一方面积极为重点团组提供优质服务，协助有关部门调整出访计划。另一方面加强审核把关力度，印发《关于进一步加强因公临时出国事中事后监督管理工作的通知》，加强出访团组在外期间监督管理和绩效评估。2012年以来，共受理因公出访448批1162人次。

2. 处置与防范相结合，进一步加强领事管理。妥善处理了一批敏感涉外事件，坚决遏制存有隐患的对外邀请，制定完善《德州市外部环境安全风险防控应急预案》，全力维护德州市涉外环境和谐稳定。

3. 强化宗旨意识，有效开展涉外服务工作。2012年以来，共受理企业邀请外国人来华申请1687批3004人次；积极服务企业为必要来华人员办理邀请函，服务德州市外向型企业复工复产。举办全市APEC商务旅行卡推介会；创新实行网上预审后邮寄的方式

办理APEC卡，2012年以来，共办理APEC卡136批254人次。

（七）发挥优势，整合资源，服务德州"双招双引"

围绕服务地方经济社会发展，市外办积极发挥外事渠道优势，汇聚各类有效资源，转化为服务德州市企业对外发展的强大支持。

1. 推动外事资源下沉，助力涉外企业发展。开展"外事联百企"专项行动，充分利用外事渠道优势，推动外事经济信息共享，为企业发展出谋划策，破解发展难题。开展"助力全省外资外贸企业平稳发展暨进一步优化涉外营商环境"主题宣传活动，鼓励外资企业、涉外企业现身说法，宣传德州市优良涉外营商环境，帮助外资企业坚定信心、扎根德州。

2. 开展"跨界"服务，助力汽车产业发展。德州市外办为汽车及零部件产业链成员单位，牵头举办了2020德州市汽车及零部件产业发展研讨会暨项目对接会，德州市80余家企事业单位与参会专家全方位对接洽谈。会上聘请了6位行业专家作为德州汽车产业发展顾问，签署"京津冀鲁汽车产业链完整生态协调中心"合作协议，"德州汽车产业链天津联络处""电车人平台德州基地"在会上揭牌，3个项目在会上成功签约，其中1个项目目前已落地，即将投产。

3. 大力开展招商引资，引项目促合作。加大招引宣传，在《世界知识画报》刊登专题文章宣传推介德州市。成立办招商引资工作领导小组，共计引进内资、外资、贸易项目18个，例如：促成中国汽车技术研究中心国家级工程实验室成果转化项目——山东瑷睿新型材料有限公司落户开发区，目前已到位资金1700万；协助庆云县政府引进总投资30亿元的废旧汽车处理环保项目，落地在庆云天能循环经济产业园内，整体项目将于2023年底全部投产；埃及客商一期总投资4.6亿元的能源项目落户武城；总投资2亿元的马颊河火车主题公园项目落户庆云；南京嘉远和北京汽车制造厂（陵城区）合作项目，已签订合作协议；促成正恒电力与缅甸客商贸易合作项目、山东云汇清真食品有限公司与德州馨香扒鸡食品有限公司贸易合作项目。引进海外人才1名：引进日本京都大学博士、日本顶尖新能源专家田口智浩博士，并协助其被认定为C类人才。

德州外事工作将紧扣国家总体外交大局和全市中心工作所需，持续服务外交"大战略"，牢固树立"外事无小事"理念，锤炼忠诚担当的外事铁军，以"严真细实快"工作作风，不断提高外事工作水平，奋力推动外事事业高质量发展。

十四、聊城市外事工作回顾（2012—2022年）

2012年以来，中国特色社会主义进入新时代。十年新征程，聊城市外办坚持以习近平新时代中国特色社会主义思想为指导，落实党中央和省委、市委对外决策部署，统筹国内国际两个大局，着力增强外事资源运筹集聚，加快构建"大外事"工作格局，奋力扛起书写好中国式现代化聊城答卷的外事担当。

（一）加强党的集中统一领导

十年来，聊城市外办坚持落实党把方向、谋大局、定政策、促改革的要求，坚持党的集中统一领导，树立政治意识、大局意识、核心意识、看齐意识。

1. 把政治纪律规矩挺在前面，用新时代党的创新理论武装头脑。认真落实"第一议题"和"三会一课"制度，持续把学习贯彻习近平新时代中国特色社会主义思想特别是习近平外交思想和《中国共产党章程》纳入学习内容，领会党的十八大、十九大和二十大精神理论成果，开办"学党史、悟思想"专题专栏，扎牢信仰之根、补足精神之钙，进一步深刻领悟"两个确立"的决定性意义，增强"四个意识"，坚定"四个自信"，做到"两个维护"，自觉在思想上拥戴核心、在政治上忠诚核心、在行动上紧跟核心，同以习近平同志为核心的党中央保持高度一致。

2. 坚持把党建作为首要任务，全面落实党管外事原则。牢牢把握外事工作正确政治方向，把"加大学习剂量"当作夯实理想信念的药方，制定出台《市外办"三扬三升建最强党支部"工作实施方案》，围绕"小外办、大作为""打造最强红外窗口"工作思路，首创"互动党课""红色故事周周讲"形式，与中国驻基里巴斯大使馆、中国驻喀山总领馆、中国驻塞尔维亚使馆第四党支部等驻外机构开展系列"红外之窗·联学联建"活动，聊城市外办制作的《向着灯塔指引的方向前进—孔繁森精神照亮"红外之窗"》视频先后入选"灯塔—党建在线"和"学习强国"平台，推动党支部"评星定级"和外事工作"争创一流、走在前列"同频共振。

3. 突出党性教育平台搭建，驰而不息开展红色教育。新时代十年征程，聊城市外办持续弘扬孔繁森精神，在马西林场和茌平宾馆搭建外事教育基地，设立外事服务点3个，多次参观孔繁森同志纪念馆、红色研学教育基地和党性教育体验馆，开拓外事教育渠道，夯实外事工作基础，推动全市开放发展。

（二）构建大外事工作格局

1. 构建"大外事"格局，推进高水平对外开放。2019年，聊城市成立市委外事工作委员会，牵头市商务投资促进局、市国家安全局等组成部门，下设办公室。聊城市外办充分发挥其统筹协调作用，构建"大协同"工作格局、强化"大外事"工作理念、锻造"大格局"外事队伍，创新打造外事、外资、外贸、外管、外侨"五外融合促开放"工作机制。

2. 牵头纺织服装产业链，营造一流营商环境。聊城市开展制造业强市三年攻坚突破行动，聊城市外办作为市纺织服装产业链工作推进组牵头部门，加快产业链服务体系建设，实施服务体系共建共享，成立产业联盟并组建专家咨询委员会，开展"诊链""巡链"等活动20余次，多次赴浙江、江苏等地开展精准招商活动，推动纺织服装产业实现资源共享、互利共赢。2022年聊城市纺织服装产业集群成功入选省"十强"产业"雁阵型"集群。

3. 提升国际传播能力，加速打造聊城外事国际名片。聊城市外办在抓牢公众号和门户网站阵地建设的基础上，坚持壮大全媒体传播声音，依托新华社等主流媒体强大的海外传播资源优势，打造高水准的国际传播平台。将《向海外聊城籍朋友致中秋贺信》《2022"大运河主题旅游海外推广季"启动》等重点稿件向全球媒体推荐，被国内外主流媒体以多语言广泛转载落地，累计达2300余家媒体，总访问量逾10亿人次。深入挖掘聊城红色外事资源，做好"献礼建党百年——寻找外事中的红色印迹"系列外宣活动，向国际社会讲好聊城故事。持续开展"外眼看聊城"主题活动，承办"云话山东"系列外宣活动启动仪式和聊城专场活动，参与"新时代十年·外国友人话山东""齐鲁情　中国范儿——2014外国人看省会城市群经济圈"主题对话等活动，从多视角对外宣传聊城市经济社会发展成就。创新推出《外事专报》，涵盖了对不同国家地区的研究情况和合作建议，为聊城市优化对外开放布局提供了科学理论支撑。

（三）开展多领域多层次对外交往

聊城市外办注重涵养开拓外事资源，积极拜访有关国际机构、商协会和外资企业，如聊城·中东欧之家、匈牙利威克集团、俄中人文科技合作促进会、格鲁吉亚"一带一路"商务馆、中国—上合组织技术转移中心等，广泛邀请来聊参观考察，大力整合利用优质外事资源，开展多领域多层次对外交往，服务好聊城市国际友城建设。

1. 疫情前，多领域互访成果丰硕

经贸合作不断迈上新台阶。2012年赴韩国京畿道签署在聊城设立京畿道产业园协议；2015年聊城市应邀参加"中国聊城（釜山）经贸合作项目恳谈会"招商活动；2016年访问澳大利亚布莱克城参加友好城市三边经贸会议；2017年与匈牙利帕克斯工业园区签订友好园区合作协议；2018年在南艾尔郡举办了"中国（聊城）—英国（南艾尔郡）友好合作交流推介会"并与西苏格兰大学和工商业界代表等召开了经贸洽谈会。

大力构建中外文化交流平台。2007年，建造了象征聊城市和澳洲悉尼布莱克城友谊的中式公园——黑镇昌莱园，寄托两市之间常来常往，友谊长存的美好愿景，该项目于2013年获澳大利亚友好城市协会的"2013年澳友协国家奖单项奖"；2015年赴韩国光明市参加"云山艺术节"活动，互派艺术团进行友情演出；每年定期访问韩国宜宁郡，参加该郡"义兵节"活动，双方友好合作关系不断发展；2018年举办"水城之春"中韩友好城市交流演出。

青少年国际交流空间持续拓展。叙友情，谋发展。自聊城市与韩国光明市于2005年正式结好以来，每年定期互派留学生和青少年乒乓球代表团，交流密切，往来频繁；2014年，聊城大学与加州大学洛杉矶分校互派留学生，拓展海外联谊，扩大友好力量；2017年，聊城市三所高校分别与德国奥芬巴赫地区耐普宁中学、澳大利亚布莱克城女子中学和美国新城中学互派留学生，美国康州纽顿教育代表团来聊城三中访问交流，开展了友好国际间校际交流，夯实民间友城交往基础。

医疗卫生交流活动深入开展。2009年至今，韩国光明市政府先后7次出资为聊城市免费救治先天性心脏病儿童50余名，术后均恢复情况良好，增进了两市守望相助友好情谊；2014年，聊城国际和平医院与美国洛杉矶复退军人医院洽谈建立友好医院合作意向，积极开展医疗卫生合作，助力提升医疗水平。

2. 疫情中，多创新交流亮点纷呈

线上交流不停歇。面对新冠病毒感染带来的不利影响，聊城市外办积极作为，勤于谋划，创新启动"云外事""云会见""外事联百企""外事惠乡村"等"外事+"模式，线上交流蓬勃开展，先后与韩国光明市、俄罗斯红军城市、俄中人文科技合作促进会等策划开展各领域线上交流活动20余场，如：2020年应邀参加了"中国山东省—密联邦科斯雷州心手相连　共抗疫情视频交流会"；2021年组织召开了聊城市与英国苏格兰南艾尔郡友好交流合作协商线上会议；2021—2022年是"中韩文化交流年"，值聊城市与韩国宜宁郡国际友城结好20周年之际，开展了线上结好纪念暨文化交流活动；2022年，举行了中国聊城市—日本下关市视频交流会暨聊城职业技术学院—日本东亚大学教育合作交流会，高水平推进中日校际合作取得新成果。

线下交流不止步。重点举办了"外国专家建言会暨外国人才联谊活动"等外事活动，打造国际规格、影响深远、效益显著的城市品牌大会，让更多国内外朋友了解"聊城之德"、体验"聊城之美"；2019年，聊城大学先后派出两个支教小组共7名教师赴汤加开展多领域实践教学；2021年举办与匈牙利经贸文化对接交流会，促成在匈牙利共建海外仓和采购合作协议；2022年向日本下关市、宇布市和匈牙利帕克斯市寄送外宣品，设立"中华文化之角"，推动中华优秀传统文化"走出去"；先后接待了基里巴斯驻华大使来聊参访、斯里兰卡外国使节来聊过大年，增进双方了解，推动开展更高水平、更宽领域的务实交流；举办太平洋岛国风情展暨岛国青年人才交流活动，实现了"跨越太平洋的牵手"。

（四）搭建高水平开放平台

1. 强化气变中心建设，打造对外开放新高地。2021年10月，时任国务委员、外交部部长王毅在首次中国—太平洋岛国外长会上宣布，成立中国—太平洋岛国应对气候变化合作中心。合作中心落户山东省聊城市，由外交部、生态环境部、山东省联合建设。2022年4月28日，中国—太平洋岛国应对气候变化合作中心在聊城市正式启用，这是聊城市乃至山东省承接的首个由党中央批准的国家级对外交流合作机制平台。依托气变中心平台，聊城市先后争取到教育部"中文＋技能""中文＋护理"对岛国培训项目和国家卫健委对基里巴斯医疗援助项目等国家级重点项目，成功举办山东社科论坛2022—山东与太平洋岛国海洋合作路径研讨会暨第五届太平洋岛国研究高层论坛、中国—太平洋岛国应对气候变化高级培训班等活动，并捐赠了一批医疗及物资以应对疫情和气候变化。气变中心的落地运行，为提升聊城城市形象和国际地位带来了重大机遇，也为聊城市积极融入国际循环，参与国际交流，提升聊城市对外开放水平提供了重要载体。

2. 依托"拉美桥"服务平台，寻求对外合作新机遇。2020年由山东省人民政府外事办公室牵头成立的"拉美桥"服务平台正式启动。聊城市外办以此为契机，充分利用"拉美桥"机制，争取聊城市更多企业加入"拉美桥"平台，在前期调研的基础上，积极推荐聊城市时风集团等4家企业加入"拉美桥"平台，为企业开拓拉美市场提供了专业智库和资源对接。

（五）优化全球布局

2021年之前，聊城市共有韩国宜宁郡、澳大利亚布莱克城、德国奥芬巴赫和韩国光明市4个国际友城。2021年至今，聊城市外办抢抓"一带一路"重要机遇，着眼关键国家和重点区域，优化全球布局，制定了《聊城市国际友城工作五年规划》和《聊城市国际友城工作三年攻坚行动计划（2023—2025）》，助力国际友城"朋友圈"持续扩容。2012—2023年初，聊城市新增8个友好合作关系城市，实现友城签约量、质双提升。

1. 聚焦太平洋岛国，服务国家外交大局。2021年11月12日，聊城市与汤加瓦瓦乌群岛正式缔结为友好合作关系城市，促进两地在经贸、农业、文化和旅游等领域开展对接合作，实现互利共赢。2022年4月28日，聊城市与基里巴斯比休岛市结成友好合作关系城市，推动多领域交流合作。2023年1月7日，聊城与瓦努阿图维拉港市结成友好合作关系城市，两市携手发展，将合作交流推向新的高度。目前，聊城市正积极推进与巴布亚新几内亚米尔恩湾省达成结好意向。

2. 聚焦上合组织国家，服务企业"走出去"。2021年12月10日，聊城市与俄罗斯联邦鞑靼斯坦共和国切尔内市结成友好合作关系城市，为国际合作开辟了新机遇。2023年2月16日，聊城市国际友城结好暨交流推介会在京举行，聊城市与白俄罗斯新波洛茨克市、吉尔吉斯斯坦纳伦市正式结成友好合作关系城市，进一步优化了国际友城布局，推动国际友城工作迈上新台阶。目前聊城市正在积极推进与尼泊尔首都加德满都市达成结好意向，以期结下更多合作硕果。

3. 聚焦中东欧国家，搭建民心相通友谊之桥。2021年12月8日，聊城—帕克斯友好合作关系城市签约仪式成功举办，推动两市多领域务实合作达成共识。2022年10月，"聊城·中东欧之家"在古城区落地，创新打造了"国际会客厅""聊城留学生交流基地"综合性对外交流合作服务平台。目前聊城市正在积极涵养与塞尔维亚、保加利亚结好外交资源，不断拓展双边交流的友好窗口。

4. 聚焦发达国家，助力聊城市"双招双引"。2021年6月30日，聊城市与英国苏格兰南艾尔郡正式签署友好合作关系，谱写了中英地方交往新篇章。聊城市高度重视与日本的友好往来，多年来在公务员交流、民间交往等方面开展了一系列卓有成效的合作，深入拓展了多领域合作潜力，为结好交往积蓄力量。

（六）开展抗疫外事

新冠病毒感染发生以来，在市委、市政府坚强领导下，聊城市外办坚决把疫情当作命令，将防控视为责任，多措并举、科学防疫，助力打赢疫情防控阻击战。2020年8月31日，聊城市外办牵头成立疫情防控外事组，统筹疫情防控中的涉外事务。

1.加强领导，做好涉外疫情防控。第一时间成立市外办疫情防控领导小组，对全市外事系统疫情防控工作进行了统一部署，与市公安局出入境、市疾控中心建立信息共享机制，动态掌握在聊外籍人员信息和接种信息，形成涉外疫情防控外事一盘棋的良好局面。

2.多措并举，严防境外疫情输入。毫不动摇坚持"外防输入、内防反弹"总策略，从严落实外防输入各项措施，加强高风险人员闭环管理，做到有人员清单、有管理制度、有督查检查、有保障措施。创新开展"云帆护航""干部驻企远航"等专项行动，帮助企业做好疫情防控和复工复产工作。

3.强化服务，关心关爱外籍人士。作为聊城市新冠肺炎疫情处置工作领导小组成员单位，市外办充分发挥职能作用，完善全市疫情涉外处置防控机制，督导各级外事部门密切关注聊城市外籍人员状况；开通24小时咨询服务热线，在新媒体平台广泛推送《致在聊城外籍人士的公开信（多语版）》《新冠肺炎公众预防提示》（6种外文版），积极为在聊外籍人士提供相关咨询和协助；结合外国人来华邀请的办理业务，鼓励希杰集团等外资企业人员积极参与疫苗接种；针对聊城大学外籍留学生比较集中的状况，联合学院开展走访调研，持续宣传中国疫苗的有效性和安全性，打消外籍留学生的疫苗接种顾虑。

4.共抗疫情，国内国外并肩推进。千里驰援、奋战边城，2020年3月，聊城市外办组建聊城市驻绥芬河口岸专班，奋战在绥芬河战"疫"一线，为开展边境口岸防疫工作提供了重要参考，有力展现了边城战"疫"的聊城力量；2020年向聊城市友好城市韩国光明市调拨捐赠5万只口罩；2021年在匈牙利疫情严重期间，聊城市天工健康科技有限公司向匈牙利帕克斯市及时捐赠了3万只FFP2口罩；2022年聊城市与基里巴斯比休岛市签署捐赠物资项目协议，并捐赠了16万只口罩以应对基里巴斯仍在蔓延的新冠疫情，体现了出入相友，守望相助的友好情谊。

（七）维护涉外安全稳定

1. 严格贯彻履行保密工作领导责任制和安全生产责任制。聊城市贯彻落实市保密局工作部署和要求，带头履行保密责任，遵守保密纪律，健全保密制度，定期开展自我检查和整改工作，不断加大保密宣传教育力度，充分发挥组织推动和示范带动作用，确保外事工作安全稳定发展。

2. 完善涉外领域重大突发事件应对预案，妥善处置涉外案（事）件。先后制定了《聊城市涉外突发事件应急预案》和《聊城市外部环境安全风险防控应急预案》，并相继发布《领事保护常见问题解答》等相关内容，妥善处置90余起涉外案（事）件。其中，2022年聊城市外办帮助聊城市市民赵洪刚从乌克兰撤离回国事件，被改编成新闻稿件《一位海外聊城人的"万里归途"》并被广泛刊发转载，有力展现出聊城市外办的担当作为精神。

3. 加大预防性领事保护宣传力度，建立常态长效工作机制。2014年建立"聊城籍华侨资料库"并编制《聊城市侨资企业档案》；2015年制作并发放《企业海外安全风险防范指南》《中国公民海外安全常识》等宣传折页，提高涉外单位和企业的安全防范意识和能力；创新启动"云帆护航"行动，摸排聊城市重点涉外企业30余家，开展海外安全培训，提供涉外安全保护；开展"平安走四方，领保伴你行"领事保护宣传工作，联合多部门多渠道投放公益广告；牵头推广外交部"平安丝路"平台，充分发挥"全程跟踪、动态监测、及时预警、防范风险"的服务保障功能，截至2022年底，已为全市20余家企业46人申请了注册案审核，为"走出去"企业提供权威预警信息。

（八）加强机关干部队伍建设

2001年9月，聊城市外事侨务办公室更名为聊城市人民政府外事与侨务办公室。2019年至今，聊城市人民政府外事与侨务办公室正式更名为聊城市人民政府外事办公室，是市政府工作部门和市委外事工作委员会的办事机构，是全市执行国家对外政策、处理重要外事工作的综合归口管理部门。内设3个职能科室：综合科、因公出国管理科（护照签证科）、涉外管理科（领事保护科），与市对外友好协会合署办公，下设聊城市外事服务中心（正科级事业单位），承担全市外事管理、因公出国、涉外领事、侨务事务等方面的工作。

1. 强化队伍建设，推进全面从严治党走深走实。始终以刀刃向内的勇气加强干部队伍建设，增强全面从严治党永远在路上的政治自觉，时刻按照"一岗双责"要求，一手抓业务工作，一手抓意识形态。贯彻执行民主集中制，坚持以《市外事办廉政风险防控手册》和《容错纠错免责事项清单》为抓手，认真对照市委党建督导及专题民主生活会查摆问题，完善外事领域廉政风险点和内控制度，对涉及"三重一大"、干部提升等敏感问题，广泛征求群众意见，充分发挥集体智慧，形成了心齐、气顺、风正、劲足的良好局面。

2. 突出业务培训，锻造高素质专业化外事干部队伍。一是加强外语人才培训管理，努力提升外语服务水平。每年定期开展"外事讲堂""四学四比四会"等常态化培训活动，提高全体干部职工综合素质和专业技能。聊城市外办现有外语人才4人，分别掌握英语、日语、德语及西班牙语，为服务好聊城市对外交流合作作出积极贡献。二是突出梯队建设，优化干部队伍结构。全面落实新时代"二十字"好干部标准，统筹抓好选育管用工作，结合工作实际开展职务职级晋升、人员轮岗等人事调整工作，大胆实施"工作专班式"管理，不断培养选拔优秀年轻干部，聊城市外办现有85后、90后正科级干部2人，90后及00后人才队伍不断壮大、蓬勃发展，有力确保组织使用上有梯队、选择上有空间。

十五、滨州市外事工作回顾（2012—2022年）

党的十八大以来，滨州市外办在省委外办精心指导下，在市委、市政府坚强领导下，以习近平新时代中国特色社会主义思想特别是习近平外交思想为指导，坚决扛牢服务国家总体外交和服务地方经济社会发展双重使命，推动形成与滨州经济社会发展相适应的开放格局，为滨州市"八个品质"提升及更高水平富强滨州贡献外事力量。

（一）加强党的集中统一领导，构建"大外事"工作格局

一是坚持党管外事，深学细悟习近平外交思想。健全常态化学习机制，深入学习践行党的十八大、十九大、二十大精神，确保外事工作始终沿着正确方向前进。将习近平外交思想课程纳入全市县处级干部任职培训班以及全办外事干部培训范畴，进一步提高政治站位，推动习近平外交思想入脑入心。

二是发挥统筹作用，构建"大外事"工作格局。召开市委外事工作委员会第一次会议、第二次全体会议，传达学习中央和省委外事工作有关会议和文件精神，确定市委外

事委成员名单，印发《中共滨州市委外事工作委员会工作规则》《中共滨州市委外事工作委员会办公室工作细则》，建立健全上下联动、相互配合的工作机制。加强对全市外事工作的统筹协调，多次召开全市外事系统工作会议，传达上级外事工作会议精神，部署全市外事工作任务，营造良好的外事工作氛围。

（二）持续强化管理与服务，全市外事工作再上新水平

一是严格因公出国（境）管理，高标准服务领导出访。根据"因事定人，人事相符"原则，严把审核审批关。2012年以来，共受理因公出访申请875批2382人次，办理护签手续714批2006人次。高质量服务高层出访，到访30余个国家和地区，组织系列滨州投资促进交易会，推进系列项目签约合作，提升滨州市对外开放水平。

二是严格落实外事接待，高质量做好涉外服务。一是做好外事接待。自2012年以来，接待来自加拿大、法国、英国、以色列、肯尼亚、埃塞俄比亚、俄罗斯、几内亚、澳大利亚、西班牙、日本、韩国等国外宾，推介滨州市市情，助推对外交流合作。二是提升涉外服务能力。2019年，成立全省首家APEC商务协会，为企业扩大对外交流促进商贸往来。2012年至2022年，共受理APEC商务旅行卡189批554人次。受理对外邀请702批1076人次。

（三）搭建高水平开放平台，对外交流交往实现新突破

一是破解疫情困局，搭建海外联络处平台。面对跌宕起伏的疫情冲击，滨州市外办攻坚克难，充分利用海外资源，2022年9月，成功在俄罗斯、韩国、日本、菲律宾、马来西亚、以色列设立滨州市首批6个海外联络处，实现滨州市外事工作历史性突破。海外联络处成立后，纽带和桥梁成效初显，2022年已促成3场对接活动。在滨州驻俄罗斯联络处的支持下，滨州博兴天虹电器赴俄罗斯展会开拓合作渠道；成功举办滨州市纺织企业专项推介会暨纺织产品经贸对接会、举办滨州市以色列海外联络处与国盛农业科技线上经贸洽谈会，助推滨州市企业开拓海外市场，实现抱团出海。

二是注重渠道开拓，建设、搭建国际友城平台。一是加强机制建设。针对国际友城工作中存在的前期建设具有随意性、后期交往没有结合点、缺乏持久性等问题，建立健全《滨州市国际友城关系评估机制》，从严从细建立20项评估标准，实现国际友城工作主体由外事部门"一元化"向文旅、商务等相关单位、部门团结协作的"多元化"方

向转变。该项工作经验在全省推广。建立国际友城库和合作项目库，为国际友城工作制定方向。二是搭建国际友城平台。准确把握市情和国内外形势，充分利用外事资源，缔结友好城市，签订友好协议。截至2022年底，滨州市已经与13个国家的14个城市结为国际友城，与全球166个国家和地区建立经贸合作关系，与"一带一路"合作伙伴贸易往来企业达到500余家，宾朋遍布世界各地。三是加强平台利用与建设。举办"携手友城"等系列活动与滨州市日、韩、法、白俄、葡萄牙等国的国际友城举办文旅、经贸、青少年等多领域交流活动，多领域、多角度助推滨州对外发展与合作。

三是多角度宣传推介，搭建外宣平台。一是创新举办赛事。主办首届"开放滨州"外语短视频大赛。1期短视频入选国家外文局举办的"第三只眼看中国·大美中华"国际短视频大赛决赛。二是扩大宣传主体。以海归人才为纽带，与滨州市海归协会联合推出海归青年系列报道《海归创业故事》，以外籍人士为桥梁，组织拍摄《外国人在滨州》《我是外国人，但我不是外人》系列专题宣传片，宣传推介城市品牌；三是利用国际友城平台。录制5个语种版本宣介视频以及抗疫视频，多次投放滨州市国际友城。2022年，该项工作得到省委外办主要负责同志和市委、市政府主要负责同志的肯定性批示，被省外事要报刊发。

（四）锚定对外合作重点，优化全球布局实现新跨越

一是锚定日韩，推动双方合作再上新台阶。一是高层引领。滨州市领导多次率队参加日韩山东商务周、对话山东—日本·山东产业合作交流会、山东省—韩国经贸合作交流会、中日韩对接合作发展山东行等系列活动，高层面推介滨州市市情，签署系列合作文件以及经济合作协议，展示滨州对外开放形象；率队拜访日韩驻华机构，建立定期联络机制，多次接待日韩驻华使领馆代表来滨访问考察，双方在互建国际友城、企业合作等方面达成一致，共谋发展。二是地方政府推动。2019年，滨州市与韩国高阳市签订《2019滨州市与高阳市加强交流合作备忘录》，两市政府互派公务员交流。2022年，滨州市外办与韩国高阳市举办结好25周年线上庆祝活动、图书交流活动等系列活动，深化两国友好关系。三是项目跟进。在市领导的推动下，韩国载元株式会社与滨州市裕能化工合资成立滨州载元裕能新材料科技有限公司，注册资本6000万，双方各占股比50%，助力双方合作迈上新台阶。

二是定位非洲，打造撬动全省对非合作杠杆城市。一是政府往来做推手。接待几内

亚、埃塞俄比亚、肯尼亚驻华使领馆代表来滨考察，在经贸、人文、社会等领域寻求合作点。二是大型活动为载体。2022年，成功承办山东—埃塞俄比亚投资、贸易、文旅对接会暨鲁非同心·埃塞俄比亚国家日活动。在活动框架下，滨州市与埃塞俄比亚德雷达瓦市签署友好城市意向书，滨州学院与德雷达瓦大学签署建立友好学校关系意向书，滨州市与德雷达瓦市6家企业签约合作。

三是对接东盟，开创与东盟合作新局面。一是"走出去，引进来"涵养外事资源。多次邀请中国—东盟中心、中国—东盟商务协会等组织机构来滨州市考察，就滨州市重点产业情况与东盟国家合作契合点进行交流洽谈；市领导多次带队赴省委外办、中国—东盟中心对接，作为主宾市应邀参加"中国—东盟日"活动，向东盟十国使馆人员展示滨州市特色产业、文化。二是搭建合作平台。谋划举办首届中国（滨州）—东盟中小企业合作对接洽谈会，带领企业开拓东盟市场。活动计划于2023年4月举办。通过近年来的推动，滨州市魏桥铝电、泰裕麦业、炜烨集团等与泰国万浦集团、正大集团及印尼哈利达集团、宏桥集团的合作成为滨州市与东盟互相投资合作的典范。

（五）抓好入境人员疫情防控，兜牢抗疫底线

一是疫情初期牵头抓总，率先垂范投身国际抗疫。疫情防控初期制定防疫政策，出台相关文件31个；加强机制建设，组建工作专班，派出驻北京等5地工作组，在全省范围率先做到"五个率先、两个严格"；筹备抗疫物资，从德国、芬兰等联系口罩18.082万只、防护服8.241万套，倡导海归协会发起捐款活动，筹得款项5.72万元，补充滨州市防疫物资需求；投身国际抗疫，与乌克兰克里沃罗格市举办全省首次抗击新冠病毒感染经验分享会，会后向乌捐赠1万只口罩及300套防护服。该做法得到省委外办高度评价并在全省刊发推广。

二是疫情中后期继续扛牢使命，切实织密抗疫防线。定期调度摸排汇总在滨外籍人士信息及疫苗接种工作，保证外籍人士意愿接种率100%；利用多语种优势及时宣传疫情防控知识、信息；制作外语疫情防控系列视频，其中《全球连线 喀麦隆志愿者助力中国疫情防控》被新华社采用，为服务全市抗击疫情大局贡献外事力量。

（六）践行外事为民宗旨，拉紧涉外安全绳

一是大力开展预防性领事保护宣传工作，为市民及企业撑起防护伞。一是以大型活

动为载体，加强领保宣传。在全省率先启动"走出去"重点企业境外安全保障工作"云巡查"暨"外事伴企行"进县区活动，规范企业海外投资经营行为，规避潜在风险。承办山东省"领保伴你行"境外安全防范能力培训班，为我省16地市外事部门、重点企业授课，活动期间举办领保工作经验交流会，交流各地市亮点工作。二是深入基层，为群众送上家门口的领保课堂。开展领事保护宣传进社区、进校园、进金融圈、进企业等活动，推动境外安全风险防范意识、遵纪守法意识和正确维权意识深入人心。三是开拓渠道，扩大宣传范围。做客市人民广播电台，就领事保护知识进行访谈，在《鲁中晨报》等纸媒做整版领保知识宣传，提升宣传质效与范围。

二是妥善处置领保涉外案件，维护涉外安全环境。一是严格执行应急响应预案。组织疫情背景下涉外突发事件应急处置桌面推演活动，邀请省委外办领导、全市涉外单位、部门以及各县市区外办负责同志学习《滨州市涉外突发事件应急处置预案》，并就疫情背景下涉外突发事件进行桌面推演，加强部门协调配合，提升处置涉外案（事）件的能力和水平。二是妥善处理涉外案（事）件。目前，已经妥善处置涉外案（事）件20余起，滨州市外办严格按照规定及程序妥善解决问题、化解矛盾，多次获得当事人感谢信。

（七）提升干部三专水平，开创队伍建设新局面

一是聚焦机制建设，配齐翻译干部。2019年，成立滨州市翻译中心，招聘英、法、日、韩、俄五语种翻译干部，督促县市区配备翻译干部，促进基层对外开放。

二是聚焦理论学习，提升干部知识素养。成立青年研习社，强化青年理论武装。组织青年干部开展集中学习，深入领会习近平新时代中国特色社会主义思想，不断提高自身政治理论素养。在市外办全体干部职工中开展"每天充电半小时"自觉学习行动，对滨州基本市情、重点产业等进行系统性学习，让每一名同志都能够具备讲好滨州故事的能力。

三是聚焦能力建设，提升干部专业素养。创新开展"外事学堂""外事讲堂"，提升外事干部涉外工作水平。开展多语种译训课堂，组织市翻译中心干部进行每日晨训，提升翻译水平。持续开展"英译滨州"英语翻译人才培养计划，为全市充实翻译力量，截至目前共举办线上培训135期，线下培训2期，培训1778人次。

十六、菏泽市外事工作回顾（2012—2022年）

2012年到2022年是党和国家历史上极为重要的十年，对于菏泽外事工作也是极不平凡的十年。十年来，在省委外办的精心指导下，全市外事系统坚持以习近平新时代中国特色社会主义思想为指导，深入学习贯彻习近平外交思想，立足服务全市高质量发展，以加强党对外事工作的集中统一领导为着力点，以服务国家总体外交、服务菏泽市经济社会发展大局为目标，积极主动作为，不断开拓创新，各项工作取得显著成效。

（一）加强党的集中统一领导

菏泽市外办始终以习近平外交思想为指导，把党管外事贯穿于工作全过程，坚持外交大权在中央，增强"四个意识"、坚定"四个自信"、做到"两个维护"，切实加强党对外事工作的集中统一领导。菏泽市紧抓中央关于加强党对地方外事工作领导体制改革契机，2019年将"市委外事工作领导小组"改建为"市委外事工作委员会"，推动各县区设立党委外事工作委员会及其办公室，凝聚了外事工作合力。准确把握新形势下地方外事工作的原则和要求，出台了《关于贯彻落实加强党对地方外事工作领导体制改革的实施办法》，提升了外事管理能力，统筹推进全市对外交流合作规划和部署。

（二）构建大外事工作格局

菏泽市外事工作通过积极融入国家外交大战略，把服务国家总体外交和服务地方经济社会发展作为根本出发点和落脚点，着力构建"外事、外资、外贸、外宣、外联"的"五外联动""大外事"工作格局。

1. 积极参与国家主场外交和省市重大外事活动。积极参与了"青岛上合峰会"和外交部蓝厅山东全球推介会活动；组织参加了香港山东周、日韩山东商务周、中俄地方合作交流年等重大活动；认真做好2019新中国成立70周年庆祝活动的相关对外工作；坚持高标准、严要求，做好2019、2020、2021"世界牡丹大会"的涉外邀请、防疫等工作，菏泽市外办荣获"2020世界牡丹大会筹办工作先进集体"、2021年"两会一节"筹办工作先进单位称号。

2. 深化外联外宣，"走出去"寻求合作。从严把握因公临时出国，严格执行"逐案报批"，用好市领导出访契机，大力开辟国际通道，2012—2022年，菏泽市共受理因公出访团组572批1536人，协同商务等部门，先后在美国、加拿大、法国、澳大利亚、韩国、新加坡等全球12个国家和地区举办了30余场次菏泽投资环境说明会、中国牡丹之都·菏泽经贸合作洽谈会及各类招商引资活动，全力服务全市"招商引资、招才引智"。积极开展与巴西哥伦布市的友好交流，植入菏泽元素。9幅菏泽巨野工笔牡丹画落户哥伦布市，打造了"盛世牡丹靓巴西"国际友城外宣品牌，有效提升菏泽城市品牌和国际影响力。

3. 积极引外资扩外贸，"引进来"激活动能。积极促成市政府与华润集团签约的菏泽华润智慧微网项目、市开发区与英国帝国理工大学合作的凯维思轻量化智能制造项目、菏泽市城建工程发展集团与德国ATB CmbH公司合作的被动式建筑项目等多个项目落地菏泽，为菏泽市经济高质量发展作出了贡献。有力促进了菏泽市与"一带一路"国家在经贸、技术、人才和文化等领域的交流合作，成功招引山东七星云谷电子科技有限公司、菏泽鑫港机械制造有限公司、菏泽提艾斯电子科技有限公司、东方韩亚新能源科技有限公司、山东省东方维奥建筑工程有限公司等外资企业入驻菏泽，为实现"后来居上"增添了动力。

（三）开展多领域多层次对外交往

1. 多形式开展对外交往。受全球新冠疫情的影响，对外交往受阻，创新开展"云外事"，先后同巴西华侨商会、韩国金浦市等共举办线上外事活动20余场，发出菏泽声音，传递菏泽温度。与重点国际友城互派交流员，在政府合作的基础上，大力扩展经贸、教育、科技、人才、管理等方面的交流合作。与意大利萨勒诺省签署了友好合作关系协议书，与韩国金浦市签署了强化经济合作备忘录，进一步拓展对外开放空间，深化交流合作领域。

2. 多领域开展对外交往。拓宽交流领域，逐步加强在教育、文化领域的合作交流。推动菏泽职业技术学院、泰国素万纳普皇家理工大学、泰国开放教育集团缔结友好院校，促进双方多领域、多形式、多层次文教交流，为中泰友好合作添砖加瓦；联合菏泽市高等院校，同韩国、菲律宾等举办中外青少年交流活动，参与学生达上千人之众，成效显著，广受好评；帮助菏泽市高校打造同韩国、日本、马来西亚高校的合作办学、教育交流精品项目，丰富教学内容，开阔学生视野。充分利用"中国牡丹城"品牌效应，策划举办相应的文化展览活动，组织菏泽市3名画家参加中泰艺术精品联展活动，部分作品被泰国驻厦门总领事馆收藏。

3. 多层次开展对外交往。积极与俄罗斯喀山市、德国、波兰等"一带一路"国家城市交流交往,精心涵养国际友城资源,密切跟踪合作项目,着力推动项目落实落地。积极组织参加"中日韩对接合作发展山东行"活动,为韩国济州道、韩国庆尚南道等地区与菏泽市在农业、教育、科技、文化旅游领域的交流合作牵线搭桥。组织菏泽市企业参加"第四届中非地方政府合作论坛主论坛"活动,促进中非地方发展与务实合作,深化中非全面战略合作伙伴关系。

（四）搭建高水平开放平台

1. 强化多头联动,共促企业发展。组织各县区企业参加"携手安第斯""非洲桥""黄河—湄公河流域地方合作讲堂"等活动,进一步加深对摩洛哥、东盟国家、以色列、日本等国家的认识和了解,推动菏泽市与秘鲁、厄瓜多尔、哥伦比亚、日本务实交流合作。先后组织菏泽市100余家企业参与"走进美国""走进以色列""走进俄罗斯"等活动20余次,2018年与美国莱斯大学联合首次成功举办了菏泽市优秀企业家境外培训班,并与该校签订了战略合作备忘录,组织菏泽市重点企业赴德国参加"工业4.0专题培训班",有效开拓了企业国际视野,提升了企业家素养,搭建了"走出去"桥梁。

2. 优化营商环境,提升平台效能。立足部门职能,在全市范围内开展"外事联百企"活动,出台了《菏泽市外事系统优化涉外营商环境工作方案》,建立了涉外企业联络员制度,全力打造外事服务样板单位。在严格落实各项疫情防控措施的前提下,充分发挥外国人来菏复工复产"快捷通道"作用,为疫情防控期间企业更好更快发展提供了强大外事力量。

3. 寻求智力支持,打造智库平台。紧随省委外办步伐,协调相关部门,对菏泽市智力资源进行全面摸排。经广泛调研和反复论证,与菏泽学院商定,联合设立"菏泽市现代农业海外专家智库"。该智库的成立为进一步发挥高校国际交流合作职能,加快校城融合发展,共同深入推进市、校对外开放工作提供了良好的平台,为菏泽市外事咨政建言、理论创新、舆论引导、社会服务、民间外交等提供了有力支撑。

（五）优化全球布局

1. 做深做实与泰国、印尼的合作交流。巩固现有涉外资源,主动加强与国外地区的交往，多点谋划对外交往布局。与驻印尼使馆、印尼中华总商会、东盟秘书处、泰国东盟加六国贸易促进会等建立并保持密切联系，推介菏泽市优势产业和非遗文化，寻求在教育、经贸、文化等领域的全面合作，实现优化布局和服务发展紧密结合、相互促进。

2. 优化国际友城布局。目前菏泽市共有7个友好城市关系，除与韩国的2个国际友城交往频繁外，与其他的国际友城联系较少。近几年，菏泽市积极与乌拉圭总统府国际合作署取得联系，就下一步合作事宜互致邮件，推动菏泽市与乌拉圭弗莱宾多市重启友好城市关系。下步将认真落实"三个一批"指示要求，通过多种渠道重启、激活原有国际友城关系，挖掘国际友城资源，逐步形成"巩固韩国、激活南美、深耕东南亚、拓展欧洲"的国际友城布局。

3. 升级对外交往朋友圈。积极拓展对德合作，推动双方在智慧城市、低碳环保、经贸文教等领域的交流；加强与西班牙巴塞罗那、俄罗斯阿穆尔州、白俄罗斯侨商会的双边联络，搭建了对外交流合作新桥梁。加强同越南、哈萨克斯坦内城市间的友好交流，深化在经贸投资、基础设施建设、农业等领域的务实合作。加强同圭亚那、乌干达、巴西的华侨社团双边联络，扩大了菏泽在南美的"朋友圈"。发挥外事部门资源优势，加快融入"一带一路"建设，积极建立与"一带一路"国家的双边合作机制，宣传推介菏泽，讲好菏泽故事。

（六）开展抗疫外事

面对国际复杂严峻的新冠病毒感染形势，菏泽市外办闻令而动，严格落实市委、市政府的部署要求，进一步将"外防输入、内防扩散"两大任务抓实抓细抓到位，为打赢疫情防控阻击战提供有力保障。一是全力服务保障省政府工作专班各项工作。抽调2名班子成员和2名精干力量充实到郑州和太原疫情防控工作专班，严防境外输入，为全省疫情防控贡献外事力量，展现菏泽担当。二是认真统筹做好境外返菏人员"点对点"转运信息派送工作。进一步加强与省委外办、青岛口岸沟通协调，确保所负责的入境人员信息及时推送、接转闭环管理，提升了涉外疫情防控水平。三是积极推进涉外疫情防控工作。结合公安部门及各县（区），摸排在菏外籍人士疫苗接种情况，实现接种率100%。下沉基层，深入了解在菏外国企业、外国友人的困难，协调外事资源帮助解决。开展新冠病毒感染防控期间非法入境、居留、工作的外国人治理，压实在菏外国人所在单位和企业责任，全面加强社会面涉外疫情防控。以硬核担当为平安菏泽贡献了力量，被授予全省抗击新冠肺炎疫情先进集体。

（七）维护涉外安全稳定

菏泽市外办牢固树立总体国家安全观，高度重视涉外安全管理，防范化解各类安全风险，不断提升涉外安全工作科学化水平，确保全市涉外安全稳定。一是不断加强涉外案（事）件的处置机制建设，配合有关部门，起草境外安全保障工作实施方案，制定并更新涉外突发事件应急预案，积极稳妥地处理涉外各类案件39起61人次，切实维护菏泽市海外公民和外籍人员在菏的合法权益。二是加大领事保护宣传力度。持续开展"领事保护宣传月"和"国家安全教育主题宣传"活动，在市公安局出入境管理审批大厅创建"菏泽市领事保护宣传教育示范点"，提升菏泽市公民安全防范意识，树立正确领事保护理念。

（八）加强自身及干部队伍建设

坚持以习近平新时代中国特色社会主义思想特别是习近平外交思想为指导，不断强化理论武装。发挥党建引领作用，与中国驻澳大利亚大使馆以视频连线形式举办了"红色纽带聚外交合力　联学联建担外事使命"联学联建活动。以党建促模范机关建设，菏泽市外办被评为省级文明单位和市优秀基层党组织。加强翻译队伍建设，建立菏泽市翻译人才库，涉及英、俄、日、韩等多个语种。加大对外事干部的培养力度，定期选派外语干部到驻外使领馆、外交部、省外办借调工作和学习锻炼，努力打造一支政治坚定、业务精湛、作风过硬、纪律严明的对外工作队伍，为做好外事工作提供坚强保障。

第五章

山东党的外事工作
经验启示和展望

善于总结是党的优良传统。系统回顾山东党的外事工作百年历程，可以从中汲取宝贵经验、获得重要启示，并以增智慧、以资发展，为外事事业开新局注入新动力。

第一节　山东党的外事工作历史经验

经验是历史进程和智慧的凝结，也为未来发展提供借鉴和基础。经验来之不易，弥足珍贵，必须倍加珍惜，长期坚持。回顾总结党的外事工作在山东的百年实践历程，可以从中汲取许多宝贵经验。

一、党的领导是根本

党的外事工作在山东的百年历史和实践反复证明，唯有始终坚持党对外事工作的集中统一领导，才能在国际风云变幻中牢牢把握地方外事工作的正确方向，才能在重大历史关头和关键节点统一思想、统一行动、坚定信心、保持定力、临危不惧、勇毅前行，才能在面对各种复杂局面和艰难险阻时通盘谋划、统筹协调并凝聚各方力量和资源打赢对外斗争攻坚战持久战，才能更好统筹国内国际两个大局、发展安全两件大事，以更宽广的战略视野服务和推进党和国家中心工作取得新的更大成就。这是百年来党的外事工作在我省披荆斩棘、攻坚克难，不断从一个胜利走向又一个胜利的根本保证。必须继续毫不动摇坚持党对外事工作的集中统一领导，坚定拥护"两个确立"、坚决做到"两个维护"，勇于战胜前进道路上的一切艰难险阻，才能顺利实现中华民族伟大复兴的历史伟业。

二、互利共赢是基础

外事工作的内生动力和活力来自互利共赢。只有秉持"志同道合是伙伴，求同存异也是伙伴"，才能同世界各国各地区不断发展伙伴关系；只有不以意识形态划线，不搞"小圈子"，坚持以共同利益为纽带、以合作共赢为原则发展对外友好合作关系，才能真正做到"我们的朋友遍天下"。历史反复证明，地方参与和开展党的外事工作必须坚持以政治沟通交流为基础、以共同利益为纽带、以合作共赢为原则，把地方党委领导和开展外事交往工作与服务党的外事工作、服务总体外交、服务省委省政府中心工作和全省重大战略部署有机结合起来，与有效对接国外政党需求、外方关切有机结合起来，找准利益融合点、工作着力点、交往切入点、合作契合点，构建高层次人脉资源，搭建高层次合作平台，方能取得扎实成效和持久活力。

三、突出特色是重点

发挥地方资源和优势、突出地方特色，是党的外事工作部分任务、项目放在地方的考虑基点，也是地方参与和开展党的外事工作的重点和亮点。一是厘清自身优势和资源，做到"胸中有数"。山东圣贤智者群星灿烂，诸子名家层出不穷，人文资源丰厚；山东山川秀丽、名城古镇、历史遗存、美丽乡村星罗棋布，风光旖旎雄奇；山东是"一带一路"海上战略支点、新亚欧大陆桥经济走廊的重要沿线地区，交通便利通达；山东敢闯敢试，勇立潮头、敢为人先，革命、建设和改革时期屡创辉煌，在基层党建、乡村振兴、海洋强省、社区治理、对外开放等等方面，经验模式众多。山东的发展历程就是党领导中国人民创造"中国故事""中国方案"的具体写照和地方生动实践。这些都是山东参与和开展党的外事工作的重要优势和资源。二是用好自身优势和资源，做到"结合有方"。在参与和开展党的外事工作中，针对外方需求，在中华优秀传统文化、基层党建、经济社会发展成就及经验等方面，进行了重点推介。比如，山东从2014年起承担了外国政党培训和考察工作，增强了外国政党干部对我党的理解与认同，丰富拓展了我省对外交往资源和渠道，成为我省参与和开展党的外事工作的重要切入点。比如，根据各市经济发展特色优势安排培训团组，推动了各市的对外交流与合作；在"走出去"授课探索中，既有省委党校理论专家赴老挝、柬埔寨交流讲学，也有具备丰富基层实践经验的县级领导干部参与，到斐济、汤加交流讲学，努力用"山东故事""山东案例"讲好"中国智慧""中国方案"。

四、平台载体是依托

平台是工作的支撑，载体是工作的依托。做好工作必须十分注重平台搭建、载体建设。党的外事工作在山东的百年史就是一部注重平台载体建设的历史。在发展过程中，山东为扩大合作领域、提升合作层次，积极探索地方服务和开展党的外事工作新平台新载体。一是山东与国际友好省州合作，一般采取建立省级友好关系、友好城市、友好合作关系城市、双多边国际地方政府合作机制，以及签署《战略伙伴关系合作协议》，建立定期会晤机制等方式。二是通过签订相关合作内容、意向、方式的谅解备忘录，探索外企与我省地方政府合作的新途径。三是建设产业园、生态园等合作园区模式，巩固地方政府间合作关系、发展经贸关系。四是承办上级外事部门主办的高规格国际多边论坛或研讨会，承接其交办的对外工作任务。五是通过民间渠道推动社会组织广泛开展国际交往、参与多边活动，搭建民间外交平台，形成了民间对外交往新模式。

五、精准规范是要求

精准是基础，规范是提升；精准见成效，规范上水平。精准首先是方向精准。地方参与和开展党的外事工作必须服从和服务于国家总体外交大局。一方面，注重与重点国家、重点地区和重要组织的联系与交流；另一方面，顺应广大发展中国家愿望，以地方实践展示执政理念，分享执政经验，深化政治互信。最后是设计精准。地方参与和开展党的外事工作必须着眼国家战略规划和全球产业布局、要素配置，针对地方经济社会发展重大战略和产业发展重点，针对不同国家政党及经济社会的特点和不同的需求，制定周密细致的相应接待或出访方案，确定访问考察路线和内容，明确考察访问的重点。针对重点合作伙伴、重点合作领域，进行有针对性的工作。再次是工作精准。在接待和培训工作中，注重用情、用心、求新、求实、求效。在座谈交流中，力求"听得懂""听得进""互动好"；在实地考察时，突出"山东特色""发展成就""外方关注"；在授课时，注重用"山东案例""山东故事"讲好"中国智慧""中国方案"。在上下对接协调中，加强预报与统筹，除拟好集体培训考察内容外，还做好外方人员的个性化需求调查和个性合作意向，视情况安排相应项目。在精准的基础上，规范各项工作流程和工作机制。

六、敢于斗争是关键

敢于斗争、善于斗争是"三个务必"之一，是外交外事工作的优良传统和鲜明特色。党的百年奋斗史，就是一部敢于斗争、善于斗争的历史。山东党的外事工作不仅有顺境，更有逆境，无论是新中国成立前腥风血雨的武装斗争，还是新中国成立后波诡云谲的国际环境，无论是克服重重阻力开展对外交往合作，还是维护国家主权、安全和人民利益，都必须迎难而上、坚决斗争，妥协逃避并无出路。面对具有许多新的历史特点的伟大斗争，外事工作必须积极参与，锤炼斗争的意志，始终拥有坚定的战略自信；注重策略方法，坚持有理有利有节，坚持在斗争中促合作、促共赢。

七、队伍建设是保障

政治路线确定以后，干部就是决定性因素。习近平总书记强调，外交外事干部队伍要永葆对党忠诚、为国奉献的赤子心，永葆开拓奋进、担当有为的事业心，永葆主动学习、自我革新的进取心，永葆党要管党、全面从严治党的责任心。不断提高地方参与和开展党的外事工作的水平和成效，关键是要建设一支忠于党、忠于国家、忠于人民，开拓奋进、担当有为、主动学习、改革创新，政治坚定、业务精湛、作风过硬、纪律严明的外事干部队伍。应着眼党的外事工作的未来发展和对人才的总体需求，把政治建设和能力建设放在突出位置，通过政治学习和实践锻炼，不断提高这支干部队伍的理论素质和政治素质，树立正确的历史观、大局观、角色观，培育敢于创新、勇于开拓的精神，不断强化战略思维、沟通协调和对外传播能力，使这支队伍能开创性地贯彻落实党的外事工作方针政策，从地方层面服务和推动党的外事工作科学发展。

第二节　山东党的外事工作重要启示

地方服务和开展党的外事工作，是党的外事工作全局和国家总体外交的重要组成部分，是党的事业的重要组成部分，是维护国家主权安全和发展利益、推动国家关系长期稳定健康发展、提高地方对外开放水平的重要力量。回顾党的外事工作在山东的百年历程，总结历史经验，可以得出一些重要启示。

一、必须有正确指导思想和对外方针政策

没有革命的理论，就没有革命的运动。党的外事工作在山东的百年史反复证明，党的外事工作必须要有正确的指导思想和对外方针政策。马克思主义的科学性和真理性同样充分体现在党的外事工作中。只有坚持以马克思主义基本原理分析把握国际形势和历史大势，坚持用马克思主义的世界观和方法论认识世界、改造世界，坚持以马克思主义

中国化最新理论成果为指导，坚持根据世界形势发展变化适时调整工作重心和方式方法，才能不断推进地方服务和开展党的外事工作理念、实践和机制体制的创新，指导此项工作的科学顺利发展。党的十八大以来，党的外事理论和实践创新进入新阶段新时期，形成了习近平外交思想。新时代，在习近平外交思想的指导下，地方服务和开展党的外事工作必将不断取得新的进步。

二、必须坚定落实"两个服务"

党的外事工作始终把为我国和平发展营造有利的国际环境作为根本任务。地方参与和开展党的外事工作，必须既坚持党的外事方针和政策，维护国家外交大局；又须关注更好促进地方经济社会发展，实现地方发展重任，才能真正扎实有效。党的外事工作在地方的根本出发点和落脚点就是落实"两个服务"，即精准服务党的外事工作和国家总体外交，主动服务地方经济社会发展。只有围绕"两个服务"，更好统筹国内国际两个大局、发展安全两件大事，才能找准切入点和着力点。地方党的外事工作应立足新发展阶段、贯彻新发展理念、构建新发展格局、助力实现高质量发展，推动更大范围、更宽领域、更深层次的对外开放和互利合作，不断贡献外事智慧、外事力量。

三、必须统筹各方力量

随着党的外事工作在地方的发展深化，省有关部门（单位）和地方各级党委领导同志及基层组织的党员干部越来越多地以不同方式参与到党的外事工作中来，发挥了重要作用。要进一步完善省委外事委整体协调和统筹规划、省委外办具体组织实施、省有关部门（单位）和地方党委广泛协助支持、广大党员干部共同参与的立体化工作体制，充分发挥整体优势和活力，为党的外事工作注入更多地方生机与活力。地方党委外事工作通过任务项目化、工作品牌化、交往平台化、布点基地化等创新性探索提升工作水平和效果，并统筹各方力量组织实施。统筹中，一要注重促进服务国家外交和地方外事的融合，做到资源共享、互促共进；二是立足党委政府中心工作，丰富拓展参与和开展党的外事工作内涵。

四、必须依靠制度和机制

制度更带有根本性、全局性、稳定性和长期性。提高参与和开展党的外事工作的科学性、规范性、持续性，必须建立健全体制机制，主要包括领导体制机制、工作体制机制、管理体制机制等。领导体制机制是关键，工作体制机制是重点，管理体制机制是规范。在领导体制机制上，应对加强党对外事工作的集中统一领导作出制度安排，从机构职能上把加强党的领导落实到地方对外工作各领域各方面各环节，从工作规则、细则、程序等方面加以保障和完善。在工作机制上，应建立符合要求、推动工作、促进发展的双边、多边对外交流合作机制。在管理机制上，应根据工作任务、管理对象、形势任务建立完善相应的管理机制，提升管理的科学性、规范性。

五、必须坚持改革创新

开拓创新"永远是中国共产党人应该具有的历史担当"。实事求是、开拓创新是党的事业不断取得新成就的重要法宝，也是党外交外事工作理论和实践与时俱进、守正出新的重要原则。进入新时代，践行新理念，构建新格局，更好参与和开展党的外事工作，必须坚持改革创新。改革创新是有前提的，必须建立在实事求是基础之上。习近平总书记多次强调，"实事求是，是马克思主义的根本观点，是中国共产党人认识世界、改造世界的根本要求，是党的基本思想方法、工作方法、领导方法"。改革创新是有立场和原则的，必须坚持正确政治方向、人民中心理念、国际道义责任、敢于斗争精神等。改革创新是有导向和重点的，必须坚持问题导向、任务导向、结果导向，以"三个导向"引领、推动和衡量改革创新。要通过改革创新不断摸索和总结规律性认识和方法，承前启后，继往开来，不断开创地方参与和开展党的外事工作新局面。

第三节　站在新的历史起点上将山东党的
外事工作不断推向前进

当今世界，国际力量对比和全球格局正在经历深刻演变，世界多极化、经济全球化、国际关系民主化潮流势不可挡；同时，单边主义、保护主义、霸权主义依然横行，世界进入新的动荡变革期。党的二十大科学谋划在新的历史条件下全面建设社会主义现代化国家、以中国式现代化全面推进中华民族伟大复兴的宏伟蓝图，为外交外事工作开创新局面提供了重要遵循。站在第二个百年奋斗目标新起点上，山东党的外事工作责任重大、使命光荣，必须奋发进取、积极作为、勇毅前行。

一、坚持政治导向，把握正确方向

外事工作具有鲜明的政治属性，在外事工作中坚定政治立场，集中体现为做到"两个维护"。踏上新起点、迈上新征程，要把"两个维护"自觉贯彻到党的外事工作各领域各方面全过程，坚决贯彻习近平外交思想，认真落实习近平总书记关于外交外事工作的重要指示要求，加强理论思考和战略谋划，密切关注国际形势发展和国际变局中的重大问题，前瞻把握外事发展趋向和规律。要经常对标对表，及时校正偏差，确保在思想上政治上行动上始终同以习近平同志为核心的党中央保持高度一致。要恪守"外交大权在中央、外事工作授权有限"原则，时刻绷紧这根弦，严格落实请示报告制度，坚决维护党中央权威和集中统一领导，确保令行禁止、步调统一。面对错综复杂的国际形势，始终坚持用习近平新时代中国特色社会主义思想的立场、观点和方法观察问题、分析问题、解决问题，不断提高政治判断力、政治领悟力、政治执行力，从容应对各种复杂局面和风险挑战，牢牢站在历史正确的一边，切实担负起做好外事工作的重大政治责任。

二、坚持胸怀天下，着力服务大局

主动站在党和国家工作大局上思考和谋划问题，树牢大格局、拓展大视野，把服务国家总体外交与服务新时代社会主义现代化强省建设统一起来，把国家所需和山东所急统一起来。踏上新起点、迈上新征程，要立足山东特色优势，坚决落实好各项重大涉外任务，努力为国家总体外交实践注入更多山东元素、提供更多山东方案。紧扣"走在前列、全面开创""走在前、开新局"，找准外事工作服务大局的切入点、结合点，不断丰富外事服务发展的"工具箱"。把握和引领"后疫情时代"外事工作，探索创新多元化对外交流合作模式，加大"走出去"力度，提高"引进来"质效，绵绵用力，久久为功。要搭建高质量国际合作平台，按照"深耕日韩、做强东盟、拉紧欧亚、稳住欧美、开辟非洲、做实拉美、拓宽大洋"的思路优化布局，打开对外交流合作新局面。要带动科技、教育、卫生健康、生态环境等各领域共同发力、齐头并进、全面突破，提升对外开放的广度、深度、厚度。

三、坚持系统思维，构建"大外事"格局

外事工作是系统工程，涉及政党、政府、人大、政协、军队、地方、民间等各领域，加强链接、填补真空，才能形成工作合力。踏上新起点、迈上新征程，要健全体制机制，完善党委外事委直接领导、党委外办统筹协调、各地各部门各单位协同推进的外事工作领导体制。各级党委外事委要着重抓好顶层设计，定期研究重大外事事项，统筹推进重大外事活动，确保重大外事工作有部署、有落实、有成效，各级党委外办要履行综合归口管理职责，强化统筹协调，做好督促落实工作。要拓展"外事+"，注重加强与职能部门合作，实施好"外事+文化""外事+医养健康"等工程，推动"外事+"向园区、企业、高校、科研院所、社会组织等主体延伸，调动多领域资源服务开放发展。要将重点涉外任务项目化，明确任务目标、落实举措、时间节点、责任单位、跟踪问效等要素，形成闭环链条，以重点项目的落地见效带动面上工作整体突破。

四、坚持培育人才，打造外事铁军

习近平总书记反复要求建设一支忠于党、忠于国家、忠于人民，政治坚定、业务精湛、作风过硬、纪律精明的对外工作队伍。踏上新起点、迈上新征程，要强化政治忠诚教育，抓好外事干部思想政治建设，坚持严管就是厚爱，不断锤炼外事干部过硬政治品格。要优化干部结构，制定外事干部培养规划，加大高层次、复合型人才培养力度，抓好干部梯队建设，不断优化干部队伍年龄结构、知识结构、专业结构。要提升干部能力，坚持"缺什么补什么、需要什么补什么"原则，采取上挂下派、轮岗交流、借调驻外、承担重要外事任务等方式，创造条件让干部特别是年轻同志在一线经风雨、见世面，提升担当重任、处理复杂问题的能力，源源不断培养契合新阶段要求、堪担新时代重任的外事干部。

雄关漫道真如铁，而今迈步从头越。走过百年历史征程，山东党的外事工作有着无比宽广的舞台、无比深厚的根基、无比强大的动力、无比坚定的自信，必将沿着历史正确的方向，在习近平外交思想的科学指引下，谱写山东对外工作崭新篇章，为实现中华民族伟大复兴和推动构建人类命运共同体作出更大贡献！

党的外事工作在山东百年大事记

1921年

1921年春　济南共产党早期组织成立。

1921年7月　王尽美、邓恩铭参加中国共产党第一次全国代表大会。

秋　中共中央派刘仁静到济南，与王尽美、邓恩铭协商出席远东各国共产党及民族革命团体代表大会的山东代表人选问题，确定王尽美、邓恩铭等人参加会议。10月，王尽美、邓恩铭等随中国代表团经满洲里出境，赴苏俄参加远东各国共产党及民族革命团体第一次代表大会。

9月10日　山东各界召开大会，强烈要求日本将青岛及所占山东权利无条件交还中国。

11月12日　华盛顿会议（又称太平洋会议）召开。会议期间，美、英、日三国代表于25日会外举行山东问题秘密谈判，促使中国同意与日本在会外直接解决山东问题。北京政府被迫同意。

12月　华盛顿会议上，山东问题成为中外瞩目的争议中心。日本为使其侵略中国的利益最大化，企图玩弄伎俩，制造舆论，使山东问题不提交大会，而由中日直接交涉解决，激起了全国特别是山东人民的强烈反对。山东省议会12月通电各省督军、省长、议会等，反对中日会外交涉山东问题，要求取消"二十一条"。

12月15日　孙中山就北京政府与日本直接谈判山东问题一事发表文告，表示"竭力主张无条件收回山东一切权利，废除'二十一条'"。

12月30日　山东省学生联合总会在济南商埠公园举行国民大会，提出了反对"二十一条"等要求，并列队到省交涉署、省长公署和督军署请愿游行。活动中，济南的共产党人既是参加者，又是领导者，他们把共产国际关于华盛顿会议的宣言以及陈独秀等人揭露帝国主义侵略本质的文章印成传单广为散发，有力促进了活动的进行。

1922年

1月1日　北京政府外交部训令参加华盛顿会议代表施肇基等，与日本代表谈判借日款赎回胶济铁路。消息泄露后，遭到全国各界反对。施等慑于舆论压力，声明不遵训令，仍依前案进行谈判。17日，山东各界代表赴京请愿，要求罢免梁士诒国务总理职务，并要求设立赎路筹款会。

1月9日　山东各界代表发出通电，列举山东督军田中玉5条罪状，要求北京政府将其罢免。

1月21日至2月2日　第三国际远东各国共产党及民族革命团体第一次代表大会在莫斯科召开，王尽美、邓恩铭、王象午、王复元等代表中共济南组织前往参加会议。

2月4日　中日两国代表在华盛顿会议上签订《解决山东悬案条约》及《附约》。主要内容是：胶州租界归还中国，开为商埠；德国所占之公产归还中国；日军于6个月内撤退；胶济铁路由中国赎回等。

3月3日　徐世昌任命王正廷为鲁案善后督办，田中玉为会办。13日，山东78名省议员联合致电北京政府，控告田中玉强暴横施、借债营私、侵权违法等罪行，要求迅速撤职惩办。19日，济南各界集会，反对田中玉预征丁漕、河工附捐及盐斤加价。大会要求罢免田中玉。4月5日，徐世昌免去田中玉省长职务，任命韩国钧为山东省省长。

3月17日　北京政府制定《胶济铁路定为民有办法大纲》，规定胶济路干支各线及附属产业，由人民集股赎回，永为民有。

3月28日　《中日胶济铁路沿线撤兵协定》正式签字。

5月6日　胶济铁路中日所有接访事宜办理完毕。

5月8日　北京政府电令山东省及"鲁案善后督办处"，开张店、坊子、高密、潍县、淄川、博山、周村、青州等8处为商埠。

5月16日　中德签订邦交、通商条约；德国驻济南领事馆恢复。

9月　北京政府委任梁如浩为接收威海卫委员会委员长。

10月2日　中英接收威海卫谈判在威海卫举行。11月3日休会，后移至北京继续进行。

11月12日　山东各界联合会等通电，反对王正廷利用外资承办胶济铁路，又分电吴佩孚、曹锟及北京政府，以王办理鲁案"丧权辱国"，反对吴佩孚荐举王正廷督办胶澳商埠。

11月27日　烟台益文学校学生为抗议帝国主义对中国学生的奴化教育举行罢课斗争，200余名学生提出退学。

12月1日　中日《山东悬案细目协定》（即第一部）签字。

12月5日　《山东悬案铁路细目协定》（即第二部）签字。

12月7日　山东公民鲁案后援会等团体发表宣言，列述王正廷丧权辱国6大罪状，呼吁争取山东问题的最后补救。

12月8日　济南总商会等4团体就青岛土匪与日人勾结，乘接收之机肆意焚掠，公然于市内设立总部，日方警宪熟视无睹等状况，电请北京政府与日使交涉。

12月10日　根据华盛顿会议规定，北京政府从日军手中收回青岛。中日代表在青岛举行交接仪式。北洋政府宣布青岛地区为胶澳商埠，设督办公署（直辖），由山东省省长熊炳琦任督办。

12月10日　日本在青岛设总领事馆。

12月15日　青岛日军司令部及日军撤离。青岛学生举行提灯游行，庆祝收回青岛主权。

12月16日　青岛市民为监视接收召开市民大会，发布宣言，并推出监收代表。

12月　原设在山东的日、英、法等国客邮机构全部撤除。

12月　青岛土匪孙百万在日方支持下，将参加与其接洽投诚事宜的青岛商会会长隋石卿等人绑架入山。熊炳琦将孙部"招抚"编为游击队，匪首孙百万为胶东游击队司令。

1923年

1月1日　北京政府派交通部次长劳之常会同王正廷接收胶济铁路及其支线并一切附属财产。至3月底，全路接管完毕，中国收回胶济铁路主权，结束了胶济铁路建成后德国10年的殖民统治和日军8年的非法占领。

1月6日　山东各界联合会召集紧急会议，反对日本在交还青岛后仍在市内设立9处警察分所，电请北京政府速向日本提出严正抗议，令其撤除。

2月11日　中英接收威海卫谈判移至北京继续举行。5月31日，议定《接收威海卫委员会中英委员协商意见书》。因其中有允许外人参与市政和允许外舰歇夏与操演等内容遭到全国人民强烈反对。

2月15日　冯国熊任山东外交公署署长兼特派山东交涉员。

3月　王尽美回到济南，继续主持山东党的工作。青岛市设立胶澳商埠交涉公署。

3月13日　中日签订《胶澳行政接受最后协定》。

3月29日　交收山东悬案未了各事之中日最后协定在青岛签字，各项附属财产及细目协定所未明白规定的各项问题，全被解决。

4月1日　青岛市民2000余人举行国民外交会成立大会，要求立即取消"二十一条"。

4月3日　山东各界为否认"二十一条"、收回旅大召开国民大会,通过组织对日外交后援会,对日断绝经济关系等决定。

4月15日　社会主义青年团济南地方团召开团员大会,决定将团员分编为5个组,恢复马克思学说研究会,建立民权运动协进会,加入对日经济绝交委员会,开展五一、五五纪念活动,并改组地方团执行委员会。

4月25日　由山东省学生联合总会发起,济南30余校学生及各界群众数千人举行对日经济绝交游行大会,要求废除"二十一条"、收回旅大。

4月19日　济南各界代表召开会议,决议成立济南对日外交会。

4月28日　山东省学生联合总会成立对日经济绝交委员会执行部,并通电全国。

5月6日　被政府军围困在抱犊崮山区的"山东建国自治军五路联军"为摆脱困境,由孙美瑶指挥在津浦铁路临城、沙沟之间毁轨拦截北上的特快列车,劫持旅客200余人,其中外国旅客39人。此即震动一时的临城劫车案。孙美瑶以外籍人质为条件同北京政府反复交涉。6月12日,政府当局与之达成协议:释放全部人质,孙部接受招抚。同年底,孙美瑶在枣庄被诱杀。

5月7日至8日　驻京的英、美、法、意、比5国公使先后向北京政府就临城劫车案提出抗议。此后,驻京使团多次提出抗议,借机鼓吹国际联军武装干涉和共管中国铁路。

5月23日　在北京出版的《工人周刊》第64期上,王尽美以烬梅署名发表《中国的兵患与匪患》《吴佩孚还想武力统一吗?》两篇文章。

5月24日　中国国民党以临城劫车事件电驻北京外国公使团,谓此案全在不统一不裁兵之故,希望撤销对北京政府的承认,并予中国人民以另行建设全国公认政府的机会。

6月12日　"临城劫车案"中被劫持的中外旅客全部获释。

7月27日　山东各界联合会致电北京政府国务院、外交部,反对梁如浩所订中英威海卫条约,并推邵次明等10人赴京请愿。

10月　世界红万字会济南分会成立。

10月15日　曹锟准山东督军田中玉辞职,以郑士琦督理山东军务善后事宜。

11月4日　山东省议会致电各省议会指出:英国强租之威海卫,期满收回,绝无条件可言,而梁如浩同英方擅订《接收威海卫协商意见书》24款,丧失领土,损害主权。务请各省协电中央,严拒英国的无理要求,惩办梁如浩。

11月7日　青年团济南地执委在济南育英中学召开"十月革命节"纪念大会。到会者200余人，正在济南巡视的王振翼出席了大会。中共中央称赞大会开得"甚好"。

11月27日　山东各界联合会代表及山东旅京同乡会代表赴北京政府国务院请愿，要求无条件收回威海卫，撤职惩办梁如浩。代理国务总理高凌霨表示听从民意，梁如浩与英方商谈的条件，政府不予承认。

12月10日　督办接收威海卫筹办善后事宜的梁如浩，因丧权误国招致举国反对，向外交部辞职。

12月25日　中共中央发出第13号通告，要求各地党组织积极帮助国民党进行改组，制定参加国民党改组的具体步骤。

1924年

1月1日　邓恩铭在《胶澳日报》新年增刊上发表《今日的感想》，抨击北京政府勾结帝国主义祸国殃民的罪行。

4月22日　北京政府应日本要求，开放济宁为商埠。

4月23日　印度著名诗人、文学家泰戈尔来济南游历。

6月　为反对帝国主义利用宗教进行侵略活动，山东的共产党、共青团组织在济南等地组织成立"非基督教大同盟"。

8月初　中共济南地执委和青年团济南地执委接中共中央与团中央关于九七反帝废约运动的指示后，立即召开联席会议，研究部署开展反帝废约运动的具体步骤。决定由中共济南地执委委员长王尽美出面，在国民党和群众组织中开展活动，以各界联合会和国货维持会名义，联络山东各界召开国民大会，发起建立山东反帝国主义大同盟，并在各地组织开展多种形式的反帝废约宣传活动。

8月24日　王尽美在国民党山东省临时党部以各界联合会和国货维持会名义，发起成立山东反帝大同盟，并起草成立宣言。

8月　青州商学联合会发表废约运动宣言，号召人们共同废除一切不平等条约，并组织清查日货，举行罢市。

9月7日　中共济南地执委、团济南地执委以反帝国主义大同盟名义，在商埠公园召开30余团体、万余人参加的群众大会。王尽美等参加大会并发表了演说，随后，以国民党山东省和济南市临时党部名义散发了反帝国主义的宣言。

9月　王尽美赴青州山东省立第十中学作了旅欧考察学习报告，听众300余人。

11月25日　《中国工人》发表《资本家何等残暴》一文，揭露中日资本家对淄博矿工的残酷压迫和剥削，记述了淄博矿工在党的领导下，同中日资本家进行斗争的事迹。

12月25日　济南非基督教大同盟在省教育会召开有20余团体400余人参加的非基督教群众大会。团济南地执委和非基督教大同盟负责人发表演讲。

12月　济南非基督教大同盟成立后，积极开展反对帝国主义利用宗教进行侵略的宣传，深刻揭露教会的种种罪行，并在各地发展盟员，先后建立青州等9个分盟，共120余人。

1925年

3月18日　共青团青岛地执委举行巴黎公社诞生54周年纪念会。

4月10日　共青团青岛地执委以青岛非基督教大同盟的名义发来快邮快电，声援济南各教会团体、机关、学校夫役的罢工斗争。

4月19日　青岛日商太康纱厂4000余名工人罢工。至29日止，参加罢工的工人达1.8万余名。

5月5日　为纪念马克思诞辰107周年，中共青岛地执委书记尹宽在青岛四方机厂召开报告会，向到会的党团员介绍了马克思的生平事迹。

5月28日　张宗昌下令屠杀青岛罢工工人。日本两艘驱逐舰由旅顺驶入胶州湾，停泊在青岛前海，鸣炮数十发，扬言要用武力镇压青岛日纱厂罢工工人。胶澳督办温树德屈服于日方压力，为镇压罢工工人，电呈山东督办张宗昌请示处置办法。张宗昌立即电复"有必要即可开枪"。

5月29日　青岛惨案发生。青岛的日本帝国主义勾结反动军阀，残酷枪杀青岛日纱厂工人，制造了青岛惨案，与第二天在上海发生的五卅惨案，并称青沪惨案。

6月1日　共青团济南地执委派李秋茂赴青州，检查指导学生运动，组织沪案后援会，声援青岛、上海工人和市民的斗争。

6月11日　青岛各界联合成立青沪惨案后援会。青岛数千名学生游行示威，并通电段祺瑞政府，向英日两国政府提出抗议，响应五卅反帝爱国运动。

6月11日　济南各界200余个团体10万余人在商埠公园召开市民大会，声援青岛、上海工人和市民的反帝爱国斗争。

6月14日　济南学生联合会、济南提倡国货研究会、济南总商会等40余个团体的代表百余人在省议会举行会议，公推李郁亭为主席。会议根据中共山东地执委委员王翔千的提议，决定组织各界成立济南市民雪耻会。

6月16日　青岛各界举行雪耻大会。

6月17日　胶济铁路总工会、青岛学生联合会和青岛市总商会等36个团体，在总商会召开会议，会议决定与英、日经济绝交。

6月17日　济南市民雪耻会正式成立，并发表宣言，号召各界群众团结起来，与英、日帝国主义作坚决的斗争。

6月21日　济南学生联合会召集各校代表开会，决议：各校放暑假后，由学生回县组织学生会、农工会，并联合地方团体组成市民雪耻会，共做救国工作。

6月23日　青岛理发业工会成立，并决议：不准为英、日人理发；违犯者，第一次罚洋30元，第二次游街，第三次停止营业。

6月24日　共青团青岛地执委发出《关于加强组织工作的通告》。

6月24日　山东各法团及公益团体在济南省立一师开会，成立山东各界外交联合会。

6月25日　济南各界一律停业以哀悼青沪惨案被害同胞，各商号门首多贴"同胞惨死，休业志哀"等字样。

6月27日　共青团青岛地执委发出《关于发动学生、市民罢课、罢工声援沪案等情况给总校（中央）报告》。

6月28日　济南各校教职员雪耻会联合作出决定，每人捐5%的月薪救济青沪惨案中遇害和失业的同胞及家属。

6月29日　济南市民雪耻会在寿佛楼召开全体委员会议，研究整理内部的办法，讨论追悼会的程序及有关事项，研究对英日经济绝交问题，决定成立商人协济委员会，推举胡觉、何冰如、高永清、延伯真等6人为委员，负责办理。

6月30日　青岛各界举行青沪粤汉死难烈士追悼会，会后游行示威。各商店休业一天，下半旗志哀。

6月30日　济南各界60余个团体6万余人在商埠公园召开追悼青沪惨案烈士大会。

6月　诸城县青沪惨案后援会成立，宣布对英日经济绝交，组织声讨大会，游行示威，查禁日货、英货。

7月9日　北京大学沪案后援会、北京学联宣传员10余人，济南学联与市民雪耻会一起组织商人协济委员会，并派员与各界商界接洽，成立各界商界联合会，开展抵制英、日货运动。

7月11日 为了援助罢工工人和抵制英日货，胶济铁路总工会、青岛学生联合会和教职员联合会发起，在青岛大学召开青岛各界外交促进会成立大会。

9月 共青团青州特别支部王懋坚赴苏联莫斯科中山大学学习。

12月12日 共青团济南地执委以济南非基督教大同盟的名义发表宣言，揭露基督教充当帝国主义侵略先锋的罪恶行径，号召积极准备耶稣诞日的非基督教活动。

12月24日 共青团青州支部发动和组织反基督教活动。

1925年至1927年 济南有10位女共产党员被派往苏联留学，她们是王辩、侯志、王兰英、丁祝华、庄东晓、朱庆荣、谢怀丹、张影心、秦缦云、于佩贞。

1926年

3月中旬 为纪念巴黎公社55周年，中共山东地执委和共青团济南地执委联合发出《给各支部书记的信》，阐述巴黎公社的历史及其意义，指出工人阶级只有在共产党的领导下组织工会，才能取得解放；要求各支部尽可能地召开工人群众大会，进行公开讲演或举行飞行集会，开展纪念活动。

12月 德国驻青岛领事馆正式建立。

1927年

5月2日 山东当局扣押原苏联派驻北伐革命军军事顾问鲍罗廷及其夫人。是日，将其由济南解往北京。

5月22日 日本渔船60艘侵入山东领海（龙口附近），遭到中国舰队阻禁。

5月28日 日本政府发表《关于山东问题派兵声明》，日军进入青岛、济南，支持直鲁军阻止南京北伐军进济南。

7月11日 北京政府外交部就日本出兵山东，正式向日本政府提出抗议。

9月15日 中共山东省委发出《关于派人赴俄受训、调换省委书记及要求解释省委改组、军事组织等问题致中央的信》，要求解释省委改组之意见和建立军委等问题。信中提出，因政治环境关系，邓恩铭不适宜继续在山东工作，请求中央派人接替邓恩铭的工作；请求允许山东派100人赴苏联学习，为下一步开展农村武装暴动做好准备。

9月30日　中共中央复信山东省委，答复15日信中所提出的问题：（一）赴苏受训暂不进行；（二）邓恩铭暂不离鲁，并调刘少奇任山东省委书记（因病未到职）；（三）省委所在地不另设市委，可划数区建立区委，由省委直辖，同时另设一县委，负责指导乡村工作；（四）省委之下设军事部，以指导各地军运机关；（五）山东省委每月将报告分寄中央和北方局各一份。

1928年

1月10日　中共山东省委发出《关于发动农民斗争问题》的第14号通告，在中共山东省委的督促要求下，中共鲁西县委于1月14日举行了以攻取阳谷坡里德国教堂为目标的暴动。

1月21日　济南党团支部举行了列宁逝世4周年纪念活动。

2月10日　中共山东省委发出《给东昌信之二：对坡里事变错误问题目的意见》。

4月9日　蒋介石下总攻击令，南京政府北伐各路军同时进攻济南。

4月15日　日本驻济南陆军武官酒井隆少佐向日军参谋总长建议，再次出兵山东。

4月20日　日本海军在青岛登陆，接着以"保侨"为名，进军济南。

5月3日　日本侵略者在济南制造"五三"惨案，国民党南京政府战地政务委员会兼外交处主任蔡公时等17名外交人员惨遭杀害。9日，日军向济南发起总攻，11日占领济南。据不完全统计，在济南惨案中，中国军民被害者6000余人，直接经济损失3000万元。

5月6日　中共中央发出《关于五三惨案告山东民众书》。

5月6日　中共山东省委、共青团山东省委联合发出《为反对日本帝国主义告山东民众书》。

5月7日　日军向蒋介石提出禁止反日、济南撤兵等最后通牒五条。蒋介石对日妥协，下令全军撤出济南，绕道北伐。

5月9日　中共中央发出《中国共产党反对日本占据山东告全国民众》。

5月10日　中共中央发出《为反对日本帝国主义再告山东民众书》《关于山东目前工作路线致山东省委的信》。

5月10日　中共山东省委、共青团山东省委发出《为反对日本帝国主义再告山东民众》《为日本帝国主义炮轰济南告胶济路全体工友书》。中共山东省委、共青团山东省委联合发出《为济南惨案再告民众书》。

5月10日　胶济铁路总工会发出《为反抗日兵炮轰济南告全路工友书》。

5月10日　青岛、诸城等地抗议日军屠杀中国军民。

5月上旬　共产国际发表《对济南事变宣言》。

5月15日　共青团中央发出《政治通告济南五三惨案》。

5月17日　日本侵略军卵翼下的"济南临时治安维持会"正式挂牌。

5月18日　中共中央发出《五三惨案以来的形势与深入反帝斗争问题》的第48号通告。

5月18日　中共中央就济南惨案后山东形势向中共山东省委发出指示信，提出了扩大反帝运动、扩大反蒋宣传、争取小资产阶级等要求。

5月20日　共青团中央发出《济南惨案宣言》。

5月23日　南京国民政府通令全国，6月3日一律下半旗为"五三"惨案死难者致哀。

5月27日　中共山东省委发出《关于五卅纪念日的通告》。

5月30日　中共山东省委、共青团山东省委发出《五卅惨案三周年纪念告山东民众书》。

5月　济南各界开展反日斗争。"五三"惨案发生后，济南大批工人失业。针对这种情况，中共山东省委帮助建立济南总工会筹备委员会，组织了济南工人失业募捐队，发动工人开展要求复工和"要饭吃"的斗争。济南鲁丰纱厂工人提出了发清欠薪、增加工资等要求。通过斗争，多数工人不同程度地改善了生活，从而扩大了党的影响。此外，山东省委还领导建立了"救国十人团"进行街头演讲，并发动商人、学生开展了反对征收苛捐杂税和日军早晚戒严的斗争。

5月31日　济南惨案外交后援会调查团向世人公布死伤人数及财产损失。

6月18日至7月11日　中国共产党第六次全国代表大会在苏联莫斯科召开，出席大会的代表共142人，黄文、卢福坦、丁君羊、郭金祥作为山东党组织代表出席会议，中共山东省委书记卢福坦当选为中央委员和政治局候补委员。

10月13日　中共山东省委、共青团山东省委发表《告日本士兵书》。

10月　《红旗》发表燕生的《日本御用的济南"治安"维持会》，号召民众联合起来铲除维持会。

10月18日　日本驻上海总领事矢田到南京，称奉日政府训令，全权进行中日济南悬案交涉。

10月19日　外交部长王正廷与矢田交涉济南惨案问题。

10月21日　济南日军开始第三次撤退。

1929年

3月28日　中日解决"五三"惨案交涉文件，由王正廷与芳泽在南京签字。

4月13日　济南日军发布撤军顺序及日期，两个月内全部撤离济南。

5月1日　法国驻青岛领事馆正式开馆。

5月20日　侵占山东的日军全部撤离，胶济铁路接防完毕。

1930年

1月21日　蒋介石电令青岛交涉公署撤销，一切对外交涉由青岛市政府办理。

4月28日　中英两国代表在济南签署《中英交收威海卫专约》与《协定》。

10月1日　威海卫交收仪式在威海举行。同日，英国在威海设立领事馆。

10月2日　英国正式将威海卫归还中国，取消自由港制，设立商埠。至此，威海结束了32年的殖民统治。

10月9日　东海关威海卫分关成立。

1931年

4月1日　在中共青岛钟渊纱厂支部的领导下，针对日厂主无故降低工人工资与部分把头寻衅闹事，全厂3000余名工人关车罢工，痛打40余个工贼，并提出开除工贼，增加工资等7项要求，当晚遭到国民党军警镇压。

8月16日　青岛市成立各界反日援侨委员会，决议"禁绝日货入口"。

9月18日　是夜，日本驻中国东北的侵略军——关东军，自行炸毁沈阳北郊柳条湖附近南满铁路的一段路轨，反诬中国军队破坏，并以其为借口袭击了中国军队，开始大肆侵占东北三省。史称"九一八"事变。

9月18日　中共临时中央作出《关于日本帝国主义强占满洲事变的决议》，号召全国人民武装起来，抵抗日本的侵略。

9月25日　中共山东省委发出《鲁省委通告第一号》，要求各级党组织动员一切力量反对日本帝国主义侵占东北三省。

9月30日　中共山东省委制定《关于日本帝国主义占领东三省的宣传大纲》，进一步号召工农兵各界民主爱国人士一致行动起来，为拯救民族危亡而斗争。其间，全省各地迅即掀起反对日本帝国主义侵略的斗争热潮。

11月下旬　中共山东省委审时度势，为推动学生反日爱国运动，作出紧急指示，决定组织济南、青岛、泰安、曲阜等地学生到南京请愿。

11月16日　丹麦驻青岛领事馆正式开馆。

11月末　中共济南市委和共青团济南市特委，根据山东省委指示决定，以党团组织比较强的省立第一乡师、省立女师、省立女中、正谊中学、爱美中学和省立高中等校为发动重点，组织发动济南学生赴南京请愿运动。

12月2日　青岛大学学生赴南京请愿团，路经济南遭军警阻止，未能下车与济南学生会合，即先期南下。

12月5日　济南省立高中500余名学生在济南火车站待车南下请愿。铁路当局拒不发车，学生占领车站，铁路交通中断。

12月7日　由山东省立第一乡师、省立第一师范、正谊中学、女子师范、省立一中等13校2000余名男女学生组成的赴南京请愿团，与省立高中学生在济南车站汇合。各校派出代表组成赴京请愿团指挥部。经坚持斗争，终迫使国民党山东当局发车。8日晚6时5分，满载济南14校2500余名学生的列车，在一片"武力收回东三省""打倒日本帝国主义"等口号声中离开济南。

12月10日　济南学生南下请愿团抵达浦口，列队进入南京，寄宿于中央大学。

12月12日　济南学生请愿团赴国民党政府请愿，迫使蒋介石接见。由于蒋介石坚持不抵抗政策，未答应学生要求，指挥部遂决定将"请愿团"改为"示威团"。

12月13日至14日　济南学生请愿团连续到国民党政府外交部示威，并将外交部办公大楼室内家具捣毁。

12月15日　济南学生与北平、上海学生一起到国民党中央党部示威，并冲进院内。当局出动军警，逮捕了数十名学生。蒋介石在全国抗日高潮与请愿学生的压力下，于同日通电下野。

12月16日　山东省立二师、曲阜明德中学、省立三中、泰安县立师范、省立七中、省立第四乡师、省立第三职业学校等7校学生2000余人齐集兖州火车站，组成南下请愿团，向站方索车南下。

12月17日　珍珠桥惨案在南京发生。济南学生闻讯赶去支援，被军警冲散，两名学生被捕。京沪卫戍司令部遂宣布对南京全城戒严，并勒令各地学生限期离京。

12月18日　济南学生被武装押至浦口，强行上车返济。20日，济南学生返回济南。

1932年

7月15日　中共山东省委作出关于"八一反帝战争日"的决议。

7月24日　中共山东省委发出关于"八一反帝战争日"的宣言。

10月　在中共山东省委的领导下，济南反帝大同盟重新组织建立。

11月初　在中共临时山东省委指导下，济南面粉厂党支部组织工人开展十月革命节纪念活动。

本年　芬兰在烟台设立领事馆。

1933年

1月7日　中共山东省委发出《关于目前反日本帝国主义紧急通知》，要求全省各地党组织扩大对日本帝国主义进占华北的宣传，建立反帝大同盟、北上决死团、北上义勇军等反帝组织，掀起广泛的募捐运动以慰劳东北义勇军。

1月18日　中共山东省委作出《关于反对日本帝国主义进攻华北的决议》，提出革命现阶段有两大任务：一是实行土地革命，二是进行民族革命。并要求全省各地党组织积极扩大党的队伍，使党员数量增加2—3倍。

1935年

8月1日　中共驻共产国际代表团以中华苏维埃政府和中共中央的名义发表《为抗日救国告全体同胞书》（即"八一宣言"），号召全国人民团结起来，停止内战，抗日救国，组织国防政府和抗日联军。

11月12日　日本华北陆军司令官多用骏来到济南，策动韩复榘实行"自治"。

12月9日　北平"一二·九"运动发生。消息传来，山东各地学生群起响应。

12月16日　在"一二·九"运动的推动下，在党组织的领导下，济南高中、济南乡师、济南中学等校学生举行罢课，并成立济南（山东）学生救国联合会。韩复榘以提前放假的手段，把学生赶出学校。但是，抗日爱国运动并没有被镇压下去。18日，山东大学学生救国会成立。此后，山东各地群众纷纷组织抗日救国团体。

12月17日　中共中央政治局在陕西瓦窑堡举行会议，确定了抗日民族统一战线的策略方针。

1936年

1月12日　日本驻华使馆武官、关东军副参谋长、伪满洲国外交部次长一行来济南，策动韩复榘加入冀察政务委员会。

2月26日　中日"招远金矿股份有限公司"成立。这是山东省第一个中外合资金矿。

11月19日　青岛大康等棉纱厂的近6000名工人，向日本厂主提出延长休息时间、增加工资的要求，并举行罢工、游行示威。反日大罢工历时近一个月，最终被日本帝国主义和国民党反动政府镇压下去。

11月　日军大举进攻察哈尔、绥远，激起全国的援绥抗日运动。在中共济南市委和各校党支部的领导下，济南各中等以上学校建立援绥抗敌后援会及宣传队、募捐队，到各区主要街道进行反日宣传活动，并派代表赴察绥前线慰问将士。通过援绥抗日活动，进一步扩大了党的影响，为动员全民族抗战作了舆论上的准备。

12月3日　以保护日侨为由，日本海军陆战队在青岛登陆，包围纱厂，镇压工人。

1937年

1月3日　日本侵略军在济南上空抛撒传单，南京国民政府外交部就此向日本驻华大使川越茂提出严重抗议。

3月24日　日本军舰70艘在青岛举行军事演习。

7月7日　抗日战争全面爆发。

7月中旬　韩复榘发出限令，限日本驻济南总领事馆人员及日侨民在近期内撤离济南。

7月19日　日本驻济领事馆人员及侨民一行267人，乘车离开济南去青岛再回国。

8月4日　日本侵略军沿津浦铁路南侵，进逼山东。

8月上旬　山东省抗敌救亡促进会成立，由共产党员王文克等人负责，进行抗日活动。

8月上旬　山东省抗敌救亡促进会会长、共产党员王文克受中共中央代表张经武和山东省委委托，通过《山东民国日报》主笔何冰如，将被国民党山东政府关押的全省各监狱的400余名政治犯名单，全文刊登在《山东民国日报》上，迫使国民党山东省政府表态。

8月15日 日本内阁决定出兵侵占青岛，开辟山东战场。

8月20日 日本驻烟台领事馆关闭。

8月22日至25日 中共中央政治局扩大会议在陕北洛川召开。会议通过了《中央关于目前形势与党的任务的决定》和《中国共产党抗日救国十大纲领》。会议决定在敌人后方放手发动独立自主的山地游击战争，开辟敌后战场，建立敌后抗日根据地；同时决定以减租减息作为抗日战争时期解决农民问题的基本政策。

8月24日 日本内阁会议同意军方意见，暂停夺取青岛。

8月 中共中央北方局发出指示，要求党员"脱下长衫，参加游击队去"，发动游击战争，坚持敌后抗战。此前，中共中央指示山东党组织要动员组织人民，建立抗日民族统一战线，准备抗战，反对投降，争取胜利。

8月 山东胶济、津浦铁路工人，为抗拒日军入侵，在中共党组织领导下，内迁机车22辆、客货车20列及物资大宗，并破坏了济南至德州的铁路。

9月4日 日本驻青岛总领事馆人员离青回国。

9月 韩复榘令其部队放火将日本驻济南领事馆烧毁。

12月13日 日本侵略军进攻济南。

12月24日 韩复榘率部撤离济南。

12月27日 日本侵略军侵占济南，守军孙桐萱部不战而逃，旧军阀马良迎接日本侵略军入城。

1938年

1月2日 临淄抗日武装队伍在辛店伏击日本侵略军，打响鲁东抗战第一枪。

1月10日 日本侵略军坂垣第五师团在青岛登陆，青岛沦陷。同日，潍县沦陷。

1月11日 济宁沦陷。

1月17日 日本侵略军侵占整个胶济铁路线。

3月7日 威海卫沦陷。

3月15日 滕县沦陷。

7月20日至30日 美国驻华使馆武官卡尔逊少校，在刘白羽等陪同下经冀南抗日根据地河北省南宫县,到山东临清、聊城等地,参观考察鲁西北地区人民英勇抗击日本侵略军的斗争实况,他是第一个进入抗日根据地、八路军游击区的外国军事观察人员。

9月9日 胶东文化界抗敌救国协会在掖县成立,这是抗日根据地成立较早、活动时间最长(一直活动到1950年)、影响较大的中国共产党领导的文化界团体。

1939年

1月15日 日本海军侵夺烟台东海关。

2月25日 日本宪兵队逮捕中共济南工委书记陈隐仙、北大槐树支部负责人徐连城及抗日大同盟的其他成员。陈隐仙在狱中坚贞不屈,被酷刑折磨致死,徐连城被杀害。

2月 驻济南的日本侵略军查封英国驻济南领事馆。

7月7日 鲁南国民抗敌协会成立,李澄之任会长,梁竹航任组织部部长,杨希文任宣传部部长。该协会是抗日战争时期在中共中央山东分局支持下,在国民党辖区内,由一小部分进步的国民党党员和为数不少的高、中级知识分子、进步人士、社会名流,自动组织的抗日民族统一战线组织。以后抗协摆脱国民党控制,进入抗日根据地,并建立了基层组织。

7月22日 吉泽勇藏牺牲。吉泽勇藏(?—1939年),出生于日本一个劳动人民家庭。日本发动侵华战争,被强征入伍后,他被派到邹平县青阳店据点驻防。随着日本侵华战争的扩大和蔓延,八路军山东纵队第三支队对日本据点的不断袭击,特别是八路军夜晚对日本兵的喊话宣传,吉泽勇藏的反战思想日渐强烈,他终于觉醒了。1939年5月,吉泽勇藏潜出据点,找到八路军山东纵队第三支队投诚。7月22日拂晓,第三支队在桓台县牛旺庄与突然来袭的日军接火。吉泽勇藏随司令员马耀南转移途中遭敌人埋伏,马耀南与吉泽勇藏身中数弹,壮烈牺牲。

8月12日 沼田德重在济南丧命。7月中旬,日军被迫停止"扫荡",日军第114师团奉调日本休整。7月16日,师团长沼田德重中将率第114师团由聊城向东撤退途中,遭我军伏击,伤亡200余人。沼田德重胸腹部中数弹,立即被送往医院抢救,8月12日抢救无效在济南丧命。

1940年

2月5日 山东各界救国联合会负责人范明枢、彭畏三,鲁南总动员委员会负责人李澄之，第五战区职工抗日联合会、鲁苏青年救国联合总会等组织，举行为开展并统一山东群众工作座谈会。座谈会认为，应在鲁南、胶东、鲁西、鲁北各区成立工、农、青、妇、文化各界救国会，最后正式成立山东各界救国联合会。

5月18日　中苏文化协会山东分会举行成立大会，选举张伯秋、李竹如、张立吾、杨希文、刘导生、孙光、白汝瑗为常务理事。

8月1日　山东省临时参议会成立，范明枢任参议长，马保三、刘民生任副参议长。同日，山东省战时工作推行委员会（简称"战工会"）成立，黎玉为首席组长。

11月15日　根据《中英交收威海卫专约》与《协定》，英国海军撤离刘公岛。

1941年

2月12日　山东省妇女救国联合会成立"妇女问题救国研究会"，选举祁青若、刘锦如等9人为委员。

5月19日　山东省临时参议会公布《抗日民众武装动员方案》。

6月2日　在华日人反战同盟山东支部在鲁南成立，大西正为会长，上中庄太郎为副会长，通过《在华日人反战同盟山东支部宣言》《工作纲领》《告日本士兵书》。

8月1日　在华日人反战同盟山东第一分支部在胶东成立，渡边任支部长。

8月14日　山东省战工会发出《关于对德意法西斯蒂国在我省传教士的处理的通告》。

8月25日　在华日人反战同盟山东支部发布《告日工农大众书》。

9月11日　驻济南日军空军飞机进行飞行大演习，被八路军击落两架，一架坠长清县，一架坠长清肥城交界处。

9月13日　德国友人汉斯·希伯，由苏北来到临沭县蛟龙汪——五师师部。

10月　中共山东分局作出《关于粉碎日寇对我根据地新进攻的指示》。

10月4日　山东省文协举办茶会欢迎汉斯·希伯，朱瑞、刘子超、陈明参加，并相继致辞。

10月22日　伪满洲国在济南设立领事馆。

11月11日　根据中共中央及山东分局的指示，中共胶东区委决定设立海外工作部，中共胶东区党委发出《关于海外工作给各地委县委的指示》。海外工作的总方针是：扩大抗日民族统一战线，团结各地华侨和国际友人，为争取中国抗战及反法西斯战争胜利而奋斗。其后，胶东区各地委相继成立了海外工作机构。

11月29日　汉斯·希伯在大青山突围中牺牲。

12月8日　美日宣战，太平洋战争爆发，驻济南日本宪兵队当日查封了美国驻济南领事馆。

12月　美国驻青岛领事馆被日本封闭。

12月　挪威驻青岛领事馆关闭。

1942年

1月1日　北掖县政府召开海外商人元旦联欢会，到会绅商48人。通过联欢，宣传了中国共产党抗战5年来的成绩，促进了相互了解，增强了与海外绅商的联系。

1月3日　中共青岛工委书记谢明钦被日军特务逮捕，青岛工委遭破坏。

1月　瑞士在济南设立领事馆。

4月　山东基督教代表会议在济南召开，各国驻济南教会传教士及各地代表100余人参加会议。

5月16日　日军在济南琵琶山刑场杀害"民先"队员44人。

5月18日　日本人觉醒联盟山东支部及华北朝鲜青联山东分会在八路军一一五师师部驻地举行成立大会。

5月　日军对莒南抗日根据地进行野蛮"扫荡"。因汉奸告密，隐蔽在壮岗前村南大沟地洞内的30名八路军伤病员，除一人脱险外，其他人被日军搜出并刺死。

6月2日　在华日人反战同盟山东支部举行周年纪念大会。

6月20日　中共青岛工委组织员曲华和300余名壮丁，被日军押往东北当劳工。在济南火车站换乘时，曲华趁机组织壮丁们逃跑，被日军枪杀。

6月　伪沂州道尹顾问、日本人川本召开临、郯、邳等县伪宪兵头目会议。散会后，临郯地区伪宪兵头目遭八路军地方武装伏击，除一人逃脱外，其他人被歼。

6月29日　旅居济南的美国侨民全部返国。

7月13日　山东国民抗敌同志协会指示各级会部，改变山东国民抗敌同志协会的半政党性质，使其成为广泛的统一战线组织，并做好解散的准备。下半年，其各级干部被安排到政府各部门工作，"抗协"活动逐渐结束；其所属的抗敌自卫军大部编入八路军第一一五师教二旅。

7月29日　日伪军包围平阴县抗日民主政府驻地钱官庄，平阴县县长熊善隆等5人在战斗中牺牲。

8月1日　为防止日军以法币掠夺根据地物资，滨海专署布告停止法币在市场流通。随后山东各抗日根据地也先后布告停止使用法币。

8月12日　在华日人反战同盟山东支部与山东日本人觉醒联盟召开联席会议，决议将两个团体合并，名称上仍用"在华日人反战同盟山东支部"，推选本桥为支部部长，大西正为副支部部长，上申为组织部部长。统一领导山东各地日本人反战组织。

8月13日　胶东青联发布《关于纪念国际青年节给各级青救会的指示》，要求胶东青年在9月把两大实际行动作为纪念青年节的中心工作：一是彻底减租减息，改善雇工待遇；二是普遍举行青年抗日救国先锋队入队仪式和进行国际反法西斯的统一战线教育。

8月　鲁中军区第一军分区司令员廖容标率一支小部队到泰山顶上活动，其间活捉伪山东省电报局局长间本（日本人）等人。

9月18日　清河区日人反战同盟分支部成立。

11月21日　日特机关得悉中共济南工委部分党员撤离后，采取行动逮捕仍留在市内的中共党员和群众90余人。嗣后，被关押的徐子常、于寿亭等18人遭敌人杀害。12月9日，中共中央山东分局发出《济南组织破坏始末与检讨》的报告。

12月2日　在沂水红石崖村养病的中共夏蔚区区委委员武善桐等被"清剿"的日军赶至村头。日军逼其交出枪支和八路军，武善桐为掩护群众挺身而出，将日军引至村东南小崮子山的悬崖边，猛力推下一个日本兵，又抓住一个日本兵跳下悬崖，与之同归于尽。

12月　日本火车司机藤九光夫被中共胶县县委发展为中共党员。他利用自己是日本人的条件，多次将布匹、药物运往胶县再转往根据地，并完成传递情报、侦察敌情的任务。

1943年

1月5日　《大众日报》刊载《日人反战同盟山东支部致朱瑞同志的信》。信中说：在中国共产党和八路军领导下，一年来我们在斗争中壮大了组织，奠定了实现打败国际法西斯伟大任务的思想基础，望在新的一年里，中国共产党和八路军给我们更深切的指导，我们决心贡献更大的力量。

1月25日 中共中央作出《关于庆祝中英、中美间废除不平等条约的决定》。

1月28日 中共山东分局向中共中央报告山东情况，山东地区现有日本军队3.7万人。

1月 山东文化界抗日救亡文化协会在莒南石门涧村成立，杨希文任会长。

2月15日 中共中央山东分局发出《关于庆祝中英、中美间废除不平等条约的通知》。16日，山东各界召开庆祝废约大会，并发表通电。

2月25日 八路军山东军区基干兵团公布一年来战绩：毙伤俘日伪军2.4万余人。

2月 受日本特务魏庆宇等蒙骗，中共冀鲁边区二地委、第二军分区在泺口建立济南情报站，不久转入市内。该站建立后，一直受到日特的控制，使济南地下抗日工作遭到重大损失。1944年5月，二地委觉察后，决定避开该情报站，另组市民工作委员会。同年8月，日特将已掌握的济南情报站工作人员30余人悉数逮捕。

3月 冀鲁豫边区日人士兵代表大会、日人反战同盟大会召开。

4月12日 在华日人反战同盟山东支部在济南成立。

4月13日 中共中央发布下一阶段的宣传要点。指出，日本现时的政策是集中力量巩固太平洋的既得阵地，准备对美决战，同时对中国进行进一步的压迫，并有发动新进攻的可能。在这一情形下，日军对中国沦陷区的政策发生了很可注意的变化，日本自称为中国的"新政策"。日本玩弄这种把戏的目的，不外是：第一，加强掠夺中国沦陷区的人力物力为日本侵略战争服务；第二，是加强利用汪逆傀儡政权作为欺骗沦陷区中国人民的工具。

4月15日 山东省总工会为纪念五一国际劳动节向各级工会发出指示信。

4月23日 八路军胶东军区东海军分区独立团第二营五连在荣成县崖头，击落日军第三派遣支舰队青岛空军飞机1架，3名机组乘员当场摔死，缴获枪支、文件各一宗。

4月27日 在华日人反战同盟山东支部在驻地召开樱花同乐晚会，朝鲜独立同盟山东支部、朝鲜义勇军、山东军区政治机关，均派代表参加。

4月 到本月为止，全省有日伪据点2184个，其中鲁南占21.9%，冀鲁边占20.8%，鲁中占19.7%，胶东占14.6%，清河占14.2%，滨海占8.8%；全省公路共13852里，封锁沟、封锁墙共8494里，被"蚕食"村庄2291个。山东抗日根据地各战略区均遭日伪军包围、封锁、分割及压缩。

4月 伪新民会山东省总会设立调查室，该室主要负责搜集共产党的情报，汇编

"剿共"资料。在长清、泰安、广饶、诸城、蒙阴、益都、沂水、潍县、济宁、章丘等地设有调查员，该室与各道、市、县新民会调查股相联系，构成自上而下的情报系统。

春　经中东胶东区委统战部批准，成立了"青岛市海外抗敌同盟动员委员会"，任务是进行青岛海外工商界的统战工作。胶东行署还召开了海外绅商座谈会。

5月12日　在华日人反战同盟山东支部鲁南分支部成立，选举小岛为主要负责人，田中任组织部部长。

5月15日　山东省"战工会"公布实施省临时参议会通过的《保护反侵略战争之日本军民条例》《优待朝鲜人民暂行条例》。

7月7日　山东省各界在鲁中联合举行抗战6周年纪念大会，黎玉在会上传达中共中央纪念抗战6周年宣言。

7月15日至23日　山东日本反战士兵首次代表大会召开。大会通过《致日本士兵要求书》《控诉日本军部暴行书》《致伪军士兵书》。

7月21日　《大众日报》发表萧华文章，总结6年来的敌军工作情况，分析了日军的变化，强调要进一步开展敌军工作，为反攻作准备。

7月23日　罗荣桓、黎玉共同署名在《大众日报》发表《我们能坚持，我们也能胜利》的文章，指出：过去的一年，山东八路军共作战1862次，毙伤日伪军16644名，缴获迫击炮30门、重机枪12挺、轻机枪98挺、步枪8900支、粮食410127担、汽车3辆，破坏公路3794.5里，收复围寨259个，收割电线79616公斤。文章强调：之所以能坚持能胜利，是由于山东军民的浴血奋战和坚决贯彻了党的抗日民族统一战线的方针。

7月25日　《大众日报》刊登《冈野进同志告日本国民书》《山东反战同盟、日本士兵代表大会致八路军新四军书》。

8月2日　山东日人反战同盟代表大会开幕。会议讨论了在华日人反战同盟华北联合会纲领，决议改名为在华日人反战同盟华北联合会山东分会，推选本桥朝治为会长，大西正为副会长。

8月14日　在华日人反战同盟山东支部成立。

10月10日　山东各界于鲁中召开盛大的群众大会，庆祝国庆及朝鲜义勇军成立5周年，欢迎国际友人罗生特大夫。

10月10日　朝鲜独立同盟山东分会首次代表大会召开，萧华出席大会并讲话。

1944年

1月7日 一架日机坠落在东利渔村一里外干涸的虞河里。村支部书记孙法显带10余民兵将飞行员山田井马捉获，押送至八路军清河军区清东军分区。

2月15日 山东省各界抗日救国联合会召开会议，决定出版《山东群众》刊物。

2月24日 在利津县二区黄河东岸的东张村北首敌封锁沟内，由我八路军渤海军区同日军方面派出代表及双方战士数人进行监督，按照双方达成的协议，交换被俘人员。我方释放了日军飞行员山田井马。同时，清河区党委社会部长、清河行署公安局局长李震、临淄县抗日民主政府县长李铁锋等人获救。

3月1日 朝鲜独立同盟山东分盟举行纪念朝鲜民族独立运动25周年座谈会，会议通过《反对日本在朝鲜实行征兵制宣言》。

4月 济南章丘县爆炸队队长李玉泉率领爆炸队在大汶口车站炸毁日本军用火车一列。

5月28日 在华日人反战同盟山东支部改称日本人民解放联盟山东支部，盟员近百人，受延安日本解放联盟总部领导。在华日人反战同盟山东支部还成立了日本解放学校山东分校，培养日本和朝鲜籍学员200余人。这些学员绝大部分走上了反法西斯斗争的道路，在争取瓦解日军的政治攻势中发挥了重要作用，有的在与八路军并肩作战中英勇牺牲。

6月 日本人民解放联盟山东支部组织部长今野博在高兴区汪家庄子与"扫荡"的日伪军遭遇，不幸被俘。后来，被秘密杀害于济南。

7月7日 滨海抗日根据地5000余人在赣榆县抗日山（原名马鞍山）为抗战7年来牺牲的烈士及国际友人汉斯·希伯、今野博等举行公祭。

7月8日 青岛抗日民主政府第一办事处在青岛台西纬五路、潍县路、西藏路口张贴传单，向青岛人民宣传我党的抗日方针政策和八路军的抗日主张，号召大家齐心合力赶走日军。

7月 日本人民解放联盟渤海支部成立，坂谷任支部长。

8月20日 毛泽东电示罗荣桓、黎玉、张云逸、饶漱石，指出：美军观察组到延安后，观察极佳。他们拟乘飞机到敌后抗日根据地，望在太行、山东、华中三地区，选择适当地点开辟一个飞机着陆场。

9月2日　800余名输日劳工由青岛转运日本北海道昭和矿业所。劳工之一的高密县草泊村农民刘连仁不堪虐待，逃匿深山，度过了12年野人生活。1958年4月被救援回国。

9月　中共胶东区委在《海外工作报告》中披露，自1942年春开展海外工作以来，已发展"抗盟"会员3639人，建立工作站8处。回乡参加政府召开座谈会者达5.9万人次。

10月　中共费东县在梭庄建立烈士陵园。大青山战斗中牺牲的省战工会副主任陈明、姊妹剧团负责人辛锐、甄磊及国际友人汉斯·希伯等300位烈士遗骨埋葬在陵园。莒县葛家庄南岭战斗中牺牲的23位烈士遗骨也迁葬于陵园。

10月　一名美国飞行员驾驶的飞机在长清县境内坠落，飞行员被当地抗日军队营救。

12月3日　《大众日报》刊登罗生特大夫、黄农署名文章《请英美莫再消耗金钱和时间给中国国民政府！》

12月6日　盟国飞机首次空袭青岛，炸毁日军舰艇2艘，挖泥船1只。

12月7日　美国一艘航空母舰出现在斗母岛附近，同日，该舰出动100余架次飞机轰炸招远、黄县、掖县日伪据点。

12月中旬　日商华北联营社500吨位的新型机帆船"隆华3号"从青岛港装载棉布4万匹及白糖等物资运往日本长崎。田均、滑凤鸣等9名中国船员受抗日救国思想和抗战胜利形势的影响，在船驶至济州岛附近海面时发动起义，杀死包括船长在内的5名日本人，驶回国内。1945年1月初，将船只驶进山东解放区的柘汪港，其所载物资全部支援抗战。"隆华3号"船员的爱国行为得到抗日根据地政府的奖励。

12月22日　盟军飞机轰炸胶东沿海日军舰艇，其中1架盟军飞机因故障降落在胶东区根据地内，经胶东区军民协力修复后返航。

12月23日　美国合众国际社广播山东地雷战英雄李念林的英雄事迹。

12月24日　美国飞机轰炸济南日军机场，炸毁日军飞机38架。

12月26日　美国第十四航空队（陈纳德航空队）袭击济南日军机场，击毁日军战斗机9架。

1945年

1月15日　八路军鲁中军区第三军分区民兵于泗水县黄阴集附近俘获日军迫降飞机

一架，机组人员两名。

3月1日　胶东行署召开海外绅商座谈会。与会人员一致表示，拥护中国共产党、八路军进行大反攻，并通电要求中国共产党及中国民主同盟派代表参加中国代表团出席旧金山联合国成立大会。

4月　美军一架飞机于荣成县城厢以北地区迫降，飞行员卡特及其助手在当地公安人员和民兵的协助下获救。

5月27日　八路军山东纵队自本月1日开始的反"扫荡"作战胜利结束，共歼日军第53旅团旅团长吉川资以下日伪军5000余人，攻克蒙阴、邳县两座县城及其他大小据点140余处，保卫了安东卫海口，粉碎了日军控制山东东南沿海以对付盟军登陆的企图。

5月　德国驻青岛领事署关闭。

5月　德国驻济南领事馆关闭，由日本驻济南军队接收。

6月9日　宫川英男牺牲。宫川英男（1918—1945年），1939年入伍成为一名侵华日军。1941年7月被八路军俘虏，经过教育以后，加入共产党。1943年，由日本共产党员冈野进（野坂参三）领导的驻延安"反战同盟会"派来长清县作敌伪工作，是"津浦铁路对日军工作队"的主要成员。他的任务是编写对日军的宣传材料，瓦解日军，工作卓有成效。6月9日，宫川英男在万德西官庄执行任务时被日军包围，为避免被俘毅然举枪自尽，时年27岁。2014年9月1日，宫川英男被列入民政部公布的第一批300名著名抗日英烈和英雄群体名录。

7月11日　八路军山东军区向驻济日本侵略军发出通牒，令其立即无条件投降。

8月6日　中共中央致电山东分局："美军登陆期近，国民党必用全力争夺山东。你们应注意：（一）训练军队；（二）训练干部；（三）加强武工队；（四）加强群众工作；（五）尽可能彻底消灭顽伪；（六）加强城市工作。"

8月8日　苏联政府对日宣战。9日，苏联红军进入中国东北，向日本关东军进攻。

8月9日　毛泽东发表《对日寇的最后一战》的声明，要求八路军、新四军及其他人民军队，应在一切可能条件下，对于一切不愿投降的侵略者及其走狗实行广泛的进攻。号召全国人民注意制止内战危险，努力促成民主联合政府的建立。此后，八路军山东纵队开始对日军部署全面大反攻。

8月10日　中共中央电示罗荣桓、黎玉、萧华："（一）日寇可能继续抵抗亦可能投降。（二）山东军区有占领德州、济南、徐州、青岛、连云港及其他大小城市交通要道之任务，但着重于徐州、济南之占领及其他可能为我占领之城市。（三）望迅速进攻与招降伪军，争取群众，扩大部队。（四）望将山东行政委员会宣布为正式省政府。（五）接受敌投降办法。中央将于〈敌〉投降〈后〉实施公布之。"

8月10日　朱德发布命令，令各解放区武装部队向其附近各城镇交通要道的日军、伪军、伪政权送出通牒，限期投降。如遇日伪军拒绝投降缴械，即予以坚决消灭。解放区武装部队对任何日伪军所占城镇交通要道，都有全权派兵接收，进入占领，实行军事管制。

8月11日　中共中央作出《关于日本投降后我党任务的决定》指出，国民党正积极准备向解放区"收复失地"，夺取抗战胜利果实。

8月11日　中共中央山东分局、八路军山东军区和山东省战时行政委员会在莒南县大店召开高级干部会议，传达中共中央、八路军总部的指示命令，讨论部署全面大反攻作战任务。会议根据中共中央要求，决定迅速整编部队，向铁路线和大城市进军，迫使日伪军向八路军缴械投降。

8月11日　中共中央山东分局发出《关于调集干部确保城市及交通要道之占领的紧急指示》，山东军区颁发《紧急动员全体军民保证抗战最后胜利的布告》和《对伪军伪警及一切伪组织的紧急通告》。

8月11日　八路军山东军区向日军第四十三军司令官细川忠康发出限期投降通牒，令其"立即命令所属部队及机关停止一切抵抗，并在原地点不得调动，听候处理"，限期在5日内派代表前来商谈投降事宜。

8月12日　山东军区、政委会发布《军事时期城市管理纲要》，共十条。其中，第二条：保障人民之生命财产及合法权利，盟国宗教准许合法存在，救济难民灾民，迅速恢复生产，解放一切抗日被捕被俘人员及盟国被俘人员。第三条：对已解除武装之日军俘虏与日本侨民，按无条件投降之规定处置，凡日本之军产官产一律没收，任何人不准隐匿自肥，其非军事性质之私人财产，查封保管听候处理。第四条：凡附敌之朝鲜人民及其财产依前条之规定处置之，但未附敌者，应向警备司令部请求登记，查明后予以优待保护。

8月13日　山东省政府发布布告，宣布正式成立。至此，中国共产党领导下的省级行政领导机构开始称作山东省政府。

8月中旬　中共山东分局外事部部长黄远一行在济南与日军谈判山东日军投降问题。

8月　法国驻烟台领事馆撤销。

8月　意大利驻烟台领事馆撤销。

8月15日　日本天皇裕仁以广播"停战诏书"形式，宣布日本国无条件投降。9月2日，日本天皇、政府、大本营分别在投降书上签字，中国人民抗日战争胜利结束。

8月17日　罗荣桓、黎玉、萧华致电胶东和滨海军区负责人并报中共中央："如美军在青岛登陆，可能控制青岛大部和胶济路东段。国民党军必然在（美军）登陆后，利用伪军特务政权，求得美军之掩护，以树立其基地。我党我军任务是掌握外交政策，运用灵活策略，坚决打击消灭国民党之任何武装力量，组织群众，建立政府，求得独立自主地掌握青岛与胶济路。"

8月21日　《大众日报》刊登《城市政策歌》，这首注明要用《三大纪律八项注意》曲调来唱的歌曲的第三段是"学校机关图书和文件，文化事业爱护要尽力，宗教信仰允许有自由，庙宇教堂破坏不容许"。

9月11日　美军第七舰队在青岛登陆。

9月　英国驻济南领事馆撤销，领事业务由英国驻青岛总领事馆代办。

9月12日　烟台市政府宣布对外侨的政策法令，188名外国侨民到市政府登记。

9月中旬　美国太平洋舰队总司令及太平洋战区盟军总司令尼米兹上将对外宣布，"盟军"（美军）将在中国的沿海烟台、威海等地登陆。中共中央立即向驻延安的美军观察组提出反对意见，"该地为我军占领，已无敌人。请其不要登陆，免干涉内政之嫌"。

9月29日　美军海军第七舰队赛特尔（Seattle）少将率5艘先遣队军舰出现在烟台市崆峒岛周围。

10月1日　美国军舰5艘侵入烟台附近海面。6日，美国太平洋舰队中的黄海舰队30余艘军舰载着两栖作战部队驶入烟台港，要求人民解放军撤离烟台，交其陆战队驻防。经过中方的严正交涉，16日，美军黄海舰队从烟台、威海海面全部撤走。

10月9日　美国海军陆战队第6师在青岛港登陆。至本月底，在青岛登陆的美军已达2万人左右。

10月10日　美国海军航空队3个大队110架飞机在沧口机场着陆，随后经常起飞侦察山东、东北解放区。

10月11日　山东省德、意、日侨民管理处在济南成立。该处主要管辖济南地区德意日及其他各国侨民的遣返。

10月25日　青岛地区受降日军典礼在青岛汇泉跑马场举行。

10月27日　山东省德意日侨民管理处奉命成立山东省德意日侨民遣返编组委员会。

11月9日　《大众日报》报道《美机在我解放区不断向我低飞扫射投弹美当局应立即制止此种寻衅行为》。

11月13日　烟台绅商各界与烟台外侨在烟台市商会望海楼举行中外友谊联欢会，与会者有法、希、挪、苏、爱、罗、波、奥、意、葡等12个国家留烟侨民30余人（包括洋行经理、新闻记者、天主堂主教、医生、职员等）及烟台绅商30余人，胶东行政公署外事特派员兼烟台代市长于谷莺亦受邀参加。

11月18日　第一批日本海军3000余人乘美第十舰队的3艘军舰返日。

11月20日　第二批遣返回国之日军3000名离开青岛。

11月21日　山东省政府、山东省参议会致电美国驻华军总司令魏德迈，抗议美军干涉中国内政、帮助国民党军队在青岛登陆、进攻山东解放区。

11月23日　第三批日军日侨1342名由青岛遣送回国。

11月26日　希腊的巴狄司等11国41名在烟台的外侨，联名向美国呼吁和平，以基督教与人道主义精神劝告美国应鼓励中国民主团结。

12月1日　美国驻青岛领事馆重新开馆，并升格为总领事馆。

12月7日　第四批归国日侨3300名离开青岛。

12月　本月美机不断在我解放区低飞示威，虽经我解放区军民屡次抗议，均未转变。8日有美机6架，在大泽山区相继触山撞毁。11日，1架受伤美机在蓬莱城东迫降；同日，1架美机因机械故障迫降在荣成城北仙人桥；另有1架在刘公岛坠海。9架飞机失事后，有6名美军飞行人员被我解放区军民所救，后返回青岛。

12月27日　驻山东日军第43军团司令官细川中康在济南正式向中国代表递交投降书。

12月29日　驻济南地区日军2825人缴械完毕。

12月　烟台市政府接管日本人创办的浅海养殖部，次年3月成立烟台水产养殖试验场。

12月　青岛市日侨集中管理处成立。

12月　英国驻青岛领事馆恢复馆务。

1946年

1月2日 胶东行政公署驻烟外事办公厅召开盟国留烟侨民茶话会，同庆反法西斯胜利后第一个新年。到会者有苏、英、法、希、波、加、捷、比、匈、葡等国侨民40余人，烟台市政府秘书长李慕及警卫四旅政治部主任张少虹参会。会后，各盟友同到烟台新年文艺展览会参观。

1月10日 中国共产党代表与国民党政府代表共同签订了《停战协定》。该协定于1946年1月13日零时生效。

1月14日 驻青美空军为感谢山东军民屡次拯救其失事人员并护送其归队，本日上午10时许以灰绿色巨型飞机一架，于烟台市南操场上空，用降落伞投下饼干、牛奶糖、香烟及罐头等物品四大箱，以示谢意，并有感谢信一封。

1月18日 从本日始，军事调处执行部济南小组美方代表赴泰安等地，与其他地区执行小组一起，调处来自国民党军方面的军事冲突。

1月22日 中国解放区临时救济委员会山东分会在临沂省参议会召开第五次救委会。

1月22日 挪威驻青岛领事馆恢复馆务。

1月 中共中央华东局派邝任农、王彬、王众音为代表，参加军事调处执行小组，与国民党和美方代表谈判。负责解决胶济铁路沿线的和平问题。山东野战军派宋时轮赴徐州参加军事调处执行部工作。

1月 胶东行署发出《关于正确对待宗教政策的训令》。

2月2日 济南军事调处执行小组美方代表雷克、国民党代表涂叙伍、中共代表陈叔亮飞抵临沂与陈毅会晤，专谈执行和字第二号命令诸问题。

2月2日 联合国善后救济总署澳洲联络官郎恩慈和美海军陆战队第六师团民事处联络官蒲来恩，由青岛乘机抵临沂，与山东省政府、省参议会、山东救济分会，商谈联合国善后救济总署首批运鲁之1000吨救济品的运输和分配等事宜。山东省政府主席兼山东救济分会主任委员黎玉同志、省参议会副议长马保三及救济分会薛暮桥、梁竹航、孙鸣岗等委员参加接待。

2月 军调处第二十二执行小组中共代表甘重斗上校、美方代表梅西亚中校、国民党代表段之经中校，来枣庄就停止武装冲突和枣庄煤矿问题开始谈判。

2月10日 北平军事调处执行部驻徐州小组美方代表黑里斯、中共代表王世英、国民党代表谢慕松由徐州飞抵临沂，晋谒新四军军长兼山东军区司令员陈毅，继续商谈停战与交通恢复等问题。黑里斯上校参观了日军俘虏营，与日俘进行了谈话。下午四时，执行小组返徐，我新四军第四师师长韦国清同行继续商谈。

2月13日　中国解放区救济委员会山东分会举行第八次会议，讨论救委会分工问题，决定分为运输、医药、报道、保管、调查、联络、募集等7组。

2月13日　胶东行署接受了联合国善后救济总署第一批救济物资300吨，并发出了这批救济物资向本署各地分配的联合通知。

2月14日　北平军调部驻济南之中心小组，特派一个小组飞赴德县，传达饶漱石政委与济南小组美方代表雷克上校在北平议定之三项协定。

2月14日　美合众社记者爱德华·罗尔波自华中解放区抵临沂。4月2日，罗尔波搭乘美豪威尔中将送黎玉主席返临的专机飞青转沪。

2月16日　满载着总重20吨救济物资的12辆卡车从青岛抵达临沂，这是联合国善后救济物资初次运抵山东解放区。

2月17日　山东救济分会、省政府机关及临沂群众万余人在大众剧场举行盛大欢迎会，欢迎联合国善后救济总署人员。

2月19日　北平军调部济南执行小组美方代表雷克上校、国民党代表涂叙伍、中共代表鲁中军区副司令员邝任农及山东军区政治部主任舒同由济南飞抵临沂。事毕，雷克、涂叙伍由临飞沪。

2月19日　美国海军陆战队第六师师长豪威尔中将及随员由青岛飞抵临沂，访晤新四军军长兼山东军区司令员陈毅及山东省主席黎玉。黎玉向豪威尔介绍了解放区各项建设状况。陈毅对美海军陆战队第六师在青岛制止伪军外出抢掠人民表示欣慰，对杜鲁门总统关于中国政策的声明及马歇尔元帅对中国停战的努力表示感谢。

2月19日　山东救济分会召开临时会议，连夜讨论联合国善后救济总署第一批救济物资分配事宜。

2月19日　原日本军队驻济南宪兵"洀源公馆"特务头目武山在济南受审。

2月25日　美国西太平洋舰队司令柯克上将来青岛视察美国海军。

3月1日　美海军陆战队第六师飞机两架自青飞来临沂，携该部司令官豪威尔中将公函，称与该部医官斟酌匀出若干药品送与我方民众，在联合国救济总署供给之先，能助我暂济眉急，随函附来药品一部。黎主席复函致谢。

3月2日 北平军事调处执行部的马歇尔、张治中、周恩来3位委员到山东视察。下午，陈毅、黎玉陪同3位委员飞抵徐州。

3月5日 陈毅同北平军事调处执行部我方代表叶剑英在徐州会晤马歇尔之后，当天同华中军区副司令员粟裕、副政委谭震林及黎玉等同机飞返临沂。

3月8日 中共代表甘重斗、国民党代表王纲、美国代表爱德华等在枣庄中兴公司举行首次会议，商洽枣庄矿区管理问题。

3月26日 青岛市政府就美军士兵勃雷逊枪杀商贩王凤英案向驻青岛美国陆战队提出抗议，要求惩处凶手，赔偿损失。

4月1日 山东省政府主席黎玉应驻青岛美军邀请飞青，与豪威尔、克利门等美军将领及美国驻青领事塞维斯，联总鲁青分署长齐贺福等人商谈遣送日俘、运送救济物资等问题。会议结束后，克利门陪同黎玉抵大港码头物资存所、美国兵营等地参观。2日，黎玉等乘机返回临沂。

4月1日 青岛苏联公民协会成立。

4月15日 北平军事调处执行部济南执行小组在青岛召开会议，调解军事冲突。

4月15日至20日 美驻青副领事谢伟志奉美大使馆命令访问胶东解放区。谢伟志主要目的是询问中共对外通商贸易政策及对美国传教士来胶东解放区传教的意见，并查看八路军解放烟台后政府代为看管美国领事馆财产的情形。胶东行政公署主任曹漫之与谢伟志于16日做两次正式协商。曹漫之表示，关于通商问题，胶东民主政府竭诚欢迎美国人士，本着互助互利原则，来胶东解放区通商贸易。关于关税政策，即一方面要保护解放区和平民主经济的发展，另一方面也使外商有利可图。目前海关现行税率乃系当前情况下，解放区与非解放区之间的一般规定，将来与美商通商时可根据实际情形，呈请省府另作协定。对此双方已获得一致意见与充分谅解。关于宗教问题，中共解放区是容许各宗教存在的，信教与不信教都有自由，只要遵守民主政府法律，政府就给以保护，并无强迫和歧视。在此项原则下，中共欢迎美国传教士来胶东解放区传教，尤其是来办理医药救济及其他慈善事业。20日，谢伟志乘美海军陆战队小型侦察机由烟台返青。

5月13日 联合国救济总署副署长鲁克斯、该署驻华北记者兼国际情报处副处长高德丽等来青岛视察救济工作。是日，美国第七舰队从上海抵达青岛，3个星期后离去。

5月26日 北平军调部派美国代表沙利文上校一行数人组成调查组来枣庄调查汉奸

王继美部殴打中共代表事件。

7月1日　胶东行署烟台外事特派员办公厅所主办的英文版《烟台新闻报》创刊。

7月初　居留烟台市的外国侨民撰文投寄《烟台日报》，贺中国共产党成立25周年。

7月7日　烟台市政府与外事特派员办公厅人员帮助旅烟外侨马虐尼（意大利人）、丈格拉斯（爱沙尼亚人）、天主教修女费利斯（英人）等23人，顺利乘美舰乔治号赴青岛并上海。

9月23日　日本战犯、原济南铁路局警务段段长冈平菊夫，被第二绥靖区军事法庭判处死刑。

10月　山东全省掀起"美军退出中国运动"。省参议会、各界人民团体及文化协会等代表于25日在省政府会议室举行联席会议，决议代表全省3900万人民，通电联合国，要求美军立即退出中国。17日，烟市各界名流绅商耆老及外侨山狄斯、希腊商人等40余人在外事办公厅集会响应上海各界要求"美军退出中国运动"。同日，威海市参议会召开威海市"美军退出中国"运动周筹备会，选出13人的委员会。

11月中旬　美国女记者白蒂·葛兰恒自沪乘船来到山东解放区石臼所。22日、23日，陈毅和黎玉分别接见葛兰恒。12月26日，葛兰恒到大众日报社参观，自此驻在报社。

12月10日　中国工业合作协会山东办事处正式成立，由中国解放区工合委员会委员、经济学家薛暮桥兼主任，毕平非任办事处秘书兼临沂事务所主任。中国工业合作协会是一个国际性的团体，为中国国内及英、美、澳大利亚、新西兰等国民主进步人士所共同组织。山东解放区工合办事处的成立，是解放区工合运动由计划阶段进入实行阶段的标志。

12月25日　胶东行政公署主任曹漫之、中国解放区救委会山东分会烟台办事处主任李澄之、烟台市副市长姚仲明、徐中夫，在外事办公厅欢宴国际友人，旅烟外侨及联络人员等89人参加。

本年　青岛市政府奉命接收日本驻青岛领事馆。

1947年

1月3日　烟台市外侨俱乐部成立。

1月4日　青岛山东大学学生召开抗议美军暴行大会，发表"告全市同胞书""告全国同胞书"，抗议美军奸污北大女学生，揭露美军在青岛犯下的罪行，要求把美军从中国驱逐出去。

1月13日　鲁南战役期间，美记者葛兰恒走访留居城内的3位外籍教士——德籍天主教神父皮尔克、施耐德及美籍基督教牧师瓦格耐女士。他们一致表示前次中共收复该城13个月期间，备受优遇，不仅照常继续其传教事业，且财产亦丝毫未受损害。

1月28日　联合国救济总署济南办事处成立。美国人毕安格任驻济办事处代表，毕德丽任救济总署办事处专员。

2月10日　中国解放区救济总会主任委员董必武向"联总"抗议国民党军飞机故意轰炸运载救济物资去石臼所的船只。

2月28日　联合国救济总署派驻山东解放区工作人员英格兰女士，被迫回上海后又于本日坚持重返解放区工作。英格兰女士系北平协和护士学校创办人，华盛顿大学护士学校校长，长期在山东解放区莒县组织护士训练班，并亲任主任。

3月　在上海中共办事处的帮助下，俄罗斯籍犹太人金诗伯搭乘美国军舰来到解放区烟台，先是担任胶东行署外事部门主办的英文报《烟台新闻报》编辑，后担任胶东区外事组教员。

3月7日　山东国际和平医院在沂水诸葛镇略疃村落成之新院址举行开幕典礼。

3月16日　山东省政府主席黎玉致电联合国善后救济总署艾格顿将军，抗议"联总"助蒋违约堵住花园口，强行使黄河水流入解放区故道，造成我沿黄人民的巨大灾难。

3月18日　烟台市市长兼胶东外事特派员姚仲明，设宴为联总驻外特派员蒲礼惇、汤玛丽及"万敬号"舰长麦哥、美国教会援华救济委员会视察员司克慈等国际友人洗尘。

3月30日　青岛市人力车夫苏明诚在广西路第一大旅社门前被美国海军士兵阿巴拉杀害。凶手二人当场被抓获，送交美军宪兵司令部扣押。

4月2日　全国学生抗议美军暴行联合总会北平分会致函："要求青岛市政府对美军士兵刺杀苏明诚事件向美军当局进行强硬交涉，要求严惩凶手。"

4月3日　青岛市人力车工会致函国民党市党部、参议会、警察局、总工会、社会局等机关，呼吁惩办刺杀中国车夫的美军士兵，提出四项条件：1. 严惩凶手。2. 赔偿殡葬费。3. 抚恤死者家属。4. 保证不再发生同类事件。若无答复，将全体罢工。

4月15日　青岛山东大学学生自治会为抗议美军在广西路杀害人力车夫及4月5日在大港枪杀难民刘修文两案，向国民党青岛市政府、向社会、向全国同学呼吁：1. 组织中美联合法庭公开审判肇事凶手。2. 要求美方负责支付被难家属终身生活费用。3. 彻底查清历次案件，要求美方道歉赔偿，并保证以后不再发生同样事件。4. 外国军队立即撤出中国。

4月　联合国善后救济总署向国民党统治区运送物资的一艘轮船在乳山县南泓近海搁浅，所载73台拖拉机被中国人民解放军九纵和胶东军区汽车大队接收，农具由山东省实业厅运回。

5月1日　美国驻华大使司徒雷登在山东大学演讲。山大学生公推代表见司徒雷登，要求交回美军占用的校舍及苏明诚案赔偿费。

5月23日　"联总"驻烟台办事处美籍职员史鲁域琪纵车轧死人力车夫杨禄奎，制造了轰动一时的杨禄奎事件。

7月　美国女记者葛兰恒到昆嵛山无染寺华东野战军"解放军官招待所"，采访被我华东野战军俘虏的50名国民党军高级将领，前后9天。

8月7日　美国总统杜鲁门特使魏德迈一行9人来青岛、济南调查中国现实情况，供白宫研究对华政策之参考。

11月16日　济南市临时议会、市政府将本市历史上第一个"荣誉公民"称号授予齐鲁大学校务长德位思（美国人）。

12月25日　在国民党军与我人民解放军激烈交战之际，美海军陆战队士兵伍波拉德等5人闯至即墨县王疃院我军阵地附近，与我军发生交火。美军有1人被击毙，4人被俘。

1948年

2月17日　《大众日报》报道：《人民解放军总部发言人评胶东俘获美军事件》，表示中华民族决不能容忍美军参加内战，人民解放军对此事件措施完全正当，一切责任应由美军负责。为了避免这种事件的再度发生，美国军事力量及军事人员应停止帮助国民党进行反对中国人民的内战，并应当立即退出中国去。

4月5日　青岛美海军陆战队空军一五三分队飞机1架，侵入华东解放区领空侦察，在胶县附近降落。该机及机内4人被解放区军民俘获。

5月5日　美军在青岛大学路兵营附近枪击过路市民，致使3人当场死亡，1人负重伤。

7月20日　新华社华东前线记者于兖州走访兖州城天主教总教堂。兖州天主教总堂德籍教士赞扬我军保护教堂，谴责国民党军队轰炸摧残。

7月　隶属于大众日报社的山东新华书店所编的内部刊物《书店通讯》（1948年第二

期）上刊登葛兰恒的《美国的书业》一文。

9月27日　齐鲁大学校务长赖牧师（英籍）及教育长林牧师（英籍）请到访的新华社记者帮助，由新华社代播告平安信。

12月2日　《大众日报》报道《济市办理外侨登记共登记一百三十六人》：为保护本市守法外侨利益，市公安局自11月15日至26日办理外侨登记。总计登记136人，其中美籍8人、英籍3人、法籍1人、波兰籍1人、捷克籍1人、比利时籍1人、韩国籍15人、日籍68人、德籍38人。来登记的外侨都反映：民主政府办事极迅速，手续简便，当场将申请书填好，立刻发给居留证，使他们得到了居住的法律保证。

1949年

1月14日　出席在苏联召开的第一届国际劳动青年代表大会的山东代表、战斗英雄、特等射手魏来国，生产学习模范邱如一，女劳动英雄王瑞林返济，并应济南青年邀请，向全市各学校代表作报告。

2月12日　在中共地下工作者的组织发动下，国民党驻青岛海军司令部装满海军补给武器弹药及其他器材的"黄安号"护航驱逐舰于是夜举行起义。起义官兵机智勇敢地闯过美国军舰的封锁，13日凌晨驶入连云港，受到当地党政军民的热烈欢迎。

2月16日　美军在青岛普集路调戏中国妇女。一车夫上前干涉，被美兵刺死。

3月20日　中共中央山东分局成立。

3月30日　山东省政府委员会及山东省参议会驻会委员会召开联席会议，决定将山东省政府改称山东省人民政府。

4月10日　山东省人民政府第一次政务会议，决定以济南市为省会。

5月3日　蒋介石与麦克阿瑟由日本来到青岛，与美西太平洋舰队司令白吉尔会晤。

5月10日　济南市成立外侨事务处，管大同任处长，张天明任副处长。

5月25日　美国驻青岛海军全部撤离。

5月28日　郝思恩任美国驻青岛代理总领事，韩佐治为领事，直至新中国成立后离任。

6月2日　山东全境解放，中国人民解放军青岛市军事管制委员会下设外国侨民事务处，负责处理外国侨民事务。

8月31日　中苏友协济南分会举行发起人会议，会上选出筹备委员会，通过了致斯大林、毛泽东、中苏友协筹备会主任宋庆龄女士电。

10月1日　中华人民共和国成立。

10月2日　中苏友好协会青岛分会成立。

10月15日　美国驻青岛总领事馆，受中华人民共和国之命关闭。

10月21日　由法捷耶夫和西蒙诺夫率领的苏联文化艺术科学工作者代表团一行34人来济南进行友好访问。22日上午，济南市5万余人集会欢迎。

10月24日　中苏友好协会博山支会筹委会成立。

11月4日　为帮助淄博迅速恢复工矿建设，苏联工业专家尤金等4人到达张店。

11月7日　山东省暨济南市各界隆重集会，庆祝十月革命节和济南市中苏友好协会成立。

11月26日　胶海关改称青岛海关，东海关改称烟台海关。青岛、烟台、石岛为对外贸易港口，其他港口只许经营国内贸易。次年3月，青、烟两关移交中华人民共和国海关总署管理。

1950年

1月23日　美国驻青岛总领事馆人员全部撤离回国。

2月16日　济南市各界代表千余人举行集会，庆祝"中苏友好同盟互助条约"签订。

5月　保卫世界和平签名运动在济南展开。

6月22日　青岛市外国侨民事务处收回外国侨民于1908年兴建的高尔夫球场。

9月15日　外交部决定：陆续遣返在青岛的外侨。

11月9日　英国侨民组织的青岛游艇俱乐部即日起关闭，游艇在政府监督下封存。

11月21日　山东外事委员会成立。郭子化为书记，王卓如为副书记。

12月17日　山东省首批志愿抗美援朝支前大队128人，北上赴朝。

12月19日　山东省暨济南市抗美援朝保家卫国委员会在济南成立。

1951年

1月1日　烟台海关威海卫分关改为青岛海关烟台分关威海支关。

1月7日　济南市各界人民抗美援朝保家卫国代表会议召开，400余名代表与会。

1月17日　保卫和平反对美国侵略委员会山东分会决定，在城市中发起"为抗美援朝捐献千元活动",在农村中发起"捐献百元活动"。截至3月16日,中国人民银行山东分行收到捐款63亿余元(旧币)。

3月 青岛市政府外事处成立。

5月6日 青岛市公安局将违法惯犯、英国侨民艾尔勃特(女)驱逐出境。

5月18日 济南市公安局将潜伏在济南进行破坏活动的林璋、林柯德(均系美国籍)驱逐出境。

5月18日 青岛市公安局根据顾中烟草公司职工要求,将德国侨民洛尔驱逐出境。

6月7日 济南华洋印书局经理魏思贤(德国人)印发反动报刊,诽谤中国共产党和中国人民,被济南市公安局驱逐出境。

8月8日 青岛市公安局将美国侨民范爱莲驱逐出境。

8月15日 在威海的法国籍天主教神父,帝国主义间谍分子加尼爵、费义德被依法逮捕,驱逐出境。

10月16日 私立齐鲁大学成立新的校务委员会,由国家对学校实行管理,正式从外国教会手中收回教育主权。

11月8日 山东省中苏友好协会举行首次工作会议,决定全面开展宣传苏联、学习苏联的群众性运动。

11月26日 济南市公安局将在济南黎明中学任教的海宏德、苏国光等4名外籍不法分子驱逐出境。

1952年

2月21日 朝鲜人民军访华代表团华东分团一行10人到达济南。

3月6日至7日 1架美军飞机侵入青岛市郊上空,撒布大量毒物。

3月11日 山东省总工会等5个群众团体分别发表声明,山东驻军、山东大学、齐鲁大学举行各种集会,抗议、声讨美国在青岛使用细菌武器。

10月10日 中苏友好协会山东分会在济南举行扩大会议,决定从11月5日至12月5日,在全省城镇开展"中苏友好月"活动。

12月4日 山东省发展中苏友好协会会员达615万。

12月12日至15日 以苏联最高苏维埃部长会议艺术委员会副主席楚拉基率领的苏联艺术工作团一行12人,来济南进行访问演出、座谈等活动。

12月17日　丹麦驻青岛领事馆闭馆。

本年　法国驻青岛领事馆闭馆。

1953年

3月9日　山东省暨济南市13万人在千佛山人民广场隆重集会，悼念斯大林同志。

7月31日　山东省暨济南市各界代表2800余人集会，庆祝朝鲜停战协定签字。据统计，山东省人民在抗美援朝运动中向志愿军发慰问信32800余封，做慰问袋14万余个，捐慰问金86亿元；捐献武器款2957亿元，可购置战斗机199架。

8月19日　济南市公安机关将利用天主教进行破坏活动的雷玉玺（德国人）驱逐出境。

9月10日　披着宗教外衣进行破坏活动的兖州天主教堂总堂正、副院长庄理格、夏德威（德国人），被滋阳县人民政府驱逐出境。

1954年

4月21日　以李永锡为团长的朝鲜人民访华和朝鲜人民军协奏团一行159人，由楚图南陪同，来济南访问演出。

7月2日　苏联驻华临时代办华司考、参赞瓦日诺夫一行7人来青岛访问。

9月25日　中共山东省委国际活动指导委员会在济南成立。夏征农任书记，陈少卿等任副书记。

1955年

4月18日　青岛苏联公民协会闭会。

10月25日　威海市人民政府在《大众日报》发表公告：要求在威海有房产的外国人，自公告发布之日起6个月内呈验合法证件，领回自行管理，逾期依法收归国有。

1956年

1月6日　匈牙利政府赠送中国农业机器受礼大会在山东滋阳县举行。会上宣布，在滋阳建立中匈友谊农业机器拖拉机站。

5月2日　罗马尼亚、缅甸等20个国家的驻华使节及夫人等一行43人，来济南、曲阜和青岛了解工农业发展情况并参观游览。

6月2日至9日　埃及著名教授费克里来济南、曲阜参观讲学。

11月3日　山东省暨济南市万余人集会抗议英、法武装侵略埃及，会后举行了示威游行。此后青岛、淄博、烟台等城市纷纷集会，有4100余人要求赴埃及服务。

11月10日　由捷克斯洛伐克援建的南定热电厂举行开机试车典礼。捷克斯洛伐克驻中国大使希尼亚克为典礼剪彩。

1957年

3月8日　罗马尼亚对外贸易部副部长维德拉斯库来山东参观南定发电厂，并到青岛参观游览。

8月　波兰驻华大使基里诺夫偕夫人和南斯拉夫驻华大使波波维奇一行3人，来青岛参观访问。

10月3日　日本青年协议会代表团来济南参观访问。

10月11日　日本农民代表团一行12人来济南参观访问。

11月14日至22日　世界著名麻风病专家、阿根廷教授胡曼一行2人，来青岛、济南进行学术交流。

1958年

3月4日至7日　以安田安次郎为团长的日本钢铁贸易代表团一行3人，来山东枣庄中兴煤矿参观考察。

3月　苏联专家希德洛夫帮助设计的烟台水貂饲养场建成，并从苏联引进貂种85只。此为山东第一处水貂饲养场。

4月19日　被日本法西斯掳至日本13年的劳工刘连仁返回祖国，受到省内各界人士的欢迎。

6月12至14日　英国英中友好协会会长李约瑟一行2人来济南、曲阜参观游览。

9月16日至17日　世界和平理事会书记凯尔·萨拉米亚及夫人一行3人来济南参观访问。

10月22日至24日　加拿大《体育杂志社》总编辑维德来山东，参观高唐县人民公社群众体育活动并游览。

10月　由毛里塔尼亚解放运动总书记西塞扎卡里亚·伊本卡理努亲王率领的毛里塔尼亚党政代表团来济南参观访问。

1959年

5月4日至5日　以弗多罗夫为首的苏联苏中友协代表团一行7人来济南参观访问。省委书记舒同和济南市委书记白学光会见了客人。

6月25日　山东省人民委员会外事办公室在济南成立。

10月25日至27日　巴西共产党总书记普列斯特斯和澳大利亚共产党总书记夏基等一行4人,在中共中央书记处书记王稼祥陪同下,由北京乘专机来济南参观访问。在济期间,毛泽东主席分别会见了他们。

11月11日　英国共产党总书记波立特一行2人来济南参观游览。省委书记舒同会见了客人。

1960年

4月23日至29日　25个国家的驻华使节一行65人,由外交部副部长曾涌泉陪同,来济南、曲阜、肥城、泰安参观访问。

5月3日至4日　古巴工联代表、巴西公务员、银行雇员工会代表团和拉丁美洲、非洲十四国妇女代表团一行30人,在中华全国总工会副主席刘长胜和全国妇联主席团委员曹孟君陪同下,来济南参观访问。在济南期间,毛泽东主席接见了代表团全体成员。

6月27日　美国侵占台湾10周年,济南万余名民兵全副武装举行抗议游行。

8月16日至18日　西班牙共产党中央书记加西亚来济南参观访问。

10月11日　新西兰共产党主席斯·阿·魏克马辛格一行3人,来济南参观访问。

1961年

3月12日　瑞典共产党中央政治局委员杨逊偕夫人来青岛参观访问。

6月13日至15日　日本驻北京知名人士西园寺公一及儿子西园寺一晃来青岛参观游览。

1963年

2月　济南机床一厂副厂长兼总工程师朱锡泉被国家第一机械工业部任命为中国经济技术代表团副团长赴越南处理援助建设项目，被越南社会主义共和国授予"胡志明勋章"。

1964年

4月　中国第一机械工业部任命济南机床厂副厂长兼总工程师朱锡泉为赴古巴中国设备修理技术组组长，到古巴执行援外任务。

6月18日至19日　法国《费加罗报》记者拉冈一行来济南参观采访。

8月8日　济南15万人示威游行，声讨美国侵略越南。

9月20日至21日　由阿尔及利亚经济部长、民族解放阵线政治局委员巴布尔·布马扎率领的阿尔及利亚政府经济代表团一行17人，来济南参观访问。省长白如冰会见并宴请了客人。在济南期间，毛泽东主席接见了该团全体成员。

11月5日至9日　古巴国家芭蕾舞团一行59人到济南访问演出。

11月21日至24日　丹麦皇家艺术学院院长帕蕾。苏恩生夫妇来济南、曲阜参观访问。

1965年

1月19日至21日　苏联驻华大使契尔年科及夫人等一行4人，来济南参观访问。

7月　越南社会主义共和国主席胡志明一行15人，由董必武副主席陪同，来济南、曲阜参观访问，并在曲阜度过他75岁寿辰。

9月24日至25日　由藤田茂率领的日本"中国遣返归国者联络会"代表团一行10人，来济南观看了日本特务机关新华院旧址和日本侵略者残害中国人的"琵琶山万人坑"，并在烈士陵园献了花圈。

1966年

4月1日至5日　巴基斯坦文化艺术团一行32人到济南访问演出。

5月4日　意大利总工会代表团来济南参观访问。

5月15日至26日　各国驻华使节一行60人，由外交部副部长韩念龙陪同，来济南、曲阜、泰安、青岛等地参观游览。

5月21日　山东省、济南市和青岛市归国华侨联合会分别举行集会，谴责印度尼西亚反动势力迫害华侨。

5月30日至6月6日　越南劳动党中央委员会主席、越南民主共和国主席胡志明，在中联部副部长伍修权陪同下，乘专机抵达青岛参观访问。

6月20日至23日　苏丹卫生部医学研究所所长、苏丹医学会主席、著名医师穆罕默德·萨提来山东访问。

1967年

7月3日　济南10万群众举行集会游行，抗议缅甸政府反华排华。

7月14日至8月14日　澳大利亚共产党中央书记弗兰克·约翰逊夫妇来青岛参观访问。

10月4日至8日　以阿尔巴尼亚部长会议主席穆罕默德·谢胡率领的党政代表团一行25人，来济南、青岛参观访问。

11月6日　英国国际贸易促进委员会副主席、剑桥大学经济学教授罗宾逊及夫人，来济南参观访问。

1968年

1月7日至10日　日本社会党国会议员石野久男、枝村要作来济南参观访问。

3月1日　山东省歌舞团访问赞比亚、坦桑尼亚、索马里、巴基斯坦。

5月29日至31日　尼泊尔王国副首相兼外交大臣基尔提·尼迪·比斯塔来济南参观访问。

1969年

12月1日　济南珍珠泉礼堂举行庆祝阿尔巴尼亚解放25周年大会。

1970年

5月21日　由于毛泽东主席发表《全世界人民团结起来，打败美国侵略者及其一切走狗》的声明，山东省和济南市30万人举行集会及示威游行。25日，全省各地有2500

余万人集会游行。

1971年

10月7日至11日　英国友好人士马尔克姆·麦克唐纳，由卫永清等陪同来青岛、济南参观访问。在济期间，省革委副主任苏毅然会见并宴请了麦克唐纳。

1972年

8月10日至19日　柬埔寨国家元首、柬埔寨民族统一阵线主席诺罗敦·西哈努克亲王偕夫人和英萨利特使一行29人，由中共中央军委副主席、人大常委会副委员长徐向前等陪同来济南、青岛进行正式访问。

10月20日至22日　由叙利亚人民军司令穆罕默德·易卜拉欣·阿里率领的人民军代表团一行10人，来青岛参观访问。

11月3日至8日　美国友好人士普爱达及上海中国福利会美国专家耿丽淑一行3人，来济南、淄博、烟台访问。

1973年

1月　济南市承接援助圭亚那合作共和国建设萨那塔纺织有限公司项目。

5月　国务院批准，青岛市为全面对外开放城市。

7月3日至18日　荷兰著名电影导演伊文思和玛斯琳（法国人），来烟台荣成县大渔岛大队拍摄彩色电影纪录片。

7月11日　国务院批准，济南市为全面对外开放城市。

7月25日至8月12日　柬埔寨民族统一阵线中央政治局主席、王国民族团结政府首相宾努亲王和夫人一行31人，由中国驻柬大使康矛召陪同来青岛休假。

11月1日　烟台港恢复对外开放，青岛海关烟台分关重新设立。

1974年

11月15日　以山东省革命委员会外事办公室主任丁韬为团长的中国友好参观团一行12人，赴阿尔巴尼亚、罗马尼亚参观访问。

1975年

8月8日至11日　以美国共和党参议员珀西、贾维茨为团长、民主党参议员佩尔为副团长的美国议员访华团及其随行人员一行17人，在外交学会副会长周秋野等陪同下，来济南、青岛访问。

1976年

7月15日至16日　由中野幸作率领的日中友好旧军人会第五次访华团一行12人，来济南了解"济南惨案"中日本军国主义侵华时期犯下的罪行，参观了有关场所。

10月28日　以诺罗·司达尔为团长的英国国家煤炭总局访华考察团一行12人，到山东肥城参观杨庄煤矿高压采煤和洗煤厂。

1977年

4月1日至5日　以联邦德国KFA朱理奇公司石油有机地质化学研究院院长维尔德教授为团长的联邦德国石油代表团一行9人，来山东胜利油田参观考察。

4月23日至24日　圭亚那合作共和国总统阿瑟·钟和夫人一行12人，由乌兰夫副委员长陪同来青岛访问。

6月4日至10日　由美国著名小麦育种学家、诺贝尔奖奖金获得者诺尔曼·布劳格博士率领的国际玉米、小麦改良中心小麦考察组来山东农科院、泰安、莱阳、安丘等地参观考察，并作学术报告。

8月10日至12日　由美国保守党副主席雷金纳德·艾尔率领的该党议员团一行15人，来济南参观访问。

9月26日至30日　联合国粮农组织派遣的水土保持和管理考察组一行19人，来烟台地区和昌潍地区参观考察。

10月23日至11月6日　由瑞典皇家工程科学院院士率领的瑞典应用数学考察组一行6人，来山东大学进行学术交流。

1978年

2月17日至19日　美国民主党议员亨利·杰克逊一行7人，来济南、淄博和胜利油田参观访问。

3月8日　山东省外事工作会议在济南召开。各市地分管外事的负责同志，外办主任及省直各部门外事负责人共82人出席会议。

4月6日至9日　以墨西哥国家科委主任弗洛雷斯博士率领的科学家代表团一行10人，来淄博、胜利油田和济南参观访问。

4月27日至5月20日　以中共山东省委书记李振为团长的友好参观团一行20人，赴朝鲜平壤、元山、开城等地进行参观访问。

5月4日至8日　由外交部副部长刘振华陪同的第一批驻华使节92人来济南、胜利油田、淄博、泰安参观游览。

5月10日至14日　由外交部副部长张海峰陪同的第二批驻华使节91人来胜利油田、淄博、济南、泰安参观游览。

5月21日至25日　由外交部部长助理曹春耕陪同的第三批驻华使节91人来胜利油田、淄博、济南和泰安参观游览。

5月27日至31日　由外交部副部长仲曦东陪同的第四批驻华使节83人，来胜利油田、淄博、济南和泰安参观游览。

5月　国务院批准淄博市正式对外开放。

7月8日至17日　著名美国友好人士韩丁来黄县、掖县、曲阜、邹县、东平、新汶、新泰等地了解农田基本建设情况。

1979年

1月8日　在泰国曼谷举行的第八届亚运会结束。山东省16名运动员参加了8个项目比赛，共获得8枚金牌、10枚银牌、4枚铜牌，打破8项个人和团体项目亚运会纪录。

4月21日至22日　著名美籍物理学家李政道偕夫人来济南参观访问。

5月7日至6月6日　以廖承志副委员长为团长的"中国友好之船"代表团访问日本。5月9日，廖承志副委员长在下关宣布：中国的青岛市愿意同日本的下关市结成友好城市。

6月13日至16日　美国明清史研究专家代表团一行10人，来济南、曲阜、泰安参观访问。

6月20日至7月13日　以山东省革委副主任高启云为团长的山东省贸易代表团访问

日本，并专程去山口县、下关市访问。

7月27日至8月2日　以日本下关市副市长名和田源俊为团长的下关市先遣团一行8人，来青岛就两市结为友好城市事宜进行会谈并参观游览。

8月8日至16日　1979年济南国际体操友好邀请赛在山东省体育馆举行。中国体操代表团参加这次友好邀请赛。应邀参加邀请赛的有加拿大、希腊、法国、罗马尼亚、美国体操代表团。

10月2日至15日　以青岛市革委主任刘众前为团长的青岛市友好访问团一行20人访问了日本山口县、下关市，在下关市签署了青岛市—下关市建立友好城市关系协议书。这是山东与国外缔结的第一对友好城市关系。

10月19日至22日　由美国密执安州长威廉·米利肯率领的美国州长代表团一行17人，来济南参观访问。

1980年

1月2日　济南市革命委员会外事办公室改称济南市人民政府外事办公室。

1月　联合国世界卫生组织与中华人民共和国卫生部商定，认定掖县为"世界卫生组织初级卫生保健合作中心"。

4月6日　英国采矿研究院院长杰克逊到枣庄八一煤矿洗煤厂及陶庄矿参观访问。

4月8日至21日　以中共山东省委第一书记白如冰为团长的山东省考察团一行12人，访问了山口县、下关市，并就本年度双边交流进行了协商。

8月5日至18日　法国男、女篮球队一行38人，在国际篮联副主席、欧洲和法国篮协主席比斯奈尔团长的率领下，在济南分别与山东省男、女篮球队和济南部队男、女篮球队举行了友谊比赛，并参观游览。

8月23日　世界卫生组织在掖县举办国际基层卫生讲习班。来自西太平洋、东地中海和非洲地区的16个国家的24名代表参加了学习班。

10月1日　山东大学与美国印地安纳大学建立友好校际关系。是日，在济南举行了签字仪式。

10月8日　山东大学与美国匹兹堡大学建立友好校际关系。是日，在济南举行了签字仪式。

11月15日　以联邦德国研技部处长马尔库斯博士为团长的煤炭液化气代表团一行

5人，参观访问了滕县鲁南化肥厂并商谈在煤炭液化、气化方面开展技术合作问题。

1981年

1月3日　山东师范大学与美国加利福尼亚州麦赛德学院建立友好校际关系。

2月12日至14日　由法国社会党领导人弗朗索瓦·密特朗率领的法国社会党政治代表团一行4人，在中联部副部长冯铉等陪同下，来济南、曲阜参观访问。

3月1日　烟台国际海员俱乐部开放。

3月20日　山东大学与加拿大里贾纳大学缔结友好校际关系。

4月27日　博山美术玻璃厂工艺美术师、青年内画艺人张广庆赴联邦德国科隆作内画技术表演。这是新中国成立后中国美术琉璃艺人首次出国表演。

6月10日　山东大学与美国纽约市立学院建立友好校际关系。

7月22日至26日　欧洲议会议长西蒙娜·韦伊夫人一行3人，由全国人大常委会副秘书长曾涛陪同，来烟台、青岛进行友好访问。

8月　联合国开发计划署、联合国粮食和农业组织与中国政府共同确定在山东黄县建立"联合国粮农组织黄县国际农村综合发展示范中心"。

11月5日至10日　以美国高级经济学家高林为团长的世界银行农业贷款团一行5人，来济南、泰安考察并参观游览。

1982年

5月14日至18日　由国务院外专局组织的日本、美国等8个国家的长期在华帮助工作的老专家夫妇一行24人，由外专局陈旭东副局长陪同，来德州地区陵县和泰安参观访问。

6月10日　山东大学校长吴富恒教授获得美国哈佛大学荣誉法学博士学位。

6月13日至26日　世界卫生组织在掖县举行"初级卫生保健区间讨论会"。

6月20日　国务院正式批准中国第一个部分利用世界银行无息贷款的农业项目——华北平原农业项目。该项目包括9个县，其中有山东齐河、陵县、禹城3县。

8月10日至24日　以省长苏毅然为团长的山东省友好代表团一行7人，到日本山口县进行友好访问。8月12日，在山口市正式签署了两省县建立友好关系协议书。

8月24日至9月12日　越南友人黄文欢由中联部顾问张香山陪同来青岛休假。

9月29日　山东省外办和济南市外办在济南南郊宾馆联合举办新中国成立33周年国庆招待会，驻济南的外国专家和留学生94人参加了招待会。

12月30日　山东省人民政府在济南南郊宾馆举行新年招待会。驻济的外国朋友、外国专家和外国留学生等60人应邀参加招待会。

1983年

3月9日至25日　副省长刘鹏率领山东省政府代表团访问了联邦德国巴伐利亚州，就双方今后的友好交往和经济技术交流相互交换了意见。

4月11日　山东师范大学与加拿大圣玛利大学建立了友好校际关系，签字仪式在济南举行。

5月29日　世界银行行长克劳森一行5人，在世界银行中国执行董事王连生陪同下，来禹城县参观世界银行贷款援助改建项目。

6月4日　朝鲜劳动党中央政治局常委、书记局书记、中央军委委员金正日一行43人，在中共中央总书记胡耀邦陪同下，来青岛参观访问。

6月6日至10日　联合国儿童基金会同我国政府联合召开的第三个（1985—1989年）国改方案编制讨论会在济南召开。

6月19日至25日　第十一届国际海藻学术讨论会在青岛市八大关礼堂隆重举行。

8月19日至29日　柬埔寨宾努亲王夫妇一行4人，由外交部顾问韩念龙夫妇等陪同，访问了青岛、烟台、威海。

8月22日至26日　意大利共产党总书记贝林格及对外联络部部长鲁比一行，由中联部冯铉副部长陪同来烟台参观访问。

8月23日　联合国技术合作部在黄县举办"联合国农村综合发展国际讨论会"，有21个国家及联合国官员31名代表参加了讨论会。

8月25日　济南市承接援助科威特建筑446套住宅工程项目与科威特签订合同。

10月11日至20日　以山东省省长梁步庭为团长的友好访问团赴日本山口县访问。

10月14日至15日　山东省外办和济南市外办，在济南召开驻济外国专家、学者、留学生座谈会。驻济7所高等院校的负责人和济南涉外单位等共61人参加了会议，外交部办公厅及国家外专局的负责人到会并讲话。

1984年

1月3日　巴基斯坦国家艺术团到济南演出。

1月29日　济宁地区行署外事办公室改称济宁市人民政府外事办公室。

2月24日至4月19日　应加拿大华人文化协会邀请，山东省文化局副局长于占德率山东省杂技团访问加拿大18个城市，演出33场，观众达6.5万人。

4月1日至10日　第一届潍坊国际风筝会在潍坊市举行，来自11个国家的19个团队进行了放飞表演。

4月17日　山东省省长梁步庭率友好代表团前往日本和歌山县访问。18日，在和歌山市签署山东省—和歌山县建立友好省县关系协议书。

6月6日　以南斯拉夫共产主义者联盟主席团委员马尔科维奇为团长的南共联盟代表团来曲阜参观游览。

9月12日　山东省省长梁步庭在烟台举行中外记者招待会，欢迎外国金融界、旅游界、民间团体来山东观光游览，洽谈贸易。

9月22日　在曲阜首次举行国际"孔子诞辰故里游"活动。日本、美国、新加坡等国家和地区的客人264人，研究孔子思想的专家、学者，以及中外新闻记者应邀参加活动。

9月30日　山东省人民政府、济南市人民政府及省、市外办在济南联合举办庆祝中华人民共和国成立35周年招待会。

10月7日至9日　以苏中友协第一副主席齐赫文斯基为团长的苏联对外友协、苏中友协代表团一行3人，来曲阜、泰安参观访问。

12月30日　威海港、龙口港、刘公岛对外开放。

1985年

3月1日至21日　以山东省省长梁步庭为团长的省政府代表团到联邦德国和法国考察访问。

3月25日　山东省对外经济技术合作与贸易洽谈会在青岛开幕。到会客商来自世界30余个国家与地区共1200余人。签订成交经济技术合作项目合同208项，成交8600万美元；对外出口贸易合同608份，成交6429万美元。

3月25日至27日　山东省外事工作会议在济南召开。

4月1日　国务院批准威海市对外全面开放。

4月24日至5月13日　以山东省省长梁步庭为团长的中国五省省长代表团一行10人，赴美国参观访问。

5月1日　济南国际长城杯10公里长跑邀请赛在山东体育馆举行。这是山东省旅游局、省体委和美国国际旅行社联合在济南举办的首次体育活动。

5月16日至27日　由中共山东省委书记苏毅然率领的山东省友好代表团一行9人，访问朝鲜。

5月21日至6月4日　以山东大学校长邓从豪为团长的山东大学学术交流代表团，应山口大学的邀请，赴日本访问。

6月14日　中华人民共和国威海海关成立。

6月28日至29日　著名高能物理学家、诺贝尔奖获得者、美籍华人丁肇中教授偕夫人来故乡日照市省亲，并参观游览。

9月7日至12日　应全国政协邀请，美国泰山工业公司总裁，美籍华人冯洪志（冯玉祥将军之子）来华参加庆祝抗日战争胜利40周年纪念活动。其间，北京国际战略问题学会秘书长徐毅民等陪同冯洪志来济南参观访问，并到泰山为其父扫墓。

9月14日至17日　新加坡共和国总理李光耀和夫人、女儿等一行40人，由外交部副部长刘述卿、中国驻新加坡商务代表处代表荣风祥等陪同，来济南、泰安、曲阜进行友好访问。

10月1日　山东省与澳大利亚南澳州建立友好省州关系。

10月22日　山东省与法国布列塔尼大区建立友好省区关系。是日，双方在济南市举行签字仪式。

1986年

2月　山东拖拉机厂生产的"泰山"25型拖拉机在埃及国际招标中，击败了日本、英国、西德、意大利等5个国家12家厂商而中标。这是中国中马力拖拉机首次在国外中标，并将批量进入中东和非洲市场。

3月31日至4月8日　以中共山东省委书记梁步庭为团长的山东省经济考察团一行5人，赴新加坡参观考察。

4月　省政府副秘书长胡玉亮作为省长代表率团访问山口县，参加山东省文物展开幕式。该展览在山口县反响很大，参观人数达14.8万余人。10月，中村副知事率团访问山东，祝贺山东省文物展的成功，感谢山东省的大力协助。

5月17日至6月1日　以山东省省长李昌安为团长的山东省政府代表团一行7人，赴美国康涅狄格州参观访问。

5月25日至29日　新加坡第二副总理王鼎昌及夫人一行8人，由外交部亚洲司司长杨振亚陪同来山东济南、曲阜等地参观访问。

9月15日至21日　以世界粮食计划署驻华代表处副代表亚历山大为团长的粮食署及各捐助国代表组成的参观团一行18人（7个国家），来临沂、聊城参观造林工程，了解捐赠粮食及食品效益和成果。此行中，联邦德国经济合作部世界粮食局局长曼巴先生提出向临沂地区提供200万马克经济援助，解决吃水困难。后发展为规模较大的"三沂项目"。

9月25日至28日　山东省地市外办主任会议在济南召开。各地市外办主任及省直有关部门外事负责人80余人参加会议。

11月5日至11日　美国海军太平洋舰队司令莱昂斯上将率领巡洋舰、驱逐舰、护卫舰3艘967名官兵，来青岛参观访问。

11月27日至29日　国际SOS儿童村组织主席库廷第四次来烟台访问考察。他考察了解了中国山东烟台SOS儿童村建设和收养孤儿进村情况。

11月30日　国务院批准枣庄市为对外开放地区。

1987年

2月23日至3月5日　1987年山东省对外经济贸易洽谈会在青岛市山东贸易中心举行。34个国家和地区的1200余家客户的2万余位客商参加了洽谈会。

3月4日至5日　由美国国务卿舒尔茨率领的美国政府代表团一行140人，由外交部副部长朱启祯陪同，来济南、泰安、曲阜进行友好访问。

3月30日　山东省人民对外友好协会首届理事会在济南召开。

4月21日　山东大学与英国沃里克大学建立友好校际关系。是日，签字仪式在山东大学举行。

4月23日至5月1日　外交部新闻司组织34个国家驻华使馆新闻官员及夫人一行44人，来青岛、潍坊、淄博、济南、曲阜、泰安参观访问。

5月23日　中国烟台SOS儿童村落成。

8月10日　中国国际友好联络会山东分会在济南市成立。

8月18日至20日　以中苏第二轮边界谈判的苏联代表团团长罗高寿一行22人，由中国政府代表团副团长、外交部苏欧司司长戴秉国等陪同，来青岛参观访问。

8月29日至9月1日　新加坡第二副总理王鼎昌一行7人，由外交部原副部长、中国孔子基金会副会长宫达非陪同，来曲阜、邹县参观访问。30日，王鼎昌参加了在曲阜举行的儒学国际学术讨论会。

8月30日　儒学国际学术讨论会在曲阜召开，12个国家和地区的学者出席了讨论会。

9月2日　山东师范大学与英国诺丁汉大学建立友好校际关系。是日，双方在济南举行了签字仪式。

12月2日　联邦德国无偿援助东营市的200头奶牛运抵东营市。

12月5日至9日　国际周易学术讨论会在济南山东大学召开。英国、日本、丹麦、南斯拉夫等国家的200余名学者参加了会议。

本年　中国社会科学院和外交部批准，确定在邹平县的9个村庄提供美国全国科学院美中关系学校委员会为期5年的农村基层社会调查点。

1988年

4月1日至5日　第五届潍坊国际风筝会在潍坊市举行。潍坊市被推举为"世界风筝都"。

4月8日　国务院颁布山东省威海市所辖的荣成、文登、乳山，潍坊市及所辖的诸城、青州、昌邑、昌乐、高密、五莲、寿光、安丘，淄博市及所辖桓台，青岛市所辖的胶州、平度、崂山、即墨、胶南、莱西，烟台市所辖的龙口、莱州、莱阳、牟平、蓬莱、招远、海阳、栖霞，以及日照市均为沿海经济开发区。

5月11日至13日　应中华人民共和国邀请，爱尔兰共和国总统帕特里克·约翰·希勒里及夫人一行25人，由化工部部长秦仲达陪同，来山东参观访问。

5月13日至23日　山东经济贸易展览会在澳大利亚南澳州首府阿德莱德市举行。山东省副省长马忠臣和南澳州总理班依剪彩并讲话。

5月15日至20日　美国著名作家哈里森·索尔伯里来济南、胜利油田、德州参观采访。

5月17日至20日 美国、古巴、日本国家女子排球队的教练员、运动员76人，应邀来济南参加"1988年鲁冶杯国际女子排球友好邀请赛"。

9月14日 在省友协第一届理事会第一次会议上，梁步庭当选为名誉会长，陆懋曾当选为会长。

1989年

3月22日 澳大利亚驻华大使沙德伟夫妇一行3人来山东访问，省长赵志浩在济南会见并宴请了客人。

4月4日 以美国康涅狄格州经济发展部部长汉斯为团长的"康州—山东友好访问团"一行42人，从是日起对北京、济南、泰安、曲阜、青岛、上海等地进行了为期13天的访问。在鲁期间，省长赵志浩会见并宴请了随团来访的州政府高级官员。

5月1日 澳大利亚南澳州经济代表团一行7人，来济南、青岛进行友好访问。

5月25日 西哈努克亲王及夫人莫尼克公主等柬埔寨贵宾一行16人，在外交部副部长刘述卿陪同下，于5月25日抵达山东。亲王一行先后访问了曲阜、泰安、济南、烟台、青岛等城市。在济南期间，省长赵志浩设宴欢迎西哈努克一行。6月7日，西哈努克一行圆满结束了访问，离开青岛返回北京。

6月21日 以副省长李春亭为团长的山东省经济代表团出访新加坡。

9月4日 日本和歌山县日中友协事务局局长津田谦率领的和歌山县民间经济界人士访华团一行4人来济南商谈经济、文化合作及有关事宜。

9月13日 以副议长孙圣弼为团长的朝鲜民主主义人民共和国最高人民会议代表团抵达济南，开始对山东进行为期3天的友好访问。省委书记姜春云于16日会见了朝鲜贵宾。

9月20日 澳大利亚南澳州总理内阁部主任格林来山东进行为期两天的参观访问。在济南期间，省长赵志浩会见了客人。

10月23日 以泉田芳茨市长为团长的日本下关市友好访问团一行28人来山东访问。省长赵志浩会见并宴请了客人。

10月29日 以苏联副外长罗高寿为团长的参加第四轮中苏边界谈判的苏联政府代表团一行22人，在外交部副部长田曾佩陪同下，来山东威海市参观访问。

1990年

2月8日　全省外办主任会议召开。会议传达贯彻第四次全国外办主任会议精神，学习江泽民、李鹏等在全国外办主任会议上的讲话，研究本年山东外事工作的开展问题。

2月14日　埃及驻华大使巴德尔·哈马德来山东访问，姜春云、赵志浩等在青岛会见了客人。

2月15日　山东省第七届对外经贸洽谈会在青岛隆重开幕，姜春云、赵志浩、梁步庭和经贸部副部长王品清剪彩，世界五大洲40余个国家和地区的来宾参加开幕式。洽谈会为期10天，于2月24日结束。

4月15日　赤道几内亚共和国总统奥比昂等赤道几内亚贵宾一行23人，在政府陪同团团长、商业部部长胡平陪同下，对青岛、烟台两市进行为期3天的友好访问，省长赵志浩前往机场迎接并设宴欢迎。17日下午2时，奥比昂总统一行在烟台乘专机返京，省长赵志浩到机场送行。

4月24日　瑞典、丹麦、挪威等3国大使及夫人一行5人于4月21日至27日来山东青岛、济南、泰安、曲阜参观访问，省长赵志浩在济南会见了客人。

4月28日　孟加拉国驻华大使法鲁克·索布汗及夫人到青岛访问。

5月13日　以省长赵志浩为团长的山东省政府代表团一行5人赴日本访问。在日期间，日本众议院议长、日本国际贸易促进会会长樱内义雄会见了赵志浩一行。赵志浩还分别与山口县、和歌山县负责人就今后的交流与合作交换意见，并出席了山口县举办的山东省经济研讨会，同东京、大阪等地的金融、企业界人士进行了广泛接触。

5月25日　以日本和歌山县议会议长门三佐博为团长的和歌山县议会友好访问团一行4人，抵达济南进行友好访问。省人大常委会常委会主任李振会见并宴请访华团一行。

6月15日　山东省在厦门举行对外经济技术合作新闻发布会，欢迎国外客商来鲁投资，300余名中外经济界人士出席，新闻发布会由副省长李春亭主持，省长赵志浩讲话。

6月19日　中国、美国、苏联和民主德国四国跳水对抗赛今日起在济南举行，为期4天。

6月29日　应全国对外友协邀请来华的意大利意中友协代表团一行6人，于6月29日至30日访问了山东济南、曲阜两地。在济南期间，省友协名誉会长梁步庭会见并宴请了代表团成员。

6月30日　孟加拉国总统侯赛因·穆罕默德·艾尔沙德一行53人，在中国陪同团团长、交通部部长钱永昌等陪同下，来青岛进行为期3天的友好访问，受到隆重欢迎。山东省省长赵志浩等前往机场迎接并陪同参观访问。

6月30日　日中经济协会理事长诸口昭一行3人访问山东。姜春云会见客人，并介绍山东的改革开放情况。

7月4日　中共山东省委、省人民政府举行对外开放新闻发布会，强调坚定不移地贯彻执行对外开放政策，面向世界各国和地区实行全方位开放。副省长马世忠在会上通报了"六四"以来山东的对外开放情况和下一步的基本设想。

7月12日　加拿大前总理特鲁多携其二子到达济南，受到省长赵志浩的热烈欢迎。特鲁多一行3人参观访问了济南、泰安、曲阜三地。

7月24日　省委书记姜春云、副省长马世忠在烟台召开青岛、烟台、威海对外开放座谈会，要求解放思想、勇于开拓，把开放的步子迈得更好更大。

7月31日　以朝鲜人民武装力量部副部长全文燮大将为团长的朝军友好参观团一行13人抵达济南参观访问。

8月22日　朝鲜劳动党中央委员会总书记，朝鲜民主主义人民共和国主席金日成会见了正在朝鲜进行友好访问的以中共山东省委书记姜春云为团长的山东省友好代表团全体成员。宾主进行了亲切友好的谈话，金日成与代表团成员合影留念。山东省友好代表团于8月21日抵达朝鲜，9月3日离朝回国。

8月31日　全省对外开放会议在青岛召开。省长赵志浩在会议上提出，解放思想，创造性地开展工作，奋力开拓，加快对外开放的步伐。国务院特区办公室副主任赵云栋到会讲话。

9月4日　以朝鲜黄海南道行政及经济指导委员会委员长金昌植为团长的朝鲜黄海南道友好代表团一行5人来山东访问，姜春云、赵志浩分别会见并宴请了客人。

9月12日　以日本众议院议员贵志八郎为团长的和歌山县友好访华团一行13人来山东访问。中共山东省顾问委员会主任梁步庭会见了客人。

11月5日　密克罗尼西亚联邦总统约翰·哈阁莱尔加姆和夫人一行9人，在陪同团团长、经贸部副部长李岚清等陪同下由北京来青岛访问。省长赵志浩及夫人到机场迎接并陪同参观。

11月11日　山东省外商投资企业协会成立。

12月6日　美国哥伦比亚国际公司董事长、美国斯坦福研究所高级顾问朱传和美国斯坦福研究所经济竞争研究中心副主任莱曼,为开展"中国长期经济发展政策与规划"项目的研究来山东进行调研工作。赵志浩会见了客人。

1991年

2月4日　由中国人民外交学会和美国美中关系全国委员会共同主办的"城市管理讨论会"在济南召开。以市政协会执行主席威廉·卡斯拉为首的美国7位城市管理方面的专家参加了会议。会议期间,副省长张瑞风会见代表团全体成员。

3月11日　荷兰王国驻华大使杨罗兰携农业参赞等一行3人来山东济南、东营、烟台和青岛进行经济考察访问。

3月12日　英国驻华大使唐纳德爵士和商务参赞科艾伦夫妇来山东访问,并参加山东—乐富门烟草有限公司合资经营合同的签字仪式。

4月6日　英国外交大臣赫德一行19人,在英国驻华大使唐纳德的陪同下来山东参观游览。

4月23日　日本山口县知事平井龙率领的山口县友好代表团访问山东。访问期间,山东省委书记姜春云会见了代表团成员。

5月23日　应全国人大常委会的邀请,由议长古哈尔·阿尤布·汗率领的巴基斯坦伊斯兰共和国国民议会代表团一行14人来山东参观访问。

6月1日　应国家主席杨尚昆的邀请,率政府代表团来华访问的巴布亚新几内亚独立国总督赛雷·艾里阁下一行,在外交部副部长刘华秋等陪同下来山东参观访问。副省长李春亭会见并宴请了客人。赛雷·艾里总督一行参观访问了济南、青岛,于4日离青返京。

6月13日　以副省长李春亭为团长的山东省政府高级代表团,访问澳大利亚。

7月3日　由泰国华彬国际集团公司总裁亚彬率领的泰国赴山东考察团一行12人来山东访问,副省长郭长才会见了客人。

7月6日　应德国巴伐利亚州总理马克斯·施特莱伯尔的邀请,省长赵志浩率领山东省人民政府代表团一行6人,赴德国进行为期7天的访问。这次访问,是近几年山东与巴州政府主要负责人的第一次接触。

7月10日　山东省经济贸易展览洽谈会在德国巴伐利亚州首府慕尼黑展览中心开幕。在德访问的赵志浩致开幕辞，巴州州长施特莱伯尔、中国驻德大使梅兆荣到会祝贺并讲话。巴伐利亚州内阁部分官员、巴州各界人士400余人应邀出席。

8月20日　斯里兰卡西北省省长佩雷拉一行3人来山东进行为期6天的访问。省长赵志浩会见了客人。

8月24日　山东省和斯里兰卡西北省结为友好合作关系城市签字仪式在济南举行，省长赵志浩和佩雷拉省长，分别代表本省政府在会谈纪要上签字。

8月24日　秘鲁国防部部长托雷斯和夫人一行11人来青岛参观访问。

9月26日　为弘扬中华优秀传统文化，增进中外合作交流，1991年国际孔子文化节，在孔庙大成殿前举行隆重开幕式。中国旅游协会海外名誉顾问、美国知名人士陈香梅和孔子后裔孔德懋等与来自10余个国家和地区的外宾出席了开幕式。

9月27日　中国庆祝1991年世界旅游日（山东主会场）活动在济南开幕。世界旅游组织特别顾问拉瓦特和陈香梅等外宾出席了开幕式。

9月29日　联合国开发计划署和中国政府合作，援助山东、江西两省培养经贸人才的项目文件签字仪式在济南举行。

10月7日　朝鲜劳动党中央委员会总书记、朝鲜民主主义人民共和国主席金日成一行，由中共中央政治局委员、国务院副总理吴学谦等陪同抵达济南。省委书记姜春云，济南军区司令员张万年，济南军区政委宋清渭，省委副书记、省长赵志浩等到车站迎接。在山东期间，金日成主席一行先后访问了济南、泰安、曲阜。9日，圆满结束对山东的访问，离开曲阜，前往江苏省访问。省委书记姜春云，省委副书记、省长赵志浩到车站送行。

10月13日　以姜春云为团长的山东省经济贸易代表团，访问加拿大不列颠哥伦比亚省、萨斯卡彻温省、安大略省、魁北克省和美国的康涅狄格州等。

10月19日　原被日本军队抓往日本的中国劳工，现山东省井沟镇草泊村农民刘连仁，应日本共同电视制作公司邀请，赴日本继续拍摄电视专题片《雪山逃亡十三年》。

10月22日　首届国际聊斋学讨论会在淄博举行。

11月9日　山东省经济贸易展览会在美国旧金山市隆重开幕。

11月14日　德国驻华大使韩培德一行来山东视察德国政府对山东的粮援项目执行情况。省长赵志浩会见了客人。

1992年

3月16日至20日　以亨利·鲁伊斯为团长的尼加拉瓜桑地诺解放阵线代表团一行3人，在中联部拉美局局长刘培根陪同下来山东访问。

4月14日至18日　全省对外开放工作会议在济南召开。省长赵志浩主持会议，省委书记姜春云作了重要讲话。会议讨论修改了《关于进一步扩大对外开放，加快发展外向型经济的决定》。

5月10日至18日　应日本山口县知事平井龙邀请，省委书记姜春云、副省长王裕晏率领山东省友好代表团一行7人访问日本山口县、大阪府、神户、名古屋、京都和筑波科技城。

5月15日至19日　以英国"道德重整"组织联络负责人詹姆斯·雷尔—雷斯文为团长的代表团一行4人，应中国国际交流协会邀请，来济南、泰安、曲阜参观游览。

5月18日　威海市与日本京都市正式建立友好城市关系。

5月26至28日　应全国人大邀请，以杨亨燮议长为团长的朝鲜民主主义人民共和国最高人民会议代表团一行10人，在全国人大常委会副委员长彭冲等人陪同下来济南、泰安、曲阜等地参观访问。

6月7日至9日　应中联部邀请，以葡共中央执委会委员桑托斯为团长的葡共干部代表团一行4人，来济南、泰安参观访问。此团是中葡两党关系正常化以来葡共派出的第一个干部代表团。

6月20日至29日　1992年中国青岛对外经贸洽谈会在青岛举行。本届洽谈会参展单位近千家，推出对外经济技术合作项目560个，首次将开发经营成片土地和房地产列入洽谈内容，推出117个房地产开发项目和182幅出让地块，并推出优惠政策，鼓励海内外客商投资开发经营。

7月1日至4日　德国议会经济委员会代表团一行对山东进行访问，考察中德两国政府技术合作和财政合作项目的执行情况。

7月4日至10日　应意大利马尔凯大区罗多尔费·蒋巴奥利主席的邀请，省长赵志浩率山东省政府代表团一行7人对意大利进行了友好访问，并正式签订缔结友好省区关系协议。

7月5日至6日　应李鹏总理邀请，亚美尼亚副总统加吉克·加鲁舍维奇·阿鲁秋尼扬一行26人，在轻工部长曾宪林等陪同下，对烟台市进行访问。

7月21日至29日　应斯里兰卡西北省省长邀请，受山东省省长赵志浩委托，副省长郭长才率省政府经济代表团一行7人访问了斯里兰卡西北省。

8月7日至19日　以马克西姆·列维主席为首的以色列地方政府联合会代表团一行4人访问了济南、曲阜、泰安、淄博、潍坊、烟台、青岛等地。访问期间，双方共同签署了山东省外办与以色列地方政府联合会结成友好合作关系城市的意向书，济南市与以色列的鲁德市建立友好城市关系的意向书。

8月24日至9月4日　以省委副书记、副省长、中国国际商会山东商会名誉会长李春亭为团长的山东经济贸易代表团赴韩国访问。

9月29日至30日　应中国人民外交学会邀请，英国保守党下院议员爱德华·希思爵一行，在外交学会副会长马叙生陪同下，来济南参加山东—乐富门烟草有限公司的开业典礼。

10月6日至10日　由中国墨子学会、山东大学、滕州市联合主办的首届墨学国际研讨会在墨子故里滕州市召开。来自海峡两岸及美国、韩国、瑞士、南斯拉夫等国家和地区的121位专家学者参加了会议。会议收到学术论文97篇、学术专著7部。全国人大常委会副委员长费孝通、省人大常委会常委会副主任苗枫林为刚落成的墨子铜像揭幕。

10月26日至27日　世界银行负责亚洲事务的常务副行长斯文·桑德斯卓姆一行4人来淄博、济南了解经济发展情况。

11月2日至5日　以日本山口县知事平井龙为团长的山口县友好代表团一行9人来山东进行友好访问，参加山口县与山东省结好10周年庆祝活动和"防长亭"落成剪彩仪式。

12月4日至7日　全国对德友城工作会议在烟台召开，来自25个省市外办的62名代表参加，全国对外友协会长韩叙、副会长陈昊苏等出席了会议，山东省副省长王建功出席开幕式并致开幕辞。

1993年

2月7日至13日　澳大利亚驻华大使雷涛乐一行5人，来济南、青岛、烟台等地访问。省委书记姜春云和省长赵志浩会见了大使一行。

4月4日　应国务院总理李鹏的邀请，奥地利共和国总理费拉尼茨基及夫一行67人，来山东进行为期1天的访问。

4月10日至15日　1993美国洛杉矶山东商品展销会在美国洛杉矶市举行。

4月22日至26日　应国务院总理李鹏邀请，新加坡总理吴作栋偕夫人一行36人来济南、泰安、曲阜、烟台、威海等地进行友好访问。

4月23日至30日　应省政府邀请，泰国披沙迪·拉差尼亲王偕夫人一行4人来济南、泰安、菏泽、烟台、青岛等地参观访问。

5月6日至10日　应中联部邀请，以总书记托马斯·冈萨雷斯为团长的秘鲁基督教人民代表团一行5人，访问了烟台、青岛两市。

5月16日至21日　以澳大利亚南澳州总理雷因·阿诺德为团长的南澳州政府代表团一行29人来济南、青岛、烟台等地访问。

5月17日至20日　应国务院副总理兼外长钱其琛的邀请，老挝大民民主共和国外交部部长宋沙瓦·凌沙瓦一行7人，对青岛市进行了友好访问。

6月21日至30日　应新加坡政府邀请，省长赵志浩率省政府代表团赴新加坡访问，29日至30日顺访了马来西亚。

7月4日至7日　应中国政府邀请，新加坡资政李光耀和夫人、副总理王鼎昌和夫人一行在国务院特区办主任胡平和夫人等陪同下，来青岛、烟台、威海3市进行访问。

7月11日至15日　美国康涅狄格州教育代表团一行18人到山东访问，并转交了韦克尔州州长致赵志浩省长的信。

7月20日　山东省国际友好城市交流事业发展基金会成立大会暨第一届理事会在济南南郊宾馆召开。理事会推举李春亭为名誉理事长。

7月20日　山东省中日经济交流促进协会成立大会暨第一届理事会在济南南郊宾馆召开。日本山口县日中经济交流协会委派以伊村光会长为团长的代表团一行12人到会表示祝贺。理事会推举宋法棠为名誉会长，选举武钟恕为会长。邀请伊村光先生等日本五大经济团体负责人为协会顾问。

7月24日至8月9日　中共中央政治局委员、山东省委书记姜春云率山东省友好经济代表团赴澳大利亚、新西兰访问。

10月26日至31日　由国家煤炭部和联合国经社发展部共同主办的联合国煤炭洗选区域研讨会在兖州矿务局召开。来自美国、巴西、秘鲁、韩国、日本、波兰、英国、莫桑比克等18个国家和国际机构的代表33人，以及中国有关专家学者56人参加了会议。

10月28日至11月3日　以总书记恩夸库拉为首的南非共产党代表团一行5人来济

南、泰安、淄博、青岛等地参观访问。

10月31日至11月4日 以新加坡贸工部部长丹那巴南为团长的新加坡工贸代表团来山东访问。11月3日,新加坡—山东经济贸易理事会成立。

11月29日至12月1日 英籍作家韩素音来济南、淄博等地参观访问,并在山东大学、山东师范大学讲课。

11月29日至12月5日 蒙古人民革命党领导委员会成员、党的学术教育信息中心任桑·达西瓦率蒙古人民革命党代表团一行6人,来山东访问。

12月5日至6日 老挝人民革命党中央委员会主席、老挝人民民主共和国政府总理坎代·西潘敦及夫人一行22人,访问烟台市。

1994年

2月24日至25日 越南共产党中央政治局委员、国会主席农德孟为首的越南国会代表团一行21人,在全国人大常委会委员柳随年、省人大常委会主任李振等陪同下,在济南参观了工厂、农村,听取了山东改革开放的情况和经验介绍。

4月30日至5月5日 应中国国际交流协会的邀请,以俄罗斯科学院汉学家协会名誉主席、俄中友协主席谢尔盖、列昂尼德维奇·齐赫文斯院士为团长的俄罗斯汉学家代表团一行4人,对济南、青岛、曲阜等地参观访问。

5月8日至15日 以荷兰王国北荷兰省省长J.A.范科莫那德为团长的北荷兰省政府代表团一行14人及经济代表团一行27人访问山东。

5月14日 省政府确定每年5月第2周周末为"山东省外国专家日"。

5月16日至21日 德国驻华大使傅泰民夫妇一行3人来济南、曲阜和青岛市进行友好访问。姜春云、赵志浩分别在济南会见了大使一行。

5月27日至6月3日 以色列地方政府联合会国际关系部主席、阿考市市长埃利·戴卡斯托率以色列地方政府财政代表团一行7人访问山东。

6月7日至20日 应瑞典韦斯特曼省和德国巴伐利亚州的邀请,中共中央政治局委员、中共山东省委书记姜春云率山东省友好经济代表团一行13人出访瑞典、德国。

6月13日至15日 应朱镕基副总理的邀请,澳大利亚副总理兼住房和地区发展部长布赖恩·豪率领政府代表团一行11人访问烟台。

6月29日至7月3日 应中联部邀请,蒙古人民革命党领导委员会顾问、中央书记曾凳扎布一行2人来青岛市参观访问。

7月5日至8日 韩国国际交流财团理事长孙柱焕一行3人，来济南、曲阜、泰安等地参观访问，并与山东大学、山东师范大学就学术交流问题进行了探讨。

7月12日至24日 应省友协邀请，澳中友协南澳分会会长迈克·威利斯率18名中学生来华访问，对济南实验中学的学生进行了家访。该团在邹平县参加了为失学儿童捐款的仪式，迈克将南澳友协筹集的2200澳元（合1.3万元人民币）交给了西董小学。

7月19日 省外办批准济南市历城区洪家楼小学与加拿大里贾纳市迪埃普学校建立友好校际关系。

8月28日至29日 马来西亚副总理安瓦尔一行160人，来济南、青岛、泰安、曲阜等地参观访问。

9月12日 韩国驻青岛总领馆正式开馆，并在领馆办公处（青岛汇泉王朝大酒店3楼）举行开馆仪式。

9月19日至23日 应山东省邀请，德国驻华大使傅泰民及其夫人一行3人，来青岛、泰安、泗水等地访问。在青岛参加了山东省与巴伐利亚州政府教育合作项目—青岛大学德语系开学典礼。在济南，参加了济南机床一厂引进德国自动化生产线的投产仪式。

9月22日至30日 美国之音记者苏菲来山东就国有企业体制改革、金融体制改革和外商投资情况、房地产业、乡镇企业发展情况等进行采访。

10月2日至4日 新加坡资政李光耀一行22人，来济南和泰安进行友好访问。

10月20日至23日 应全国政协邀请，埃及协商会议副主席阿卜杜一行18人，在全国政协外委会副主任蒋兴化的陪同下，在烟台、威海市重点参观考察了工农业项目、乡镇企业、三资企业。

1995年

2月24日至3月2日 南澳州政府暨经济代表团及澳驻华使馆商务官员一行27人来济南访问，并出席澳大利亚金曦工程顾问公司驻济办事处开业典礼。

3月11日 经省政府批准，授予日本山口县知事平井龙、和歌山县知事仮谷志良"友好城市交流功勋奖"。

3月27日至4月1日 瑞典经济考察团一行22人，来济南、曲阜、青岛等地进行友好访问。

4月2日至7日　美国得克萨斯州联邦储备银行董事斯盖波一行6人来济南、济宁、青岛3市进行友好访问。在济南期间，省长李春亭会见了代表团一行。代表团向李春亭转交了得克萨斯州议会授予李春亭的得州州旗和州长签发的授予李春亭为得州荣誉市民的证书。

4月5日至7日　德国巴伐利亚州政府及经济代表团一行56人，来山东济南、青岛两地进行友好访问。在济南期间，省委书记赵志浩会见宴请了代表团主要成员。省长李春亭与州长埃德蒙特·施托伊博博士举行了工作会谈并签署了《会谈纪要》。

4月26日　韩国驻青岛总领馆金浩泰总领事专程来济南拜会省长李春亭。金浩泰还拜会了省外办、省工商局、省经贸委负责人，访问了省文联和山东师范大学。

5月9日至12日　应农业部邀请，以色列农业部长雅格夫·楚尔一行33人，来山东济南、泰安、曲阜、潍坊、青岛等地进行友好访问。

6月1日至3日　佛得角总统蒙特罗一行33人，在化工部副部长贺加强等陪同下来青岛市访问。省长李春亭会见宴请了总统一行并陪同在青活动。

6月4日至21日　省委书记赵志浩率山东省友好代表团赴瑞典、荷兰进行友好访问。

6月17日至23日　应省政府邀请，新加坡贸工部部长姚照东率政府代表团9人、企业代表团59人，来济南、潍坊、龙口、烟台、青岛等地参观访问，并参加了新方在山东投资项目的开业典礼和动工仪式。

7月31日至8月19日　省委副书记、副省长陈建国率山东省经济友好代表团赴俄罗斯、乌克兰、罗马尼亚3国访问。访问期间，先后签署了《山东省政府代表团与俄罗斯莫斯科州政府会谈纪要》《山东省与乌克兰赫尔松州建立友好省州关系的协议》《赫尔松州与山东省关于开展经贸、科技、文化合作的协议书》《山东省政府代表团同罗马尼亚克鲁日县政府会谈纪要》。

8月11日至16日　中国驻美大使李道豫夫妇来山东省济南、青岛、潍坊及曲阜等地参观考察。

9月21日至22日　奥地利共和国总统托马斯·克莱斯蒂尔率政府暨经济代表团一行123人，在铁道部部长韩杼滨陪同下来济南进行友好访问，并参观了中国重型汽车集团公司技术中心及斯太尔卡车总装生产车间、济南污水处理厂。双方还签署了《山东省与上奥州关于开展友好合作交流意向书》。

9月21日至30日　澳大利亚南澳州综合经济代表团一行17人，来山东济南、聊城、德州、淄博、滨州、东营、青岛等地考察访问，探讨与山东在金融、贸易、畜牧、电子设备、法律咨询、制造业和房地产业合作的可能性。

10月7日至9日　赞比亚共和国副总统米扬达偕夫人一行18人在地矿部副部长张宏仁陪同下来山东青岛访问，参观了青岛啤酒二厂、纺织厂，并游览了崂山。

10月14日至15日　瑞典外交大臣瓦伦率政府暨企业家代表团一行22人来山东济南、曲阜、青岛等地进行友好访问，并出席在青岛举办的山东省与爱立信公司合作项目数字移动电话GSM开通仪式。

11月1日至3日　荷兰王国农业、自然管理和渔业大臣范阿尔森先生率荷兰政府农业及企业家代表团一行54人访问山东济南和青岛。访问青岛期间，范阿尔森大臣及随行人员参加了正大集团荷兰梅英公司设备安装仪式。

11月14日至16日　英国BBC广播公司驻京记者一行4人来山东曲阜采访。

11月15日至16日　德意志联邦共和国总理赫尔穆特·科尔一行205人在机械工业部部长何光远、外交部副部长姜恩柱等陪同下访问了青岛。随同来访的有联邦经济部长、邮电部长、教育、科学、研究和技术部长及5位议员等。科尔在李鹏、李春亭的陪同下参观了海尔冰箱厂。

1996年

1月2日　省外办批准曲阜市孔子博物院与韩国成均馆大学结为友好关系。

1月19日　省外办批准山东农业大学与日本共立女子学院建立友好校际关系。

2月1日　全国对外友协批准日照市与新西兰吉斯伯恩市正式建立友好城市关系。

2月9日　山东省人民对外友好协会1996年第一次会长办公会在省政协会议室召开，会长陆懋曾主持会议。

2月13日至14日　全省地市及部分县（市）外办主任会议在邹平黛溪山庄召开，会上传达了全国第七次省、市、区外办主任会议精神，总结1995年全省外事工作，部署了1996年工作任务，讨论了《关于加强全省外事部门系统建设的意见》。

2月26日　全国对外友协批准山东省胶南市与韩国庆山市正式结为友好城市关系。

2月29日至3月7日　日本西日本中国经济文化交流代表团一行10人来山东济南、邹平、泰安、青岛等地参观访问。在济南期间，省友协会长陆懋曾会见并宴请了代表团成员。

3月1日　全国对外友协批准山东省与越南广南—岘港省结为友好省际关系。

3月5日　省外办批准威海市中国甲午战争博物馆与法国韦桑岛灯塔博物馆及达乌拉斯修道院文化中心建立姊妹馆关系。

3月6日　以色列驻华大使本·亚可夫在大使馆会见山东省省长李春亭、山东省人民对外友好协会会长陆懋曾。

3月12日　山东航空公司引进的首架B737-300全新客机由美国西雅图飞抵济南机场，并首航北京成功。

3月13日　省外办批准文登市第一实验小学与韩国仁川石井国民学校建立友好校际关系。

3月13日至14日　加拿大新斯科舍省省长约翰·赛维奇率新斯科舍省政府与经贸代表团一行7人来山东访问。其间，省委副书记、省长李春亭在北京会见了代表团一行，副省长张瑞凤在济南会见并宴请了赛维奇省长一行，并同代表团举行了工作会谈，签署了双方结成友好合作关系城市备忘录。

3月19日至20日　朝鲜黄海南道经济书记郑石林率代表团一行7人来山东进行友好访问。在济南期间，省委副书记、省长李春亭，省委副书记李文全会见了代表团成员。

3月19日至22日　匈牙利驻华大使梅可岚女士率匈牙利拉鲍公司和依卡鲁斯公司代表团来山东聊城、济南进行访问，并就合资生产公路客车项目进行洽谈。

3月20日至29日　外交部社会调查团到山东潍坊、烟台、威海、青岛、淄博、东营、济南、曲阜、泰安等地进行考察。

3月27日至4月10日　省委书记赵志浩率山东省经济代表团赴澳大利亚、新西兰访问。在澳期间，拜会了澳联邦政府，会晤了南澳州总督、总理和议会负责人。在新期间，拜会了新政府和经济部门的主要负责人，考察了部分企业、农场、科研和教育单位。

3月29日至4月4日　在韩国驻青岛总领馆总领事金浩泰陪同下，韩国新任驻华大使郑钟旭及夫人一行4人来山东访问。省委副书记、省长李春亭会见了大使一行。

4月5日　联合国开发计划署驻华助理代表布鲁克和联合国专家鲍德温一行来山东参加UNDP"支持黄河三角洲持续发展"项目三方评审会。

4月9日　省外办批准烟台市乡镇企业家协会青年分会与韩国鸟致院青年会议所建立友好关系。

4月11日　省外办批准滨州医学院与美国加州大学圣迭戈医学院建立友好校际关系。

4月14日至20日　荷兰王国北荷兰省省长J. A.范科莫那德率政府暨商务代表团一行33人对山东进行友好访问。省委书记赵志浩会见了代表团一行。

4月15日　省外办批准邹平县一中与澳大利亚南澳州阿伯英公园中学建立友好校际关系。

4月17日至24日　日本和歌山县友好都市协会会长山崎利雄率友好代表团一行32人，来山东青岛、烟台等市考察访问。

4月24日　省外办批准济南外国语学校与日本静冈大学、日本和歌山日本语学校建立友好校际关系。

4月24日至26日　韩国全罗南道知事许京万、议长裴光彦、副知事韩炯寅率全罗南道政府代表团一行23人来山东进行友好访问，双方签署了山东省与全罗南道开展交流合作的协议书。在济南期间，省委书记、省人大常委会主任赵志浩，省委副书记、省长李春亭分别会见了代表团成员。

4月26日　在济南召开全省外办主任座谈会，传达贯彻中办发〔1996〕8号文件精神。

4月26日　省外办召开全省外国专家工作会议。

4月26日　山东省政府外事办公室与山东省政府新闻办公室在济南清河集团联合举办外国专家日活动。

4月26日　省外办召开全省外办参加的外国专家工作会，传达全国外国专家及引进国外智力宣传工作会议精神。

4月30日至5月3日　圭亚那合作共和国外长罗西一行5人在北京参加中圭经贸会期间，来山东进行考察访问。

5月6日　省外办与新疆维吾尔自治区外办正式签署《关于建立相互支援与合作关系的协议书》。

5月7日至10日　"第二届中国国际友好城市联合会理事会"在北京召开。山东省武钟恕、张国梁、李忠学、王旭泽、姜文才、李立欣、刘洪璇、陆鸣人、赵雪芳、傅俊希、张会森、李效凌等同志当选为理事会理事。

5月7日至20日　以省政协主席、省友协会长陆懋曾为团长的山东省友协代表团一行4人对日本、韩国进行友好访问。

5月9日至12日　加拿大负责亚太事务的国务部长陈卓愉率政府和经贸代表团一行

16人来山东济南、泰安、曲阜参观访问。省委副书记、省长李春亭在济南会见并宴请了代表团成员。

5月10日 省外办批准荣成市与韩国全罗南道莞岛郡结成友好合作关系城市。

5月13日 "新加坡—山东经贸理事会二届一次执行理事会会议"在济南举行。新加坡—山东经贸理事会联合主席宋法棠,新加坡—山东经贸理事会联合主席、新加坡总理政治秘书陈原生共同主持了会议。同日,在济南召开山东—新加坡税收、投资和会计研讨会。省委书记、省人大常委会主任赵志浩,省委副书记、省长李春亭分别会见了陈原生一行。

5月13日至15日 法国驻华大使弗朗索瓦·白乐尚一行3人来山东济南、曲阜、青岛参观访问。在济南期间,省委副书记、省长李春亭会见了大使一行。

5月17日 省外办批准海阳市与韩国釜山广域市江西区建立友好合作城市关系。

5月21日 澳大利亚南澳州初级工业部部长罗博·凯瑞率领的农牧业考察团来山东进行考察访问。省委书记赵志浩会见了考察团一行。

5月29日 全国对外友协批准山东济宁市与法国米卢斯市正式结为友好城市关系。

6月6日 以金善弘会长为首的韩国起亚自动车株式会社代表团来山东考察。省委副书记、省长李春亭会见了代表团一行。

6月6日至9日 朝鲜外交部代表团一行5人来山东参观访问。

6月8日 省长李春亭接受奥地利国家电视台记者波蒂施博士一行的采访,就山东省经济社会发展和孔子的思想内涵等问题回答了记者的提问。

6月10日 省委副书记、省长李春亭会见了美国著名学者赵浩生。

6月17日至25日 由省外办主办的华东六省一市外事工作会在济南召开,全国对外友协等中央单位有关负责同志应邀参加了会议,省委副书记李文全出席了会议。

6月20日 全国对外友协批准威海市与新西兰蒂马鲁市建立友好城市关系。

6月23日至28日 由圭亚那总统夫人、人民进步党中央执行委员会委员和进步妇女组织主席珍妮特·贾根率领的圭亚那人民进步党代表团一行3人,在中联部美大局局长曹小冰等陪同下来山东青岛、济南、泰安、曲阜等地参观访问。

6月25日 全国对外友协批准山东省与奥地利上奥州建立友好省州关系。

6月26日 中国工商银行和韩国第一银行合资组建的青岛国际银行开业。该银行是山东省第一家中外合资银行。

6月27日　省编委办公室鲁编办〔1996〕26号文，批准省外办建立省外事翻译中心，为处级事业单位，编制20人。

6月27日至28日　缅甸工业部部长觉丹一行15人来山东考察访问。

7月8日　省外办批准青岛大学与英国格拉摩根大学建立友好校际关系。

7月8日至11日　乌拉圭最高法院院长马里尼奥一行5人，访华期间来山东济南、泰安、青岛等地进行访问。在济南期间，省委书记、省人大常委会主任赵志浩会见了马里尼奥一行。

7月12日至14日　美国前总统卡特的外交事务顾问罗伯特·伯斯特来山东邹平考察。

7月29日　省外办批准烟台大学与韩国翰林大学建立友好校际关系。

7月29日　省外办批准章丘市与日本柳井市结为友好合作关系城市。

8月9日　省外办批准山东师范大学与英国渥斯特高等教育学院建立友好校际交流关系。

8月15日至20日　日本和歌山县青年女子排球队访问山东。

8月20日　全国对外友协批准山东省与罗马尼亚克鲁日县结为友好省县关系。

8月29日　新任韩国驻青岛总领事韩和吉就任。

8月31日至9月2日　新加坡内阁资政李光耀一行33人到山东青岛考察访问。

9月3日至17日　省委副书记、省长李春亭率山东省政府代表团出访瑞典、德国、奥地利。访瑞期间，与韦斯特曼省签署了会谈纪要；访奥期间，与上奥州正式签署了建立友好省州关系协议书；访德期间，与巴伐利亚州州长施托伊伯进行了友好会谈。

9月10日　省外办批准曲阜师范大学分别与日本岩手大学、东日本国际大学建立友好校际关系。

9月11日至15日　智利众议院第一副议长弗朗西斯科·温丘来西·哈拉米略一行6人来山东访问。省委书记赵志浩会见并宴请了代表团成员，省委副书记、副省长宋法棠同代表团举行了工作会谈。

9月12日至14日　德国驻华大使赛康德博士及夫人一行3人来山东济南、曲阜、泰安考察访问，参加中德济南红旗—考格尔汽车制造有限公司开业典礼。

9月18日至24日　为庆祝澳大利亚南澳州与山东结好10周年，南澳州组织阿德雷得交响乐团一行95人，来到山东济南、青岛访问演出。南澳州艺术部部长莱德劳女士和澳驻华大使石励夫妇一行4人随交响乐团访问济南。在济南期间，省委书记赵志浩、副省长邵桂芳分别会见并宴请了代表团成员及南澳州艺术部长一行；省领导赵志浩、陆懋曾、董凤基、张宗亮、马世忠、严庆清、邵桂芳等同志与各界群众一起欣赏了音乐会。

9月20日　省外办、省高级人民法院、省检察院、省公安厅、省国家安全厅、省司法厅联合下发《关于进一步加强涉外案件处理工作的意见》。

9月21日至25日　密克罗尼西亚联邦科斯雷州州长摩西·麦克瓦隆率该州政府经济代表团一行4人来山东济南、烟台等地访问。

9月22日至23日　巴布亚新几内亚东塞皮克省省长麦克·索马雷爵士一行来山东访问，双方签署了投资贸易合作备忘录及建立友好省际关系意向书。

9月24日　韩国新任驻青岛总领事韩和吉来济南拜会了省委书记赵志浩。

9月28日　省外办举办第四届"齐鲁友谊奖"颁奖仪式，日本、韩国、意大利、美国、加拿大等国家的38名驻鲁专家受到奖励。

10月13日至18日　新加坡副总理李显龙率领新加坡政府及经济代表团一行55人访问山东。省委书记、省人大常委会主任赵志浩会见并宴请了代表团成员。

10月16日至18日　韩国新政治国民会议总裁、亚太和平财团理事长金大中一行18人及随行记者15人对山东进行访问。省委书记、省人大常委会主任赵志浩会见并宴请了代表团成员。

10月16日至18日　以新加坡新闻和艺术部部长杨荣文为团长的新加坡友好代表团一行9人来山东访问。

10月19日至27日　外交部副部长张德广一行3人来山东济南、济宁、淄博、德州等地进行实地考察，了解山东同波罗的海三国等东欧国家的经贸合作和项目落实情况。

11月4日至8日　以越南海兴省委书记范文寿为团长的越南海兴省党委代表团一行10人来山东进行友好访问。省委书记、省人大常委会主任赵志浩会见并宴请了代表团成员。

11月6日　山东省－庆尚南道第二届足球友谊赛在济南省体育中心体育场举行，泰山队以2∶0获胜。省委书记、省人大常委会主任赵志浩，省委副书记、省长李春亭等观看了比赛。

11月8日至10日　津巴布韦共和国副总统穆增达偕夫人率政府、企业代表团一行

33人（中外方）访问山东济南。省委副书记、省长李春亭会见并宴请了代表团全体成员。

11月12日　山东省友好代表团一行7人出席在日本山口县举办的第二次山东省—山口县—庆尚南道三方工作会议。会议就环保、教育、文化等方面的交流进行了具体协商，达成了一致意见。

11月13日　省政协主席、省友协会长陆懋曾在济南会见了著名美籍华人靳羽西女士。

11月15日至19日　以朝鲜咸镜南道党委书记金龙浩为团长的朝鲜劳动党友好代表团一行7人来山东进行友好访问。

12月5日　省外办批准烟台三中与韩国群山市女子中学建立友好校际关系。

12月5日　省外办批准烟台市工人子女小学与韩国群山市罗云初等学校建立友好校际关系。

12月18日　省外办批准山东省书法家协会与韩国岭南地区书艺协会建立友好协会关系。

12月24日　省外办批准山东师范大学与韩国蔚山大学建立友好校际关系。

1997年

1月2日至7日　中国驻联合国裁军大使沙祖康夫妇考察访问山东济南、曲阜、青岛等地，并在省委党校作了关于国际形势和裁军问题的报告。

1月20日　省外办批准山东轻工业学院与德国巴伐利亚杜门斯酿造学院建立友好校际关系。

1月29日至2月4日　法国驻华大使毛磊一行8人对山东进行参观访问，并出席了山东凤祥集团与法国L.D.C.公司合资合同签字仪式。2月3日，省委副书记、省长李春亭在济南会见了客人。

1月31日　省政协主席、省友协会长陆懋曾主持召开省友好协会会长办公会，总结1996年工作，布置1997年工作，省委副书记、副省长宋法棠，副省长王克玉及各位副会长出席了会议。

2月14日　全国对外友协批准淄博市与格鲁吉亚巴统市正式结为友好城市。

2月19日至28日　副省长邵桂芳一行对埃及苏伊士省进行了访问。双方签署了《苏伊士省和山东省关于缔结友好合作关系的意向书》。

2月24日　省外办批准山东工业大学与加拿大里贾纳大学建立友好校际交流关系。

2月24日　省外办批准山东工业大学与加拿大纽芬兰密墨里尔大学建立友好校际交流关系。

2月24日　省外办批准山东工业大学与日本熊本大学工学部建立友好校部关系。

3月7日　省外办批准全国青少年青岛活动营地与日本北海道日中青少年交流协会缔结友好关系。

3月20日至24日　应中共山东省委邀请,埃塞俄比亚人民革命民主阵线中央执行委员塞耶·阿布拉哈率代表团一行5人对山东济南、青岛两市进行友好访问。

3月21日　省外办批准青岛市与美国旧金山市结为友好合作关系城市。

4月16日　美国核能专家赵嘉崇博士和美国西屋能源公司总裁保森一行来山东访问,省委副书记、省长李春亭在济南会见了客人。

4月18日　省外办在教育大厦召开赴日研修生成果交流会暨赴日研修生联谊会成立大会。

4月21日至23日　应全国人大邀请,西萨摩亚议长托利阿富·法菲西及夫人一行3人,在全国人大常委会委员胡敏的陪同下,对山东济南、泰安进行友好访问。在山东访问期间,省人大常委会主任赵志浩在济南会见了法菲西夫妇。

4月23日至29日　日本山口县政府暨议会友好代表团及县民友好之翼访华团一行240余人来山东访问。中央政治局委员、省委书记吴官正在济南会见了山口县知事二井关成和议长伊藤博彦等来宾。省委副书记、省长李春亭在南郊宾馆俱乐部主持了两省县结好15周年庆祝招待会。二井关成代表山口县向山东捐赠了500万日元的奖学基金;李春亭省长与二井关成知事就双方进一步加强两省县的友好关系交换了意见,并签署了《山东省与山口县结好15周年会谈纪要》。在济南期间,省人大常委会主任赵志浩会见了以伊藤博彦为团长的山口县议会友好代表团一行。

4月30日　省外办批准山东经济学院与澳大利亚阳光海岸大学建立友好校际关系。

5月3日至11日　日本西日本中国经济文化交流协会访华团一行12人访问济南、上海、西安等地。在济南期间,省友协会长陆懋曾会见了代表团成员。

5月7日　奥地利国防部长法斯尔阿本德及夫人一行11人来济南军区、泰安、曲阜等地进行参观访问。

5月9日　省外办批准山东省花卉盆景艺术家协会与韩国爱石人总联合会缔结友好

关系。

5月10日　省外办举行了第四届"外国专家日"活动。

5月13日至16日　以越共中央委员、常务副院长苏辉惹为团长的越南胡志明国家政治学院代表团一行10人来山东烟台、威海访问，针对党建工作及中央党校的建设互通情况，交流教学和科研工作的经验。

5月15日　省外办批准济南大学与巴基斯坦辛德大学建立友好校际关系。

5月19日至20日　全省外事工作会议在济南举行，中央政治局委员、省委书记吴官正会见全体代表，省委副书记、省长李春亭到会讲话。

5月23日　省外办批准荣成市与韩国富川市结为友好合作关系城市。

5月23日　为贯彻中办发〔1997〕27号文精神，省外办代省委、省政府办公厅起草了《关于进一步加强出国（境）团组和人员管理的通知》。

5月27日　省外办批准临沂师专与美国楚特·莫考诺大学建立友好校际关系。

6月5日　国务院副总理李岚清在烟台东山宾馆会见了前来参加"第二届亚太经合组织（APEC）国际贸易博览会"的APEC各成员代表团负责人，及参展海外大企业、大商社负责人和友好城市、协办城市代表团负责人。其间，副总理李岚清还会见了前来参加"APEC国际贸易博览会"的澳大利亚前总理霍克夫妇。

6月5日　省外办下发《关于申办因公赴韩签证的暂行规定》。

6月6日　"第二届亚太经合组织（APEC）国际贸易博览会"在烟台国际商城举行开馆仪式。国家主席江泽民为大会题辞："平等互利，彼此开放，共同繁荣。"本届博览会是继日本大阪博览会之后，亚太经合组织举办的第二次经贸盛会。

6月9日　省外办批准山东农业大学与荷兰万豪农学院缔结友好校际关系。

7月8日　"山东—南非经贸洽谈情况介绍会"在青岛八大关宾馆举行。南非威林顿市经贸代表团顾问贝利一行14人、南非世界贸易中心代表5人与省外贸专业公司，以及聊城、青岛、威海、烟台、济南、潍坊、滨州等地市的企业代表，就经贸合作进行了友好洽谈。

7月8日至15日　"1997年中国青岛对外经济贸易洽谈会"在青岛开幕。中央政治局委员、省委书记吴官正，省委副书记、省长李春亭，新加坡贸工部高级政务次长陈原生，沙特阿拉伯驻华大使尤素夫，美国、英国、越南、老挝驻华使馆商务参赞，以及48个国家和地区的3974名客商出席了开幕式。

7月8日至23日　"第七届中国青岛国际啤酒节暨国际啤酒饮料博览会"在青岛开幕。此次活动的宗旨是促进青岛与世界人民之间的经济文化交流与合作。中央政治局委员、省委书记吴官正，省委副书记、省长李春亭，在青岛市委书记俞正声陪同下视察了青岛国际啤酒城。

7月19日至25日　中国驻外使节团一行43人在中国驻日内瓦代表处副代表、裁军大使沙祖康的率领下，赴山东考察并指导工作。在济南期间，中央政治局委员、省委书记吴官正，省委副书记、省长李春亭会见了使节团。

7月23日　省外办批准荣成市与韩国庆尚南道统营市结为友好合作关系城市。

7月25日至28日　应中国外交学会邀请，美国前总统卡特一行18人对山东济南、邹平进行访问。省委副书记、省长李春亭会见并宴请了卡特总统一行。

7月30日　由山东省国际文化交流中心主办，以探讨中日两国经济社会发展中面临的共同问题为主题的"第二届21世纪中日学者恳谈会"在济南举行。

8月5日　全国对外友协批准烟台市与泰国普吉府建立友好城市关系。

8月6日至8日　外交部领事司在青岛市召开了全国部分省、自治区、直辖市涉外案件工作会议。山东、河北、吉林、天津等省市外办代表在会议上介绍了处理涉外案件的情况和体会。

8月15日　省外办批准莱西市与韩国金海市结为友好合作关系城市。

8月20日　省外办批准邹平实验中学与日本山口县小郡中学建立友好校际关系。

8月22日　省外办批准山东经济学院与澳大利亚邦得大学建立友好校际关系。

8月22日　省外办批准烟台一中与澳大利亚南澳州诺吾德·玛瑞塔中学建立友好关系。

8月22日　省外办批准烟台市芝罘区实验学校与新西兰陶朗加蒙格努依山中学和塔哈太小学建立友好校际关系。

8月25日　省外办批准惠民县与韩国高阳市一山区建立友好交流关系。

9月22日　省外办批准石油大学（华东）与韩国三陟产业大学建立友好校际关系。

9月24日　省外办批准山东轻工学院与乌克兰敖德萨工业学院建立友好校际关系。

9月24日　"1997年国际孔子文化节对外经贸洽谈会"在济宁举行，来自美国、韩国、瑞典等国家和地区的客商参加了开幕式。

9月25日至30日　应全国对外友协的邀请，越南组织联合会主席阮光造率领的越友联代表团一行6人来山东济南、曲阜等地进行友好访问。在济南期间，省政协主席、省友协会长陆懋曾会见并宴请了代表团成员。

9月26日　"1997年国际孔子文化节"在曲阜孔庙大成殿前开幕。

9月26日　省外办在舜耕山庄举办第五届"齐鲁友谊奖"颁奖大会。来自9个国家的22名外国专家获奖。会后，山东省政府举办了庆祝中华人民共和国成立48周年招待会，获奖外国专家及驻济南的外国专家代表共170余人参加了招待会。

9月30日至10月3日　"1997年中韩（威海）经贸洽谈会"在威海举行。来自韩国、日本、新加坡等20余个国家和地区的2500名客商及国内15个省、自治区、直辖市的代表团参加了本届洽谈会。

10月6日　省外办批准山东工业大学与日本富山大学建立友好校际关系。

10月18日至21日　应外交部邀请，外交部部长助理吉佩定等陪同西亚北非14个国家的大使团一行34人来山东访问，大使团参观考察了胜利油田、泰安、曲阜等地。

10月20日　省外办批准枣庄师专与美国塞普尔斯大学建立友好校际关系。

11月1日至14日　德国巴伐利亚州文化艺术团120人来济南，为配合庆祝鲁巴结好10周年，举行了话剧、芭蕾舞、儿童剧、室内乐演出。

11月2日至4日　德国巴伐利亚州副州长兼文化教育科学艺术部部长汉斯·蔡特迈耶一行10人访问济南，举行了鲁巴结好10周年庆祝招待会，参加了巴伐利亚州文化艺术展开幕式，并参加了鲁巴教育合作项目签字仪式。

11月4日　省外办批准烟台市毓璜顶医院与美国佛罗里达奥兰多中医药学院缔结友好院际关系。

11月11日　全国对外友协批准德州市与日本新居浜市正式签字建立友好城市关系。

11月13日至14日　澳大利亚前总理罗伯特·霍克一行4人来山东济南访问。省委副书记、省长李春亭会见并宴请了代表团成员。

11月14日至17日　由越南共产党中央委员、国家地政总局局长裴春山率领的越南国家地政代表团一行7人来山东访问。代表团与山东有关部门就土地管理法规、政策的制订与实施、行政机构改革等方面进行了探讨与交流。

12月9日　全国对外友协批准青岛市与荷兰维尔森市建立友好城市关系。

1998年

1月3日 "新加坡—山东经贸理事会二届二次执行理事会议"在济南召开。省委副书记、省长李春亭在济南会见了新加坡贸易与工业部高级政务次长、新加坡—山东经贸理事会新方联合主席陈原生一行。

2月11日至14日 新西兰副总理兼财政部部长彼得斯随陶朗加市友好代表团一行11人访问山东烟台。

2月11日至14日 外交部副部长李肇星在就任驻美大使前来山东考察,并做了题为"当前国际形势和中国对外政策"的报告。中央政治局委员、省委书记吴官正,省委副书记、省长李春亭会见并宴请了李肇星。在济南期间,李肇星听取了省外办工作汇报,并做重要指示。

2月16日 省外办批准青岛港与日本高知港建立友好港口关系。

2月17日 省外办批准青岛大学与韩国江原大学建立友好校际关系。

2月17日 省外办与韩国驻青岛总领事馆在青岛举行1998年度第一次领事会晤。

2月20日 省友协会长陆懋曾召集主持省友协1998年第一次会长办公会,省委副书记、常务副省长、省友协副会长宋法棠,省委组织部部长王克玉等近20人参加会议并发言。会上就省友协1997年工作总结及1998的工作计划进行了讨论。

2月 省外办批准青岛大学与澳大利亚格利佛斯大学建立友好校际关系。

2月 省外办批准青岛大学与美国金门大学建立友好校际关系。

2月 省外办批准青岛大学与美国密苏里西南大学建立友好校际关系。

2月 省外办批准山东建工学院和美国林肯内布拉斯加大学建立友好校际关系。

2月28日 全国对外友协批准泰安市与德国巴伐利亚州施瓦本地区建立友好城市关系。

3月18日 省外办批准招远市与韩国汉城市江西区结为友好合作关系城市。

3月26日至28日 几内亚共和国外交部部长拉明·卡马拉及几内亚驻华大使贡代一行5人对山东济南、泰安、曲阜进行访问。在济南期间,省委副书记、省长李春亭会见了客人。

4月6日 省政府授予美国诚德国际投资咨询公司总裁黛安娜女士"山东省荣誉公民"称号。

4月15日至22日　"第五届国际啤酒饮料研讨会"在济南开幕。慕尼黑啤酒学院院长森特·格拉夫率团参加活动。

4月16日至23日　山东省赴日劳工团一行4人应邀赴日，控诉日本军国主义罪行，并与日本市民进行交流。

4月28日至30日　吉尔吉斯共和国总统阿斯卡尔·阿卡耶夫对山东烟台、威海进行友好访问。

5月11日至22日　应德国巴伐利亚州、荷兰王国北荷兰省政府邀请，山东省政府代表团赴上述两国进行友好访问。访问期间代表团考察了巴伐利亚州的双元制职业教育，商讨了鲁巴教育合作混合委员会工作计划并签署了《鲁巴合作职教师资培训中心协议书》。

5月12日　省外办批准莱芜市与澳大利亚西托伦斯瑟巴顿市正式建立友好城市关系。

5月29日　全国对外友协批准东营市与韩国江原道三陟市结为友好城市。

5月　省外办批准青岛市和美国佛罗里达橙郡建立友好合作交流关系。

6月1日至8日　来自49个国家的72名驻华武官、副武官及夫人一行访问山东和济南军区。

6月12日　省政府同意授予美国康涅狄格州—山东委员会主席石嘉禄"山东省荣誉公民"称号。

6月14日至28日　应美国康涅狄格州、得克萨斯州和加拿大外交国贸部邀请，省长李春亭率山东省政府暨经济代表团访问美国和加拿大。

6月　省外办批准山东农业大学和美国俄勒冈州立大学建立友好校际关系。

7月1日至2日　"新加坡—山东经贸理事会三届一次会议"在青岛举行。

7月2日至4日　白俄罗斯外交部长安东诺维奇夫妇一行7人访问曲阜、济南，并在山东师范大学发表了有关白俄罗斯外交政策的演讲。省委副书记、省长李春亭在济南会见并宴请了外长一行。

7月7日　省外办批准山东省纺织工业学校与韩国汉城工业高等学校建立友好校际关系。

7月8日至12日　"1998年中国青岛对外经济贸易洽谈会暨首届青岛国际电子家电博览会"隆重开幕。中央政治局委员、省委书记吴官正，省委副书记、省长李春亭，中国人民对外友好协会会长齐怀远等出席了开幕式。

7月26日至30日　奥地利罗生特医生家乡友好人士访华团一行31人访问山东济南、莒南、曲阜等地，并与济南及莒南两地文艺界人士进行了友好交流。

7月　省外办批准山东经济学院和美国阿姆斯壮大学建立友好校际关系。

8月14日至17日　由山东省友协与奥地利奥中友协联合举办的"山东省—奥地利友好活动日"活动在济南举行。奥中友协组派农业、经济代表团一行68人来济南参加了该活动，奥地利凯斯卡乐团分别在济南和淄博两地进行了演出。省友协会长陆懋曾在开幕式上讲话，并宴请了代表团成员。

8月21日　省外办批准泰安风景名胜区管理委员会和德国巴伐利亚州阿尔卑斯山贝尔希特斯加登国家公园缔结友好关系。

9月3日至5日　日本山口县议长、日中经济交流促进协会专务村田哲雄一行2人来山东访问，参加中日合作山东山口日语职业中专新学年开学典礼暨建校1周年庆祝大会。

9月15日　全国对外友协批准烟台市与英国安格斯市建立友好城市关系。

9月28日　省外办批准荣成市与韩国忠清北道沃川郡结为友好合作关系城市。

10月7日至14日　"第二届亚太经合组织（APEC）中小企业技术交流暨展览会"在烟台举行。国务院副总理吴邦国，中央政治局委员、省委书记吴官正，省委副书记、省长李春亭，亚太经合组织秘书处执行副主任蒂莫西·汉纳，国家经贸委副主任陈邦柱及外交部、外经贸部、科技部等8部委领导，APEC21个成员、准成员代表出席了开幕式。本次会议的主题为"友谊、合作、发展、繁荣"，参会参展的外商外宾近5000人，团组50余个。

10月13日　省外办批准烟台大学与意大利佛罗伦萨大学缔结友好校际关系。

10月16日　省外办批准青岛大学与韩国庆南大学建立友好校际关系。

11月1日至6日　秘鲁共和国拉利伯塔德省省长陈汉威一行11人访问山东济南、泰安、曲阜、威海、烟台和青岛。中央政治局委员、省委书记吴官正，省委副书记、省长李春亭在济南分别会见了代表团的主要成员，双方正式签署了《山东省与拉利伯塔德省建立友好关系协议书》。这是山东省在拉美地区的首对省级友好城市关系。

11月10日　省外办批准烟台师范学院与日本别府大学建立友好校际关系。

11月18日　省外办批准山东师范大学与日本和歌山大学建立友好校际关系。

11月24日至12月16日　应南非西开普省政府、埃及投资与贸易自由区管理委员会、肯尼亚农业部的邀请，省委副书记、副省长宋法棠率山东省政府暨企业代表团一行

31人出访南非、肯尼亚和埃及。宋法棠副省长与南非西开普省省长签署了两省缔结友好关系协议书。访肯期间，肯尼亚总统莫伊会见了代表团。

12月1日　省外办批准烟台市第二中学与美国纽约市皇后区汤逊·哈里斯高中、烟台华侨中学与纽约市后天后区二十五学区第189初中、烟台市芝罘区南通路小学与纽约市皇后区二十五学区第219小学建立友好校际关系。

12月5日至6日　应国务院总理朱镕基的邀请，率团来华访问的摩洛哥王国首相阿卜杜勒·拉赫曼·尤素福一行，在中国驻摩大使穆文陪同下来山东青岛访问。陪同来访的有首相夫人、交通和海运大臣、能源和矿业大臣、渔业大臣等政府官员及企业家一行128人。代表团参加了"青岛—摩洛哥情况说明暨经贸洽谈会"，参观了青岛港、海尔集团、渔业养殖基地等。双方还签署了青岛市和摩洛哥丹吉尔市结为友好合作关系城市的意向书。

1999年

1月13日至14日　澳大利亚南澳州总理约翰·奥尔森率南澳州政府代表团一行8人来山东访问。中央政治局委员、省委书记吴官正会见了奥尔森一行。省委副书记、副省长宋法棠与奥尔森总理签署了《山东省与南澳州合作交流谅解备忘录》。

1月26日　省友协会长陆懋曾主持召开省友协第九次会长办公会议，全面总结1998年友协工作并讨论、制定1999年的工作计划。

2月14日　全国对外友协批准泰安市与澳大利亚麦克阿瑟地区建立友好城市关系。

3月11日至12日　全省外办主任座谈会在济南召开。

4月8日至10日　突尼斯宪政民主联盟中央委员、对外关系常务书记、议员哈希米·阿姆利和突尼斯驻华大使穆罕默德·蒙吉·拉比卜等一行3人访问济南、曲阜、泰安，参观了部分企业。

4月12日　"中德合作粮援项目总结表彰大会暨交接仪式"在济南南郊宾馆隆重举行，约40名德方人员出席了仪式。省委副书记、省长李春亭会见了德国驻华大使于倍寿和德国经济合作部业务副部长。

4月14日　在中国驻荷兰大使华黎明陪同下，荷兰王国贝娅特丽克丝女王和克劳斯亲王一行53人访问曲阜市，参观了孔庙、孔府、孔林。省委副书记、省长李春亭会见并陪同女王游览了三孔。

4月22日至5月13日 应澳大利亚南澳州政府邀请，省外办与省外宣办联合在南澳州州府阿得雷德成功地举办了"孔子故乡—中国山东"图片展。

5月5日 省外办批准山东建材学院与俄罗斯伏尔加格勒大学、德国科隆工学院缔结友好校际关系，山东财政学院与法国雷诺大学缔结友好校际关系，青岛大学与俄罗斯坦波夫国立大学缔结友好校际关系。

5月20日 省外办批准山东财政学院与澳大利亚伊迪丝·科文大学建立友好校际关系。

5月23日至25日 以越南中央政治局委员、常务副总理阮晋勇为团长的越南党政代表团一行16人访问山东。省委副书记、副省长宋法棠在济南会见了代表团成员。

5月23日至28日 国际禁止化学武器公约组织派出的4人核查小组，在外交部军控司和国家禁化武领导小组办公室有关人员的陪同下，对蓬莱市承德化工厂DMMP设施进行初始性视察，这是继对青岛农药厂、烟台万华合成革厂核查之后，对山东民用化工企业的第三次核查。

5月23日至30日 应日本政府邀请，由中央政治局委员、省委书记吴官正率领的中国共产党代表团对日本进行友好访问。

5月25日至26日 老挝人民革命党中央主席、国家主席坎代·西潘敦一行13人访问山东。

5月26日 全国对外友协批准青州市与澳大利亚斯图亚特市建立友好城市关系。

5月28日 东方航空公司山东分公司开通济南至韩国济州的国际航线。

6月7日至12日 省外办、青岛市外办与加拿大驻华使馆、加中贸易理事会在青岛市举办"加拿大—山东（青岛）周"活动。省长李春亭、青岛市市长王家瑞等省市领导和省市有关部门主要负责人，以及加拿大驻华大使贝祥和加中贸易理事会主席索马雷率领的政府和经贸代表团一行53人参加了活动。活动中，双方就经贸、文化、教育等方面达成了3项协议和30余项合作意向，是山东对加交往中又一新的里程碑。

7月11日至16日 受美国俄勒冈州议会委托，俄勒冈州亚洲委员会主席梁凯中和俄勒冈州华商总会副会长邝志扬来山东青岛、潍坊、济南进行访问，这是俄州政府与山东政府官方的首次接触。

7月12日至18日 "1999年中国青岛对外经济贸易洽谈会暨青岛国际电子家电博览会"在青岛开幕。170余个国家和地区的3500名客商参加了开幕式。中央政治局委员、省委书记吴官正，省长李春亭分别会见了来宾。本届"中国青岛对外经济贸易洽谈会"在全省共推出了1019个外资项目，项目总投资约127亿美元，其中千万美元以上的项目233个。

7月　省外办批准烟台师范大学与韩国丽水工业大学、韩国圆光大学，山东农业大学与韩国晋州国立大学建立友好校际关系。

7月30日　威海市与新西兰蒂马鲁市正式签署建立友好城市关系协议书。

8月9日　省外办批准山东财政学院与澳大利亚新南威尔士州南悉尼学院建立友好校际关系。

8月26日　省外办批准滨州师专与澳大利亚本迪戈地区技术与继续教育学院建立友好校际关系。

9月1日至11日　应以色列副总理兼农业、农村发展及环境部部长拉法尔·伊丹和法国布列塔尼大区主席德鲁昂的邀请，省委副书记、省长李春亭率省政府代表团一行访问以色列和法国。在法期间，李春亭拜会了布区议会主席、卢区议会副主席，参观了L.D.C.公司、法国电力公司、燃气公司、阿尔斯通公司等企业。

9月2日至5日　"1999年中韩经济贸易洽谈会暨威海国际商品交易会"在威海体育馆开幕，来自韩国、日本、美国、意大利等20余个国家和地区的近3000名客商参加了本届洽谈会。

9月12日　应中共中央邀请，以越共中央委员、内政部长潘世雄为团长的越共中央内政部干部代表团来山东考察访问。

9月22日至29日　与山东缔结友好城市关系的日本县、市各阶层人士组成的13个代表团312人对山东进行友好访问，参加了"山东1999年中日友好交流周"活动及孔子诞辰2550年大型纪念活动的开幕式等活动。在济南参加交流周活动时，省长李春亭、副省长韩寓群、省友协会长陆懋曾等会见宴请了代表团，并参加了大部分活动。交流周活动获圆满成功。

9月25日　中央政治局委员、省委书记吴官正在曲阜会见了前来参加"1999年中国曲阜国际孔子文化节"的日本驻华大使谷野作太郎、奥地利驻华大使博天豪博士和韩国驻青岛总领事全鋈洙。

9月25日　俄罗斯体育旅游部副部长涅柳宾·弗拉基米尔·瓦连京诺维奇一行来山东参加"1999年中国曲阜国际孔子文化节"。省委副书记、省长李春亭在曲阜会见了客人。

9月29日　省政府在济南南郊宾馆举行1999年"齐鲁友谊奖"颁奖仪式。来自加拿大的艾尔·克罗拉克先生等20名外国专家被授予"齐鲁友谊奖"。

10月9日　"1999年中国聊城经贸洽谈会"开幕。省委副书记、省长李春亭，省人大常委会主任赵志浩，省政协副主席刘洪仁等出席了开幕式，53个国家和地区的1200余位来宾参加了开幕式。在聊城期间，省委副书记、省长李春亭会见了前来参会的16个国家的驻华使节。

10月12日至16日　首次在中国举办的、主题为"推进技术共享，共创绿色辉煌"的"果蔬加工与产业化国际研讨会暨展览会"在烟台市会展馆开幕。全国政协副主席宋健，省委副书记、常务副省长宋法棠，副省长邵桂芳，联合国副秘书长兼联合国亚太经社会执行秘书阿德里安努斯·穆伊，世界知识产权组织副总干事罗伯托·卡斯特洛出席了开幕式。

11月9日　山东省与巴西巴伊亚州签署结好协议。

11月10日　应中华全国青年联合会的邀请，美国青年政治领袖理事会代表团来山东访问。省人大常委会主任赵志浩在济南会见了代表团一行。

12月16日　省外办批准烟台市第四中学与澳大利亚南昆国际学院建立友好校际关系。

2000年

2月24日至26日　应全国妇联邀请，澳大利亚人权委员会主席爱丽斯·泰等一行3人访问山东济南、青岛和曲阜，并在青岛举办了有关家庭暴力问题的研讨会。

3月6日　韩国驻青总领事全鋈洙离任回国。

3月9日至12日　泰王国公主玛哈扎克里·诗琳通一行25人来山东济南、曲阜、泰安进行参观访问，了解了山东文化、历史等情况。

3月10日　新任韩国驻青岛总领事琴炳穆到任。

3月15日至18日　荷兰北荷兰省省长范科莫纳德博士一行4人访问山东。省长李春亭与范科莫纳德共同出席了"荷兰大马隆国际公司与胜利石油管理局再利用北海采油平台协议"签字仪式；李春亭向范科莫纳德颁发了"山东荣誉公民"证书。在鲁期间，范科莫纳德一行还访问了潍坊、寿光、山东财政学院、山东师范大学等地。

3月21日至24日　应全国对外友协邀请，比利时比中文化中心秘书长贝湖及夫人一行对山东进行访问。省友协会长陆懋曾在济南会见并宴请了客人。

3月30日至4月11日 应澳大利亚澳中友协、新西兰新中友协的邀请,省人大常委会友好访问团一行10人对上述两国进行访问。访问团与两国友协、地方议会及政府就经贸合作等事宜进行了探讨。

4月6日至8日 省委副书记、省长李春亭,省委政法委书记、省公安厅厅长高新亭在济南会见了韩国驻青岛新任总领事琴秉穆及其夫人一行。

4月6日至11日 应省政府邀请,欧盟中14个国家及欧盟委员会的驻华使节及夫人一行24人来山东青岛、潍坊、济南、泰安和曲阜进行访问。省委副书记、省长李春亭会见了代表团,副省长林书香向使节们作了省情说明。

4月13日至15日 新加坡总理吴作栋及夫人一行95人赴山东青岛进行访问,举办了山东—新加坡旅游经贸情况说明会及洽谈会。省委副书记、省长李春亭会见宴请了客人,并陪同活动。

4月13日至16日 日本长野县友协访华团一行7人对山东济南、泰安、曲阜等地进行访问。在济南期间,省友协会长陆懋曾会见并宴请了代表团成员。

4月14日至20日 中国驻津巴布韦、刚果、白俄罗斯、冰岛、几内亚、圭亚那、卡塔尔、匈牙利、伊朗、斯洛伐克及澳大利亚墨尔本、瑞典哥德堡12个国家和地区的大使、总领事、副总领事、参赞和外交部国外局负责人等一行23人,在中国驻津巴布韦大使侯清儒的带领下,访问济南、泰安、济宁、烟台、青岛等地。省委副书记、省长李春亭在济南会见了使节团一行。

4月18日至19日 应中联部邀请,以全国执委弗莱塔斯·内托为团长的巴西自由阵线党代表团一行11人访问济南,中央政治局委员、省委书记吴官正会见并宴请了外宾。代表团介绍了巴西的经济形势,参观了山东大学和轻骑集团。

4月21日至24日 应全国对外友协邀请,以雅典大学埃文诺洛斯·姆特索普洛斯教授为团长的欧中关系发展协会代表团一行7人,由全国对外友协常务副会长陈昊苏陪同,参加了在曲阜举办的"孔子—苏格拉底"哲学报告会山东段的会议。省友协会长陆懋曾会见了代表团并出席了会议。

4月22日至25日 经外交部批准,应全国对外友协邀请,奥地利联邦议会议长、奥中友协监护会副主席哈塞尔巴赫女士一行24人在全国对外友协常务副会长陈昊苏陪同下对山东进行访问。在济南期间,省人大常委会主任赵志浩会见并宴请了代表团一行,副主任王克玉全程陪同了参观访问等活动。外宾参观了轻骑集团、经五路小学,并游览了大明湖、泉城广场和曲阜"三孔"。

4月30日　著名环保领域诺贝尔特别奖获得者、巴西前环保部长何塞·卢岑贝格一行来山东参加"青岛生态与环保产业国际论坛"会议，并到莱芜市房干村进行了参观考察。

5月3日至8日　非洲高级外交官代表团一行20人访问青岛。

5月5日至6日　"中国—丹麦农业经贸研讨会"在青岛举行。由丹麦王国农业和渔业大臣丽塔·比尔格德女士率领的丹麦政府暨商务经贸代表团一行55人与山东220余家企业及省有关部门进行了对口洽谈。

5月9日至19日　以省委副书记、省长李春亭为团长的山东省政府代表团一行17人赴日本山口县、和歌山县、东京，韩国庆尚南道、汉城等地进行访问，探讨双方交流合作事宜，并分别与日本山口县、和歌山县、韩国庆尚南道三个友好城市负责人签署了加强友好交流备忘录。

5月18日　省外办批准山东经济学院与澳大利亚拉筹伯大学、墨尔本北城高等技术学院建立友好校际关系。

5月22日　经国务院批准，应建设部邀请，美国住房与城市发展部长安德鲁·科莫一行10人访问济南，参观了四季花园、玉函小区、泉城广场和华山镇前王庄等，考察了山东住房发展情况。

5月24日　联合国世界旅游组织代表徐京及丹麦奥佛伽公司专家组长霍姆·彼德森来山东访问，参加山东旅游规划动员会议。

5月28日至6月6日　应乌拉圭政府、巴西主要执政党自由阵线党和委内瑞拉执政党第五共和国运动的邀请，中央政治局委员、省委书记吴官正率中共代表团对乌拉圭、巴西和委内瑞拉进行正式友好访问。山东省经贸团随访了上述三国。

6月3日至9日　德国巴伐利亚州施瓦本地区政府主席路德维希·施密特一行8人访问济南、泰安两市，这是该地区自1998年10月与泰安市建立友好城市关系后对山东的第一次正式友好访问。代表团在济南拜会了山东大学、巴伐利亚州驻鲁经济代表处，参观了塞夫车桥公司。

6月5日至9日　瑞典韦斯特曼省省督石麦茨与原省督扬·吕德率政府暨环保代表团一行25人访问济南、淄博、济宁等地。代表团访问山东期间，省委副书记、省长李春亭与石麦茨省督举行了会谈。韦斯特曼省在济南举办了介绍韦省的风情图片展并向山东省赠送图片，参加了爱立信（中国）有限公司济南办事处迁址典礼；在淄博与省环保局和淄博市共同举办了环保研讨会。

6月9日至20日　应俄罗斯奥伦堡州议会和英国考文垂市、沃里克郡议会、商会的邀请，省人大常委会主任赵志浩率省人大常委会代表团一行8人访问俄罗斯和英国。代表团此次出访，进一步加强了山东与俄罗斯、英国地方议会和政府之间的友好交流与合作。

6月11日至13日　南非西开普省省长莫克尔率政府代表团一行11人访问济南、泰安、曲阜。在济南期间，省委副书记、省长李春亭会见了代表团并与莫克尔共同签署《两省谅解备忘录》，双方表示将努力推动两省在多领域的交流与合作。

6月16日至19日　在外交学会副会长金桂华的陪同下，韩国前总统卢泰愚一行22人访问山东济南、泰安、曲阜、淄博、青岛等地，并赴长清卢氏祖村访问。省委副书记、省长李春亭会见并宴请了客人。

6月17日至18日　应哈尔滨工业大学邀请，韩国前总统金泳三等一行20人访问山东青岛。青岛市委书记张惠来会见并宴请了客人。

6月17日至22日　应省政府邀请，外交部协助组织乌拉圭、秘鲁、哥伦比亚、巴西、墨西哥、古巴、圭亚那、阿根廷、委内瑞拉、玻利维亚、海地11国驻华使节参加的代表团访问山东济南、济宁、泰安、青岛、烟台等地。在济南期间，中央政治局委员、省委书记吴官正，省委副书记、省长李春亭先后会见了使节团一行。

6月26日至7月22日　应日本岐阜县国际交流中心邀请，山东省青年交流团一行6人赴日进行为期3周的研修学习，这是山东青年界首次与岐阜青年界进行交流。

6月27日至7月3日　在中联部非洲局局长艾平等陪同下，南非共产党高级干部代表团一行11人访问山东济南、淄博、潍坊、青岛，重点考察了山东党建工作。

6月28日　省外办批准青岛大学与澳大利亚皇家理工大学建立友好校际关系。

7月6日　"新加坡—山东经贸理事会三届二次会议"在济南举行。

7月12日至18日　"2000年中国青岛对外经贸洽谈会暨青岛国际电子家电博览会"开幕。中央政治局委员、省委书记吴官正，全国政协副主席杨汝岱等出席了开幕式，来自30余个国家的5000名外商参加了开幕式。

7月18日至21日　应中国国际交流协会邀请，洪都拉斯执政党自由党青年书记、国会议员汉达尔一行10人访问济南、青岛。在济南期间，省委副书记陈建国会见并宴请了外宾。

7月26日 全国对外友协批准山东省枣庄市与美国马萨诸塞州布罗克顿市建立友好城市关系。

7月31日至8月1日 全省外办主任座谈会在济南召开。

8月1日至2日 "山东省外事工作为经济建设和社会发展服务研讨会"在济南召开。

8月3日 全国对外友协批准枣庄市与美国马萨诸塞州布罗克顿市建立友好城市关系。

8月7日至12日 应省友协邀请,以日本山口县日中友好协会会长山下胜由为团长的山口县日中友好经济交流考察团一行11人对山东济南、烟台、威海等地进行访问。在济南期间,省友协会长陆懋曾会见并宴请了代表团。省友协与考察团举行了工作会谈并签署了《山东省人民对外友好协会与山口县日本中国友好协会交流协议备忘录》。

8月21日至25日 应中联部邀请,危地马拉全国革命联盟总书记伊斯梅尔·索托率代表团访问济南、青岛。在济南期间,中央政治局委员、省委书记吴官正会见了代表团一行。

8月27日至29日 应全国对外友协邀请,日本新潟县代表团一行5人对山东济南、泰安等地进行访问,就二战中强抓中国劳工事宜进行调查、取证。

8月31日至9月2日 应省政府邀请,德国巴伐利亚州科学研究艺术部部长蔡特迈耶一行7人访问青岛、平度,出席了"鲁巴合作平度农业双元制"职教中心成立10周年庆典仪式。

9月1日至5日 "2000年中韩(威海)经贸洽谈会暨威海国际商品交易会"在威海开幕。国务委员吴仪发来贺信,来自32个国家和地区的2000余名中外客商和17家跨国公司的代表参加了洽谈会。

9月20日至21日 "2000年世界华人论坛"在青岛举行,中央政治局委员、省委书记吴官正、省长李春亭等出席会议。会议期间,李春亭分别会见了出席会议的著名华人大企业家,著名经济、科技专家,社会活动家等。

9月23日至28日 应全国对外友协邀请,日本日中友好后乐会访华团一行25人访问山东济南、青岛、泰安、曲阜等地。

9月24日至30日 应省政府邀请,意大利马尔凯大区主席维多·丹布罗西奥博士一行6人于9月24日至30日访问北京、青岛、济南、曲阜。在北京参加了"2000中国国际友好城市大会"，受到了党和国家领导人胡锦涛、钱其琛的接见。访鲁期间，省委副书记、省长李春亭在济南会见了客人。

9月25日至30日　以日本山口县参事澄川为团长的山口县友好城市大会参会团一行5人访问山东。来宾还参加了在北京举办的"2000中国国际友好城市大会"。

9月26日至30日　全国对外友协在北京国际展览中心举行"2000中国国际友好城市大会和中国国际友好城市交流展暨经贸洽谈会"。山东14个缔结友好城市关系的地市和国外15个友好代表团参加了会议。

9月26日至10月10日　"2000年中国曲阜国际孔子文化节"在曲阜开幕。

9月27日至29日　应监察部邀请，俄罗斯总统监察总署署长利索夫于9月25日至30日率俄罗斯总统监察总署代表团一行7人来华访问。27日至29日，代表团访问青岛、济南两地，并与山东省监察厅举行了工作座谈。在济南期间，省委副书记、省长李春亭会见了代表团成员。

9月29日至30日　应全国对外友协邀请，日本新潟县友好访华团一行8人对济南、泰安等地进行访问，继续对二战中强抓劳工事件进行调查取证。

10月11日　赞比亚共和国总统奇卢巴一行53人访问山东青岛。

10月15日至28日　应荷兰北荷兰省省长范科莫那德和德国巴伐利亚州州长施托伊伯邀请，省委副书记、省长李春亭率省政府代表团一行21人对上述两国进行正式友好访问和经济考察。代表团在慕尼黑举办了"山东—德国经贸合作洽谈会"，在阿姆斯特丹举办"山东—北荷兰省友好合作项目交流会"，在法国、意大利也举办了大型经贸招商活动，共达成53个经贸合作协议，协议总规模6.9亿美元。

10月27日至11月8日　应波兰东方协会和俄罗斯俄中友协的邀请，受全国对外友协会长陈昊苏的委托，省友协会长陆懋曾率中国人民对外友好代表团一行7人对波兰、俄罗斯进行访问。

11月6日至8日　应国家副主席胡锦涛的邀请，乌拉圭东岸共和国副总统兼国会主席路易斯·耶罗阁下一行7人来华访问。中央政治局委员、省委书记吴官正，省委副书记、省长李春亭在济南会见并宴请了副总统一行。

11月15日　应全国对外友协邀请，在全国对外友协会长陈昊苏、副会长苏光陪同下，以意大利—中国经济文化交流协会名誉主席、意大利前总理安德烈奥蒂为团长的意中协会代表团一行21人对山东济南进行访问。省委副书记、省长李春亭会见并宴请了代表团成员。

11月15日至20日 以日本和歌山县—山东省都市友好协会会长山崎利雄为团长、县友会会长冈本保为特别顾问的友好访问团一行18人来山东访问，就两省县交流事宜进行了探讨，向邹平捐赠了希望工程助学款，参观了山东师范大学附属小学，并赴泰安等地进行访问。在济南期间，省人大常委会主任赵志浩会见并宴请了访问团一行。

11月30日 省外办批准莱山市第一中学与澳大利亚南澳州以马内利学校建立友好校际关系。

12月28日 全省外办主任座谈会在济南召开，主要内容是传达中央（中发〔2000〕17号）文件，通报省外办2000年工作总结和2001年工作要点，讨论山东省第十个五年计划纲要。

2001年

1月4日至8日 应省长李春亭邀请，巴布亚新几内亚东塞皮克省省长阿瑟·索马雷一行对山东济南、潍坊等地进行访问。1月5日，省委副书记、省长李春亭在济南会见了阿瑟·索马雷一行。

1月8日至11日 应省政府邀请，以色列新任驻华大使沙雷夫一行3人访问山东济南、潍坊、青岛等地。

1月11日至12日 国家外国专家局在济南召开驻济大专院校外事处长座谈会，科教文卫司司长赵立宪介绍了国家外国专家局"十五"期间的聘请计划。

1月12日至15日 根据中联部安排，以大马士革农村省省委书记赛义德·祖赫里为团长的叙利亚阿拉伯复兴社会党干部考察团一行8人对山东烟台进行考察访问。

1月14日至15日 应省政府邀请，冰岛共和国驻华大使奥拉夫·埃吉尔松及使馆商务代表杨力一行2人对山东济南等地进行访问。

1月18日 省外办与省教育厅、公安厅联合召开聘请外国文教专家单位资格年审会议，确定对全省91家有资格的单位予以注册，对25家聘请工作突出的单位给予表彰，并在两年内享受免检待遇。

1月19日 省外办主持召开省直有关部门第九次涉外案件处理联席会议。会议通报了2000年山东涉外案件的基本情况，研究了2001年的工作。会议确定，根据中央《关于涉外案件处理若干问题的规定》，结合山东实际，制定实施细则；探讨与韩国有关方面建立联系和会晤制度的可行性和操作方法等。

1月20日　韩国驻青岛总领馆就总领馆迁址一事照会省外办。省外办委托青岛市外办会同有关部门进行了实地勘察。根据勘察结果，省外办同意韩国驻青岛总领馆于2001年6月迁往崂山区秦岭路8号"韩中文化商务中心"新址。

2月14日至17日　应全国对外友协邀请，由南非西开普省议会议长多曼率领的南非西开普省议会代表团一行9人访问山东。

2月21日至22日　全省外事工作会议在济南召开。会议主要任务是总结"九五"期间的外事工作，安排部署"十五"外事工作计划，贯彻落实中共中央、国务院《关于加强全国外事管理工作的若干规定》。中央政治局委员、省委书记吴官正出席会议。外交部党委书记、副部长李肇星出席会议并作关于国际形势的报告。省委副书记、省长李春亭，副省长林书香出席会议并讲话。省委常委、常务副省长韩寓群，副省长林书香分别主持会议。省外办主任张伟龄作关于全省外事工作的报告。会议下发了《山东省外事工作第十个五年计划纲要》和中共山东省委、省政府《关于贯彻落实全国外事管理工作的若干规定的实施意见》。

3月12日至16日　全省外事系统翻译业务培训班在济南举行。本次培训内容包括外交文书、口笔译工作基本要求及国际高科技发展和WTO等相关知识，由外交部翻译室主任徐亚男和省内知名专家、学者主讲。

3月15日至17日　以中国驻匈牙利大使赵希迪为团长的中国部分驻外人员赴鲁学习考察团一行25人，到山东济南、德州等地参观考察。

3月18日至23日　俄罗斯奥伦堡州立法会主席（议长）瓦列里·尼古拉耶维奇·格里戈里耶夫、副州长弗拉基米尔·伊里奇·米尔基塔诺夫一行6人来山东访问。3月19日，省人大常委会主任赵志浩、副省长林书香在济南分别会见了俄罗斯客人。

3月21日　省外办批准中华女子学院山东分院与爱沙尼亚商学院建立友好校际关系。

3月22日　根据省人事厅《关于省安全生产委员会办公室等部门直属机构列入依照管理范围及设置公务员非领导职务的通知》（鲁人字〔2001〕98号）精神，省友协秘书处列入依照公务员制度管理范围，其工作人员按照《国家公务员暂行条例》及有关规定进行管理。

3月31日至4月2日　省外办、省教育厅、省公安厅联合在烟台师范学院召开"山东省聘请外国文教专家年检注册会议"。

4月2日 全国对外友协批准山东省与菲律宾共和国北伊洛戈省缔结友好省际关系、聊城市与韩国宜宁郡缔结友好城市关系。

4月4日 省委、省政府制定下发《关于贯彻落实全国外事管理工作的若干规定的实施意见》。

4月9日 省外办分别批准山东师范大学与韩国又石大学、山东财政学院与荷兰迪玛大学建立友好校际关系。

4月10日至14日 应省人大常委会主任赵志浩邀请，韩国庆尚南道议会议长金钟奎率庆尚南道议会代表团访问山东。4月11日，省人大常委会主任赵志浩和省长李春亭在济南分别会见了金钟奎议长一行。省人大常委会与庆南议会签署会谈纪要，商定将加强双方人员等方面的交流。

4月11日 省外办批准中国书画装裱工艺学院分别与新西兰伊甸思学院、新西兰爱凡多学院建立友好校际关系。

4月12日 根据外交部和韩国驻华使馆互换照会达成的协议，自4月16日起，外交部授权山东省外办管理山东省内中韩两国有关婚姻文书的领事认证业务。

4月18日 奥地利驻华大使爱立克巴特霍索博士一行，来山东考察经济发展、投资环境、发展潜力等情况。

4月18日至5月5日 "第十届菏泽国际牡丹花会"在菏泽市召开。此次菏泽国际牡丹花会的主题是"牡丹搭台、经贸唱戏、扩大合作、加快发展"。中外来宾共计3000余人出席了开幕式。

4月19日至23日 埃及驻华大使穆罕默德·努曼·贾拉勒博士及夫人访问山东。

4月20日至25日 "第十八届潍坊国际风筝会"在潍坊举行。来自美国、德国、韩国、日本等25个国家和地区的56支放飞队的580位风筝爱好者及国内24支代表队的2000余名运动员参加。

4月20日至26日 "2001年中国（寿光）国际蔬菜博览会"在寿光市蔬菜高科技示范园内举行，来自世界银行、欧盟及美国、加拿大、澳大利亚等73个国际组织、国家和地区的来宾出席了开幕式。

4月21日至26日 应省长李春亭邀请，莫桑比克渔业部长穆藤巴访问山东。到访者与我省渔业部门进行了座谈，并考察了山东援助莫桑比克的水产养殖与捕捞等项目。

4月22日 "中国（淄博）国际陶瓷博览会"在淄博开幕。罗马尼亚、拉脱维亚、立陶宛、越南、菲律宾、蒙古等国家驻华使节及中外来宾 3000 余人出席了开幕式。开幕式前，省委副书记、省长李春亭会见了参加"国际陶瓷博览会"的驻华使节和外国企业家。

　　5月7日　韩国驻青岛总领事馆正式在新馆址崂山区秦岭路8号办公。

　　5月7日至10日　法国布列塔尼大区议会主席若斯兰·德鲁昂率领的政府代表团一行12人访问山东。5月8日，省委副书记、省长李春亭在济南会见了代表团一行。李春亭对两省区自建立友好省区关系以来的交流与合作给予了高度评价，并希望在新的世纪里双方在更广的领域、更高的层次开展交流与合作。

　　5月8日至28日　应突尼斯宪政民主联盟、尼日利亚人民民主党和摩洛哥人民力量社会主义联盟邀请，中央政治局委员、省委书记吴官正率中国共产党代表团前往上述三国进行友好访问。访问期间，吴官正分别会见了突尼斯宪政民主联盟（执政党）第一副主席卡鲁伊、总书记沙乌什、尼日利亚总统奥巴桑乔、尼日利亚人民民主党（执政党）全国主席吉玛迪、摩洛哥首相、摩洛哥人民力量社会主义联盟第一书记优素菲等三国党政领导人，就共同关心的国际问题和两党关系问题交换了意见，访问取得圆满成功。

　　5月12日　"中国山东省投资推介会"在突尼斯共和国首都突尼斯举行。正在突尼斯访问的中共中央政治局委员、山东省委书记吴官正，中国驻突尼斯大使穆文，突尼斯外交部、国际合作与外国投资部的代表及投资促进署署长等出席了推介会。

　　5月12日至14日　以缅甸农业部部长钮丁少将为团长的缅甸农业部代表团一行8人来山东参观考察棉花种植、农业机械制造厂和农业灌溉体系等。

　　5月16日　"中国山东省出口商品洽谈会"开幕式暨项目签字揭牌仪式在尼日利亚联邦共和国首都拉各斯市举行。中央政治局委员、省委书记吴官正，中联部副部长王家瑞，中国驻尼日利亚大使梁银柱和尼方有关人士出席仪式。

　　5月26日　"第六届山东省外国专家日"在潍坊寿光举行。来自美国、加拿大、俄罗斯、英国、法国、澳大利亚、德国、日本和韩国的100余位专家应邀出席了专家日活动。

　　5月26日至27日　应中共中央邀请，以韩国新千年民主党代表最高委员金重权为团长的韩国新千年民主党代表团一行25人，由中联部副秘书长刘洪才等陪同访问山东。

　　6月5日　省外办批准山东师范大学与白俄罗斯国立师范大学、济南第二十中学与英国彭布罗克郡学院分别建立友好校际关系。

6月9日至15日 "第二届APEC投资博览会"在烟台举行。国务委员吴仪,新西兰前总理詹尼·希普利,对外经贸部部长石广生,山东省委副书记、省长李春亭,韩国产业资源部长官张在植,越南贸易部部长武宽,香港特别行政区工商局局长周德熙,外经贸部副部长龙永图等出席了开幕仪式。参会参展客商总计约3万人,其中海外客商3000余人。

6月10日至11日 南斯拉夫驻华大使伊利亚·朱克奇一行来山东济南,考察了解南斯拉夫海慕法姆集团与济南永宁制药厂合资企业的生产经营情况。

6月14日至19日 日本和歌山县知事木村良树一行6人应邀参加"中国山东·东北亚地方政府首脑经济发展研讨会",并到济南、青岛、泰安、曲阜等地参观访问。6月15日,中央政治局委员、省委书记吴官正,省委副书记、省长李春亭在济南分别会见了木村良树一行。

6月16日 青岛至韩国大邱空中航线开通。

6月17日至20日 "中国山东·东北亚地方政府首脑经济发展研讨会"在青岛召开。省委副书记、省长李春亭出席会议。本次国际研讨会是山东举办的有史以来最高层次的国际性多边经济研讨会。会议主题为"友谊、交流、合作"。与会代表就东北亚地区区域经济合作、扩大对外交往渠道等方面进行了发言讨论,会议结束时发表了《东北亚地方政府经济发展研讨会共同宣言》。

6月19日至24日 以安部哲也为团长的联合国教科文组织日本大分县"草根"协会代表团应邀访问山东。23日,中央政治局委员、省委书记吴官正在济南会见了安部哲也一行。日本大分县"草根"协会是联合国教科文组织批准成立的一个由民间人士组成的基层组织。安部此次率团来访,旨在对联合国教科文组织目前正在实施的识字教育、世界遗产、和平文化等项目进行具体的考察与交流。

6月25日 省外办批准泰安市分别与法国圣·米歇尔市和奥地利马赫特伦市结为友好合作关系城市。

6月25日 全国对外友协批准济宁市与瑞典法格什塔市建立友好城市关系。

7月2日 以越共中央政治局委员、岘港市委书记潘演为团长的越南共产党代表团来山东访问,就进一步加强岘港市与山东省友好省市合作关系进行了探讨,考察了中国国企改革经验,吸引外资的政策和措施以及城市建设与管理的成功做法。中央政治局委员、省委书记吴官正在济南会见了客人。

7月4日至17日　省委副书记、省长李春亭率山东省政府代表团对马来西亚、泰国进行友好访问。在马来西亚，李春亭广泛接触了政界、经济界、商业界和旅游界的高层人士，推动双方企业签订了一批经贸科技合作项目合同、协议。7月5日，马来西亚总理马哈蒂尔在总理府会见了李春亭及代表团主要成员。在泰国，泰国副总理披塔会见了李春亭一行，双方就如何加强在更广泛领域的合作达成了共识。7月10日，李春亭与北榄府府尹颂汶·戊三岚共同签署了《中华人民共和国山东省省长与泰王国北榄府府尹会谈备忘录》。

7月9日　省外办批准聊城师范学院与日本骏河台大学建立友好校际关系。

7月14日至22日　"第三届中国青岛海洋节"在青岛举行。本届海洋节以"拥抱海洋世纪，共铸蓝色辉煌""海洋与奥运"为主题。

7月16日　省外办批准山东省昌乐县与韩国涟川郡结为友好合作关系城市。

7月21日至22日　由外交部亚洲司副司长孙国祥为领队的外交部亚洲司考察团一行36人来山东泰安、曲阜、济南等地参观考察。考察团同省外办有关同志进行了座谈，了解了山东省情，对山东对亚洲工作进行了检查指导。

7月21日至29日　由尼日利亚、南非等国家组成的非洲11国代表团来山东访问。非洲11国代表团一行20人是第七期中国—非洲经济管理官员研修班的成员。该团来访，主要是进一步了解中国改革开放以来的发展道路和所取得的成就及经验，促进中国与这些国家经贸合作关系的发展和传统友谊。

8月1日至5日　由以色列驻华大使沙雷夫率领的以色列国家出口协会代表团一行访问山东青岛等地。

8月3日　省外办批准山东省总工会与澳大利亚维多利亚州工会建立友好交流关系。

8月3日至7日　由中国裁军协会副会长、中联部前副部长刘敬钦带队，拉美局主要领导同志参加的中联部拉美局考察团一行19人来山东泰安、济宁、济南等地考察。

8月7日至9日　"二十一世纪首届中日韩青少年友好夏令营活动"在山东济南、泰安、曲阜等地举行。来自日本和歌山县、山口县、周南地区，韩国庆尚南道、忠清南道和山东的共500余名青少年参加了夏令营活动。

8月14日　全国对外友协批准聊城市与柬埔寨王国磅清扬省结为友好城市关系。

8月18日　《青岛市与澳大利亚新南威尔士州友好合作关系意向书》签字仪式在青岛市举行。

8月18日至9月2日 "第十一届青岛国际啤酒节"在青岛举行。

8月22日 省外办批准威海市总工会与韩国劳总水原支部建立友好交流关系。

8月23日 中国济南海外学人联谊总会在济南成立。中央政治局委员、省委书记吴官正在济南会见了参加"中国济南海外学人联谊会成立大会暨专业论坛和项目洽谈会"的海外学人代表。中国济南海外学人联谊总会，是由海外学人发起成立的，来自世界10余个国家的100余名海外学人和专业人士聚集济南，共商科技经贸交流与合作。

9月6日至10日 "第十五届泰山国际登山节"在泰安举行。全国人大常委会副委员长彭珮云，省人大常委会主任赵志浩、副主任王道玉，省政协副主席李殿魁，以及国内外来宾共8000余人参加了开幕式。

9月11日至15日 "2001年海洋渔业和水产加工技术国际研讨会暨博览会"在荣成举行。会议旨在加强国际合作与交流，推进海洋产业可持续发展，研讨新世纪海洋开发的重大技术和战略问题。全国政协副主席李贵鲜，山东省委副书记、省长李春亭，以及联合国亚太经社会、联合国亚太农机网络和联合国亚太技术转让中心的官员参加了于11日举行的开幕式。110余位国外专家教授、28个国家和地区的200余位国外参展商，以及国内14个省市的1000余家客商参加了会议。

9月26日至10月10日 "2001年中国曲阜国际孔子文化节"在曲阜举行。全国人大常委会副委员长王光英，省委副书记王修智，《求是》杂志社总编辑戴舟，省委常委、宣传部部长陈光林，省人大常委会副主任董凤基，副省长林书香，省政协副主席张敏参加了开幕式。

9月29日 省委副书记、省长李春亭在省政府会议室会见韩国驻青岛总领事琴秉穆一行。

9月29日 山东省政府在济南齐鲁宾馆举行国庆招待会，副省长林书香出席招待会并致辞。

9月30日至10月5日 "2001中国青岛时装周"在青岛举行。中共中央政治局委员、全国人大常委会副委员长姜春云发来贺电，并在时装周期间专程到青岛视察了博览会。来自意大利、英国、法国、韩国等20余个国家和地区的代表团、知名服装生产企业和设计公司的代表，以及全国各地纺织服装行业共3000余人参加了时装周的有关活动。

10月5日 省友协会长陆懋曾在济南齐鲁宾馆会见了日本妙香园（株）社长田中富治郎为团长的妙香园职员研修团。

10月6日至16日　"山东文化周"在英国伦敦、爱丁堡等地举行。文化周期间，举行了"山东风情图片展"，青岛京剧院演出了《芭蕉扇》《秋江》和《穆桂英探营破敌阵》等剧目。来自潍坊的风筝专家向英国小学生传授制作风筝的技艺并在格林尼治举行了风筝放飞活动。

10月10日　省友协会长陆懋曾在济南齐鲁宾馆会见了以瑞士—中国协会主席瓦格纳为团长的瑞中协会代表团一行。瑞中协会创办于1945年，于1973年重建。该会是以瑞士政治、经济、文化等各界中上层人士为主组成的民间对华友好组织。

10月10日至17日　应省委副书记、省长李春亭邀请，古巴哈瓦那省省长安赫尔·E.格拉特·多明格斯一行访问山东济南、泰安、济宁、青岛等地，考察了山东工农业发展状况，探讨与山东建立友好关系，促进了双方在工业、农业和教育等领域的实质性合作。10月11日，全国对外友协会长陈昊苏在北京会见了代表团一行。

10月12日　山东省与古巴哈瓦那省建立友好省际关系协议书在济南草签。签字仪式举行前，中央政治局委员、省委书记吴官正会见了古巴哈瓦那省省长格拉特一行。省委副书记、省长李春亭与格拉特签署了两省建立友好关系的协议书。

10月19日　全国人大常委会副委员长布赫在烟台东山宾馆会见了新加坡贸易及工业部高级政务次长、新加坡—山东经贸理事会联合会主席陈原生一行。

10月22日至23日　马来西亚总理马哈蒂尔及夫人访问山东青岛市。省委副书记、省长李春亭会见并宴请了马哈蒂尔总理及夫人。在青岛期间，马哈蒂尔总理在省长李春亭陪同下，参观访问了海尔集团、小鱼山公园、源丰集团和青岛港务局。马哈蒂尔总理是在出席上海APEC领导人非正式会议后抵青岛访问的，副省长林书香到机场迎接马来西亚客人。

10月23日至31日　荷兰王国北荷兰省省长范·科莫纳德率北荷兰省政府及经贸代表团访问山东济南、曲阜、潍坊、烟台、青岛等地。25日和23日，省委副书记、省长李春亭和省委常委、常务副省长韩寓群，副省长林书香在济南分别会见了范·科莫纳德省长一行。

10月29日至30日　"中美签证工作座谈会"在青岛召开。会议期间，各省市外办与美国驻华大使馆官员就赴美签证的程序、规定和因公赴美签证的情况、存在的问题及建议等充分地交换了意见，并参观考察了青岛市即发集团、第二啤酒厂、海尔集团等企业，与企业领导进行了座谈。

10月31日　省友协会长陆懋曾在济南南郊宾馆会见了以韩中友协顾问郑秉学为团长的韩中友协访华团一行。

11月2日至6日　印度尼西亚东爪哇省省长伊曼·乌托莫率该省经贸代表团对山东进行访问，在济南、青岛、潍坊等地进行参观。省委副书记、省长李春亭会见并宴请了代表团并与乌托莫省长共同签署了两省开展友好交流合作的会谈纪要。

11月6日　"中—白高科技园国际科技合作研究中心"开工奠基仪式在省科学院中试基地举行。

11月6日至11日　由全国人大外事委员会副主任宋清渭率领的调研组，就加强护照管理及法治建设等问题在山东进行调研。调研组听取了省外办关于因公护照管理情况和省公安厅关于因私护照管理的汇报，并赴青岛、潍坊、烟台、威海等市进行了实地考察。

11月7日　省委副书记、省长李春亭在济南会见了由德国巴伐利亚州经济交通技术部部长奥托·威斯豪耶率领的巴伐利亚州政府代表团。

11月7日　欧盟驻京代表团经济参赞古思汀访问山东，就欧元正式启动有关事宜向山东各大银行代表进行说明。

11月9日　全国对外友协批准淄博市与菲律宾万那威市建立友好城市关系。

11月14日　中央政治局委员、省委书记吴官正在济南会见印尼韩氏集团董事会主席韩金福一行。韩氏集团是一家多元化发展的跨国集团，与中国轻骑集团签有战略性重组协议。

11月19日　以国家联盟党主席、前总理麦克·索马雷为团长的巴布亚新几内亚国家联盟党代表团来山东访问。中央政治局委员、省委书记吴官正，省委副书记、省长李春亭在济南分别会见了索马雷一行。副省长林书香率山东省经贸工业组与巴新国家联盟党代表团进行了会谈，双方就伐木项目举行了签约仪式。

11月22日　摩尔多瓦共和国政府总理瓦西里·塔尔列夫率政府和经贸代表团来山东烟台进行访问，参观了烟台张裕葡萄酒集团、蓬莱市葡萄种植基地及蓬莱阁景区。省委副书记、省长李春亭在烟台会见了塔尔列夫总理一行。塔尔列夫总理烟台之行，是此次对华正式友好访问的组成部分，主要是落实江泽民主席今年7月访问摩尔多瓦时，与摩尔多瓦总统沃洛宁达成的关于中国投资改造摩葡萄园并合资生产葡萄酒的协议。

11月29日至12月1日　韩国新任驻华大使金夏中访问山东济南、青岛、烟台等地。

中央政治局委员、省委书记吴官正，省委副书记、省长李春亭在济南分别会见了金夏中一行。韩国驻青岛总领事琴秉穆参加了有关活动。

12月3日至14日　省友协会长陆懋曾率山东省人民对外友好协会代表团对越南和泰国进行访问。在越南，双方签署了《山东省对外友协与越南岘港市越中友协交流协议书》。

12月7日至9日　"赴日本签证座谈会"在青岛召开，日本驻华使馆领事部部长斋藤法雄、外交部领事司副司长罗田广等参加会议。

12月10日　全国对外友协批准青岛市与南非曼德拉市建立友好城市关系。

12月12日　省外办批准山东财政学院与英国龙比亚大学建立友好校际关系。

12月12日　省外办批准菏泽医学专科学校与加拿大格兰特·迈可伊万学院建立友好校际关系。

12月13日　省外办批准威海市残疾人联合会与韩国安养市肢体障碍人协会建立友好关系。

12月17日　代省长张高丽在济南会见奥地利共和国驻华大使博天豪一行。

2002年

1月8日　省外办批准德州学院与俄罗斯远东国立交通大学缔结友好校际关系。

1月9日　省外办批准烟台大学与韩国江南大学缔结友好校际关系。

1月9日　省外办批准烟台大学与美国库兹敦大学缔结友好校际关系。

1月17日　以新加坡政府成员、总理政务次长陈原生为顾问，新加坡中国工商联合会会长黄锦思为团长的新加坡商务代表团来山东访问。中央政治局委员、省委书记吴官正，副省长韩寓群在济南分别会见了代表团一行。

1月17日至19日　应全国人大外事委员会邀请，巴拉圭参议院外委会主席迪奥赫内斯·马丁内斯率团访问山东。省人大常委会主任赵志浩、全国人大外事委员会副主任委员宋清渭分别会见了客人。

1月17日至20日　伊朗新任驻华大使佛瑞德·佛得杰德一行4人访问山东济南、淄博、东营、青岛等地，考察了齐鲁石化等企业，探讨双方合作的可能性。中央政治局委员、省委书记吴官正在济南会见了大使一行。

1月25日至26日　全省外办主任座谈会在济南举行。会上表彰了全省外事系统先进集体和先进个人：授予济南市外办等22个单位"全省外事系统先进集体"称号，给予王旭则等18名同志记二等功奖励，给予陈白薇等40名同志记三等功奖励。

1月30日至31日　由山东和德国巴伐利亚州领导人共同倡议的"五国友城（德国巴伐利亚州、奥地利上奥州、南非西开普省、加拿大魁北克省和中国山东省）领导人会议"在德国慕尼黑召开。大会主题是：可持续发展政策。副省长林书香率山东省代表团出席大会，并作了《实施可持续发展战略，妥善处理经济发展与人口资源和环境的关系》的主题发言。

2月8日　省委副书记、代省长张高丽在济南南郊宾馆会见了韩国驻青岛总领事琴秉穆。

2月20日　全国对外友协批准山东日照市与日本北海道室兰市缔结友好城市关系。

2月20日　省外办批准烟台大学与韩国新罗大学校缔结友好校际关系。

2月26日至3月1日　应中共中央邀请，尼日利亚人民民主党全国书记文森特·奥布拉福一行8人访问山东济南、泰安。在济南期间，中央政治局委员、省委书记吴官正会见了代表团一行。访问期间，代表团还参观了部分企业和农村。

2月27日　省外办批准威海外国语进修学院与日本大阪产业大学缔结友好校际关系。

2月27日　省外办批准威海外国语进修学院与日本宇部大学和开拓者大学缔结友好校际关系。

3月7日　"第十届中国科技部·日本九州产业技术协商会"在威海举行。来自日本九州等地27家企业的47名代表和来自省内外的200余名企业代表参加了会议。

3月19日　省外办批准威海外国语进修学院与日本常磐会学园大学、威海外国语进修学院与韩国大庆大学缔结友好校际关系。

3月19日至4月13日　省人大常委会主任赵志浩随全国人大代表团赴加拿大、委内瑞拉、厄瓜多尔等国进行访问。

3月27日　省外办批准威海市体校与韩国富川市深远高等学校缔结友好校际关系。

3月28日　省友协会长陆懋曾在济南齐鲁宾馆会见日本山口县日中友好协会会长山下胜由一行。山下胜由是山东省荣誉公民，为推动山东—山口友好省县及威海—宇部友好城市关系的发展做出了不懈努力，省友协特邀其为省友协第三届理事会名誉理事。

3月29日　"山东省人民对外友好协会第三届理事会"在济南召开。

3月29日　省外办批准中国山东国际文化交流学院与日本别府大学缔结友好校际

关系。

3月31日　省委副书记、省长张高丽在济南齐鲁宾馆会见了著名美籍华人科学家牛满江教授。牛满江是世界著名的生物学家，"外基因学说"的创立者，对生命基因学说作出了重要贡献，开创了人工培育新物种的新思路。

4月3日至19日　中央政治局委员、省委书记吴官正对澳大利亚、新西兰进行正式友好访问，并顺访新加坡。访问期间，吴官正拜会了3国领导人和友好城市负责人，考察参观了当地科研单位和企业，出席了"新加坡—山东经贸合作研讨会"和项目签字仪式。

4月9日至10日　荷兰驻华大使贺飞烈率荷兰政府暨经贸代表团访问山东，出席了荷兰贸促会济南代表处成立5周年活动。

4月10日　省外办批准沂水县与韩国洪城郡结为友好合作关系城市。

4月15日至5月5日　"第十一届菏泽国际牡丹花会"在菏泽举行。来自美国、日本、韩国、菲律宾、西班牙、俄罗斯等国的贵宾及当地群众共2000余人参加了开幕式。花会期间，举办了经贸洽谈会、百家企业名优商品展等项活动。

4月18日至21日　应中联部邀请，印度泰卢固之乡党代表团一行10人访问山东济南、青岛、淄博和泰安。代表团此次来访，旨在了解我国经济社会发展情况，洽谈山东与安得拉邦两省间开展交流合作事宜。

4月18日至21日　"2002年中国（济南）国际信息技术博览会暨中国城市信息化市长论坛"在济南举行。

4月20日至24日　"第十九届潍坊国际风筝会"和"2002年中国（寿光）国际蔬菜科技博览会"在潍坊市举行。本届风筝会以"风筝牵线、文体搭台、经贸唱戏"为宗旨，突出发展节会经济。

4月27日　新加坡驻华大使陈燮荣来山东访问。中央政治局委员、省委书记吴官正，省委副书记、省长张高丽在济南分别会见了客人。

5月2日至3日　"2002年东北亚经济论坛"在威海市举行。中央政治局常委、国务院副总理李岚清，中央政治局委员、省委书记吴官正，全国政协副主席王兆国、宋健、经叔平，日本前首相海部俊树，韩国前总理李洪九，蒙古国前总理林钦·阿玛尔扎尔格勒，省委副书记、省长张高丽等出席了开幕式。论坛由中华全国工商业联合会、中国国际贸易促进委员会、中国光彩事业促进会、经济日报社和山东省人民政府共同主办，威海市人民政府承办。论坛的主题是"中国加入WTO与21世纪的东北亚经济"。

5月14日　德国巴伐利亚州、奥地利上澳州、加拿大魁北克省、南非西开普省和中国山东省五省州友城环保会议在德国慕尼黑召开。会议就国际上普遍关心的世界环境问题和如何加强友城间环保领域的合作等进行了交流。

5月16日至23日　日本宇部市"友好之翼"访华团一行149人访问山东威海市，参加了威海—宇部缔结友好城市10周年纪念活动。

5月20日　"山东—南澳合作工作协调小组"成立并举行第一次工作会议。省外办、省教育厅、省外经贸厅、省经贸委、省农业厅、省国土资源厅、山东地勘局等有关部门负责人参加了会议。

5月22日至23日　外交部组织的阿拉伯国家驻华大使团一行15人，在外交部副部长杨文昌陪同下访问山东胜利油田、齐鲁石化公司和济南市。省委副书记、省长张高丽会见了阿拉伯大使团一行。

5月22日至25日　应全国对外友协邀请，科特迪瓦内政部长博加一行5人对山东济南、青岛、潍坊进行友好访问。代表团此行的目的是了解山东工农业发展形势及山东在打击走私、贩毒、偷渡等方面的经验。

5月23日至27日　由古巴共产党国际关系部对独联体工作局局长加门迪亚为团长的古巴共产党国际关系代表团一行对山东济南、青岛、泰安等地进行友好访问。

5月25日至28日　由柬埔寨王国议会联络与监察部大臣孔汉率领的柬埔寨王国议会联络与监察部代表团来山东考察监察工作，并在济南、济宁、青岛等地参观访问。省委副书记、省长张高丽在济南会见了柬埔寨客人。

5月27日　中乌高科技合作园在济南高新区正式揭牌。

5月29日至30日　澳大利亚昆士兰州中国理事会主席汤姆·伯恩斯一行来山东访问。中央政治局委员、省委书记吴官正会见了伯恩斯一行。

6月1日　中美儿童医学合作中心在山东省立医院成立。该中心是以美国芝加哥HOPE儿童医院和山东省立医院儿内科、儿外科为主体建立的一家国际合作机构。

6月10日至16日　德国海军"梅克伦堡—沃波默恩"号护卫舰和"莱茵兰—普法尔茨"号护卫舰对青岛进行友好访问。这是德国军舰首次访问青岛。

6月18日　中央政治局委员、省委书记吴官正在青岛会见了前来参加"2002中国国际电子家电博览会"的阿拉伯驻华使节团。

6月18日　省委副书记、省长张高丽在青岛八大关宾馆会见印度驻华大使梅农一行。

6月25日　中央政治局委员、省委书记吴官正，省委副书记、省长张高丽在济南分别会见了新加坡政府总理政务次长、内阁成员、新加坡—山东经贸理事会新方主席陈原生一行。

6月25日至26日　全省第二届聘请外国专家专办员培训班在济南举办。

6月25日至27日　南非共和国驻华大使顾坦博应邀来山东访问，这是顾坦博大使2001年10月就任后首次访问山东。

6月27日　"新加坡—山东经贸理事会四届二次会议"在威海市召开，新加坡—山东经贸理事会联合主席、新加坡政府总理政务次长、内阁成员陈原生，新加坡—山东经贸理事会联合主席、省政协副主席林书香出席会议。

7月8日　省外办批准日照市工业学校与澳大利亚迈德学校建立友好校际关系。

7月10日至23日　为庆祝中日邦交正常化30周年、山东省与山口县缔结友好城市关系20周年，山东省中小学生友好访日团一行142人应邀访问日本山口县、和歌山县。

7月13日至21日　"第四届中国青岛海洋节"在青岛举行。海洋节期间，举办了首届"中国国际航海博览会""2002海洋科技与经济发展国际论坛""2002分子科学前沿国际研讨会"及丰富多彩的体育、文化、旅游系列活动。

7月16日　省外办批准山东纺织职业学院与乌克兰国立罗彼德罗夫斯克大学建立友好校际关系。

7月23日至25日　"中加城市生态保护与健康发展国际研讨会"在日照市举行。

7月27日　受省政府委托，省外办主任张伟龄向省九届人大第三十次会议作了《关于山东国际友好城市工作情况的汇报》。

8月6日　省委副书记、省长张高丽在山东大厦会见了韩国驻青岛总领事琴秉穆。琴秉穆即将于8月下旬离任回国。张高丽对琴秉穆在任期内为推动中韩两国，尤其是山东与韩国的友好交流所作的贡献表示感谢。

8月7日至9日　"第五届齐文化国际学术讨论会"在淄博召开。

8月7日至15日　在中共中央编译局工作的日本老专家川越敏孝一行在中央编译局副局长王印坦的陪同下，来山东济南、泰安、曲阜、淄博、威海等地参观访问。

8月8日　巴布亚新几内亚驻华大使巴龙·尤加普一行来山东访问。

8月9日　省外办批准日照市与韩国平泽市结为友好合作关系城市。

8月9日至10日　"纪念中日邦交正常化30周年·中日书法友好交流展"在济南趵

突泉公园展出。

8月9日至14日　以外交学院原院长刘春为团长，外交部原副部长王殊、原驻日本大使杨振亚为副团长的外交部部级老同志赴山东参观考察团一行47人，对山东烟台、威海、青岛进行参观考察。

8月13日　青岛大学授予1994年诺贝尔经济学奖获得者、美国科学院院士、普林斯顿大学教授约翰·纳什博士，1994年诺贝尔经济学奖获得者、德国科学院院士、欧洲经济学会主席、德国波恩大学教授莱因哈德·泽尔腾为青岛大学名誉教授。

8月13日至16日　全国外国文教专家管理工作会议在烟台召开。

8月15日　全国对外友协批准青岛市与乌拉圭蒙德维的亚市建立友好城市关系。

8月17日至9月1日　"第十二届青岛国际啤酒节"在青岛举行。

8月18日　济南泉城广场被联合国教科文组织命名为"国际艺术广场"揭牌仪式暨首场国际艺术歌会在泉城广场举行。

8月19日至23日　越南岘港市委书记阮德辖一行11人来山东济南、青岛等地考察访问。中央政治局委员、省委书记吴官正，省委副书记、省长张高丽分别会见了阮德辖一行。访问期间，岘港市和山东省在济南举行了"山东—岘港情况交流会"。

8月20日至21日　澳大利亚前总理霍克访问山东济宁。省委副书记、省长张高丽在济宁会见了霍克一行。

8月20日至22日　"齐鲁发展与跨国公司合作国际论坛暨海外学人项目人才交流会"在济南举行。来自美国、英国、加拿大、德国、日本和新加坡等10个国家的60名跨国公司、科研机构的代表及海外学人参加了会议。会议期间，外经贸部副部长龙永图就政府如何营造适应国际规则的社会经济环境、与跨国公司合作的意义等进行了演说。

8月21日至22日　首届"世界和平与发展（中国）论坛"在蓬莱市举行。智利共和国驻华大使本尼·波拉克、世界华人协会会长程万琦等发表了《和平全球化的里程碑》等论文。世界华人协会会长程万琦和联合国国际和平署前总裁、德国巴伐利亚州驻山东代表费里德里克·赫夫梅尔为10位和平使节颁发和平与发展贡献奖。来自10余个国家和地区的100余名代表参加了论坛。

8月22日　韩国新任驻青岛总领事朴钟先抵青履新。

8月26日　以加蓬共和国文化、艺术和民众教育部部长皮埃尔·阿穆格·姆巴为团长的加蓬政府文化代表团来山东访问。

8月28日至30日　应全国政协主席李瑞环邀请，摩尔多瓦议长奥斯塔普丘克女士来山东青岛等地参观访问。

9月4日　全国对外友协批准临沂市与韩国镇海市建立友好城市关系。

9月5日　全国对外友协批准泰安市与巴西永贾伊市建立友好城市关系。

9月5日至6日　全省外事工作为"三个亮点"服务座谈会在济南召开。省委常委、副省长林廷生出席座谈会并讲话。省外办主任张伟龄作了主题报告，全省17个市外办负责同志参加了会议。

9月6日至20日　"第十六届泰山国际登山节"在泰安举行。

9月7日　日本友人委托枣庄恒力青铜艺术有限公司铸造的四尊中日名人铜像启程运往日本。这四尊铜像是：中国的文化名人孔子、孟子，日本的治水圣人周腾弥兵卫、清源大兵卫，铜像将被安放在日本中海道湖圈松江市。

9月8日至10日　"2002年国际葡萄·葡萄酒发展论坛暨葡萄酒国际贸易技术博览会"在烟台举行。论坛以加入WTO后葡萄酒市场的发展趋势和应对策略为主题，是我国葡萄酒业首次与国际葡萄酒业开展的交流和对话。

9月8日至11日　越南中央思想文化部干部培训考察团来山东济南、泰安等地访问，考察了山东出版宣传工作情况。

9月9日　韩国新任驻青岛总领事朴钟先专程来济南拜会省领导。中央政治局委员、省委书记吴官正，省委副书记、省长张高丽先后会见了朴钟先。

9月12日　省外办批准烟台港务局与美国布雷默顿港务局缔结友好港口关系。

9月16日至29日　省委副书记、省长张高丽率山东省人民政府代表团访问马来西亚、印度尼西亚、泰国。张高丽先后拜会了马来西亚总理马哈蒂尔，印尼副总统哈姆扎，泰国第一副总理兼国防部部长差瓦立、副总理披塔、总理府部长颂塞等政要，广泛接触了工商界知名人士，了解了3国市场资源。

9月18日　"首届华人中华文化经典诵读友谊赛"在曲阜举行。来自全国各地和海外华人社区的19支代表队共2000人参加了比赛。

9月20日　庆祝中日邦交正常化30周年旅游友好交流活动欢迎酒会在济南山东大厦举行。日本众议院议员、保守党干事长二阶俊博，中日友好协会副会长王效贤，省政协副主席王久祜，以及中日双方旅游、教育、科技、文化等各界代表参加酒会。中央政治局委员、省委书记吴官正会见了二阶俊博等日本客人。

9月21日 日中友好旅游交流访问团来山东参加中日旅游交流活动。中央政治局委员、省委书记吴官正会见了日本客人。

9月22日至24日 美联社、英国路透社、俄罗斯公众电视台、比利时金融时报、日本朝日新闻等12家媒体组成的外国驻京记者团一行23人访问青岛。

9月23日 全国对外友协批准山东省淄博市与南非新堡市建立友好城市关系。

9月26日至10月4日 "2002年中国曲阜国际孔子文化节"在曲阜举行。全国人大常委会副委员长曹志，全国政协副主席罗豪才，省委常委、副省长林廷生，省人大常委会副主任莫振奎，省政协副主席张敏，日本前首相村山富市，以及比利时、哥伦比亚、韩国、俄罗斯、法国等11个国家的驻华使节等3000余人出席了开幕式。

9月28日 为庆祝中华人民共和国成立53周年，省政府在济南南郊宾馆举行国庆招待会。韩国驻青岛总领事朴钟先夫妇、外国专家代表、外国公司驻鲁办事处代表、外国企业界代表及中方人员出席了招待会。副省长林廷生和朴钟先总领事分别在招待会上致辞。

9月28日 省政府在济南南郊宾馆举行仪式，授予济南圣泉集团有限责任公司聘请的俄罗斯专家拉卡伊·列奥尼德等15名外国专家"齐鲁友谊奖"。

9月28日 省外办批准潍坊医学院与乌克兰第聂伯罗彼德罗夫斯克国家医学院建立友好校际关系。

9月28日 省外办批准德州学院与加拿大英皇学院建立友好校际关系。

9月29日 省外办批准中日合作山东莱阳龙门职业中专与日本义塾高等学校建立友好校际关系。

10月4日至6日 澳大利亚布莱克敦管乐团来聊城进行友好访问和演出。澳大利亚总理霍华德、澳大利亚新南威尔士州州长卡尔、澳大利亚布莱克敦市市长潘多顿、中国驻澳大利亚大使武韬、全国对外友协会长陈昊苏发了贺信。

10月9日 省委副书记、省长张高丽在济南会见了瑞典工业委员会主席、环保管理集团董事长学仁·居乐一行。

10月10日 省外办批准济南大学与韩国加耶大学建立友好校际关系。

10月12日至13日 "21世纪亚太地区发展问题国际研讨会"在山东大学召开。

10月12日至17日 澳大利亚昆士兰州易普斯威治市荣誉大使雷雅云女士来山东济南、济宁、聊城等地考察。

10月13日 山东第八届援塞舌尔医疗队一行5人历时两年，圆满完成援外任务，返回国内。

10月14日　省委副书记、省长张高丽在山东大厦会见以美国中小企业发展中心总署主席詹姆士·金为团长的美国中小企业发展中心经贸考察团一行。

10月17日　省暨济南市在山东大厦宴会厅举行招待会，欢迎前来参加"中国（济南）信息技术创新国际论坛暨博览会"的中外嘉宾。中央政治局委员、省委书记吴官正，中国工程院院长徐匡迪，省委副书记、省长张高丽，以及联合国亚太经社会官员、部分国家驻华使节、国内外专家学者及企业界人士参加了招待会。

10月17日至21日　"第四届烟台国际果蔬博览会"在烟台国际会展馆举行。中央政治局常委、全国人大常委会委员长李鹏致信祝贺。联合国亚太经社会执行秘书金学洙致开幕辞，中国工程院副院长沈国舫，省委常委、副省长林廷生等出席开幕式。本次会议主题是"绿色与未来"。来自国内外3万余名客商到会，其中海外客商2700余人。

10月18日　省委副书记、省长张高丽在山东大厦分别会见了前来参加"中国（济南）信息技术创新国际论坛暨博览会"的联合国亚太经社执行秘书金学洙、赞比亚驻华大使门亚·瓦拉图、韩国驻青岛总领事朴钟先等。

10月18日至20日　俄罗斯驻华大使罗高寿为团长的东欧与中亚19个国家驻华使节团一行，在外交部副部长刘古昌陪同下，来山东济南、青岛、潍坊、泰安和曲阜等地进行友好访问。省委副书记、省长张高丽在济南会见了使节团一行。

10月18日至21日　"中国（济南）信息技术创新国际论坛暨博览会"在济南国际展览中心举行。来自26个国家和地区及国内12个省、市的41个城市政府和企业代表团2600余人参会参展。

10月20日至21日　"北太平洋海洋科学组织第十一届年会"在青岛举行，来自中国、日本、韩国、美国、加拿大等7个国家的300余名代表参加了会议。

10月20日至23日　菲律宾北伊洛戈省省长费尔迪南德·马科斯一行7人访问山东济南、淄博、潍坊、青岛等市。21日，省委副书记、省长张高丽在山东大厦会见了费尔迪南德·马科斯一行，并与费尔迪南德·马科斯省长共同签署了《山东省与北伊洛戈省建立友好省际关系协议书》。

10月21日至25日　由省外办主办的全省外事系统领导干部业务培训班在济南举行。外交学院副院长曲星、教授张历历分别作了国际形势及我国对外政策和关于外事工作概论的报告。培训班还邀请省经贸委、省外经贸厅、省体改办介绍了山东经济有关情况。参训人员参观了东营大王镇农贸集团和华泰纸业等项目。

10月24日至27日 澳大利亚前副议长加里·内尔及夫人访问山东济南、济宁、曲阜等地。

10月25日 全国对外友协批准烟台市与瑞典王国厄勒布鲁市（OREBRO）缔结友好城市关系。

10月29日至11月1日 德国巴伐利亚州经济、技术、交通部长威斯豪耶率领巴伐利亚政府及经济代表团访问山东。代表团在济南参加了庆祝鲁巴结好15周年招待会和巴伐利亚图片展开幕式。省委副书记、省长张高丽会见了巴州客人，副省长林廷生与威斯豪耶部长举行了工作会谈。

10月31日 乌克兰驻华大使列兹尼克访问济南。

10月31日 济青高速公路淄博段发生重大涉外交通事故，一辆载有21名日本游客的大客车与一辆正常行驶的解放牌大货车追尾相撞，造成3名日本游客死亡、18人受伤。日本驻华使馆公使高桥邦夫，山东省、淄博市有关方面负责人及时前往出事地点，进行了妥善处理。

10月31日 省外办批准泰山学院与马来西亚史丹福学院缔结友好校际关系。

10月31日 省外办批准泰山学院与韩国大邱大学缔结友好校际关系。

10月31日至11月3日 "2002年国际乒联男子世界杯乒乓球赛"在济南举行。来自世界六大洲的年度冠军、国际乒联年度排名前16名的世界乒坛高手参加了此次大赛。德国选手波尔获得冠军。

10月31日至11月3日 日本山口县知事二井关成、山口县议会议长岛田明为领队的日本山口县友好代表团一行415人应邀访问山东。1日，在山东大厦召开了纪念中日邦交正常化30周年、山东省与山口县缔结友好省县关系20周年大会，省委副书记、省长张高丽、山口县知事二井关成分别在大会上致辞。11月2日，在济南市长清区举行了"中日绿色黄河友好林"项目竣工仪式及植树活动；3日，在省博物馆举行了日本浮世绘版画展。

11月8日至10日 中美签证工作座谈会山东片会在济南举行。美国驻华大使馆签证处官员、中国外交部领事司官员及山东、山西、湖南、江西、陕西、青岛、烟台等省市外办负责签证工作的同志参加了会议。会议期间，中美双方就赴美签证的有关情况交换了意见。

11月9日　　在塞浦路斯利马索尔市举行的"国际470级帆船联合会年会"上，日照市获得"2006年国际470级帆船世界锦标赛"的承办权。

11月19日至20日　　对中国进行国事访问的乌克兰总统列昂尼德·达尼洛维奇·库奇马来山东济南、泰安等地参观访问，中国驻乌克兰大使李国邦陪同访问。19日，省委副书记、省长张高丽在山东大厦会见了库奇马总统一行。20日上午，库奇马总统出席了在济南举行的中乌高科技合作园综合孵化大楼落成仪式并剪彩。剪彩活动结束后，库奇马总统在孵化大楼前亲手种植了中国—乌克兰友谊树。当天下午，库奇马总统在游览了泰山后结束对山东的访问，乘专机回国。这是库奇马总统第二次访问山东。

11月24日至29日　　美国海军"福斯特"号驱逐舰在舰长尼高中校率领下，对青岛进行友好访问。我海军北海舰队为美舰来访举行了欢迎仪式。中美海军官兵进行了交流活动，美舰主要军官拜会了我海军北海舰队司令员丁一平中将和青岛市主要领导。

11月26日至28日　　省外办在济南举办了全省因公出国专办员培训班暨出国管理工作座谈会。

11月27日至12月3日　　莫桑比克索法拉省省长扎卡里亚斯率政府代表团一行4人访问山东。

12月10日至12日　　英国驻华大使韩魁发来山东访问。

12月18日　　"2002年中国山东海外人才交流暨经贸技术合作洽谈会"在山东大厦举行。来自海外的320余名留学生和海外企业家布设展位300余个，带来洽谈项目800余个。省委书记、省长张高丽会见了参加"2002中国山东海外人才交流暨经贸技术合作洽谈会"的部分海外留学生代表。

12月18日　　省外办批准日照市职业技术学院与韩国金浦大学建立友好校际关系。

12月27日　　省委书记、省长张高丽在山东大厦会见了韩国驻青岛总领事朴钟先。

2003年

1月9日至10日　　省外办举办第三期聘请外国文教专家单位领导、专办员培训班，73人参加了培训。

1月15日　　山东省人民对外友好协会第三届理事会第一次会长办公会在济南召开。会议传达了胡锦涛同志在全国对外友协第八届理事会上的重要讲话精神，总结了2002年的工作，提出了2003年的工作重点。

1月15日　省外办举行座谈会，专题研究探讨如何加强与以世界500强为核心的大跨国公司的联系与交往，吸引其来山东投资兴业的有关问题。

2月10日　全国对外友协批准聊城市与澳大利亚布莱克敦市缔结友好城市关系。

2月12日　省外办批准中日合作山东国际文化交流学院与日本国大乘淑德学院淑德短期大学建立友好校际关系。

2月12日　省外办批准中日合作山东国际文化交流学院与瑞士沙度商学院建立友好校际关系。

2月18日至19日　加拿大安大略省农业考察团一行32人访问济南等地。

2月19日　美籍华人、国际经济专家、世界银行原项目经理张澄在省政府礼堂作国际经济形势报告。

2月21日　省外办批准中华女子学院山东分院齐鲁国际培训学院与日本江之川高等中学建立友好校际关系。

2月22日　驻济114名外国专家到鼓子秧歌之乡——商河县观看鼓子秧歌表演。

2月27日至28日　全省外办主任会议在济南举行。副省长邵桂芳出席会议并讲话。省外办主任张伟龄作工作报告。各市外办主任、省外办领导和各处（中心）负责同志参加会议。

3月10日　省委副书记、代省长韩寓群在北京参加"两会"期间，应以色列驻华大使海逸达邀请，到以驻华使馆作客，双方就进一步发展友好交流和合作进行了探讨。

4月1日　省外办批准潍坊科技职业学院与乌克兰卢甘斯克国家农业大学建立友好校际关系。

4月2日至3日　德国巴伐利亚州州长、德国基督教社会联盟党主席施托伊伯博士率政府及经济代表团一行50人，对山东进行访问。省委书记张高丽会见了施托伊伯州长，省委副书记、代省长韩寓群与施托伊伯州长举行了工作会谈。代表团在北京期间，受到了温家宝、吴官正等党和国家领导人的会见。

4月11日至14日　由几内亚经济和财政部部长谢克·阿马杜·卡马拉、农业和畜牧业部部长让·保罗·萨尔率领的几内亚经济和财政部代表团一行5人，在几内亚驻华大使卡马拉夫妇及我国外交部非洲司参赞杨富国陪同下来山东访问。代表团参观了山东农机企业，与临沂市有关部门举行了经贸合作座谈会。

4月12日至5月10日　为纪念伟大的国际主义战士罗生特100周年诞辰，省友协会同全国对外友协、奥地利奥中友协在北京国家博物馆共同举办了"罗生特生平展"。

4月18日　"第十二届菏泽国际牡丹花会"在菏泽开幕。

4月20日至29日　应塞尔维亚·黑山社会民主党和波黑克罗地亚民主共同体邀请，中央候补委员、省委副书记姜大明率中共代表团对上述两国进行友好访问。26日，姜大明代表中国共产党出席了波黑克罗地亚民主共同体第八次代表大会并宣读了中共中央的贺信。中国驻波黑大使李书元参加了有关活动。

4月20日至5月6日　"第二十届潍坊国际风筝会"在潍坊举行。25个国家和地区的110支风筝代表队及5000余名中外来宾参加了开幕式。

4月20日至5月7日　"第四届中国（寿光）国际蔬菜科技博览会"在寿光举行。50余个国家与地区的外宾及5000余名国内来宾出席了开幕式。

4月26日至27日　首届"中国国际大蒜节"在济宁金乡县举办。来自俄罗斯、日本等国家和地区的外商和国内客商共500余人参加了开幕式。本届国际大蒜节的主题是"绿色与发展"。

5月7日　省外办批准青岛大学与德国慕尼黑科技大学建立友好校际关系。

5月22日至6月6日　山东省中青年领导干部赴美培训项目正式启动。81名中青年领导干部分两批分别于5月22日和6月6日赴美国伊利诺伊大学和康涅狄格中央州立大学参加为期6个月的培训。

5月27日　省外办批准泰山医学院与乌克兰哈尔科夫国立大学建立友好校际关系。

6月5日　2004年第二届六省友城首脑会议筹备工作暨组建"六省区域合作山东工作组"会议在省外办举行。由加拿大魁北克省承办的第二届六省（德国巴伐利亚州、美国加利福尼亚州、奥地利上奥州、南非西开普省、加拿大魁北克省和中国山东省）友城首脑会议于2004年下半年在魁北克市举行。

6月11日　省委书记、省人大常委会主任张高丽，省委副书记、省长韩寓群在济南分别会见韩国驻青岛总领事朴钟先。

6月16日　省委副书记、省长韩寓群在济南会见了联合国工业发展组织代表团。代表团此次来访，主要是通报联合国工业发展组织与山东展开合作的情况，就黄河三角洲开发、轻骑集团重组等项目交换意见，并探讨与山东在工业及相关领域产业化、可持续发展、国际合作的可能性。

6月19日　省政府在济南举行友城驻鲁代表座谈会，省委副书记、省长韩寓群会见了参加座谈会的代表。

6月25日至26日　乌克兰驻华大使列兹尼克一行3人访问山东，参观了中乌科技园，与省科技厅和开发区领导就科技园的建设问题交换了意见。

7月12日至15日　应中共中央邀请，以老挝人民革命党中宣部副部长征·宋本坎为团长的老挝人民革命党中宣部考察团一行10人访问山东。代表团考察了大众报业集团，与有关负责人进行了工作交流。

7月20日　山东省人民政府外事办公室日语、韩语网站（www.sdfao.gov.cn）正式开通。该网站面向日本和韩国，全面介绍山东情况，促进山东与日本、韩国在经济等多个领域的实质性合作与交流。

7月21日　青岛港与丹麦马士基、英国铁行和中远集团签署合资协议，共同出资8.87亿美元，把青岛港前湾码头建成年吞吐能力超过650万标准箱的中国最大集装箱码头。国务院总理温家宝与正在北京访问的英国首相布莱尔出席了在北京人民大会堂举行的签约仪式。此次合作也是三大世界级航运巨头在亚洲最大的码头投资项目。

7月25日　由山东省人民政府、韩国驻青岛总领馆联合举办的"鲁韩经贸研讨会"在青岛举行。省委书记、省人大常委会主任张高丽向大会发来贺信。省委副书记、省长韩寓群，副省长孙守璞，韩国驻青岛总领事朴钟先出席开幕式，中外客商200余人参会。

7月28日　省外办批准潍坊学院与日本长冈造形大学、潍坊学院与韩国圣洁大学、青岛大学与韩国淑明女子大学建立友好校际关系。

8月2日　越南国会副主席张光得一行来访，了解我省地方人大在财政预算和土地管理方面的经验，参观考察企业。省委书记、省人大常委会主任张高丽会见了越南客人。

8月8日　省外办批准山东纺织职业学院与韩国新罗大学建立友好校际关系。

8月15日至31日　"青岛啤酒百年庆典暨第十三届青岛国际啤酒节"在青岛举行。

8月20日至25日　蓬莱"和平颂"国际青少年文化艺术盛典举行。来自蒙古、日本、韩国、澳大利亚等20余个国家和地区的上万名青少年聚集在蓬莱阁下，用歌声、舞蹈、书画，呼唤和平，祝愿和平。同时，在美国华盛顿和韩国釜山，不同国家青少年、民间艺术团体与当地华人也举办活动，与中国蓬莱活动遥相呼应。蓬莱"和平颂"国际青少年文化艺术盛典被联合国教科文组织誉为"人类迄今为止呼唤和平最大的集会之一"。

9月3日至5日　韩国驻华大使金夏中等一行4人访问济南、泗水、邹城、泰安等地。

9月5日　山东省第三届聘请外国文教专家资格单位年检及表彰大会在济南举行。会上对42个先进单位和35名先进个人进行了表彰。

9月5日　省外办批准聊城市东昌府区与韩国仁川广域市中区结为友好合作关系城市。

9月5日至7日　"2003中国（济南）国际旅游交易会"在济南舜耕国际会展中心和泉城广场举行。来自英国、韩国、日本、法国、德国、意大利等16个国家的100余名外商和国内27个省、自治区、直辖市的代表参加了展会。

9月6日至10日　"第十七届泰山国际登山节"在泰安市举行。其间，举办了"第八届全国全民健身登泰山比赛""环泰山万人马拉松比赛"等活动。

9月8日　全国对外友协批准济南市与澳大利亚郡德勒普市缔结友好城市关系。

9月13日至16日　波黑塞族共和国副总统伊万·托姆连诺维奇率政府代表团访问山东。代表团参观了济南佳宝集团，与有关部门进行了座谈。省委书记、省人大常委会主任张高丽，省委副书记、省长韩寓群会见了波黑客人。

9月14日至16日　以越南胡志明政治学院副院长阮文六为团长的访华代表团访问山东。

9月20日至24日　俄罗斯海军"潘捷列耶夫海军上将"号大型反潜舰，在俄太平洋舰队副司令科涅夫·亚历山大·瓦西里耶维奇中将率领下访问青岛港。我国海军北海舰队"哈尔滨号"导弹驱逐舰执行海上礼仪并陪访。

9月21日至24日　以老挝中纪委副主任苏·本巴吉为团长的老挝人民革命党中纪委考察团一行10人访问济南、泰安。

9月22日至24日　由日本山口县前知事平井龙率领的山口县友好代表团访问山东。代表团主要考察了山东文物资源和山口县在山东的投资企业等情况。24日，省委书记、省人大常委会主任张高丽，省委副书记、省长韩寓群分别会见了日本客人。韩寓群代表省政府授予平井龙"山东省荣誉公民"称号。

9月24日　由中日韩共同举办的"第三届泛黄海经济技术交流会议""2003泛黄海国际制造业零部件采购展览会"和"韩国企业采购中国商品洽谈会"同时在威海召开。

9月26日　省委副书记、省长韩寓群在烟台会见了印度尼西亚中加里曼丹省省长埃斯马威·亚贾尼率领的经贸代表团一行，并参加了山东—中加里曼丹省经贸合作议定书签字仪式。

9月26日至10月4日　"2003中国曲阜国际孔子文化节"在曲阜举行。全国人大常委会副委员长傅铁山，省人大常委会副主任曹学成、副省长蔡秋芳、省政协副主席王志民等出席开幕式。文化节期间，举办了文化产业发展论坛、曲阜明故城开城仪式、第五届国际儒商大会、孔子及儒家思想学术报告等活动。

9月29日　省外办和济南市外办在珍珠泉人民会堂举行庆国庆文艺晚会，副省长孙守璞参加晚会，并会见了荷兰贸促会驻济南代表倪凯林女士、来自美国的山东大学外国专家傅尔曼等外国友人。

9月29日　"山东省派遣援外医疗队35周年纪念暨表彰会"在济南召开。坦桑尼亚驻华大使桑噶、省政协副主席张敏出席纪念会。（1968年3月，山东省派出第一支由43名队员组成的援坦桑尼亚医疗队。）

10月6日　威海市荣获2003年度"联合国人居奖"。（威海市是2003年中国唯一获奖的城市，也是全球当年度获得联合国人居奖的唯一城市。）

10月17日至25日　外交部调研团来山东济南、曲阜、泰安、潍坊、烟台、青岛等地调研。

10月19日至11月3日　省委书记、省人大常委会主任张高丽率山东省友好代表团对印度、韩国、日本进行友好访问。

10月21日　省外办批准山东青年联合会与韩国京畿地区青年会议所建立友好团体关系。

10月27日至31日　"第六次全国地方对外友协工作交流会"在山东举行。来自全国27个省、自治区、直辖市的160余名代表参加了会议。与会代表就如何进一步做好新时期地方友协工作进行了研讨。

10月29日至11月2日　"山东·新加坡周"在济南举行。省委副书记、省长韩寓群，副省长孙守璞，新加坡国防部政务部长及标准、生产力与创新局主席符致镜，新加坡总理政治秘书、新加坡—山东经贸理事会联合主席陈原生出席开幕式。

10月30日至11月2日　庆祝山东省与韩国庆尚南道结好10周年纪念活动在山东举行。由韩国庆尚南道知事金赫圭率领的庆尚南道代表团一行应邀访问山东并参加有关活动。31日，省委副书记、省长韩寓群会见了金赫圭一行。10月30日和11月1日，分别在青岛、济南举行了"山东省—韩国庆尚南道经贸洽谈会"。韩寓群、金赫圭出席了济南的活动并致辞。

11月3日　省外办批准山东省经济管理干部学院与俄罗斯门捷列夫化工大学新莫斯

科学院建立友好校际关系。

11月3日　省外办批准中国国际贸易促进委员会山东分会与韩国仁川商工会议所建立友好团体关系。

11月5日至7日　澳大利亚南澳州总理迈克·兰恩率南澳州政府代表团访问山东。5日，省委副书记、省长韩寓群会见了澳大利亚客人，并出席了省人事厅与南澳州教育部《人员交流合作备忘录》签字仪式。

11月7日至9日　赞比亚共和国总统姆瓦纳瓦萨一行43人访问青岛。姆瓦纳瓦萨总统考察了青岛纺联集团第六有限公司和海尔集团，双方签订了关于青岛市在赞比亚建立穆隆古希工业园区，建设化肥、农药、服装加工等项目的协议书和意向书。

11月10日　在重庆召开的全国聘请外国文教专家先进单位、先进个人表彰大会上，山东大学等7个单位、周连勇等7人受到国家外专局的表彰。

11月10日至12日　第一个由山东（青岛）直接入境的美国旅游考察团一行44人对青岛、潍坊、济南、泰安、曲阜进行考察。

11月11日　马来西亚驻华大使拿督阿卜杜拉·马吉德、马来西亚大同工业集团陈永琪等一行6人访问济南，参加中外合资山东华源钢铁有限公司项目签字仪式。

11月12日　全国对外友协批准淄博市与韩国广州市建立友好城市关系。

11月16日　省委副书记、省长韩寓群在济南会见了美国宾夕法尼亚州华盛顿郡首席行政长官戴安娜·艾雷女士。

11月16日至30日　由省外办组织的全省外事系统干部培训考察团赴德国巴伐利亚州进行培训。

11月17日至20日　"第十三届中韩（山东）经贸洽谈会"在济南举行。

11月19日至22日　日本和歌山县副知事中山次郎率友好代表团访问济南等地，考察了济南机场，与省有关部门举行了工作会谈。省委书记、省人大常委会主任张高丽会见了日本客人。

11月26日至28日　"中印信息技术合作论坛暨IT经贸洽谈会"在潍坊召开。省委书记、省人大常委会主任张高丽致信祝贺。

12月12日至14日　以总书记莱奥波尔多·普奇为团长的委内瑞拉争取社会主义运动代表团一行3人来山东访问。

12月15日　古巴革命武装司令、电子集团总裁梅内德斯一行访问海尔集团。

2004年

1月2日 省委书记、省人大常委会主任张高丽在济南会见世界华人协会会长、国际篮球联合会主席程万琦一行。

1月2日 省外办批准枣庄师范高等专科学校与韩国马山大学建立友好校际关系。

1月2日 省外办批准青岛大学与澳大利亚詹姆斯库克大学建立友好校际关系。

1月2日 省外办批准烟台职业学院与韩国东明情报大学建立友好校际关系。

1月7日 省委书记、省人大常委会主任张高丽，省委副书记、省长韩寓群在济南分别会见韩国驻青岛总领事朴钟先。省委秘书长杨传升、副省长王仁元参加会见。

1月15日 上海合作组织秘书处在北京成立。副省长孙守璞、省外办主任张伟龄参加成立仪式。

1月18日 省外办批准山东艺术学院与韩国亚细亚大学及韩国檀国大学建立友好校际关系。

1月29日 全国对外友协批准济南市与德国奥格斯堡市建立友好城市关系。

2月2日 省外办批准威海市与刚果共和国布拉柴维尔市结为友好合作关系城市。

2月8日至9日 古巴共产党中央委员、分子免疫学中心主任阿古斯·拉赫·达维拉一行访问山东，考察了省医科院、力诺集团，以及济宁高新区。

2月9日 省友协第三届理事会第二次会长办公会暨理事代表会议在济南山东大厦召开。

2月10日 省外办批准青岛大学与澳大利亚纽卡索大学建立友好校际关系。

2月10日至13日 越共中央委员、同奈省省委书记黎皇君一行访问山东。省委书记、省人大常委会主任张高丽在济南会见黎皇君一行。

2月16日至18日 韩国仁川市市长安相洙率仁川市代表团访问山东。省委副书记、省长韩寓群会见了安相洙一行。16日，双方在济南签署了山东省与仁川市结为友好合作关系城市协议书。副省长孙守璞参加了有关活动。

2月17日 省外办批准济南市第二中学与芬兰万达市瓦斯克瑞高级中学建立友好校际关系。

2月17日至18日 荷兰代理外贸大臣戴克女士率政府暨经贸代表团一行45人访问山东。代表团在济南举行了"荷兰—山东经贸洽谈会"，副省长孙守璞出席洽谈会并讲话。常务副省长林廷生会见了代表团一行。

2月17日至18日　罗马尼亚众议长多尔内亚一行18人访问山东青岛，参观了海尔、海信集团。

2月26日至29日　诺贝尔物理学奖和美国政府劳伦斯奖获得者、中国科学院首批外籍院士、山东大学名誉教授、著名物理学家丁肇中教授访问山东大学。省委书记、省人大常委会主任张高丽，省委副书记、省长韩寓群会见了丁肇中教授。

2月29日　省委书记、省人大常委会主任张高丽，省委副书记、省长韩寓群在济南分别会见即将离任的韩国驻青岛总领事朴钟先。

3月2日至3日　瑞士驻华大使多米尼克·德海耶及夫人访问淄博。

3月3日　全国对外友协批准章丘市与日本柳井市建立友好城市关系。

3月7日至16日　由12家海外主流华文媒体组成的"海外华文媒体齐鲁行"采访团一行访问山东。采访团深入山东7个市，重点采访投资环境和外经外贸、高新技术、民营经济及胶东半岛制造业基地、山东的历史文化与旅游资源等。省委副书记、省长韩寓群在济南会见了采访团一行。

3月9日至14日　法国驻华大使蓝峰一行访问山东。

3月12日至16日　由法国海军"拉图什特威尔"号反潜驱逐舰和"比罗司令"号轻型护卫舰组成的舰艇编队对青岛进行访问。16日，法国海军舰艇编队与中国海军"哈尔滨"号导弹驱逐舰、"洪泽湖"号综合补给舰和"海豚"号舰载直升机，在黄海海域进行非传统安全领域的联合演习。这是法国海军第十二次访问中国。

3月15日　韩国新任驻青岛总领事辛亨根到青岛赴任。

3月21日　山东省与独联体国家科技合作指导委员会第二次会议在济南举行。

3月22日至26日　山东在日本大阪举办"2004年中国山东出口商品展示洽谈会暨山东半岛制造业基地推介会"。到会客商超过4000人，出口成交额9739万美元，比上届增长38%。

3月24日至27日　澳大利亚驻华大使唐茂思访问山东。省委副书记、省长韩寓群在济南会见了唐茂思一行。

3月25日至26日　卢森堡经济大臣格雷腾访问青岛，并出席青岛高丽钢线有限公司开业仪式。

3月31日　济南华沃卡车有限公司开业典礼暨第一台沃尔沃卡车下线仪式举行。省委书记、省人大常委会主任张高丽，省委副书记、省长韩寓群及沃尔沃集团总裁兼首席执行官雷夫·约翰松等出席开业典礼和下线仪式。

4月5日　省委书记、省人大常委会主任张高丽在济南会见新任韩国驻青岛总领事辛亨根。省委秘书长杨传升、副省长孙守璞、省外办主任张伟龄参加会见。

4月5日　省外办、济南市外办组织在济外国专家开展植树活动。

4月7日　省委书记、省人大常委会主任张高丽在济南会见德国巴伐利亚州经济、基础设施、交通和技术部部长奥托·威斯豪耶一行。

4月8日　省委书记、省人大常委会主任张高丽在济南会见印尼驻华大使库斯蒂亚一行。

4月13日至14日　全省外办主任会议在济南召开。副省长孙守璞到会讲话。省外办主任张伟龄作工作报告。各市外办负责人和省外办处级以上干部共60人参加了会议。

4月14日　副省长孙守璞在济南会见日本三菱商事株式会社常任顾问山口宽洽一行。

4月14日至16日　日本驻华大使阿南惟茂访问山东，在山东大学举行题为《21世纪中日关系》的演讲，并参加青岛市日本人学校开校仪式。14日，省委书记、省人大常委会主任张高丽，省委副书记、省长韩寓群在济南分别会见了日本客人。

4月16日至17日　法国前总统吉斯卡尔·德斯坦来山东济南、曲阜访问。

4月18日至5月5日　"2004年菏泽国际牡丹花会"在菏泽举行。全国人大原副委员长周光召、省人大常委会副主任时立军等出席开幕式。

4月19日　由全国对外友协和俄罗斯联邦委员会（议会上院）共同组织的题为"经济贸易与投资"的"第九届中俄地区合作研讨会"在北京举行。省人大常委会副主任李明先出席研讨会。

4月19日至5月3日　省委副书记、省长韩寓群率团访问日本、韩国。访日期间，韩寓群一行分别走访了日本经济团体联合会、日中经济协会、日本贸易振兴机构、伊藤忠商事、朝日啤酒、名村造船等十几家大企业、大商社，就进一步扩大合作交流交换了意见。

4月20日至5月7日　"第二十一届潍坊国际风筝会"在潍坊举行。来自21个国家和地区的共114只风筝代表队及近10万名中外来宾参会。副省长孙守璞、联合国教科文组织驻北京文化官员高桥晓女士分别在开幕式上致辞。

4月20日至5月7日　"第五届中国（寿光）国际蔬菜科技博览会"在寿光举行。

4月22日 "山东省经贸合作恳谈会"在日本名古屋市举行。省委副书记、省长韩寓群出席会议并讲话。日本三菱商事、三菱综合材料、名古屋制酪等160余家日本企业和中介机构,以及山东130家企业和招商机构代表近300人到会。

4月24日 奥地利约翰·施特劳斯皇家乐团一行25人访问济南,并在珍珠泉礼堂举行了慈善义演。

4月24日至25日 世界500强之一、美国卡特彼勒公司组织42家配套企业共90名外商来山东招商。

4月24日至29日 以日本前国会议员、和歌山县日中友协顾问贵志八郎为团长的日本和歌山县友好交流团访问山东。26日,副省长陈延明在济南会见了日本客人,并代表省政府授予贵志八郎"山东省荣誉公民"称号。

4月25日至27日 应中共中央邀请,越南共产党中央政治局委员、书记处书记、中央思想文化部部长阮科恬访问山东济南、济宁等地。省委书记、省人大常委会主任张高丽在济南会见了代表团一行。省委宣传部部长朱正昌主持座谈会。

4月26日 "2004山东(韩国)造船及零部件合作交流会"在韩国釜山市举行,这是山东首次在韩国举办以造船和零部件产业为主题的经贸交流活动。省委副书记、省长韩寓群,韩国造船工业协会常务副会长李秉镐出席并致辞。

4月27日 省外办批准潍坊纺织职业学院与乌克兰赫尔松国立科技大学建立友好校际关系。

4月29日 省外办批准潍坊纺织职业学院与韩国启明大学、韩国清州大学建立友好校际关系。

5月13日 "山东省第七届外国专家日"在济南举行。副省长谢玉堂会见参加活动的外国专家代表,对他们参加"慈心一日捐"表示感谢。

5月17日 以"科技、投资与产业化"为主题,由中国科技部和美国得克萨斯州农工大学系统共同主办的"中美农业科技园区国际化研讨会"在潍坊举行。科技部副部长李学勇、山东省副省长王军民、美国得克萨斯州农工大学副总校长里查德·尤因博士等出席并讲话。

5月18日 省委书记、省人大常委会主任张高丽在济南会见了澳大利亚国会前副议长艾瑞克·菲茨盖本。

5月21日至23日 古中友协主席、华裔将军邵黄率古巴古中友协代表团访问山东。

5月22日至25日 日本和歌山县知事木村良树、议长尾崎要二率领友好交流团一行130人访问山东。省委书记、省人大常委会主任张高丽，省委副书记、省长韩寓群分别会见了日本客人。韩寓群省长与木村良树知事共同签署了两省县合作交流会谈纪要。22日，在济南山东大厦举行了山东省与日本和歌山县结好20周年纪念大会，两省县领导张高丽、尾崎要二出席，韩寓群省长、木村良树知事分别致辞。在济南黄河公园举行了"中日友好林"纪念植树活动，双方栽下了代表山东的泰山松和代表日本的樱花。

5月22日至25日 欧盟驻华代表团团长、驻华大使安高胜博士访问山东，参观了山东大学，会晤了欧洲研究所的有关专家学者，发表了题为《历史性的机遇》演讲。省委书记张高丽、省长韩寓群分别会见了代表团一行。

5月28日至30日 坦桑尼亚总统姆卡帕访问山东。客人此次来访，旨在加强与山东在医疗卫生、农业等领域的合作，并会见我省援坦桑尼亚医疗队队员。省委书记、省人大常委会主任张高丽，省委副书记、省长韩寓群会见了坦桑尼亚客人。

5月30日 省委副书记、省长韩寓群在济南山东大厦会见应邀参加我省"首届民营企业发展与海外融资论坛"的海外专家。参加会见的专家包括加拿大加信投资集团公司总裁李赵素芳女士、美国纳斯达克证券交易所亚洲区总代表戴斯等。

6月2日至6日 "第三届APEC中小企业技术交流会暨展会"在青岛举行。国务院副总理曾培炎、APEC总部向大会发来贺电。国家发改委主任、本届APEC展览会主席马凯，山东省省长韩寓群、副省长孙守璞，菲律宾驻华大使盖威利，越南驻华大使陈文律及APEC成员体代表出席开幕式。马凯、韩寓群在开幕式上致辞。

6月11日至13日 泰国商务部部长瓦他那·蒙素克访问山东。省委书记、省人大常委会主任张高丽，省委副书记、省长韩寓群分别会见了泰国客人。

6月15日至19日 "APEC电子商务博览会"在烟台举行。中共中央政治局原常委、全国人大原委员长李鹏，泰国副总理素察·曹威西，新西兰前总理珍妮·希普利，山东省委书记、省人大常委会主任张高丽，省委副书记、省长韩寓群等出席开幕式。韩寓群、素察·曹威西、珍妮·希普利和APEC秘书处副执行主任崔皙咏分别致辞。泰国政府、APEC秘书处、越南贸易部、马来西亚贸易促进中心、俄罗斯经济发展贸易部、韩国电子商务协会、日本电子商务促进会等109个海外重要代表团，美国微软、朗讯、戴尔等18家世界500强企业和海尔、联想、华为等30余家国内IT百强企业到会参展。

6月17日 韩国驻华大使金夏中一行访问山东。省委副书记、省长韩寓群在济南会见了金夏中大使。

6月20日　韩国驻青岛总领事馆新馆奠基仪式在青岛市国际商务社区举行。外交部部长李肇星、韩国外交通商部长官潘基文、韩国驻华大使金夏中、山东省副省长孙守璞、韩国驻青岛总领事辛亨根等出席奠基仪式。

6月20日　省委副书记、省长韩寓群在青岛会见来青出席"亚洲合作对话第三次外长会议"的韩国外交通商部长官潘基文。

6月20日　海军北海舰队"哈尔滨"号导弹驱逐舰与英国海军"埃克塞特"号驱逐舰在青岛附近黄海海域展开联合海上搜救演习。这是中国海军与英国海军举行的第一次联合演习。并且首次邀请了美国、法国、德国等15个国家的15名驻华海军武官全程观摩演习。

6月21日　国务院总理温家宝在青岛会见前来参加"亚洲合作对话第三次外长会议"开幕式的泰国总理他信。

6月21日　"中国与东盟10国外长非正式会议"在青岛举行。中国外长李肇星和柬埔寨外交与国际合作大臣贺南洪共同主持会议。

6月21日　"中日韩三方委员会首次会议"在青岛举行。中国外长李肇星、日本外相川口顺子、韩国外交通商部长官潘基文出席会议。

6月21日　由亚洲合作对话组织、博鳌亚洲论坛、东亚思想库和泰国外交学院首次联合主办的"亚洲合作与发展高层研讨会"在青岛举行。博鳌亚洲论坛秘书长龙永图在开幕式上致辞。

6月21日　山东省政府和青岛市政府举行宴会，欢迎前来参加"亚洲合作对话（ACD）第三次外长会议"的各位来宾。省委副书记、省长韩寓群在会上致欢迎辞。

6月21日　省外办批准潍坊学院与韩国湖原大学、烟台职业学院与英国安格斯职业学院、烟台职业学院与俄罗斯沃罗涅日高等技术学院建立友好校际关系。

6月22日　"亚洲合作对话第三次外长会议（ACD）"在青岛举行。国务院总理温家宝和泰国总理他信出席开幕式。温家宝发表了题为"共同推进新世纪的亚洲合作"的重要讲话。泰国总理他信在开幕式上致辞。外交部长李肇星主持会议。亚洲合作对话22个成员国的外长或外长代表出席会议。

6月22日　国务院总理温家宝在青岛集体会见出席"亚洲合作对话第三次会议"的与会国外长和外长代表。

6月22日　省委副书记、省长韩寓群在青岛会见参加"亚洲合作对话第三次外长会议"的印度尼西亚外长哈桑一行。

6月26日至27日　俄罗斯萨哈林州州长马拉霍夫一行访问山东，就能源合作事宜与山东进行了磋商。26日，省委副书记、省长韩寓群在济南会见了俄罗斯客人。

6月29日　省委副书记、省长韩寓群在济南会见美籍物理学家、诺贝尔物理学奖获得者丁肇中博士一行。

6月29日至30日　"2004中美经济合作论坛""中美加工贸易（济南）洽谈会"在济南举行。美国联邦商务部、城市协会和美中促进会高级官员，中国商务部和山东有关部门负责人及山东300余家企业参会。

7月1日　省外办批准泰安市青年联合会与韩国泰安郡青年会议所建立友好团体关系。

7月3日　济南—莫斯科货机正班航线正式开通。这是山东首条欧洲（货机）正班航线。

7月3日至13日　"2004青岛韩国周暨第六届中国青岛海洋节"在青岛举行。

7月4日　由省信息产业厅与微软（中国）有限公司共同创办的山东微软技术中心成立。省委副书记、省长韩寓群，微软公司副总裁、大中华区首席执行官陈永正出席成立大会，并为山东微软技术中心揭牌。这是微软在中国建立的第一个省级技术中心。

7月6日至16日　越南最高人民检察院检察长何孟智一行访问山东。

7月15日　亚足联秘书长维拉潘代表国际足联和亚足联在北京宣布："中国是足球的故乡，足球的发源地是山东淄博。"

7月16日　省委副书记、省长韩寓群在济南会见德国副总理兼外长约施卡·菲舍尔，双方出席了山东力诺瑞特新能源有限公司新厂房落成典礼仪式。

7月18日　省政府暨济南市政府举行宴会，欢迎第十三届"亚洲杯"足球赛（济南）赛区的亚足联、中国组委会和各参赛队领队及裁判员。省委副书记、省长韩寓群出席。

7月18日　省委副书记、省长韩寓群在济南会见亚足联官员和参加亚洲杯济南赛区比赛的韩国、科威特、阿联酋、约旦4国参赛队代表。

7月18日至21日　奥地利国民议会（下院）第二议长、奥中友协监事会副主席普拉玛女士率奥中友协高级人士代表团一行23人访问山东。省委副书记、省长韩寓群会见了奥地利客人。

7月18日至23日　"中国·济南韩国周"在济南举行。韩国驻青岛总领事辛亨根、韩国水原市市长金容西、济南市市长鲍志强等出席开幕式。20日，省委副书记、济南市委书记姜大明会见了金容西一行。

7月19日至8月3日　第十三届"亚洲杯"足球赛济南赛区比赛在济南举行。省领导张高丽、韩寓群，亚足联主席哈曼、秘书长维拉潘等出席开幕式并观看了19日的首场比赛。由于组织接待工作严密，济南赛区受到亚足联的表彰。省外办被授予"为第十三届亚洲杯做出突出贡献的先进集体"光荣称号。

7月19日　全国对外友协批准青岛市与西班牙毕尔巴鄂市建立友好城市关系。

7月19日　省外办批准威海明程新日本专修学校与日本东京都新日本学院建立友好校际关系。

7月23日　全国对外友协批准青岛市与立陶宛克莱佩达市建立友好城市关系。

7月26日　省外办批准聊城市与韩国光明市结为友好合作关系城市。

8月1日　省委副书记、省长韩寓群在济南会见韩国驻青岛总领事辛亨根一行。

8月5日至6日　全省因公出国审批工作座谈会暨专办员培训班在济南举行，全省33个审批部门和单位的分管领导及专办员共54人参加了会议和培训。

8月10日　全国对外友协批准山东省与突尼斯苏斯省建立友好省际关系。

8月11日　省外办批准枣庄市甜蜜幼儿园与波兰多伦袋鼠幼儿园建立友好幼儿园关系。

8月14日至29日　"第十届青岛国际啤酒节"在青岛举行。美国、德国、丹麦、法国等10余个国家和地区的客人参加了有关活动。

8月17日至19日　中国驻丹麦大使甄建国一行3人访问山东，参观了中国重汽集团，实地考察了单县生物发电厂、日照岚山发电厂等项目。省委副书记、省长韩寓群会见了大使一行。

8月17日至20日　委内瑞拉驻华大使罗西奥·玛内依罗女士由中国驻委内瑞拉大使居一杰陪同，访问山东青岛、济南、济宁、泰安等地。省委副书记、省长韩寓群会见了代表团一行。

8月20日至24日　"第五届中国蓬莱'和平颂'国际青少年文化艺术盛典"在蓬莱海滨文化广场、美国华盛顿杰弗逊纪念广场、韩国釜山广场同时举行。副省长蔡秋芳，印度尼西亚、老挝、巴基斯坦、俄罗斯、埃及、巴勒斯坦、摩洛哥、伊拉克、伊朗9国驻华使节，以及印度尼西亚和平委员会成员参加了蓬莱的开幕式。

8月23日 全国对外友协批准威海市与突尼斯苏斯市建立友好城市关系。

8月31日至9月13日 以省委常委、宣传部部长朱正昌为团长的山东新闻文化代表团一行12人对阿根廷、巴西进行友好访问。在巴西，出席了在巴伊亚州首府萨尔瓦多市城市公园举行的山东赠送的大型孔子铜像揭幕仪式。这是山东首次向国外赠送大型孔子铜像。

9月1日 日本贸易振兴机构青岛事务所正式成立。这是该机构在中国成立的第六家事务所。

9月1日至5日 "首届威海国际人居节"在威海举行。联合国副秘书长、联合国人居署执行主席安娜·蒂贝琼卡女士，全国人大常委会副委员长乌云其木格，全国政协原副主席孙孚凌，全国人大农业与农村工作委员会主任委员刘明祖；省委副书记、省长韩寓群，省人大常委会副主任李明先，副省长赵克志，来自国内外1200余名嘉宾参加了开幕式。

9月3日至5日 "中国济南国际旅游交易会"在济南举行。来自美国、加拿大、法国、韩国、澳大利亚、巴西、泰国、新加坡、津巴布韦等21个国家的150名外商和国内27个省、自治区、直辖市的旅游企业参展。

9月6日至10日 "第十八届泰山国际登山节"在泰安举行。100余支代表队，其中16支国际代表队，共1200余名运动员参赛。

9月6日至16日 受中联部派遣，省委副书记王修智率团访问丹麦、法国，并出席了法国共产党"人道报"节。

9月18日至19日 "2004年0-125级摩托艇世界锦标赛暨国际摩托艇精英赛"在济南大明湖公园举行。来自美国、英国、意大利、瑞典、芬兰、爱沙尼亚、斯洛伐克、日本、韩国、中国等11个国家和地区的100余名选手参加了本次比赛。我国选手史海文获得冠军。

9月20日 省政府提请省十届人大审议山东与突尼斯共和国苏斯省建立省级友好关系的议案。省外办主任张伟龄对议案作了说明。

9月21日 "第二届中国（济南）国际信息技术博览会"组委会在济南山东大厦举行宴会，欢迎来自国内外的参会参展嘉宾。联合国亚太经社委员会执行秘书金学洙，省委书记、省人大常委会主任张高丽，省委副书记、省长韩寓群等出席。

9月21日　省委书记、省人大常委会主任张高丽在济南会见联合国亚太经社委员会执行秘书金学洙一行。

9月21日　韩国驻青岛总领馆举行庆祝建馆10周年活动。青岛市市长夏耕、省直有关部门负责人参加庆祝活动。

9月22日至23日　由比利时前任驻华大使范·洛克为团长的知名人士代表团一行8人访问济南、曲阜、泰安。

9月22日至26日　"第二届中国（济南）国际信息技术博览会"在济南舜耕国际会堂举行。省委副书记、省长韩寓群主持开幕式。联合国副秘书长、亚太经社委员会执行秘书金学洙，省委副书记、济南市委书记姜大明分别致辞。包括10家跨国公司和32家国内信息业百强企业在内的208家客商参会参展。

9月23日　省外办批准济南市与乌克兰哈尔科夫市结为友好合作关系城市。

9月23日至27日　"第六届国际果蔬博览会"在烟台举行。全国政协副主席、中国工程院院长徐匡迪，联合国副秘书长、亚太经社会执行秘书金学洙，副省长孙守璞，省政协副主席王宗廉及海外客商2500余人参加开幕式。

9月24日至27日　美国海军太平洋舰队"库欣"号反潜驱逐舰在舰长史蒂文·马克洛中校率领下访问青岛。该舰共有官兵351人，其中军官29人，士兵322人。这是美国海军舰艇第七次访问青岛。

9月26日至10月10日　"2004中国曲阜国际孔子文化节暨世界旅游日"中国主会场在曲阜举行。全国人大常委会原副委员长王汉斌，全国人大常委会委员、香港中华总商会会长曾宪梓，省人大常委会副主任李明先，副省长孙守璞，省政协副主席张敏等出席开幕式。

9月27日　全省外办主任座谈会在济南举行。会议传达了中央第十次驻外使节会议精神，部署了下一步的工作。

9月27日　俄罗斯自然科学院院士维克多·热拉维奇·阿列斯和尤里·安拉多尼维奇·拉赫曼尼获山东省政府国际科技合作奖。副省长王军民为两位科学家颁发获奖证书。

9月27日至30日　日本小松制作所会长秋原敏孝访问山东。副省长王军民会见了日本客人。

9月28日　省委书记、省人大常委会主任张高丽在济南会见世界华人协会会长程万琦。

9月29日　省政府举行国庆招待会，副省长孙守璞出席会议并讲话。韩国驻青岛总领事辛亨根等中外来宾共200余人出席招待会。

9月30日　省委常委、宣传部部长朱正昌在济南会见美国哈佛大学中国历史与哲学终身教授、哈佛燕京社社长杜维明及夫人。

10月7日　省政府在威海举行招待晚会，欢迎出席"东北亚经济合作论坛"的中外嘉宾。山东省省长、东北亚经济合作论坛组委会主席韩寓群致欢迎辞。东北亚经济合作论坛主席赵利济致辞，副省长孙守璞主持招待会。

10月8日至9日　"2004东北亚经济合作论坛"在威海举行。中共中央政治局委员、国务院副总理吴仪出席开幕式并发表演讲。山东省委书记、省人大常委会主任张高丽，联合国副秘书长、亚太经济社会委员会执行秘书金学洙，韩国前总理南德佑，蒙古国前外长额尔敦楚伦分别致辞，日本驻华大使馆公使原田亲人，东北亚经济论坛主席赵利济等出席开幕式。开幕式前，吴仪会见了出席论坛的外宾代表。

10月8日至12日　"2004中国青岛'日本周'"在青岛举行。

10月9日至10日　"2004山东中日文化节"在济南举行。来自日本山口、和歌山、福冈、德岛、宫崎县的各界友好人士250余人参加了文化节。

10月9日至14日　"2004年滨州国际热气球精英挑战赛"在滨州举行。共有来自德国、美国、加拿大和国内8个省、市的40名运动员参赛。

10月10日至14日　澳大利亚海军"安扎克"号导弹护卫舰在澳海军海上司令部司令罗文·莫菲特率领下访问青岛。该舰共有191人随舰来访，其中军官63人，士兵128人。14日，中国海军"哈尔滨"号导弹驱逐舰和澳大利亚海军"安扎克"号导弹护卫舰举行了海上联合搜救演习。

10月11日至23日　省委书记、省人大常委会主任张高丽率山东省代表团对瑞典、丹麦、奥地利进行友好访问。在瑞典，瑞典政府和议会领导人会见了张高丽一行。爱立信、沃尔沃、隆德勃格控股集团、ABB等一批跨国公司和大企业先后接待了代表团一行。在丹麦，张高丽拜会了丹麦第一副议长，与丹麦能源委员会、能源部有关领导人及专家进行了座谈，考察了BWE公司和阿维多发电厂。在奥地利，张高丽拜会了奥地利议长，访问了上奥州，与上奥州州长等领导人进行了会谈，并考察了奥钢联、斯太尔等大企业。

10月14日　"中日产业研讨会"在青岛举行。中日双方代表围绕"东亚区域经济一体化与中日两国企业合作"主题进行了探讨。全国政协原副主席、中国企业联合会会长陈锦华,山东省副省长、中小企业联合会副会长王仁元,以及中日双方企业界代表100余人出席研讨会。

10月16日　省委副书记、省长韩寓群向在巴基斯坦绑架事件中不幸遇难的中国水电建设第十三工程局工程师王鹏的亲属,转达党中央、国务院的亲切问候。当晚8时55分,王鹏遗体由巴方专机运抵济南国际机场。副省长谢玉堂、专程陪送王鹏灵柩来华的巴基斯坦外交国务部长巴克蒂尔、巴驻华大使里亚兹·穆罕默德参加了在机场举行的灵柩迎接仪式。省委副书记、济南市委书记姜大明会见了巴克蒂尔,副省长谢玉堂、外交部部长助理沈国放参加会见。

10月17日至18日　纪念山东省与日本和歌山县缔结友好省县关系20周年水墨画联展暨小川华瓣水墨画展在省美术馆举行。省委副书记、省长韩寓群致辞祝贺,省人大常委会副主任李明先出席开幕式并致辞。

10月19日　省人大常委会副主任莫振奎在济南会见韩中友好协会副会长金东皓,并向金东皓颁发了"山东省荣誉公民"证书。

10月19日　省政府举行宴会,欢迎前来参加"山东与世界500强企业合作战略(济南)峰会"的海内外嘉宾。

10月19日至21日　"泰山首届国际苗木花卉交易会"在泰安举行。来自美国、德国、韩国等国的40余家客商参会。省人大常委会副主任李明先出席开幕式。

10月20日　省委副书记、省长韩寓群在济南会见美国摩根士丹利亚洲投资有限公司执行董事兼联席主席刘海峰一行,并出席了济南山水集团与美国摩根士丹利、鼎辉(中国)基金合作签约仪式。

10月20日　副省长孙守璞在济南会见日本三井物产株式会社常务执行董事阿不谦一行。

10月20日至21日　"山东与世界500强企业合作战略(济南)峰会"在济南山东大厦举行。美国沃尔玛、通用汽车,日本三菱商事、伊藤忠商事,德国西门子,瑞士信贷集团等近50家世界500强企业代表参会。省委副书记、省长韩寓群出席开幕式并致辞,副省长孙守璞主持仪式。本次峰会主题是"交流、合作、对接、共赢"。

10月21日　省委副书记、省长韩寓群在济南会见前来参加"山东与世界500强企业合作战略（济南）峰会"的韩国电力公社副社长郑泰豪一行。

10月22日 省委副书记、省长韩寓群在济南会见古巴电子集团总裁巴尔德斯率领的代表团一行。

10月22日 副省长蔡秋芳在济南会见坦桑尼亚联合共和国卫生部部长安娜·阿布达拉女士和陪同来访的坦桑尼亚驻华大使查尔斯·阿西利亚·桑嘎一行。

10月28日至11月1日 "第二届中国国际家纺文化节"在滨州举行，700余家中外客商参观洽谈合作。

10月28日至11月5日 由山东和法国布列塔尼大区共同发起的"交流的目光"展览在山东博物馆举行。

10月30日 "第二届东北亚经济合作与发展论坛"在青岛开幕。东北亚经济合作与发展论坛是青岛科技大学与韩国昌原大学、庆尚大学、东洋大学及日本国立大学等高校创办的，第一届于2003年10月在韩国召开。

11月7日至9日 德国赛德尔基金会总干事长韦斯特拉夫一行16人访问青州，出席在青州市举行的"中德合作土地整理与农村发展培训中心项目"落成典礼及农村发展研讨会。

11月9日至12日 "华东地区外事工作交流会议"在济南举行。外交部、中联部等部门负责同志在会上讲话。全国对外友协办公厅，上海、江苏、浙江、安徽、福建、江西、北京、广东、深圳外办，山东省以及济南、青岛、淄博外办负责同志参加会议。会议期间，与会代表赴济南、淄博、潍坊、青岛等地参观考察。

11月11日至13日 著名物理学家、诺贝尔奖获得者杨振宁教授应邀到山东大学进行讲学访问，并参观了趵突泉、大明湖、泉城广场等名胜。省委副书记、省长韩寓群在济南会见了杨振宁一行。

11月14日 "第十三届'齐鲁友谊奖'颁奖仪式"在济南举行，日本专家吉田正等20名外国专家获奖。

11月14日至15日 "中国山东第三届海外人才交流暨经贸项目洽谈会"在济南举行。省委书记、省人大常委会主任张高丽给大会发来贺信。中组部副部长、国家人事部部长张柏林，省委副书记、省长韩寓群出席开幕式并讲话。240余名海外高层次人才出席开幕式。

11月19日至28日 "中国济南首届城市红装—法国当代艺术展"在济南泉城广场

举行。包括当代艺术大师丹尼尔、布伦、弗兰克、斯古蒂、张夏翡、贝唐·拉维等16位法国艺术家的"镜子房""苹果心""骑马女郎"等16件作品参加展出。

11月22日　山东—德国"三元制"教育暨园区合作项目在济南签约。

11月22日至24日　日本朝日啤酒株式会社最高咨询主席濑户雄三访问山东。省委副书记、省长韩寓群在济南会见了日本客人。

11月23日至24日　韩国庆尚南道知事金台镐率团访问山东，举行了庆尚南道观光说明会等活动。省委书记、省人大常委会主任张高丽，省委副书记、省长韩寓群分别会见了韩国客人。

11月29日　省政府在北京钓鱼台国宾馆举行"2004山东省人民政府国际商务酒会"，向中外嘉宾全面介绍山东投资环境，进一步推进山东走向世界。省委副书记、省长韩寓群在酒会上致欢迎辞，副省长孙守璞主持。16个国家和地区的驻华大使、公使、商务参赞，43个国际组织、跨国公司驻中国首席代表、总裁及商会代表，国家有关部委领导、山东半岛城市群7市及省内20余家知名企业代表共计170余人参加酒会。

11月29日　省委副书记、省长韩寓群在北京会见韩国驻华大使金夏中、南非驻华大使顾坦博、匈牙利驻华大使美沙洛什·山道尔和日本、德国等国的驻华公使、参赞。

11月30日至12月12日　省委副书记、省长韩寓群率山东省代表团访问芬兰、瑞士、加拿大。代表团拜访了一批跨国公司，参观了欧洲核防护试验中心，参加了在加拿大魁北克省召开的友好省州领导人峰会，促进了山东与到访国家和友好省州的经贸合作，使一批重大项目取得了突破性进展。

11月30日至12月2日　希腊匹斯亚省省长访问我国。

12月8日至10日　"第二届友好省州领导人峰会"在加拿大魁北克省举行。山东省省长韩寓群、德国巴伐利亚州州长施托伊伯、奥地利上奥州州长普林格、南非西开普省省长瓦苏、加拿大魁北克省省长沙雷出席。韩寓群在会上发表讲话。

12月14日　副省长孙守璞在济南会见大宇水泥（山东）有限公司董事长金在铺一行，并向其颁发"山东省荣誉公民"证书。

12月16日至19日　乌干达司法部部长穆克瓦亚一行16人访问济南、青岛，并与省检察院举行了座谈。省委副书记高新亭在济南会见了代表团一行。

12月21日至22日　以印尼前总统阿卜杜拉赫曼·瓦希德为团长的印尼宗教代表团一行30人访问山东烟台，在蓬莱阁举行"世界和平锣"鸣锣仪式。

12月25日至26日　来我国进行国事访问的委内瑞拉玻利瓦尔共和国总统乌戈·拉斐尔·查韦斯·弗里亚斯一行访问山东。省委书记、省人大常委会主任张高丽，省委副书记、省长韩寓群会见了查韦斯总统。25日，韩寓群到机场迎接查韦斯总统一行，并陪同参观了济南市容市貌，游览了章丘市百脉泉公园等。

2005年

1月17日至19日　委内瑞拉驻华大使罗西奥·马内罗女士访问山东，商讨具体推进双方合作项目的有关事宜。省委副书记、省长韩寓群在济南会见了委内瑞拉客人。

2月16日　全国对外友协批准德州市与韩国始兴市结为友好城市关系。

2月22日至26日　以委内瑞拉驻华大使马内罗女士为团长的委内瑞拉部长代表团一行18人访问济南、青岛、潍坊等地。代表团参观考察了食品加工设备、家电、农机等项目。省委书记、省人大常委会主任张高丽，省委副书记、省长韩寓群在济南和北京分别会见了代表团一行。

2月28日　省委书记张高丽、省长韩寓群在济南分别会见韩国驻青岛总领事辛亨根一行。

3月3日　山东女子举重运动员、雅典奥运会女子69公斤级金牌得主刘春红，在土耳其伊斯坦布尔举行的国际举联百年庆典仪式上，被评为"世界举重百年最佳运动员"。

3月17日至18日　全省外办主任工作会议在潍坊召开。

3月22日至23日　摩尔多瓦驻华大使鲍尔舍维奇访问山东。

3月27日　威海至汉城航线首航仪式在威海举行。国航CA147号班机执行首飞。省委书记张高丽，省委副书记、省长韩寓群致信祝贺。韩国驻青岛总领事辛亨根、副省长孙守璞出席首航仪式。

3月27日　以乔治·达利为团长的美国国会助手团一行访问山东。省委副书记、省长韩寓群在济南会见了代表团一行。中国人民外交学会会长卢秋田、省人大常委会副主任曹学明参加会见。

3月28日　省委书记张高丽、省长韩寓群在济南分别会见前来参加济南国际机场新航站区启用庆典的英国驻华大使韩魁发爵士一行。

3月28日　中国人民外交学会会长卢秋田访问山东，并作关于国际形势的报告。

3月28日　在省政府召开的"全省地方史志工作会议"上，省外办编写的《外事志》获全省新编地方志优秀成果一等奖，张国梁被评为史志工作先进个人。

4月3日至9日　山东省政府及企业家代表团一行20人访问委内瑞拉。代表团与委五省州和10余家企业进行了对口洽谈；与拉那州签署了友好合作交流关系备忘录。委内瑞拉总统查韦斯在总统府会见山东省政府及企业家代表团。

4月5日至7日　冰岛卫生与社会保障部部长约恩克·李斯蒂杨松一行访问山东。

4月11日　尼日利亚伯农省省长阿里·谢里夫率代表团访问山东。省委副书记、省长韩寓群会见了代表团一行。副省长孙守璞参加会见。

4月11日至13日　"中国—欧盟化工合作项目研讨会"在东营市举行。来自欧盟20余个国家，近60家企业派员参加了研讨会。

4月13日至15日　以汉克·阿尔德瑞克为团长的荷兰海尔德兰省代表团访问山东。14日，双方签署了山东省与海尔德兰省友好合作关系议定书。

4月17日　省委副书记、省长韩寓群在济南会见了以加拿大不列颠哥伦比亚省（B.C）山东同乡会理事长解可礼为团长的齐鲁故乡游考察团一行。

4月17日至19日　德国巴伐利亚州经济、基础设施、交通和技术部部长威斯豪耶率巴州政府及经济代表团访问青岛、济南等地，出席了"中国青岛德国周"和"山东荷德鲁美特表计有限公司"投产仪式，与山东有关部门洽谈了利用德国政府贷款在山东兴建水处理工程项目等。省委书记、省人大常委会主任张高丽会见了代表团一行。副省长孙守璞与代表团举行了工作会谈。

4月17日至22日　"2005青岛德国周"在青岛举行。

4月18日　"中国威海国际人居节暨2005·东亚投资论坛"新闻发布会在北京举行。

4月19日　省委副书记、省长韩寓群在潍坊会见前来参加"潍坊国际风筝会"的马来西亚前总理马哈蒂尔博士一行。

4月20日　"第二十二届潍坊国际风筝会"在潍坊举行。马来西亚前总理马哈蒂尔，全国政协副主席阿不来提·阿布杜热西提，省人大常委会副主任曹学成，副省长陈延明，省政协副主席周鸿兴，67个风筝联合会成员国的放飞队等参加开幕式。其间，举行了"中外市长论坛"，110余位中外市长参加论坛。

4月20日至5月7日　"第六届中国（寿光）国际蔬菜科技博览会"在寿光国际会展中心举行。

4月26日　由山东纺织职业学院承办的"国际友好学校校长论坛"在潍坊举行。来自乌克兰、泰国、韩国、马来西亚、新加坡和中国的10所学校校长参加论坛。

4月28日 省委副书记、省长韩寓群在济南会见德国德固赛有限公司董事长费溪德一行。

5月6日至10日 由马来西亚初级资源矿产部长和沙捞越州政府首席部长丕显斯里泰玛目率领的沙捞越州代表团一行访问山东。省委副书记、省长韩寓群会见了代表团一行，并代表山东省政府与丕显斯里泰玛目首席部长签署了山东省与马来西亚沙捞越州友好交流合作意向书。

5月10日 全国对外友协批准烟台市与保加利亚布尔加斯市建立友好城市关系。

5月11日至17日 为庆祝山东省和法国布列塔尼大区结好20周年，由山东省人民政府和法国布列塔尼大区政府主办的法国布列塔尼大区—山东双体帆船赛在济南、烟台、青岛举行。

5月12日 省委副书记、省长韩寓群在济南会见新加坡—山东经贸理事会联合主席曾士生率领的理事会理事、企业家和教育代表团一行。

5月12日至19日 为庆祝山东省与法国布列塔尼大区结好20周年，法国布列塔尼大区主席让·伊夫·勒德里昂率政府暨文化体育代表团一行86人访问山东，与我省共同举办山东—布列塔尼双体帆船赛、《布列塔尼画家的世界》风情画展、旅游推介会、经贸说明、布区美食节、风笛音乐会等活动。12日，省长韩寓群与勒德里昂主席在济南山东大厦举行了工作会谈，双方签署了进一步加强两省区友好合作关系备忘录。

5月13日 中美签证工作座谈会在济南举行。外交部领事司副司长梁梳根、美国驻华使馆签证处官员及全国17省市外办分管签证工作的同志共41人参加会议。

5月18日至21日 "第三届中国国际航海博览会暨水上运动及船艇展览会"在青岛国际会展中心开幕。

5月20日 "山东省第八届外国专家日"在枣庄举行。

5月20日至21日 冰岛共和国总统奥拉维尔·拉格纳·格里姆松及夫人一行80人，对山东青岛进行友好访问。21日，在青岛举行了山东—冰岛经贸研讨会。省委副书记、省长韩寓群在青岛会见了冰岛客人。

5月26日至28日 亚足联主席哈曼姆率大洋洲足协主席雷纳德等100余人访问青岛，参加了亚足联"中国展望计划"，出席了中国足球城市联赛开幕式。

5月26日至6月2日 以朝鲜黄海南道人民委员会委员长权春学为团长的黄海南道

友好代表团访问山东。省委书记张高丽，省委副书记、省长韩寓群在济南分别会见了代表团一行。

5月28日至31日　日本日中友好会馆会长林义郎一行访问山东。28日，省委书记张高丽，省委副书记、省长韩寓群在济南分别会见了日本客人。副省长孙守璞参加有关活动。

5月30日　在葡萄牙首都里斯本召开的欧洲设计、艺术与媒体院校联盟全委会上，山东工艺美术学院正式获准加入该联盟，成为我国继中央美术学院之后第二个加入该联盟的高校，也是亚洲第三个加入该联盟的高校。

6月1日　国际足联公布世界俱乐部最新排名，山东鲁能泰山足球俱乐部由4月份的156位上升到5月份的113位，成为亚洲排名最高的俱乐部。

6月2日至3日　"全省因公出国专办员工作会议暨第七期全省因公出国专办员培训班"在济南举行。

6月9日至15日　外交部2005第二期大使参赞学习班一行27人来山东烟台、青岛、菏泽、济宁、泰安、济南等地考察。副省长孙守璞会见了考察团一行。

6月13日至16日　英国西米德兰大区首席执行官爱德华率团访问山东。13日，省委副书记、省长韩寓群在济南与爱德华举行了工作会谈。会谈结束后，韩寓群与爱德华签署了两省区加强友好交流与合作关系备忘录。副省长孙守璞参加有关活动。

6月15日　上海合作组织秘书处在北京举行合作组织成立4周年招待会。外交部长李肇星到会并致辞，上海合作组织五国驻华大使出席招待会。

6月16日至18日　"中国青岛·亚太国际旅游博览会"在青岛举办。加蓬驻华大使、斯里兰卡旅游部长，30余个国家和地区共5000余人参加洽谈。

6月20日　山东电力基本建设总公司承建苏丹3座电站工程签字仪式在济南举行。副省长谢玉堂、苏丹共和国驻华大使莫翰尼·穆罕默德·沙勒出席签字仪式。

6月21日　省委副书记、省长韩寓群在济南会见韩国希杰集团会长孙京植一行。

6月21日　全国对外友协批准菏泽市与乌拉圭黑河省弗来宾多市建立友好城市关系。

6月24日　省外办批准威海市妇女联合会与韩国主妇环境全国联合会仁川市支会缔结友好关系。

6月24日　省外办批准威海市青年联合会与韩国富川市青年会议所建立友好关系。

6月26日至27日　斐济共和国总理莱塞尼亚·恩加拉塞及夫人一行，由中国驻斐济大使蔡金彪陪同访问青岛。27日，副省长孙守璞在青岛会见了斐济客人。

6月27日至29日　喀麦隆、吉布提、加蓬、几内亚、赤道几内亚、马达加斯加、尼日尔、塞舌尔、多哥等非洲10国执政党干部研讨考察团访问青岛。

6月28日　西班牙马德里大区政府副主席伊格纳西奥·冈萨雷斯一行访问山东。

7月1日至4日　"2005中国国际消费电子博览会"在青岛国际会展中心隆重开幕。中共中央政治局委员、国务院副总理吴仪出席开幕式并宣布博览会开幕。省委书记、省人大常委会主任张高丽，省委副书记、省长韩寓群出席开幕式。来自美国、日本、韩国、以色列等50余个国家和地区的200余家采购商共3000余人参会。

7月2日　省委副书记、省长韩寓群在威海会见前来参加"2005东亚投资论坛"的日本国际贸易促进协会代表一行。

7月2日至4日　"首届2005东亚投资论坛"在威海开幕。东亚各国政府、产业、学术界精英参加论坛。全国人大常委会副委员长、中国东盟协会会长顾秀莲出席开幕式并致辞。省委副书记、省长韩寓群致欢迎辞并作题为"扩大合作交流，促进共同发展"的主题演讲。

7月7日至8日　中美海上军事安全磋商机制2005年年度会晤在青岛举行，双方就中美两国海上军事安全相关问题交换了意见。

7月12日至17日　外交部在北京组织借调出国工作人员进行专业考试。经考核和政审，山东省有11人被确定为借调出国后备人选。

7月14日至18日　省委书记、省人大常委会主任张高丽在济南会见印度共产党总书记普拉卡什·卡拉特一行。

7月28日　省委书记、省人大常委会主任张高丽，省委副书记、省长韩寓群在烟台分别会见韩国现代集团副会长薛荣兴一行。

8月5日　由中国孔子基金会主办的儒家"中和"思想与世界和平国际学术研讨会在北京召开。省人大常委会副主任、中国孔子基金会常务副理事长朱正昌出席会议并致辞。

8月5日　全国对外友协批准青岛市与美国佛罗里达州迈阿密市建立友好城市关系。

8月9日　省委书记、省人大常委会主任张高丽在省友协报送的《"荣誉公民"已成为山东重要的国际化力量》一文上批示："很好，继续做好此项工作，推进山东与各国的友谊和合作。山东正在由经济大省往经济强省转变，对外友协工作也要向更高水平发展，山东的外事工作也应该走在全国前列。"

8月11日至14日　"第八届国际木火节"在淄博举行。来自美国、加拿大、希腊、韩国、中国等地的60余位艺术家参会。

8月12日　省外办批准泰安市卓越外国语学校与澳大利亚墨尔本市国立凯维学校建立友好校际关系。

8月13日至28日　"第十五届青岛国际啤酒节"在青岛举行。

8月17日　"纪念潍县集中营解放60周年大会"在潍坊举行。美国新泽西州议员玛丽·普瑞维特等100余名幸存者及其亲友出席纪念大会。（1942年3月，日本在潍县乐道院设立了外侨集中营，将沦陷区内的美国、英国、加拿大、澳大利亚、新西兰等国家的旅华侨民强行隔离关押。1945年8月17日，集中营获得解放。）

8月18日至19日　"中国—东盟名人小组首次会议"在青岛举行。

8月20日　"第六届中国蓬莱'和平颂'国际青少年文化艺术盛典"在蓬莱文化广场开幕。

8月20日　全国对外友协批准山东分别与委内瑞拉安索阿特吉州和莫纳加斯州建立友好省州关系。

8月20日至25日　"和平使命—2005"中俄联合军事演习第二、第三阶段演练在青岛举行。中央军委委员、总参谋长梁光烈上将在现场观摩演练。

8月23日　中央军委副主席、国务委员兼国防部部长曹刚川上将在青岛分别会见了前来观摩"和平使命—2005"中俄联合军事演习的塔吉克斯坦国防部部长海鲁洛耶夫上将、吉尔吉斯斯坦国防部部长伊萨科夫中将、哈萨克斯坦国防部副部长塔斯布拉托夫中将。

8月24日　中央军委副主席、国务委员兼国防部部长曹刚川上将在青岛分别会见了前来观摩"和平使命—2005"中俄联合军事演习的俄罗斯国防部部长伊万诺夫和乌兹别克斯坦国防部副部长尼亚佐夫。中国人民解放军副总参谋长熊光楷上将、济南军区司令员范长龙中将、山东省委书记张高丽参加会见。

8月25日至28日　"第十一轮中韩外交政策磋商"在济南举行。外交部政研司司长杜起文、韩国外交通商部政策企划官金垣洙分别率团出席会议。

9月5日　由山东省人民政府与韩国驻青岛总领事馆共同主办的"第一届中国（山东省）—韩国城市经济交流会议"在青岛举行。

9月5日至22日　省委书记、省人大常委会主任张高丽率山东省代表团访问哥伦比亚、厄瓜多尔、委内瑞拉、智利。访哥期间，哥伦比亚总统乌里韦会见了张高丽等代表团成员。哥伦比亚外交部部长、内政部部长、海关关长和驻华大使参加会见。张高丽拜会了哥伦比亚国会第一副议长、工贸部代部长、外交部副部长等高级官员。9月8日，厄瓜多尔副总统塞拉诺会见了张高丽一行。厄瓜多尔皮钦查省举行政府全体会议，授予张高丽"卢米纳慧"将军勋章。在委内瑞拉，总统查韦斯会见并宴请了张高丽等代表团成员。9月12日，中国与委内瑞拉高级混合委员会第四次会议和山东经贸洽谈会闭幕。查韦斯总统和委内瑞拉政府各位部长、驻华大使出席闭幕会。查韦斯总统发表了讲话。张高丽还会见了委内瑞拉第五共和国运动总书记威廉·拉腊。加拉加斯市政府授予张高丽金穗勋章和城市钥匙。9月15日，智利参议长罗梅罗在参议院会见了山东代表团。

9月6日至8日 "首届孙子国际文化节"在广饶举行。

9月8日 中央军委赋予济南军区组建赴苏丹维和部队成立大会在山东莱阳举行。济南军区司令员范长龙中将宣布维和部队组建命令及成立指挥部的通知并向维和部队授旗。济南军区政委刘冬冬上将、省委副书记高新亭出席大会并讲话。该维和部队由工兵、运输、医疗3支分队组成。

9月10日至12日 全国对外友协在郑州召开全国友好城市工作表彰大会，山东省外办被授予友好城市工作最高奖"中国国际友好城市工作成就奖"。

9月13日 委内瑞拉总统查韦斯在总统府会见到访的省委书记、省人大常委会常委会主任张高丽一行。

9月13日至16日 美国海军太平洋舰队"柯蒂斯·韦伯"（Curtis Wilbur）号宙斯盾级导弹驱逐舰（舷号DDG54）访问青岛。这是美国海军舰艇第八次访问青岛。

9月16日 "第二届中国威海国际人居节"在威海国际展览中心开幕。

9月23日 省委副书记、省长韩寓群在济南会见由越共中央委员、广义省委书记胡义勇，广义省委副书记、省人民委员会主席阮金校率领的越南广义省政府代表团一行。

9月23日至26日 "第七届国际果蔬·食品博览会"在烟台举行。省委书记、省人大常委会主任张高丽，省委副书记、省长韩寓群共同为本次盛会发来贺信。联合国亚太农业工程与机械中心主任芮克、副省长陈延明、省政协副主席王久祜，科威特驻华大使费萨尔·拉希德·盖斯、印尼财源帝集团董事会主席黄双安、日本伊藤忠株式会社执行董事能登章有等贵宾参加开幕式。

9月25日至10月7日 "第三届中国滨州（惠民）孙子国际文化旅游节"在惠民举行。

9月26日至10月10日　"2005中国曲阜国际孔子文化节"在曲阜举行。全国人大原副委员长王光英宣布开幕。全国人大常委会委员、香港金利来董事局主席曾宪梓，全国人大常委会委员李春亭，全国政协常委、全国妇联副主席、中国孔子基金会副会长孔令仁，联合国教科文组织驻北京办事处代表青岛泰之，省人大常委会副主任王道玉，省政协副主席王志民及国家有关部门负责人出席开幕式。

9月28日　"2005全球首次联合祭孔活动"在主会场山东曲阜和分会场韩国、新加坡、德国、美国同时举行。

9月28日至29日　加拿大魁北克省省长让沙·雷率领政府代表团访问山东。28日，省委副书记、省长韩寓群在济南会见了加拿大客人，双方签署了两省友好合作交流协议。

9月29日　省政府在济南举行了庆祝中华人民共和国成立56周年招待会暨"山东省外国友人看山东、话山东"颁奖仪式，来自21个国家的51名外国朋友获奖，副省长孙守璞出席会议并讲话。

10月8日　在印尼首都雅加达举行的"2005联合国人居奖颁奖大会"上，烟台市成为中国唯一的获奖城市。省委常委、烟台市委书记焉荣竹出席颁奖大会，并应邀致辞。联合国副秘书长安娜·蒂贝琼卡出席大会并向获奖城市代表颁奖。

10月9日　全国对外友协批准乳山市与韩国河南市缔结友好城市关系。

10月12日　省委副书记、省长韩寓群在济南会见意大利倍耐力集团总裁马克·曲歇帝一行。

10月12日　"2005中国（淄博）国际陶瓷博览会暨第十三届世界瓷砖大会"在淄博开幕。5000余位中外来宾参会。省人大常委会副主任时立军、副省长谢玉堂出席开幕式。

10月13日至17日　澳大利亚新南威尔士州前州长鲍博·卡一行访问山东。省委书记、省人大常委会主任张高丽在济南会见了客人。

10月14日　山东省国际交流合作协会在济南成立。该协会是由山东省国际友好城市交流事业发展基金会和山东省中日经济交流促进协会合并成立的。协会聘请全国人大常委会委员李春亭担任名誉会长，选举省外办主任张伟龄为会长。

10月15日　国际奥委会主席罗格应邀对北京奥运会伙伴城市、奥帆赛举办地青岛进行访问。北京奥运会协调委员会主席维尔布鲁根、香港奥委会主席霍震霆等陪同访问。

10月16日至18日　由省外办、省妇联、省友协联合举办的"中日韩妇女交流大会"在济南举行。省人大常委会副主任时立军、全国对外友协副会长陈永昌出席开幕式。16日，省委副书记赵春兰在济南会见了参加"中日韩妇女交流大会"的各代表团主要成员。

10月17日至21日 日本关西经济界人士访问团一行158人访问济南、青岛、淄博、烟台等地。17日，签署了山东省与日本经济贸易中心全面经贸合作协议。副省长孙守璞出席签字仪式，并会见了代表团一行。

10月18日 "鲁韩企业科技经济贸易洽谈会"在泰安举行。

10月18日至19日 "2005海内外知名企业家齐鲁行"活动在临沂举行。全国政协副主席、全国工商联主席黄孟复，副省长王仁元，省政协副主席、省委统战部部长齐乃贵，省政协副主席、省工商联主席苗淑菊出席了活动。

10月20日 "中国山东（济南）友城旅游大会"组委会在济南山东大厦举行宴会，欢迎出席大会的海内外贵宾。

10月21日至23日 "中国山东（济南）友城旅游大会"在济南举行。省委书记、省人大常委会主任张高丽宣布大会开幕。省委副书记、省长韩寓群致辞。世界旅游组织特使泰迪基尼代表世界旅游组织秘书长弗朗西斯科·弗朗加利对大会成功举办表示祝贺。来自美国、德国、英国、加拿大、日本、韩国等42个国家和地区的50余个省、州、道、市代表团，30余个参展商代表团及国内40余个兄弟城市代表团参会。

10月21日至25日 "山东国际农产品交易中心暨青岛国际农产品交易会"在城阳举行。省委副书记、省长韩寓群致信祝贺。

10月26日至30日 以总书记德拉马尼为团长的多哥人民联盟党（执政党）代表团访问山东。26日，省委常委、组织部部长刘伟会见了代表团一行。

10月27日 省外办批准荣成市与韩国牙山市结为友好合作关系城市。

10月29日至31日 "2005泰山文化国际大会暨第十九届世界诗人大会"在泰安举行。

11月3日 全国对外友协批准青岛与法国布雷斯特市缔结友好城市关系。

11月9日 省外办、省公安厅、省教育厅联合表彰山东省聘请外籍人员资格单位管理部门先进单位和个人。

11月9日 全国对外友协批准日照市与墨西哥夸察夸尔科斯市缔结友好城市关系。

11月10日 省外办与韩国驻青岛总领馆在济南举行领事会晤。

11月15日至17日 厄瓜多尔民主左派党副主席、皮钦查省省长拉米罗·冈萨雷斯率团访问济南、潍坊、青岛等地。省委书记、省人大常委会主任张高丽在济南会见了厄瓜多尔客人。

11月17日至12月1日　省委副书记、省长韩寓群率山东省政府代表团访问荷兰、德国、英国有关友好省州，拜访了大型跨国企业集团，促进了重大项目的合作，进一步推动了山东与欧洲3国友好省州关系和经贸合作向更高层次发展。

11月30日　联合国教科文组织孔子教育奖发布会在北京举行。联合国教科文组织总干事松浦晃一郎，中国教育部部长周济，教育部副部长、联合国教科文组织执行局主席章新胜出席发布会。经联合国教科文组织讨论确定，从2006年起，山东省和济宁市政府每年出资15万美元，设立"孔子教育奖"，于每年9月6日"国际扫盲日"，恰逢"国际孔子文化节"期间颁发。该奖项主要用于表彰在教育，特别是农村教育和扫盲领域、妇女（女童）教育领域取得突出成就的政府机构、非政府组织和具有杰出贡献的个人。

12月6日　省外办批准山东纺织职业学院与日本福冈成蹊学院外语专门学校和和歌山外国语学校建立友好校际关系。

12月8日至9日　"金伯利进程"组织（国际钻石组织）主席、俄罗斯萨哈亚库塔共和国总统施蒂洛夫一行到临沂市，就我国金伯利进程国际证书制度执行情况进行核查。

12月17日　山东省与独联体国家科技合作指导委员会第三次会议在济南召开。

12月19日　内罗毕大学孔子学院在肯尼亚内罗毕大学正式揭牌成立。中国驻肯尼亚大使郑崇立、肯尼亚教育部副部长姆维里亚为孔子学院揭牌。

12月25日　外交学院院长、国际展览局主席吴建民应邀来济南，在省委宣传部、省社科联主办的"齐鲁讲坛"和山东大学主办的"大家讲坛"上，分别作了"国际形势与中国外交"的专题报告。省直和济南市有关单位负责人及社会各界代表共700余人参加报告会。

2006年

1月10日　省友协第三届理事会第四次会长办公会暨理事代表会议在山东大厦召开。

1月10日　省外办批准聊城高唐县与澳大利亚西澳州天鹅市结为友好合作关系城市。

1月13日　省委副书记、省长韩寓群在济南会见新加坡教育及贸易工业部部长、鲁新经贸理事会新方联合主席曾士生先生一行。

1月20日　省广电总局在济南举行新闻发布会，宣布山东广播电视总台海外频道将于1月28日在美国洛杉矶正式开播。

1月20日　省外办批准泰山职业技术学院与法国昂热高等商务管理学院建立友好校际关系。

1月22日　历时297天，航行43230海里，"大洋1号"科学考察船横跨3大洋，圆满完成我国首次环球大洋科学考察任务，返回青岛。

1月24日　省委副书记、省长韩寓群在济南会见韩国驻青岛总领事辛亨根先生。

2月4日　中国首批赴苏丹维和部队5名海上输送人员由青岛启程前往维和任务区。这是济南军区首次组队执行维和任务，也是我国首次向苏丹派遣维和部队。这支维和部队共有435人，包括工兵分队、运输分队和医疗分队，主要担负苏丹第二战区内的修筑道桥、机场，修建供水、供电设施，运输人员、物资，组织伤病员救治和卫生防疫等任务。

2月27日至28日　全省外事系统表彰暨外办主任会议在济南南郊宾馆召开。大会对全省外事系统22个先进集体及58名先进个人进行了表彰，对全省外事工作进行了部署。副省长赵克志出席会议并讲话，省外办主任张伟龄作工作报告。全省外事系统受表彰人员、各市外办主要负责同志和秘书处（科）长、省外办处级以上干部共120人参加会议。

2月28日　全省对日本韩国国际友城工作座谈会在济南召开。外交部亚洲司副司长邱国洪等出席会议。

3月20日至22日　2006中日韩产业交流会在青岛国际会展中心举行，中日韩联合商务论坛同时举行。中国国际贸促会会长万季飞、山东省副省长孙守璞出席开幕式。6900余名国内外专业客商到会参观参展。

3月22日　省委副书记、省长韩寓群在济南会见世界著名物理学家丁肇中教授。副省长王军民参加会见。

3月25日至27日　"第三届安藤丰村诗书展"在省博物馆举办。全国对外友协会长陈昊苏发来贺电。

3月27日至4月1日　韩国京畿道知事孙鹤圭一行22人访问山东。省委书记、省人大常委会主任张高丽在北京会见了孙鹤圭一行。30日，山东省与韩国京畿道交流合作共同宣言签字仪式在济南举行。省委副书记、省长韩寓群，韩国京畿道知事孙鹤圭出席签字仪式。

3月26日至28日　南非西开普省议会议长邵恩·拜奈乌德特先生率团访问山东。省人大常委会副主任曹学成在省人大常委会机关与代表团进行了座谈，省人大常委会副主任邵桂芳会见并宴请了代表团一行。

3月31日　墨西哥奇瓦瓦州州长何塞·雷耶斯·巴埃萨·特拉萨先生一行访问山东。省委副书记、省长韩寓群在济南会见了墨西哥客人，双方签署了增进合作共同宣言。

3月31日至4月1日　中韩国际物流系统研讨会在威海举行。韩国前国务总理郑元植、韩国京畿道知事孙鹤圭、韩国东北亚经济论坛主席赵利济，中国交通运输协会会长钱永昌等出席研讨会。

4月16日　2006菏泽国际牡丹花会在菏泽举行。省政协副主席王志民，以及来自美国、日本、韩国、荷兰等17个国家和地区的客商出席开幕式。

4月19日至23日　荷兰海尔德兰省省长考涅列先生率政府及经贸代表团访问山东。省委副书记、省长韩寓群在济南会见了代表团一行。代表团在济南举行了荷兰农业先进经验介绍会。

4月20日　第二十三届潍坊国际风筝会暨首届中国旅游电视周在潍坊开幕。全国人大常委会副委员长韩启德，全国政协副主席李蒙，全国人大常委会原副委员长姜春云，省人大常委会副主任陈延明、曹学成，省政协副主席张敏，以及50余个国家和地区的70余个放飞团和社会各界人士5万余人参加开幕式。

4月20日至5月20日　第七届中国（寿光）国际蔬菜科技博览会在寿光国际会展中心举行。

4月21日　全国对外友协批准滨州市与韩国高阳市建立友好城市关系。

4月26日　省外办批准山东电视台与韩国KBS编程放送局建立友好关系。

4月30日　省外办批准青岛市与美国休斯敦市结为友好合作关系城市。

5月4日　中国第三支驻海地维和警察防暴队（该防暴队的125名队员全部来自我省各级公安机关），被授予"联合国和平勋章"。

5月8日　省外办批准青岛市与韩国金州市德津区结为友好合作关系城市。

5月10日　省外办批准济南第二中学与新加坡尚育中学、济南第八中学与新加坡耘青中学、济南东方双语实验学校与新加坡基督堂中学建立友好校际关系。

5月12日　"大洋一号"科学考察船离开青岛团岛码头，对北太平洋富钴结壳进行为期3个月的科学考察。

5月14日　外交部在上海召开外事工作座谈会，副省长孙守璞、省外办主任张伟龄参加会议。

5月15日　省外办批准青岛市崂山区与美国密苏里州哥伦比亚市结为友好合作关系城市。

5月15日　中国赴苏丹维和部队首批135人乘联合国专机，由济南国际机场启程飞赴苏丹。济南军区司令员范长龙、山东省委副书记高新亭到机场送行。该维和部队由工兵、运输、医疗三支分队组成，由济南军区负责组建。

5月18日至21日　第四届APEC中小企业技术展交会暨展览会在青岛国际会展中心举行。中共中央政治局委员、国务院副总理曾培炎发来贺信。全国人大常委会委员、财政经济委员会副主任委员石广生，APEC秘书处执行主任陈仲全，越南计划投资部副部长阮玉福等出席开幕式。

5月22日　省外办批准山东纺织职业学院与新加坡中华总商会企业管理学院F+U萨克森职业培训学院、马来西亚英迪学院、美国剑桥学院建立友好校际关系。

5月22日　省外办批准山东师范大学与美国田纳西州州立大学建立友好校际关系。

5月23日　受省政府委托，省外办主任张伟龄向省十届人大常委会第二十一次会议作《关于全省外事工作情况的汇报》。

5月24日　省委副书记、省长韩寓群在青岛会见韩国外交通商部次长柳明桓一行。

5月25日　韩国驻青岛总领事馆新馆开馆仪式在青岛举行。省委副书记、省长韩寓群发来贺信。韩国外交通商部次长柳明桓、青岛市市长夏耕、省政府秘书长周齐、省外办主任张伟龄出席开馆仪式。

5月26日至30日　法国卢瓦尔大区主席雅克·奥克西特率团访问山东。省委副书记、省长韩寓群在济南会见雅克·奥克西特先生，双方共同签署了山东省与卢瓦尔大区结为友好合作关系城市意向书。26日，法国卢瓦尔大区青岛代表处成立。卢瓦尔大区主席雅克·奥克西特、副省长孙守璞出席仪式并讲话。

5月28日　西班牙里奥哈大区主席阿隆索先生率团访问山东。代表团出席了2006年山东省产学研大会。省委副书记、省长韩寓群在济南会见了代表团一行，双方签署了友好交流协议。

5月30日　省外办批准淄博市博山区与韩国仁川广域市中区结为友好合作关系城市。

6月4日至5日　外交部与江苏省政府联合召开的"华东六省一市外事为经济建设服务座谈会"在南京举行。省外办主任张伟龄参加会议。

6月11日　由省外办和韩国驻青岛总领事馆共同举办的第五届"山东省汉语·韩语

演讲比赛"举行颁奖仪式。省人大常委会副主任朱正昌出席颁奖仪式，并向获奖的18名中韩学生颁奖。

6月11日至15日　美国国土安全部海岸警卫队"急流"号执法船访问青岛。

6月15日　省委书记、省人大常委会主任张高丽在济南会见韩国前副总理赵淳、韩中亲善协会会长李世基一行。

6月15日　省委副书记、省长韩寓群在济南会见应邀出席2006山东（国际）文化产业博览会的外国驻华使节。参加会见的有古巴驻华大使阿鲁菲、越南驻华大使陈文律、泰国驻华大使祝立鹏等。

6月16日至18日　2006山东（国际）文化产业博览会在济南举行。中共中央政治局委员、书记处书记、中宣部部长刘云山，全国人大常委会副委员长、民进中央主席许嘉璐，全国政协副主席、致公党中央主席罗豪才分别发来贺信。全国政协副主席阿不来提·阿不都热西提出席开幕式。省委书记、省人大常委会主任张高丽宣布博览会开幕，省委副书记、省长韩寓群致辞。香港立法会主席范徐丽泰，香港大公报社社长王国华，韩国前副总理赵淳，古巴驻华大使阿鲁菲，越南驻华大使陈文律，泰国驻华大使祝立鹏，韩中亲善协会会长李世基，荷兰北荷兰省常务副省长胡吉马，美国花旗集团执行董事、美国国家管理集团高级合伙人库恩等中外嘉宾出席开幕式。

6月20日　全国对外友协批准青岛市与泰国清迈府建立友好市府关系。

6月20日　省外办批准济南汇文实验学校与新加坡兰景中学建立友好校际关系。

6月28日　省政府第七十次常务会议听取省外办主任张伟龄所作的《全省外事工作汇报》。

6月29日至7月3日　菲律宾众议院议长、基督教穆斯林民主力量党总裁何塞·德贝内西亚访问山东。30日，省委书记、省人大常委会主任张高丽在济南会见了菲律宾客人。省委常委、省总工会主席柏继民，中联部部长助理谭家林参加会见。柏继民主席主持了山东省情座谈会，并向何塞·德贝内西亚议长介绍了我省有关情况，就加强双边各领域合作进行了磋商。

7月7日　2006中国国际消费电子博览会在青岛国际会展中心开幕。中共中央政治局委员、国务院副总理曾培炎致信祝贺。省委常委、常务副省长林廷生，国家有关部门负责人出席开幕式。

7月7日至7月9日　2006中国济南国际儿童联欢节暨儿童用品博览会在济南舜耕国

际会展中心举行。省委副书记、济南市委书记姜大明宣布大会开幕。团中央书记处常务书记、少工委主任杨岳，副省长王军民，全国对外友协秘书长罗勤，15个国家和地区的16个代表团出席开幕式。

7月8日 全世界近80所海外孔子学院的校长，以及部分国家政府官员代表团共120余人，专程到曲阜拜谒孔子。

7月9日至22日 省委副书记、省长韩寓群率山东省政府代表团访问奥地利、埃及、南非。

7月11日至12日 第三届友好省州领导人峰会在奥地利上奥州首府林茨市举行。中国山东省省长韩寓群、德国巴伐利亚州州长施托伊伯、奥地利上奥州州长普林格、南非西开普省省长拉苏、巴西圣保罗州副州长古登伯格出席会议。

7月12日至13日 委内瑞拉全国代表大会主席尼古拉斯·马杜罗访问我省济南、济宁和泰安。省委书记、省人大常委会主任张高丽在济南会见了委内瑞拉客人。

7月14日至19日 拉丁美洲、加勒比及南太平洋国家外交、外联中高级官员代表团一行19人访问山东。

7月15日至22日 由省友协与省妇联共同组织的山东省妇女代表团访问日本、韩国。

7月24日 省委常委、省总工会主席柏继民在济南会见奥地利上奥州议会第二议长盖尔达·魏斯勒女士率领的上奥州妇女代表团。

7月25日 我国驻联合国停战监督组织军事观察员杜照宇（山东济南籍）在黎巴嫩遭遇以色列空袭不幸牺牲。省委、省政府向其家属表示慰问。8月4日，杜照宇遗体告别仪式在北京举行，副省长李玉妹参加告别仪式。8月7日，解放军总参谋部在北京举行追悼大会，中共中央政治局委员、中央军委副主席、国务委员兼国防部部长曹刚川出席追悼会并讲话。

7月27日 山东—境外驻华机构商务联谊会在北京举行。省委副书记、省长韩寓群出席联谊会并致辞。巴西、肯尼亚、尼日利亚、加拿大、丹麦、新加坡等国驻华使节，卢森堡外交部秘书长和杜邦、思科、微软、惠普、LG、伊藤忠、三菱、丸红等知名跨国公司及中国美国商会代表共220名代表出席联谊会。

7月28日至8月5日 中国驻韩国大使宁赋魁访问我省。省委副书记、省长韩寓群，副省长孙守璞在济南会见宁赋魁一行。

7月29日　2006东亚投资论坛在威海举行。全国人大常委会副委员长成思危，省委副书记、省长韩寓群，中国国际关系学会常务副会长吴健民，省人大常委会副主任墨文川，副省长孙守璞出席开幕式。成思危在开幕式上致辞，韩寓群致欢迎辞并作了《山东"十一五"产业发展目标与投资重点》的主题演讲。

7月31日　全国对外友协批准济南市与乌克兰哈尔科夫市建立友好城市关系。

8月3日至7日　第九届全国地方友协工作交流会在内蒙古自治区召开。省友协常务副会长段毅军出席会议。

8月12日　第十六届青岛国际啤酒节在青岛开幕。

8月15日　中国第三支赴海地维和警察防暴队光荣凯旋。省委书记、省人大常委会主任张高丽，省委副书记、省长韩寓群在济南亲切接见了全体队员。当天，公安部和省委、省政府召开大会。公安部为维和防暴队记集体一等功，省政府为部分维和防暴队员记个人一等功。

8月16日　济南机场开通4条虚拟国际航线（济南经北京分别至东京、法兰克福、洛杉矶、旧金山）首航仪式在济南举行。副省长才利民出席首航仪式。

8月18日　省外办批准青岛市市南区与韩国仁川广成市、青岛市与韩国全州市建立友好合作关系。

8月20日至31日　2006青岛国际帆船赛开幕式在青岛奥帆中心举行。中共中央政治局委员、北京市委书记、北京奥组委主席刘淇拉响象征比赛开幕的汽笛；国家体育总局局长、中国奥委会主席、北京奥组委执行主席刘鹏，山东省委副书记、省长韩寓群等出席开幕式。

8月21日　由中国人民解放军海军"青岛"号导弹驱逐舰和"洪泽湖"号综合补给舰组成的舰艇出访编队离开青岛港，开始对美国、加拿大、菲律宾3国（4港）进行友好访问。

8月29日至31日　英国苏格兰财政、公共服务改革部长汤姆麦卡毕一行访问山东。省委副书记、省长韩寓群在济南会见了英国客人。会见结束后，韩寓群与麦卡毕签署了两省区结为友好合作关系城市协议书。

9月1日至5日　2006中国（青岛）国际时装周暨第六届青岛国际服装纺织品交易博览会在青岛举行。全国政协副主席郝建秀出席开幕式并宣布时装周开幕。省政协副主席齐乃贵、中国纺织工业协会副会长陈树津等出席开幕仪式。

9月1日至3日　2006中国（济南）国际旅游交易会暨首届中国老年旅游博览会在济南举行。

9月1日　山航正式开通青岛至首尔、烟台至首尔往返国际航班。

9月3日至10日　日本ABC企划委员会代表团访问济南、肥城、德州、临清、潍坊、青岛等地。调查在日军侵华战争期间受害者情况，并与有关专家、当事人进行了座谈。代表团对日本法西斯对中国人民造成的伤害表示谢罪，并愿意为中日世代友好作出努力。

9月4日至8日　荷兰王国北荷兰省省长博候茨率团访问山东，双方签署了山东省与北荷兰省进一步加强合作备忘录。省委副书记、省长韩寓群在济南会见了代表团一行。

9月5日　第三届中国（周村）旱码头旅游文化节暨周村国际牛仔服装节开幕。全国人大常委会委员、农业与农村委员会副主任委员李春亭，省政协副主席王志民出席开幕式。

9月5日　省外办批准泰安市与芒特拉诺丽市、俄罗斯罗布尼亚市、日本八王子市结为友好合作关系城市。

9月6日至7日　卢森堡大公亨利殿下访问山东。省委书记、省人大常委会主任张高丽，省委副书记、省长韩寓群在济南分别会见了大公殿下。副省长王仁元与来访的卢森堡经济和外贸大臣兼体育大臣让诺·克雷格一行就有关项目的合作进行了会谈。中国驻卢森堡大使孙荣民参加相关活动。

9月6日至9日　由日中经济协会副会长、JUKI株式会社社长山岗建夫率领的日本知名企业代表团一行访问济南、泰安、济宁等地。省委书记、省人大常委会主任张高丽在济南会见了代表团一行。省政府与代表团进行了座谈。省委副书记、省长韩寓群出席座谈会。

9月6日　2006中国（淄博）新材料论坛暨国际科技成果招商洽谈会开幕。全国人大常委会委员、农业与农村委员会副主任委员李春亭，副省长王军民等出席开幕式。

9月8日　第三届威海国际人居节在威海举行。全国政协副主席周铁农宣布人居节开幕。副省长李玉妹，省政协副主席周鸿兴，以及来自48个国家和地区的3000余名嘉宾出席开幕式。

9月9日　省委书记、省人大常委会主任张高丽，省委副书记、省长韩寓群在济南分别会见著名美籍华人、美国国际合作委员会主席陈香梅女士一行。

9月11日　省委书记、省人大常委会主任张高丽在济南会见将于9月18日离任回国的韩国驻青岛总领事辛亨根先生。

9月12日　第四届中国滨州惠民国际孙子文化旅游节在惠民举行。

9月14日　副省长才利民率团参加在韩国釜山举行的东北亚地区地方政府联合会第六次全体会议，并发表讲话。会议一致通过，山东省承办2008年联合会第七次全体会议。

9月15日至16日　以多米尼克教育、人力资源、体育和青年事务部部长文斯·亨德森为团长的多米尼克青年代表团访问山东。

9月15日　全省外办主任座谈会在济南召开。会议主要任务是传达贯彻中央外事工作会议及省委常委会会议精神。

9月17日至18日　第二届中国广饶孙子国际文化节举行。

9月18日　在英国北爱尔兰首府贝尔法斯特举行的第二届世界地质公园大会上，经过评审，泰山成为第三批世界地质公园。

9月19日　中美信息产业创新投资合作研讨会在济南开幕。

9月19日　第七届中国枣庄国际石榴节暨投资贸易洽谈会在枣庄开幕。

9月20日至21日　第六次泛黄海中日韩经济技术交流会议在日照市举行。副省长孙守璞出席会议并讲话。

9月21日至26日　越南共产党中央委员、岘港市委书记阮伯清率团访问山东。省委书记、省人大常委会主任张高丽在济南会见了越南客人。

9月21日至24日　第三届中国（济南）国际信息技术博览会在济南举行。全国政协副主席、中国工程院院长徐匡迪发来贺信。省委副书记、省长韩寓群宣布本届信博会开幕。

9月21日至24日　国际知名华裔刑侦专家、美国康州警政厅荣誉厅长、康州警政刑事科学中心总监李昌钰博士一行访问山东。

9月21日　由商务部委托全国青联举办的阿拉伯国家青年政治家研修班在山东开班。省委常委、省总工会主席柏继民在济南会见了来自巴勒斯坦、苏丹、伊拉克等阿拉伯国家的青年政治家代表团一行。

9月23日　首届联合国教科文组织孔子教育奖颁奖典礼在曲阜举行。全国政协副主席王忠禹、联合国教科文组织副教育助理总干事唐虞，为获奖的印度拉贾斯坦邦扫盲及继续教育办公室、摩洛哥教育部的代表颁奖。来自世界各地的400余名知名人士、各界嘉宾参加颁奖典礼。

9月23日至24日 由外交部、省政府联合举办的中国·泰山中小城市发展国际交流大会在泰安举行。全国政协副主席王忠禹，副省长贾万志，外交部部长助理李辉，省政协副主席王久祜，以及来自20余个国家、50余个中小城市的市长、企业家、专家学者、国际组织和国内有关机构的代表共300余人出席开幕式。

9月23日 第八届国际果蔬·食品博览会在烟台国际会展馆开幕。中国工程院副院长旭日干、联合国副秘书长金学洙、山东省副省长孙守璞，以及来自美国、新加坡、德国等30余个国家和地区的政府官员和客商约5000人出席开幕式。孙守璞致辞。

9月24日至28日 伊朗哈马丹省省长莫拉迪率团访问山东。省委副书记、省长韩寓群在济南会见了伊朗客人。

9月25日 第十一次中日产业研讨会在青岛举行。全国政协原副主席、中国企业联合会会长陈锦华，中日双方企业界代表100余人参加研讨会。

9月25日至28日 泰国中华传统文化促进会访华团一行3人访问山东，拜会了省对外友协，参加了在曲阜市举办的"2006国际孔子文化节"活动。

9月26日 2006中国曲阜国际孔子文化节开幕。

9月28日 省委书记、省人大常委会主任张高丽在济南会见韩国驻青岛新任总领事金善兴。

9月28日 山东省庆祝新中国成立57周年外宾招待会在济南举行。副省长孙守璞出席并致辞。

10月10日 省外办批准济南第九中学与澳大利亚郡德勒普市伍德维尔中学建立友好校际关系。

10月13日 省外办批准烟台市芝罘区与韩国蔚山市广成市中区结为友好合作关系城市。

10月17日 中日韩老年人交流大会在济南开幕。省人大常委会副主任曹学成在开幕式上致辞，并会见了前来参加会议的日本、韩国老年人代表。

10月19日至22日 由商务部、国家旅游局、山东省人民政府主办的亚欧会议旅游合作发展论坛暨展览会在烟台国际博览中心开幕。国务院副总理吴仪发来贺信。省委常委、烟台市委书记焉荣竹，商务部副部长易小准，国家旅游局副局长王志发，山东省副省长孙守璞，湖南省副省长贺同新；韩国前总理李寿成、老挝旅游部部长宋蓬·孟昆维莱、马拉西亚旅游部副部长林祥才出席开幕式。亚欧会议39个成员国和国内31个省、自治区、直辖市全部参展参会。

10月19日至23日　新一届中日友好21世纪第五次会议在青岛举行。中方首席委员、中央党校原常务副校长郑必坚，日方首席代表、日本经济同友会前总干事、富士施乐公司最高顾问小林阳太郎分别率团出席会议。会后，双方发表了联合新闻公报。23日，与会全体人员离开青岛赴北京，当天下午，国务院总理温家宝会见了会议全体人员。26日，日本首相安倍晋三在东京接见了日方委员并听取汇报。

10月20日　山东省海外交流协会第四届理事会议在济南召开。省人大常委会副主任曹学成出席会议并讲话。

10月21日　第四届中国（滨州）国际家纺文化节在滨州国际会展中心举行。副省长王军民，中国纺织工业协会副会长、中国家纺协会会长杨东辉出席。

10月21日　"2006海外华商·博士投资与创业山东行暨济南投资与创业国际合作周"活动在济南开幕。副省长孙守璞出席开幕式并致辞。

10月25日　省友协会长张伟龄在济南会见日本东京都日中友好协会代表。

10月27日　由文化部中外文化交流中心、泰安市政府共同主办的2006泰山文化国际大会暨首届泰山诗歌节在泰安举行。文化部副部长郑欣淼、省人大常委会副主任曹学成出席开幕式，副省长张昭福致辞。

10月31日至11月2日　柬埔寨首相洪森访问山东，先后参观了孔庙、孔府，农业技术示范园和齐鲁石化公司等企业。省委书记、省人大常委会主任张高丽，省委副书记、省长韩寓群在济南会见了代表团一行。柬埔寨副首相兼外交与国际合作部大臣贺南洪、中国驻柬埔寨大使张金凤、副省长王军民参加有关活动。

10月31日至11月1日　泰国公主邬汶呖访问我省威海。

11月1日　第十一届中国国际渔业博览会和中国国际水产养殖展览会在青岛开幕。全国人大常委会委员、全国人大农业与农村委员会副主任委员舒惠国，农业部副部长牛盾，副省长贾万志出席开幕式。

11月2日至3日　以知事金完柱为团长的韩国全罗北道代表团访问山东。省委副书记、省长韩寓群在济南会见了代表团一行。双方签署了《山东省与全罗北道友好合作协议书》。

11月2日 全国对外友协批准烟台市与法国昂热市建立友好城市关系。

11月3日 山东省与韩国全罗北道结为友好合作关系城市。

11月6日至8日 莱索托王国首相兼国防与公共事务大臣莫西西利夫妇一行访问山东。

11月8日至9日 捷克兹林州州长里伯·卢卡什率团访问山东。

11月8日 首届中国（滨州博兴）国际厨具节在博兴县兴福镇举行。省人大常委会副主任王道玉出席，1200余名国内外客商参展参会。

11月11日至23日 省委副书记、省长韩寓群率山东省政府代表团访问委内瑞拉、秘鲁、智利。

11月17日 中国山东第四届海内外高端人才交流暨技术项目洽谈会在济南举行。省委书记张高丽、省长韩寓群发来贺信，人事部副部长、国家外国专家局局长季允石，省委常委、常务副省长林廷生，人事部副部长王晓初，省委常委、省纪委书记杨传升，省人大常委会副主任时立军，副省长才利民，省政协副主席乔延春出席开幕式。

11月17日 2006年度"齐鲁友谊奖"在济南举行颁奖仪式。德国海科·格雷泽等20名外国专家获得此项荣誉。省委常委、常务副省长林廷生为获奖专家颁奖。

11月18日 副省长王军民代表山东省人民政府授予英国龙比亚大学校长琼·斯特林格女士"山东省荣誉公民"称号。

11月18日 由山东艺术学院和美术观察杂志共同主办的全国外国美术研究与教学发展战略研讨会在济南召开。这是中国首次举办大规模的外国美术研讨会。省政协副主席、民盟山东省主委、省美术家协会名誉主席朱铭出席。

11月19日 来自日本山口县的绿色桥梁代表团成员及100余名日本志愿者在泰山脚下挥锹培土，植下了近千棵松柏。省人大常委会副主任李明先会见了以玉木和雄为团长的代表团一行。

11月20日 马来西亚马华公会中央党校常务副校长王琛率团访问山东。马华公会是马来西亚最大的华人政党，也是该国参政党之一。

11月26日 省委办公厅、省政府办公厅下发《关于加强市厅级领导干部因公出国管理工作有关问题的通知》。

11月30日 省委副书记、省长韩寓群在济南会见阿塞洛·米塔尔集团首席执行官特别顾问、高级管理委员会委员罗兰·雍克先生一行。副省长孙守璞参加会见。

11月30日　省外办批准省总工会与越南岘港市劳动总联合会建立友好关系。

12月6日至8日　2006中韩（济南）科技合作论坛暨项目洽谈会在济南举行。副省长孙守璞，中国科协副主席齐让，韩国代表团团长、韩国产业技术财团事务总长郑俊石出席开幕式。大会共有40余家韩国企业和省内150余家企业参加洽谈和项目对接。

12月8日至14日　"2006济南国际幽默艺术周"在济南举办。中国文联党组书记、副主席胡振民，副主席冯远、刘兰芳、夏菊花；省委书记、省人大常委会主任张高丽，省委副书记、省长韩寓群，省委副书记、济南市委书记姜大明，省委常委、省纪委书记杨传升，省委常委、组织部部长刘伟，省委常委、宣传部部长焉荣竹，副省长张昭福出席开幕式。来自美国、俄罗斯、瑞典、荷兰等国家及国内的有关人士参加了活动。

12月11日　省委书记、省人大常委会主任张高丽，省委副书记、省长韩寓群在济南分别会见了日本驻华大使宫本雄二及夫人一行。

12月12日　全国对外友协批准泰安市与希腊科孚市建立友好城市关系。

12月12日　省外办批准青岛市与俄罗斯彼尔姆市结为友好合作关系城市。

12月13日　省委副书记、省长韩寓群在济南会见韩国驻青岛总领事金善兴。副省长孙守璞参加会见。

12月17日至19日　突尼斯苏斯省省长塔伊布·拉古比一行访问山东。省委副书记、省长韩寓群会见了苏斯省省长塔伊布·拉古比，并共同出席了山东省与突尼斯苏斯省建立友好关系协议书签字仪式。副省长孙守璞、省政府秘书长周齐参加了会见和签字仪式。

12月18日　省委副书记、省长韩寓群在济南会见东北亚地区地方政府联合会秘书长李海斗一行。会见结束后，韩寓群与李海斗共同为联合会山东省联络办公室揭牌。副省长才利民参加会见。

12月18日　全国对外友协批准菏泽市与美国亚拉巴马州莫比尔市建立友好城市关系。

12月19日　省政府办公厅下发《关于将山东省人民政府外事办公室列入省政府组成部门的通知》。经省政府研究，并报中央机构编制委员会批准，将山东省人民政府外事办公室由直属机构调整为省政府组成部门。

12月20日　省委外事工作会议在济南召开。省委书记、省人大常委会主任张高丽出席会议并讲话。省委副书记、省长韩寓群主持会议。省委副书记、济南市委书记姜大明，省委副书记赵春兰等出席会议。省人大常委会、省政府等几大班子有关负责人，省法院院长，各市市委书记、市长、分管副市长、外办主任，省直有关部门、单位和中央驻鲁单位主要负责人，部分高校党委书记参加会议。会议期间，举行了全省外办主任会议。

12月22日至23日 外交部在我省举办第四轮地方外事干部巡回培训，由外交部外管司、政研司、亚非司、新闻司、礼宾司、领事司的有关领导就政策法规、外事接待、涉外管理、对外宣传和外事礼仪进行了授课，我省各市及所属（市、区）外办主任、省直各部门外事处长、驻济高校和大企业外事（外经）部门负责人、省外办处级以上领导和近年来新入办人员共计300余人参加了培训。

12月30日 省委副书记、省长韩寓群到省外办调研。副省长孙守璞参加调研。

2007年

1月4日 经全国对外友协批准，菏泽市与巴西巴拉那州哥伦布市建立友好城市关系。

1月5日 经全国对外友协批准，临沂市与美国华盛顿州雷顿市建立友好城市关系。

1月8日 "大洋一号"科学考察船驶离青岛港，开始执行为期220天的中国大洋第19次科学考察任务。

1月8日 经省外办批准，青岛市城阳区职教中心与韩国釜山广域市东亚工业高等学校建立友好校际关系。

1月12日 省委常委、青岛市委书记阎启俊在青岛会见韩国驻青岛总领事金善兴。

1月17日 由中国科学院海洋研究所主办的全球海洋观测组织第八次会议在青岛举行。来自全球16个国家和地区的著名海洋研究机构负责人、6个国际组织的70余位著名海洋学者参加会议。

1月18日 中国（济南军区）赴苏丹维和部队在完成任务后返回济南。济南军区司令员范长龙、政治委员刘冬冬，山东省副省长王仁元到机场迎接。

1月19日 山东援外青年志愿者送行仪式暨杰出青年座谈会在济南举行。我省首批15名援外志愿者于21日飞赴津巴布韦，进行为期一年的志愿服务。

1月22日至24日 荷兰经济部农产品代表团访问山东，与省外办、省农业厅共同举办了山东—荷兰农业技术创新项目洽谈会。

1月22日至26日 韩国前国务总理李寿成一行访问山东。

1月23日　经省外办批准，济南市历城区与韩国首尔市江南区建立友好合作关系。

1月24日　省友协第三届理事会第五次会长办公会议暨理事代表会议在济南举行。

2月5日　经全国对外友协批准，东营市与法国东比利牛斯省建立友好城市关系。

2月5日　经省外办批准，青岛第五十八中学与美国康涅狄格州达尔文中学建立友好校际关系。

2月14日　经全国对外友协批准，淄博市与意大利贝加莫省建立友好省市关系。

2月26日　经全国对外友协批准，淄博市与巴西巴拉那州圣约瑟市建立友好城市关系。

2月26日　经省外办批准，菏泽市与巴西米纳斯吉拉斯州乌贝兰迪亚市结为友好合作关系城市。

2月26日　经省外办批准，菏泽市与西班牙里奥哈省结为友好合作关系城市。

2月28日　中法两国在法国三军参谋部举行授勋仪式。国三军参谋部副参谋长法尔佐内中将代表希拉克总统，向我国山东莱芜籍驻法武官毕京三授予法国国家功勋骑士勋章。这是中法两国自1964年建交以来，法国总统第二次向中国武官授勋。

3月2日至6日　我新任驻哥伦比亚大使李长华访问我省济南、青岛和威海。副省长王仁元会见了李长华一行。

3月9日　省外办批准菏泽市与乌拉圭加内罗尼斯省结为友好合作关系城市。

3月11日　澳大利亚南澳州总理内阁部卡耐基梅隆大学项目首席代表杰瑞·亚当斯访问山东，双方举行了卡耐基梅隆大学项目签字仪式。

3月14日　省外办批准山东科技职业学院分别与韩国大邱艺术学院、英国伦敦欧洲商学院建立友好校际关系。

3月14日　省外办批准山东艺术学院与韩国广州女子大学建立友好校际关系。

3月18日至21日　津巴布韦地方政府部部长伊格内修斯·乔姆波访问山东。

3月19日　省外办批准山东科技职业学院分别与马来西亚双威大学学院、日本东京工学院专门学校建立友好校际关系。

3月20日　省十届人大常委会第二十六次会议听取省外办主任张伟龄所作的山东省与伊朗胡泽斯坦省建立友好省际关系的说明。22日的会议，任命张伟龄为山东省人民政府外事办公室主任。省委副书记、省人大常委会副主任高新亭向张伟龄颁发任命书。会议同意与伊朗胡泽斯坦省建立友好省际关系。

3月26日　全省外办主任会议在济南召开。省外办主任张伟龄作工作报告。

3月29日　全省群众性涉外文明礼仪宣传教育活动启动仪式在曲阜举行。省人大常委会副主任曹学成，省委宣传部、省外办、大众报业集团等发起此项活动的14个省直部门单位有关负责人，济宁市、曲阜市有关领导及各界代表约4000人参加启动仪式。

4月3日至6日　以色列驻华大使海逸达及夫人苏萨娜·海姆访问山东。省委副书记、省长韩寓群在济南会见了以色列客人。

4月16日　中国海军与来访的印度海军舰艇编队在青岛附近的黄海海域举行联合军事演练。中印海军共1000余名官兵参加了此次演练。

4月18日　依托山东大学建立的韩国东西大学孔子学院在韩国釜山市东西大学教育馆举行开院揭牌典礼。省人大常委会副主任、中国孔子基金会常务副理事长、山东大学党委书记朱正昌参加开院典礼。

4月20日　第二十四届潍坊国际风筝会在潍坊市体育场开幕。副省长才利民，省政协副主席、省委统战部部长齐乃贵，省里老同志梁步庭、李振等出席开幕式。

4月20日至5月20日　第八届中国（寿光）国际蔬菜科技博览会在寿光国际会展中心开幕。农业部副部长牛盾宣布开幕，副省长贾万志在开幕式上致辞。省政协副主席、省委统战部部长齐乃贵，省里老同志梁步庭、李振等出席开幕式。

4月20日　2007年第十九届亚洲举重锦标赛在泰安开幕。亚足联主席苏丹，国际举重联合会副主席、亚洲举重联合会副主席马文广出席开幕式。

4月22日至24日　韩国京畿道知事金文洙访问山东。省委书记李建国，省委副书记、省长韩寓群分别会见了韩国客人。韩寓群与金文洙共同出席了山东省与京畿道深化友好合作备忘录签字仪式。副省长才利民，韩国驻青岛总领事金善兴参加有关活动。

4月23日　全国对外友协批准日照市与韩国唐津郡建立友好城市关系。

4月25日　为庆祝我省与德国巴伐利亚州缔结友好省州关系20周年，我省选派张海迪等6位艺术家赴巴州进行为期1年的文化交流。

4月28日　外交部前部长李肇星在济南作国际形势报告。

5月8日　中国山东菏泽牡丹文化节在巴黎朗布依埃市怡黎园举行。全国对外友协会长陈昊苏、山东省省长韩寓群分别发来贺信。中国驻法国大使赵进军、法国劳工部长拉舍尔出席开幕式并致辞。

5月11日至12日　山东省第十届"外国专家日"在泰安、莱芜举行。16个国家的

90名驻鲁外国文教专家参加了为期两天的活动。

5月12日　韩国籍"金玫瑰"轮在烟台海域与山东鲁丰航运有限公司经营的圣文森特籍"金盛"轮发生碰撞事故，造成韩国籍船舶沉没。

5月15日至17日　捷克兹林州州长里伯·卢卡什率领兹林州政府及经贸代表团访问山东。副省长才利民在济南会见了捷克客人，并与里伯州长共同签署了《山东省与兹林州建立友好合作关系协议书》。

5月16日至17日　由韩国女性与家庭部长官张夏真率领的韩国妇女代表团一行访问青岛。省委常委、青岛市委书记阎启俊会见了代表团一行。

5月16日　全国对外友协批准青岛市与毛里求斯萨瓦纳区建立友好城市关系。

5月17日至18日　2007中国（青岛）奥运与旅游国际论坛在青岛举行。国务院副总理吴仪，省委书记李建国，省委副书记、省长韩寓群致贺信。国家旅游局局长邵琪伟，省委常委、青岛市委书记阎启俊出席开幕式。副省长才利民、联合国世界旅游组织秘书长助理杰弗瑞·李普曼分别致辞。来自世界旅游组织，亚太旅游协会及日本、韩国、西班牙、澳大利亚、希腊、美国、英国等国家的代表参加会议。

5月17日　墨西哥南下加州州长埃罗尔杜伊率团访问青岛。

5月20日至23日　阿曼国民经济大臣阿哈迈德·马克基、商业和工业大臣马克布尔·苏尔坦一行访问山东。省委书记李建国，省委副书记、省长韩寓群在济南分别会见了阿曼客人。

5月20日　《国际日报》《山东侨报》在美国、印尼、泰国、马来西亚4国同步发行首发式暨新闻发布会在济南举行。省人大常委会副主任曹学成，副省长才利民，省政协副主席乔延春、王志民等，以及海外侨领侨胞致辞祝贺。

5月21日至25日　由法国卢瓦尔大区主席奥克谢特率领的卢瓦尔大区政府暨经贸代表团访问山东。省委副书记、省长韩寓群，省委常委、青岛市委书记阎启俊分别在济南、青岛会见了代表团一行。法国驻华大使苏和，副省长才利民参加有关活动。

5月22日至25日　美国海军"斯特森"号导弹驱逐舰（舷号63）在舰长保罗·莱昂斯中校率领下访问青岛。随舰官兵325名，其中军官25人，士兵300人。双方在黄海海域举行了联合演练。

5月29日　省外办批准山东科技职业学院与韩国亚洲自动车大学、韩国湖西大学建立友好校际关系。

5月30日　2007中国意大利企业合作高层论坛在日照举行。全国政协人口资源环境委员会副主任、中国中小企业国际合作协会会长郑斯林，意大利中国基金会主席凯萨·罗密蒂，意大利议员兼议会外交事务委员会秘书长安瑞可·皮耐特，省长助理张传林出席开幕式。来自海内外的300余名代表参加了论坛活动。

6月1日至4日　以中央委员迈赫迪·阿里汗尼为团长的伊朗政党联合会考察团一行12人访问济南、泰安、曲阜和青岛。

6月5日　全国对外友协批准山东省与伊朗胡泽斯坦省建立友好省际关系。

6月5日　省外办批准肥城市实验小学与英国萨默塞特郡斯特瑞特和格拉斯顿伯里社区联合学校建立友好校际关系。

6月6日至10日　纽埃总理维维埃一行15人访问济南、威海，考察了济南和威海市的一批重点企业，就渔业领域的合作达成了初步意向。省委副书记、省长韩寓群在济南会见了纽埃客人。

6月6日至10日　荷兰海尔德兰省省长考尼列率团访问山东。省委副书记、省长韩寓群会见了荷兰客人。双方签署了《山东省与海尔德兰省建立友好合作关系协议书》。

6月6日　全省第六批中青年干部出国培训欢送会在济南召开。会议传达了省委书记李建国对这次出国培训的重要批示。省委常委、组织部部长刘伟出席会议并讲话。参加本次培训的75名学员将于近日分别赴美国、澳大利亚参加为期半年的培训。

6月6日　"海外人才为国服务山东行暨中国济南海外创新项目交流会"在济南开幕。副省长才利民出席开幕式。

6月13日　全国对外友协批准聊城市与德国黑森州奥芬巴赫地区建立友好城市关系。

6月14日　省委书记李建国对我省负责组织实施的中国青年志愿者海外服务计划——津巴布韦服务项目作出重要批示，要求把我省青年志愿者事业做得更好。

6月14日至16日　省外办与省金融办会同联合国工业发展组织中国投资促进处举办的"对话山东—山东国际金融合作研讨会"在济南召开。常务副省长王仁元、联合国工发组织地区代表安吉蒙分别在研讨会上致辞。来自12个国家和地区的19家外资银行的25位高级主管，省直有关部门，省内部分设区市政府，29家金融从业机构和商业银行，省内部分大型工业企业等参加研讨会。这是迄今为止我省举办的规模最大、层次最高、与会外资银行代表最多、涵盖面最广的金融研讨活动。15日，常务副省长王仁元会见并宴请了与会的外方代表。

6月19日　中国海事局与韩国中央安全审判院对今年5月12日发生在烟台海域的韩国籍货船"金玫瑰"轮与圣文森特籍货船"金盛"轮碰撞事故，发布联合调查结论。

6月22日至24日　丹麦议会议长麦达尔率丹麦议会代表团访问山东。省委书记李建国在济南会见了代表团一行。代表团参观了菏泽单县国能生物发电有限公司。

6月25日　第二届中日韩旅游部长会议在青岛开幕。省委书记李建国，省委副书记代省长姜大明发来贺信。国家旅游局局长邵琪伟、韩国文化观光部长官金钟民、日本国土交通大臣冬柴铁三、副省长才利民出席开幕式。

6月26日　省外办批准青岛市总工会与韩国交通运输劳动组合总联合会建立友好关系。

6月26日　济南市经七路第一小学与新加坡成康小学建立友好校际关系。

7月2日至3日　新加坡贸易与工业部政务部长、新加坡—山东经贸理事会新方联合主席李奕贤一行访问山东。省委副书记、代省长姜大明在济南会见了新加坡客人。2日，新加坡—山东经贸理事会第十二次会议在济南召开，副省长才利民出席会议并致辞。

7月4日　2007（第八届）海洋科技与经济发展国际论坛在青岛召开。全国人大常委会原副委员长、中国科协名誉主席周光召，省委常委、青岛市委书记阎启俊出席会议。

7月6日　2007中国国际消费电子博览会在青岛开幕。中共中央政治局委员、国务院副总理曾培炎发来贺信。全国人大常委会原副委员长周光召宣布博览会开幕。信息产业部部长王旭东，省委副书记、代省长姜大明，商务部副部长魏建国等出席并致辞。山东省委常委、青岛市委书记阎启俊，山东省副省长才利民出席开幕式。

7月6日至8日　2007中国济南国际儿童联欢节暨儿童用品博览会在济南举行。中国人民对外友好协会副会长冯佐库出席开幕式并讲话。加拿大里贾纳市市长帕特菲·亚柯代表友好城市讲话。来自德国、俄罗斯、白俄罗斯、法国、韩国、日本、印尼、印度、乌克兰等18个国家和地区的代表团及国内代表共2000余人参加开幕式。

7月8日至13日　为庆祝山东省与德国巴伐利亚州建立友好关系20周年，省委常委、常务副省长王仁元率山东省政府代表团访问巴伐利亚州。双方领导人举行了工作会谈，举办了"山东—巴伐利亚经贸洽谈会""山东文化周""中德农村可持续发展研讨会""中德高等教育合作研讨会"等十几项活动。

7月9日至12日　荷兰北荷兰省代省长唐·胡吉玛（何迈尔）率政府及经贸代表团一行访问山东。省委副书记、代省长姜大明在济南会见了代表团一行。副省长郭兆信参加了北荷兰省环境保护推介会。

7月11日至15日　泰国商务部部长格盖吉拉佩率团访问山东。省委副书记、代省长姜大明在济南会见了代表团一行。副省长郭兆信、省政府秘书长周齐参加会见。

7月12日至16日　2007中国山东省·韩国周在济南等地举行。韩国驻华大使金夏中率韩国经济界、企业界、文化界、演艺界等216人组成的代表团访问山东并参加友好周活动。金夏中在济南发表了题为《共创韩中关系的美好未来》的演讲。省委副书记、代省长姜大明在济南会见了金夏中一行。省委常委、宣传部部长李群，韩国驻青岛总领事金善兴参加有关活动。

7月12日至21日　山东省中学生夏令营访日团一行52人对日本进行访问。

7月13日至14日　毛里求斯共和国副总理兼财政和经济发展部部长拉马·克里希纳·西塔南率毛里求斯经贸代表团访问青岛。

7月23日　由菲律宾安禄省副省长安娜·沙依都利亚率领的菲律宾安禄省访华团一行访问山东。省委副书记刘伟在济南会见了代表团一行。

7月24日　多米尼加共和国青年部部长马努埃尔·克雷斯波一行访问山东。省委副书记刘伟在济南会见了代表团一行。

7月27日　佛得角驻华大使儒利奥·德莫赖斯访问济南。

7月28日　我省第20批援助坦桑尼亚医疗队出征仪式在济南举行。

7月30日至31日　澳大利亚塔斯马尼亚州能源部部长访问我省威海市，出席该州与我省合资建设的风力项目竣工仪式。省人大常委会副主任鲍志强会见了代表团一行。

8月7日至10日　韩国韩中亲善协会会长李世基率团访问山东。省委副书记、代省长姜大明在济南会见了代表团一行。省委常委、宣传部部长李群，省政府秘书长周齐参加会见。

8月11日至17日　第十七届青岛国际啤酒节在青岛举行。

8月12日　副省长才利民在济南会见韩国驻青岛前总领事朴钟先一行。

8月12日至24日　2007"青岛国际帆船赛"在青岛举行。北京奥组委执行副主席杨树安，国际帆联主席约伦·彼得森出席开幕式。这是2008奥帆赛前的最后一次测试赛。

8月13日至25日　奥地利上奥州施威特贝格市市长格斯乐率领的上奥州市长代表

团访问山东。

8月17日至23日　由中国驻法国大使赵进军率领的我国驻外使节团一行36人访问山东。省委书记李建国，省委副书记、代省长姜大明在济南会见了使节团一行。才利民主持座谈会，向驻外使节团介绍我省有关情况。

8月19日　执行中国大洋科考第十九航次任务的"大洋一号"船返回青岛。该船1月8日从青岛启航，历时224天，横跨印度洋、太平洋，航程3.67万海里。

8月21至22日　以印度尼西亚西爪哇省省长助理特加加库斯瓦拉为团长的西爪哇省政府代表团一行11人访问山东。双方签署了建立友好省际关系意向书。

8月22日至23日　美国前国务卿玛德琳·奥尔布赖特一行访问山东。省委副书记、代省长姜大明在济南会见了美国客人。副省长郭兆信、省政府秘书长周齐参加会见。

8月23日　省政府在国务院新闻办举行新闻发布会，宣布今年的孔子文化节将升格举办，由山东省人民政府、文化部、教育部、国家旅游局、中华全国归国华侨联合会主办，并突出国际性，彰显开放性，打造成国际性的文化盛典和经科贸合作盛会。

8月24日至27日　首届国际动漫艺术节在烟台举行。中日韩等国家的80余家动漫企业参会参展，烟台动漫基地同时揭牌。省委常委、宣传部部长李群给艺术节发来贺信。

8月28日　第三届黄河国际论坛暨首届黄河口旅游文化博览会第一次筹备会在济南召开。

8月29日至30日　克罗地亚驻华大使博里斯·韦利奇访问山东。副省长才利民在济南会见了克罗地亚客人。

9月1日　2007中国山东荣成（国际）滨海旅游度假周举行。全国政协副主席郝建秀，全国人大常委会委员、农业与农村工作委员会主任委员刘明祖，山东省政协副主席王久祜，省政府特邀咨询孙守璞出席开幕式。

9月4日　由我省承办的东北亚地区地方政府联合会事务委员会第六次会议在济南召开。山东省副省长才利民和联合会秘书长李海斗分别在开幕式上致辞。来自国内和日本、韩国、蒙古、俄罗斯等国的31个联合会省级会员地方政府及联合会秘书处的代表共计160人出席本次会议。这是我省历史上举办的范围最广、规模最大的国际性地方政府会议。

9月4日　东北亚地方政府国际合作对话在济南举行。参加东北亚地方政府联合会第六次事务会议的中国、日本、韩国、俄罗斯、蒙古国的代表及我省有关部门、高校、企业的代表共计160余人出席会议。省外办主任张伟龄作了大会发言。

9月6日至12日　第二十一届泰山国际登山节在泰安举行。

9月7日至9日　2007中国（山东省）—韩国城市经济交流会议在济南举行。

9月7日　全省领事工作情况通报会在济南举行。

9月8日至10日　第七届济南国际旅游交易会暨中韩城市经济交流会在济南举行。副省长才利民宣布大会开幕。韩国驻青岛总领事金善兴、韩国水原市市长金容西、澳大利亚郡德勒普市市长特洛伊·佩卡德、津巴布韦驻华使馆公使衔参赞穆沙亚瓦努、冰岛驻华使馆参赞何克塞·尼古拉、马来西亚驻华使馆参赞郑启贤出席开幕式。来自世界28个国家和地区的客商参展参会。

9月10日　由海军北海舰队"哈尔滨"号导弹驱逐舰和"洪泽湖"号远洋综合补给舰组成的中国海军舰艇编队从青岛港启航，出访澳大利亚和新西兰，并将举行3国海军海上联合搜救演习。

9月12日　第四届国际齐文化旅游节在临淄开幕。省人大常委会副主任石立军，省政协副主席王修智、王志民出席开幕式。

9月14日　省委副书记、代省长姜大明在济南会见日本国际贸易促进协会理事长中田庆雄率领的日本东京地区企业家及新闻媒体代表团一行。当天，山东省与日本经贸团在济南举行投资恳谈会。

9月17日　济南军区第三批赴苏丹瓦乌维和部队第一梯队141名官兵启程。

9月20日至24日　美国加州众院民主党领袖马世云、共和党领袖夏乐柏率美国加利福尼亚州议员代表团一行30人访问我省济南、济宁、青岛、烟台。

9月23日至28日　首届烟台国际葡萄酒节和第九届国际果蔬·食品博览会在烟台举行。全国人大常委会副委员长乌云其木格，柬埔寨王国副首相柯奥·拉斯米，新西兰前总理、WTO前总干事麦克·穆尔为葡萄酒节和果蔬会开馆。省人大常委会副主任陈延明出席，商务部副部长易小准，副省长才利民致辞。

9月24日　德国巴伐利亚州山东办事处在青岛举办招待会，庆祝办事处开业10周年。

9月25日　省政府在济南举行庆祝中华人民共和国成立58周年招待会。韩国驻青岛总领事金善兴夫妇，德国、法国、荷兰等友好城市驻鲁代表处代表，外国商社驻鲁办事处代表，驻鲁外资企业外籍人员代表应邀出席招待会。副省长才利民在招待会上致辞。

9月26日　俄罗斯联邦委员会（议会上院）主席米罗诺夫，由全国人大常委会副委员长盛华仁陪同，访问山东济南、曲阜等地。省委书记李建国，省委副书记、代省长姜大明在济南会见了俄罗斯客人。省人大常委会副主任高新亭、时立军陪同活动。

9月27日　第四届中国威海国际人居节开幕式在威海举行。全国人大常委会副委员长何鲁丽、省人大常委会副主任墨文川、副省长郭兆信出席开幕式。何鲁丽宣布第四届中国威海国际人居节暨地级威海市建市20周年庆祝活动开幕。

9月27日至30日　2007中国曲阜国际孔子文化节在曲阜市举行。全国政协副主席罗豪才宣布开幕，全国人大常委会委员、香港金利来集团主席曾宪梓；省委书记李建国，省委副书记、代省长姜大明，省委常委、宣传部部长李群，省人大常委会副主任朱正昌，副省长才利民，省政协副主席王志民，部分驻华使节出席开幕式。姜大明致辞，才利民主持开幕式。

9月27日　第二届联合国教科文组织孔子教育奖在曲阜揭晓，美国"幼儿阅读推广计划"组织和尼日利亚"帮助家庭恢复正常生活和提高能力教育"组织获奖。全国政协副主席罗豪才，省委副书记、代省长姜大明为获奖机构代表颁奖。

9月27日　由文化部、山东省人民政府主办的世界儒学大会发起国际会议在曲阜举行。会议通过了《世界儒学大会章程》，发表了《世界儒学大会发起宣言》，并决定自2008年起，每年举办世界儒学大会。

9月27日　全国对外友协批准淄博市与俄罗斯布拉茨克市建立友好城市关系。

9月29日　省委书记李建国在济南会见日本朝日啤酒集团最高咨询主席、日中经济协会副会长濑户雄三一行。

10月3日　菲律宾总统阿罗约访问我省烟台。省委书记李建国，省委副书记、代省长姜大明会见了菲律宾客人。菲律宾外交部长阿尔维特·罗慕洛、驻华大使索尼亚·布蕾迪、贸易与工业部长彼特·法维拉、新闻部长伊格纳西奥·布涅，中国驻菲律宾大使宋涛、副省长才利民参加会见。会见前，阿罗约总统在姜大明等陪同下，参观了由烟台港与菲律宾国际集装箱码头服务公司共同投资建设的东龙国际集装箱码头。

10月6日至7日　冰岛总统格里姆松率政府及经贸代表团访问青岛。省委副书记、代省长姜大明在青岛会见了代表团一行。省委常委、青岛市委书记阎启俊，中国驻冰岛大使张克远参加活动。在青岛访问期间，总统出席了青岛港—怡之航冷库合作项目开业典礼和4个合作项目签字仪式。

10月9日至12日　坦桑尼亚总理府国务部长米曾戈·平达访问山东。

10月9日　全省友协联席会议在济南举行。副省长才利民出席会议并讲话。

10月16日至19日　第三届黄河国际论坛、首届黄河口旅游文化博览会、第三届孙子国际文化节在东营市举办。

10月17日　省外办与韩国驻青岛总领事馆举行领事会晤。省外办主任张伟龄与韩国驻青岛总领事金善兴参加会晤。

10月19日至27日　山东省妇女代表团一行49人访问日本、韩国，参加了在日本大阪举行的第七届中日经济讨论会和在韩国首尔举行的第三届中日韩妇女交流大会。

10月22日　2007山东·海外华侨华人社团大会暨济南创业与投资合作周在济南开幕。

10月28日　朝鲜籍散货轮"君山"号在烟台海域沉没。经中方全力搜救，23名船员中，有21名获救，2人失踪。

10月30日至11月6日　南非西开普省省长拉苏尔率团访问山东。省委副书记、代省长姜大明在济南会见了南非客人。双方签署了《进一步发展两省间合作备忘录》，举行了山东省与西开普省对口洽谈会。

11月9日　山东大学在蒙古国立大学建立的孔子学院揭牌仪式举行。截至10月底，山东大学已在海外6个国家建设了7所孔子学院。

11月10日至14日　由日本山口县副知事西村亘、县议会议长岛田明率领的代表团访问山东。省委副书记、代省长姜大明在济南会见了代表团一行。

11月12日　泰安市与日本富士山协会在日本东京举行泰山与富士山缔结为"友好山"协议签字仪式。双方合作的契机是2007年4月访日的中国国务院总理温家宝，在日本国会发表演讲时说的一句话："中日两国人民友好的根基，如同泰山和富士山一样不可动摇"。同年6月，日本前内阁官房长官、众议院议长细田博之访问泰安时，泰安市政府提出泰山与富士山结为"友好山"的建议，得到日方的积极响应。

11月13日　省外办批准青岛日报报业集团《青岛早报》与德国曼海姆市《曼海姆早报》建立友好关系。

11月19日至21日　日本和歌山县知事仁坂吉伸、议长中村裕一率团访问山东。省委书记李建国会见了代表团一行。省委副书记、代省长姜大明与代表团举行了工作会谈，双方签署了友好关系发展备忘录。

12月10日　省外办批准济南外国语学校与德国嘉德姆中学建立友好校际关系。

12月12日　2007年度齐鲁友谊奖暨外国专家证颁发仪式在济南举行。18位外国专家被省政府授予"齐鲁友谊奖"荣誉称号。省委常委、常务副省长王仁元出席仪式，并为获奖专家颁奖，为部分在鲁工作的外国专家颁发外国专家证。

12月14日　省外办批准济南外国语学校与韩国金海外国语高中、济南市历城区洪家楼小学与新加坡培青学校、济南市东方双语实验学校与新加坡林景小学建立友好校际关系。

12月16日至18日　全球孔子学院院长研修班中华文化体验（山东）暨首届孔子思想与文化论坛在山东大学举行。来自亚欧美非四大洲的18个国家、34个孔子学院和孔子课堂的44名国际友人参与了此次活动。其间，我省与加拿大埃德蒙顿市签署了合作建设埃德蒙顿孔子学院的协议及项目计划书。

12月18日　省政府第一〇九次常务会议研究，同意省外办关于我省与加拿大魁北克省建立友好省际关系的请示，并提请省人大常委会进行审议。

12月28日　召开山东省在北京奥运会及其筹备期间外国记者管理和舆论引导联席会第三次会议。

12月29日至30日　日本国首相福田康夫访问山东。29日，省委书记李建国，省委副书记、代省长姜大明在济南会见了福田康夫一行。30日，福田康夫一行赴曲阜参观孔庙等。外交部副部长王毅、中国驻日本大使崔天凯、副省长才利民，日本内阁官房副长官大野松茂、驻华大使宫本雄二等参加有关活动。

2008年

1月11日至12日　加拿大联邦国会议员约翰·麦嘉廉、安大略省公民和移民厅厅长陈国治、加拿大中国总商会会长舒心一行14人访问济南、泰安。省委副书记、代省长姜大明在济南会见了加拿大客人。

1月15日至17日　法国布列塔尼大区主席让-伊夫·勒德安率团访问山东。省委副书记、代省长姜大明与代表团举行了工作会谈。

1月18日　省十届人大常委会第三十二次会议，批准关于山东省与加拿大魁北克省建立友好省际关系的议案。

1月30日　日本首相福田康夫在首相官邸亲切接见了北京师范大学教授、山东修学旅游形象大使于丹和孔子后裔——日本软银金融大学教授、山东孔子文化旅游推广活动日本负责人孔健。于丹向福田首相赠送了她的中文版《论语心得》和《论语力》；孔健介绍了山东省将于今年在日本举行的孔子文化旅游宣传活动的计划。福田首相感谢去年访问山东时所受到的热情接待，并表示支持在日本开展宣传孔子文化的活动。

1月31日　韩国驻青岛总领事金善兴访问省外办。

2月1日　2008鲁韩旅游交流年启动仪式在青岛举行。韩国文化观光部部长金钟汉发来贺电。副省长才利民，韩国观光协会中央会副会长、韩国一般旅行业协会会长郑宇植出席仪式。

2月2日至4日　以第一书记胡里奥·马丁内斯为团长的古巴共产主义青年联盟代表团访问山东。

2月15日　省外办批准山东科技职业学院与马来西亚吉隆坡基建大学和俄罗斯卡斯特罗国立工艺大学建立友好院校关系。

2月19日　全省对外开放工作会议在济南召开。省委书记、省人大常委会主任李建国，省委副书记、省长姜大明出席会议并讲话。

2月20日　省友协理事会第六次会长办公会议暨理事代表会议在济南举行。

2月20日至22日　泰国驻华大使马纳塔一行9人访问青岛，参观了海尔、青啤等企业，考察了奥帆中心。

2月24日　根据山东省省长姜大明提请，省十一届人大常委会第一次会议，任命张伟龄为山东省人民政府外事办公室主任。

3月1日　我省在国务院新闻办公室新闻发布厅举行新闻发布会，面向全球发布中华文化标志城创意规划方案征集公告。全国人大常委会副委员长许嘉璐、全国政协副主席周铁农、全国人大常委会委员曾宪梓，山东省委书记李建国、省长姜大明出席发布会。

3月7日　省委副书记、省长姜大明在北京会见日本驻华大使宫本雄二。

3月7日　省政府在济南南郊宾馆举行重大国际活动新闻发布会。

3月17日　全国对外友协批准山东省与加拿大魁北克省建立省际友好关系。

3月19日　全省外事工作座谈会在济南召开。副省长才利民出席会议并讲话。省外办主任张伟龄作工作报告。全省17个设区市外办负责人等共106人参加会议。

3月20日　省外办批准青岛市与加拿大列治文市结为友好合作关系城市。

3月20日　省外办批准山东政法学院与韩国中部大学、枣庄学院与韩国平泽大学建立友好校际关系。

3月26日至27日　第四次友好省州领导人会议筹备会在济南举行。奥地利上奥州、南非西开普省、德国巴伐利亚州、美国佐治亚州、加拿大魁北克省、巴西圣保罗州和山东省政府代表出席会议。

3月28日至4月1日　以越共中央委员、永福省委书记郑庭勇为团长的越南党政考察团访问我省济南、济宁、潍坊、威海等地。

4月1日　青岛市与泰国清迈府建立友好城市关系协议签字仪式在清迈府举行。青岛市市长夏耕、泰国清迈府府尹威汶在协议书上签字。中国驻清迈总领事吴慧卿出席签字仪式。

4月2日至5日　以安苏·兰萨纳为团长的塞拉利昂民运党代表团访问山东。

4月3日至4日　东北亚地区地方政府联合会秘书长李海斗一行访问山东。省委副书记、省长姜大明在济南会见了代表团一行。

4月4日至5日　泰国公主玛哈扎克里·诗琳通一行访问青岛，参观了青啤集团、奥帆中心，并游览了崂山和青岛市容。中国前驻泰国大使傅学章、泰国驻华大使马纳塔夫妇参加有关活动。

4月6日　亚奥理事会非正式会议在北京举行。亚奥理事会主席阿哈迈德·萨巴赫，中国国家体育总局局长、中国奥委会主席刘鹏出席会议。会议决定，亚洲沙滩运动会落户山东海阳。这是山东省体育史上首个亚洲综合体育赛事落户山东，使中国成为亚洲第一个举办了亚运会、亚沙会、亚冬会的国家。

4月8日至9日　以色列驻华大使安泰毅访问山东，出席了由中国人民对外友好协会、山东省人民对外友好协会、以色列驻华使馆共同在山东大学举办的"以色列中国友好交流历史图片展"开幕式。省委副书记、省长姜大明在济南会见了以色列客人。

4月8日　省外办批准山东科技职业学院与美国纽约城市大学皇后学院建立友好校际关系。

4月9日　省外办批准青岛市与美国达拉斯市结为友好合作关系城市。

4月10日至12日　奥地利驻华大使马丁·赛迪科访问山东，副省长李兆前在济南会见了奥地利客人。

4月16日　省委副书记、省长姜大明在济南会见韩国驻青岛总领事金善兴一行。

4月16日至18日　智利全国农业协会主席路易斯率智利农业代表团一行14人访问烟台、潍坊等地。

4月18日　省委下发《中共山东省委关于调整省委外事工作领导小组组成人员的通知》。

4月18日　全省外事系统因公出国管理工作座谈会在济南召开。

4月19日　国际友城合作发展论坛在潍坊举行。来自12个国家的国际友城代表及国内、省内人士共200余人参加会议。

4月20日　第二十五届潍坊国际风筝会开幕式在潍坊举行。来自美国、日本、德国、澳大利亚等28个国家和地区的50支代表队参加。

4月24日至26日　瑞士驻华大使丹特·马提内利一行访问山东。

4月25日　法国卢瓦尔大区副主席格拉勒普瓦率卢瓦尔大区国立交响乐团访问青岛。省委副书记、省长姜大明在青岛会见了代表团一行，并观看了演出。

4月26日至28日　以哥斯达黎加文化·体育和青年部副部长卡莉娜·波拉尼奥斯·皮卡多为团长的哥斯达黎加青年代表团访问山东，省委副书记刘伟在济南会见了代表团一行。

4月28日至5月2日　德国巴伐利亚州议会议长、塞德尔基金会副主席格吕克一行访问山东。省委书记姜异康在济南会见了代表团一行。

4月29日　由外交部领事司副司长邱学军、副处长李春福组成的工作组，到淄博市指导胶济铁路重特大行车事故涉外处置工作。30日，4名法国伤员乘包机由济南飞北京，转入北京协和医院治疗。

4月30日　省委书记姜异康在济南会见韩国驻青岛总领事金善兴一行。

5月5日至6日　泰国驻华大使马纳塔访问山东。

5月6日至8日　韩国济州特别自治道国际自由都市本部部长车宇镇一行6人访问山东，与省外办共同签署了《中国山东省与韩国济州特别自治道建立友好合作关系备忘录》。

5月7日　山东省在北京奥运会及其筹备期间外国记者管理及舆论引导联席会议第四次会议在济南举行。

5月9日至11日　亚足联主席哈曼，中北美及加勒比地区足协主席杰克·瓦纳，亚洲部分国家足协的主席、亚足联合作伙伴、亚足联工作班子成员、展望城市代表约50人访问淄博。

5月14日　奥运期间外国记者管理工作会议暨奥运涉外案（事）件处理工作情况通

报会在济南举行。

5月16日至17日　山东省第十一届"外国专家日"活动在临沂举行，17个国家的85名驻鲁外国文教专家参加了活动。

5月19日　省外办批准山东省泰山中学与韩国全州槿映女子高中建立友好校际关系。

5月27日至6月3日　巴布亚新几内亚驻华大使约翰·劳伦斯·莫米斯访问我省济南、青岛、威海。

5月29日至30日　韩国总统李明博访问我省青岛。省委书记姜异康，省委副书记、省长姜大明在青岛会见了李明博总统一行。韩国外交通商部部长官柳明桓、韩国驻华大使辛正承、京畿道知事金文洙、韩国驻青岛总领事金善兴；中国驻韩国大使宁赋魁，省委常委、青岛市委书记阎启俊，副省长才利民等参加会见。

5月29日至30日　韩国京畿道知事金文洙率由该道12个城市市长组成的代表团访问山东青岛。省委副书记、省长姜大明在青岛会见了金文洙一行，双方举行了工作会谈，并签署了成立山东省·京畿道友城联合体协议书。

5月30日　全国对外友协批准滨州市与日本纪之川市建立友好城市关系。

5月31日　山东省海外联谊会第三届理事大会在济南举行。省委副书记刘伟出席会议并致辞。省人大常委会副主任崔曰臣，副省长才利民，省政协副主席、省委统战部部长张传林，省政协原副主席王久祜出席开幕式。

6月3日　省外办批准青岛市与德国杜塞尔多夫大区结为友好合作关系城市。

6月21日　2008北京奥运会外事工作协调小组京外赛区外事工作会议在北京召开。国务委员戴秉国作重要讲话，外交部长杨洁篪主持会议。

6月22日　济南军区第三批赴苏丹（瓦乌）维和部队凯旋，435名官兵均获得联合国"和平荣誉勋章"，45人获联合国苏丹特派团"特别贡献奖"。

6月24日至25日　罗马尼亚参议院议长尼古拉·沃克罗尤访问山东。省委副书记、省长姜大明在济南分别会见了罗马尼亚客人。全国政协外事委员会委员、商务部原副部长魏建国，副省长才利民，省政协副主席李德强参加有关活动。

6月26日至28日　德国驻华大使施明贤访问山东。省委副书记、省长姜大明在济南会见了德国客人。

6月27日　省委外事工作领导小组会议在济南召开。省委书记姜异康，省委副书记、省长姜大明，副省长才利民出席会议并讲话。省外办主任、省委外事工作领导小组办公室主任张伟龄作工作报告。

6月27日 省制止党政干部公款出国（境）旅游专项工作领导小组第一次全体会议在省纪委召开。省专项工作领导小组组长、省纪委副书记崔瑛讲话。省专项工作领导小组副组长、省外办副主任崔乐生主持会议。省专项工作领导小组成员单位代表共15人参加会议。

6月29日至7月3日 澳大利亚驻华大使芮捷锐访问山东。省委副书记、省长姜大明在济南会见了澳大利亚客人。

6月30日 第三届亚洲沙滩运动会组委会暨第一次全体委员会议在济南举行。国家体育总局局长刘鹏，省委副书记、省长姜大明出席并为亚沙会组委会揭牌。经国务院办公厅批准，第三届亚沙会组委会由国家体育总局局长刘鹏任主席，山东省委副书记、省长姜大明任执行主席。

7月2日 全国对外友协批准泰安市与博茨瓦纳弗朗西斯敦市建立友好城市关系。

7月2日至4日 澳大利亚驻华大使芮捷锐一行5人访问青岛。

7月3日至4日 外交部领事司在我省举办"奥运期间涉外案件处理培训班"。全国29个省、自治区、直辖市外办主任及领事工作主管人员，我省公安厅及10个市外办相关人员共100余人参加培训。

7月7日至11日 中国驻瓦努阿图大使程树平在我省济南、青岛、威海等地考察。

7月8日 我省成立"2008北京国际新闻中心山东分中心"，并于7月8日开始集中办公，直至残奥会结束。

7月10日 省外办批准章丘市与韩国庆尚南道河东郡结为友好合作关系城市。

7月11日至14日 以东帝汶独立革命阵线党副主席阿尔塞尼奥·派尚·巴诺为团长的东帝汶独立革命阵线干部考察团一行访问山东。省委副书记刘伟在济南会见了东帝汶客人。

7月11日 为提高奥运会期间我省对突发事件情况的应对能力和协调处置能力，省外办首次举行了"国宾2008外事工作应急预案演练"。

7月12日至15日 乌拉圭驻华大使阿尔玛格罗一行6人访问青岛。

7月17日至23日 2008山东省青少年访日代表团一行93人访问日本。

7月19日至20日 老挝人民革命党中央政治局委员、丰沙里省省委书记、省长坎山·苏翁率团访问东营市。

7月19日至20日　韩国首尔市市长吴世勋率团访问山东。双方签署了《山东省与首尔特别市建立友好合作关系协议书》和《关于开展交流与合作的协议书》。省委书记姜异康，省委副书记、省长姜大明在济南分别会见了韩国客人。副省长才利民参加有关活动。

7月21日至25日　全国对外友协友城工作专职联络员暨网站联络员业务培训班分别在烟台、潍坊举办，来自全国28个省、自治区、直辖市和15个省会城市外办及我省14个会员城市共107名学员参加培训。全国对外友协副会长冯佐库出席并讲话。

8月4日至7日　应中国联合国教科文组织全国委员会邀请，联合国教科文组织总干事松浦晃一郎访问山东。

8月5日至7日　第四次友好省州领导人会议在济南举行。山东省省长姜大明、加拿大魁北克省省长沙雷、美国佐治亚州州长珀杜、奥地利上奥州州长普林格、德国巴伐利亚州联邦及欧盟事务部部长隋德、南非西开普省地方政府环境与发展规划部部长尤里斯等114名代表出席会议。巴西圣保罗州因故缺席本届峰会。本次峰会的主题是"建设节约型社会"和"卫生与健康"。与会各省州领导人共同签署了《第四次友好省州领导人峰会联合宣言》。会议期间，省委书记姜异康、省长姜大明会见了各省州嘉宾。省长姜大明与各省州领导人举行了双边会谈。省人大常委会常务副主任高新亭，副省长才利民、王随莲，省政协副主席乔延春参加有关活动。会后，部分代表赴青岛观摩了奥帆赛。

8月9日　北京奥运会国际贵宾、新西兰总督阿南德·萨特亚南德一行7人访问青岛。

8月9日　以市长玛特维年科女士（副总理级）为团长的俄罗斯圣彼得堡市政府代表团一行16人访问青岛。省委常委、青岛市委书记阎启俊会见了玛特维年科市长一行。

8月9日至24日　2008北京奥运会帆船比赛在青岛举行。来自62个国家和地区的400余名运动员参加了9个级别11个项目的比赛。

8月9日至12日　新西兰北岸市市长安德鲁·威廉姆斯一行4人访问青岛。8月9日，青岛市市长夏耕与北岸市市长安德鲁·威廉姆斯在香格里拉大饭店共同签署了两市建立友好城市关系协议书，新西兰总督阿南德·萨特亚南德、新西兰驻华大使包逸之出席了签字仪式。

8月10日至14日　联合国世界旅游组织秘书长弗朗西斯科·弗朗加利访问青岛、济宁、泰安、济南等地。省委副书记、省长姜大明在青岛会见了代表团一行。

8月11日至14日　韩国韩中亲善协会会长李世基访问山东。省委副书记、省长姜大明在济南会见了韩国客人。

8月11日至19日　法国布列塔尼大区奥委会主席吕西安·托马斯率体育代表团暨青少年友好交流团一行56人访问山东。

8月12日至17日　密克罗尼西亚总统伊曼纽尔·莫里访问我省烟台、青岛、潍坊、济南。省委书记姜异康，省委副书记、省长姜大明在济南先后会见了代表团一行。副省长才利民主持省情介绍会。

8月12日　北京奥运会国际贵宾、国际奥委会委员、荷兰王储威廉·亚历山大一行4人访问青岛，观摩了青岛奥帆赛相关比赛。

8月13日　在第二十九届北京奥运会上，山东籍选手刘春红获女子69公斤举重金牌并打破世界纪录，王峰与队友合作获男子双人3米板跳水冠军。

8月14日　在第二十九届北京奥运会上，山东籍选手杜丽、张娟娟分别获得女子50米步枪三种姿势射击冠军、女子射箭个人赛冠军。

8月15日　北京奥运会国际贵宾、挪威国王哈拉尔五世及王后宋雅一行13人访问青岛，观摩了青岛奥帆赛相关比赛。

8月15日至16日　以国务院新闻办地方局副局长寇琪为团长，由17个亚非拉发展中国家54家媒体62名记者（还包括赤道几内亚新闻部因特网司司长、巴巴多斯总理新闻秘书、牙买加新闻署等新闻官员）组成的发展中国家记者团访问青岛，集体参观了海尔集团、奥帆中心，观摩了青岛奥帆赛相关比赛，出席了外国媒体见面会。

8月15日至18日　北京奥运会国际贵宾、国际奥委会委员、英国公主安妮一行4人访问青岛，观看了青岛奥帆赛相关比赛。

8月16日　北京奥运会国际贵宾、国际奥委会委员、卢森堡大公亨利一行17人访问青岛，观摩了青岛奥帆赛相关比赛，参观了青岛啤酒博物馆。

8月16日　北京奥运会国际贵宾、国际奥委会委员、摩纳哥大公阿尔贝二世亲王一行5人访问青岛，观摩了青岛奥帆赛相关比赛。

8月16日至17日　北京奥运会国际贵宾、丹麦王储腓特列一行8人访问青岛，观摩了青岛奥帆赛相关比赛。

8月17日　比利时首相莱特姆一行4人访问青岛，观摩了青岛奥帆赛相关比赛，参观了青岛迎宾馆等。

8月17日至20日　以卡尔波夫为团长的国际和平基金会联合会（俄罗斯）代表团访

问山东。省人大常委会副主任刘玉功在济南会见了代表团一行。

8月17日至19日　德国驻华大使施明贤博士率代表团一行8人访问青岛。

8月17日　奥地利驻华大使赛迪科大使夫妇访问青岛，观摩了青岛奥帆赛相关比赛。

8月17日至23日　法国布雷斯特市市长居扬德访问青岛，观摩了青岛奥帆赛相关比赛。

8月18日　北京奥运会国际贵宾、西班牙公主克里斯蒂娜一行4人访问青岛，观摩了青岛奥帆赛相关比赛。

8月26日　省委副书记、省长姜大明在济南会见美籍物理学家丁肇中教授一行。

9月1日至4日　东北亚地方政府联合会第七次全体会议在济南召开。中、日、韩、蒙、俄5个国家的46个地方政府代表共196人参会。山东省省长姜大明在开幕式上发表了《加强创新合作　共建美好明天》的主旨演讲。全国对外友协会长陈昊苏致贺辞。会议听取了省外办主任张伟龄关于第六次事务委员会工作的报告及联合会秘书处和7个专门委员会的报告。中、日、韩、蒙、俄5个国家的12个省的领导人作了大会发言。会议对6个重要议题进行了讨论和表决，并通过了《山东宣言》。会议批准了韩国、俄罗斯的5个地方政府加入联合会的申请，确定2010年第八次全体会议由韩国京畿道主办。会议开始前，省委书记姜异康，省委副书记、省长姜大明会见了出席会议的中外嘉宾。

9月1日至6日　全国人大常委会委员、全国人大外事委员会主任委员李肇星来我省进行专题调研。

9月2日　2008中国（山东）海上搜救及中韩海上溢油应急联合演习在青岛举行。这是我国首次举办的国际性海上搜救溢油应急联合演习。

9月3日至5日　第三届绿色产业国际博览会暨东北亚地区环保产业洽谈会在济南举行。全国对外友协会长陈昊苏，环境保护部副部长吴晓青，韩国环境部次官李炳旭，山东省副省长才利民、李兆前，湖北省副省长田承忠出席开幕式。17个国家、地区和组织代表团参加了本届博览会。9月2日，副省长李兆前在济南会见前来参会的韩国环境部次官李炳旭等7国客人。

9月6日　第二十二届泰山国际登山节开幕。国家体育总局副局长冯建中、省人大常委会副主任鲍志强，日本富士山协会会长、众议院议员堀内光雄出席开幕式。

9月9日　2008海内外知名企业家齐鲁行活动暨中国济宁投资经贸洽谈会在济宁举行。全国政协副主席、全国工商联主席黄孟复出席，省委副书记刘伟受省委书记姜异康和省委副书记、省长姜大明的委托，亲切看望了来我省出席活动的黄孟复和企业家代表团。

9月9日 省政府第21次常务会议研究通过了《关于山东省与俄罗斯鞑靼斯坦共和国缔结友好省际关系的议案》。

9月10日至14日 法国卢瓦尔大区议会主席雅克·奥克谢特一行访问山东。在青岛举行了"山东省与法国卢瓦尔大区交流合作总结会"，参观访问了中国海洋大学和青岛大学，出席了中国海洋大学与法国昂热大学框架性合作协议签字仪式和青岛大学与法国南特大西洋设计学院工业设计研究生课程开学典礼。省委书记姜异康在济南会见了法国客人。副省长才利民，法国驻华大使苏和参加有关活动。

9月12日至13日 瑞典王储维多利亚公主一行10人访问青岛，观摩了青岛残奥帆赛。

9月12日 中国·临淄第五届国际齐文化旅游节在淄博开幕。

9月14日 中共中央总书记、国家主席胡锦涛作出重要批示："青岛市成功地举办了奥帆赛和残奥帆赛，为举办一届有特色、高水平的奥运会和残奥会作出了重要贡献。谨向所有参与此项工作的同志们，向广大青岛市民表示亲切问候和崇高敬意。"

9月16日 省委副书记、省长姜大明在济南会见墨西哥审计长、世界审计组织理事会主席阿拉贡率领的墨西哥审计代表团一行。

9月18日至19日 尼日尔共和国总理赛义尼·奥马鲁一行18人，在出席北京残奥会闭幕式后，访问我省济南、莱芜，参观考察了莱芜雪野水库和力诺集团。

9月18日至20日 全国对外友协秘书长罗勤一行2人访问青岛，出席了第十八届青岛国际啤酒节开幕式，考察、指导了民间对外友好交流工作。

9月20日至24日 俄罗斯托木斯克州州长维·梅·克列斯率团访问山东。由于参加中央有关会议，省委书记姜异康，省委副书记、省长姜大明在北京会见了代表团一行，双方签署了《山东省与托木斯克州建立友好合作关系协议书》。22日，托州在济南举行了推介会。

9月21至23日 印度共产党中央书记处书记昌德拉潘一行5人访问青岛。

9月22日 全国人大常委会副委员长华建敏在烟台会见了国际葡萄与葡萄酒组织主席彼得·海斯和以路易斯·蒙特斯为团长的智利农业协会代表团一行。省人大常委会副主任崔曰臣会见时在座。

9月22日　英国海军肯特号护卫舰访问青岛。

9月23日　第二届烟台国际葡萄酒节和第十届国际果蔬·食品博览会开幕。全国人大常委会副委员长华建敏、农业部副部长危朝安、山东省人大常委会副主任崔曰臣、副省长才利民出席开幕式。开幕式后，副省长才利民会见了阿根廷驻华大使赛沙·美伊罗及夫人一行。

9月23日至25日　越共中央前总书记黎可漂一行10人，在中联部部长王家瑞陪同下访问济南、泰安、济宁。省委书记姜异康在济南会见了越南客人。

9月23日至25日　由越南国会法律委员会主任阮文顺率领的越南国会代表团一行访问山东。省人大常委会常务副主任高新亭在济南会见了越南客人。

9月25日　山东省第十一届人大常委会第六次会议，批准《关于山东省与俄罗斯鞑靼斯坦共和国缔结友好省际关系的议案》。

9月27日　2008中国（曲阜）国际孔子文化节开幕式暨第三届联合国教科文组织孔子教育奖颁奖典礼，在曲阜孔子文化会展中心隆重举行。全国人大常委会副委员长蒋树声，全国人大常委会原副委员长许嘉璐，省委副书记、省长姜大明出席开幕式。埃塞俄比亚的成人和非正规教育组织（ANFEAE）、南非活动升级的"科瓦尼贝拉项目"获得第三届联合国教科文组织孔子教育奖。许嘉璐、姜大明向孔子教育奖获奖机构代表颁奖。

9月27日　第一届世界儒学大会在曲阜开幕，全国人大常委会原副委员长许嘉璐出席。来自22个国家和地区、86个儒学研究机构的专家学者、各界人士共172位参加了会议。

9月27日　2008山东省文化产业博览会在曲阜开幕，俄罗斯、韩国、乌拉圭、马来西亚驻华外交官出席开幕式。

9月28日　省政府在济南举行庆祝中华人民共和国成立59周年招待会。韩国驻青岛总领事金善兴，国外友好城市驻鲁代表，外国企业、商社的驻鲁代表，在大学任教的专家代表等，应邀出席了招待会。

10月14日至15日　日本驻华大使宫本雄二访问青岛。出席了日本人学校新校舍竣工典礼仪式，并考察了日本国驻青岛总领事馆地址。省委常委、青岛市委书记阎启俊会见了宫本雄二大使一行。

10月16日至17日　阿根廷驻华大使塞萨尔·马约拉尔访问青岛。

10月17日　全国对外友协批准山东省与俄罗斯鞑靼斯坦共和国建立友好省际关系。

10月23日至25日 日中经济协会理事长清川佑二一行访问山东。省委副书记、省长姜大明在济南会见了日本客人。

10月30日至11月2日 以伊朗胡泽斯坦省省长瑟亚·迦法·海迦日为团长的代表团一行8人访问我省济南、淄博。省委副书记、省长姜大明会见了代表团一行,与海迦日省长共同签署了《中华人民共和国山东省和伊朗伊斯兰共和国胡泽斯坦省建立友好省际关系协议书》。

10月31日 加拿大安大略省省长多尔顿·麦坚迪一行访问山东。省委常委、常务副省长王仁元在济南会见了加拿大客人。

11月2日 冰岛驻华大使贡纳尔松一行10人访问青岛。

11月5日 巴西国际合作局在我省举办"巴西推介会"。

11月8日 中国国际友好城市大会在北京举行。山东省荣获国际友好城市交流合作奖。

11月10日至13日 以厄瓜多尔卡尼亚尔省省长迭戈·奥马萨·安德拉德为团长的拉美省州政府组织代表团一行访问山东。拉美地区政府联合组织由拉美和加勒比地区20余个国家的300余名省长组成,是一个以促进经济社会发展为目的的地区组织,旨在加强拉美地区各民族之间的友谊与团结。省委副书记、省长姜大明在济南会见了代表团一行。

11月10日至17日 联合国工业发展组织中国投资办事处首席代表特别事务助理罗响一行访问我省济南、青岛、淄博、潍坊、临沂,就拟在我省开展"联合国工发组织产业集群与资本运作国际示范项目"在上述有关城市进行选点考察。

11月11日 墨西哥韦拉克鲁斯州州长贝尔特朗、夸察夸尔科斯市市长蒙铁尔率团访问日照市。

11月12日至17日 由全国对外友协承办的非洲友好城市官员研修班一行28人,对济南、潍坊、青岛进行考察。

11月13日 委内瑞拉总统查韦斯视察山东兖矿集团委内瑞拉中西部铁路项目中国动车组,并将所乘动车组命名为"玻利瓦尔号"。考察结束时,查韦斯总统欣然题词:"今天,我们再次见证了中国与委内瑞拉两国的伟大!毛(泽东)万岁!玻利瓦尔万岁!"

11月14日 省政府授予德国巴伐利亚广播电视台欧洲及专题节目编辑部主任、中国事务负责人阿门特"山东省荣誉公民"称号。

11月16至17日 商务部援外项目"非洲友好城市官员研修班"学员一行28人到青

岛实地考察,了解了青岛经济和社会发展情况,考察了青岛现代城市规划建设、城乡一体化进程等,并参观了奥帆中心、青岛啤酒博物馆等。

11月19日　全国对外友协批准菏泽市与美国巴吞鲁日市建立友好城市关系。

11月19日　省外办批准山东科技职业学院与韩国大邱大学、韩国大学建立友好校际关系。

11月25日　省委书记姜异康在济南会见诺贝尔物理学奖获得者、美国麻省理工学院教授丁肇中。

11月26日　中国山东第五届海内外高端人才交流暨技术项目洽谈会在济南举行。省委书记姜异康,省委副书记、省长姜大明,人力资源和社会保障部副部长、国家外国专家局局长季允石出席开幕式。

11月26日　2008年度齐鲁友谊奖颁奖仪式在济南舜耕国际会展中心举行,为我省经济社会发展作出突出贡献的20位外国专家被省政府授予"齐鲁友谊奖"荣誉称号。人力资源和社会保障部副部长、国家外国专家局局长季允石,省委常委、常务副省长王仁元出席颁奖仪式并为获奖外国专家颁奖。

11月27日　省友协向全省转发全国对外友协《关于设立"人民友谊贡献奖"荣誉称号的通知》。

12月9日至11日　俄罗斯鞑靼斯坦共和国总理鲁·努·明尼哈诺夫一行访问山东,双方在济南签署友好关系协议书,正式建立友好省州关系。省委副书记、省长姜大明会见了俄罗斯客人。

12月9日　省外办批准济南市与日本新潟市结为友好合作关系城市。

12月12日　全国对外友协批准潍坊市与法国奥朗日市建立友好城市关系。

12月13日至21日　由省委外宣办、省友协和省电视台联合制作的感怀9名外国友人为山东省经济社会发展做出突出贡献的电视系列片《我们一起走过——海外友人在山东》在山东卫视播出。此片被省委宣传部定为庆祝改革开放30周年献礼片之一。

12月17日　全省第十六次涉外案件联席会议在济南举行。

12月18日　外交部与日本驻中国大使馆正式换文,批准设立日本驻青岛总领事馆。

12月21日至22日　也门驻华大使阿卜杜勒·马利克·穆阿里米、埃塞俄比亚驻华大使海尔基洛斯访问山东。

12月22日　省外办批准青岛市与德国雷根斯堡市结为友好合作关系城市。

12月22日　省外办批准山东科技职业学院与韩国建阳大学和东佑大学、加拿大联邦应用技术与艺术学院、英国威根雷学院建立友好校际关系。

2009年

1月12日　菲律宾北阿古桑省省长阿曼特访问日照。

1月12日　韩国驻青岛总领事馆总领事金善兴一行3人访问青岛，青岛市委副书记、市长夏耕会见了韩国客人。

1月13日　我国首批赴苏丹达尔富尔地区维和部队全体315名官兵返回祖国。部队被联合国非盟驻达尔富尔特派团（简称联非达团）授予"联合国和平荣誉勋章"，还被联非达团总部授予"工程特别奖"，联非达团总司令向27名官兵授予了"特别贡献奖"。中国首批赴苏丹达尔富尔地区维和部队是一个多功能工兵分队，由济南军区组建，也是联合国第一支进驻苏丹达尔富尔地区的维和部队。

1月15日　荷兰贸促会青岛代表处举行开业典礼。荷兰驻华大使裴靖康，青岛市委副书记、市长夏耕出席开业仪式。

1月15日　加拿大魁北克政府驻北京代表、加拿大驻华大使馆参赞苗恒乐先生一行3人访问济南。

1月16日　山东省人民对外友好协会第三届理事会第七次会长办公会暨理事单位代表会议在济南举行。

1月22日　省委书记姜异康，省委副书记、省长姜大明在济南分别会见韩国驻青岛总领事金善兴一行。

2月3日　省委副书记、省长姜大明，副省长才利民分别在《省外办2008年外事工作情况和2009年工作打算的汇报》上作出批示。

2月6日至9日　瑞典驻华大使林川及夫人访问青岛。青岛市委副书记、市长夏耕会见了瑞典客人。

2月11日至12日　爱尔兰驻华大使戴克澜及夫人访问青岛。青岛市委副书记、市长夏耕会见了爱尔兰客人。

2月13日　韩国驻青岛总领事金善兴和日本驻青岛首任总领事斋藤法雄在山东会堂旁听我省十一届人大二次会议。这是韩国、日本两个国家的外交使节首次一起旁听我省人大常委会会议。

2月14日　省委副书记、省长姜大明在济南会见日本国驻青岛总领馆首任总领事斋藤法雄一行。

2月17日至18日　蒙古乌兰巴托市议会议长、乌兰巴托市蒙古人民革命党书记图比列格图一行4人，在全国政协委员潘庆林陪同下，访问东营市。

2月21日　来自挪威、瑞典、丹麦、美国的9位游客来到长岛旅游。这是自新中国成立以来长岛县首次迎接外国游客，标志着我省唯一的海岛县——长岛县开始对外开放。

2月24日至27日　世界洗手间协会事务总长宋永坤一行3人访问山东。双方就第一届世界洗手间协会大会暨卫浴展览会的具体筹备工作进行了协商，并考察了首届大会的相关场所和设施。全国对外友协副会长李小林，省外办主任、省友协会长张伟龄参加有关活动。

2月24日至25日　瑞士驻华大使顾博礼一行3人访问青岛，青岛市委副书记、市政府市长夏耕会见了大使先生一行。

2月24日至26日　青岛市接受韩国驻青总领馆第七任总领事金善兴任满辞行并为其送行。省委常委、青岛市委书记阎启俊，青岛市委副书记、市长夏耕分别会见了金善兴总领事。

2月27日　省委常委、青岛市委书记阎启俊在青岛会见了日本驻青总领馆首任总领事斋藤法雄。

3月1日　《济南外事》正式创刊，这是继《山东外事》后，全省第二家外事刊物。

3月5日　省外办批准泰安市与加拿大勒度克市结为友好合作关系城市。

3月5日　省外办批准菏泽学院与英国西英格兰大学建立友好校际关系。

3月6日　正在北京参加两会的省委书记、省人大常委会主任姜异康应邀在澳大利亚驻华大使馆，与芮捷锐大使会晤。

3月16日至18日　肯尼亚驻华大使朱利斯·桑古力先生一行3人访问聊城、潍坊。

3月17日至18日　朝鲜内阁总理金英日访问山东，参观了济南商河县现代特色品牌农业彩椒标准化基地，赴泰山和曲阜参观访问。这是金英日就任朝鲜内阁总理以来首次访华，山东是此次访问的第一站，也是除北京外访问的唯一省份。省委书记、省人大常委会常委会主任姜异康，省委副书记、省长姜大明在济南会见了金英日一行。中国驻朝鲜大使刘晓明，副省长才利民参加活动。

3月17日　执行我国第二十航次大洋科考任务的"大洋一号"船圆满完成两度横跨太平洋和印度洋的大洋科学考察任务，回到青岛。

3月19日　2009年全国外宣工作协作会在青岛举行，中央外宣办副主任蔡名照，省委常委、宣传部部长李群出席会议并讲话。

3月19日　省外办批准泰安市与韩国龙仁市结为友好合作关系城市。

3月23日　省外办批准青岛第五十七中学与美国康州考文垂地区考文垂高中和内森黑尔上尉中学建立友好校际关系。

3月24日至25日　全省外事系统表彰暨外办主任会议在济南召开。会议对近3年来全省外事系统先进集体和先进个人进行了表彰，对2009年工作进行了部署。副省长才利民出席会议并讲话。省外办主任张伟龄作2008年工作总结和2009年工作报告。

3月26日　省外办主任张伟龄代表省政府向省十一届人大常委会第十次会议作关于山东省与阿根廷布宜诺斯艾利斯省建立友好省际关系议案的说明。27日，省人大常委会表决通过了该议案。

3月27日至31日　以越共中央委员、中央直属机关党委书记黄春渠为团长的越南党政干部考察团一行访问山东。省委书记、省人大常委会主任姜异康在济南会见了代表团一行。

3月27日　省外办批准威海市环翠区与韩国大邱市中区结为友好合作关系城市。

3月29日至30日　法国驻华大使苏和一行2人访问烟台，出席了由烟台山医院、法国圣马洛医院和南特医院共同成立的"烟台中法友谊医院"揭牌仪式并致辞。

3月30至4月2日　以韩国国会议员禹济昌为团长的韩国青年政治家代表团一行访问山东。

4月3日至5日　泰国前副总理、泰中文化经济协会副会长披尼，泰国工业部部长参猜率泰国友好代表团一行42人访问青岛。

4月6日至8日　以丹麦驻华大使叶普为团长的政府暨经贸代表团一行访问山东。7日，由山东省和丹麦驻华大使馆共同主办的"绿色山东——丹麦解决方案研讨会"在济南开幕。副省长才利民出席开幕式并致辞。来自丹麦的企业家代表和我省有关部门围绕可再生能源、高效电力生产、高效区域供热、节能建筑、工业节能、智能路灯系统等方面展开研讨。副省长才利民、郭兆信在济南分别会见了丹麦客人。

4月6日至7日　澳大利亚驻华大使芮捷锐一行3人访问青岛。

4月8日　省委副书记、省长姜大明在济南会见美国国际合作委员会主席陈香梅女士一行。副省长才利民参加会见。当天，在济南举行了"美籍传奇华人陈香梅生平展"。

4月9日　全国对外友协批准济南市与佛得角共和国普拉亚市建立友好城市关系。

4月13日至15日　日本大阪府议会议长畠成章一行访问山东。省委副书记、省长姜大明在济南会见了日本客人。

4月13日至16日　以越南岘港市委委员、市人民议会副主席黄义为团长的岘港市人民议会代表团一行12人访问山东。

4月13日至18日　外交部前副部长、前常驻联合国代表王英凡率外交部外交政策咨询委员会调研组，先后在济南、青岛、威海、烟台等地调研。

4月14日　中国前常驻联合国代表王英凡在省委党校作国际形势报告。

4月16日　联合国工业发展组织中国投资促进处首席代表胡援东与东营市市长签署了"联合国工业发展组织支持清洁技术与新能源产业（东营）国际示范城市项目"合作协议。

4月17日　省委副书记、省长姜大明在济南会见了韩国驻青岛总领事俞载贤一行。俞载贤总领事是4月3日来山东上任的，此行主要是拜会省领导，并就推动国际友城友好合作关系向更高层次、更广领域发展与我省交换意见。

4月18日　墨西哥海军"夸乌特莫克"号风帆训练舰停靠在青岛港二号码头。这是参加庆祝中国人民解放军海军成立60周年多国海军活动到访的第一艘外国海军舰艇。

4月18日　墨西哥驻华使馆在青岛举行墨西哥推介会，墨西哥驻华大使瓜哈尔多介绍了墨西哥投资机会、旅游资源及最新签证政策。

4月20日　中央军委委员、海军司令员吴胜利傍晚在青岛港码头宣布，多国海军活动正式开幕。来自14个国家的21艘海军舰艇，50余名外国武官和20余名外国记者参加以"和谐海洋"为主题的多国海军活动。

4月20日　第二十六届潍坊国际风筝会在潍坊开幕。全国政协副主席罗富和，省政协副主席栗甲等出席开幕式。来自23个国家和地区的风筝放飞团队、运动风筝代表队参加活动。

4月23日　为庆祝人民海军成立60周年，在青岛举行海上阅兵活动。来自五大洲29个国家的海军代表团、14国海军21艘舰艇和中国海军25艘舰艇、31架战机参加阅兵活动。中共中央总书记、国家主席、中央军委主席胡锦涛出席阅兵式并会见了前来参加庆典活动的外国海军代表团。

4月23日至29日　以政党联合会第一副主席、伊朗伊斯兰参与阵线党中央委员侯塞尼·考舍菲·瓦哈提为团长的伊朗政党联合会干部考察团一行访问济南、青岛、泰安等地。

4月23日至24日　缅甸联邦和平与发展委员会成员、国防工业部部长、缅甸经济控股公司主席丁埃中将一行8人访问泰安、德州、聊城。

4月23日至24日　以道格拉斯·格罗布为团长的美国国会顾问代表团一行4人，在外交学会副秘书长毕刚陪同下访问青岛。

4月24日　省委常委、青岛市委书记阎启俊，青岛市委副书记、市长夏耕在青岛会见韩国新任驻青岛总领事俞载贤一行。

4月25日至29日　以农业省党委书记陈今哲为团长的朝鲜劳动党农业干部考察团一行访问山东。

4月26日至27日　比利时驻华大使裴伯宁一行6人访问青岛，青岛市委副书记、市长夏耕会见了大使一行。

4月28日至5月1日　德国前总理施罗德访问青岛、日照、济南。省委书记、省人大常委会主任姜异康在济南会见了施罗德先生。中国人民外交学会会长杨文昌，前驻德国大使、外交学会前会长卢秋田，副省长才利民参加会见。

5月5日至9日　中国驻日本大使崔天凯来山东考察访问，省委书记、省人大常委会主任姜异康在济南会见了崔天凯一行。

5月7日至8日　葡萄牙议长伽马率团访问山东，省委书记、省人大常委会主任姜异康在济南会见了葡萄牙客人，全国人大法律委员会副主任委员孙安民，副省长才利民参加会见。

5月8日　省外办印发《关于外国常驻新闻机构和外国记者在山东聘用中国公民从事辅助工作的实施办法》。

5月16日至20日　荷兰海尔德兰省省长克莱蒙斯·考尼列一行访问山东，省委副书记、省长姜大明在济南会见了荷兰客人。

5月18日　外交部领事司在威海召开APEC商务旅行卡调研座谈会。

5月18日　省外办召开"山东省外国记者管理和舆论引导联席会议"并印发了《关于建立山东省外国记者管理和舆论引导联席会议机制的通知》。

5月19日至24日　泰国清迈府府尹阿蒙潘·尼曼南一行18人访问青岛。

5月23日至26日　老挝人民革命党中央组织部副部长安乔·蓬马贡一行10人访问山东。

5月23日　2009黄河口国际马拉松赛在东营市开赛，来自意大利、芬兰、日本、肯尼亚、俄罗斯、埃塞俄比亚、英国等11个国家和地区的1000余名国内外优秀马拉松选手参加了比赛。

5月30日　山东泰山管委会与韩国济州特别自治道世界自然遗产管理本部在济州岛签署友好合作协议，宣布泰山与汉拿山结为"友好山"。

6月2日　省委书记、省人大常委会常委会主任姜异康在济南会见新加坡贸工部、人力部政务部长，以及新加坡—山东经贸理事会联合主席李奕贤一行。

6月5日至7日　以莱索托外交大臣采科阿为团长的访问团一行访问山东。

6月6日至8日　以东帝汶外交部部长科斯塔为团长的代表团一行访问山东。

6月10日至12日　尼泊尔驻华大使坦卡·普拉萨德·卡尔基一行2人访问青岛。

6月11日至16日　密克罗尼西亚联邦科斯雷州州长罗伯特·韦尔巴彻一行访问山东。

6月12日至21日　"孔子故乡　中国山东"图片展在日本周南县、下关市和韩国首尔市展出。

6月13日　巴布亚新几内亚驻华大使约翰·莫米斯访问日照。

6月14日至15日　伊朗驻华大使贾瓦德·曼苏里一行7人访问我省济南、泰安。

6月14日至24日　外交部党校第48期社会调查团参观我省济南、潍坊、威海、青岛、济宁、泰安等地，并在潍坊、济南等地与省市有关部门和领导进行了座谈。

6月17日　山东省参与2010年上海世博会山东官方网站正式开通。省委常委、常务副省长、省参展领导小组组长王仁元出席开通仪式。

6月19日　省委外事工作领导小组办公室下发《关于重视加强基层外事工作的通知》。

6月25日至28日　蒙古国驻华大使嘎·巴特苏赫一行访问山东，省委常委、副省长王军民在济南会见了蒙古国客人。

6月29日　全国对外友协批准同意临沂市与瑞典埃斯基尔斯图纳市建立友好城市关系。

6月30日 省外办批准烟台市与韩国京畿道安山市结为友好合作关系城市。

7月2日 由来自哥伦比亚、巴西、古巴等7个拉美国家的24位政府高、中级公务员组成的拉美国家公共管理研修班访问济南。

7月3日 "山东省外国记者管理和舆论引导联席会议"第二次会议在济南举行。

7月11日 副省长贾万志在济南会见由来自尼日利亚、塞拉利昂、喀麦隆、毛里塔尼亚、肯尼亚、中非、加纳、利比里亚、赤道几内亚、马里、尼日尔共11个国家的10位部级和6位司局级官员组成的第二届中非共享发展经验高级研讨班访鲁团一行。

7月14日至15日 以越南共产党中央政治局委员、中央书记处书记、中央检查委员会主任阮文芝为团长的越南共产党中央检查委员会代表团访问青岛,省委常委、省纪委书记杨传升在青岛会见了越南客人。

7月14日至16日 第九次泛黄海中日韩经济技术交流会议在烟台举行,商务部副部长陈健,山东省副省长李兆前,以及来自中日韩3国政府、企业和大学的代表共700余名出席本届交流会。

7月16日 省外办批准青岛市与韩国蔚山广域市结为友好合作关系城市。

7月19日至24日 以老挝南塔省党委委员、省政府办公厅主任塞潘昆西里恒为团长的老挝领导干部考察团一行25人访问我省济南、青岛。

7月20日 省外办批准山东科技职业学院与俄罗斯国立太平洋大学建立友好校际关系。

7月21日 海阳2012第三届亚洲沙滩运动会理念、口号、会徽在济南揭晓。第三届亚沙会的理念为"海韵、阳光、激情、时尚",口号为"快乐在一起",会徽命名为"海之魅"。国家体育总局局长刘鹏,省委副书记、省长姜大明,国家体育总局副局长于再清、杨树安出席仪式。于2012年在我省海阳市举办的亚沙会,是亚奥理事会设立的五大综合赛事之一,也是我省历史上首次承办的最高水平综合性国际赛事。

7月21日 受省政府委托,省外办主任张伟龄向省人大常委会第十二次会议作关于提请审议《山东省与韩国京畿道建立友好省道关系》的议案的说明。24日,大会批准了该议案。

7月22日 国际奥委会副主席、国家体育总局副局长于再清代表国际奥委会主席罗格,向青岛市市长、原奥帆委主席夏耕颁发顾拜旦奖章和证书。顾拜旦奖章是国际奥委会颁发给为奥林匹克运动做出突出贡献的人士。该奖章是为了纪念顾拜旦——现代奥运之父而得名的。这是顾拜旦奖首次授予中国人。

7月23日至25日　青年组织发展国际论坛代表团一行访问山东。

7月23日　省外办批准德州市与美国纽约州特洛伊市、加拿大安大略省查塔姆肯特市结为友好合作关系城市。

7月30日　捷克驻华大使维捷斯拉夫·格雷普尔一行7人访问青岛，出席了太平洋奥特莱斯商业（青岛）有限公司青岛太平洋梦时代广场项目概念性总体规划正式批准暨奠基仪式。

8月3日至8日　"2009山东国际青少年文化之旅"活动举行，来自中国、美国、英国、法国、德国、巴基斯坦、坦桑尼亚、玻利维亚、印度等13个国家的14岁以下青少年共320名参加活动。

8月3日　山东省人民对外友好协会首次授予玻利维亚中国友好协会会长洛佩斯、印度中国友好协会副会长巴斯卡朗和美国亚洲媒体中心执行主任黄安琪"山东省人民友好使者"称号。

8月5日至9日　第十一届中日韩友好城市大会在长春举行，全国对外友协会长陈昊苏、日本自治体协会理事长香山充弘、韩国地方自治体国际化财团理事长申贞浣出席会议，省外办派员参加会议并在大会上作了题为《充分利用好地缘优势，促进多领域合作交流》的发言。

8月9日至28日　2009中国青岛国际海洋节在青岛举行，全国政协副主席陈宗兴，国家旅游局副局长祝善忠，国家海洋局副局长王宏，省委常委、青岛市委书记阎启俊，省政协副主席王新陆，青岛市委副书记、市长夏耕出席开幕式。

8月10日　2009中国·青岛蓝色经济发展国际高峰论坛在青岛举行。中共中央政治局委员、国务委员刘延东致信祝贺，全国人大常委会副委员长兼秘书长李建国讲话，全国政协副主席李兆焯出席，省委书记、省人大常委会主任姜异康致辞，省委副书记、省长姜大明作主旨演讲。联合国教科文组织政府间海洋委员会主席扎维尔·瓦拉戴尔斯，国家有关部委和单位领导龙永图等，美国、俄罗斯、英国、法国、澳大利亚、日本、韩国等14个国家和地区的海洋管理机构负责人、驻华使领馆官员和企业负责人等出席论坛。

8月12日至17日　英国南安普敦市市长伊丽莎白·麦宗一行4人访问青岛。

8月17日　全国对外友协批准济南市与白俄罗斯维捷布斯克市建立友好城市关系。

8月18日至21日　山东省妇女代表团赴韩国参加了"第三届中韩文化交流大会暨妇女研讨会"。

8月20日　第九届"和平颂"国际青少年文化艺术节在蓬莱开幕，教育部副部长、中国联合国教科文组织全国委员会主任郝平，省委常委、宣传部部长李群，部分国家驻华大使，和平组织贵宾，来自五大洲10余个国家的上万名青少年和近10万名蓬莱市民共同参加开幕式。

8月20日　省外办批准青岛市市南区与德国弗赖堡市结为友好合作关系城市。

8月23日至25日　第三届国际地质公园发展研讨会在泰安召开，来自10余个国家和地区的300余名官员和学者参加了本次研讨会。国土资源部副部长汪民，副省长郭兆信，联合国教科文组织世界地质公园网络执行局协调人玛格丽特等出席会议。

8月23日　济南至大阪定期直航旅游包机正式开通。

8月27日至28日　日本驻青岛总领事斋藤法雄一行5人访问日照。

8月28日　全国对外友协批准山东省与阿根廷布宜诺斯艾利斯省建立友好省际关系。

8月29日至30日　中国驻巴西里约热内卢总领事李宝钧夫妇访问青岛。

8月31日至9月2日　巴基斯坦驻华大使马苏德·汗访问山东。

9月1日至6日　瑞典耶夫勒堡省省长芭芭拉·郝姆博格率团访问山东。省委副书记、省长姜大明在济南会见了瑞典客人。

9月1日至3日　比利时新任驻华大使奈斯一行2人访问青岛，青岛市委副书记、市长夏耕会见了大使一行。

9月2日至5日　第十二届全国地方友协工作交流会在广东省召开，省友协及济南、青岛、泰安市友协有关负责同志参加了会议。全国对外友协会长陈昊苏出席会议并讲话。

9月2日　省外办批准德州市与乌克兰尼古拉耶夫市结为友好合作关系城市。

9月2日至6日　由尼日利亚奥贡州州长奥通巴·本珈·丹尼尔率领的政府及经贸代表团一行访问山东，省委副书记、省长姜大明在济南会见了尼日利亚客人。

9月5日至7日　第五届中国威海国际人居节在威海国际会展中心举行。全国政协副主席李金华、国有重点大型企业监事会主席李东序、省人大常委会副主任崔曰臣、省政府特邀咨询孙守璞出席开幕式。

9月6日　第二十三届泰山国际旅游文化登山节在泰安市开幕。在开幕首日举办的世界名山合作泰山峰会上，中国泰山、加拿大落基山、德国楚格峰、希腊奥林匹斯山、韩国汉拿山和瑞士皮拉图斯山六国名山的代表共同签署了《世界名山泰山宣言》，约定加强世界名山跨区合作，共同推动对山岳这一全人类共同财富的保护。

9月7日　希腊比爱利亚省省长乔治·帕帕斯特吉奥一行访问山东。

9月10日至13日　第十届中国国际儿童电影节在位于青岛开发区的中国石油大学体育馆举行。中共中央政治局原常委、国务院原副总理李岚清及夫人，省委常委、青岛市委书记阎启俊，省委常委、宣传部部长李群出席颁奖晚会。

9月14日至18日　省外办在泰安市举办了全省外事系统领导干部培训班。各市外办主任等领导同志、省外办相关处室负责人、泰安市外办科以上干部共计60余人参加了本次培训。

9月22日　第七届中国国际园林花卉博览会在济南隆重开幕。中华人民共和国住房和城乡建设部部长姜伟新，省委书记、省人大常委会主任姜异康，省委副书记、省长姜大明等领导，23个国家和地区及国内90个城市参展代表共2000余人出席开幕式。

9月26日至27日　美国驻华大使洪博培访问青岛，参加第四次中美能源政策对话和第九届中美石油天然气工业论坛等活动。

9月27日　2009中国曲阜国际孔子文化节开幕式及孔子教育奖、孔子文化奖颁奖典礼在曲阜杏坛剧场隆重举行。全国人大常委会副委员长陈昌智宣布2009中国曲阜国际孔子文化节开幕，省委副书记、省长姜大明致辞，省人大常委会副主任时立军出席开幕式。

9月29日　省政府庆祝中华人民共和国成立60周年招待会在济南隆重举行。省委书记、省人大常委会主任姜异康出席招待会，省委副书记、省长姜大明致辞。省委副书记刘伟，全国人大常委会委员、财经委员会副主任委员韩寓群出席招待会。省委常委，省人大常委会副主任，副省长、省政府特邀咨询、省长助理，省政协副主席，省法院院长，省军区政委，日本驻青岛总领事，驻鲁国际友城代表等应邀出席招待会。

10月1日　由省外办编印的《山东外事六十年》出刊，省委副书记、省长姜大明为画册作序。外交部长杨洁篪、全国人大外事委员会主任委员李肇星、副省长才利民、中国人民外交学会会长杨文昌、原新华社香港分社社长周南分别为画册题辞。

10月5日　联合国人居署在美国华盛顿国家建筑博物馆举行"2009世界人居日活动及颁奖仪式"，日照市荣获"联合国人居奖"殊荣，成为本年度受联合国表彰的全球仅有的三个城市之一，也是中国唯一的获奖城市。联合国副秘书长安娜·蒂贝琼向日照市委书记杨军颁发奖牌。

10月6日 青铜卡通"泰山童子"雕塑在济南奥体中心正式安家。该雕塑高7.5米，重达1.2吨，由意大利著名雕塑家李宁格历时一年、融合中意两国青铜艺术创作完成，他将这个雕塑无偿捐献给十一运会组委会。

10月15日 国家体育总局局长、中国奥委会主席刘鹏，省委副书记、省长姜大明在济南会见了前来出席十一运会开幕式的国际奥委会主席雅克·罗格一行。罗格夫人安妮·鲍薇娜，国际奥委会委员、中国香港奥委会主席霍震霆，中国奥委会名誉主席、国际奥委会委员何振梁，中国奥委会副主席、国际奥委会副主席于再清，副省长才利民参加会见。

10月16日 中华人民共和国第十一届全国运动会在济南奥体中心体育场开幕。中共中央总书记、国家主席、中央军委主席胡锦涛出席开幕式并宣布运动会开幕。省委书记、省人大常委会主任姜异康致辞。第十一届全运会组委会主任、国家体育总局局长刘鹏致辞。开幕式由第十一届全运会组委会执行主任、山东省省长姜大明主持。

10月16日 国家主席胡锦涛在济南会见国际奥委会主席雅克·罗格及夫人安妮·鲍薇娜一行。当天，罗格一行还赴曲阜参观了孔庙、孔府。中央政治局委员、中央宣传部部长刘云山，中央政治局委员、国务委员刘延东，省委书记、省人大常委会主任姜异康，国际奥委会委员、中国香港奥委会主席霍震霆，国家体育总局副局长、中国奥委会副主席、国际奥委会副主席于再清等出席活动。

10月16日 尼泊尔联合尼共（毛）主席普拉昌达一行4人访问济南，出席了第十一届全运会开幕式。开幕式当天，中共中央总书记胡锦涛与普拉昌达主席进行了简短会晤。中联部部长王家瑞会见了普拉昌达主席。

10月16日 第七届中国体育美术展在山东工艺美术学院开幕。中共中央政治局委员、国务委员刘延东，国际奥委会主席罗格出席开幕式并参观展览。罗格为本次展览题词并在开幕式上致辞。国家体育总局局长、中国奥委会主席刘鹏在开幕式上致辞。省委副书记、省长姜大明，省委常委、宣传部部长李群，副省长李兆前出席开幕式。

10月16日至19日 法国卢瓦尔大区副主席阿兰·本达一行访问山东，分别在济南、泰安、滨州、日照等市观看了十一运马术、游泳、帆船、柔道等项目的比赛。

10月18日至20日 2009中国（东营）国际石油石化装备与技术展览会在新落成的黄河国际会展中心举行，省委常委、副省长王军民出席并宣布展览会开幕。中国贸促会副会长董松根；美国休斯敦市副市长爱德华·冈萨雷斯等和来自76个国家的部分政府高级官员、驻华使节及来自国内外的400余家企业的高层客商代表参加开幕式。

10月19日　全国对外友协批准临沂市与韩国军浦市建立友好城市关系。

10月21日至23日　澳大利亚驻华大使芮捷锐一行访问山东，省委副书记、省长姜大明在济南会见澳大利亚客人。

10月21日至24日　国际旅游联合会杜吕克主席一行2人访问青岛。

10月24日　2009中国国际航空体育节暨第二届全国航空运动会在莱芜开幕，全国人大常委会副委员长周铁农出席开幕式并宣布开幕。国家体育总局局长刘鹏，省委副书记、省长姜大明出席开幕式并致辞。国际航联主席皮埃尔·鲍特曼致贺辞。来自法国、比利时、英国、俄罗斯、美国、德国、西班牙等18个国家和国内27个省市的运动员和航空运动爱好者共1000余名参加开幕式。

10月26日　古巴驻华大使卡洛斯·米·埃尔南德斯访问山东，省委书记、省人大常委会主任姜异康在济南会见了古巴客人。

10月26日至27日　格鲁吉亚驻华大使卡罗·西哈鲁利泽访问青岛。

10月26日　青岛—下关结好30周年纪念庆典在下关市举行。

10月27日　省政府第五十五次常务会议研究同意我省与巴基斯坦旁遮普省、尼日利亚奥贡州建立友好省（州）关系并提请省人大常委会审议。

10月31日　日本驻青岛总领事馆开馆纪念仪式在青岛举行。省委副书记、省长姜大明，青岛市市长夏耕，日本外务省副大臣武正公一，日本驻华大使宫本雄二，日本驻青岛总领事馆总领事斋藤法雄出席仪式。

11月2日　东北亚地区地方政府联合会海洋与渔业专门委员会在青岛成立，省委副书记、省长姜大明出席仪式。

11月4日　省委书记、省人大常委会主任姜异康在北京东方花园酒店会见墨西哥驻华大使豪尔赫·瓜哈尔多。

11月5日至18日　省委书记、省人大常委会主任姜异康率中国共产党代表团访问墨西哥、古巴、巴哈马。

11月6日　省外办批准泰安市泰山风景名胜区管理委员会与韩国济州特别道世界自然遗产管理本部结为友好合作关系城市。

11月7日至9日　朝鲜黄海南道人民委员会委员长吴应昌一行访问山东，省委副书记、省长姜大明在济南会见了朝鲜客人。

11月10日至12日 首届中美省州级立法领导人论坛在北京举行，省人大常委会副主任崔曰臣率团出席会议。

11月11日 省委副书记、省长姜大明在济南会见德国弗劳恩霍夫协会主席汉斯·约克布林格一行。

11月12日至13日 中国翻译协会第六次会员代表大会在北京举行，山东省翻译协会被授予"中国翻译协会优秀单位会员"荣誉称号。

11月13日至15日 德国巴伐利亚州联邦与欧洲事务部部长艾米莉娅·米勒一行访问山东，省委副书记、省长姜大明在济南会见了德国客人并代表省政府，授予德国巴伐利亚州电视台国际部负责人米歇尔·阿门特"山东省荣誉公民"称号。

11月13日 日本驻青岛总领事斋藤法雄偕夫人来济南，为驻济日本友人山崎宏庆祝百岁生日。

11月19日 2009年全国对外友协系统会长年会暨第九届全国理事会届中会议今天在济南召开。会议颁发了首批"人民友谊贡献奖"，山东省友协获此殊荣。

11月22日至25日 为纪念日本和歌山县与山东省结好25周年，和歌山县议长富安民浩、副知事下宏率议会、政府代表团、经贸代表团和日中友好协会代表团100余人对我省进行友好访问，参加山东省一和歌山县结好25周年庆祝活动。23日，省委副书记、省长姜大明在济南会见了代表团一行。

11月22日 山东省承办第十一届全国运动会暨参赛工作总结表彰大会在济南举行，省外办被省委、省政府授予"第十一届全国运动会筹办工作先进集体"荣誉称号。

11月23日至25日 "山东—美国经济文化交流周"活动暨"纪念中美建交30周年图片展"在济南举行。美国驻华大使洪博培，副省长才利民，全国对外友协副会长井顿泉出席开幕式。24日，省委副书记、省长姜大明在济南会见了洪博培大使一行。

11月25日 受省政府委托，省外办主任张伟龄向省十一届人大常委会第十四次会议作"关于山东省与巴基斯坦旁遮普省、山东省与尼日利亚奥贡州缔结友好关系议案的说明"。28日，会议批准了这两项议案。

11月26日 省外办批准青岛港与立陶宛克莱佩达港建立友好港关系。

11月27日 省委副书记、省长姜大明在济南会见新加坡贸工部、人力部政务部长，新加坡—山东经贸理事会联合主席李奕贤一行。

11月28日　新加坡—山东经贸理事会第十四次会议在济南召开。副省长才利民出席并致辞。

11月30日至12月4日　省委副书记、省长姜大明率团访问日本。

12月7日　省政府授予为我省经济社会发展作出突出贡献的德莱孚·普莱葛等30位外国专家"齐鲁友谊奖"荣誉称号。

12月8日　全国对外友协批准山东省与韩国京畿道建立友好省道关系。

12月9日至15日　省委副书记、省长姜大明率团访问韩国。

12月23日至24日　外交部新闻司在天津召开2009年第二次外国记者管理工作座谈会。

12月28日　省政府在济南召开山东省友城工作30周年暨友城工作会议。省委副书记、省长姜大明为大会发来贺信，省人大常委会副主任崔曰臣、副省长才利民、省政协副主席李德强出席会议并为展览剪彩。才利民作重要讲话，省外办主任张伟龄作友城交往30周年工作报告。

12月29日　全省第十七次涉外案件联席会议在济南举行。

12月29日　省外办批准肥城市龙山中学与美国康州豪斯中学建立友好校际关系。

2010年

1月　省委书记、省人大常委会主任姜异康，省委副书记、省长姜大明，副省长才利民分别对省外办荣获外交部"服务经济社会发展奖"作出批示。

1月11日　省外办批准菏泽学院与韩国青云大学、青岛第十七中学与美国康州威斯顿中学建立友好校际关系。

1月17日　黄河三角洲高效生态经济区恳谈暨项目推介会在北京人民大会堂举行，全国人大常委会副委员长兼秘书长李建国、全国政协副主席张榕明，省委书记、省人大常委会主任姜异康，省委副书记、省长姜大明出席相关活动。来自美国、加拿大、澳大利亚、韩国、波兰等20余个国家和地区的驻华使节和机构代表共30余位参加活动。

1月18日　全国对外友协批准山东省与尼日利亚奥贡州建立友好省州关系。

1月19日　省外办批准济钢高级中学与芬兰万达索冬契高级中学建立友好校际关系。

1月22日　全国对外友协批准山东省与巴基斯坦旁遮普省建立友好省际关系。

1月26日　美国前总统乔治·沃克·布什一行访问山东，在兖州出席了由华勤集团举办的2010中美企业研讨会并发表演讲。省委副书记、省长姜大明在济南会见了美国客人。

1月26日　省外办批准济南第三中学与韩国大邱外国语高中建立友好校际关系。

1月28日至30日　韩国新任驻华大使柳佑益一行9人访问山东。省委书记、省人大常委会主任姜异康，省委副书记、省长姜大明在济南分别会见了大使一行。

2月4日　山东省外国记者管理和舆论引导联席会在济南举行第三次会议。

2月9日　省外办批准济宁市与日本小松市、济宁市与韩国大邱市寿城区、济宁市与俄罗斯塔甘罗格市结为友好合作关系城市。

2月11日　省委书记姜异康圈阅了《省外办关于2009年外事工作情况和2010年工作安排的汇报》；省委副书记、省长姜大明在《省外办关于2009年外事工作情况和2010年工作安排的汇报》上作了批示。

2月18日至19日　汤加王太后玛塔阿霍一行11人因私访问招远市。

2月22日　全国人大外事委员会主任委员李肇星到聊城市调研。

2月23日　省外办批准青岛市与葡萄牙里斯本市结为友好合作关系城市。

2月23日　省外办批准济南第七中学与日本和歌山县桥本高等学校、济南第七中学与韩国水原市清明高等学校建立友好校际关系。

2月24日至25日　芬兰驻华大使岚涛偕夫人、牙买加驻华大使考特尼·拉特雷访问青岛。

3月1日至4月1日　我国前驻也门、叙利亚大使时延春率中阿交流协会代表团一行5人访问山东。

3月8日　省委副书记、省长姜大明在日本驻华大使官邸会见日本驻华大使宫本雄二。

3月9日　省委副书记、省长姜大明在韩国驻华大使官邸会见韩国驻华大使柳佑益。

3月11日　全省外办主任会议在济南召开，副省长才利民出席会议并讲话，省外办主任张伟龄作工作报告。

3月14日至17日　加拿大驻华大使马大维一行9人访问青岛。

3月15日至17日　加纳驻华大使海伦·马姆莱·科菲女士访问宁阳县。

3月17日至18日　省外办在青岛分别与日本驻青岛总领馆、韩国驻青岛总领馆举行工作会晤。

3月19日至21日　中国新任驻韩国大使张鑫森一行3人访问济南、青岛、烟台、威海。

3月24日至25日　墨西哥驻华大使豪尔赫·瓜哈尔多访问山东，省委书记、省人大常委会主任姜异康在济南会见了墨西哥客人。

3月25日至29日　省外办在济南举办2010年全省高级英语翻译培训班，来自省直机关、设区市外事部门、院校和企业的60余名学员参加培训。

4月6日至10日　韩中亲善协会会长李世基一行访问山东，省委副书记、省长姜大明在济南会见了韩国客人。

4月7日至9日　新西兰驻华大使伍开文一行4人访问青岛。

4月12日至13日　埃塞俄比亚外交国务部长特科达·阿莱姆·玛利亚姆及夫人访问青岛。

4月14日至17日　荷兰海尔德兰省代省长范海琳女士率团访问山东。

4月14日　奥地利驻华大使马丁·赛迪科率经贸代表团一行访问山东。

4月20日　第二十七届潍坊国际风筝会在潍坊开幕。全国人大常委会副委员长蒋树声、省人大常委会副主任崔曰臣出席，副省长郭兆信致辞。

4月24日至27日　2010中日韩民间友好交流研讨会在济南举行，副省长才利民出席会议并致辞。

4月26日　省外办批准临沂市与美国密西西比州哈蒂斯堡市结为友好合作关系城市。

4月28日　省委书记、省人大常委会主任姜异康，省委副书记、省长姜大明在青岛会见前来出席"2010中国·青岛国际新能源论坛暨中德企业合作发展峰会"的德国前总理施罗德等外宾。德国巴伐利亚州州长泽霍夫、奥地利上奥州副州长安绍伯、澳大利亚资源能源和旅游部代理副部长哈特维尔、德国驻华大使施明贤，俄罗斯、日本、韩国、丹麦、越南、挪威等国及联合国有关机构的代表；外交学会会长杨文昌，外交学会原会长卢秋田，省委常委、青岛市委书记阎启俊，副省长才利民，青岛市市长夏耕等参加会见。

4月29日　2010中国·青岛国际新能源论坛暨中德企业合作发展峰会在青岛举行。省委书记、省人大常委会主任姜异康出席，省委副书记、省长姜大明与德国前总理施罗德致辞，副省长才利民主持开幕式。德国、奥地利、澳大利亚、俄罗斯、日本、韩国、丹麦、越南、挪威等国及联合国有关机构的代表和企业负责人等出席论坛。

4月29日　山东省与德国巴伐利亚州在青岛举行友好省州工作会谈。省委副书记、省长姜大明，德国巴伐利亚州州长泽霍夫出席。

4月30日至5月2日　以参议员大石正光为团长的日本国会参议院代表团一行访问山东，省委书记、省人大常委会主任姜异康在济南会见了日本客人。

5月3日至7日　我国前驻也门、叙利亚大使时延春率海湾阿拉伯国际商业经济投资署项目考察团一行5人就中阿产业园项目合作考察了东营、烟台、威海。

5月7日至8日　斯里兰卡驻华大使卡鲁纳提拉卡·阿穆努加马访问潍坊。

5月11日　我省24名维和队员开始到东帝汶执行为期1年的民事维和任务。

5月17日至20日　澳大利亚贸易部部长西蒙·克林一行访问山东，省委副书记、省长姜大明在济南会见了澳大利亚客人。

5月19日至20日　澳大利亚南澳州总督凯文·斯卡斯访问山东，省委副书记、省长姜大明在济南会见了总督一行。

5月23日　澳大利亚南澳州总督凯文·斯卡斯专程来到上海世博会山东馆进行参观。参观结束后，凯文·斯卡斯在留言簿上写下了"山东馆很精彩"。

5月26日至28日　白俄罗斯维捷布斯克州副州长奥·谢·马茨凯维奇一行访问山东。

5月29日至30日　挪威石油和能源大臣特尔勒里斯·约翰森一行访问烟台。

6月8日　由济南军区某集团军组成的中国第七批赴苏丹瓦乌维和工程兵大队、运输大队在莱阳市成立。

6月17日至18日　刚果（布）旅游部部长卡尼·马夏勒·马蒂约一行访问威海。

6月21日至7月2日　省委书记、省人大常委会主任姜异康率团访问德国、奥地利、瑞士3国。

6月21日　全国对外友协批准菏泽市与俄罗斯奥廖尔市建立友好城市关系。

6月22日至27日　法国卢瓦尔大区议会主席雅克·奥克谢特访问山东。省长姜大明在济南会见了法国客人。

6月25日　中非合作论坛中方后续委员会秘书处与非洲驻华使节磋商会在乳山举行，外交部副部长翟隽出席会议。会议由论坛中方后续委秘书长、外交部非洲司司长卢沙野和非洲驻华使团团长、多哥驻华大使诺拉纳·塔·阿马共同主持。外交部、商务部有关单位负责人和47位非洲国家驻华大使或其高级代表出席。

6月27日至28日　佛得角驻华大使儒利奥·塞萨尔·弗莱雷·德莫赖斯一行2人访问济南大学。

6月30日至7月6日　应外交部邀请，由欧洲地区多国外交部及欧洲机构官员共35人组成的第五届欧洲外交官研讨班访问我省济南、青岛、泰安等地。

7月2日　省外办批准泰山博文中学与美国康州博尔顿中心学校建立友好校际关系。

7月9日　全国对外友协批准烟台市与美国奥马哈市建立友好城市关系。

7月16日　省委副书记、省长姜大明在济南会见韩国现代起亚汽车集团薛荣兴副会长一行。

7月18日至23日　中国—马来西亚商务理事会联合主席、马来西亚前副总理敦·穆萨·希塔姆一行访问山东，省委副书记、省长姜大明在济南会见了马来西亚客人。

7月16日　荷兰海尔德兰省代省长范海琳女士参观上海世博会山东馆。

7月20日　省外办批准德州市分别与英国苏格兰邓迪市、法国巴黎布希圣乔治市结为友好合作关系城市。

7月26日至31日　"2010·山东国际青少年之旅"活动在济南举行。来自美国、韩国、突尼斯等19个国家和地区的青少年应邀来鲁交流，并访问了济南、曲阜等地。参加活动的中外青少年共1600余名，其中外国青少年300余名。省人大常委会副主任时立军在济南会见了各代表团团长，并为4名外国友人颁发了"山东省人民友好使者"证书。

7月29日　以日中经济贸易中心理事长、大阪市日中友好协会副会长青木俊一郎为团长的日本大阪市青少年代表团一行37人访问我省济南、曲阜、青岛等地。省人大常委会副主任刘玉功在济南会见了代表团一行。

7月29日　省外办批准青岛市实验小学与美国康州凯灵顿小学建立友好校际关系。

8月3日至4日　尼日利亚奥贡州州长奥通巴·本珈·丹尼尔一行16人访问山东，双方在济南举行缔结友好省州关系签字仪式。仪式前，省委副书记、省长姜大明会见了尼日利亚客人。

8月3日至7日　日本山口县知事二井关成率政府代表团访问山东，出席了第九届中日地方交流促进研讨会。省委副书记、省长姜大明在济南会见了日本客人。

8月3日至5日　苏丹杰济拉州州长祖贝尔一行访问山东。

8月4日　第九届中日地方交流促进研讨会在济南召开，近30余个日本地方政府代表和来自我国20余个省市代表团共150余人参加了研讨会。省委副书记、省长姜大明会见了出席会议的日本自治体国际化协会理事长木村阳子等与会中外嘉宾并出席了中日观光文化交流展开幕式。

8月4日至7日　由203人组成的俄罗斯中小学生夏令营访问青岛。

8月13日至17日　以肯尼亚副总统卡隆佐·穆西约卡为团长的肯尼亚、埃塞俄比亚、坦桑尼亚3国农业代表团一行访问我省济南、潍坊、烟台等地。

8月19日　我国大型海事巡视船"海巡11"从青岛起航，远赴俄罗斯参加北太平洋海上警备执法机构多边演练活动。

8月20日至22日　澳大利亚驻华大使芮捷锐一行访问山东。

8月20日至22日　第二届中国潍坊滨海国际风筝冲浪邀请赛在潍坊滨海经济技术开发区"欢乐海"举行，来自美国、英国、德国、俄罗斯、波兰、澳大利亚、南非、以色列、韩国、马来西亚、阿根廷、巴西等30个国家和地区的40余名运动员，以及来自国内18个省市的30余名顶尖风筝冲浪运动员参赛。

8月20日至23日　泰国前副总理、泰中文化经济协会会长披尼·扎禄颂巴一行5人访问青岛。

8月21日　2010青岛国际帆船周开幕式在青岛奥帆中心举行。

8月22日　首届奥帆城市市长暨国际帆船运动高峰论坛在青岛举行，通过了《国际帆船运动青岛宣言》。

8月26日至29日　日本参议院前议长江田五月一行访问山东。

8月31日至9月2日　瑞士驻华大使顾博礼一行17人访问青岛。

9月1日至3日　密克罗尼西亚联邦副总统阿利克一行访问山东。

9月6日　省委副书记、省长姜大明主持召开省政府常务会议，授予卡罗尔·万卡先生等18名贡献比较突出、对华态度友好的外国专家为2010年度"齐鲁友谊奖"获奖专家。

9月6日至10日　由文化部和山东省政府共同筹办的"孔子文化周"在位于法国巴黎的联合国教科文组织总部举行，文化部副部长赵少华，省委常委、常务副省长王仁元出席开幕式。

9月6日　美国前总统卡特在北京饭店与邹平县西王村党委书记王勇亲切会面。1997年，卡特及夫人曾访问过西王村，这是他们的第二次会面。

9月7日　交通运输部副部长翁孟勇与韩国国土海洋部次官金熙国分别代表各自政府，在威海签署了《中华人民共和国政府和大韩民国政府陆海联运汽车货物运输协定》及第一阶段《议定书》，标志着中韩物流合作进入新阶段。

9月8日至11日　"2010中国国际友好城市大会"在上海举行，我省友好省州德国巴伐利亚州、加拿大魁北克省、日本山口县和济南市友城法国雷恩市、青岛市友城日本下关市获得"对华友好城市交流合作奖"，山东省和青岛市荣获"国际友好城市交流合作奖"。

9月10日至11日　墨西哥驻华大使瓜哈尔多一行3人访问青岛。

9月15日　省委副书记、省长姜大明在德州会见世界太阳城协会主席克瑞斯·在德维德一行。同日，副省长李兆前在德州分别会见前来参加第四届世界太阳城大会的爱尔兰前总理伯蒂·埃亨、韩国前总理李海瓒和美国洛杉矶郡行政长官安东诺维奇。

9月17日至19日　特立尼达，以及多巴哥总统乔治·理查兹和夫人访问我省济宁、青岛。

9月18日至29日　省委副书记、省长姜大明率山东省政府代表团对新西兰、澳大利亚进行友好访问并赴南非出席"第五次友好省州领导人峰会"。

9月18日至22日　汤加公主皮洛莱乌一行访问山东。

9月20日　由济南军区68名队员组成的中国人民解放军医疗救援队，在济南遥墙国际机场乘坐民航包机，于当日飞抵巴基斯坦。

9月23日　第四届烟台国际葡萄酒节在烟台开幕。中央政治局原委员、中央军委原副主席迟浩田，匈牙利原总理彼得·迈杰希，山东省原副省长张昭福，联合国亚太农业工程与机械中心主任郝乐儒出席开幕式。

9月25日至27日　印度尼西亚前总统梅加瓦蒂一行15人访问山东，省委常委、宣传部部长李群，以及省政协副主席王志民在济南共同会见了印尼客人。

9月25日　2010中国国际航空体育节在莱芜雪野旅游区开幕，来自美国、英国、俄罗斯等18个国家和国内近30个省市的近千名飞行员、运动员参加活动。

9月26日至27日　首届尼山世界文明论坛在泗水尼山圣源书院举行。全国人大常委会原副委员长、尼山论坛组委会主席团主席许嘉璐宣布论坛开幕，国际展览局名誉主席、欧洲科学院副院长、尼山论坛组委会副主席吴建民主持开幕式。山东省委常委、宣传部部长李群，山东省政协副主席王志民，来自欧美亚三大洲10个国家30余所名牌大学的专家学者和嘉宾出席开幕式。大会通过了《尼山和谐宣言》。

9月27日　2010中国曲阜国际孔子文化节开幕式及孔子教育奖、孔子文化奖、孔子友谊奖颁奖典礼在曲阜杏坛剧场隆重举行。全国人大常委会副委员长、全国妇联主席陈至立，全国人大常委会原副委员长许嘉璐，全国政协原副主席李蒙，省委副书记、省政协主席刘伟，省人大常委会副主任、省总工会主席刘玉功，省政协副主席、省农工党主委王新陆出席开幕式及颁奖典礼。陈至立宣布2010中国曲阜国际孔子文化节开幕。

9月27日　第三届世界儒学大会在曲阜中国孔子研究院开幕，全国人大常委会原副委员长、著名汉学家许嘉璐出席开幕式。来自韩国、日本、新加坡、奥地利等16个国家和地区的86个儒学研究机构的200位专家学者、各界人士就这些议题进行了深入研讨与广泛对话。

9月27日至28日　芬兰驻华大使岚涛访问滨州。

9月27日至30日　第三届文博会期间，"2010山东省中日韩物产展暨美食文化节"举办，日本14家、韩国3家团体和企业分别展示美食、医疗和地方特产等。

9月29日　省政府在济南举行国庆招待会，庆祝中华人民共和国成立61周年，副省长才利民出席会议并致辞。应邀出席招待会的嘉宾有韩国驻青岛总领事俞载贤，驻鲁国际友城、外国商社办事处代表、驻鲁外资企业、外国专家代表。

10月3日至17日　2010亚足联U19青年锦标赛在淄博举行，共有16个国家代表队参加比赛。

10月15日　全省外事系统出国管理工作座谈会在济南举行，外交部领事司副司长崔爱民等参加会议。

10月16日　副省长才利民对我省国际友城工作作批示："拟请省外办、省友协认真总结经验，充分发挥友城在对外开放中的平台作用，为全省经济社会发展做出新的贡献。"

10月16日　美国前国务卿玛德琳·奥尔布赖特一行10人，在中国人民外交学会副会长蔡金彪陪同下访问青岛。

10月20日　全省制止公款出国（境）旅游专项工作电视电话会议在济南召开。

10月24日　胡锦涛主席特别代表、国务院副总理王岐山与美国总统奥巴马特别代表、财政部部长盖特纳在青岛机场举行会谈。

10月24日至29日　东北亚地区地方政府联合会第八次全体会议在韩国京畿道举行。

10月25日至28日　由6市37人组成的山东省经贸代表团在日本山口县下关市成功举办了"第十届山东省山口县经贸洽谈会"。

11月4日　省人大常委会民侨外委会听取省外办关于全省国际友城工作的汇报。

11月4日至5日　英国前副首相约翰·普雷斯科特勋爵一行16人访问德州。

11月5日至6日　澳大利亚南澳州农业、食品和渔业部部长迈克尔·欧布莱恩一行访问山东。

11月6日　由全国对外友协、中韩友好协会和韩中友好协会共同举办、由省外办承办的第五届"锦湖韩亚杯"中国大学生韩国语演讲大赛（山东赛区）在济南举行。

11月9日　全国对外友协批准蓬莱市与美国索诺玛市建立友好城市关系。

11月9日　省外办批准德州市第二中学与韩国始兴市长谷高等中学建立友好校际关系。

11月18日至20日　阿根廷拉里奥哈省省长贝德尔·埃雷拉一行访问山东。省委副书记、省长姜大明在济南会见了阿根廷客人，双方共同签署了结为友好合作关系城市意向书。

11月18日至19日　泰国前总理差瓦利一行访问山东，省委副书记、省政协主席刘伟在济南会见了泰国客人。

11月18日至22日　印度卡邦上议院议长肖卡拉默迪访问山东。

11月18日　省外办批准泰安市与阿根廷阿维山内达市结为友好合作关系城市。

11月18日　全省领事工作培训班在淄博举办。

11月19日　新西兰渔业部部长菲尔·西特里一行在新西兰驻华大使伍开文陪同下访问威海。

11月24日　省政府在济南举行颁奖仪式，向来自14个国家的18名外国专家颁发"齐鲁友谊奖"。人力资源和社会保障部副部长、国家外国专家局局长季允石出席颁奖仪式，副省长郭兆信在颁奖仪式上致辞。

11月24日至26日　东亚经济交流推进机构第四届大会在青岛市召开，会议通过了《青岛宣言》。日本北九州市、下关市、福冈市，韩国釜山广域市、仁川广域市、蔚山广域市，中国天津市、青岛市、大连市、烟台市共10个会员城市参加。

11月25日　全省外事系统美大地区工作经验交流会在潍坊举行。

11月29日　全国对外友协批准荣成市与韩国瑞山市结为友好合作关系城市。

12月2日至3日　以越南劳动联合总会机关工会主席杜玉贤为团长的越南司局级党政干部考察团一行访问山东。

12月10日至11日　加拿大驻华大使马大维一行访问山东，客人出席了在济南市胜利大街小学举办的白求恩生平事迹全国巡展活动启动仪式，访问山东大学，出席了"2010年中加社会包容政策与实践国际学术研讨会"开幕式。

12月11日至12日　也门驻华大使阿卜杜勒·马利克·穆阿里米访问淄博。

12月11日至12日　印尼驻华大使易幕龙·库丹一行5人访问莱芜。

12月15日　省外办批准泰安市与意大利罗古市结为友好合作关系城市。

12月19日至21日　联合国人权理事会粮食权特别报告员舒特一行5人访问我省济南、莱芜。

12月20日至21日　外交部在福建厦门市召开第三次外国记者管理工作座谈会。外交部部长助理刘振民出席会议并讲话。

12月21日　瑞士驻华大使顾博礼、瑞士摩科瑞能源集团董事及首席运营官安东·科洛姆一行17人访问青岛，参加了青岛董家口港区油品期货交割库项目启动仪式。省委常委、青岛市委书记李群会见了代表团一行。

12月27日至28日　全国地方外办主任会议在湖南长沙召开，外交部长杨洁篪出席会议并作了题为《当前国际形势和我国外交工作》的报告，省外办主任张伟龄参加会议。

12月28日　省委书记、省人大常委会主任姜异康，省委副书记、省长姜大明在济南会见全国人大常委会委员、全国人大外事委员会主任委员李肇星。

12月29日　全国对外友协批准菏泽市与日本热海市建立友好城市关系。

2011年

1月12日至13日　马来西亚驻华大使伊斯甘达·萨鲁丁访问淄博、潍坊。

1月13日　全省第十八次涉外案件处理工作联席会议在济南举行。

1月13日　全国对外友协批准临沂市与比利时罗莫尔市建立友好城市关系。

1月13日　全省第十八次涉外案件处理工作联席会议在省法院召开。

1月15日至16日　马来西亚驻华大使伊斯甘达·萨鲁丁一行4人访问济宁。

1月17日至18日　匈牙利沃什州州长郭瓦兹·弗兰茨一行10人访问烟台。

1月23日　省外办被山东省上海世博会参展工作领导小组评为"山东省上海世博会参展工作先进集体"。

1月25日　省外办批准济宁市与德国巴州上弗兰肯大区、乌克兰文尼察州文尼察市、巴西圣保罗州奥萨斯库市结为友好合作关系城市。

1月27日　省外办批准济宁市与韩国庆尚北道荣州市、青岛市四方区与美国俄亥俄州阿克隆市结为友好合作关系城市。

2月10日　省外办批准山东艺术学院与美国纽约罗切斯特纳萨勒斯学院、美国电影学院、俄罗斯远东国立人文大学建立友好校际关系。

2月12日　韩国驻青岛总领事俞载贤旁听山东省第十一届人大第四次会议开幕式。

2月16日　山东省外国记者管理和舆论引导联席会议第四次会议在济南举行。

2月18日至19日　韩国韩中亲善协会会长李世基一行8人访问青岛。省委常委、青岛市委书记李群会见了代表团一行。

2月20日至23日　德国驻华大使施明贤一行访问山东，省委常委、副省长王军民在济南会见了德国客人。

2月28日　全国对外友协亚非部在北京联合召开中非友协、中阿友协、中国东盟协会、中印友协、中韩友协2010年年会，省及济南、青岛市分别派员参加会议。

3月3日　山东省外国记者管理和舆论引导联席会议第五次会议在济南召开。

3月4日　全省外办主任会议在济南举行，副省长才利民出席会议并讲话，省外办主任张伟龄作工作报告。

3月16日　亚洲足球冠军联赛山东鲁能—大阪樱花比赛在济南举行，日本驻青岛总领馆领事后藤胜观看了比赛，5家日本媒体的9名记者进行了现场采访。

3月21日至22日　法国驻华大使白林一行11人访问青岛，参加了在青举办的法国"明日之城"经贸推介会。

3月24日至25日　卢旺达驻华大使恩加兰贝一行2人访问东营。

4月2日　省委举办理论学习辅导报告会，邀请外交部部长杨洁篪就当前国际形势作辅导报告。省委书记、省人大常委会主任姜异康主持报告会，省委副书记、省长姜大明，省委副书记、省政协主席刘伟出席报告会。

4月8日至10日　由外交部组织的欧洲地区驻华大使代表团来我省济南、泰安、曲阜等地考察访问。省委副书记、省长姜大明在济南会见并宴请了代表团一行。外交部副部长傅莹、副省长才利民参加活动。

4月8日　全国对外友协批准青岛市与巴西维拉维利亚市建立友好城市关系。

4月8日　韩国驻华大使柳佑益访问青岛。

4月11日至13日　澳大利亚南澳州州长迈克·兰恩一行访问山东，省委副书记、省长姜大明在济南会见了澳大利亚客人。为纪念山东省与南澳州结好25周年，南澳州政府向我省赠送了纪念物——"智者乐水"雕塑。

4月12日至16日　副省长才利民率山东经贸代表团访问新加坡，出席新加坡—山东经贸理事会第十五次会议。

4月16日　第二十八届潍坊国际风筝会开幕。全国政协副主席王志珍，国家体育总局副局长、国际风联主席冯建中，省政协副主席齐乃贵，省检察院检察长国家森等出席开幕式。王志珍宣布第二十八届潍坊国际风筝会开幕。

4月20日至22日　越南驻华大使阮文诗一行访问山东，副省长才利民在济南会见了越南客人。

4月20日　全省涉外渔业暨海砂管理工作会议在蓬莱召开。

4月21日至22日　欧盟驻华大使艾德和、英国驻华大使吴思田访问青岛。省委常委、青岛市委书记李群会见了代表团一行。

4月21日　为纪念中巴建交60周年，由《国民报》《每日邮报》《黎明报》《国防》杂志和巴联社等媒体负责人组成的巴基斯坦主流媒体记者团一行5人到大众报业集团考察交流。

4月22日至27日　德国巴伐利亚州食品与农林部部长助理泰奥道·韦伯先生一行访问山东。

4月25日至28日　印度驻华大使苏杰生访问青岛。省委常委、青岛市委书记李群会见了印度客人。

4月26日　伊朗驻华大使梅迪·萨法里一行访问山东，副省长才利民在济南会见了伊朗客人。

4月27日至28日　美国国会众议院"美中工作小组"代表团共同主席波斯坦尼和众议员拉森一行14人访问青岛。

5月5日　瑞士驻华大使顾博礼访问淄博。

5月6日　委内瑞拉、乌拉圭、苏里南、厄瓜多尔等14个拉美及加勒比国家的6位驻华大使及外交官一行18人访问济宁和泰安。

5月7日　省委副书记、省长姜大明在济南会见美国亮点基金会主席尼尔·布什（前总统老布什的三子）一行。

5月10日至22日　法国布列塔尼大区法中友协会长玫雅琳女士一行9人访问山东。

5月13日至14日　2011年全国对外友协系统会长年会在西安举行，省外办党组副书记刘渊及济南、青岛、烟台友协负责人参会。

5月15日　"中国万达"2011黄河口（东营）国际马拉松赛暨全国马拉松积分赛在东营举行。

5月18日　2011年金砖伙伴城市会议在青岛举行，俄罗斯圣彼得堡市、巴西里约热内卢市、印度孟买市和青岛市共同签署了《青岛倡议》。

5月19日　省外办批准青岛市与日本京都市结为友好合作关系城市。

5月21日至24日　"2011蓬莱—未来之星"国际研讨会在蓬莱举行。中国人民对外友好协会副会长李小林、副省长才利民、瑞士施泰因基金会主席托尼·邵宁伯格出席会议并致辞。瑞士联邦前主席汉斯·鲁道夫·梅尔茨、中国全国政协原副主席徐匡迪发表主题演讲。

5月22日至29日　第十二届苏迪曼杯世界羽毛球混合团体锦标赛在青岛举行。来自印尼、马来西亚、法国、德国和日本等12家外国媒体的17名记者对赛事进行了报道。

5月23日　省外办批准德州市与美国俄亥俄州沃伦市结为友好合作关系城市。

5月24日至27日　日本驻华大使丹羽宇一郎一行访问山东，省委书记、省人大常委会主任姜异康在济南会见了日本客人。

5月25日　全国对外友协批准蓬莱市与法国卢瓦尔大区索米尔市结为友好城市。

5月26日　丹麦驻华大使裴德盛访问滨州。

6月7日至8日　日本驻青岛总领事斋藤法雄访问菏泽。

6月11日至12日　澳大利亚前总理霍克访问青岛，省委常委、青岛市委书记李群会见了澳大利亚客人，澳大利亚驻华大使芮捷锐参加活动。

6月12日至14日　东北亚地区地方政府联合会新任秘书长金在孝一行访问山东，副省长才利民在济南会见了代表团一行。

6月13日至22日　全国对外友协考察团一行62人分两批来临沂考察，参观了华东革命烈士陵园、沂蒙精神展、新四军军部旧址等地。

6月14日至16日　苏丹共和国北方州州长哈利勒和苏丹驻华大使萨利赫一行访问山东，省委常委、常务副省长王仁元在济南会见了苏丹客人。

6月14日至16日　由印度比哈尔邦首席部长尼蒂斯·库马尔率领的代表团一行10

人访问山东，省委常委、副省长王军民在济南会见了印度客人。

6月14日至21日　朝鲜黄海南道农村经理委员会副委员长李承浩率黄海南道农业考察团一行访问山东。

6月22日　全国对外友协批准青岛市与克罗地亚耶卡市建立友好城市关系。

6月26日至7月16日　省委组织部高效生态经济区建设专题培训班和高端制造业发展专题培训班共50人分赴荷兰、德国进行专题培训。

6月27日　省委副书记、省长姜大明在济南会见第八届世界华裔杰出青年华夏行与会海外代表。

6月28日　第十四届全国地方友协工作交流会在江西省南昌市举行，我省友协及济南、青岛、日照市友协共6人参加会议。

6月29日至30日　苏丹共和国总统巴希尔访问青岛，省委书记、省人大常委会主任姜异康，省委副书记、省长姜大明在青岛会见了苏丹客人。

7月5日至8日　巴西帕拉州州长代表、州政府战略项目部部长悉尼·罗萨率政府、议会及企业代表团一行访问山东。省政协副主席赵玉兰在济南会见了巴西客人。

7月5日　俄罗斯驻华大使拉佐夫一行2人访问临沂。

7月6日至7日　我驻加拿大大使章均赛访问淄博。

7月8日　委内瑞拉中高级公务员培训班29人到山东行政学院考察。

7月10日至31日　省委组织部蓝色经济发展专题培训班共25人赴美国进行专题培训。

7月12日　省外办批准东平县职业中等专业学校与加拿大魁北克省VERDUN职业教育中心、魁北克省CIMME职业教育中心建立友好校际关系。

7月13日至14日　澳大利亚驻华大使芮捷锐及经济参赞吴那鸿访问兖矿集团。

7月15日至17日　东帝汶驻华大使张芬霞陪同该国财政部部长艾米莉亚·皮尔斯访问山东高速集团。

7月18日至19日　以色列驻华大使安泰毅一行访问山东。

7月19日　东北亚地区地方政府联合会第八次事务委员会会议在宁夏银川市召开。来自中国、韩国、日本、俄罗斯、蒙古5国24个地方政府成员以及观察员的84名代表参会。省外办主任张伟龄率山东省代表团一行4人出席会议。

7月19日至20日　加拿大安大略省商会会长兰恩·克里斯皮诺一行访问山东。

7月25日至28日　菲律宾北伊洛戈省省长埃米·马科斯一行访问山东，省委副书记、省长姜大明在济南会见了菲律宾客人。

7月25日至28日　"2011东亚海岸可持续发展地方政府网络年会"在东营举行，中外代表共90人参加会议，其中外国代表38人。

7月26日至30日　"2011·山东国际青少年文化之旅"在山东举行，省委副书记、省长姜大明出席开幕式并向韩国、黎巴嫩友人颁发"山东省人民友好使者"证书，为外国青少年代表授旗。来自中国、美国、英国、韩国、黎巴嫩等19个国家和地区的500余名青少年朋友参加活动。

7月26日　省十一届人大常委会第二十五次会议听取了省外办副巡视员张国梁作的省政府关于《山东省与瑞士阿尔高州缔结友好省州关系》议案的说明。7月29日，会议批准了该议案。

7月26日至28日　外交部机关党务干部考察团一行32人到日照市参观考察。

7月31日至8月1日　日本参议院议员川上义博一行访问山东。

8月2日至6日　外交部第四次外国记者管理工作座谈会在内蒙古呼和浩特市召开，外交部副部长崔天凯出席会议并讲话，省外办副巡视员张国梁参会并作重点发言。

8月5日　卢森堡驻华大使柯意赫访问山东。

8月7日至8日　澳大利亚驻华使馆经济参赞郝龙威访问潍坊。

8月9日至12日　日本和歌山县知事仁坂吉伸一行访问山东。省委书记、省人大常委会主任姜异康，省委副书记、省长姜大明在济南会见了日本客人。

8月15日　泰国前副总理、泰中文化经济协会会长披尼访问青岛。

8月18日至21日　以缅甸联邦巩固与发展党中央执委吴登拉瑞为团长的干部考察团一行来济南、潍坊等地考察访问。省委常委、宣传部部长孙守刚在济南会见了缅甸客人。

8月21日　全国红军小学建设工程理事会在安丘革命英烈红军小学举行授旗、授牌仪式，全国人大外事委员会主任委员李肇星出席。

8月22日至24日　澳大利亚西澳州众议院议长格兰特·伍德海姆斯一行访问山东，省委副书记、省长姜大明在济南会见了澳大利亚客人。

8月23日　省外办批准济南市与韩国大田广域市结为友好合作关系城市。

8月25日　"2011山东—京畿友城联合体大会"在济南举行。会议通过了《2011山东—京畿友城联合体共同宣言》。省委副书记、省长姜大明，韩国京畿道知事金文洙出席会议并讲话。

8月30日至9月1日 加拿大魁北克省省长让·沙雷一行64人访问山东。省委书记、省人大常委会主任姜异康,省委副书记、省长姜大明在济南分别会见了加拿大客人。访问期间,姜大明和让·沙雷共同签署了《两省科技领域合作协议书》,出席了《两省联合工作组第二次会议纪要》签约仪式和在济南市泉城公园举行的魁北克省赠送铝制镂雕"曲柳和北欧松"揭幕仪式并致辞。

8月31日至9月4日 朝鲜驻华大使池在龙一行访问山东,省委书记、省人大常委会主任姜异康在济南会见了朝鲜客人。

9月1日至11日 2012年伦敦奥运会女子足球项目亚洲区决赛在济南举行,中国、日本、韩国、朝鲜、澳大利亚、泰国6支代表队参赛,来自日本的46名记者前来采访。

9月6日 第三届亚洲沙滩运动会团长大会在海阳市举办。

9月12日 为庆祝山东省与澳大利亚南澳州结好25周年,山东省艺术团一行36人赴澳大利亚南澳州,参加该州第五届澳亚文化节。南澳州州长迈克·兰恩、副总督黎文孝看望了艺术团全体演职人员。

9月13日 省委副书记、省长姜大明在济南会见新加坡贸工部政务部长、新加坡—山东经贸理事会新方联合主席张思乐一行。

9月14日至17日 由全国对外友协主办的中欧民间友好合作对话会在北京和天津两地召开,国务院副总理李克强出席开幕式并发表重要讲话,共有来自中国和21个欧洲国家的400余名代表出席了对话会。省友协派员参加了会议。

9月14日 省政府常务会议决定授予霄·安凯等22位外国专家2011年"齐鲁友谊奖"荣誉称号。

9月15日 即将离任的日本首任驻青岛总领馆总领事斋藤法雄来济南,向省领导人辞行。省委书记、省人大常委会主任姜异康,省委副书记、省长姜大明在济南分别会见了日本客人。

9月15日至18日 保加利亚等10国驻华使馆官员访问威海,出席"第二届国际养生产业峰会暨第四届中国威海(文登)国际温泉节"。

9月16日至17日 "2011海洋资源科学利用论坛"在烟台举行。来自韩国、蒙古、俄罗斯等国的近百名专家和政府官员参加论坛。

9月18日至27日 以省外办主任、省友协会长张伟龄为团长的山东省妇女代表团一行21人访问日本冲绳县、和歌山县、大阪府，出席了在韩国庆州举办的"第四届中日韩妇女大会"。

9月19日　全国对外友协批准莱芜市与白俄罗斯明斯苏克市苏维埃区、济南市与巴西波多韦柳市、济南市与土耳其马尔马里斯市建立友好城市关系。

9月21日至10月2日　省政协副主席王志民率山东省友好代表团赴意大利马尔凯大区、法国卢瓦尔大区和瑞典韦斯特曼省进行友好访问。

9月21日　由省外办、省工商局和韩国驻青岛总领事馆共同举办的第一届"中（山东）韩企业社会责任研讨会"在青岛开幕。

9月23日至26日　第五届烟台国际葡萄酒节、山东半岛蓝色经济区海洋食品博览会和第十二届国际果蔬·食品博览会在烟台举行。副省长孙伟、南非西开普省副省长格里特·范·瑞斯伯格、韩国蔚山广域市市长朴孟宇、智利驻华大使路易斯·密·蒙特斯、韩国驻青岛总领事俞载贤、加拿大圣·凯瑟琳市市长麦克穆兰等出席活动。

9月23日至29日　由苏丹喀土穆州委员会经济书记马希·哈勒夫拉·马希为团长的苏丹全国大会党干部考察团一行14人访问山东。

9月24日至29日　菲律宾参议院农业和食品委员会主席弗朗西斯·潘吉利南一行12人访问山东，中联部副部长、中国国际交流协会常务副会长李进军，省政协副主席李德强分别在淄博和济南会见了菲律宾客人。

9月25日至29日　韩国前总统全斗焕访问威海。

9月25日至30日　"2011山东国际文化交流周"在济南举行。来自美国、英国、日本、韩国等17个国家的200余人参加会议。

9月26日至29日　由中联部和山东省人民政府共同主办的第二届"中阿·中非中小企业合作论坛"在潍坊举行。全国政协副主席孙家正出席开幕式并致辞。中联部副部长李进军，副省长王随莲、省政协副主席赵玉兰及潍坊市主要负责人出席开幕式。约旦前首相马贾利，阿拉伯和非洲地区19个国家的政党、商会负责人，驻华使节，以及270余个中外企业代表参加了论坛。

9月26日至29日　澳大利亚维多利亚州众议院议长肯·史密斯、立法院议长布鲁斯·阿特金森率议会代表团一行9人访问山东。省人大常委会副主任崔曰臣在济南会见了维州客人，双方签署了《山东省人大常委会与维州议会谅解备忘录》。

9月26日至30日　孙中山先生孙女、孙中山和平教育基金会主席、夏威夷中国妇女慈善会会长孙穗芳博士到我省济南、青岛、烟台参观访问。

9月26日 省外办批准栖霞市与韩国仁川广域市东区建立友好合作关系。

9月26日 日本驻青岛总领事斋藤法雄离任回国。

9月27日至28日 澳大利亚驻华大使孙芳安女士一行5人访问济南、青岛，省委书记、省人大常委会主任姜异康在济南会见了澳大利亚客人。

9月27日 2011中国（曲阜）国际孔子文化节开幕式暨第六届联合国教科文组织"孔子教育奖"颁奖典礼在曲阜杏坛剧场举行。省委副书记、省政协主席刘伟致辞并宣布2011中国（曲阜）国际孔子文化节开幕。联合国教科文组织代表萨义达·拉曼女士宣读第六届联合国教科文组织"孔子教育奖"获奖名单：美国"读书空间"项目、刚果民主共和国"共同的阿尔法·乌祖威"项目获得"孔子教育奖"，巴基斯坦旁遮普邦政府扫盲秘书阿拉·巴克什·马利克博士获得"孔子教育奖"荣誉奖。省政协副主席乔延春、中国联合国教科文组织全国委员会秘书长杜越为"孔子教育奖"获奖者颁奖。

9月27日 省政府庆祝中华人民共和国成立62周年暨"山东省荣誉公民"和"山东省人民友好使者"表彰大会在济南南郊宾馆举行。

9月27日 第四届世界儒学大会在曲阜孔子研究院开幕，来自16个国家和地区83家研究机构的130余位专家学者参加本届大会。

10月15日至16日 瑞典驻华大使罗睿德访问山东大学，参加该校建校110周年庆典活动。

10月19日 中美省州长论坛在北京举行，中国8个省（市）的省委书记、省（市）长与美国6个州的州长（总督）参加会议。本届论坛由全国对外友协会长李小林和华盛顿州州长葛瑞格尔共同主持，省委副书记、省长姜大明代表山东省在论坛上发言。论坛期间，姜大明分别会见了关岛总督卡尔沃、华盛顿州州长葛瑞格尔、佐治亚州州长内森·迪尔，与佐治亚州签署了结为友好合作关系城市协议书。

10月19日至21日 我省派员出席在巴西圣保罗召开的"第六届省州领导人峰会预备会"。

10月19日 全国对外友协批准山东省与瑞士阿尔高州建立友好省州关系。

10月20日至21日 塞浦路斯驻华大使马里奥斯·耶罗尼米蒂斯访问威海。

10月21日 2011济南国际友城文化交流暨大型图片展开幕式在济南泉城广场举行，来自9个国家的11个国际友城及使馆代表团近百人参加开幕式，22个国际友城参展。

10月26日至28日　博茨瓦纳国民议会议长玛格丽特·纳莎率国民议会代表团一行访问山东，省委书记、省人大常委会主任姜异康在济南会见了代表团一行。

10月28日　"2011中国·青岛蓝色经济发展国际高峰论坛"开幕，省委书记、省人大常委会主任姜异康出席开幕式并致辞，省委副书记、省长姜大明作主旨演讲，国家发改委副主任杜鹰讲话。17个国家的90余位嘉宾，国内海洋领域两院院士及知名专家，涉海高校、科研院所、大型企业和金融机构负责人，山东半岛蓝色经济区内7市和51个县（市、区）主要负责人参加论坛。

10月30日　山东省第六次外国记者管理和舆论引导联席会议在济南举行。

10月31日至11月2日　冰岛驻华大使柯丝婷女士访问青岛，出席第16届中国国际渔业博览会。

11月5日　第六届"锦湖韩亚杯"中国大学生韩国语演讲大赛山东赛区比赛在济南举办。12月10日在长春举行的全国总决赛中，我省选派的选手获得第一名。

11月8日　第四届东盟与中日韩（10+3）媒体合作研讨会在济南开幕。会前，省委书记、省人大常委会主任姜异康，省委副书记、省长姜大明会见了印度尼西亚驻华大使易慕龙，日本驻华大使馆特命全权公使堀之内秀久，韩国驻华大使馆政务公使赵镛天等与会代表。

11月8日　法国驻华大使白林女士访问青岛，出席青岛法语联盟新址揭幕仪式。

11月10日　全国对外友协批准济南市与印尼东爪哇省徐图利祖市建立友好城市关系。

11月16日　"博物馆免费开放与公民文化权益保障"亚太地区馆长高层论坛暨国际博协亚太地区联盟理事会2011年会议在济南举行，来自国际及国内文博界的60余位代表参加活动。

11月16日　省政府在济南举行仪式，授予霄·安凯等22名外国专家2011年度"齐鲁友谊奖"荣誉称号，国家外国专家局副局长刘延国、副省长郭兆信为获奖专家颁发了奖章和证书。

11月18日　第三届中国—拉丁美洲和加勒比地区民间友好论坛在福州市举行。全国人大常委会原副委员长成思危、全国对外友协会长李小林出席会议，省友协常务副会长刘渊参加论坛。

11月21日　省外办批准胶南市与波兰小波兰省新松奇市结为友好合作关系城市。

11月25日　省委副书记、省长姜大明在济南会见日本新任驻青岛总领事平木场弘人一行。

11月28日　济南市与印尼东爪哇省徐图利祖市建立友好城市关系。

11月29日至30日　美国驻华大使骆家辉访问山东，参加了由省外办、省经信委和省节能办主办的"山东—美国节能合作研洽会"。省委副书记、省长姜大明会见了美国客人。会见后，姜大明、骆家辉出席了山东—美国节能合作项目签字仪式。

11月29日　澳大利亚联邦上议院第一副议长、联邦上议院委员会主席斯蒂芬·帕里访问临沂，考察其拟在临沂临港经济开发区投资建设的澳中国贸中心项目。

11月29日至12月3日　乌克兰敖德萨州州委会主席尼·弗·蓬季克一行访问山东，副省长才利民在济南会见了乌克兰客人。会见结束后，双方签署了《中华人民共和国山东省与乌克兰敖德萨州建立友好合作关系意向书》。

11月30日　"山东—韩国绿色产业合作论坛"在济南召开，副省长才利民出席并致辞，韩国驻青岛总领事俞载贤参加会议。论坛召开前，才利民会见了俞载贤一行。

12月1日　全省领事工作座谈会在济南召开。

12月5日　省委书记、省人大常委会主任姜异康，省委副书记、省长姜大明，省委副书记、省政协主席刘伟在济南会见全国人大常委会委员、全国人大外事委员会主任委员李肇星，全国人大常委会委员、全国人大教科文卫委员会副主任委员宋法棠，全国人大外事委员会副主任委员刘冬冬，全国人大常委会委员、全国人大农业与农村委员会副主任委员孙文盛一行。

12月6日至8日　罗马尼亚全国进步联盟执行主席、国防部部长加布里埃尔·奥普雷亚一行访问山东，省委副书记、省政协主席刘伟在济南会见了罗马尼亚客人。

12月6日　中德两国政府间的重要战略合作项目——中德生态园在青岛开发区举行奠基仪式。商务部副部长王超，德国经济和技术部国务秘书布克巴赫，副省长才利民出席奠基仪式。

12月7日　英国苏格兰地区首席部长亚历克斯·萨蒙德率团访问山东。省委副书记、省长姜大明与亚历克斯·萨蒙德进行工作会谈，双方签署了关于进一步加强友好合作关系会谈纪要。

12月7日至8日　尼泊尔驻华大使坦卡·普拉萨德·卡尔基一行3人访问青岛，考察了尼泊尔大使馆赠送青岛市的尼泊尔佛教高僧觉贤法师塑像在湛山寺安放情况。

12月15日至16日　巴西巴伊亚州州长雅戈斯·瓦格内尔一行访问山东。省委副书记、省长姜大明在济南会见了巴州客人，双方签署了《山东省与巴伊亚州会谈纪要》。

12月16日　全国对外友协批准滨州市与瑞典克鲁努贝里省维克舍市建立友好城市关系。

12月18日至22日　韩国京畿道议会议长许载颜率议会代表团访问山东。省人大常委会副主任鲍志强在济南会见了韩国客人，双方签署了山东省与京畿道议会友好交流合作协议书。

12月18日至19日　日本驻华大使丹羽宇一郎一行4人访问青岛，出席了日本海上自卫队访问青岛港相关活动。

12月23日　全省第十九次涉外案件处置工作会议在济南召开。

12月25日　省委外事工作领导小组扩大会议在济南召开。省委书记、省人大常委会主任姜异康出席会议并讲话，省委副书记、省长姜大明传达了习近平副主席重要讲话精神，省委常委、济南市委书记焉荣竹出席会议，副省长才利民主持会议并传达了党的对外工作座谈会精神。省委外事工作领导小组成员，各市党委外事工作领导小组组长、副组长，省直有关部门（单位）党组书记或主要负责人，各市外办党组书记参加会议。

12月29日　省委决定，刘渊同志任省外办党组书记，张伟龄同志不再担任省外办党组书记职务。

2012年

2月3日　全省外办主任会议在济南召开，副省长才利民出席会议并讲话，省外办主任刘渊作工作报告。

2月8日　全国对外友协批准东营市与印度尼西亚东加里曼丹省巴里巴市建立友好城市关系。

2月12日至15日　法国参议院前参议长、孚日省议会议长克里斯蒂安·蓬斯莱一行访问山东，省委副书记、省长姜大明在济南会见了法国客人。

2月15日至16日　欧盟前主席、意大利前总理、世界合作基金会主席普罗迪访问青岛，省委常委、青岛市委书记李群会见了意大利客人。

2月20日至24日　省外办在济南举办全省外事高级英语翻译培训班，全省涉外部门共150余人参加培训。

2月21日　韩国前国务总理李寿成一行访问山东，省委副书记、省长姜大明在济南会见了韩国客人。

2月27日 由"青岛"号导弹驱逐舰、"烟台"号导弹护卫舰和"微山湖"号综合补给舰组成的海军第十一批护航编队从青岛起航,奔赴亚丁湾、索马里海域执行护航任务。这是中国海军自2008年12月开展护航行动以来,护航编队第一次由北海舰队兵力为主组成、由北海舰队组织执行的护航任务。海军副司令员丁一平,济南军区副司令员冯兆举,济南军区副司令员兼北海舰队司令员田中,北海舰队政委王登平,中华人民共和国交通运输部纪检组组长杨利民,省委常委、青岛市委书记李群,副省长夏耕出席欢送仪式。

3月1日 全国对外友协副会长李建平一行8人访问青岛,协助"华夏文化纽带工程"征集二战期间(太平洋战争爆发后)青岛民众救援被日本集中营关押的欧美侨民相关事迹史料。

3月15日至17日 以克罗地亚驻华大使希莫尼奇为团长的白俄罗斯、希腊、土耳其、马其顿、波兰6国驻华大使访问淄博。

3月19日 省委副书记、省长姜大明在济南会见韩国新任驻青岛总领事黄胜炫一行。

3月21日至24日 韩国驻华大使李揆亨和夫人韩德顺一行访问山东。省委书记、省人大常委会主任姜异康在济南会见了韩国客人。

3月25日至26日 美国南达科他州州长丹尼斯·多加德代表团率团访问山东。省委副书记、省长姜大明在济南会见了美国客人,双方举行了工作会谈。

3月25日至28日 泰国前副总理、泰中文化经济协会会长披尼·乍禄颂巴和泰国帕塔亚市市长以提鹏·坤本率团访问青岛。

3月26日至30日 由全国政协常委、外事委员会主任赵启正率领的全国政协外事委员会调研组一行在山东调研。副省长才利民、省政协副主席李德强,全国政协外事委员会委员、中国驻欧盟使团原团长、大使关呈远参加活动。

3月26日 "大洋一号"远洋科考船从青岛出发,进行中国大洋第26航次综合海试任务,主要在印度洋、大西洋开展多金属硫化物、生物资源和环境调查,同时兼顾相关科学问题的调查研究。

3月28日至30日 韩中亲善协会会长李世基一行访问山东,省委副书记、省长姜大明在济南会见了韩国客人。

4月6日 中联部部长王家瑞在青岛市级机关会议中心作党的对外工作和国际形势

专题报告会，省委常委、青岛市委书记李群主持报告会。

4月6日　省外办批准青岛市与泰国春武里府帕塔亚市结为友好合作关系城市，批准泰山风景名胜区管理委员会与美国红杉和国王峡谷国家公园管理局建立友好合作关系。

4月9日至11日　美国阿肯色州州长迈克·毕比访问山东，省委副书记、省长姜大明与迈克·毕比州长举行了工作会谈。

4月12日　省外办批准淄博职业学院与韩国新罗大学和建阳大学建立友好校际关系。

4月18日至22日　日本山口县知事二井关成率团访问山东，省委书记、省人大常委会主任姜异康会见了日本客人。18日，山东省与山口县缔结友好关系30周年纪念大会在济南举行。省委副书记、省长姜大明，日本山口县知事二井关成出席纪念大会。姜大明代表山东省向二井关成知事颁发了"友城交流特别贡献奖"。纪念大会前，省政府与山口县举行了工作会谈，双方签署了《山东省与山口县国际交流合作备忘录》《山东省与山口县文物交流合作备忘录》，举行了山东省与山口县结好30周年回顾展。

4月19日至20日　作为山东省与日本山口县结好30周年庆祝活动之一的"第十二届山东省·山口县经贸洽谈会"在济南举行，双方115家企业进行了126个项目对接，达成42个合作意向，创历届洽谈会新高。

4月21日　第二十九届潍坊国际风筝会开幕式在潍坊举行。全国人大常委会原副委员长司马义·艾买提宣布开幕，国家体育总局副局长、国际风联主席冯建中，省委常委、省军区政委刘从良，省政协副主席陈光出席开幕式。共有67个会员国和地区的110支代表队，以及国内近30个省（自治区、直辖市）的80余支代表队参赛。

4月25日　日本国际贸易促进会会长河野洋平一行访问山东，省委书记、省人大常委会主任姜异康在济南会见了日本客人。省委副书记、省长姜大明与河野洋平举行工作会谈。

4月26日至5月1日　以省委书记、省人大常委会主任姜异康为团长的全国对外友协地方政府代表团访问俄罗斯。代表团由全国对外友协和山东、吉林、黑龙江、河南、湖北、湖南、深圳六省一市主要负责人组成。出访的主要目的是配合国务院副总理李克强对俄罗斯的访问，参加中俄两国共同举办的有关重要活动，深化中俄地方交流与合作。

4月30日至5月3日　德国巴伐利亚州议长施塔姆女士访问山东，省委书记、省人大常委会主任姜异康在济南会见了议长一行。

5月2日至5日　德国巴伐利亚州议长施塔姆率议会高级代表团一行访问山东。省委书记、省人大常委会主任姜异康在济南会见了德国客人。

5月2日　全国对外友协批准德州市与美国加利福尼亚州帝王市建立友好城市关系。

5月2日　省外办批准青岛市与以色列拉马特甘市结为友好合作关系城市。

5月4日　全国对外友协批准威海市与朝鲜南浦市建立友好城市关系。

5月10日至12日　第十二届全国副省级城市外办联席会议在济南市召开。外交部纪委书记谢杭生出席会议并作国际形势报告。

5月10日　省外办批准青岛港与韩国釜山港建立友好港口关系。

5月11日　由省外办牵头，省直有关部门和济南市外办与韩国驻青岛总领事馆在济南举行了工作会晤。副省长才利民会见了参加会晤的韩国驻青岛总领事黄胜炫一行。

5月15日　全国对外友协第十届全国理事会会议在北京召开，中央政治局常委、国家副主席习近平会见了与会代表并发表重要讲话，全国对外友协理事、省外办主任、省友协会长刘渊出席会议。

5月15日至16日　马其顿总理尼克科·格鲁埃夫斯基访问青岛，举办了中马投资论坛活动，省委常委、青岛市委书记李群会见了马其顿客人。

5月19日至22日　墨西哥前总统福克斯访问山东，出席了第二届尼山世界文明论坛。省委副书记、省长姜大明在济宁会见了墨西哥客人。

5月20日　省委副书记、省长姜大明在济宁会见前来参加第二届尼山世界文明论坛的联合国教科文组织助理总干事汉斯·道维勒、巴西驻华大使胡格内、联合国文明联盟高级顾问克里斯托弗·贝斯等外国贵宾。

5月21日至23日　第二届尼山世界文明论坛在泗水举行。第九届、第十届全国人大常委会副委员长、尼山世界文明论坛组委会主席许嘉璐，省委副书记、省长姜大明，墨西哥前总统福克斯，联合国教科文组织助理总干事汉斯·道维勒，联合国文明联盟高级顾问克里斯托弗·贝斯，全国政协常委、外事委员会主任赵启正，全国政协常委、中央社会主义学院第一书记叶小文，国家创新与发展战略研究会常务副会长吴建民，省委常委、宣传部部长孙守刚出席，山东大学校长徐显明主持论坛。

5月21日至24日　以老挝人民革命党中央纪委副书记通西·沃拉西为团长的老挝省部级党政干部代表团一行29人访问烟台。

5月23日　外交部下发《关于对地级行政区外办先进集体进行表彰的决定》，我省泰安市、济宁市外办荣获"服务国家总体外交突出贡献奖";威海市外办荣获"外事管理工作优异奖"。

5月31日　省外办批准青岛市与西班牙巴塞罗那市结为友好合作关系城市。

6月5日　省政府在济南召开中日韩地方经济合作示范区建设专题会议,研究讨论在山东半岛蓝色经济区建设中日韩地方经济合作示范区框架方案。

6月9日至12日　"蓬莱—未来之星国际研讨会"在蓬莱举行,全国政协副主席阿不来提·阿不都热西提、瑞士联邦前主席约瑟夫·戴斯、全国对外友协副会长李建平、省政协副主席陈光出席开幕式。

6月12日　第三届亚洲沙滩运动会火炬接力起跑仪式和传递活动在济南奥体中心隆重举行。省委书记、省人大常委会主任姜异康宣布第三届亚沙会火炬传递活动开始。

6月12日　第三届亚洲沙滩运动会举行运动员村开村暨中国体育代表团入村欢迎仪式。亚沙会组委会副主席、国家体育总局副局长冯建中,副省长夏耕出席仪式。

6月13日至17日　应中联部邀请,由科特迪瓦、吉布提、毛里求斯、尼日尔、塞内加尔、塞舌尔6国政党青年领导人组成的非洲法语国家政党青年领导人研修班一行16人访问山东。

6月15日　国家体育总局局长刘鹏,省委副书记、省长姜大明在海阳会见亚奥理事会主席艾哈迈德亲王一行。

6月16日至22日　第三届亚洲沙滩运动会在海阳市河清岛体育场举行,国务委员兼国务院秘书长马凯出席开幕式并宣布运动会开幕。

6月17日　中国奥委会、山东省人民政府和第三届亚沙会组委会在海阳举行欢迎晚宴,欢迎参加第三届亚沙会的中外贵宾。

6月20日至21日　中国人民对外友好协会、中国国际友好城市联合会在北京举办"2010百城论坛"。全国人大常委会副委员长蒋树声、全国政协副主席白立忱、全国对外友协前会长陈昊苏、国家发改委副主任徐宪平出席开幕式。省外办副主任张继刚率团参加会议。山东省友协及枣庄、威海、滨州友协分别获得"城市国际化推动奖""城市科学发展奖""城市品牌建设奖"和"友城战略发展奖"。

6月22日　第三届亚洲沙滩运动会在海阳河清岛体育场闭幕。

6月27日　全国对外友协批准烟台市与澳大利亚昆士兰州麦凯市建立友好城市关系。

7月5日　日本关西经济联合会代表团访问山东,省委副书记、省长姜大明与会长森详介举行工作会谈。

7月5日 韩国驻青岛总领事馆与省外办在济南举办"山东省社会各界访韩人士座谈会"，我省受邀访问过韩国的20余名代表参加座谈。

7月5日至7日 全省外办主任读书会在青州举行，省外办领导班子成员、各设区市外办主要负责人、省外办各处（中心）负责人等共39人参会。

7月6日至7日 为庆祝中韩建交20周年，2012（济南）韩国商品博览会在济南舜耕国际会展中心举行。

7月7日至8日 日本前首相鸠山由纪夫一行访问山东，省委副书记、省长姜大明在济南会见了日本客人。

7月11日至12日 澳大利亚南澳州州长魏杰、澳大利亚驻华大使孙芳安访问山东，省委书记、省人大常委会主任姜异康在济南会见了澳大利亚客人。

7月19日至20日 意大利翁布里亚大区主席卡狄优斯娅·玛丽妮率团一行32人访问山东，省委副书记、省长姜大明与卡狄优斯娅·玛丽妮主席举行工作会谈，双方签署了经贸合作和友好交往谅解备忘录。

7月24日至27日 东北亚地区地方政府联合会第九次全会在宁夏银川举行，来自中国、日本、韩国、蒙古、俄罗斯5国的32个会员地方政府代表及韩国、朝鲜驻华使馆官员和有关国际组织代表共270余人参加会议。省政府特邀咨询郭兆信率山东省代表团出席会议。

7月30日至8月4日 省委副书记、省长姜大明率团访问韩国。代表团出席了2012韩国丽水世博会中国馆山东活动周开幕式，先后会见了韩国国会议长姜昌熙、韩国外交通商部长官金星焕、首尔特别市市长朴元淳等，并分别签署了友好合作备忘录。

8月3日至9日 "2012山东国际青少年文化之旅"暨"2012山东国际文化艺术周"在山东举办。8月5日，"2012山东国际青少年文化之旅"在济南开幕。来自美国、加拿大等18个国家的500余名青少年代表参加。活动期间，来自印度、斯里兰卡、波兰等国家的专业艺术团体，在济南、广饶、青州、昌邑进行了4场演出，共有3000余名观众观看了演出。

8月4日 省委组织部组织我省24名中青年干部赴美参加为期4个月的干部行政与经济管理培训。

8月21日 中日韩3国在青岛举行中日韩自贸区启动谈判第二次工作磋商会议。中国商务部部长助理俞建华、日本外务省审议官西宫伸一、韩国外交通商部自贸区交涉代表崔京林分别率中日韩代表团参加会议。

8月21日　中国科技部、美国农业部农业科技合作第十次联合工作组会议在东营召开，科技部副部长张来武、美国农业部副部长凯瑟琳·渥特基、省政府特邀咨询郭兆信出席会议并致辞。

8月23日至26日　中联部副部长于洪君率当代世界研究中心和《当代世界》杂志社一行24人来山东考察。

8月24日至25日　韩国韩中亲善协会会长李世基一行访问山东，省委副书记、省长姜大明在济南会见了韩国客人。

8月24日　纪念中韩建交20周年招待会在山东大厦举行。副省长夏耕、韩中亲善协会会长李世基、韩国驻青岛总领事黄胜炫出席并分别致辞。

8月24日　山东省因公电子护照签发启动仪式在济南举行，标志着全省因公护照签发实现了电子化、信息化。

9月3日　山东省境外领事保护宣传活动启动仪式在济南举行。副省长夏耕出席并致辞，外交部领事司司长黄屏作了题为《用好领事资源，服务山东发展》的报告。

9月12日　"2012中国国际友好城市大会"在成都召开，省外办获得"国际友好城市交流合作奖"。

9月13日至14日　美国康涅狄格州州长丹尼尔·马洛伊率团访问山东，省委副书记、省长姜大明与康州代表团在济南举行工作会谈。

9月18日　第六届"中美省州旅游局长合作发展对话会议"在青岛举行。省委副书记、省长姜大明，国家旅游局局长、中国旅游协会会长邵琪伟，美国旅游协会主席罗杰·道出席并致辞。

9月20日　美国国防部长帕内塔访问青岛。

9月20日至25日　2012济南国际友好城市文化交流暨泉水文化对话活动举行，来自美国、德国、俄罗斯、澳大利亚、墨西哥、南非等15个国家的210名政府官员、驻华高级外交官员、专家学者参加活动。

9月27日　2012中国（曲阜）国际孔子文化节开幕式暨第七届联合国教科文组织"孔子教育奖"、第四届"孔子友谊奖"颁奖典礼在曲阜举行。

9月28日　庆祝中华人民共和国成立63周年专场文艺演出在济南珍珠泉礼堂举办，驻鲁国际友城、商社办事处代表，驻鲁外国企业及外国专家代表，来访外宾，省直有关部门负责人观看了演出。

10月5日　在北京人民大会堂举行的"国家友谊奖"颁奖仪式上，山东省科学院两名外国专家—谢尔盖·科米萨林克、卡巴诺夫·弗拉基米尔获得2012年"国家友谊奖"。

10月22日至27日　罗马尼亚克鲁日县中央特派员格奥尔基·尤安·乌斯坎、克鲁日县县长霍利亚·多兰·尤利努率团访问山东，省委副书记、省长姜大明与代表团举行了工作会谈。

10月24日至26日　韩国京畿道副知事崔胜大率京畿道教育代表团一行访问山东。25日，山东和京畿道共同创办的山东—京畿高校合作联盟正式成立。

10月25日至30日　第三届韩国济州国际青少年论坛在济州举办，山东省实验中学参会。

11月1日至3日　以乌干达驻华大使马迪波·查尔斯·瓦吉多索为团长的非洲国家驻华大使代表团一行访问青岛。

11月5日至7日　意大利马尔凯大区主席姜·马里奥·斯帕卡率团访问山东。省委副书记、省长姜大明与代表团在济南举行工作会谈，双方签署了《关于进一步加强友好合作的协议》。

11月5日至8日　以智利社会党政治委员会成员弗朗西斯科·迪亚斯为团长的智利社会党和争取民主党干部考察团一行访问山东。

11月5日　第七届"海洽会"海内外高端人才代表座谈会在济南举行。

11月5日至10日　德国巴伐利亚州州务秘书海瑟尔女士（副州级）访问山东。副省长夏耕会见了代表团一行，双方共同举办了庆祝鲁巴结好25周年活动。

11月5日　省政府在济南举行2012年"齐鲁友谊奖"颁奖仪式，授予来自法国等16个国家的24名外国专家2012年度"齐鲁友谊奖"荣誉称号，副省长孙绍骋到会讲话并为获奖专家颁发了奖章和证书。

11月5日　外交部在北京召开"研究加强海外中国公民和企业文明守法教育工作部际协调会"，外交部纪委书记谢杭生出席会议并讲话。

11月20日至25日　外交部2012年第五期大使参赞学习班一行访问山东，省委常委、常务副省长孙伟在济南会见了考察团一行。

11月21日　全国对外友协批复同意临沂市与匈牙利布达佩斯第十五区建立友好

城市关系。

11月23日至25日　由波兰、罗马尼亚、匈牙利、塞尔维亚、保加利亚五国主流媒体组成的中东欧国家媒体联合考察团一行访问山东。

11月28日　由山东省政府和韩国驻华大使馆共同举办的"鲁韩友好交流周"活动在济南开幕，省委副书记、省长姜大明和韩国驻华大使李揆亨出席开幕式并致辞。

11月28日　由省外办、韩国驻青岛总领馆、省工商局共同举办的"2012中韩山东企业社会责任研讨会"在济南举行，副省长夏耕和韩国驻华大使李揆亨出席并分别致辞，省外办主任刘渊主持，韩国驻青岛总领事黄胜炫及鲁韩双方的政府部门、企业机构代表和媒体代表等共计200余人参会。

11月29日　"世界智库泰山行"活动在泰安举行，包括中国在内的来自美国、埃及等13个国家的20余位专家参加活动。会议通过了《泰山宣言》。

11月30日　全国对外友协批复同意青岛市崂山区与智利希望省建立友好城市关系。

12月1日　由国务院新闻办和国资委联合组织开展的"外国驻华外交官看中国"系列活动，第一站邀请30余个国家驻华使馆和国际组织的外交官来我省参观考察。

12月1日至5日　以全国委员会成员、巴黎市委书记扎米希勒为团长的法国共产党青年干部考察团一行11人访问山东。

12月3日至5日　法国卢瓦尔大区主席雅克·奥克谢特率团访问山东，省委副书记、省长姜大明会见了代表团一行，并与雅克·奥克谢特主席举行了工作会谈。会谈后，姜大明为雅克·奥克谢特颁发了"山东—卢瓦尔合作特殊贡献奖"。副省长夏耕与卢瓦尔大区副主席高第代表双方签署了《山东省—卢瓦尔大区合作委员会成立协议书》。

12月13日至14日　外交部领事司在广州召开因公电子护照工作会议，省外办荣获因公电子护照改革贡献奖。

12月16日至22日　老挝中国友好协会会长、老挝政府办公厅主任辛马拉·库派吞一行访问青岛。

12月24日至26日　山东省外事礼品展在济南举行。

12月28日　联合国教科文组织亚太地区非物质文化遗产国际培训中心枣庄基地在台儿庄古城揭牌。

12月31日　山东省机构编制委员会办公室批复省外办设立港澳事务处，统筹协调全省与港澳地区交往事宜。

2013年

1月4日至6日　新加坡驻华大使罗家良访问山东。省委书记、省人大常委会主任姜异康在济南会见了客人。

1月12日至14日　韩国前国会议员、亚洲未来研究院常任代表朴振访问山东，省委副书记、省长姜大明在济南会见了来访客人。

1月13日至14日　日本自民党总务会代理会长小坂宪次一行访问山东。

1月14日至17日　匈牙利包尔绍德州州长罗兰特·门季率团访问山东，省委副书记、省长姜大明与代表团举行了会谈。

1月15日　以色列驻华大使马腾访问山东，双方签署了《中华人民共和国山东省人民政府与以色列国政府关于产业研发合作的协议》。

1月15日至16日　金砖伙伴城市（孟买）会议召开，中国青岛、俄罗斯圣彼得堡、巴西里约热内卢、南非德班、印度孟买5个城市参会。

1月15日至17日　第一届山东—首尔交流合作联席会议在济南召开。

1月17日至18日　外交部翻译室前主任，前驻新西兰、瑞典大使陈明明应邀来我省作"十八大英文译稿解析"讲座并启动"2013高翻系列讲座"活动。

1月22日　省外办联合省商务厅、省政府新闻办、省贸促会、省广播电视台和大众日报社共同组织的"2012山东省外事与港澳工作十大新闻"揭晓。"第六次友好省州领导人峰会召开"等新闻入选。

1月28日　全省外事与港澳工作会议在济南召开，省外办主任刘渊出席并讲话。

2月16日　海军第14批护航编队从青岛起航，赴亚丁湾执行护航任务。海军副司令员丁一平中将，省委常委、青岛市委书记李群，副省长孙绍骋出席启航仪式。

2月21日至23日　葡萄牙共产党总书记热罗尼姆·德索萨一行访问山东。

2月26日　省政府在青岛召开中日韩地方经济合作示范区建设工作座谈会，副省长夏耕出席会议并讲话。

3月1日　"山东省境外记者管理和舆论引导联席会议机制"第七次会议在济南举行。

3月28日　省外办在北京召开山东外事规划专家咨询会，中国国际问题研究所所长曲星、商务部综合司司长刘海泉等出席会议。

4月11日至12日　省外办在济南举办了第二期"2013高翻系列讲座"，来自省市外办、省直机关、企事业单位和高校的近100名外事工作人员参加。

4月15日至18日 瑞士阿尔高州副州长武尔斯·霍夫曼一行访问山东，副省长夏耕与武尔斯·霍夫曼举行了工作会谈，双方签署了《山东省与阿尔高州建立友好省州关系协议书》。

4月17日至21日 土耳其安塔利亚省省长阿尔特帕尔马克率团访问山东。省委副书记、代省长郭树清会见了代表团一行，双方签署了两省政府间交往与经贸合作会谈纪要。

4月18日至20日 美国前副国务卿葆拉·多布里扬斯基女士率美国对外政策理事会代表团一行7人访问山东。

4月22日 中国与伊朗外交政策磋商会在曲阜举行。伊朗副外长、伊朗国际研究与教育中心主任哈迪·苏拉曼普尔，中国外交部政策规划司司长蔡润出席会议。

4月24日至28日 澳大利亚南澳州州长魏杰访问山东。双方签署了《山东省与南澳州关于加强交流与合作的备忘录》，举行了首届"山东省南澳州合作发展论坛"，访问了济南、曲阜、青岛等地。省委书记、省人大常委会主任姜异康，省委副书记、代省长郭树清在济南会见了客人。

5月22日 2013年全国对外友协系统会长年会在长沙召开，省外办主任、省友协会长刘渊出席会议并作交流发言。

5月23日至25日 泰国前副总理、泰中文化经济协会会长披尼·扎禄颂巴和副会长黄喜源率泰国北曼谷皇家科技大学、泰国皇家政治学院代表团一行访问青岛。

5月24日至27日 由省对外友好协会、波兰驻华使馆和"十艺节"组委会共同主办的"2013波兰文化周"在济南举行。

5月28日 厄瓜多尔驻华大使何塞·博尔哈、商务参赞埃克多·维亚格兰访问东营。

6月5日 来自我省8个友城的22名留学生获得"省政府友城留学生奖学金"。

6月7日至9日 斐济驻华大使艾萨拉·泰莱尼访问山东。

6月17日 省委副书记、省长郭树清在济南会见韩国驻青岛总领事黄胜炫一行。

6月18日 中日韩自贸区建设问题研讨会在威海举行，会议讨论了中日韩自贸区的意义、货物贸易、服务贸易和投资问题。

6月23日 由70余个国家和地区反贪机构参加的国际反贪局联合会第五届研讨会在济南举行。中央政治局委员、中央政法委书记孟建柱出席会议并讲话。最高人民检察院检察长、国际反贪局联合会主席曹建明主持开幕式，省委书记、省人大常委会主任姜异康致辞，省委副书记、省长郭树清等出席会议。

6月24日至25日　意大利驻华大使白达宁访问青岛。

6月26日　省委书记、省人大常委会主任姜异康在济南会见出席第二届中非省市长对话的中方嘉宾、第十一届全国政协副主席阿不来提·阿不都热西提、全国对外友协会长李小林一行。

6月26日　省委副书记、省长郭树清在济南会见前来出席第二届中非省市长对话的非盟前主席让·平等非方客人。

6月26日　新加坡贸工部政务部长、新加坡—山东经贸理事会新方联合主席张思乐访问山东，省委副书记、省长郭树清在济南会见了客人。

6月27日至29日　"第二届中非省市长对话"在济南举行。中非地方政府合作论坛理事长、第十一届政协副主席阿不来提·阿不都热西提，省委副书记、省长郭树清，全国对外友协会长李小林，前非盟主席让·平出席开幕式并致辞。非洲19国的27位地方政府领导人、11国驻华大使，中国6省市、山东17个设区市的代表和中非100余位企业家共320人参加本届对话。

6月27日　省委副书记、省长郭树清在济南会见出席第二届中非省市长对话的突尼斯苏斯省省长穆赫里斯·贾玛尔，双方签署了《山东省与苏斯省进一步加强友好合作备忘录》。

6月30日至7月2日　外交部2013第二期高级外交官培训班到济南、潍坊调研考察。

7月2日至4日　中国—中东欧国家地方领导人会议在重庆举行。来自16个中东欧国家及国内16个省份的1000余名代表参加会议。副省长夏耕在中小企业合作论坛上演讲。

7月4日至6日　乌拉圭驻华大使罗萨里奥·波特利访问青岛。

7月5日至7日　莱索托民主大会领袖、副首相莫泰乔阿·梅辛率代表团一行9人访问烟台。

7月6日至9日　泰国前副总理、泰中文化经济协会荣誉会长披尼·扎禄颂巴率团访问山东。副省长夏耕与泰国文化经济代表团举行工作会谈，并与泰国曼谷市签署了开展友好交流合作意向书。

7月10日至11日　全省市县级领导干部外事工作专题培训班在济南举行，副省长夏耕作专题辅导报告。全省17个设区市和部分县（市）外事部门负责人和省直相关涉外企业参加培训。

7月10日至11日　立陶宛外交部副部长罗兰达斯·克瑞斯丘纳斯和立陶宛驻华大使丽娜·安塔纳维切涅率团访问山东。11日，山东—立陶宛经贸合作论坛在济南举办。

7月12日至16日　刚果共和国渔业部部长贝尔纳·齐邦贝勒拉一行7人访问青岛。

7月12日至13日　智利驻华大使施密特访问临沂。

7月12日　省外办批复同意烟台五中与韩国京畿道柏砚中学建立友好校际关系。

7月12日　省外办批复泰山与法国圣米歇尔山建立友好山关系。

7月14日至19日　斯洛伐克副总理卢博米尔·瓦日尼访问山东，省委副书记、省长郭树清在济南会见了客人。

7月22日至28日　韩国新国家党青年干部考察团访问济南、青岛、枣庄、临沂，考察了我省基层党、团建设工作。

7月25日至28日　以泛希腊社会主义运动总书记尼克斯·安德鲁拉基斯为团长的欧洲部分国家中左翼青年政治家考察团一行访问山东。

7月26日　以色列驻华大使马腾率经贸代表团访问滨州。

7月27日至8月1日　以吉尔吉斯斯坦副议长阿·萨瑟克巴耶娃女士为团长的议会五党联合考察团一行22人访问山东。

7月30日至8月2日　由老挝建国阵线中央主席潘隆吉率领的代表团一行访问山东。

7月31日　山东省与韩国驻青岛总领馆工作会晤在青岛举行。

8月19日　省外办批复同意青岛港与韩国仁川港建立友好港关系。

8月20日　由青岛号导弹驱逐舰、临沂号导弹护卫舰和洪泽湖号综合补给舰组成的海军舰艇编队启程访问美国、澳大利亚、新西兰。

8月21日至24日　智利驻华大使路易斯·施密特访问青岛。

8月25日至28日　美国佐治亚州州长纳森·迪尔率团访问山东。在济南举行了山东省—佐治亚州经贸洽谈会，省委副书记、省长郭树清会见了客人一行。

8月28日至30日　韩国新任驻华大使权宁世访问山东，省委书记、省人大常委会主任姜异康，省委副书记、省长郭树清在济南分别会见了客人。

8月28日至30日　"2013国际友城经贸恳谈会暨企业济南行"活动举行。

8月30日　省委外事工作领导小组第一次全体会议在济南举行。省委书记、省人大常委会主任、省委外事工作领导小组组长姜异康，省委副书记、省长、省委外事工作领导小组副组长郭树清出席会议并讲话。副省长、省委外事工作领导小组副组长夏耕参加会议。

9月4日至8日　为纪念山东省与韩国庆尚南道结好20周年，"韩·亚洲地方经济合作大会"在庆尚南道举行。山东省代表团出席大会并参加了企业对口洽谈。

9月7日至23日　省外办分4批召开了全省设区市外办分管领导和省直部门、单位外事处室负责人专题会议，部署《关于进一步规范厅局级以下国家工作人员因公临时出国的实施意见》试行工作，讲解"实施意见"要点。全省17个设区市，164个省直部门、单位外事处室负责人与会。

9月11日　智利驻华大使路易斯·施密特一行3人访问青岛。

9月11日　全国对外友协批准同意济南市与保加利亚卡赞勒格市建立友好城市关系。

9月23日至28日　法国卢瓦尔大区副主席让—埃诺尔·高第、副主席阿兰·哥哈勒布瓦率团访问山东。在济南举行了山东省—卢瓦尔大区合作委员会第二次工作会议。

9月24日　委内瑞拉总统马杜罗访问泰山，省委副书记、省长郭树清在济南机场贵宾室会见了客人一行。

9月24日至25日　澳大利亚驻华大使孙芳安率团一行5人访问青岛。

9月25日至26日　肯尼亚纳库鲁郡郡长基努希亚·穆布古率团访问山东，副省长夏耕在济南会见了客人。省友协与肯尼亚中国友好协会签署了《关于进一步加强友好合作备忘录》。

9月26日至30日　由日照市政府与韩国驻青岛总领馆共同主办的"2013中国日照韩国周"在日照举行，副省长夏耕、韩国驻青岛总领事黄胜炫出席开幕式并致辞。

9月28日　2013中国（曲阜）国际孔子文化节开幕式暨第八届联合国教科文组织"孔子教育奖"颁奖典礼在曲阜举行。全国政协原副主席黄孟复宣布文化节开幕。纳米比亚教育部成人教育局、孟加拉国"达卡·阿萨尼亚慈善团"、科特迪瓦"知识让生活更美好"等组织获得今年的"孔子教育奖"。

9月29日　省政府举行庆祝新中国成立64周年招待会暨"山东省荣誉公民""山东省人民友好使者"授予仪式，授予批尼·扎禄颂巴等10位外国友人"山东省荣誉公民"称号，授予弗拉基米尔·米尔顿·波马尔等30位外国友人"山东省人民友好使者"荣誉称号。副省长夏耕会见了被授予荣誉公民和友好使者称号的外国友人并为其颁发证书。

10月13日至14日　加拿大魁北克省国际关系、法语地区事务及对外贸易部部长让·弗朗索瓦·利泽一行访问山东。副省长夏耕在济南会见了客人，双方签署了山东—魁北克友城联合工作组第三次会议纪要。

10月15日　济南华芯半导体有限公司首席技术官濮必得、山东珀默珀尼卡果汁有限公司特聘技术顾问阿杜获得中国政府"友谊奖"。

10月22日至26日　巴布亚新几内亚驻华大使克里斯多夫·梅罗访问山东。

10月24日　全国对外友协批准同意潍坊市与泰国清莱府建立友好城市关系。

10月26日至11月2日　以主席彼得·古德费洛为团长的新西兰国家党代表团一行8人访问威海。

10月31日　省友协批准青岛港集团与韩国仁川港建立友好港关系。

11月5日至7日　由山东省政府和东北亚地区地方政府联合会主办的海洋与渔业专门委员会第三次会议在青岛举行。

11月6日至8日　欧盟19国驻华使节团一行访问山东，省委副书记、省长郭树清在济南会见了客人，副省长夏耕主持省政府与欧盟使节团圆桌对话会及与山东企业见面会。

11月10日　乌干达驻华大使瓦吉多索访问山东。

11月11日至12日　省政府在泰安召开对外开放工作观摩座谈会，副省长夏耕出席会议并讲话。

11月12日　省友协批复同意青岛市与加拿大万锦市结为友好合作关系城市。

11月18日　中国山东省—苏里南等加勒比国家经贸洽谈会在济南举行。

11月19日　省政府在济南举行仪式，授予来自美国、加拿大等17个国家的24名外国专家2013年度"齐鲁友谊奖"荣誉称号。

11月20日　以色列驻华大使马腾一行访问山东，省委副书记、省长郭树清在济南会见了客人。

11月20日至27日　应乌干达地方政府部和坦桑尼亚总理办公室地区管理与地方政府部邀请，在全国对外友协的统一安排下，副省长夏耕率中国地方政府代表团一行80余人访问上述两国。

11月20日至21日　斐济驻华大使艾萨拉·泰莱尼一行访问日照。

11月21日　"中欧城镇化伙伴关系示范城市"签约仪式在人民大会堂举行。国务院总理李克强，欧洲理事会主席范龙佩、欧盟委员会主席巴罗佐出席。威海市市长张惠与比利时根特市市政执行官保罗·第尔凌克共同签署了《中欧城镇化示范合作伙伴关系意向书》。经过国家发改委的严格筛选和实地考察，威海市、潍坊市与国内其他12个城市最终被确定为中欧城镇化伙伴关系示范城市。

11月22日 全国对外友协批复同意烟台市与澳大利亚新南威尔士州纽卡斯尔市建立友好城市关系。

12月3日至5日 韩国韩中亲善协会会长李世基访问山东，省委副书记、省长郭树清在济南会见了客人。

12月17日至20日 应全国政协主席俞正声邀请，波兰参议长波·博鲁塞维奇访问山东。省委书记、省人大常委会主任姜异康在济南会见了客人。

12月26日 省委第七十二次常委会会议听取省外办《关于周边外交工作座谈会精神和我省贯彻意见的汇报》。

12月27日至28日 2013年全国地方外办主任会议在济南召开，外交部长王毅出席并作国际形势和中国外交报告。省委书记、省人大常委会主任姜异康，省委副书记、省长郭树清出席。全国各省（自治区、直辖市）、副省级城市，以及新疆生产建设兵团、各省会城市、沿海开放城市和经济特区外事部门主要负责人共120余人参加会议。

12月28日 全省外事与港澳工作会议在济南召开，省外办主任刘渊作工作报告。

2014年

1月3日至4日 加纳贸易和工业部部长哈鲁纳·伊德里苏一行访问山东。

1月13日至17日 津巴布韦总统内阁办公厅总秘书长米切克·斯班达一行访问山东，省委副书记、省长郭树清在济南会见了客人。

1月16日 省友协批复同意青岛市市北区与美国加州千橡市结为友好合作关系城市。

1月22日 全国对外友协批复同意滨州市与韩国全罗北道任实郡建立友好城市关系。

2月10日 全国对外友协批复同意烟台市与西班牙埃纳雷斯堡市、莱州市与西班牙拉雷多市建立友好城市关系。

2月21日 新加坡驻华大使罗家良访问山东，副省长夏耕在济南会见了客人。

2月22日至25日 应中联部邀请，苏丹全国大会党领导局成员、全国大会党群工部部长、国民议会副议长萨米娅·艾哈迈德·穆罕默德·哈桑率该党干部考察团一行31

人访问山东。

2月23日至24日　瑞典外交大臣卡尔·比尔特访问山东，省委副书记、省长郭树清在济南会见了客人。

2月23日至24日　中联部副部长郭业洲率国际交流中心主任田端惠等一行访问山东，与省委组织部、省委党校、省外办就外国政党在鲁培训试点举行座谈。

2月26日　津巴布韦内政部总署长格升·塔卡瓦·帕斯一行13人访问济南。

2月28日　山东国际文化交流中心第四届理事大会在济南召开，省委常委、宣传部部长孙守刚当选为理事长并发表讲话。

2月28日　全国对外友协批复同意威海市与比利时根特市建立友好城市关系。

3月3日　省友协批复同意曲阜师范大学与俄罗斯白俄罗斯文化艺术大学建立友好校际关系。

3月4日至5日　土库曼斯坦驻华大使鲁斯捷莫娃一行访问日照。

3月15日至16日　英国驻华大使吴思田访问青岛。

3月17日至18日　加拿大驻华大使赵朴访问山东。

3月17日至19日　印尼新任驻华大使苏更和印尼徐图利祖市市长赛弗·伊兰访问济南。

3月18日至19日　泰国驻华大使伟文·丘氏君、泰国驻青岛候任总领事魏丽妲访问山东大学，参观了山东博物馆。

3月20日　德国沙尔平战略咨询公司（RSBK）总裁、德国社民党前主席、国防部前部长鲁道夫·沙尔平一行访问山东。

3月25日至26日　秘鲁前卫生部副部长大卫·特哈达·帕尔多率秘鲁民族主义党干部考察团一行访问山东。

3月28日　省友协批复同意青岛市黄岛区与澳大利亚西澳州罗伯恩郡结为友好合作关系城市。

4月1日　省友协批复同意东营市实验中学、胜利第二中学分别与美国北布鲁沃预备学校、莱蒙曼哈顿学校，加拿大考伊琴湖中学，伊朗伊西斯凯尔西中学建立友好校际关系。

4月4日至7日　马尔代夫前总统穆罕默德·瓦希德访问济南、日照。省委副书记、省长郭树清在济南会见了客人。

4月6日至7日　泰国公主诗琳通访问山东，出席了山东大学为她颁授"荣誉教授"学衔仪式，参观了该校晶体研究所和山东博物馆，考察了烟台老开埠馆等。

4月7日　美国国防部长查克·哈格尔访问青岛，参观了中国海军"辽宁"舰。

4月8日　全国对外友协批复同意青岛市与澳大利亚阿德莱德市建立友好城市关系。

4月10日至13日　新加坡荣誉国务资政吴作栋访问济南、青岛，省委书记、省人大常委会主任姜异康，省委副书记、省长郭树清在济南会见了客人。

4月15日　全国对外友协批复同意济南市与墨西哥萨博潘市建立友好城市关系。

4月19日至23日　第十四届西太平洋海军论坛年会在青岛举行，中央军委委员、海军司令员吴胜利致开幕词并作主旨发言。来自澳大利亚、文莱、柬埔寨、加拿大等20个成员国和孟加拉国、印度、墨西哥3个观察员及申请成为论坛观察员国的巴基斯坦共24个国家的140余名外国海军代表和驻华武官参加此次论坛。会议通过了《海上意外相遇规则》。4月23日，在青岛附近海域举行了代号为"海上合作—2014"多国海上联合演习。印度尼西亚、文莱、新加坡、孟加拉国、马来西亚、巴基斯坦、印度和中国军舰参演。

4月19日　斐济驻华大使兼太平洋岛国驻华外交使节团团长艾萨拉·泰莱尼、密克罗尼西亚驻华大使阿基利诺·苏赛亚、汤加驻华大使西亚梅里耶·拉图、太平洋岛国贸易与投资专员署贸易专员萨姆艾拉·萨武出席由聊城大学主办的"太平洋岛国研究高层论坛"，并被聘为太平洋岛国研究中心荣誉学术顾问。

4月23日　中央军委副主席范长龙在青岛集体会见来华出席西太平洋海军论坛第十四届年会的各国海军代表团团长，代表习近平主席向与会的各国海军领导人和参加"海上合作—2014"多国海上联合演习的官兵表示欢迎。

4月23日至26日　法国卢瓦尔大区主席雅克·奥克谢特访问济南、青岛。省委副书记、省长郭树清在济南与雅克·奥克谢特举行会谈，双方签署了加强友好交流与合作关系备忘录。

4月23日至27日　瑞典韦斯特曼省省督因格玛·斯科格一行访问山东，省委副书记、省长郭树清在济南会见了客人。

4月25日至30日　肯尼亚联合共和党主席弗朗西斯·卡帕罗率肯尼亚朱比利联盟代表团访问山东。

4月28日　全国对外友协批复同意青岛市与秘鲁卡亚俄市建立友好城市关系。

5月5日至15日　2014年亚太经合组织（APEC）第二次高官会及相关会议在青岛召开。21个APEC经济体、秘书处、工商咨询理事会及观察员的300余名代表出席会议。

5月11日至15日　应中联部邀请，以国会社会问题委员会副主任裴士利为团长的越南党政干部考察团一行16人访问山东。

5月12日　在习近平主席和来访的土库曼斯坦总统别尔德穆哈梅多夫见证下，省委副书记、省长郭树清在北京人民大会堂与土库曼斯坦列巴普州州长诺拉耶夫签署了《中华人民共和国山东省人民政府与土库曼斯坦列巴普州政府关于开展经贸、科技与文化合作的协议》。

5月12日　全国对外友协批复同意日照市与土库曼斯坦曼纳巴特市建立友好城市关系。

5月15日　省友协批复同意省总工会与波兰全波兰油气矿业工会建立友好团体关系。

5月16日　商务部部长高虎城在青岛约见越南工贸部部长武辉煌，就近期越南发生的针对中国投资者和企业的打砸抢烧严重暴力事件表示强烈谴责并向越方提出严正交涉。

5月16日至18日　美国国际姐妹城市协会主席汤姆·里斯卡先生和美国世界事务理事会全国理事理查德·科瑞佩芝先生访问济南。

5月17日　国务院副总理汪洋在青岛会见亚太经合组织（APEC）21个成员的贸易部长和有关国际组织官员。

5月17日至18日　2014年亚太经合组织贸易部长会议在青岛举行，会议发表了《APEC贸易部长青岛声明》。

5月19日　南澳州—山东投资合作恳谈会在济南举行。

5月20日至23日　第三届尼山世界文明论坛在山东大学举行。全国人大常委会原副委员长、尼山论坛组委会主席许嘉璐出席并宣布论坛开幕，来自国内和世界17个国家、地区的嘉宾及专家学者出席开幕式。

5月20日至21日　俄罗斯鞑靼斯坦共和国总统鲁·明尼哈诺夫访问青岛。

5月22日至25日　法国驻华大使白林访问济南、青岛、烟台，省委书记、省人大常委会主任姜异康在济南会见了客人。

5月23日至27日　应中联部邀请，由洪都拉斯国民党、萨尔瓦多马蒂民族解放阵线、危地马拉爱国党组成的中美洲3国政党干部考察团一行访问济南、淄博、泰安、济宁等地。

5月27日　省十二届人大常委会第八次会议听取了省外办主任刘渊代表省政府所作的关于《山东省与波兰马佐夫舍省建立友好省关系议案》的报告。30日，会议表决通过了该议案。

5月27日至28日　芬兰驻华大使古泽森访问滨州。

5月28日至30日　斐济驻华大使艾萨拉·泰莱尼访问威海。

5月28日　省友协批复同意泰安市与斐济西部区巴省南迪市结为友好合作关系城市。

5月28日　省友协批复同意烟台大学与俄罗斯南乌拉尔国立大学建立友好校际关系。

5月30日至6月6日　省委副书记、省长郭树清率领山东省政府代表团对美国、加拿大进行了友好访问。

6月2日至3日　省委副书记、省长郭树清率山东省政府代表团出席了在美国亚特兰大市举行的第七次友好省州领导人峰会，郭树清省长在会上作了主旨发言，与各友好省州领导人进行了双边会谈。会议通过了峰会《联合宣言》。

6月11日　英国驻华大使吴思田率英国金融代表团访问山东，双方举行了山东—英国金融圆桌对话会。省委副书记、省长郭树清在济南会见了客人。

6月12日至14日　塞内加尔驻华大使阿卜杜拉耶·法勒及中非基金项目代表一行5人访问济南。

6月18日至20日　西班牙驻华大使瓦伦西亚一行6人访问青岛。

6月18日　山东省与韩国驻青岛总领馆领事工作会晤在济南举行，省外办主任刘渊、韩国驻青岛总领事黄胜炫出席。

6月19日　全省APEC商务旅行卡工作座谈会在潍坊市召开。

6月20日　葡萄牙驻华大使若热·托雷斯·佩雷拉访问青岛。

6月21日　2014金家岭财富论坛在青岛举行。省委副书记、省长郭树清出席。中国入世谈判首席代表龙永图等分别主持论坛。

6月24日至27日　以旷伟霖大使为团长的外交部创新委大使参赞考察团一行23人访问临沂。

6月28日　冰岛外交与外贸部长古纳·斯韦英松、冰岛驻华大使司迪方一行9人访问青岛。

7月7日　省委外事工作领导小组第二次全体会议在济南举行。省委书记、省人大常委会主任姜异康主持会议并讲话，省委副书记、省长郭树清出席。副省长夏耕出席会议，省委外事工作领导小组组成人员参加会议。省委外事工作领导小组办公室主任、省外办主任刘渊作《关于省委外事工作领导小组工作情况的汇报和〈当前对外交流合作的工作要点〉的说明》。会议审议并通过了《中共山东省委外事工作领导小组关于当前对外交流合作的工作要点》，对当前和今后一个时期的外事工作作了安排部署。

7月7日至12日　应中联部邀请，以瓦努阿图执政党瓦库党主席、前总理纳塔佩为团长，由密克罗尼西亚、萨摩亚、瓦努阿图、库克群岛和所罗门群岛代表组成的第四批太平洋岛国政治家联合考察团一行18人访问济南、青岛、聊城。

7月9日至10日　莫桑比克驻华大使安东尼奥·伊纳西奥访问日照。

7月11日至12日　应全国对外友协邀请，美国弗吉尼亚州州长特伦斯·麦考利夫访问聊城。

7月13日至17日　应中联部邀请，越南劳动总联合会常务副主席陈青海率越南党政干部考察团一行17人访问山东。

7月27日　蒙古国驻华大使苏赫巴特尔访问日照。

8月1日　省友协批复同意山东农业工程学院与韩国平泽大学建立友好校际关系。

8月5日至8日　美国海军"兰岭"号两栖指挥舰访问青岛。

8月8日至11日　应中联部邀请，叙利亚霍姆斯省委书记布希·哈尔伯率叙利亚复兴党干部考察团一行14人访问山东。

8月12日　美国驻华大使马克斯·博卡斯访问山东，省委书记、省人大常委会主任姜异康会见了客人。省委副书记、省长郭树清与博卡斯举行了工作会谈。

8月12日　韩国仁川第十七届亚运会火炬传递活动在威海举行，这是亚运会历史上主办国首次在境外传递火炬。威海也成为仁川亚运会火炬在中国境内唯一的传递城市。

8月19日　俄罗斯通信与大众传媒部部长尼基福罗夫一行访问山东。

8月25日　正在中国进行国事访问的津巴布韦总统穆加贝，在中国外交部副部长张明陪同下，考察了浪潮集团北京研发中心，出席了计算机捐赠仪式。

8月28日　泰国驻青岛总领事馆正式启动对山东领事业务。

8月29日至31日　安提瓜与巴布达总理贾斯顿·布朗及夫人一行访问山东，省委书记、省人大常委会主任姜异康在济南会见了客人。

8月29日　中韩儒学交流大会在济南举行。这是2014中韩两国领导人确定的人文交流项目，省政协原副主席王志民出席会议并致辞。

9月1日至6日　津巴布韦韦哈拉雷省省长奇库科瓦率团访问山东。

9月5日至8日　参加中联部"2014中国共产党与世界对话会"的22国29位外国专家学者来曲阜、青岛考察,在曲阜孔府举行了"传统文化与中国改革"主题沙龙。

9月7日至8日　美国前总统卡特一行8人,在全国对外友协副会长谢元陪同下访问青岛,出席了"2014齐鲁峰会"论坛和宜信财富首家品牌体验中心揭幕仪式。

9月11日　全国对外友协批复同意日照市岚山区与澳大利亚卡拉萨市建立友好城市关系。

9月12日至13日　阿联酋经济部副部长阿卜杜拉·艾赫迈德·阿尔萨利赫率团访问山东,举办了山东·阿联酋经贸交流会。

9月15日至24日　副省长夏耕率团访问柬埔寨、新加坡、韩国。15日,山东省首条至柬埔寨国际航线正式开通。副省长夏耕出席首航式并率省政府代表团乘坐首航班机出访柬埔寨。

9月15日　省友协批复同意青岛市与法国孚日省结为友好合作关系城市。

9月18日　省出国(境)预培训基地在山东行政学院揭牌,山东省应对国际贸易摩擦高端法律服务人才培训工程第4期赴澳大利亚培训班的20名学员接受了首期培训。

9月20日　塞浦路斯前总统、前议长、劳动人民进步党前总书记赫里斯托菲亚斯访问曲阜。

9月24日至28日　斯里兰卡议长恰马尔·拉贾帕克萨一行访问山东。

9月27日至28日　俄罗斯联邦共产党主席根·安·久加诺夫一行5人,由中联部副部长周立陪同访问济南、曲阜,省委书记、省人大常委会主任姜异康在济南会见了客人一行。

9月29日　山东省人民政府在济南举行庆祝中华人民共和国成立65周年招待会。省委副书记、省长郭树清,韩国驻青岛总领事黄胜炫,泰国驻青岛总领事瓦妮达·酷达威,日本驻青岛总领事远山茂出席招待会,副省长夏耕主持招待会。

10月16日至17日　以主席贝恩德·雷克辛格为团长的德国左翼党代表团一行访问山东。

10月16日　省政府授予海因茨·罗尔夫·斯托克等26名外国专家齐鲁友谊奖。

10月16日　山东省海外公共安全培训基地揭牌仪式在东营科瑞集团举行。

10月17日至20日　南苏丹苏丹人民解放运动代总书记安·伊托·莱奥纳多率该党

干部考察团访问山东。

10月20日至23日　法国卢瓦尔大区主席雅克·奥克谢特率团访问山东。副省长夏耕、卢瓦尔大区主席雅克·奥克谢特举行了山东省—卢瓦尔大区合作委员会第三次工作会谈。会后，夏耕副省长代表山东省政府授予奥克谢特"山东省人民友好使者"称号。

10月21日至24日　以议长坂本登为团长的日本和歌山县议会代表团一行10人访问山东。22日，山东省与日本和歌山县缔结友好关系30周年回顾展及和歌山县风光图片展在山东博物馆举行。

10月24日　美国弗吉尼亚州州长特里·麦考利夫率团访问山东。

10月25日　坦桑尼亚总统基奎特访问山东，省委书记、省人大常委会主任姜异康在济南会见了客人。

10月26日　《新加坡—青岛城市发展战略全域合作框架协议》在青岛发布。

10月27日至28日　加拿大魁北克省省长菲利普·库雅尔率团访问山东，在济南举行了"山东·魁北克友好合作论坛"。省委副书记、省长郭树清，魁北克省省长菲利普·库雅尔出席开幕式并致辞。

10月28日至29日　特立尼达和多巴哥驻华大使钱德拉达斯·辛格一行2人访问莱芜。

10月29日　为纪念韩国驻青岛总领事馆建馆20周年，韩国驻青岛总领事馆在济南举办招待会等系列活动，省委副书记、省长郭树清在济南会见了前来参加纪念活动的由理事长徐清源、会长李世基率领的韩中亲善协会代表团一行。

11月1日　加拿大驻华大使赵朴一行访问山东，出席了加拿大芭蕾舞团在济南的演出及招待酒会。

11月6日至7日　印度驻华大使康特访问山东。

11月6日至8日　韩国首尔特别市市长朴元淳率团访问山东。省委副书记、省长郭树清会见了朴元淳市长，双方举行了工作会谈并签署了《山东省—首尔特别市关于深化交流合作的备忘录》，还举行了山东省—首尔特别市环境技术合作论坛。

11月12日至14日　韩国仁川市市长刘正福率团访问山东。省委副书记、省长郭树清在济南会见了客人，签署了《山东省与仁川市关于进一步加强合作的备忘录》。

11月17日至21日　在全国对外友协统一安排下，为配合习近平主席访问澳大利亚，省委书记、省人大常委会主任姜异康率团访问澳大利亚，出席首届中澳省州负责人论坛有关活动，深化中澳地方交流与合作。

11月24日　受省政府委托，省外办主任刘渊在省十二届人大常委会第十一次会议第二次全体会议上作关于全省外事情况的报告。

11月28日至29日　中央外事工作会议在北京召开。中共中央总书记、国家主席、中央军委主席习近平出席会议并发表重要讲话。国务院总理李克强主持会议。省委书记、省人大常委会主任、省委外事工作领导小组组长姜异康，省委常委、青岛市委书记李群、副省长、省委外事工作领导小组副组长夏耕、省外办主任刘渊参加会议。

12月3日　全国对外友协批复同意蓬莱市与葡萄牙莱利亚市建立友好城市关系。

12月5日　德国驻华大使柯慕贤访问山东，省委书记、省人大常委会主任姜异康在济南会见了客人。

12月8日至9日　2014全国地方外办主任会议在宁夏回族自治区银川市召开，外交部部长王毅作国际形势与中国外交报告，省外办主任刘渊参加会议。

12月21日至22日　以色列驻华大使马腾率以色列农业高科技、水资源利用企业代表团访问山东。省委常委、常务副省长孙伟在济南会见了大使一行并与马腾大使共同出席了"山东—以色列农业与水技术洽谈会及重点合作项目推介会"并致辞。

12月22日　由济南军区组建的首支赴南苏丹维和步兵营在莱阳举行出征誓师大会。

12月23日　中韩FTA扩大经济合作研讨会在烟台召开，商务部副部长高燕、韩国外交部次官赵兑烈、副省长夏耕出席会议。

12月29日　省友协批复同意青岛市与新西兰达尼丁市结为友好合作关系城市。

2015年

1月6日　省委外事工作领导小组第三次全体会议在济南召开。省委书记、省委外事工作领导小组组长姜异康主持会议，省委副书记、省长、副组长郭树清，副省长、副组长夏耕，省委外事工作领导小组成员出席会议。会议传达学习了中央外事工作会议和有关通知精神，讨论审议了省委外事工作领导小组2014年工作情况及2015年工作要点。

1月14日　省委副书记、省长郭树清在济南会见英国外交部经济与领事司总司长朱利安·金率领的金融代表团一行。

1月17日　阿根廷国民政府国家总秘书部门内阁部长玛利亚·阿拉尔孔女士一行访问济南。

2月2日　2015年全省外事与港澳工作会议在济南召开，省外办主任刘渊主持会议并讲话。

2月10日　全国对外友协批复同意淄博市与英国伯恩茅斯市建立友好城市关系。

2月27日　省友协批复同意青岛市与意大利安科纳市结为友好合作关系城市。

3月2日、4日　省友协分别于德州和青岛召开全省友城工作片区会议。

3月3日　马来西亚驻华大使拿督·扎伊努丁·叶海亚访问潍坊。

3月3日、10日、17日、18日、25日　省外办举办5次因公出国管理业务培训，分别对省管企业、17个设区市、省直部门、省属高校专办员进行培训。

3月13日至14日　葡萄牙驻华大使若热·托雷斯·佩雷拉访问青岛。

3月17日至19日　立陶宛外交部副部长罗兰达斯·科瑞斯丘纳斯和立陶宛驻华大使丽娜·安塔纳维切涅一行24人访问山东，与山东共同举办了"待发现的立陶宛—中小企业走出去推介会""旅游推介会""大师影展"等交流活动。

3月22日至23日　以色列驻华大使马腾访问临沂。

3月24日　由缅甸联邦巩固与发展党中央委员昂宁率领的干部考察团一行访问山东。

3月27日　省外办、省发展和改革委员会、省商务厅等部门在青岛共同主办了"融入一带一路，抢抓机遇，国别风险分析暨政策分析会"。

4月1日至4月2日　美国驻华大使马克斯·博卡斯一行9人访问青岛。

4月14日　省友协批复同意即墨市与泰国尖竹汶府结为友好合作关系城市，青岛港与斯里兰卡科伦坡港、柬埔寨西哈努克港、巴基斯坦瓜达尔港建立友好港关系。

4月16日至18日　马达加斯加驻华大使维克托·希科尼纳、乌干达驻华大使瓦吉多索、莫桑比克驻华大使安东尼奥·伊纳西奥、津巴布韦驻华大使保罗·奇卡瓦、塞内加尔驻华大使阿卜杜拉·法勒、几内亚驻华大使索·依帕等一行10人访问枣庄。

4月22日至29日　以外交学会前会长、前驻德国大使梅兆荣为组长的外交部外交政策咨询委员会调研组一行13人访问山东，在济南举行了"塑造山东对外开放新优势"恳谈会。省委副书记、省长郭树清在济南会见了调研组一行。

4月22日至24日　莫桑比克驻华大使安东尼奥·伊纳西奥、津巴布韦驻华大使保罗·奇卡瓦访问济宁、济南。

5月4日至6日、7日至9日　省外办分两期举办全省县（市、区）外办主任培训班。

5月5日　省友协批复同意肥城市与韩国蔚山广域市社区建立友好合作关系、日照市卫生学校与日本郡山健康科学专门学校建立友好学校关系。

5月10日　省友协批复同意临沂市妇幼保健院与意大利佛罗伦萨大学迈耶儿童医院建立友好医院关系。

5月12日至14日　马来西亚吉打州州长慕克里斯·马哈蒂尔、亚罗士打市市长麦卢一行30人访问青岛，马来西亚驻华大使陪同来访。

5月15日　应全国对外友协邀请，省委副书记、省长郭树清在北京人民大会堂出席了由中国人民对外友好协会和中国国际友好城市联合会共同主办的"2015中印地方合作论坛"相关活动，作了题为《把握机遇　深化合作　谱写中印地方合作新篇章》的发言。

5月18日至21日　葡萄牙社会党全国书记处书记塞尔吉奥·索萨·平托一行访问山东。

5月20日　以色列驻华大使马腾、希伯来大学校长亚瑟一行5人访问山东。

5月21日至25日　非洲非政府组织领导人联合考察团访问济南、青岛、济宁。

5月22日至23日　联合国教科文组织总干事伊琳娜·博科娃访问青岛，出席国际教育信息化大会开幕式。国务院副总理刘延东在青岛会见客人，并陪同参观"全国教育信息化应用展"，在青岛二中种植国际教育信息化大会纪念林。

5月23日　青岛援助尼泊尔地震灾区教育物品捐赠仪式举行。联合国教科文组织总干事伊琳娜·博科娃女士，尼泊尔教育部部长奇特拉·亚达夫，联合国教科文组织大会主席、中国教育部副部长郝平，省委常委、青岛市委书记李群出席捐赠仪式。

5月23日至25日　国际教育信息化大会在青岛开幕，国家主席习近平发来贺信。国务院副总理刘延东，联合国教科文组织总干事伊琳娜·博科娃出席并致辞。来自90余个国家和有关国际组织、企业代表出席活动。

5月24日至28日　澳大利亚南澳州州长魏杰率大型政府暨企业代表团访问山东，在济南举行了山东省—南澳州合作发展论坛，在青岛举行了山东省—南澳州合作发展论坛青岛分论坛。省委书记、省人大常委会主任姜异康在济南会见了南澳州州长魏杰和澳大利亚驻华大使孙芳安。

6月2日　省委副书记、省长郭树清在济南会见韩国新任驻青岛总领事李寿尊一行。

6月5日　山东—韩国经贸合作论坛在济南举办。

6月5日　山东省人民对外友好协会授予立陶宛驻华大使丽娜·安塔纳维切涅"山东省人民友好使者"称号。

6月8日　全国对外友协批复同意青岛市与印度海德拉巴市建立友好城市关系。

6月8日至11日　法国卢瓦尔大区主席雅克·奥克谢特率代表团一行33人访问济南、青岛。11日，副省长夏耕与奥克谢特主席共同出席在济南举行的"山东省与法国卢瓦尔大区举行工作会谈"。

6月15日　中央政治局委员、中央政法委书记、中国和乌兹别克斯坦政府间合作委员会中方主席孟建柱与委员会乌方主席、乌兹别克斯坦第一副总理阿齐莫夫在日照市共同主持召开中乌政府间合作委员会第三次会议。孟建柱和阿齐莫夫共同签署了《会议纪要》，并见证签署《中国商务部和乌兹别克斯坦外经贸部关于在建设丝绸之路经济带倡议框架下扩大互利经贸合作的议定书》。

6月15日　中央政治局委员、中央政法委书记孟建柱在日照市会见来华出席第三届中国—中亚合作论坛的吉尔吉斯斯坦副总理基尔，并共同见证签署了关于向吉方提供优惠贷款的政府间框架协议。

6月16日　第三届中国—中亚合作论坛在日照市举行。中央政治局委员、中央政法委书记孟建柱与乌兹别克斯坦第一副总理阿齐莫夫、吉尔吉斯斯坦副总理季利共同出席开幕式并致辞。开幕式结束后，孟建柱与中亚各国代表团团长共同为中亚（日照）航贸服务中心、中亚（日照）物流园区举行了揭牌仪式。本次论坛由中国上海合作组织睦邻友好合作委员会与日照市人民政府共同举办。来自中国和乌兹别克斯坦、吉尔吉斯斯坦、塔吉克斯坦、哈萨克斯坦、土库曼斯坦等中亚国家各界代表约400人与会。

6月20日至7月4日　省外办组织全省16个地市外办负责人一行18人，赴德国巴伐利亚州参加"跨文化沟通与山东国际化水平提升"专题培训班。

6月27日至30日　塔吉克斯坦人民民主党第一副主席法托赫佐达率塔人民民主党干部考察团一行20人访问青岛。

7月8日至10日　津巴布韦共和国民盟副主席、第二书记兼第一副总统埃默森·姆南加古瓦一行34人访问青岛。中外方共同见证了津巴布韦工商部、青岛市政府、中铁二院工程集团、国家开发银行青岛市分行、城投集团、恒顺众昇集团等单位共同签署的《关于津巴布韦经济特区与工业园项目的谅解备忘录》。

7月9日　省友协批复同意烟台市与巴基斯坦拉合尔市、韩国金浦市结为友好合作关系城市。

7月13日　全国对外友协批复同意济南市与意大利奇维塔韦基亚市建立友好城市

关系。

7月16日　南非副总统拉马福萨一行56人访问青岛。

7月22日至23日　德国巴伐利亚州副州长艾格纳女士一行30人访问我省。副省长夏耕与艾格纳副州长在济南共同举办"山东省与德国巴伐利亚州工作会谈"，并见证双方有关部门签署合作协议。

7月23日　英国驻华大使吴百纳一行访问我省，省委副书记、省长郭树清在济南会见客人。副省长夏耕与吴百纳大使共同出席山东省与英国驻华大使馆举行的工作会谈。

7月27日　省友协批复同意青岛港与马来西亚关丹港、缅甸皎漂港建立友好港关系。

7月27日至28日　中国前外交官联谊会会长吉佩定一行4人访问我省。副省长夏耕会见吉佩定一行，并共同见证联谊会与省外办签署建立战略合作协议书。

8月7日　省委副书记、省长郭树清在济南会见加拿大驻华大使赵朴。

8月11日　省友协批复同意青岛市与马来西亚亚罗士打市、印尼万鸦老市结为友好合作关系城市。

8月11日至15日　克罗地亚驻华大使奈博伊·科哈罗维奇一行4人访问青岛。

8月23日　第二十二届国际历史科学大会在济南开幕。国务院副总理刘延东在开幕式上宣读习近平主席贺信并致辞，国际历史学会主席玛丽亚塔·希耶塔拉女士，中国社科院院长王伟光，省委书记、省人大常委会主任姜异康，省委副书记、省长郭树清出席开幕式。来自90余个国家和地区的2600余名代表出席会议。本届大会是国际历史科学大会首次在亚洲国家举办，由国际历史学会主办，中国史学会和山东大学承办，主题为"历史：我们共同的过去和未来"。

8月26日至28日　津巴布韦驻华大使保罗·奇卡瓦率领10个南部非洲发展共同体国家的驻华大使和官员一行18人访问济南、济宁。

8月28日　副省长、省委外事工作领导小组副组长夏耕主持召开省委外事工作领导小组办公室第一次会议。

9月1日至2日　应全国对外友协邀请，加拿大新斯科舍省省长斯蒂芬·麦克尼尔一行14人访问山东。2日，省委副书记、省长郭树清与麦克尼尔一行在济南举行工作会谈。

9月4日至5日　联合国秘书长潘基文及夫人访问山东，参观了泰山、三孔和趵突泉。5日，省委书记、省人大常委会主任姜异康在济南会见潘基文秘书长，省委副书记、省长郭树清宴请客人。

9月6日至12日　省委书记、省人大常委会主任姜异康率山东省代表团访问澳大利亚、新西兰。在澳大利亚，姜异康与澳大利亚贸易委员会主席高思博共同出席在新南威尔士州举办的山东省在澳大利亚投资贸易推介会，分别与新州州督大卫·赫尔利、州长迈克·贝尔德会面；在南澳州，姜异康会见了州督黎文孝、州长魏杰，并与魏杰州长共同签署了《山东省—南澳州友好合作行动计划（2015—2018）》；在新西兰，姜异康与新西兰毛利事务部长、经济发展部副部长特·乌鲁罗阿·弗拉维尔共同出席山东省在新西兰投资贸易推介会并致辞，会见了新中关系促进委员会主席唐·麦金农、新西兰前总理珍妮·希普利等新西兰政要，与奥克兰市市长林·布朗，就加强海洋经济、航运、文化等领域的合作进行会谈并达成共识。

9月10日　青岛中德生态园、青岛科技大学、中国计算机世界出版服务公司共同签署《中德双元工程大学框架协议》。中德双元工程大学正式落户青岛西海岸新区中德生态园，成为国内第一所中德合作双元制大学。

9月14日至17日　波兰马佐夫舍省省长亚当·斯图鲁奇克率政府及经济代表团一行40人访问山东。14日，省委副书记、省长郭树清，副省长夏耕与马佐夫舍省省长斯图鲁奇克一行在济南举行工作会谈。15日，副省长夏耕与马佐夫舍省省长斯图鲁奇克、副省长鲁斯克兹克共同出席山东—马佐夫舍省企业合作交流会。

9月16日至19日　斯里兰卡总理特别顾问、新闻秘书萨曼·阿曼达希提率斯里兰卡统一国民党干部考察团一行10人访问山东。

9月20日至26日　省委副书记、省长郭树清率领山东省政府代表团访问美国、日本。在美国，郭树清出席了第三届中美省州长论坛，与艾奥瓦州州长布兰斯塔德举行会谈，考察了微软、波音、亚马逊等企业，与思科、特斯拉高管人员探讨了合资合作；在日本，郭树清走访了住友商事、三菱集团、瑞穗金融集团、野村证券及日本交易所等企业和机构。

9月21日至23日　澳大利亚驻华大使孙芳安访问青岛，参加了澳新银行青岛分行开业仪式、第十五届中国钢铁原材料国际研讨会、中国南澳科技创新合作中心—南澳之家开业仪式、澳洲商会渤海分会成立仪式等活动。

9月26日　2015中国（曲阜）国际孔子文化节开幕式暨第十届联合国教科文组织"孔子教育奖"颁奖典礼在曲阜孔子文化会展中心举行。

9月27日　第七届世界儒学大会暨2015年度孔子文化奖颁奖典礼在曲阜孔子研究院举行。

9月29日　省政府在济南举行庆祝中华人民共和国成立66周年招待会。

10月12日至16日　东北亚地区地方政府联合会第十次事务会议在俄罗斯伊尔库茨克州举行，省外办负责人率我省代表团参会。

10月14日　省政府常务会议决定授予法国卢瓦尔大区主席雅克·奥克谢特、山东大学人文社科一级教授金光亿、烟台市投资促进局高级顾问麦克·贺伯特和山东泰山啤酒有限公司技术顾问格哈特·卢特哈德4位外国友人"山东省荣誉公民"称号。

10月19日　由中联部和俄罗斯公正俄罗斯党国际部共同举办的第六届中俄中小企业合作圆桌会议在济南开幕。中联部副部长周力，省委常委、济南市委书记王文涛，俄罗斯国家杜马公俄党议员团副主席阿列克谢·瓦西里耶维奇·切帕出席并分别致辞。

10月24日　省委副书记、省长郭树清在济南会见韩国庆尚南道知事洪准杓、议长金允根一行。会见结束后，郭树清、洪准杓分别代表山东省和庆尚南道签署了深化友好交流合作备忘录。

10月29日　由山东省政府和东北亚地区地方政府联合会海洋与渔业专门委员会主办的"东北亚渔业经贸合作峰会"在威海举行。

10月31日至11月3日　以乌干达驻华大使瓦吉多索为团长的非洲13团驻华使节考察团一行15人访问烟台，举办了山东—（烟台）非洲投资合作座谈会，参观了烟台冰轮集团、新海集团、欣和企业有限公司和烟台经济技术开发区。

11月5日　第十届中国—欧盟投资贸易科技合作洽谈会在青岛开幕。

11月10日　第二届中非地方政府合作论坛在北京开幕。来自非洲26个国家的地方政府代表与中方24个省、自治区、直辖市的代表出席论坛。山东省友协组织省市有关部门和企业代表共24人参加论坛，其中山东高速和重汽集团代表在基础设施与地方能力建设分论坛上发言。

11月15日至18日　韩国仁川市市长刘正福一行20人访问山东。16日，省委副书记、省长郭树清在威海会见刘正福市长一行，并共同见证了山东省政府外事办公室与仁川市招商团签署两省市建立友好合作联席会议机制备忘录，有关企业签署物流产业、电子商务合作协议。

11月20日　省委副书记、省长郭树清在济南会见了美国阿肯色州州长阿萨·哈钦森一行，并共同见证了阿肯色州经济发展委员会与山东太阳纸业签署投资项目合作备忘录。

11月20日　省友协批复同意青岛港与埃及塞得港建立友好港关系。

11月20日　省友协批复同意青岛港与吉布提港建立友好港关系。

11月20日　省友协批复同意青岛港与德国汉堡港建立友好港关系。

11月23日　省外办与省商务厅第一次工作联席会议在省商务厅会议室召开。

11月26日　省政府在济南召开2015年度"齐鲁友谊奖"表彰会暨外国专家建言会。省委副书记、省长郭树清出席会议，并向济南圣泉股份有限公司的芬兰专家尤霍·江珀宁等来自11个国家的21名外国专家颁发"齐鲁友谊奖"获奖证书和奖牌。

11月27日　省友协批复同意青岛即墨市与韩国仁川广域市西区建立友好合作关系城市。

11月30日　第四届中俄政党论坛在北京举行，全国政协副主席王家瑞出席并发表主旨讲话，副省长夏耕出席论坛并发言。

12月4日　省政府决定授予法国卢瓦尔大区主席雅克·奥克谢特（法国）、山东大学教授金光亿（韩国）、烟台市投资促进局高级顾问麦克·贺伯特（法国）、山东泰山啤酒有限公司技术顾问格哈特·卢克哈德（德国）4人"山东省荣誉公民"称号。

12月8日　韩国驻青岛总领事馆新馆开馆仪式在青岛举行，韩国驻华大使金章洙、副省长夏耕、韩国驻青岛总领事馆总领事李寿尊、山东大学校长张荣出席开馆仪式。

12月16日　副省长、省委外事工作领导小组副组长夏耕主持召开了省委外事工作领导小组办公室第二次会议。省委外事工作领导小组成员单位有关负责人参加会议，省科技厅有关负责人和省外办班子成员列席会议。

12月17日　东亚海洋合作平台建设工作领导小组成立暨第一次会议在北京召开，领导小组组长、副省长赵润田，领导小组组长、国家海洋局副局长陈连增及外交部、国家发改委相关司局负责人出席会议。

12月17日至18日　由省外办、省发展和改革委员会、省财政厅、省金融办、英国驻华大使馆、英中贸易协会、济南市政府共同主办的"山东—英国PPP领域商贸对话"在济南举办。我省有关部门和企业代表500余人参会。

12月18日　"2015中韩儒学对话会"在曲阜开幕。全国人大常委会原副委员长、尼山论坛组委会主席许嘉璐，省委常委、宣传部部长孙守刚出席开幕式并致辞。此次对话会主题为"生活中的儒学价值"。

12月20日 第七次中日韩文化部长会议在"2015东亚文化之都"青岛举行。3国共同签署《中日韩文化部长会议—青岛行动计划（2015年至2017年）》。

2016年

1月11日至12日 美国康涅狄格州州务卿丹妮斯·梅瑞尔一行访问山东，与省外办、经信委、教育厅、科技厅、商务厅、民政厅、文化厅、卫计委、旅游局、金融办和贸促会等11个部门进行了工作会谈。

1月12日 省委书记、省人大常委会主任姜异康在济南会见了加拿大魁北克省国民议会议长雅克·夏农一行。省委常委、秘书长于晓明，省人大常委会副主任柏继民，副省长夏耕参加会见。会见后，柏继民与雅克·夏农代表双方议会签署了《山东省人民代表大会与魁北克省国民议会合作谅解备忘录》。

1月14日至15日 立陶宛新任驻华大使伊娜·玛丘利奥尼婕一行2人访问山东，与省外办、省科技厅、省商务厅、省文化厅、省中小企业局等部门进行了工作会谈，参观考察了浪潮集团和山东博物馆。

1月16日 省委外事工作领导小组第四次全体会议在济南召开，传达学习中央有关文件精神，听取省委外事工作领导小组2015年工作情况汇报，审议2016年工作要点及相关议题，研究部署下一步工作。省委书记、省委外事工作领导小组组长姜异康主持会议，省委副书记、省长、副组长郭树清，副省长、副组长夏耕，省委外事工作领导小组成员出席会议。

2月25日 全省外事系统表彰暨外事与港澳工作会议在济南召开。中非合作论坛中方后续行动委员会秘书长、外交部非洲司司长林松添应邀出席并作《中非合作发展的机遇、挑战与合作思路》的辅导报告。省外办主任薛庆国作了《凝心聚力 务实创新 共同开创全省外事与港澳工作新局面》的主旨报告。

2月26日 省友协批复同意青岛市市北区与泰国奔甘府建立友好合作城区关系。

3月4日 第一届山东—仁川友好合作联席会议在济南召开。双方就物流、经贸、旅游、文化、中韩FTA等5个领域分别介绍了各自部门职能及对外交流合作情况，并提出了2016年合作议题和建议。

3月11日 全国对外友协批复同意莱芜与韩国京畿道抱川市建立友好城市关系。

3月16日至17日　瑞士联邦驻华大使戴尚贤一行访问烟台，出席"中国瑞士低碳城市"项目合作备忘录签字仪式暨项目揭牌仪式。该项目是李克强总理2013年5月访瑞期间国家发改委与瑞士发展与合作署签署的气候变化领域合作项目。

3月20日　由山东省政府与国务院发展研究中心共同主办的2016中国发展高层论坛"山东之夜"主题活动在北京钓鱼台国宾馆举行。省委副书记、省长郭树清出席并发表主题演讲，国务院发展研究中心主任李伟，美国通用汽车公司总裁丹·阿曼致辞。国际组织负责人、跨国公司董事长或首席执行官、知名学者，省直有关部门主要负责同志，各市市长共约500人参加活动。

3月23日　省友协批复同意济南市与美国纽瓦克市结为友好合作关系城市。

3月23日至26日　韩国济州特别自治道议长具诚祉一行11人访问山东。访问期间，代表团考察了浪潮集团、大众网，参观走访了山东博物馆、趵突泉、泰山和三孔。

3月25日　立陶宛共和国总理阿尔吉尔达斯·布特克维丘斯一行访问山东。省委副书记、省长郭树清在济南会见了布特克维丘斯总理一行，

3月28日　全国对外友协批复同意临沂市与澳大利亚南澳州索尔斯伯里市建立友好城市关系。

4月5日至6日　法国驻华大使顾山一行访问山东。5日，省委副书记、省长郭树清在济南会见了客人。访问期间，大使一行出席了庆祝山东省与法国卢瓦尔大区建立友好合作关系10周年系列活动之———"中法文学座谈会"和法国签证（济南）中心开业仪式。

4月5日至8日　澳大利亚南澳州州长魏杰率政府及企业代表团一行290人访问山东。4月6日，省委书记、省人大常委会主任姜异康，省委副书记、省长郭树清在济南会见魏杰州长一行，并共同出席山东省—南澳州庆祝结好30周年系列活动启动仪式和山东省—南澳州经贸对接会与摄影展。来自两省州的政府官员及企业界、文化界、教育界代表等460余人参加活动。同日，山东省—南澳州工作组工作会谈在济南举行。

4月6日　省友协批复同意青岛市黄岛区太行山路小学与澳大利亚阿德莱德市普尔特尼文法学校建立友好学校关系。

4月7日　"东亚海洋合作平台"山东省工作领导小组成立暨第一次会议在青岛西海岸新区举行。

4月9日　由山东大学与青岛市政府联合主办的2016中美创客论坛在青岛开幕。

省委副书记、省长郭树清，教育部副部长郝平，省委常委、青岛市委书记李群出席并致辞。

4月11日　省友协批复同意临沂市兰陵县与美国宾夕法尼亚州克里尔菲尔郡建立友好合作关系。

4月12日至14日　意大利马尔凯大区主席卢卡·克瑞斯奥利一行14人访问山东。12日，省委副书记、省长郭树清在济南会见了客人。

4月18日至20日　苏丹共和国北方州州长阿里·阿瓦德·默罕默德·穆萨一行访问山东。

4月23日　省委副书记、省长郭树清在济南会见了前来出席2016中国绿公司年会的加拿大前总理让·克雷蒂安。

4月23日　省委副书记、省长郭树清在济南与英国驻华大使吴百纳举行工作会谈。

4月23日至24日　泰国前副总理、泰中文化促进委员会主席披尼·乍禄颂巴率经贸代表团一行15人访问青岛。

5月3日至4日　韩国驻华大使金章洙一行访问山东。3日，省委副书记、省长郭树清在济南会见大使一行。

5月8日　法国驻华大使顾山一行3人访问青岛，出席法国"葡月号"护卫舰访青相关活动。

5月13日　全国对外友协批复同意淄博市临淄区与韩国庆尚南道高灵郡建立友好区郡关系。

5月18日　副省长、省委外事工作领导小组副组长夏耕主持召开省委外事工作领导小组办公室第三次会议。省委外事工作领导小组成员单位有关负责同志参加会议。省外办班子成员，省经济和信息化委、省国资委、省中小企业局有关负责同志列席会议。

5月20日　瓦努阿图共和国副总理乔·纳图曼、毛里求斯副总理沙·杜瓦尔一行14人来山东考察。

5月20日至21日　莫桑比克总统菲利佩·纽西夫妇一行65人访问山东。20日，省委书记、省人大常委会主任姜异康在济南会见了纽西总统一行。

6月3日　全国对外友协批复同意潍坊市与波兰奥尔什丁市建立友好城市关系。

6月4日至5日　以"全球视野下的财富管理趋势"为主题的2016青岛·中国财富论坛在青岛举行。省委副书记、省长郭树清致辞，法国前总理多米尼克·德维尔潘等发表主旨演讲。

6月30日　省友协批复同意烟台市与俄罗斯顿河畔罗斯托夫市结为友好合作关系城市。

7月1日至3日　韩国产业通商资源部副部长禹泰熙、韩国驻青岛总领事李寿尊一行28人访问山东，参加了第五届中国（济南）韩国商品博览会和山东—韩国经贸合作交流会，召开了第一次山东省—韩国省部联席会议。

7月4日至7日　由科技部国际合作司、山东省科技厅和烟台市人民政府主办的丝绸之路高科技园区联盟研讨暨成立大会在烟台举行。来自俄罗斯、乌克兰、格鲁尼亚、亚美尼亚等8个一带一路合作伙伴政府部门、科技园区、大学科研院所的60余名代表，以及国内省级以上高新区及企业代表350余人参加。

7月5日至6日　2016二十国集团民间社会会议（C20会议）在青岛举办。国家主席习近平向会议发来贺信，国务委员杨洁篪出席会议开幕式，宣读了习近平主席贺信并致辞。埃及前总理、沙拉夫可持续发展机构董事会主席伊萨姆·沙拉夫，泰国前国会主席颇钦等外方代表出席会议并致辞。本次会议以"消除贫困、绿色发展、创新驱动与民间贡献"为主题，共设置了开幕式、闭幕式、2次全体会议、3次分议题论坛，有来自全球50余个国家和地区的170余个民间组织的210余名代表参会。

7月9日至16日　省委副书记、省长郭树清率山东省政府代表团访问以色列、德国。14日至15日，代表团出席了在德国巴伐利亚州首府慕尼黑举行的第八次7国友好省州领导人峰会。访问期间，推动山东省与德国下萨克森州正式缔结友好合作关系，举办了山东—以色列经贸合作交流会、山东—巴伐利亚工商界交流会，签署了一批重点合作项目。

7月12日至14日　由外交部与环印度洋联盟秘书处、南非外交部共同主办的第二届环印度洋联盟蓝色经济核心小组研讨会在青岛举行。

7月26日至28日　由国家海洋局、山东省人民政府主办，青岛市人民政府、青岛西海岸新区管委承办的东亚海洋合作平台黄岛论坛在青岛举办。来自中日韩和东盟10国的中外嘉宾400余人参会。国家海洋局和山东省人民政府在开幕式上签署了东亚海洋合作平台共建协议，正式启动了东亚海洋合作平台建设。

7月27日至29日　以巴基斯坦旁遮普省首席部长夏巴兹·谢里夫为团长的巴基斯坦穆斯林联盟（谢里夫派）代表团一行21人，在中联部副部长郑晓松陪同下访问山东。

8月8日至12日 美国海军本福特号驱逐舰（弦号DDG-65）在舰长贾斯汀哈茨中将率领下访问青岛。

8月9日至10日 美国驻华大使马克斯·博卡斯一行2人访问青岛，参加美国海军本福特号驱逐舰甲板招待会。

8月10日 省委副书记、省长郭树清在济南会见了以色列驻华大使马腾一行，双方就完善合作机制，推动农业科技、水资源综合利用、卫生健康等方面合作进行了深入交流。

8月16日 山东省人民对外友好协会批复同意青岛市与吉尔吉斯斯坦比什凯克市建立友好合作关系。

8月19日 全国人民对外友好协会批复同意青岛市与德国巴登符腾堡州曼海姆市建立友好城市关系。

8月20日至22日 斐济驻华大使约阿尼·奈法卢拉一行2人访问我省。

8月22日至23日 由省外办、省科技厅、英国驻华大使馆共同主办，省卫生计生委、省经济和信息化委协办的"山东—英国生命科学创新合作对话"在济南举办。

9月3日至6日 "儒通世界 现代泉城"2016济南国际文化周活动举行。活动主题为"和而不同、文明互鉴"。来自18个国家和地区的33个友好代表团参加。

9月7日 荷兰驻华大使馆公使杜安德一行7人访问济南，出席荷兰签证（济南）受理中心开业庆典。

9月11日至13日 加拿大新斯科舍省省长史蒂芬·麦克尼尔一行13人访问我省济南、威海。11日，省委副书记、省长郭树清在济南会见了麦克尼尔省长一行，并共同签署了两省建立友好合作关系协议。

9月19日 "一带一路"国际农业科技合作高层论坛在济南举办。论坛主题为"科技先行、协同发展、实现共赢"。来自"一带一路"沿线11个国家的中方和外方代表共150余人参加。

9月20日至21日 加拿大萨斯喀彻温省省长华尔德率政府及企业代表团一行50余人访问青岛。

9月22日至25日 莫桑比克解放阵线党中央政治局委员比亚斯、驻华大使巴普蒂斯塔一行7人访问山东。

9月23日至25日 2016中日韩产业博览会在潍坊举办。作为博览会主旨论坛的中日韩经贸合作论坛暨工商领袖峰会同时在潍坊举行。

9月26日至28日　国际友人"友好日"活动暨"山东省荣誉公民""山东省人民友好使者"颁奖典礼在济南举办，来自法国、韩国、英国、俄罗斯、沙特阿拉伯、美国、巴林、日本、匈牙利9个国家的22名国际友人参加。27日晚，国际友人参加了由省政府主办的"山东省荣誉公民""山东省人民友好使者"颁奖典礼和国庆招待会。

9月27日　2016中国（曲阜）国际孔子文化节开幕式暨第十一届联合国教科文组织"孔子教育奖"颁奖典礼在曲阜举行。文化节期间，举办了丙申年祭孔大典、"孔子的世界"国际学术高峰论坛等活动。

10月17日至19日　美国阿肯色州州长阿萨·哈钦森一行访问山东。18日，省委副书记、省长郭树清在济南会见了客人。

10月18日　全国对外友协批复，济南市与印度马哈拉施特拉邦那格浦尔市建立友好城市关系。

10月21日　由山东大学和韩国高等教育财团联合主办的首届山东论坛在济南开幕，本届论坛以"东亚命运共同体—历史、现在与未来"为主题，有来自海内外的百余位专家、学者共同探讨地区发展热点问题。

11月1日　山东省外事工作转型发展情况新闻发布会在济南举行，省外办主任薛庆国、副主任李永森介绍有关情况，并回答记者提问。

11月2日至3日　由省外办与日本山口县共同举办的"第十六届山东省—山口县经贸洽谈会"在青岛举办，近130家山东企业与26家山口县企业进行对口洽谈。

11月4日　中国日照—澳大利亚北领地经贸合作交流会在日照举行。

11月10日至11日　全国对外友协、中国国际友好城市联合会在重庆举办了"2016中国国际友好城市大会"。会上，山东省、青岛市获得"国际友好城市交流合作奖"，山东省友城奥地利上奥州、青岛市友城澳大利亚阿德莱德市、济宁市友城日本足利市、潍坊市友城德国弗莱辛地区获得了"对华友好城市交流合作奖"。

11月15日至17日　第四届尼山世界文明论坛在曲阜举办，来自20个国家和地区的中外嘉宾、学者250余人与会。

11月17日　白俄罗斯驻华大使鲁德·基里尔一行访问山东。

11月17日　省委副书记、省长郭树清在济南会见了日本和歌山县知事仁坂吉伸、议长浅井修一郎一行。

11月18日　由省外办、省住房和城乡建设厅、省外国专家局、英国驻华使馆共同主办的鲁英城镇化建设商贸对话会在济南召开。

11月24日至28日　应中联部邀请，波黑独立社会民主人士联盟副主席、塞族共和国议员马尔科·维达科维奇一行9人访问青岛。

12月1日至6日　根据中联部安排，省委常委、青岛市委书记李群率中共友好代表团访问墨西哥、阿根廷，多角度宣介党的十八届六中全会精神，促进党际友好交流。

12月3日至5日　塞拉利昂总统科罗马访问山东。3日，省委书记、省人大常委会主任姜异康在济南会见了科罗马总统一行。

12月6日　"济南—洛杉矶"首航仪式在济南国际机场举行。

12月7日　以色列驻华大使马腾访问山东，省委副书记、省长郭树清在济南会见了马腾大使一行。

12月12日　外交部机关党校教务长王英武大使率外交部第72期机关党校班赴山东社调团一行29人来到济南调研，并与省外办进行座谈。

12月14日至15日　印尼驻华大使苏更一行访问青岛，出席了"印尼投资与贸易论坛"。

12月20日　副省长、省委外事工作领导小组副组长夏耕在济南主持召开省委外事工作领导小组办公室第四次会议。

12月22日　中国—东盟中小企业合作会议在德州召开。

12月23日　由省友协主办的"烛光行"——山东与斯里兰卡眼角膜捐献合作机制启动仪式暨新闻发布会在济南山东中医药大学附属眼科医院举行。

12月28日　东亚畜牧产品交易所正式上线运营启动仪式在潍坊举行。

12月28日至29日　2016年全国地方外办主任会议在北京召开，外交部长王毅出席会议并作国际形势与外交外事工作报告。各省区市、副省级城市、计划单列市、沿海开放城市外办主任参加会议。

2017年

1月20日至21日　安乐哲儒学大家"翻译中国"国际会议在济宁曲阜孔子研究院举行。

2月8日至11日　德国前总理格哈特·施罗德、中国前驻德国大使卢秋田、中国人民外交学会副会长孙荣民一行6人访问青岛。

2月19日至20日　立陶宛驻华大使伊娜·玛邱罗尼塔一行2人访问青岛。

2月23日　外交部领事司在成都举行地方外办领保业务培训班并对地方外办领保工作进行表彰。山东省外办荣获领保工作"优秀奖"。

2月27日　党的对外联络工作座谈会在北京举行。中共中央对外联络部部长宋涛出席会议并发表讲话,中联部副部长郑晓松主持座谈会。省委副秘书长倪明元、省外办主任薛庆国及青岛市委、市外办有关负责人参会。

3月9日　省外办与日本驻青岛总领馆在济南举行工作会晤,省外办主任薛庆国和日本驻青岛总领事远山茂出席会晤并致辞。

3月9日　首届山东省友城工作专办员培训班在济南举办。

3月20日至23日　泰国曼谷市市长阿萨汶·康蒙一行57人访问我省,泰中文化促进委员会主席披尼随同来访。22日,省委常委、常务副省长孙伟在济南与客人举行工作会谈。

3月23日　塞尔维亚驻华大使米兰·巴切维奇一行2人访问青岛。

3月23日至26日　墨西哥下加利福尼亚州州务卿卡洛·邦凡特一行11人访问山东。

3月25日至28日　应全国对外友协邀请,以日本中国友好协会酒井哲夫副会长为团长的2017年度第一批日本大学生代表团一行109人访问山东,参观了山东博物馆、大明湖和三孔,与山东大学日语专业学生进行交流互动。

3月26日至28日　应中联部邀请,由埃塞俄比亚总理特使伯哈内·加伯瑞克里斯托斯为团长的发展中国家智库学者考察团访问山东。27日,省委常委、宣传部部长孙守刚在济南会见考察团一行。

3月28日至29日　应习近平主席邀请,塞尔维亚总统托米斯拉夫·尼科利奇一行访问山东。29日,省委书记、省人大常委会主任姜异康在济南会见了尼科利奇总统一行。

3月31日至4月5日　省外办与省文化厅共同组织的"齐鲁文化走进东盟"活动一行49人访问泰国、老挝。

4月12日　澳大利亚驻华大使安思捷一行6人访问山东。省委书记刘家义在济南会见了大使一行。

4月12日至14日　乌拉圭驻华大使卢格里斯、乌拉圭共和国大学校长马尔克里安一行4人访问青岛,出席了在青岛大学举行的"乌拉圭共和国大学孔子学院启动仪式",

访问了中国科学院海洋研究所。

4月15日 第三十四届潍坊国际风筝会在潍坊举行。中国奥委会副主席、国际风筝联合会主席冯建中宣布开幕，省委常委、常务副省长李群出席开幕式并致辞。

4月21日 青岛港与美国戴德港签署建立友好港关系协议书。

5月5日至15日 澳大利亚南澳州贸易和投资部部长史毅德，阿德莱德市市长马丁·海泽率大型政府及经贸代表团约150人访问青岛。双方举行了山东省青岛市—南澳州阿德莱德市合作项目签约仪式、南澳—青岛贸易投资合作恳谈会、青岛—阿德莱德友城双向交流会等活动。

5月9日 全国对外友协批准同意莱芜与以色列埃拉特市建立友好城市关系。

5月9日 2017中国（济宁）"一带一路"国家经贸合作洽谈会在济宁市举行。来自亚美尼亚、阿塞拜疆、格鲁吉亚、哈萨克斯坦、吉尔吉斯斯坦、巴基斯坦、俄罗斯、乌兹别克斯坦等13个国家的50名外宾参会。

5月9日至13日 澳大利亚南澳州健康养老、农业、葡萄酒代表团一行46人访问烟台，举办了医疗健康产业研讨会和葡萄酒品鉴会，实地考察了烟台养老、医疗、果品加工等企业。

5月11日 副省长孙立成在威海会见韩国驻华大使金章洙一行，通报威海市"5·9"重大道路交通事故调查和善后工作情况。

5月11日至12日 德国巴伐利亚州州长、德国基社盟主席霍斯特·泽霍夫一行60人访问山东。11日，省委书记、省人大常委会主任刘家义在济南会见了客人。同日，省委副书记、省长龚正与泽霍夫州长共同出席山东省—巴伐利亚州工作会谈，签署了两省州进一步加强友好合作与深化战略伙伴关系的共同声明。

5月11日至12日 澳大利亚南澳州州长魏杰一行205人访问山东，澳大利亚驻华大使安思捷陪同来访。12日，省委书记、省人大常委会主任刘家义在济南会见了魏杰州长一行。会见后，省委副书记、省长龚正与澳大利亚南澳州州长魏杰共同出席山东省—南澳州工作会谈，并见证山东省与南澳州项目签约、中澳特色生物资源产业技术创新联合实验室揭牌。

5月13日 应外交部邀请，省委常委、常务副省长李群在北京国家会议中心主新闻中心出席"一带一路"国际合作高峰论坛中外记者会，介绍山东有关情况，并回答中外记者提问。

5月15日至17日　埃塞俄比亚总理海尔马里亚姆·德萨莱尼率代表团一行55人访问山东。16日，省委书记、省人大常委会主任刘家义，省委副书记、省长龚正在济南会见了总理一行。同日，龚正与海尔马里亚姆总理共同出席了在济南举办的"山东一埃塞俄比亚产能合作论坛"并致辞。访问期间，代表团访问了山东高速集团和浪潮集团。

5月16日至17日　芬兰农业与环境部部长凯莫·蒂卡宁一行5人访问青岛，出席了芬兰木业协会主办的芬兰木业推广项目研讨会，以及中芬合作新平台暨"中芬中心"项目奠基仪式。

5月16日至17日　应全国对外友协邀请，瑞中友好协会会长托马斯·瓦格纳博士一行3人访问济南。

5月17日至21日　俄罗斯托木斯克州副州长科诺尔·安德烈一行20人访问山东。

5月18日　莫桑比克职业教师培训班在济南市职业学院开班，30名来自非洲国家莫桑比克的职业学校教师将在济南职业学院开始为期5个月的培训。

5月23日至25日　德国下萨克森州州长斯特凡·威尔一行14人访问山东。23日，省委副书记、省长龚正在济南会见了客人。

5月27日　空中客车H135直升机总装线奠基仪式在青岛举行。

5月31日至6月3日　日本山口县知事村冈嗣政、副议长守田宗治一行19人访问山东。省委副书记、省长龚正在济南会见代表团一行，并共同见证双方签署两省县交流合作备忘录和文物交流事业备忘录。

6月1日　由外交部主办，北京师范大学和临沂市人民政府承办的第三届金砖国家青年外交官论坛圆桌会议在临沂举行。来自金砖五国的青年外交官代表39人及中方代表80余人参加会议。

6月1日至2日　"第十七届山东省一山口县经贸洽谈会"在济南举办。来自日本山口县和山东省的150余家中小企业参加了对口洽谈。

6月6日　2017年亚洲媒体峰会在青岛举行，中共中央政治局委员、国务院副总理刘延东出席开幕式并致辞。省委副书记、省长龚正出席开幕式并发言。本次峰会以"媒体新时代、全球共发展"为主题，有48个国家和7个国际组织的代表共450余名参加。

6月12日　阿根廷驻华大使盖铁戈一行3人访问山东黄金集团。

6月14日至15日　金砖国家协调人第二次会议在青岛召开。中国金砖国家事务协调人、外交部副部长李保东主持会议。各国金砖国家事务协调人、副协调人和新开发银行代表，以及15个国家部委、山东省、厦门市的代表共约120人出席会议。

6月17日至21日　柬埔寨副首相尹财利率代表团访问青岛，出席亚欧数字互联互通高级别论坛，并考察青岛华通集团。

6月19日　亚欧数字互联互通高级别论坛在青岛举行。中共中央政治局委员、国务院副总理汪洋出席开幕式并发表主旨演讲，省委副书记、省长龚正出席开幕式并致辞。来自亚欧会议各成员方和有关国际组织的600余名代表参加了论坛。

6月25日至7月1日　省外办分两期在北京外交学院举办了全省外事干部业务工作培训班。

7月15日至17日　日中经济协会前任理事长冈本岩、新任理事长伊泽正率团访问山东，省委副书记、省长龚正在济南会见客人。

7月19日至21日　哈萨克斯坦媒体记者代表团一行18人访问青岛，参观考察了青岛港集团、青岛多式联运海关监管中心、青岛欧亚经贸合作产业园、青啤博物馆等。

7月25日　以色列新任驻华大使何泽伟访问山东，省委副书记、省长龚正在济南会见了代表团一行。

7月26日至31日　应中国人民外交学会邀请，加拿大联邦众议院代表团一行6人访问山东。

8月11日至20日　2017第九届青岛国际帆船周·青岛国际海洋节在青岛奥林匹克帆船中心举行。

8月27日至29日　以圣多美和普林西比政党—民主独立行动党总书记纳扎雷为团长的圣普政党联合干部考察团一行30人访问山东济南、曲阜。

8月27日至31日　塞舌尔驻华大使薇薇安·福克·塔夫一行4人访问青岛。

8月28日　全国对外友协批复同意日照市与法国旺多姆市建立友好城市关系。

8月31日至9月2日　应中联部邀请，瓦努阿图美拉尼西亚朋友党议员、议会第一副议长、议会经济政策委员会委员埃德温·安布勒斯·麦克雷维斯一行15人访问青岛，参观了青岛港、山东省中鲁远洋渔业股份有限公司及青啤博物馆。

8月31日至9月2日　俄罗斯统一俄罗斯党总委员会主席团成员、统一俄罗斯党鞑靼斯坦地区分部书记、俄罗斯鞑靼斯坦共和国国务委员会主席（议长）穆哈梅特申一行10人访问青岛，考察了湛山社区建设情况，参观了海尔集团、青啤博物馆。

9月1日至2日　应全国对外友协邀请，加拿大新斯科舍省省长斯蒂芬·麦克尼尔一行12人访问山东。省委副书记、省长龚正在济南会见了客人。

9月2日至6日　应中联部邀请，孟加拉、印度、尼泊尔及斯里兰卡4国15个左翼政党考察团一行30人访问山东济南、济宁。

9月6日至15日　省委副书记、省长龚正率山东省代表团，成功访问澳大利亚、新西兰、白俄罗斯。

9月7日至8日　2017东亚海洋合作平台黄岛论坛在青岛举行。

9月7日至11日　南非自由州省省长伊莱亚斯·马哈舒勒一行访问山东。

9月20日　"2017山东美国商务周"新旧动能转换与扩大对外开放论坛在济南举行，省委副书记、省长龚正出席并作主旨演讲。

9月20日至21日　第八届世界儒学大会在曲阜举行，全国人大常委会副委员长王胜俊，省委书记、省人大常委会主任刘家义出席开幕式并致辞。大会主题为"儒家思想与人类命运共同体"，来自33个国家和地区的96名专家学者参加会议。

9月20日至23日　由美中关系全国委员会组织的美国国会众议院"美中工作小组"代表团一行11人访问山东。21日，省委书记、省人大常委会主任刘家义在济南会见了代表团一行。

9月22日至24日　外交部领事司与省外办联合举办"驻华签证官山东行"活动，由俄罗斯、加拿大、南非等9个国家25名驻华签证官组成的考察团访问了山东济宁、泰安两地。

9月23日至25日　2017中日韩产业博览会在潍坊举行。

9月23日至25日　第八届中国（临沂）国际商贸物流博览会在临沂举办。

9月26日　全省开放型经济发展大会在济南召开。省委书记、省人大常委会主任刘家义，省委副书记、省长龚正出席会议并讲话，省直有关部门、有关中央驻鲁单位、部分省属高校、省管企业负责同志等在主会场参加会议。

9月27日　2017中国（曲阜）国际孔子文化节开幕式暨第十二届联合国教科文组织孔子教育奖颁奖典礼在曲阜举行。全国政协副主席王家瑞宣布孔子文化节开幕，省委副书记、省长龚正出席并致辞。国际友好城市代表，驻华使节代表，儒学机构及儒学专家代表，国际友人、华人华侨代表，群众代表等约1200人参加活动。

9月27日　第十届中国（东营）国际石油石化装备与技术展览会在东营黄河国际会展中心开幕。来自美国、俄罗斯、沙特、伊朗、英国等70余个国家和地区的400余名国外客商参会。

9月27日　全国对外友协批复同意青岛市与希腊比雷埃夫斯市建立友好城市关系。

9月27日至28日　省友协在济南举办了第二届山东国际友人"友好日"活动。共有来自美国、德国、日本、意大利、以色列、法国等15个国家的33名国际友人参加。活动期间，国际友人赴曲阜参加了2017中国（曲阜）国际孔子文化节活动和省政府主办的2017年度"山东省荣誉公民""山东省人民友好使者"授荣典礼和国庆招待会。

9月28日　省政府在济南举行庆祝中华人民共和国成立68周年招待会。会上举行了"山东省荣誉公民""山东省人民友好使者"授荣典礼。

9月28日　省委副书记、省长龚正在济南会见了韩国现代汽车集团顾问、中国事业总管薛荣兴一行。

10月12日　全国对外友协批复同意滨州市与加拿大斯图尔特市建立友好城市关系。

10月13日　德国德累斯顿男童合唱团音乐会在省会大剧院举行。1300余名济南市民和来自北京、上海、南京等地的观众聆听了这场音乐盛宴。

10月16日　第三十一届全国城市外事服务系统协作会议在烟台举行，来自全国85个城市外事服务机构的230余人参会。协作会议以副省级城市和沿海开放城市为主导，目前共有会员单位200余家。

10月21日至27日　德国巴伐利亚州最高建设管理局考察及巴州设计师代表团一行17人访问山东，考察德州禹城市房寺镇、临沂费县上冶镇和莱芜口镇，推动鲁巴特色示范小镇合作共建。

10月22日至27日　法国布列塔尼大区议会副主席马丁·梅里耶、福胡·萨拉米、安娜·加洛一行13人分2批访问山东。

10月27日　全国对外友协批复同意山东省与泰国曼谷市建立友好省市关系。

11月1日至3日　丹麦王国格陵兰岛自治政府总理吉尔森一行访问青岛，出席第二十二届国际渔业博览会。

11月2日至3日　美国阿肯色州州长阿萨哈钦森一行9人访问山东济宁市，与如意集团、太阳纸业等企业进行座谈。

11月5日至10日　乌拉圭黑河省省长奥斯卡·特尔扎吉一行2人访问山东济南、菏泽。

11月6日至8日　德国联邦议员伯恩哈德·卡斯特一行访问山东，出席了在济南举行的第五届"中德城镇化研讨会"。

11月7日　第五届中德城镇化研讨会在济南举行。本届研讨会以"城乡一体化"为主题，共约150名来自中德两国的各界代表参会。

11月8日至10日　法国卢瓦尔大区副主席萨米亚·苏拉达尼-维尼隆一行访问青岛，出席了国际虚拟现实创新大会。

11月11日至12日　第十届中日韩卫生部部长会议在济南举行。国家卫生计生委主任李斌，省委副书记、省长龚正出席相关活动并致辞。

11月13日至15日　新加坡驻华大使罗家良一行5人访问山东济南、青岛和潍坊。13日，省委副书记、省长龚正在济南会见了大使一行。

11月15日至17日　"2017东北亚地区地方政府联合会海洋与渔业专门委员会活动暨海洋经济创新发展示范论坛"在烟台市举办。

11月17日　俄罗斯鞑靼斯坦共和国总统明尼哈诺夫一行访问山东。

11月20日至22日　波兰滨海省省长米茨斯瓦夫·斯特鲁克、省议会副主席格热戈日·格热拉克一行访问青岛。

11月22日至24日　加纳共和国总统夫人丽贝卡·阿库福阿多率代表团一行访问青岛，出席了加纳贸易联络办公室揭牌仪式，考察了丝路协创中心、青岛国际院士港和海尔集团。

11月24日　省政府决定授予艾德铭等20名外国专家齐鲁友谊奖。

12月1日　十一届省委在济南召开外事工作领导小组第一次全体会议。省委书记、省委外事工作领导小组组长刘家义出席会议并讲话，省委副书记、省长、省委外事工作领导小组副组长龚正主持，副省长、省委外事工作领导小组副组长任爱荣出席。

12月1日至2日　比利时西弗兰德省省长、西弗兰德大学孔子学院理事卡尔·德卡卢维一行访问青岛，寻访了一战山东劳工遗迹，实地考察了一战华工纪念设施等。

12月7日　省委副书记、省长龚正在济南会见了新加坡通讯及新闻部兼卫生部高级政务部长、新加坡—山东经贸理事会新方联合主席徐芳达。

12月7日　山东省与韩国驻青岛总领馆工作会晤在青岛举行。

12月8日　"2017山东日本商务周"在济南开幕。

12月13日　省委副书记、省长龚正在济南会见了即将离任的韩国驻青岛总领事李寿尊一行。

12月13日　省委副书记、省长龚正在济南会见了泰国驻青岛总领事王玉君一行。

12月21日　副省长、省委外事工作领导小组副组长任爱荣在济南主持召开省委外事工作领导小组办公室第五次会议。领导小组办公室成员参加会议。

12月28日至29日　乌兹别克斯坦驻华大使赛义多夫一行3人访问济南、青岛。

12月29日　全省外事与港澳工作会议在济南召开，省外办班子成员和副处级以上干部、各市和部分县（市区）外（侨）办主任、省直有关部门（单位）和高校外事处负责人出席会议。

2018年

1月1日　《省直部门因公临时出国管理规范》《省属企业因公临时出国管理规范》《各市外办因公临时出国管理规范》印发实施。

1月5日　济南大学教育部国别和区域研究中心非洲研究中心、冰岛研究中心揭牌仪式暨国别和区域研究高层论坛在济南举行，中国外交部原部长、中国人民外交学会名誉会长李肇星等参加活动。

1月11日　省委外事工作领导小组在济南召开会议，审议外事工作有关方案，安排部署下一步工作。省委书记、省委外事工作领导小组组长刘家义主持会议并讲话，副组长龚正、任爱荣出席。

1月17日　加拿大魁北克国际关系部副部长米歇尔·拉芙来一行访问山东，在济南与省外办举行山东—魁北克联合工作组第五次会议。

1月18日　塞尔维亚驻华大使米兰·巴切维奇一行2人访问青岛。

1月25日　省外办在济南举办"外国驻鲁总领馆和境外驻鲁机构山东新旧动能转换综合试验区推介会"。

1月30日　中共山东省委、山东省人民政府印发关于设立中共山东省委外事工作领导小组办公室有关事项的通知，明确设立中共山东省委外事工作领导小组办公室，作为省委外事工作领导小组的常设办事机构。撤销山东省人民政府侨务办公室，将其机构职责并入山东省人民政府外事办公室。山东省人民政府外事办公室更名为山东省人民政府外事侨务办公室，加挂山东省人民政府港澳事务办公室牌子。中共山东省委外事工作领导小组办公室与山东省人民政府外事侨务办公室一个机构、两块牌子。

2月1日　省外侨办与省社科联共同举办山东省鼓励社会组织走出去培训研讨班。

2月27日至3月1日　赞比亚驻华大使温妮·纳塔拉·奇贝萨孔达一行2人访问济南。

3月1日至3日　哈萨克斯坦驻华大使努雷舍夫一行6人访问青岛。

3月27日至30日　由外交部外事管理司司长廖力强、边界与海洋事务司司长易先良、政策规划司副司长周剑等组成的外交部工作组一行8人来山东举办"外交外事知识进高校"系列活动。

3月28日　省外侨办在济南举办全省涉外案（事）件应急处置工作专题培训班。

3月28日至30日　俄罗斯驻华大使安德烈·杰尼索夫一行4人访问青岛。

3月28日至30日　白俄罗斯驻华大使鲁德·基里尔一行3人访问青岛。

4月10日　省外侨办在济南举办外国人来华邀请函管理办法及相关系统操作培训班。

4月11日　爱尔兰驻华大使李修文一行4人访问山东。

4月15日至17日　"中国—中东欧国家合作研讨会"在济南召开。

4月20日　省委副书记、省长龚正在济南会见了日本和歌山县知事仁坂吉伸、日本驻青岛总领事中原邦之一行。

4月21日至22日　乌拉圭教育和文化部长玛利亚·胡利娅·穆尼奥斯博士及乌拉圭驻华大使费尔南多·卢格里斯一行4人访问青岛，出席了中乌建交30周年系列活动乌拉圭主题画展开展仪式。

4月21日　第三十五届潍坊国际风筝会在潍坊开幕，本届国际风筝会以"更高、更远、更美好"为主题，共有来自57个国家和地区及全国19个省、自治区、直辖市的风筝爱好者共2000余名参加，历时20天。

4月22日　由中国翻译协会主办、省翻译协会承办、省外事翻译中心协办的第七届全国英语口译大赛（山东赛区）在济南举行。

4月24日　由中国—东盟中心主办，山东大学承办的第三届中国—东盟青年论坛开幕式在济南举行。省政协副主席、山东大学副校长程林，中国—东盟中心秘书长杨秀萍，马来西亚驻华使馆参赞等东盟驻华使馆官员等出席开幕式。

4月25日至27日　应全国政协邀请，密克罗尼西亚联邦国会议长西米纳一行9人访问青岛。

4月27日　第二届山东省友城工作专办员培训班在济南举办。

5月5日至10日　应中联部邀请，苏丹全国大会党领导局成员、组织部部长、政府联邦治理部部长哈米德·穆罕默德·努尔率领的干部考察团一行30人访问山东。

5月22日至24日　挪威渔业部长佩尔·桑贝格率领挪威贸工及渔业部、食品安全署、海产局等机构负责人等一行16人访问烟台。

5月28日至30日　由中华全国总工会举办的"中国工会'一带一路'人文交流—上合组织国家职工技能交流营"走进山东，交流营成员由上合组织秘书处及上合组织成员国、观察员国和对话伙伴国共18个国家的27名代表组成。

6月9日至10日　上海合作组织成员国元首理事会第十八次会议在青岛召开。9日，国家主席习近平在青岛国际会议中心举行宴会，欢迎出席上海合作组织青岛峰会的外方领导人。10日，国家主席习近平在青岛国际会议中心主持召开上海合作组织成员国元首理事会第十八次会议，同上合组织成员国领导人共同签署并发表了《上海合作组织成员国元首理事会青岛宣言》，宣布中央支持在青岛建设上合组织地方经贸合作示范区。印度总理莫迪、哈萨克斯坦总统纳扎尔巴耶夫、吉尔吉斯斯坦总统热恩别科夫、巴基斯坦总统侯赛因、俄罗斯总统普京、塔吉克斯坦总统拉赫蒙、乌兹别克斯坦总统米尔济约耶夫等国家和国际组织领导人出席会议。峰会期间，来自12个国家的国家元首或政府首脑、10个国际组织或机构负责人出席峰会。注册外宾超过2000人，参与采访的中外记者超过3000人，成员国领导人签署、见证了23份合作文件。

6月13日　首届上合组织国家电影节在青岛西海岸新区开幕。来自上海合作组织各国的电影代表团，电影艺术家、电影企业代表、中外媒体记者及市民共1000余人参加开幕式。

6月15日　由德州市人民政府与泰国驻青岛总领馆共同举办的"2018德州—泰国风情周"活动在德州市举办。

6月20日至21日　意大利驻华大使谢国谊一行3人访问青岛。

6月29日至7月2日　亚太手工艺文化周在青岛举行。该活动是上合组织青岛峰会之后，在青岛开展的系列重要国际文化交流活动之一。其间，举办了亚太地区手工艺精品博览会、亚太地区手工艺高峰论坛、亚太手工艺理事长会议等国际手工艺文化交流活动。

6月30日　济南市中德交流合作协会成立大会暨"新时代新经济新技术"中德经贸技术合作论坛在济南举行。

7月2日至9日　在全国对外友协安排下，省友协在马克思故乡—德国特里尔市举办纪念马克思诞辰200周年"孔子和千年汉字山东主题展"。

7月4日　古巴共产党中央政治局委员、国务委员会成员、工人中央工会总书记乌利塞斯·吉拉特一行访问山东。

7月6日至8日　2018东亚博览会暨第六届韩国商品博览会在济南举行,本届博览会设置了韩国、日本、蒙古等国别展区,以及由俄罗斯、哈萨克斯坦、乌兹别克斯坦、吉尔吉斯斯坦等"一带一路"合作伙伴组成的综合展区,有来自境外近500家企业参展。

7月12日　副省长、省委外事工作领导小组副组长任爱荣在济南主持召开省委外事工作领导小组办公室第六次会议,传达学习有关文件和会议精神,研究有关议题。领导小组办公室成员参加会议,相关部门和市外办负责人列席会议。

7月16日　第三届"上合组织青岛交流营"开营仪式在青岛举行。来自上合组织成员国和观察员国的11国青岛代表与中国青岛代表共计200余人一起共同出海,助力上合发展。

7月17日至19日　澳大利亚南澳州贸易、旅游与投资部长李麒伟一行42人访问山东。访问期间,代表团在济南举办了南澳—山东健康与生命科学项目洽谈会,出席了山东省—南澳州职业教育研讨会和山东省—南澳州水环境论坛等活动。

7月26日　十一届省委外事工作领导小组在济南召开第三次全体会议。省委书记、省委外事工作领导小组组长刘家义主持会议并讲话,龚正、王清宪、齐涛、任爱荣等省领导和领导小组成员出席。

7月26日至27日　美国驻华大使泰里·布兰斯塔德一行17人访问青岛。

8月15日至18日　"欧洲外交官研讨班"经贸合作交流会在济南举办,有来自欧洲24个国家和欧盟机构的外交官参加系列经贸合作交流活动,该研讨班是外交部首个针对欧洲地区举办的培训项目。

8月16日至18日　第二届海外院士青岛行暨青岛国际院士论坛在青岛举行。全国人大常委会副委员长、欧美同学会(中国留学人员联谊会)会长陈竺,省委副书记、省委组织部部长杨东奇出席开幕式并致辞,来自22个国家的109名院士参会。

9月1日至2日　南苏丹总统基尔来华出席中非合作论坛北京峰会前夕,率代表团访问山东。9月1日,省委书记、省人大常委会主任刘家义在济南会见了基尔总统一行。

9月4日至8日　第三届国际泉水文化景观城市联盟会议暨泉水"朋友圈"圆桌对话会在济南举办,近20个国家和地区的代表团参加活动。

9月5日　加纳总统阿库福–阿多在出席中非合作论坛北京峰会后访问山东。省委书记、省人大常委会主任刘家义在济南会见了阿库福–阿多总统一行。同日，省委副书记、省长龚正，阿库福–阿多总统在济南共同出席山东—加纳经贸交流会并致辞。

9月6日至7日　由自然资源部、山东省政府主办的2018东亚海洋合作平台青岛论坛在青岛西海岸新区举行。本届论坛主题为"经略海洋　共建共享"，来自中日韩、东盟及欧美非等50余个国家和地区的400余位嘉宾与会。

9月8日　山东省"领保伴你行"进企业暨志愿服务活动正式启动。

9月10日至13日　为配合习近平主席访问俄罗斯，省委书记、省人大常委会主任刘家义率团访问俄罗斯符拉迪沃斯托克，出席第四届东方经济论坛和中俄地方领导人对话会等相关活动。

9月14日　省委副书记、省长龚正在济南会见了英国驻华大使吴百纳一行，并共同见证英国石油公司与东明石化合资公司成立揭牌仪式。

9月14日至16日　第四届中日韩产业博览会、第一届中日韩贸易投资洽谈会在潍坊举办，本届博览会以"新动能　高质量　大振兴"为主题，主要展示中日韩智能制造、国际食品、美丽产业等，同期举办中日韩经贸合作论坛暨工商领袖峰会等论坛和智能制造项目对接会等活动。

9月15日至16日　第二届国际青年儒学论坛暨"儒学研究新锐奖"颁奖仪式在邹城举办，吸引来自中、美、英等12个国家和地区近百位儒学青年参加。

9月17日至18日　第十三届中国（青岛）—欧盟投资贸易科技合作洽谈会在青岛举行，吸引来自12个欧洲国家的近80家机构和企业代表与青岛市近300家中方企业展开了461场一对一洽谈。

9月20日　由外交部和山东省人民政府举办，以"新时代的中国：新动能　新山东　与世界共赢"为主题的外交部山东全球推介活动在北京外交部蓝厅举行。国务委员兼外交部部长王毅出席主题推介并致辞，省委书记、省人大常委会主任刘家义致辞，省委副书记、省长龚正进行推介。

9月26日　全国对外友协批复同意济南市与埃塞俄比亚阿尔巴门奇市建立友好城市关系。

9月26日　2018中国（曲阜）国际孔子文化节暨第五届尼山世界文明论坛在曲阜开幕，来自25个国家和地区的500余位专家学者、嘉宾等参会。本届文化节和论坛主题分别为"用儒家文化讲好中国故事""同命同运　相融相通：文明的相融以及人类命运共同体"。

9月27日　省政府在济南举办庆祝中华人民共和国成立69周年招待会。

9月27日至28日　俄罗斯鞑靼斯坦共和国总统明尼哈诺夫一行27人访问山东。省委书记、省人大常委会主任刘家义在济南会见明尼哈诺夫总统一行。会见前，明尼哈诺夫与有关省领导共同出席了山东省—鞑靼斯坦共和国商务论坛并致辞。

10月10日至12日　山东省"领保伴你行"境外安全防范能力培训班在山东省海外公共安全培训基地（东营）举办。

10月17日　全国对外友协批复同意济南市与斯洛文尼亚马里博尔市建立友好城市关系。

10月17日　第二届"一带一路"国际农业科技合作高层论坛在济南开幕。

10月21日至25日　俄罗斯海军太平洋舰队水下兵力参谋长米哈伊洛夫少将率舰艇编队访问青岛。

10月23日　第二十次新加坡—山东经贸理事会全体会议在济南举行。

10月29日　东北亚地区地方政府联合会第十二次全体会议在湖南省张家界市举行。省外办主任薛庆国出席会议，并向大会报告了由山东担任协调员的联合会海洋与渔业专门委员会工作情况。

10月31日　省委书记、省人大常委会主任刘家义在济南会见出席大会的德国社民党联邦总理候选人、前欧洲议长、联邦议员马丁·舒尔茨。

11月1日　2018中德中小企业合作交流大会在济南开幕。

11月3日　省委外事工作委员会在济南召开第一次全体会议。省委书记、省委外事工作委员会主任刘家义主持会议并讲话，省委副书记、省长、省委外事工作委员会副主任龚正，省委外事工作委员会委员出席。

11月6日至9日　省外办和省委党校（省行政学院）共同在济南举办2018年全省外事工作专题研讨班。

11月7日至16日　省委副书记、省长龚正率代表团访问法国、意大利、德国。

11月15日至16日　阿联酋驻华大使阿里·扎希里访问青岛。

11月18日至22日　乌干达驻华大使克里斯普斯·基永加一行4人访问山东。

11月20日至23日　澳大利亚南澳州第三期公务员代表团访问山东。21日，省外办主任薛庆国在济南与代表团座谈并出席了省情说明会。

11月23日　南苏丹驻华大使约翰·安德鲁加·杜库一行访问山东。

11月29日　省委书记、省人大常委会主任刘家义在济南会见了德国驻华大使葛策一行。

12月6日至7日　苏丹驻华大使艾哈迈德·沙维尔一行访问山东。

12月10日　副省长任爱荣在济南会见卢森堡驻华大使俞博生一行。

12月16日至20日　俄罗斯统一俄罗斯党青年代表团一行7人访问山东。

12月18日至19日　古巴驻华大使拉米雷斯一行4人访问山东。

12月20日至21日　塞内加尔驻华大使马马杜·恩迪亚耶一行2人访问山东。

2019年

1月7日　省委外事工作委员会在济南召开第二次全体会议。省委书记、省委外事工作委员会主任刘家义主持会议并讲话，省委外事工作委员会副主任龚正，委员王可、王清宪、任爱荣出席会议。

1月16日至18日　荷兰王国驻华大使高文博一行7人访问山东。

1月22日　全省外事系统工作会议在济南召开。省外办领导班子成员，各市外侨办主任，省直有关部门、部分企业和高校外事部门负责人参会。

1月23日至26日、2月13日至14日　省外办举办"感知新山东"驻华机构齐鲁行的开篇活动——新动能篇。活动期间，韩国、日本、泰国驻青岛总领事及3国驻鲁机构和企业代表以及山东新媒体记者共约50人先后走访威海、潍坊和济南等地新旧动能转换重点项目，参加省市新旧动能转换推介交流会。

2月13日　省外办组织召开各市外办专题工作会议，传达中央有关文件精神，安排部署相关工作。

3月28日　省委书记、省人大常委会主任刘家义在济南会见了美国前国防部部长、科恩集团董事长威廉·科恩代表团一行。

3月24日至4月2日　省委副书记、省长龚正率山东省代表团访问日本、韩国、菲律宾。

4月3日　省外办召开全体机关干部及所属事业单位工作人员大会，由省委组织部副部长、省公务员局局长朱开国宣布省委任免决定：蔡先金同志任山东省人民政府外事办公室党组书记，提名为山东省人民政府外事办公室主任、山东省人民对外友好协会会长人选。

4月4日 省委书记、省人大常委会主任刘家义在济南会见了上海合作组织秘书长弗拉基米尔·诺罗夫率领的上合组织成员国使节代表团一行。会见前，代表团参加了山东—上合组织国家合作对话会。

4月15日 省委书记、省人大常委会主任刘家义在济南会见了美国驻华大使泰里·布兰斯塔德代表团一行。

4月15日 中美医疗健康圆桌会议在济南召开。

4月15日至4月18日 瑞士阿尔高州州长武尔斯·霍夫曼一行访问济南，与有关部门座谈并参访企业及园区。16日上午，省委书记、省人大常委会主任刘家义在济南会见了代表团一行。

4月20日 以"拥抱世界、共享蓝天、放飞梦想"为主题的第三十六届潍坊国际风筝会在潍坊滨海国际风筝放飞场开幕。本届风筝会共邀请到65个国家和地区的风筝放飞运动员参加第十五届世界风筝锦标赛。

4月25日 省委常委、常务副省长王书坚应外交部邀请在北京出席第二届"一带一路"国际合作高峰论坛中外记者会，介绍山东省经济社会发展和参与"一带一路"建设有关情况，并回答中外记者提问。

5月10日 省委书记、省人大常委会主任刘家义在济南会见了津巴布韦民盟全国主席、国防和退伍军人事务部长奥帕·穆春古丽一行。

5月13日 "第四届中国—中亚合作对话会"在济南举办。此届对话会由全国对外友协和济南市政府共同举办，主要活动有开幕式、"一带一路"产业和经贸合作主论坛、签约仪式，以及青年、教育、媒体等分论坛。

5月19日 "文明多样性与亚洲未来"尼山世界文明论坛专题研讨会在北京召开。本次研讨会是"亚洲文明对话大会"分支论坛"维护亚洲文明多样性"的重要组成部分，驻华使馆外交人员、海内外知名专家学者共计100余人出席了本次研讨会。

5月21日 山东省"领保伴你行"领保宣传暨志愿服务活动在省委党校东校区举行，外交部领保中心参赞赵岩出席并授课。

5月22日 第三届山东—仁川友好合作联席会议在济南召开。

5月31日 由立陶宛驻华大使馆、济南市人民政府、山东省外办联合主办的2019中国（济南）立陶宛推介会"立陶宛欢迎你"在济南举行。

6月10日至12日 首届博鳌亚洲论坛全球健康论坛大会在青岛西海岸新区举行。中共中央总书记、国家主席习近平向大会致贺信；中共中央政治局委员、国务院副总理孙春兰出席大会开幕式，宣读习近平总书记贺信并作主旨演讲；省委书记、省人大常委会主任刘家义致辞；来自55个国家和地区的2600余名嘉宾参会。

6月11日 第五次中国—中东欧国家地方省州长联合会工作组会议在大连市举行。17个中东欧国家代表，中国—中东欧国家地方省州长联合会中方成员20个省（自治区、直辖市）外事机构负责人，辽宁省、各市有关部门负责人共计230人出席会议。

6月24日至28日 省外办举办以"助力新旧动能转换，共享合作发展机遇"为主题的"感知新山东—驻华机构齐鲁行·澳新篇"活动。澳大利亚6个州（市）代表机构和新西兰驻华机构及有关企业的代表近20人参加"山东省新旧动能转换暨重大发展战略推介会"，并先后访问了济南、潍坊、烟台和青岛。

6月28日 意大利驻华大使谢国谊一行访问青岛。

7月1日 省委常委、秘书长孙立成在济南会见了新兴国家智库学者考察团一行。

7月2日 省委外事工作委员会召开第三次全体会议，深入贯彻习近平外交思想，研究审议有关外事事项，部署下一步工作。省委书记、省委外事工作委员会主任刘家义主持会议并讲话，省委副书记、省长、省委外事工作委员会副主任龚正，委员会委员出席。

7月5日 2019东亚博览会在济南国际会展中心举办。韩国驻青岛总领事朴镇雄、日本驻青岛总领事中原邦之，以及来自老挝、匈牙利、波兰、斯里兰卡、荷兰、巴基斯坦的外方代表等共同出席活动。

7月12日 阿尔巴尼亚驻华大使塞利姆·贝洛尔塔亚等11人来访，参加济南综合保税区创新合作国际论坛。

7月27日至30日 塞拉利昂驻华大使欧内斯特·恩多马希一行2人访问青岛。

8月7日至9日 玻利维亚驻华大使埃里韦托·集佩斯一行2人访问青岛。

8月8日至10日 2019年国际泳联游泳世界杯在济南奥林匹克体育中心举行，共20个国家和地区的229名运动员参赛。

8月9日至10日 新加坡驻华大使罗家良一行访问青岛。

8月12日至16日 非洲高级外交官访华团应中国人民外交学会邀请访华。

8月14日至15日 博鳌亚洲论坛理事长、联合国前秘书长潘基文访问青岛。

8月30日　中国（山东）自由贸易试验区揭牌仪式在济南举行。省委书记、省人大常委会主任刘家义，省委副书记、省长龚正出席并为自贸试验区揭牌。省政协主席付志方出席。

9月3日至6日　2019世界韩商合作大会在青岛举办，韩国驻华大使张夏成、韩国前总理韩升洙、韩商总联合会理事长金德龙、韩国现任国会议员徐瑛教等40余位韩国政商界高层，韩国世界500强企业和知名跨国公司代表，以及分布在世界各地的韩国经济团体代表、韩国海外韩商代表400余人参加会议。

9月4日至5日　2019东亚海洋合作平台青岛论坛在青岛西海岸新区举行。本次论坛以"交流互鉴、开放融通"为主题，来自中日韩、东盟和欧非等国家和地区400余位嘉宾深入交流合作。

9月4日　省委副书记、省长龚正在青岛会见了中德对话论坛德方主席、德国前教研部长安妮特·沙万一行。

9月9日　青年企业家创新发展国际峰会2019开幕式在山东会堂举行，本次峰会以"科技赋能产业　创新引领未来"为主题。省委书记、省人大常委会主任刘家义出席，省委副书记、省长龚正作主旨演讲。

9月11日　山东省人民对外友好协会第四届理事会会议在济南召开。来自省直部门、省属企业、高校、民营企业等各界理事代表120余人参加会议，副省长凌文出席会议开幕式并致辞，全国人民对外友好协会会长李小林发来贺信。

9月11日　2019国际泉水文化景观城市联盟会议在济南举行，本次会议以"文化遗产保护与城市可持续发展"为主题。来自俄罗斯、土耳其等13个国家的泉水友好城市共计20个团组150余人参加会议。

9月16日　2019年国际保护臭氧层日纪念大会在济南举行，生态环境部部长李干杰，省委副书记、省长龚正，联合国环境署臭氧秘书处执行秘书蒂娜·玻比利，蒙特利尔议定书多边基金秘书处秘书长爱德华多·加南出席大会。

9月17日　中远海运特运—山东省港口集团北极航线首航仪式在青岛举行。

9月19日至22日　第五届中日韩产业博览会在潍坊市举行。

9月25日　澳大利亚新任驻华大使傅关汉访问青岛。

9月29日　2019年度"山东省荣誉公民""山东省人民友好使者"授荣仪式在济南举行。省委书记、省人大常委会主任刘家义，省委副书记、省长龚正出席仪式并向获得者代表颁发荣誉证书。

9月29日 山东省人民政府在山东大厦金色大厅举行国庆招待会，热烈庆祝中华人民共和国成立70周年。

10月8日 省委副书记、省长龚正在济南会见了阿根廷圣胡安省省长塞尔吉奥·乌尼亚克一行。

10月15日 省委书记、省人大常委会主任刘家义在山东大厦会见了由朝鲜黄海南道人民委员会委员长金英铁率领的黄海南道代表团。

10月16日 由山东省政府和中国人民对外友好协会主办的山东国际友城合作发展大会在济南开幕。省委书记、省人大常委会主任刘家义出席开幕式并作主旨演讲，省委副书记、省长龚正主持，省政协主席付志方、省委副书记杨东奇、中央外办副主任孙书贤出席。来自33个国家、113个代表团的800余位外宾，16个国家的驻华使节，韩国、日本驻青岛总领事，部分国际组织、机构、企业代表等参加开幕式。

10月16日 省委书记、省人大常委会主任刘家义，省政协主席付志方在济南会见了尼日利亚卡诺州埃米尔穆哈穆德·萨努西二世率领的卡诺州代表团一行。

10月16日 省委书记、省人大常委会主任刘家义在济南会见了日本和歌山县知事仁坂吉伸率领的和歌山县庆祝两省县结好35周年代表团一行。

10月16日 省委书记、省人大常委会主任刘家义在山东大厦会见了加纳大阿克拉省省长伊斯梅尔·阿希蒂一行。

10月16日 山东省政府与奥地利上奥州代表团在济南举行工作座谈，省委副书记、省长龚正，奥地利上奥州常务副州长克里斯蒂娜·哈博兰德出席。

10月17日 省委书记、省人大常委会主任刘家义在济南会见了白俄罗斯维捷布斯克州州长尼古拉·舍尔斯特涅夫一行。

10月17日 省委副书记、省长龚正在济南会见了菲律宾北伊洛戈省省长马修·马科斯·蒙诺托克一行。

10月18日 2019世界工业设计大会暨国际设计产业博览会在烟台国际博览中心开幕。

10月18日 法国前总理让–皮埃尔·拉法兰一行访问青岛。

10月18日至19日 乌拉圭等14个国家18位驻华使馆外交人员应外交部组织并邀请访问青岛，包括乌拉圭、马耳他、贝宁、尼日利亚、塞内加尔、土耳其、巴哈马、塞浦路斯、毛里塔尼亚、津巴布韦等10位驻华大使。其间，大使团参观了青岛港、海尔集团，参加了跨国领导人青岛峰会晚宴、开幕式，并受省委副书记、省长龚正邀请巡展新动能青岛展洽会。

10月19日　首届跨国公司领导人青岛峰会在青岛国际会议中心开幕，国家主席习近平向大会致贺信。中央政治局常委、国务院副总理韩正出席开幕式，宣读习近平主席贺信并致辞。来自全球35个国家和地区、国内14个省市的115家世界500强和284家行业领军企业领导人等参加开幕式。

10月21日至23日　山东省"领保伴你行"境外安全防范能力培训班在滨州举行。

10月23日　省委书记、省人大常委会主任刘家义在济南会见了澳大利亚南澳州州长马潇一行。

10月23日　省委副书记、省长龚正在济南会见了澳大利亚南澳州州长马潇一行。

11月5日　第二届中国国际进口博览会在上海开幕。省委书记、省人大常委会主任刘家义等省领导出席开幕式。共有181个国家、地区、国际组织与会，3800余家企业参展。山东省组成交易团，共2万余人参加本届进博会。

11月6日　山东省在上海国家会展中心举行打造对外开放新高地推介会，省委书记、省人大常委会主任刘家义出席推介会并作主旨演讲。

11月7日　省委副书记、省长龚正在济南会见了立陶宛副总理阿尔吉达斯·斯通柴蒂斯一行。

11月12日　2019中德中小企业合作交流大会在济南开幕。来自中国、德国、英国、美国等国家的700余位专家学者、商界人士等参会。

11月12日　省委书记、省人大常委会主任刘家义在山东大厦会见了韩国仁川市市长朴南春一行。

11月17日　省委书记、省人大常委会主任刘家义在山东大厦会见了加拿大新斯科舍省省长斯蒂芬·麦克尼尔一行。

11月20日　山东省与意大利伦巴第大区在济南举行工作会谈。省委副书记、省长龚正，伦巴第大区主席阿迪利奥·冯塔纳出席并签署山东省和伦巴第大区关于加强交流合作的共同声明。

11月28日　第十届中国—意大利创新合作周济南分会场开幕式在山东大厦举行。科技部部长王志刚，省委副书记、省长龚正，意大利教育大学科研部部长洛伦佐·菲奥拉蒙蒂出席并致辞。

12月1日至8日 省委书记、省人大常委会主任刘家义率山东省代表团访问韩国、日本。

12月5日 东北亚地区地方政府联合会海洋与渔业专门委员会第六届年会暨现代海洋产业论坛在威海市举办。

12月10日 由省政府举办的2019年度"齐鲁友谊奖"颁奖仪式暨外国专家建言会在济南举行。

12月11日至13日 塞内加尔农业和农村装备部部长穆萨·巴尔德一行访问济南、青岛。

12月19日 省委书记、省人大常委会主任刘家义在济南会见了日本驻青岛总领馆新任总领事井川原贤。

12月27日 2019年全国地方外办主任会议在贵州省贵阳市召开。国务委员兼外交部长王毅出席并作报告。

2020年

1月8日至9日 丹麦驻华大使戴世阁一行访问青岛。

1月14日 省委外事工作委员会召开第四次全体会议,深入贯彻落实习近平外交思想,传达学习中央外办、外交部有关文件和会议精神,审议有关议题,研究部署今年重点工作。省委书记、省委外事工作委员会主任刘家义主持会议并讲话,龚正、王可、孙立成、关志鸥和委员会委员出席。

1月15日 全省外事系统表彰暨2019全省外办主任会议在济南召开,会议隆重表彰了近年来全省外事系统的30个先进集体和60位先进个人。省外办主任、省友协会长蔡先金出席会议并作工作报告。

1月29日 省外办党组召开专题会议,对疫情防控工作进行再研究、再部署、再落实。

2月11日 副省长任爱荣签发《山东省人民政府办公厅印发关于加快外商投资企业复工复产推进外商投资的若干措施的通知》。

2月18日 副省长于杰到山东建筑大学外国留学生公寓看望慰问了疫情防控期间留校的留学生。

3月2日　青岛市委副书记、市长孟凡利在市政府会见了韩国驻青总领事朴镇雄一行，就疫情防控、入境人员管控措施、外资企业复工复产等进行交流。

3月2日　副省长任爱荣在济南会见了来访的韩国驻青岛总领事朴镇雄一行。

3月3日　省外办、省友协共同启动"心手相连、共抗疫情"国际友好活动，向国际友城、友好组织、国际友人等发出倡议，倡导各有关方面深化疫情防控国际合作，加强信息通报，相互提供力所能及的帮助和支持，及时妥善解决侨民困难和问题，共同打赢这场没有硝烟的疫情战争。

3月5日　省委新冠肺炎疫情处置工作领导小组（指挥部）办公室增设入境人员疫情防控工作组（外事组）。

3月9日　省外办、青岛市外办与青岛出版集团联合编制当前出版韩语、日语、英语版《新型冠状病毒感染防护手册》，其中韩文版是国内首部韩语防疫图书。

3月12日　省委疫情处置工作领导小组下发《关于新冠肺炎防控期间加强入境人员来鲁申报登记的通告》，要求入境人员应当遵守国家和省委疫情处置工作领导小组发布的疫情防控决定、命令，严格落实入境人员临时住宿登记报告义务，不得故意隐瞒谎报病情、旅居史、密切接触人员。

4月5日　省人大常委会副主任王华出席山东省赴英国联合工作组有关情况新闻发布会。会上介绍，山东省赴英国联合工作组已圆满完成国家交办的任务返回济南，并按要求集中隔离。

4月9日　省外办、省卫生健康委、省立医院与美国得克萨斯州医学中心、休斯敦医学科学中心、赫曼纪念医院、北美华人医师协会等在山东远程医学中心联合举办了"心手相连　共抗疫情　中国山东—美国得州抗击新冠肺炎疫情经验交流协作会"。

4月14日　中共山东省委、山东省人民政府、中国驻英国大使馆联合举办"手牵手　心连心"山东精准支持留英学子抗疫辅导计划启动仪式。

5月12日　省外办、省卫生健康委与坦桑尼亚卫生部联合举办"心手相连　共抗疫情，中国山东—坦桑尼亚抗击新冠肺炎疫情视频交流会"。这是山东首次与非洲国家卫生部门在线开展抗击新冠肺炎疫情的医疗专业交流活动。

6月4日　省委副书记、代省长李干杰在济南会见挪威驻华大使白思娜一行。

6月4日至5日　挪威驻华大使白思娜访问青岛。

6月9日　我省与美国友好州康涅狄格州举办"深化疫后合作、共创美好明天·中国山东—美国康州视频交流会"。

6月10日　山东枣庄在全国首次实现"一个窗口"完成原产地签证和代办领事认证两项业务。

7月14日至8月8日　由省外办策划在省内主要媒体《大众日报》和省电视台设立"驻华大使话山东"专题栏目，邀请20个外国驻华大使或总领事发表署名文章，全面回顾与我省友好交往历史、展望"后疫情时代"合作前景，推动各领域合作走向深入，产生广泛积极影响、取得综合多元效应。

7月29日　省委副书记、省长李干杰在济南会见日本驻青岛总领事井川原贤一行。

7月29日至31日　以色列驻华大使何泽伟一行4人访问青岛。

7月30日　"对话山东—日本·山东产业合作交流会"主题研讨会在济南、东京、大阪同时举行。省委书记、省人大常委会主任刘家义出席研讨会并与日方嘉宾视频连线，省委副书记、省长李干杰致辞。

8月11日　省外办与省教育厅在济南共同举办"相约上合"山东—俄罗斯教育交流合作对话会暨中俄（山东）教育国际合作联盟成立大会。我省251所高校、职业院校、教育局及中学负责人，与俄罗斯19所知名高校、职业院校和中学负责人进行对话交流，并启动成立中俄（山东）教育国际合作联盟。

8月13日　由中国科学技术协会、山东省政府主办，青岛市政府承办的中德科技合作论坛在青岛国际会议中心举行。全国政协副主席、中国科协主席、中德对话论坛中方主席万钢出席论坛并讲话，中德对话论坛德方主席、德国前联邦教研部部长沙万视频致辞。

8月24日　省外办党组书记、主任，省友协会长蔡先金率工作组与临沂市委书记王安德、市长孟庆斌就双方签署"共同打造对外开放新高地行动计划"举行工作会谈。

8月26日　省委书记、省人大常委会主任刘家义在山东大厦会见了日本驻华大使横井裕一行。

8月26日　省外办主任蔡先金在济南出席了"拉美桥"服务平台启动仪式。外交部拉美司、中国社科院拉美所，省贸促会、省司法厅，驻济部分高校、社会团体，部分市外办，34家在拉美地区投资发展企业等共50余家单位代表通过线下和线上方式参加了活动。

8月27日　由山东省委、省政府主办的"山东与世界500强连线"欧洲专场活动在山东大厦举行。省委副书记、省长李干杰在主会场出席并与世界500强领导人连线对话。

8月27日至28日　日本驻华大使横井裕访问青岛。

9月15日　任爱荣副省长出席了友好省州领导人峰会科学网络新冠肺炎疫情专题线上会议并发言。

9月16日　2020山东省旅游发展大会暨首届中国国际文化旅游博览会在济南隆重开幕。省委书记、省人大常委会主任刘家义出席开幕式并讲话，省委副书记、省长李干杰主持。刘家义通过远程连线方式为10名"孔子文化和旅游大使"和10家境外优秀渠道商代表授牌。

9月17日　2020中国—中东欧国家特色农产品云上博览会在潍坊开幕。

9月18日　省外办与省教育厅签署《关于深化合作共同服务打造对外开放新高地的备忘录》。

9月18日至19日　德国驻华大使葛策访问青岛。

9月22日　由山东省委、省政府主办的"山东与世界500强连线"东盟专场活动在山东大厦举行。省委书记、省人大常委会主任刘家义出席活动并与嘉宾连线交流，省委副书记、省长李干杰致辞。

9月23日　省委副书记、省长李干杰与联合国前任秘书长、韩国国家气候和空气质量委员会委员长潘基文通电话。

9月24日　任爱荣副省长在济南会见塞内加尔驻华大使马马杜·恩迪亚耶一行。

9月27日　2020中国（曲阜）国际孔子文化节、第六届尼山世界文明论坛在尼山讲堂开幕。来自17个国家和地区的160余位专家学者、嘉宾，以线上、线下方式出席开幕式。经党中央、国务院批准，从今年开始，尼山世界文明论坛与中国（曲阜）国际孔子文化节融为一体，由教育部、文化和旅游部、中国社会科学院、中国人民对外友好协会、国际儒学联合会和山东省人民政府共同主办。今年孔子文化节的主题是：纪念孔子诞辰2571年；尼山世界文明论坛的主题是：文明照鉴未来。

9月29日　由山东省委、省政府主办的"山东与世界500强连线"美国专场活动在山东大厦举行。省委书记、省人大常委会主任刘家义出席活动并与嘉宾连线交流，省委副书记、省长李干杰致辞。

9月29日　山东省人民政府在山东大厦金色大厅举行国庆茶话会，庆祝中华人民共和国成立71周年。省委书记、省人大常委会主任刘家义，省委副书记、省长李干杰，省政协主席付志方，省委副书记杨东奇等省领导，与社会各界人士欢聚一堂，共庆佳节。

10月10日　省委外事工作委员会召开第五次全体会议，深入学习贯彻习近平外交思想，研究落实党和国家交给山东省的有关涉外任务及活动，审议有关议题，部署下一步工作。省委书记、省委外事工作委员会主任刘家义主持会议并讲话，李干杰、于杰、刘强、任爱荣、范华平和委员会委员出席。

10月14日　省外办党组书记、主任，省友协会长蔡先金率工作组与淄博市委书记江敦涛就双方签署《关于共同打造高水平开放型城市行动计划》举行工作会谈。

10月20日　任爱荣副省长在济南会见了丹麦驻华大使马磊一行。

10月22日　由山东省委、省政府和韩国产业通商资源部共同主办的"山东与世界500强连线"韩国专场暨山东省—韩国经贸合作交流会在山东大厦举行。省委书记、省人大常委会主任刘家义出席活动并与嘉宾连线交流，省委副书记、省长李干杰致辞。

10月22日晚　副省长凌文在线出席由俄罗斯统一俄罗斯党主办的"上海合作组织+"国际政党论坛"绿色经济的政党作用"分议题会议。

10月27日　省外办召开审护签"一站式"服务平台运行情况新闻发布会。

10月29日　副省长任爱荣在线出席由俄罗斯车里雅宾斯克州政府主办的首届上合组织成员国地方领导人论坛。

11月6日　山东与世界500强产业链高质量合作发展对话在国家会议中心（上海）举行，省委副书记、省长李干杰出席并致辞。

11月7日　黄河流域生态保护和高质量发展国际论坛在济南举行，主题为"构建共谋共建共治共享新格局，谱写黄河流域生态保护和高质量发展新篇章"。

11月10日　由山东省委、省政府主办的"山东与世界500强连线"日本专场活动在山东大厦举行。省委书记、省人大常委会主任刘家义出席活动并与嘉宾连线交流，省委副书记、省长李干杰致辞。

11月13日　第二十二次新加坡—山东经贸理事会全体会议以线上线下结合的方式，在山东济南和新加坡分设主会场成功举办，山东省副省长任爱荣和新加坡外交部兼交通部高级政务部长徐芳达共同出席会议并致辞。

11月17日　省外办与英国苏格兰总商会牵头举办的山东—苏格兰企业连线活动在济南举行。

11月19日　任爱荣副省长出席了"中国山东省—密联邦科斯雷州心手相连共抗疫情视频交流会"并致辞。

11月19日　中国中小企业国际合作交流大会暨2020中德（欧）中小企业合作交流大会在济南开幕。本届大会以"智汇中德、赋能未来"为主题，来自全球10余个国家和地区的5000余位嘉宾线上线下同步参会。

11月26日　"中国山东省—加拿大新斯科舍省教育合作线上圆桌会议"举行，双方教育部门负责人还宣读了《山东—新斯科舍高校合作联盟倡议书》，宣告了由双方教育部门牵头、31所高校参加的山东—新斯科舍高校合作联盟正式成立。

12月1日至13日　省外办联合省农业农村厅、省农业广播电视学校、潍坊国家农业开放发展综合试验区在农综区人才学院举办了三期"农业丝路先锋"培训班。

12月2日　省外办与德国巴伐利亚州经济部共同举办了"中国山东省—德国巴伐利亚州食品产业直通车"线上交流会活动。

12月5日　首届"相约上合杯"俄语大赛决赛暨俄语翻译人才培养对话会在青岛胶州会议中心顺利举行。

12月10日　省委书记、省人大常委会主任刘家义向日本科学技术振兴机构致吊唁信，对著名核物理学家、日本科学技术振兴机构中国综合研究交流中心主任有马朗人先生去世表示哀悼与慰问。

12月11日　任爱荣副省长在济南会见了比利时驻华大使高洋一行。

12月24日　国务委员兼外交部长王毅出席全国地方外办主任会议并为获奖单位颁奖，山东省外事系统中省外办美大处、青岛市外办涉外管理处荣获首届"全国地方外事工作优秀集体"。

12月30日　省政府新闻办召开发布会、介绍我省外事系统深化"外事+"行动，服务全省经济社会发展有关情况。

12月31日　全国对外友协批复同意在我省设立"中国人民对外友好协会中外青少年基地"。

2021年

1月15日　省委书记、省人大常委会主任刘家义在济南会见了新任韩国驻青岛总领事金敬翰一行。

1月17日至19日　巴基斯坦驻华大使莫因·哈克一行7人访问青岛。

1月29日　省委外事工作委员会召开第六次全体会议，深入学习贯彻习近平外交思想，总结2020年我省外事工作，审议有关文件，研究部署今年重点工作。省委书记、省委外事工作委员会主任刘家义主持会议并讲话，李干杰、于杰、刘强、范华平和委员会委员出席。

2月8日　全省外办主任会议在济南召开，会议全面总结回顾了2020年全省外事工作，分析了当前形势，安排部署了2021年外事工作任务。

3月17日至19日　省委外办主任、省外办党组书记、主任、省友协会长蔡先金率工作组赴东营、威海出席省委外办与两市市委外事委专题会议。

3月26日　省委外办召开中外青少年交流基地建设工作会议。

3月31日　第四届中国欧盟协会理事会会议在北京中国人民对外友好协会召开，省人大常委会原副主任夏耕当选理事会副会长，全国对外友协林松添会长出席会议并致辞。

4月8日上午　2021世界牡丹大会在菏泽开幕。副省长曾赞荣出席大会主旨论坛活动，大会主题是"让世界爱上菏泽牡丹"。

4月16日至18日　2021亚信金融峰会在济南举行，主题为"共商共建共享—推进亚信金融务实合作行稳致远"。

4月20日上午　山东省政府新闻办召开新闻发布会，省委外办主任、省友协会长蔡先金介绍了"中日韩对接合作发展山东行"活动筹备有关情况。

4月24日至26日　RCEP经贸合作高层论坛在青岛举办。

4月25日　由中国人民对外友好协会和山东省人民政府共同举办的"中日韩对接合作发展山东行"活动在济南开幕。省委书记、省人大常委会主任刘家义出席开幕式；省委副书记、省长李干杰，中国人民对外友好协会会长林松添致辞。开幕式上，刘家义、林松添为"中外青少年交流基地"揭牌。

4月26日　2021上海合作组织国际投资贸易博览会暨上海合作组织地方经贸合作青岛论坛在青岛胶州开幕。省委书记、省人大常委会主任刘家义，上合组织秘书长弗拉基米尔·诺罗夫出席活动并致辞。

5月24日　山东省政府新闻办召开新闻发布会，省委外办主任、省友协会长蔡先金介绍了"中国（山东）—东盟中小企业合作发展大会"筹备有关情况。

5月26日　省委副书记、省长李干杰在济南会见了荷兰驻华大使贺伟民一行。26日下午，由省外办、荷兰驻华大使馆、荷兰贸易促进委员会共同主办的山东—荷兰清洁能源合作交流会在济南成功举行。

　　5月28日　中国(山东)—东盟中小企业合作发展大会在济南成功举办。省委书记、省人大常委会主任刘家义出席开幕式，省委副书记、省长李干杰致辞。

　　6月2日　博鳌亚洲论坛全球健康论坛第二届大会开幕式在青岛举行。全国政协副主席李斌出席开幕式并发表主旨演讲，博鳌亚洲论坛理事长潘基文、副理事长周小川致辞，省委书记、省人大常委会主任刘家义致欢迎辞。大会以"健康无处不在—可持续发展的2030时代"为主题，以"人人得享健康"为口号，设置"实现全民健康""创新促进健康""健康融入所有政策"3大分议题，由开幕式、2场全体大会、33个分论坛和15场重要活动构成。

　　6月4日　省委外办主任蔡先金赴柬埔寨驻济南总领馆，受省政府委托向柬埔寨捐赠防疫物资。

　　6月8日至11日　乌拉圭驻华大使费尔南多·卢格里斯一行访问了我省济南、潍坊、青岛。

　　6月8日　省委副书记、省长李干杰在济南会见了费尔南多·卢格里斯大使。

　　6月18日　山东与世界500强连线暨深化与欧盟合作推进会在山东大厦举行。省委书记、省人大常委会主任刘家义出席，省委副书记、省长李干杰致辞。

　　6月18日　省委书记、省人大常委会主任刘家义在山东大厦会见了柬埔寨王国驻济南总领事山索峰一行。

　　6月29日　由省外办与康涅狄格州—中国理事会联合主办的"流金岁月—山东与康州结好35周年线上老友交流会"成功举办。

　　7月13日至16日　巴西驻华大使保莱·瓦罗、秘鲁驻华大使路易斯·克萨达、哥伦比亚驻华大使路易斯·蒙萨尔维，以及阿根廷、厄瓜多尔、乌拉圭等驻华使节参加了"驻华使节齐鲁行"活动。活动期间，使节团参访了威海、烟台、青岛，会见了有关市领导并参观了当地企业。

　　7月15日　第二届跨国公司领导人青岛峰会在青岛开幕。中共中央政治局委员、国务院副总理胡春华出席峰会开幕式并致辞，省委书记、省人大常委会主任刘家义致辞，省委副书记、省长李干杰主持，来自全球390家世界500强企业和517家行业领军企业的领导人，15个国家驻华使节等参加，线上线下参会的嘉宾超过1万人。

　　7月20日　"中韩文化交流年—鲁韩交流周"开幕式在济南举行。

7月21日　中白深度合作区暨中白国际中医药健康产业园项目签约活动仪式在青岛和明斯克连线举行。

7月28日　由山东省政府和国家市场监管总局（标准委）共同举办的2021青岛国际标准化大会在青岛国际会议中心开幕。国家市场监管总局局长张工，省委书记、省人大常委会主任刘家义出席开幕式并致辞。开幕式还举行了山东省人民政府、国家标准化管理委员会合作协议签约仪式。

7月30日　2021"上合之夏"活动在青岛胶州市启幕。泰国驻青总领事王玉君、日本驻青总领事井川原贤、韩国驻青总领事金敬翰、柬埔寨驻济南总领事山索峰、在青获荣人士、中日企业家联谊会成员等30余位嘉宾参加了国际友人"上合行"活动。

8月11日　省委常委、秘书长刘强到省委外办调研，实地察看外事服务大厅、多功能厅、外事书院，走访部分处室，并主持召开座谈会，听取全省外事工作和巡视整改情况汇报。

8月14日　2021对话山东—日本·山东产业合作交流会在济南开幕。来自日本、山东的各界人士线上洽谈，推动政府对话、产业链接、项目合作。省委书记、省人大常委会主任刘家义出席主题研讨会，省委副书记、省长李干杰致辞。

8月25日　省委外办与我驻所罗门群岛大使馆联合举办"跨越太平洋的握手—中国山东省与所罗门群岛伊莎贝尔省视频会"。

9月2日　中国（山东）—德国巴伐利亚高层对话活动举行，活动采取线上方式。商务部部长王文涛，省委副书记、省长李干杰，德国巴伐利亚州州长索德尔出席。

9月4日　由省委办公厅、省委政研室（改革办）、省委外办、省委省直机关工委、省档案馆等6家单位共同主办，省委外办承办的"感悟思想伟力汲取奋进力量"青年理论学习交流研讨会，在济南成功举办。

9月8日　省委书记、省人大常委会主任刘家义在济南会见日本驻华大使垂秀夫一行。

9月8日　"济南·日本进口商品博览会"在济南开幕。

9月9日至11日　以"减少粮食损失浪费，促进世界粮食安全"为主题的国际粮食减损大会在济南举办。国家主席习近平向国际粮食减损大会致贺信；全国人大常委会副委员长吉炳轩出席开幕式，宣读习近平主席的贺信并致辞。省委书记、省人大常委会主任刘家义出席会议并致辞，省委副书记、省长李干杰出席。来自50余个国家及国际组织、企业、非政府组织的300余名代表围绕"减少粮食损失浪费，促进世界粮食安全"

主题展开深入交流。

9月29日　山东与世界500强连线暨深化与北美合作推进会在济南举行。

9月30日　山东省人民政府在济南举行国庆茶话会，庆祝中华人民共和国成立72周年。省委书记李干杰，省委副书记、代省长周乃翔，省委副书记杨东奇等省领导，与社会各界人士共庆佳节。会上宣读了2021年授予18人"山东省荣誉公民"和授予47人"山东省人民友好使者"称号决定，周乃翔为获得荣誉称号的外国友人代表颁发荣誉证书。

9月30日　由山东省委外办和韩国驻青岛总领事馆主办的"鲁韩友城视频交流会"在青岛举行。山东省委书记李干杰、中国人民对外友好协会会长林松添、韩国驻华大使张夏成、韩国市道知事协议会会长宋河珍分别发表视频致辞。鲁韩42个省市县国际友城领导以视频形式介绍各自经济社会发展情况。

10月17日至18日　阿塞拜疆驻华大使阿克拉姆·杰纳利访问青岛，出席第二届"一带一路"能源部长会议。

10月28日　"对话山东—德国·山东产业合作交流会"主题研讨会在济南举行。省委书记、省人大常委会主任李干杰，省委副书记、省长周乃翔出席活动。

10月28日　全省国际友城工作会议在济南召开。

10月28日　以"牵手金融，聚力上合"为主题的"2021中国—上海合作组织国家金融合作与资本市场发展论坛"在胶州举办。

11月4日至5日　由中国人民对外友好协会、韩国市道知事协议会、日本自治体国际化协会3方主办的"第二十二届中日韩友好城市交流大会"成功举办。作为中方省市代表，周乃翔省长以"开放合作谋新篇，共赢发展创未来"为题录制了视频发言。

11月11日　由奥地利上奥州主办、主题为"智慧地区"的"第十次友好省州领导人峰会"线上成功举办。德国巴伐利亚州、奥地利上奥州、加拿大魁北克省、南非西开普省、美国佐治亚州、巴西圣保罗州等7个友好省州领导人出席会议并发言。峰会上，各友好省州领导就"智慧地区"建设的实践经验和最佳案例进行了交流，达成合作共识并共同签署了《第十次友好省州领导人峰会宣言》。

11月16日　"第四届中非地方政府合作论坛"通过线上线下结合方式举行，国务院总理李克强以视频方式出席并致辞。省人大常委会副主任王随莲代表我省出席论坛，并就创新发展议题作重点发言。

11月17日至19日　中国政府朝鲜半岛事务特别代表、前驻英国大使刘晓明一行访问青岛。

12月1日 省委书记、省人大常委会主任李干杰在济南会见了白俄罗斯驻华大使尤里·先科一行。

12月1日 中国（山东）—白俄罗斯合作对话会暨山东—维捷布斯克州友城合作周在济南举行，主题是"筑牢友城交往基础深化中白地方合作"。山东省委副书记、省长周乃翔出席启动仪式并致辞。会议期间，山东与白俄罗斯以线上线下相结合的方式签署10项教育、友城、科技、经贸领域的合作协议。

12月1日 中白（山东）教育国际合作联盟在济南正式揭牌成立。

12月2日 山东与世界500强连线暨深化与日韩合作推进会在济南举行。活动以"新格局 新机遇 新发展"为主题，来自日韩和山东的各界人士云端相聚、连线交流。日本前首相鸠山由纪夫、韩国前总理丁世均视频致辞。省委书记、省人大常委会主任李干杰出席活动并与日韩企业代表连线交流，省委副书记、省长周乃翔致辞并连线交流。

12月13日至17日 全省外事工作专题研讨班在济南成功举办，省委常委、秘书长刘强为研讨班学员授课。

12月20日 省委书记、省人大常委会主任李干杰在济南会见以色列驻华大使潘绮瑞一行。

2022年

1月1日 RCEP生效落地青岛启动暨"中国·山东·青岛—日本·关东·京滨"启航仪式在青岛国际邮轮港举办。

1月13日 中国—上合组织经贸学院揭牌仪式在青岛举行。

2月18日 中欧班列（齐鲁号）中国青岛—德国曼海姆首班开行仪式在青岛市举办。

2月24日 省委外事工作委员会召开第七次全体会议。省委书记、省人大常委会主任李干杰主持会议并讲话。省领导白玉刚、王宇燕、刘强、范华平和委员会委员出席。会议深入学习贯彻习近平外交思想，总结2021年我省外事工作，审议有关事项和文件，研究部署今年重点工作。

3月8日上午 全省外事工作会议在济南召开。会议深入学习贯彻习近平外交思想，总结去年工作，对今年外事重点任务进行安排部署。省委常委、秘书长刘强出席会议并讲话，省委外办主任蔡先金主持会议。会议以视频形式召开，省直有关部门（单位）、省属企业和16市负责同志参加会议。

4月8日　中日青少年打卡集戳拉力赛开幕式暨山东省人大常委会—和歌山县议会视频交流会在济南举行。

4月14日　省委书记、省人大常委会主任李干杰在济南以视频形式会见了联合国第八任秘书长、博鳌亚洲论坛理事长、潘基文基金会理事长潘基文。

4月28日　中国—太平洋岛国应对气候变化合作中心启用仪式暨中国—太平洋岛国应对气候变化高端对话会开幕式在济南举行。省委书记、省人大常委会主任李干杰出席活动并为中国—太平洋岛国应对气候变化合作中心揭牌，省委副书记、省长周乃翔致辞。

5月9日　"黄河湾国际青年经济论坛"专家顾问委员会成立仪式在济南举行，省委副书记杨东奇出席仪式并致辞，为顾问委员会成员颁发聘书。

5月13日　国际青年交流大会在济南开幕。塞尔维亚共和国总统阿莱克桑达尔·武契奇，基里巴斯共和国总统塔内希·马茂，全国政协副主席、中国宋庆龄基金会主席李斌，省委书记、省人大常委会主任李干杰出席开幕式并致辞，省委副书记、省长周乃翔主持。大会以"青春山东·共享未来"为主题，共有来自全球48个国家的5000余名青年代表、国际友人参与。

6月12日至15日　日本驻华大使垂秀夫率政府、企业、媒体代表团一行访问青岛。

6月15日　为庆祝中德建交50周年，中国人民对外友好协会在线上成功举办中德友城论坛，副省长凌文出席论坛开幕式并致辞。

6月19日　省委书记、省人大常委会主任李干杰在青岛会见了新加坡驻华大使吕德耀一行。

6月20日　第三届跨国公司领导人青岛峰会举办。

6月24日至27日　西班牙驻华大使拉法尔·德斯卡亚·马萨雷多及其夫人一行访问青岛。

6月27日　"鲁布有约"山东省—布列塔尼大区友好交流年暨中法地理标志保护与发展论坛开幕式在济宁曲阜成功举办。省委书记、省人大常委会主任李干杰，省委副书记、省长周乃翔，全国对外友协会长林松添，中国驻法大使卢沙野等出席开幕式并致辞。

7月6日　中国—加勒比发展中心揭牌仪式暨中国—加勒比发展交流会在济南举行。

省委书记、省人大常委会主任李干杰出席活动并致辞，并与圭亚那驻华大使周雅欣共同为中心揭牌。

7月15日　2022日本（山东）进口商品博览会在济南国际会展中心开幕。本届博览会以"抢抓发展机遇、共创美好未来"为主题，共设置医疗康养展区等5大展区，汇聚参展品牌350个、参展企业220余家。

7月21日　中国（山东）—日本友城交流周开幕式暨山东省—山口县结好40周年交流会在济南举行。省委书记、省人大常委会主任李干杰，日本山口县知事村冈嗣政出席活动并连线交流。

7月25日　山东省外事研究与发展智库座谈会在济南召开。省委常委、秘书长张海波出席会议，并为山东外事研究与发展智库联盟、"黄河湾国际青年经济论坛"专家顾问委员会秘书处、山东财经大学区域与国别研究院、青岛大学中德文化交流研究中心揭牌。

7月27日　青岛市在中国—上海合作组织经贸学院举行上合组织国家扶贫培训启动暨预选班开班仪式。乌兹别克斯坦驻华大使法尔霍德·阿尔济耶夫出席活动并致辞，国家乡村振兴局副局长蒋天宝、省政府党组成员江成发表视频致辞。

7月28日　中国—东盟市长论坛暨协同创新发展大会在德州开幕。省委副书记、省长周乃翔，泰国驻华大使阿塔育·习萨目出席并致辞。本届中国—东盟市长论坛主题为"构建区域城市合作网络，共促中国—东盟升级发展"。

8月9日至10日　经中央批准，国务委员兼外长王毅在青岛会晤韩国外长朴振、尼泊尔外长卡德加。王毅国务委员兼外长及外方代表团对青岛服务保障工作给予高度评价。

8月24日　2022对话山东—日本·山东产业合作交流会举行。省委书记、省人大常委会主任李干杰，省委副书记、省长周乃翔、日本贸易振兴机构理事长佐佐木伸彦、日本驻青岛总领事井川原贤等线下线上出席交流会。

9月6日　第九届"一带一路"中德经济合作对话会线上举办，山东省受邀担任本次活动主宾省，省委常委、秘书长张海波出席主会并致辞。

9月20日　2022金砖国家友好城市暨地方政府合作论坛及中国同新兴市场和发展中国家地方政府对话会在北京成功举办，省委副书记、省长周乃翔在中国同新兴市场和发展中国家地方政府对话会上作题为《深化人文交流　促进民心相通》的视频发言。

9月26日至28日　第八届尼山世界文明论坛在济宁曲阜市举办。

9月29日　山东省人民政府在济南举行国庆茶话会，庆祝中华人民共和国成立73周年。省委书记、省人大常委会主任李干杰，省委副书记、省长周乃翔等省领导，与社会各界人士欢聚一堂，共庆佳节。

10月12日　由中国人民对外友好协会、日本自治体国际化协会主办的中日友城"合作共赢　共同发展"论坛以线上线下的形式成功举办，中日友城和相关单位代表共约300人线上出席。省委副书记、省长周乃翔视频发言，我省国际友城山口县知事村冈嗣政出席并发言。

10月23日至25日　基里巴斯驻华大使戴维·蒂阿博一行访问青岛。

11月10日　世界入海口城市合作发展大会在东营开幕。全国政协副主席张庆黎在开幕式上发表讲话，中央政治局委员、省委书记、省人大常委会主任李干杰致辞。克罗地亚前总统斯捷潘·梅西奇，白俄罗斯前副总理、维捷布斯克州州长亚历山大·苏布博京，主办单位负责人，国际组织负责人代表，中外入海口城市代表致辞。开幕式上，发布了世界入海口城市合作发展东营倡议，启动了世界入海口城市伙伴计划。

11月15日　"第十一次友好省州领导人峰会系列活动启动仪式"以视频方式成功举办，省委常委、常务副省长曾赞荣在济南出席启动仪式并致辞。

11月15日　"儿童与绿色发展主题活动"以视频方式在济南成功举办，这也是第十一次友好省州领导人峰会系列活动的首场活动。省委常委、济南市委书记刘强视频致辞。2023年，山东省将主办主题为"绿色发展"的第十一次友好省州领导人峰会。

11月25日　由中国人民对外友好协会主办、山东省人民对外友好协会承办的"第二届中非未来领袖对话"以视频方式成功举办。山东省政协副主席唐洲雁、中国人民对外友好协会副会长姜江、塞内加尔驻华大使伊布拉伊玛·锡拉在开幕式上视频致辞。本次活动以"贡献青春力量　开创人类更加美好的未来"为主题。

12月2日　以"中白30年：鲁维携手行"为主题的山东—白俄罗斯维捷布斯克州合作对话会以视频连线方式在济南、青岛、淄博和白俄罗斯维捷布斯克州举行。双方人大、议会、经贸、文化等部门参会交流，共同见证我省与白俄罗斯经贸、科技、文化、友城等领域相关合作协议签署和项目揭牌。

后 记

历史是最好的教科书。习近平总书记指出，认真总结党的历史，更好地发挥党的历史的鉴今、资政作用，是新形势下推动党和国家事业不断发展的迫切需要。

党的外事工作是我们党百余年波澜壮阔奋斗史的重要内容，是党和国家事业的重要组成部分，见证了中华民族从站起来、富起来到强起来的伟大飞跃。山东是全国少数几个贯穿中国共产党百年历史全过程的省份之一。一百多年来，党的外事工作在山东革命、建设、改革和新时代走过了极不寻常、极不平凡的发展历程。在这一不懈奋斗的伟大历史进程中，山东党的外事工作在每一历史时期，都作出了重要贡献。系统梳理、总结山东党的外事工作史，可以使我们从这部活生生的"教科书"中，认识和把握山东党组织在革命、建设、改革、新时代各个历史时期创造的丰富外事工作经验，获得思想的启迪、知识的武装、能力的提高，以更好地指导山东未来的外事工作。

本书从初步酝酿到今天正式成稿已历时四年，其间几易其稿。山东省委外办高度重视，专门成立本书编委会，省委外办主任蔡先金同志亲自担任编委会主任，省委外办副主任陈白薇、李永森、张华、孙业宝、林海滨、李红同志担任编委会副主任，由各市外办和省委外办职能处室主要负责同志组成编委会进行本书的编写、审读工作。成立了以省委党校校刊部主任谭建教授为执行主编，省委党校校刊部邓凌月教授，《大众日报》社史陈列馆馆长于岸青编审，山东社会科学院马克思主义研究院主任冯锋研究员，山东社会科学院助理研究员钟丽丽、刘秉鑫同志和省委外办相关同志为成员的编辑队伍。初稿完成后，蔡先金同志、林海滨同志审阅了初稿，并提出具体的修改意见。曹春、石正民、李元忠、刘纯锋、孙圆圆等同志参与了修改稿的具体修改。谭建、林海滨、曹春、石正民等同志对全部书稿进行了通读审改。

本书的出版，得到了山东出版集团、山东画报出版社的鼎力支持。山东画报出版社杨刚、怀志霄等同志付出了大量心血。编者在书稿编写过程中，参考了已有的理论研究成果和内部资料。在此，一并表示衷心感谢。

本书选题重大、内容丰富、时间跨度大、资料选取难度大，再加上编者水平有限，书中难免有不当及错漏之处，敬请读者批评指正。